하이클래스군무원

군무원 정보직 9급/7급 시험대비 요약집

이동훈

정보사회론
이기론

이(理) 기본 이(理)론
기(技) 전략 기(技)술
론(論) 최신 논(論)문

요해

하이클래스군무원

이동훈

정보사회론
이기론
요해

1판 1쇄 2025년 4월 10일

편저자_ 이동훈
발행인_ 원석주
발행처_ 하이앤북
주소_ 서울시 영등포구 영등포로 347 베스트타워 11층
고객센터_ 02-6332-6700
팩스_ 02-841-6897
출판등록_ 2018년 4월 30일 제2018-000066호
홈페이지_ army.daebanggosi.com

ISBN_ 979-11-6533-562-5

정가_ 25,000원

「이동훈 정보사회론 이기론(理技論) 요해」를 출간하며 가장 중요하게 고려한 것은 기본서의 내용을 최대한 충실하게 반영하는 것이었다. 공직 시험은 세부적인 내용까지 출제된다는 점을 감안하여 핵심 개념, 학자, 연도 등 주요 내용을 빠짐없이 정리하는 데 중점을 두었다. 물론 완벽함을 논하기는 어렵지만, 일정한 성과를 거두었다고 자부한다.

공직 시험 준비에서, 특히 정보사회론 시험 준비에서 내용이 빈약한 얇은 책으로 공부하는 꼼수는 통하지 않는다. 요약서라고 해도 기본서의 모든 내용을 담고 있어야 한다. 단순히 요행을 바라는 것만으로는 고득점은 커녕 과락도 면하기 어렵다. 시험 공부는 로또를 사는 것과는 다르다. 철저한 준비만이 합격이라는 결과를 만들어 낼 수 있다. 이 교재는 단순한 요약서가 아니라, 시험에서 반드시 알아야 할 개념과 이론을 빠짐없이 정리한 체계적인 학습서이다.

「이동훈 정보사회론 이기론(理技論) 요해」는 「이동훈 정보사회론 이기론(理技論) 기본서」를 제외한 여타 정보사회론 기본서들보다도 풍부한 내용을 담고 있으며, 논리적 흐름을 고려하여 가독성을 높였다. 또한, 학계의 저명한 교수들의 문장을 원문에 충실하게 요약하여 개념과 이론을 정확하고 풍부하게 설명하고 있다. 회독수를 확보하면 실력이 향상될 수 있도록 구성된 최적의 정보사회론 수험서라 자부한다.

본 교재는 다음과 같은 특징과 장점을 갖추고 있다.

1. 정보사회론 시험 문제의 본질과 출제 원리를 분석하는 요약서

   ① 이기론(理氣論)은 자연·인간·사회의 존재와 운동을 설명하는 성리학의 이론 체계이다.
   ② 「이동훈 정보사회론 이기론(理技論) 요해」는 한자는 다르지만, 정보사회론 시험 문제의 본질을 분석하고 출제 원리를 밝히는 것을 목표로 한다.

2. 학계의 저명한 교수들의 문장을 바탕으로 구성

   ① 개념과 이론을 정확하고 깊이 있게 설명하였다.
   ② 학술 논문을 반영하여 시험에서 제시문이나 선지로 활용될 가능성이 높다.

3. 테마별 정리 방식 채택

   ① 출제 가능한 주제를 인위적으로 단원별로 나누지 않았다.
   ② 테마별 정리를 통해 연관 개념을 효과적으로 학습할 수 있도록 구성하였다.

4. 가독성 강화

   ① 불필요한 군더더기를 제거하여 읽기 편하도록 편집하였다.
   ② 개념과 이론을 체계적으로 정리하여 높은 가독성을 확보하였다.
   ③ 방대한 정보사회론 내용을 테마별로 정리하고 세부 목차를 구성하여 체계적인 학습이 가능하도록 하였다.

5. 출제 가능성이 높은 모든 주제 수록

   ① 정보사회론 시험의 난이도와 관계없이 철저한 대비가 가능하도록 구성하였다.
   ② 요약서라고 해서 기본서의 내용을 무리하게 생략하지 않고, 기본서의 세부적인 내용까지 충실히 반영하였다.

시험을 준비하는 과정은 쉽지 않다. 하지만 꾸준한 노력과 반복 학습이 쌓이면 반드시 실력으로 이어진다. 이 교재가 수험생 여러분의 목표 달성에 든든한 길잡이가 되기를 바란다. 끝까지 포기하지 말고, 여러분이 원하는 결과를 이루기를 진심으로 응원한다.

감사의 말

책을 출간하는 과정에서 많은 분들의 조언과 도움이 있었다. 이 자리를 빌려 진심으로 감사를 전하고자 한다. 특히 한국교육학술정보원의 최윤정 선임 연구원이 바쁜 일정 속에서도 꼼꼼하게 교정을 봐준 것은 큰 힘이 되었다. 최윤정 선임 연구원은 필자의 아내이기도 하다. 그럼에도 불구하고, 남아 있는 오류는 전적으로 필자의 몫이다.

또한, 책의 기획과 출간 과정에서 헌신적으로 도움을 주신 하이앤북 편집팀, 그리고 변함없는 지원과 격려를 아끼지 않으신 하이클래스군무원의 원석주 대표님께 깊은 감사를 드린다.

이 동 훈

Contents

I 기록

1. 정의

(1) 기록의 개념

① 개인, 기업, 정부기관이 일상 업무 과정에서 생산하는 것으로, 물리적 형태 및 특성과 관계없이 법적 의무에 따라 작성되거나 입수된 문서자료(Schellenberg).

② 기능, 정책, 결정, 절차, 수행 등의 증거 또는 정보적 가치 때문에 기관이나 합법적 계승자가 보존하는 서적, 서류, 지도, 사진 등의 문서자료.

(2) 기록의 특성

① 공적 행위의 반영된 결과물.

② 활동에 대한 '증거로서의 가치'와 포함된 자료의 '정보적 가치' 포함.

2. 기록의 다양한 의미

(1) 레코드(Records)

① 형식이나 매체와 상관없이 법적 의무 이행 및 업무 수행 과정에서 생산된 기록.

② 생산, 이관, 수집, 보존, 활용되는 기록으로 현용기록물 포함.

③ 업무에 대한 증거로서의 가치 강조.

(2) 아카이브(Archives)

① 영구기록물 및 기록보존소 의미 포함.

② 현재 활용되지 않는 기록물.

③ 평가·선별된 영속적 가치를 가진 기록.

④ 참고적, 연구적, 역사적 가치를 지닌 비현용 기록물.

(3) 도큐먼트(Document)

① 하나의 분리된 단위로 취급되는 기록정보 또는 기록물 자체.

② 기록화: 기록을 정리하여 관리단위로 구성하는 과정.

(4) 데이터(Data)

① 가공되지 않은 사실이나 형태.

② 일정한 형식을 갖춘 정보.

③ 정보처리 시스템에서 해석 및 처리가 가능한 형식으로 표시된 정보.

(5) 정보(Information)

① 인간의 감각기관을 통해 지각되는 지식.

② 전달 및 소통되는 지식.

3. 기록의 4대 속성

(1) 진본성(Authenticity)

① 기록이 취지에 맞고 생산자가 명확하며 정해진 시점에 작성되었음을 증명 가능.

② 기록의 생산, 수령, 전달, 유지, 처분을 통제하는 정책 및 절차 문서화 필요.

③ 인가되지 않은 접근에 의한 부가, 삭제, 변경, 은폐 방지 필요.

(2) 신뢰성(Reliability)

① 기록이 업무처리 및 활동을 명확하게 표현하고 있는가 여부.

② 업무활동 담당자에 의해 생산되었는지 확인 필요.

③ 일상적으로 사용하는 도구를 통해 생산된 기록인지 검토 필요.

④ 업무활동 수행 시점이나 직후에 생산된 기록인지 확인 필요.

(3) 무결성(Integrity)

① 기록의 완전성과 변경되지 않았음을 의미.

② 인가받지 않은 변경으로부터 보호될 때 충족.

③ 인가된 주석, 추가, 삭제의 명확성과 추적 가능성 요구.

④ 기록 수정 시 적용할 정책과 절차 규정 필요.

⑤ 기록물의 무단 변경 추적 가능하도록 정보 포함 필요.

(4) 이용가능성(Usability)

① 기록의 검색, 해석, 활용 가능성 포함.

② 기록과 업무처리, 행위 간의 연계성 유지 필요.

③ 전자기록의 경우 기술환경 변화에도 이용 가능하도록 유지 필요.

II 기록관리의 원칙(퐁 존중의 원칙)

1. 의의

① 오랜 기록관리 원칙 중 하나.

② 프랑스어 '레스펙 데 퐁'(respect des fonds): 기록 생산자 존중 의미.

③ 출처(Provenance)와 원질서(Original Order) 개념 포함.

④ 출처: 기록을 원래 생산한 부서.

⑤ 원질서: 기록이 생산 및 보관된 순서와 조직.

2. 출처별 원칙

① 기록의 물리적 성질보다 개념적 성질 강조.

② 기록의 '증거적' 성질이 기록을 다른 정보와 구별.

③ 기록으로부터 정보 검색을 위한 기초 제공.

④ 기록물 생성 주체, 생산 목적 및 기능 포함.

⑤ 생성 배경, 유래, 연원을 기록물 실물과 함께 관리 필요.

⑥ 하나의 출처가 다른 기록물을 혼합 관리하지 않도록 제한.

3. 원질서 존중의 원칙

(1) 기록의 원질서 유지

① 기록은 원질서를 유지하며 관리 필요.

② 기관의 기록철, 분류, 검색 방법에 따른 관리 필요.

③ 논리적이고 체계적인 기록관리 업무절차 적용 필요.

(2) 기록 이관 시 질서 유지

① 기록 이관 시 원본 기록물의 질서 변경 금지.

② 기록 생산 및 사용 방식을 반영한 원질서 유지 필요.

(3) 원질서 원칙의 특징

① 기록 생산자가 정한 배열순서 및 번호부여 체계 유지 필요.

② 업무처리 과정의 논리적 순서 유지 필요.

③ 원질서 부여는 기록물 생산부서의 고유 책임.

④ 기록관리 책임자 및 담당자는 원질서 부여 점검 필요.

⑤ 일정한 수준의 기록물 관리 유지 필요.

Ⅲ 기록관리의 기초이론

1. 기록의 생애 주기 개념(The Life cycle Concept)

(1) 의의

① 기록의 생애 주기 개념은 생물 유기체의 생애에서 유추한 개념으로, 기록물도 생성, 성장, 소멸의 과정을 거치는 것으로 보는 개념.

② 기록은 생산 후 필요할 때까지 사용되다가, 활용 필요성이 소멸하거나 정해진 시점이 되면 폐기되거나 기록물관리기관에 이관되는 방식으로 처분(disposal)됨.

(2) 특징

① 기록은 시간의 흐름에 따라 활용 내용과 방법, 가치가 변화함.

② 생애 주기 이론은 이러한 변화를 일정한 시기에 따라 기록관리 단계로 구분함.

③ 기록관리 단계에 따라 기록물관리기관과 기록관리 주체의 역할과 책임이 달라짐.

(3) 현용 기록, 준현용 기록, 비현용 기록

[기록관리 단계별 기록의 개념, 가치 변화]

단계	현용 단계	준현용 단계	비현용 단계
기록	현용 기록 (활용기록)	준현용 기록 (준활용 기록)	비현용 기록 (비활용 기록)
개념	조직이나 개인의 현재 업무에 정기적으로 이용되는 기록	현재 업무와 관련하여 요구 빈도는 낮으나 참고 되는 기록	현재 업무에는 더 이상 필요하지 않지만, 이차적 활용을 위해 보존되는 기록
담당기관	생산기관 (처리과)	레코드센터 (기록관·특수기록관)	아카이브즈 (영구기록물관리기관)
기록의 가치	일차적 가치 > 이차적 가치	일차적 가치 < 이차적 가치	이차적 가치
관리주체	업무 담당자	레코드 매니저	아키비스트

① 기록은 업무에 활용되는 현용 단계, 업무 활용 빈도가 낮은 준현용 단계, 업무 활용가치는 없지만 다른 목적으로 필요한 비현용 단계로 구분됨.

② 기록은 기관의 목표를 위해 보존되며, 시간이 지나면서 업무 활용가치가 감소할 경우 영구기록물관리기관으로 이관됨.

③ 종이 기록은 생애 주기 단계에 따라 해당 기록물관리기관으로 물리적 이동이 이루어짐.

④ 각 기록물관리 단계에서 더 이상 활용이나 보존 필요성이 없는 기록은 폐기됨.

⑤ 전자기록물은 시공을 넘나드는 속성으로 인해 전통적인 종이 기록물과 달리 생애 주기 단계의 구분이 모호함.

⑥ 우리나라는 생산 단계(전자문서시스템) → 준현용 단계(기록관시스템) → 비현용 단계(영구기록물관리기관 시스템)의 3단계 생애 주기 체계를 구축함.

⑦ 전자기록관리에서는 '생산 이전단계'라는 가상의 관리 단계가 중요하며, 이 단계에서 전산시스템 구축, 진본성과 무결성을 지닌 기록관리, 조직 업무분석, 분류체계 확립, 가치평가를 통한 처리일정 확립 등이 이루어짐.

2. 기록관리 연속체 개념(The Continuum Concept)

(1) 의의

① 생애 주기 이론은 기록이 생산, 관리, 사용 후 폐기되거나 지속적인 가치를 가진 보존기록으로 최종 처분됨을 인정함.

② 기록관리 연속체 개념은 기록의 식별, 지적 통제, 이용을 위한 가공작업, 물리적 통제가 기록의 생애 주기 동안 연속적이거나 반복적으로 발생한다는 사실을 제시함.

(2) 연혁

① 기록의 연속체 개념은 1980~1990년대 전자기록의 등장과 함께 생애 주기 이론의 문제점을 비판하며 등장함.

② 기록이 생산됨과 동시에 영구보존 가치가 있는지 여부가 결정되며, 영구보존 가치가 있는 기록은 생산 시점부터 관리됨.

(3) 특징

① 연속체 이론에서는 생산, 획득, 저장, 이용, 처리가 동시에 이루어짐.

② 기존의 기록관리자(처리과별 기록물관리책임자, 레코드센터 관리자)와 아키비스트의 기능 구분이 사라짐.

③ 기록 생애 주기에 따른 기록관리의 특정 단계에서는 해당 단계에 필요한 전문 지식과 기술이 요구됨.

④ 생애 주기의 다른 단계에서 기록관리를 책임지는 사람도 해당 지식과 정보가 필요함.

⑤ 처리과, 기록관, 영구기록물관리기관의 종사자는 각자의 업무를 수행하나, 이들은 통합된 구조 안에서 업무를 수행하며 전문가적 협력과 개발을 제한하는 경계가 존재하지 않음.

(4) 우리나라의 기록관리 체계

① 우리나라는 기록관리 체계를 구축하면서 생애 주기 모델에 따른 처리과, 기록관, 영구기록물관리기관의 3단계를 반영함.

② 실제 기록 관리 단계의 체계화는 전자기록의 생산과 관리를 의무화하여 연속체적 관점에서 기록관리가 이루어지는 것을 반영함.

③ 우리나라의 기록관리 모델은 생애 주기 이론과 기록 연속체 이론이 혼합된 형태를 가짐.

Theme 02 전자기록

Ⅰ 의의

① 「공공기록물 관리에 관한 법률」제5조(기록물관리의 원칙)에서는 기록물의 생산부터 활용까지의 모든 과정에서 진본성, 무결성 보장 필요 명시.

② 전자기록(데이터)은 위·변조 가능성으로 인해 신뢰 부족, 법정 제출 시 증거능력 명확한 규정 부재.

③ 기록 관리의 현실은 종이기록물에서 전자기록물로 변화 진행 중, 기록 관리자는 기록물의 획득, 유통, 처리 등에 관여.

④ 전자기록의 진본성·무결성 보장을 위해 전자매체 이해 및 디지털포렌식 준비 필요.

⑤ 디지털포렌식은 전자기록의 진본성·무결성 보장 수단이며, 기록 관리 분야의 산업 전반 확대·적용 기회 제공 가능.

Ⅱ 전자기록의 다양성

1. 전통적 기록물 유형

① 종이기록물: 문서, 도면, 대장류, 카드류

② 시청각기록물: 인화사진, 사진필름, 영화필름

2. 기록물 수집·이관 시 유형별 보존상자 및 보호대책 마련 후 이송, 서고 보존 시 온도·습도 등 환경조건 고려 필요

3. 전자기록물 유형의 다양성

① 컴퓨터 기반 전자기록물의 콘텐츠 유형 다양화

② 인터넷 발전으로 웹(Web), SNS 기록 증가

③ 시청각기록물에 해당하는 3D, 멀티미디어 포함

4. 이관 방법

① 전자기록물은 유형과 관계없이 파일(File) 형태

② 온라인 이관(네트워크 이용), 오프라인 이관(디지털 기록매체 이용)

5. 전자서고(스토리지 시스템) 운영

① 저장 콘텐츠 유형과 관계없이 일정한 온·습도 유지

② 24시간 운영 필수

6. 국가기록원 및 기관 기록 관리

① 모든 기록은 전자적 기반하에 생산

② 네트워크·디지털기록매체 이용한 이관 후 보존·관리

③ 국가기록원의 영구기록물관리시스템(CAMS) 및 대통령기록물관리시스템(PAMS)에서 관리

Ⅰ 대통령기록물의 공개

1. 원칙

대통령기록물은 공개를 원칙으로 함.

2. 이관 시 공개 여부 분류

대통령기록물생산기관의 장은 기록관으로 이관할 때 공개 여부를 분류하여야 함.

3. 비공개 기록물의 재분류

① 비공개로 분류된 기록물은 이관 후 5년이 경과한 후 1년 내에 공개 여부를 재분류하여야 함.

② 첫 번째 재분류 이후, 2년마다 전문위원회의 심의를 거쳐 재분류를 시행함.

4. 공개 시한

비공개 대통령기록물은 생산연도 종료 후 30년이 경과하면 공개를 원칙으로 함.

5. 국가안전보장 예외

생산 후 30년이 경과한 기록물이라도 국가안전보장에 중대한 지장을 초래할 경우, 전문위원회의 심의를 거쳐 비공개 유지 가능함.

Ⅱ 대통령지정기록물의 보호

1. 지정 대상

(1) 대통령지정기록물

대통령은 특정 대통령기록물을 "대통령지정기록물"로 지정하고, 일정 기간 동안 열람 · 사본제작 및 자료제출을 제한할 수 있음.

(2) 지정 대상 기록물

① 군사 · 외교 · 통일 관련 비밀기록물로서 국가안전보장에 중대한 위험을 초래할 가능성이 있는 기록물

② 대내외 경제정책, 무역거래 및 재정 관련 기록물로서 국민경제 안정을 저해할 가능성이 있는 기록물

③ 정무직공무원 등의 인사 관련 기록물

④ 개인의 사생활과 관련된 기록물로서 공개 시 개인 및 관계인의 생명 · 신체 · 재산 · 명예에 침해 우려가 있는 기록물

⑤ 대통령과 보좌기관 · 자문기관 간 또는 기관 간 생산된 의사소통기록물로서 공개가 부적절한 기록물

⑥ 대통령의 정치적 견해나 입장을 표현한 기록물로서 공개 시 정치적 혼란을 초래할 가능성이 있는 기록물

2. 보호기간 설정

① 보호기간은 기록물 유형별로 세부 기준을 마련하여 지정함.

② 보호기간 지정은 대통령기록관 이관 전까지 완료하여야 하며, 지정 절차는 대통령령으로 규정함.

③ 기본 보호기간은 15년 이내이며, 개인의 사생활과 관련된 기록물은 30년 이내로 설정 가능함.

3. 제한적 열람 허용

(1) 의의

보호기간 중에도 다음 조건을 충족할 경우, 최소한의 범위 내에서 열람 · 사본제작 및 자료제출이 허용됨.

(2) 제한적 열람 허용 조건

① 국회 재적의원 3분의 2 이상의 찬성 의결이 있는 경우.

② 관할 고등법원장이 해당 기록물이 중요한 증거라고 판단하여 영장을 발부한 경우.

③ 단, 국가안전보장, 외교관계, 국민경제 안정에 심각한 영향을 미칠 우려가 있으면 영장 발부 불가함.

④ 대통령기록관 직원이 기록관리 업무 수행상 필요하여 대통령기록관장의 사전 승인을 받은 경우.

Theme **03** 디지털 기록매체

Ⅰ 의의

1. 전자기록매체

① InterPARES(International Research on Permanent Authentic Records in Electronic Systems) 프로젝트에서 전자기록을 아날로그 기록과 디지털 기록으로 분류함.

② 이에 기초하여 전자기록매체(이후 '전자매체'라 함)를 아날로그 기록매체와 디지털 기록매체로 구분함.

구분		기준
전자 기록 매체	아날로그 기록 매체	아날로그 전기신호를 사용하여 정보를 수록하는 매체
	디지털 기록 매체	Binary 형태의 전기 · 전자 신호를 사용하여 정보를 수록하는 매체

2. 아날로그 기록매체

① 아날로그 기록매체 대부분은 현재 거의 사용되지 않으며, 주로 테이프 형태로 존재함. 가정용 비디오테이프(VHS 테이프) 및 음악 등을 수록한 카세트테이프가 대표적임.

② 방송용으로 사용되었던 방송 전용 비디오테이프도 존재하나, 디지털 방식의 비디오테이프 및 디지털파일 생산 방식에 밀려 점차 사라지는 추세임.

③ 여전히 아날로그 테이프에 기록이 수록된 경우, 빠른 시간 내 매체이전이 바람직함.

④ 자기테이프의 특성은 아날로그 및 디지털에 관계없이 유사한 면이 있음.

3. 디지털 기록매체

① 디지털 기록매체는 컴퓨터에 내장되거나 간단하게 직접 연결하여 사용할 수 있으며, 별도의 외부장치를 통해 간접적으로 연결하여 사용 가능함.

② 컴퓨터 등장과 함께 사용된 디지털 기록매체는 다양하며, 대표적으로 디지털 자기테이프(비디오, 오디오, LTO 등), 하드디스크, 플로피디스크, 광디스크(CD, DVD, Blu-ray), 반도체 계열 저장매체(USB, SSD, CF), 스토리지 등이 있음.

Ⅱ 디지털 자기테이프

① 디지털 자기테이프는 아날로그 자기테이프와 유사하나, 연속적인 신호를 기록하는 아날로그와 달리 바이너리(binary) 패턴 신호를 기록함.

② 전산실에서 자료 백업용으로 사용하는 LTO(Linear Tape Open) 테이프가 대표적이며, 디지털 자기매체는 방송용으로도 많이 사용됨.

③ 아날로그 및 디지털 자기테이프 단점으로는 순차 접근 방식으로 인해 검색 속도가 느리며, 강한 자기장에 취약하고, 장기 보존 시 주기적 되감기 필요함. 이에 따라 임시 저장용으로 적합하다고 여겨짐.

④ 최근 테이프 스토리지에 대한 개념 변화로 전자기록 장기 보존매체로서의 평가에 대한 논의가 이루어지고 있음. 기술 발전에 따른 테이프 스토리지의 장기보존 가능성에 대한 추가 검토 필요함.

Ⅲ 플로피디스크

① 개인용 컴퓨터 등장과 함께 사용된 대표적 저장매체이나 현재 거의 사용되지 않음.

② 가장 많이 사용된 것은 3.5인치 및 5.25인치 매체이며, 읽기 및 쓰기 장치(드라이브)도 구형화되어 사용이 어려운 실정임.

③ 장기간 방치 시 습도와 먼지로 인해 데이터 읽기 불가능한 경우가 많음.

④ 플로피디스크에 중요한 기록이 저장된 경우, 빠른 매체이전이 바람직함.

Ⅳ 하드디스크

1. 의의

(1) 개념 및 구조

① 하드디스크는 자성체로 코팅된 알루미늄 기판에 정보를 저장하는 저장장치임.

② 내부에는 플래터(Platter)라는 자기 디스크가 있으며, 헤드(Head)가 플래터 위를 이동하며 데이터를 읽고 씀.

(2) 구분

① 하드디스크는 내장형과 외장형으로 구분됨.

② 외장형 하드디스크는 내장형 하드디스크에 휴대용 케이스를 추가한 형태로, 동작 원리와 데이터 기록 방식은 내장형과 동일함.

③ 외장형 하드디스크의 주요 특징은 컴퓨터 내부가 아닌 외부에서 사용 가능하며, 필요시 분리하여 이동할 수 있다는 점임.

(3) 중요성 및 시장 확장

① 하드디스크는 컴퓨터의 핵심 하드웨어 중 하나이며, 저장된 정보로 인해 그 중요성이 큼.

② 정보 저장의 필요성 증가, 네트워크 고속화, 휴대성에 대한 사회적 요구 확대에 따라 하드디스크 시장이 급격히 성장함.

③ 용량, 성능, 가격 측면에서 경쟁력이 높아 메모리 분야에서 우위를 가짐.

2. 하드디스크 구조

① 디스크의 주요 부분은 오염 방지를 위해 외부 공기 차단됨.

② 하드디스크 어셈블리(HDA, Hard Disk Assembly)는 하드디스크 구성 장치 및 부품을 의미함.

③ 구성 요소에는 플래터, 헤드, 암, 액추에이터, 스핀들, 스핀들 모터, PCB 등이 포함됨.

Ⅴ 광디스크

1. 개념 및 특성

자기매체(테이프, 하드디스크 등)와 달리 충격, 자기장 등의 영향을 받지 않는 오프라인 매체로 기록물의 장기 보존에 적합함.

2. WORM 방식과 기록층 물질

① WORM 방식의 광디스크 수명은 기록층(dye layer)의 물질에 따라 달라질 수 있으나, 이는 수명을 결정하는 하나의 요소일 뿐 절대적이지 않음.

② 기록층을 구성하는 물질의 양에 따라 고배속 및 고밀도 기록 여부가 달라짐.

3. 기록속도 및 밀도 변화

① 기록속도는 1배속(×1)에서 52배속(×52)으로 증가하였으며, 지속적으로 발전하는 추세임.
② 기록밀도는 CD-R의 경우 650MB에서 800MB로 증가함.
③ 고배속 디스크는 기록층 물질을 적게 사용하여 기대수명이 짧음.
④ DVD-R은 기록층 물질을 더욱 적게 사용하여 CD-R보다 데이터 기록 속도가 높음.

4. 속도와 수명 관계

① 디스크 수명을 늘리기 위해 속도를 줄여도 근본적인 해결책이 되지 않음.
② 저속 기록에 적합한 디스크라도 고배속으로 기록하면 기록 시 많은 에러 발생 가능성이 높아짐.

5. 최적 기록속도

① 제조사가 표기한 최대 배속이 항상 최적의 기록품질을 보장하는 것은 아님.
② 업계에서는 일반적으로 4배속 기록 시 최적의 기록품질을 얻을 수 있다고 평가함.

Ⅵ 반도체 저장매체

1. 의의

① 플래시 메모리(flash memory)는 데이터를 저장, 보관할 수 있는 반도체의 일종.
② 롬(ROM)은 데이터 저장 후 삭제나 수정 불가능, 램(RAM)은 삭제 및 수정 가능하지만 전원 차단 시 데이터 소멸.
③ 플래시 메모리는 데이터 저장 및 삭제가 자유롭고 전원 차단 후에도 데이터 보존 가능.
④ 반도체 메모리의 특징을 활용하여 정보를 저장하는 장치가 반도체 저장매체.

2. USB 저장매체

① USB(Universal Serial Bus)는 컴퓨터와 주변기기 간 데이터 전송을 위한 버스(bus) 규격.
② 1990년대 후반부터 개인용 컴퓨터에 USB 장치 사용 가능, 보급률 높음.
③ USB는 컴퓨터 전원이 켜진 상태에서도 장치 연결 및 제거 가능, 편의성 우수.
④ USB와 플래시 메모리를 결합한 제품이 USB 플래시 드라이브(USB flash drive), 즉 USB 메모리.
⑤ USB 메모리는 손가락 크기의 막대형 본체에 USB 커넥터 노출 형태.

⑥ 내부 구성은 플래시 메모리 칩과 데이터 전송 제어 컨트롤러(controller)로 이루어짐.

3. SSD(Solid State Drive)

(1) 의의

① SSD(Solid State Drive)는 반도체를 이용한 저장장치.
② 하드디스크(HDD)는 자성체를 입힌 알루미늄 플래터 회전 방식으로 데이터 읽기 및 쓰기 수행.
③ SSD는 플래시 메모리로 이루어진 대용량 USB 저장매체 형태로 하드디스크 대체 가능.

(2) 빠른 속도와 내구성

① 하드디스크는 기계식으로 외부 충격에 약함, SSD는 충격에 강함.
② 하드디스크는 기계적으로 헤드를 움직여 데이터 저장 및 검색, SSD는 전기 신호를 이용하여 데이터 접근.
③ SSD는 데이터 접근 시간(access time)이 거의 없음.

(3) 낮은 소음과 전력소모량

① 하드디스크는 플래터 회전으로 인해 소음 및 전력 소모 발생.
② SSD는 디지털화된 방식으로 작동하여 소음 없음.
③ 하드디스크의 최소 전력 소모량은 3W 이상, SSD는 1W 미만으로 전력 소모 적음.
④ 동일한 배터리 사용 시 SSD는 하드디스크보다 사용 시간이 더 길어짐.

Ⅶ 스토리지

1. 개념

스토리지(Storage)는 저장매체로 분류하기보다는 전자서고에 해당함.

2. 일반 스토리지

① 전자기록물은 디지털 기록매체 또는 네트워크를 통해 이관된 후, 안전한 관리를 위해 일반 스토리지에 저장됨.
② 일반 스토리지는 정보의 쓰기, 수정 및 삭제가 가능해야 함.

3. 아카이빙 스토리지

(1) 개념

① 최종 전자기록물은 수정 및 삭제가 불가능한 저장매체로 옮겨져야 하며, 이를 아카이빙 스토리지라고 함.
② 아카이빙 스토리지는 일정 기간 동안 수정 및 삭제가 불가능하며, 접근 관리 및 자동 검사 기능을 포함해야 함.

(2) WORM 기능

① 아카이빙 스토리지는 변경되지 않는 고정 콘텐츠를 장기간 위·변조 없이 보관할 수 있는 저장장치임.

② WORM(Write Once Read Many) 기능을 통해 데이터 저장 후 수정이 불가능하도록 하여 무결성과 신뢰성을 보장함.

Theme **04** 컴퓨터와 정보

I 컴퓨터와 디지털 데이터

1. 의의

① 디지털 방식으로 구동되는 컴퓨터를 디지털 컴퓨터라고 지칭.

② 디지털 컴퓨터는 데이터 표현, 처리, 전송 등의 모든 작업을 이산적(discrete)으로 처리하는 특징을 가짐.

③ 아날로그 방식과 대비되는 개념으로, 아날로그 방식은 데이터를 연속적인 상태로 나타냄.

2. 디지털과 아날로그

(1) 아날로그 방식

① 사물이나 개념을 연속적인 값으로 표현하는 방식

② 예: 자동차 계기판이 자동차의 속력을 연속적으로 측정하여 표시

(2) 디지털 방식

① 사물이나 개념을 특정 단위로 끊어서 표현하는 방식

② 'digit'(손가락)에서 파생된 용어로, 손가락을 이용한 셈 방식과 유사

(3) 데이터 전송과정 차이

① 아날로그 방식: 0과 1 사이의 실수값 전송

② 디지털 방식: 0 또는 1의 값만 전송

(4) 장단점 비교

① 디지털 방식: 외부 간섭에 강한 특성

② 아날로그 방식: 연속적인 값 전송에 적합, 전류량 측정 등의 작업에서 유리

(5) 아날로그 신호의 디지털화

① 아날로그 신호를 일정 시간마다 샘플링하여 디지털화한 후 전송 가능.

② 음성 데이터나 이미지 데이터의 샘플링을 통해 디지털 방식으로 처리됨.

II 디지털 컴퓨터

1. 의의

(1) 2진법을 활용한 데이터 표현

① 디지털 방식, 특히 2진법을 사용하여 데이터를 표현 및 처리하는 컴퓨터.

② 1(전기가 흐르는 상태)과 0(전기가 흐르지 않는 상태)로 데이터 표현 및 처리 수행.

(2) 두뇌의 정보처리 방식과 유사성

① 두뇌의 신경세포(약 1000억 개)와 유사하게 컴퓨터의 트랜지스터(1억 개 이상)가 신호를 주고받아 연산 수행.

② 1초에 10억 개 이상의 신호를 주고받으며 복잡한 연산 수행.

2. 컴퓨터에서 2진법이 사용되는 이유

(1) 10진법의 보편성

① 인류가 손가락을 이용해 셈을 해 온 역사적 배경.

② 직관적으로 10진법을 받아들이기 쉬움.

(2) 전기적 신호 기반의 2진법 사용

① 전압을 10단계로 구분하면 모호성이 발생하고 기술적 구현이 어려움.

② 전기적 구현의 난이도가 낮은 2진법이 현실적으로 유리함.

3. 양자 컴퓨터

(1) 기존 전자 디지털 컴퓨터의 비트(bit) 단위 데이터 표현 비트는 0 또는 1의 두 가지 상태만 가질 수 있음.

(2) 양자 컴퓨터(quantum computer)의 데이터 표현 방식

① 0, 1 이외에 다양한 상태를 활용.

② 트랜지스터 대신 양자를 이용하여 연산 수행.

③ 양자의 회전(spin) 방향을 기준으로 값 산정(왼쪽 회전: 0, 오른쪽 회전: 1).

(3) 양자의 중첩(superposition)

① 양자는 왼쪽과 오른쪽으로 동시에 회전 가능.

② 양자역학적 개념인 중첩 현상을 이용하여 연산 수행.

III 2진법을 이용한 데이터 표현

1. 의의

① 현대 디지털 컴퓨터는 0과 1의 신호만으로 동작하므로, 데이터 및 명령문 또한 0과 1로 표현됨.

② 내부적으로 수는 10진법이 아닌 2진법으로 표현되며, 문자나 명령어 또한 2진법 수로 변환하여 코드로 암호화함.

2. 컴퓨터에서의 수 표현

① 사용자는 10진법 형태로 수를 입력하며, 컴퓨터는 이를 2진법으로 변환하여 처리한 후 다시 10진법으로 변환하여 출력함.

② 자연수의 경우 10진법과 2진법 간 변환이 용이하며, 음수는 2의 보수(2's complement) 개념을 이용하여 2진법으로 표현됨.

③ 실수의 경우 10진법 실수를 2진법으로 완벽하게 변환하는 것이 불가능하며, 근사값을 사용하므로 실수 연산에서 약간의 오차 발생 가능성 존재함.

3. 컴퓨터의 문자 표현

(1) 컴퓨터에서의 문자 표현 방식

① 디지털 컴퓨터는 2진법을 사용하여 수를 표현할 수 있으나, 문자는 직접 표현할 수 없음.

② 이를 해결하기 위해 문자를 특정 숫자로 암호화하여 표현하는 방식이 개발됨.

③ 예시: 'A'는 65, 'B'는 66으로 암호화되어 'ABBBA'는 '65 66 66 66 65'로 표현됨.

(2) 문자 코드의 표준화

① 1986년 '아스키(ASCII, American Standard Code for Information Interchange)'로 표준화되어 전 세계적으로 사용됨.

② 한글은 EUC-KR을 사용하며, 전 세계 문자를 표현하기 위한 유니코드(unicode)도 존재함.

(3) Baudot 코드

① 1874년경 프랑스 전신 기술자인 Baudot의 이름에서 유래되었으며, 미국의 머레이(Marray)의 이름을 따서 Murray 코드라고도 불림.

② 5비트 코드로 구성되며, 32개의 문자만 표현 가능함.

③ 코드 확장 기능을 가진 문자를 활용하여 표현 가능한 문자 수를 증가시킴.

(4) ASCII 코드

① ASCII(American Standard Code for Information Interchange)는 7비트의 문자 데이터와 패리티(parity) 검사를 위한 1비트를 포함한 8비트 코드임.

② 특정 지역에서만 사용되는 특수 문자(special character)도 포함됨.

③ 예시: 'W'는 한국에서 사용하는 화폐 기호임.

(5) 유니코드(unicode)

① 기존 문자 처리 체계는 8비트 단위로 구성되어 영어권에서는 문제가 없었으나, 한국, 중국, 일본 등의 문자 체계에서는 16비트 단위가 필요함.

② 문자 코드의 길이 차이로 인해 외국어 데이터를 자국어로 변환하는 어려움이 발생함.

③ 다양한 프로그램이 서로 다른 인코딩 방식을 사용하여 데이터, 프로그램, 시스템 간 호환성과 확장성에 문제를 초래함.

④ 이를 해결하기 위해 모든 문자를 통합한 유니코드(unicode)가 개발됨.

Ⅳ 컴퓨터와 프로그램

1. 의의

① 컴퓨터는 2진법 체계로 구동되며, 0과 1로 구성된 명령문을 처리함.

② 일반 사용자는 2진 코드 명령문을 직접 사용하기 어려우므로, 프로그램을 설치하여 사용함.

2. 프로그램

(1) 개념

① 컴퓨터가 작업을 자동으로 처리할 수 있도록 처리방법 및 순서를 컴퓨터 언어 형태로 기술한 것.

② 컴퓨터 하드웨어는 논리적·산술적 연산만 수행 가능하며, 프로그램에서 지시한 명령을 순차적으로 실행하여 복잡한 작업을 처리함.

(2) 프로그램과 대응절차의 유사성

홍수 경보 발생 시 대응절차를 참조하여 행동하는 것처럼, 컴퓨터는 프로그램의 명령어를 차례로 이행하여 특정 작업을 수행함.

3. 알고리즘

(1) 의의

① 프로그램은 프로그래머(programmer)에 의해 제작되며, 프로그래머는 컴퓨터 전문지식을 바탕으로 사용자가 편리하게 이용할 수 있는 프로그램을 구현함.

② 알고리즘(algorithm)은 페르시아 수학자 알-콰리즈미의 이름에서 유래된 개념으로, 문제 해결을 위한 단계별 절차를 수학적으로 기술한 것.

③ 프로그램은 알고리즘을 컴퓨터가 이해할 수 있는 형태로 구현한 것이며, 알고리즘은 프로그램의 수학적 모형임.

(2) 알고리즘이 되기 위한 조건

① 입력: 0개 이상의 데이터 입력 필요.

② 출력: 1개 이상의 결과 출력 필요.

③ 명확성: 각 수행 단계는 명확해야 하며, 모호한 해석이 없어야 함.

④ 유한성: 유한 번의 단계 수행 후 종료되어야 함.

⑤ 효율성: 간단명료한 연산으로 구성되어야 함.

(3) 알고리즘의 표현

① 순서도 및 의사코드(pseudo-code) 형태로 표현되며 순서도는 도형 내부에 알고리즘의 단계를 나타내고, 도형 간의 순서를 명시하는 방식으로 기술됨.

② 순서도나 의사코드는 알고리즘을 간단명료하게 표현할 수 있으나, 컴퓨터는 이를 직접 실행할 수 없으므로 프로그래밍 언어로 번역하는 과정이 필요함.

4. 프로그래밍 언어

(1) 의의

① 프로그래머는 특정 문법을 갖는 명령어 체계인 프로그래밍 언어(programming language)를 사용하여 프로그램을 작성함.

② 프로그래밍 언어를 사용하여 프로그램을 제작하는 과정을 프로그래밍(programming)이라 함.

(2) 기계어(machine language)

초기 프로그래밍 언어는 0과 1로 이루어진 기계어로, 가독성이 낮고 실수 발생 가능성이 높음.

(3) 어셈블리어(assembly language)

① 기계어의 가독성을 높이기 위해 명령과 일대일로 대응되는 영단어를 사용하는 언어가 개발됨.

② 어셈블리어는 'push, mov, and' 등의 영단어를 이용하여 기계어를 표현하며, 기계어보다 가독성이 향상됨.

③ 그러나 어셈블리어는 여전히 컴퓨터 하드웨어 전문가가 아니면 사용이 어려우며, 구조적으로 기계어와 유사함.

④ 이후 고급언어(high-level language)가 개발되었으며, 기계어 및 어셈블리어는 저급언어(low-level language)로 분류됨.

(4) 고급언어(high-level language)

C, C++, Java 등은 대표적인 고급언어이며, 프로그램 제작 시간을 단축할 수 있고 특정 기계어에 종속되지 않아 범용적인 환경에서 실행 가능함.

5. 프로그램의 실행

(1) 의의

① 고급 프로그래밍 언어로 작성된 소스 코드(source code)는 컴퓨터에서 직접 실행될 수 없으며, 번역 프로그램을 이용하여 저급언어로 변환해야 함.

② 컴파일러와 인터프리터는 고급언어를 저급언어로 번역하는 프로그램임.

④ 일부 프로그래밍 언어는 컴파일러 및 인터프리터 방식을 모두 지원함.

(2) 컴파일러(compiler)

① 컴파일러는 소스 코드를 한꺼번에 읽어 저급언어로 번역한 후 실행 파일을 생성함.

② 실행 속도가 빠르나, 대규모 소스 코드 번역 시 시간이 소요됨.

(3) 인터프리터(interpreter)

① 인터프리터는 소스 코드를 한 줄씩 읽어 번역과 실행을 반복하며, 실행 파일을 생성하지 않음.

② 소스 코드 크기에 영향을 덜 받으나 실행 속도가 느림.

Theme 05 정보에 대한 정보

Ⅰ 정보 개념의 다양성

1. 의의

정보의 정의는 일반사회와 학문적 사용에서 차이가 있으며, 학문 분야별로 의미가 다르게 사용됨.

2. 여러 분야의 정보에 대한 정의

① 일반사회 · 저널리즘: 실정에 대한 지식 또는 사실내용

② 전산학: 문자 · 숫자 · 음성 · 화상 · 영상 신호에 부여된 의미(bit)

③ 정보학: 인간의 판단 · 행동에 필요한 지식(Knowledge for action)

Ⅱ 어원과 의미

1. 정보

영어 'information'의 번역어

2. information의 어원

inform의 명사형으로, 라틴어 'informare'에서 유래

3. informare의 의미

① '형태를 부여하다(give form to)'

② '특성을 부여하다(give character to)'

③ '지식을 제공하다(furnish with knowledge)'

4. information의 의미 변천

① 14세기 후반: 지시, 가르침의 의미

② 15세기: 사건 · 사실 · 뉴스의 통지 · 보고 · 전달 · 소식 의미 등장

③ 부차적 의미: 정신 또는 성격 형성(formation of mind or character), 정보에 근거한 소식통의 의미 포함

④ 20세기 중반: 정보이론 출현으로 공학적 의미 등장

⑤ 20세기 말: 정보사회 개념 등장으로 사회의 본질적 특성을 나타내는 용어로 사용

5. 자이퍼트(Seiffert)의 견해

(1) 정보 용어의 어원

① 자이퍼트는 '정보(information)'의 어원이 라틴어 "informatio"에 기원을 둔다고 설명함.

② "informatio"는 원래 형태 또는 내용을 제공(providing) 하는 의미였으며, 교육의 뜻으로도 사용됨.

③ 교육의 의미는 가르침, 지도, 교화보다는 진술, 설명, 해명 등을 통한 객관적 교육을 지칭함.

(2) 정보(information)와 교육(education) 개념의 관계

① 정보(information)라는 용어가 1940년대 이전 문헌에 거의 등장하지 않은 이유는 교육적 의미가 "education" 과 부분적으로 동일했기 때문임.

② 당시 교육이 주관적 측면에 집중되었기에 "education" 만으로 충분하여, 정보의 객관적 교육 측면의 의미는 크게 필요하지 않았음.

Ⅲ 정보라는 용어의 수용과 확산

1. 우리나라에서의 정보 용어 사용

정보(information)는 영어에서 유래한 용어로, 우리나라 에서는 1960년대 이후 본격적으로 사용되기 시작함. 서양에서도 1940년대 이전 문헌에서는 거의 등장하지 않음.

2. 번역어로서의 情報

(1) 일본에서의 정보 번역

① 메이지 시대, 森鷗外(모리 오가이)가 1890년경 독일 어 "inform"을 번역하기 위해 "情報"라는 용어를 최초 사용함.

② "情"은 사정·실정을, "報"는 보도·보고를 뜻하여 실 정을 정확히 파악·전달하는 방법으로 정의함.

③ 1927년 岡創由三(오카쿠라 유조)의 新英和辭典에서 "information"을 처음으로 情報로 번역함.

(2) 한국에서의 정보 번역

① 1938년 文世榮이 발행한 朝鮮語辭典에서 "정보"를 "사정의 통지"로 정의한 것이 최초의 사례임.

② 1960~70년대, "정보"는 중앙정보부(CIA)의 활동과 연관되어 두려운 의미로 받아들여짐.

③ 이는 1902년 일본에서 간행된 Dictionary of Military Terms and Expression 및 1936년 模範英和辭典에 서 intelligence를 情報로 번역한 것을 차용한 것으 로 보임.

(3) 현대적 정보 개념의 확산

① 국가정보원의 "정보" 개념도 intelligence에서 기원함.

② 우리나라에서 information을 "정보"로 정착·확산시 키는 데는 1960년대 이후 정보학·전산학의 도입이 중요한 역할을 함.

③ 인터넷의 등장 이후 정보 개념이 사회 전반에 통용되 며, 모든 온라인 서비스가 "정보"라는 이름으로 받아 들여짐.

④ 정보 개념이 다양하고 혼란스럽지만 사회적으로 작동 하며, 이는 포스트모던 사회이자 정보사회의 특징임.

Theme 05-1 정보의 의미와 특성

Ⅰ 정보의 의미

1. 자료, 정보, 지식의 관계

① 자료는 의미가 부여되지 않은 원시적 메시지이며, 정 보는 자료를 분류·가공하여 의미를 부여한 것임.

② 정보가 다시 취사선택되어 문제 해결에 실질적 도움 이 되는 가치를 가지면 지식이 됨.

③ 가치의 수준에서 자료가 가장 낮고, 그다음이 정보이 며, 최종 단계가 지식임.

2. 자료(Data)

① 개인이 이용 가능하나 특정 상황에서 가치가 평가되 지 않은 메시지임(McDonough).

② 세계의 '사실'을 특정 숫자나 상징으로 표현한 것으로 자연 세계의 사실을 기술함 (Perrolle).

③ 자료가 현실성을 가지려면 어떤 형식이든 부호화되어 야 함(Kubler).

3. 정보(Information)

① 자료를 조직화하여 의미를 부여한 것임(Kubler).

② 특정 상황에서 평가된 자료의 표시로, 특정 용도에 대해 평가되었음을 의미함(McDonough).

③ 정보는 단순한 사실의 집합이 아니라, 사실들을 유용 하게 선정·조직화한 데이터의 구조적 특징을 포함 함(Perrolle).

④ 정보는 완전한 형태로 축적된 구성체가 아니므로 지 식과 구별됨(Perrolle).

⑤ 넓은 의미에서 자료처리를 의미함(Bell).

4. 지식(Knowledge)

① 정보의 개념을 일반화하여 표현한 것으로, 정보의 광범한 시간·공간적 관계를 의미함(McDonough).

② 정보를 이해·평가하는 행위를 포함하며, 인간의 관심 및 목적과 관련한 의미를 파악하는 작업임(Perrolle).

③ 지식은 중장기적 영향을 가지며 항상적인 의미를 지니지만, 정보는 보다 쉽게 새로운 정보로 대체될 수 있음(Perrolle).

④ 지식은 '사고되는 것'이며, 정보는 '알려지는 것'임(Perrolle).

⑤ 정보나 데이터가 인식·해석·분석 등의 인지적 과정을 거쳐 경험과 결합하여 창출됨(Kubler).

⑥ 경험한 기억 없이는 지식이 형성될 수 없으며, 정보가 단순한 사실을 의미하는 것이라면, 지식은 정보를 토대로 새로운 것을 추론하는 과정임(Kubler).

핵심 정리 자료, 정보, 지식

① 데이터 = 평가되지 않은 메시지
② 정보 = 데이터 + 특정 상황에서의 평가
③ 지식 = 정보 + 장래 일반적 사용에 대한 평가

핵심 정리 지식 경영의 지식 분야

① 노후(Know-Who) = 특정 주제를 조직 내에서 가장 잘 아는 사람에 관한 정보
② 노왓(Know-What) = 실질적 기술 지식 및 사고
③ 노하우(Know-How) = 특정 행동을 수행하는 절차 지식
④ 노웨어(Know-Where) = 특정 주제 관련 도움, 지침, 전문성 확보 방향에 대한 지식
⑤ 노와이(Know-Why) = 사고, 행동, 절차, 서비스의 논리적 근거
⑥ 노웬(Know-When) = 행동 취하거나 억제할 최적 시점에 대한 통찰

핵심 정리 노하우(Know-How)와 노웨어(Know-Where)

① 글로벌화 및 정보화의 심화로 노하우보다 노웨어가 강조되는 시대
② 노웨어 개념의 세분화 및 노후(know-who)와의 구별
③ 비용과 시간 투자보다 필요한 노하우 보유자의 탐색 및 최적 결과 도출 능력 강조

Ⅱ 정보와 지식의 차이

1. Bell

(1) 정보

넓은 의미에서 자료처리를 뜻하는 개념

(2) 지식

① 사실이나 견해에 대한 진술이 조직화된 체계

② 사유된 판단이나 실험결과를 제시하는 개념

③ 통신매체를 통해 체계적 형태로 전달되는 특징

2. Machlup

(1) 정보

① 단편적이고 특정한 성격
② 적시적이며 일시적이고 수명이 짧은 특징
③ 메시지의 흐름을 나타내는 개념
④ 의사소통을 통해 획득되는 특성

(2) 지식

① 구조적이고 결합적이며 때로는 보편적인 성격
② 영속적인 중요성을 가지는 개념
③ 정보의 입수로 인해 추가, 재구성, 변화되는 축적
④ 사고를 통해 획득되는 특성

3. Teskey

(1) 정보

데이터의 구조화된 집합

(2) 지식

새로운 정보에 의해 생산되거나 수정될 수 있는 실세계에 대한 모형

Ⅲ 관점에 따른 정보의 개념 분류

1. Schiller

① 정보이론적 관점
② 정보사회론적 관점
③ 정치경제학적 관점

2. Webster

① 의미적(질적) 관점
② 비의미적 관점(정보이론, 정보사회, 경제학적 관점)

Ⅳ 정보의 특성

1. 자원으로서의 정보

① 정보자원 자체의 가치보다 다른 자원들과 결합하여 그 가치가 배가되는 특성

② 분배해도 감소되지 않고 새로운 사용자에 의해 가치가 더욱 증대되는 특성

③ 생산, 가공, 판매가 가능한 하나의 상품으로 취급되는 특성

④ 역동적 자원으로 정보교환 통제가 어려운 특성

⑤ 자기 규제적이고 자체 조직적이므로 정보 간 융합이 용이한 특성

⑥ 정보를 통제하고 분배하는 집단이 정보 계층을 생성하는 특성

⑦ 소멸되거나 완전한 통제가 불가능하며 새로운 정보와 지식 개발에 재사용되는 무한한 성장가능성

2. 상품으로서의 정보(Robinson)

① 공익적 목적의 무료정보에서 지적재산권이 인정되는 유료정보까지 다양성 존재

② 상대적으로 낮은 비용으로 무한 생산이 가능한 특성

③ 사용기간에 따라 감가상각되지 않는 특성

④ 저장을 통한 장기간 보존 가능성

3. 일반재화와 구별되는 정보

① 무형성: 일정한 형태를 갖추지 않고 유동적인 특성

② 적시성: 전달속도와 획득시점이 중요한 특성

③ 독점성: 공개정보보다 반공개, 반공개보다 비공개정보가 더 큰 가치를 지니는 특성

④ 비소모성: 타인에게 이전해도 여전히 남아 여러 사람이 이용 가능한 특성

⑤ 가치의 다양성: 정보이용자의 필요성에 따라 가치가 다양하게 존재하는 특성

⑥ 자기조직성: 결합·가공되어 보다 높은 차원의 정보가 형성되는 정보 간 융합 특성

⑦ 누적가치성: 생산·축적될수록 가치가 증가하는 특성

⑧ 비분할성: 데이터의 집합체로 전달 및 사용될 때 의미를 지니는 특성

⑨ 결과지향성: 노력의 세계가 아닌 결과의 세계에 속하는 특성

⑩ 매체의존성: 전달매체를 통해서만 전달이 가능한 특성

⑪ 무한 재생산성: 복제를 통해 낮은 가격으로 무한 재생산이 가능한 특성

⑫ 무한 가치성: 공유할수록 총 가치가 무한히 증가하는 특성

4. 정보재로서의 특징

① 비경합성과 비배제성을 지니는 공공재의 특성

② 생산량 증가에 따른 평균비용 감소로 규모의 경제 발생

③ 파괴불가능성으로 한번 생성되면 영원히 존재하는 특성

④ 재생산가능성으로 두 번째 이후 단위 생산이 용이한 특성

⑤ 경험재로 실제 사용 전에는 가치 판단이 어려운 특성

⑥ 수정 및 보완이 용이한 특성

Ⅰ 정보이론적 관점

1. 의의

① 1950년대 등장한 관점으로, 정보의 흐름을 중시하며 통계적으로 표현하는 수학적 이론에 근거함.

② 정보를 의미 중심이 아닌 시그널(signal) 중심으로 해석하여, 정보의 양을 '비트(bit)'로 측정하고, 상징 발생 확률의 관점에서 정의함.

③ Wiener의 사이버네틱스 이론과 Shannon의 수학적 커뮤니케이션 이론이 기본적 토대가 됨.

④ 정보는 내용과 무관하게 정의되며, 에너지나 물질과 같이 물리적 요소로 간주됨.

2. 대표적 학자

(1) Shannon

① 모든 정보는 'either-or'의 선택 상황(컴퓨터에서는 0과 1로 표현)으로 나누어짐.

② bit가 정보를 구성하는 기본 단위이며, 모든 정보는 bit 단위로 계량화 가능함.

(2) Wiener

정보는 기호로 전달되는 메시지가 가진 인공적 의미 형식의 구조, 질서의 크기임.

(3) Shannon and Weaver

정보는 불확실성을 감소시키는 요인으로, 엔트로피(entropy)의 감소를 초래함.

3. 특징

① 정보를 내용적·질적 측면이 아닌 형식적·양적 측면에서 정의함.

② 정보를 사상의 불확실성을 감소시키는 요인으로 간주함.

③ 정보의 팽창에 대한 낙관적 견해와 긍정적 의미 부여의 원천을 제공함.

④ 정보는 의미 내용과 무관한 중립적 개념이며, 형식과 문법에만 주목함.

⑤ 사회적 불확실성 관리를 위해 정보가 대량으로 생산, 가공, 저장, 전달됨.

⑥ 정보는 새로운 지식을 의미하며, 불확실성으로 인한 사회적 비용 감소 효과를 가짐.

⑦ 정보 및 통신의 기술적·형식적 측면에 초점을 둠.

⑧ 정보 및 통신공학의 발달에 이론적 기틀을 제공함.

Ⅱ 정보사회론적 관점

1. 의의

① 1960년대 말~1970년대 초 등장한 정보사회(information society)론 혹은 탈산업사회론적 관점
② 지식이 사회의 주된 재화 또는 생산요소로 등장하는 사회로, 사회변화의 추세를 묘사하고 예측하는 데 초점을 둔 관점
③ 정보자원이 기존 자원의 한계를 극복하고, 저성장, 실업, 스태그플레이션, 석유파동 및 에너지 위기, 환경오염 등의 문제를 해결할 수 있는 자원으로 작용하여 많은 사람들에게 저렴한 비용으로 혜택을 제공한다고 주장

2. 대표적 학자

(1) Cleveland

① 정보자원의 생산 및 재생산은 열역학의 법칙을 따르지 않음
② 정보는 확대 및 압축이 가능하고, 대체 및 이동이 가능하며, 누설되기 쉽고 공유할 수 있음

(2) Thompson

정보는 고정비용이 크지만 가변비용이 거의 없음

3. 특징

① 정보가 가장 중요한 재화, 수단, 요소, 자원으로 등장
② 정보의 생산 및 재생산은 확대·압축할 수 있으며, 대체 및 이동이 가능하고, 누설되기 쉬우며 공유 가능
③ 정보가 사회에서 가장 중요한 공공재적 성격을 가짐
④ 물질적 재화가 아닌 지식·정보와 같은 정신적 재화가 부의 원천이 됨
⑤ 산업사회의 주요 생산요소였던 노동과 자본이 정보사회에서는 지식으로 대체됨

Ⅲ 정치경제학적 관점

1. 정보의 상품화

① 정보를 단순한 자원이 아닌 상품으로 취급함
② 정보의 가치에 대한 관심을 강조함
③ 정보 이용 방식에 따라 부와 빈곤, 지배와 굴욕, 사회적·정치적 갈등이 발생할 수 있음

2. 대표적 학자

(1) Harrington

정보는 의사결정자의 행동 선택에 도움을 줄 때 효율성(utility)을 지님

(2) Davis and Olson

정보의 가치는 의사결정 행위 변화의 가치 정도에 따라 결정됨

(3) Robinson

정보는 낮은 비용으로 무한 생산 가능하며, 사용기간에 따라 감가상각되지 않음

3. 특징

(1) 정보의 이중적 성격

① 공공재적 성격과 사유재적 성격을 동시에 소유함
② 자원으로서의 정보는 공공재적 성격, 상품으로서의 정보는 사유재적 성격이 강조됨

(2) 사회구조와 정보사회

① 사회적 생산관계의 구조가 정보기술 발전과 사회변동을 결정함
② 기본적 생산관계 동질성을 강조하여 정보사회 가능성을 과소평가할 위험이 있음

(3) 분석적 시각과 한계

① 정치적·사회적 현상으로 확장하여 포괄적 분석 가능함
② 구체적 삶을 기반으로 정보사회를 분석하는 데 가장 적절한 관점을 제공함
③ 평가할 수 없는 것에 값을 매기고, 정보의 내용을 돈의 잣대로 대체함으로써 인상적인 통계치를 만들 수 있으나, 정보의 본질적 의미를 상실할 위험이 있음

Ⅳ 의미론적 관점

1. 의의

① 정보량 증가가 새로운 사회 형성을 의미한다는 주장에 반대하는 관점임.
② 정보의 의미론적(semantic) 개념에 기반하여 특정 쟁점, 분야 및 경제적 과정에서 정보가 새로운 시기를 구성함을 강조함.

2. 대표적 학자

(1) Daft

정보는 의미 있는 자료로서 수신자의 행위를 바꾸는 자료임.

(2) Bartol and Martin

정보는 의사결정자에게 의미 있는 형태로 분석·처리된 자료임.

(3) Webster

정보는 의미를 가지며 주제를 포함하고, 사물이나 사람에 대한 지침이나 지시를 제공함.

(4) Roszak

① 정보의 양적 접근보다 사고와 의미론적(질적) 관여가 우선함을 강조함.

② 정보의 탈의미화 문제를 지적하며, 정보가 송신자와 수신자를 연결하는 단순한 부호화된 요소로 다루어질 위험성을 경고함.

③ 정보이론이 양적 처리에 치중한 나머지 질적 중요성을 간과하는 오류를 지님을 지적함.

3. 특징

① 정보를 내용적, 질적, 의미론적 측면에서 정의함.

② 기존 일반론적·양적 정의에 대한 비판을 통해 Roszak에 의해 제기된 개념임.

③ 데이터, 자료, 정보, 지식·지혜 등의 개념을 차별화하여 구별함.

④ 정보의 소유와 인식(알게 됨)을 구별함.

⑤ 일상생활에서 정보 교환 시 사람들의 주요 관심사는 정보의 의미와 가치에 있음.

Theme 06 정보의 법적 개념

Ⅰ 의의

1. 정보의 개념과 법률적 정의

① 정보는 데이터, 지식, 기록된 사항을 포함함.

② 법률적 정의의 필요성이 존재하며, 정보의 발생, 유통, 소멸 과정에서 법적 규율의 중요성이 강조됨.

③ 각 법률에서 정보의 정의는 입법 목적에 따라 상이함.

2. 정보의 법적 성격과 지위 논란

(1) 논란의 배경

① 정보의 법적 성격과 지위에 대한 논란이 존재함.

② 기존 법률의 해석을 통해 해결하거나 입법적으로 해결함.

(2) 「민법」상 물건과 정보의 관계

① 「민법」상 물건은 '유체물 및 전기 기타 관리할 수 있는 자연력'으로 정의됨.

② 정보가 이에 해당하는지 여부에 대해 긍정설과 부정설이 대립함.

③ 합목적적 해석에 따르면 정보는 경제적 가치를 지닌 관리 가능한 자연력으로서 물건에 포함됨.

3. 「형법」상 정보 개념의 문제

(1) 절도죄와 정보

① 게임 아이템 절취의 경우, 정보는 절도죄의 객체인 재물에 해당하지 않음.

② 따라서 절도죄로 처벌 불가하나 업무방해죄 적용 가능.

(2) 음란물 배포와 법적 적용

① 「형법」상 음란물 반포죄 적용이 어려움.

② 이에 따라 「정보통신망법」에서 음란 정보 배포 처벌 규정을 신설함.

Ⅱ 정보사회에서 정보기본권의 보장

1. 의의

① 정보사회에서 새롭게 등장한 정보기본권이 존재함.

② 2018년 3월 26일 대통령이 제출한 「헌법」개정안에서 알권리와 개인정보 자기결정권이 명시됨.

2. 알권리

(1) 개념

① 자유로운 정보 수집 및 정보공개 청구 권리를 의미함.

② 현행 헌법에 명문 규정은 없으나 일반적으로 인정됨.

(2) 정보공개 청구제도

① 국민의 알권리를 보장하는 대표적 제도로, 공공기관은 원칙적으로 정보를 공개해야 함.

② 헌법에 명시할 필요성이 제기됨.

3. 개인정보 자기결정권

(1) 개념

자신의 정보가 언제, 누구에게, 어느 범위까지 알려지고 이용될지를 정보 주체가 결정할 수 있는 권리임.

(2) 법적 인정

① 2005년 헌법재판소 결정에서 최초로 인정됨(헌재 2005. 5. 26. 99헌마513외).

② 경찰청장의 지문정보 전산화 및 범죄수사 이용이 개인정보 자기결정권 침해 여부를 두고 논란이 됨.

③ 이후 정보사회의 핵심적 기본권으로 자리 잡음.

4. 정보격차

(1) 정보격차의 개념과 문제점

① 정보격차는 전통사회의 빈부격차와 비교될 정도로 중요한 문제임.

② 정보 접근 및 이해의 차이가 사회·경제적 격차를 초래함.

(2) 정보격차 해소 방안

① 인터넷접속 보편적 서비스, 통신 요금 감면제도 등이 도입됨.

② 인간다운 생활 보장을 위한 복지제도에 해당됨.

(3) 법적 규정

① 「전기통신사업법 시행령」 제2조에 따라 과학기술정보통신부장관이 인터넷 가입자접속 서비스를 보편적 서비스로 규정함.

② 장애인 · 저소득층에 대한 인터넷접속 서비스, 휴대 인터넷 서비스 요금 감면 규정이 존재함.

Ⅲ 정보사회를 지탱하는 주요 법률

1. 「정보통신망법」

(1) 개요

① 「정보통신망법」은 정보통신망 이용 촉진, 이용자 보호, 정보통신망 안전을 목적으로 하는 법률로, 1987년 「전산망 보급 확장과 이용 촉진에 관한 법률」로 최초 제정된 후 현재의 명칭으로 변경됨.

② 정보통신망과 정보통신서비스의 정의는 「전기통신사업법」에서 규정함.

③ 현대 정보사회를 연결하는 정보통신망의 이용과 안전을 확보하는 기본법으로서 인터넷 기반과 활용, 서비스의 근거가 되는 법률로 기능함.

(2) 주요 내용

① 대한민국 전산망 보급 확장과 정보통신망 이용 촉진을 위한 기술 개발 및 보급, 정보통신망 표준화, 정보 사업 등의 규정을 포함함.

② 정보통신망 이용자 및 청소년 보호를 위한 각종 대책과 정보통신망의 안전성 확보를 위한 다양한 정책 수단 포함함.

③ 대표적인 인터넷 규제 및 정책으로 인터넷 심의제도, 명예훼손정보에 대한 임시조치 등을 규정함.

(3) 개인정보 보호와의 관계

① 원래 온라인상 「개인정보 보호법」 역할 수행함.

② 2020년 통합 「개인정보 보호법」 제정으로 개인정보 보호 규정이 「개인정보 보호법」으로 통합됨에 따라 개인정보 보호법제로서의 역할 종료됨.

③ 그러나 정보통신망, 특히 인터넷의 보호 및 규제에 관한 사항을 포함하고 있어 사실상 인터넷의 근거법으로 중요성을 가짐.

2. 「개인정보 보호법」과 데이터 3법

(1) 의의

① 「개인정보 보호법」은 정보사회에서 개인정보 보호를 위한 기본적이고 일반적인 법률이며, 개별법들은 「개인정보 보호법」과의 관계에서 특별법적 지위를 가짐.

② 개인정보 보호법제는 공공 · 민간 · 의료 · 신용 · 공간 등 개별 영역에서 구분하여 발전하였으나, 2011년 3월 29일 통합 법제 정립되어 2011년 9월 30일 시행됨.

③ 「공공기관의 개인정보 보호에 관한 법률」과 「정보통신망법」 일부 조항이 흡수되어 폐지됨.

④ 2020년 2월 4일 온라인상의 개인정보 보호도 「개인정보 보호법」으로 통합 개정되어 2020년 8월 5일부터 시행됨.

⑤ 「개인정보 보호법」, 「정보통신망법」, 「신용정보법」을 합하여 '데이터 3법'으로 지칭함.

(2) 주요 내용

① 제1장 총칙: 개인정보 개념, 보호 원칙, 정보주체 권리, 국가 책무 규정함.

② 제2장 개인정보 보호 거버넌스: 개인정보보호위원회의 독립성을 강화함.

③ 제3장 개인정보 처리: 개인정보 수집 · 이용 · 제공, 민감정보 · 고유식별정보 처리 제한, 가명정보 처리 특례 포함함.

④ 제4장 개인정보 안전 관리: 안전조치 의무, 개인정보 처리방침 수립, 개인정보 유출 통지 규정함.

⑤ 제5장 정보주체 권리 보장: 개인정보 열람, 정정 · 삭제, 처리정지 근거 포함함.

⑥ 분쟁 해결: 징벌적 손해배상, 단체소송 등 포함함.

(3) 문제점과 개선 과제

① 2020년 「개인정보 보호법」 통합 과정에서 「정보통신망법」 일부 특례 조항이 존치되어 불완전한 통합이라는 비판 존재함.

② 개인정보 보호에 치중하여 빅데이터, AI 시대의 개인정보 활용 정책이 미흡함.

③ 개인정보 처리의 6가지 적법성 근거 중 동의가 원칙적 근거로 인식됨에 따라 형식적 동의 남발 문제 발생함.

④ 형벌 중심의 제재로 인해 형벌 과잉 문제가 있으며, 집단소송제 요건이 엄격하여 실효성이 부족함.

3. 「지능정보화 기본법」

(1) 개요
① 1995년 「정보화촉진 기본법」으로 제정, 2009년 「국가정보화 기본법」으로 개정, 2020년 6월 9일 현행 명칭으로 변경됨.
② 지능정보사회 구현과 관련한 일반법으로서 정부 정책의 기본 방향을 담고 있음.

(2) 주요 내용
지능정보사회 기본원칙: 인간 존엄성, 국가경제 발전, 개인정보 보호, 공정 기회 보장, 민간 협력, 국제 협력 등 규정함.

4. 인공지능 관련 법률

(1) 개요
① 인공지능(AI)은 정보사회의 핵심 과학기술로 법적 · 윤리적 논의가 진행 중임.
② AI의 권리주체성 여부와 사고 발생 시 책임 귀속 문제가 논의됨.

(2) 주요 내용
① 자율주행차 관련 법제 마련: 2019년 4월 30일 「자율주행자동차 상용화 촉진 및 지원에 관한 법률」 제정, 2020년 5월 1일 시행.
② 드론 관련 법제 마련: 2019년 4월 30일 「드론 활용 촉진 및 기반 조성법」 제정, 2020년 5월 1일 시행.
③ 자율주행차와 드론 산업 육성을 위한 법적 기반 마련함.

Theme 07 정보의 가치

Ⅰ 정보의 속성과 성질

1. 정보의 속성(McGarry)
① 정보는 사실(fact)과 동의어로 간주되기도 함.
② 알고 있는 것, 알고 있다고 생각하는 것의 변화나 강화에 영향을 미침.
③ 정보는 의사결정을 지원하는 하나의 도구로 사용할 수 있음.
④ 메시지 선택에 있어 정보는 인간이 가지는 선택의 자유 중 하나임.
⑤ 필요한 정보량의 결정은 문제의 복잡성 정도에 의존함.
⑥ 정보는 지식을 생성하는 원재료임.
⑦ 정보는 단지 수신되는 것이 아니고 외부 세계와 교류하는 콘텐츠임.

2. 정보의 성질

(1) 복제의 용이성
정보는 저비용 · 저에너지로 복제 가능함.

(2) 공유의 용이성
정보는 복제 · 유포를 통해 짧은 시간 내에 다수의 사람과 공유됨.

(3) 전달의 용이성
통신 미디어의 발달로 빛과 같은 속도로 정보 전달 가능함.

(4) 보존의 용이성
저비용으로 장시간 정보 보존 가능함.

(5) 가치의 상대성
동일한 정보라도 수용자에 따라 가치가 다르게 평가됨.

(6) 누적성에 의한 가치 증가
정보량이 증가할수록 정보의 가치 또한 증가함.

(7) 순환성
정보는 이용되며 그 결과가 새로운 정보에 융합되어 다음 단계 의사결정에 영향 미침.

(8) 매매의 거래성
정보는 매매가 가능한 상거래 대상이 될 수 있음.

Ⅱ 정보의 질적 요건(Webster)

1. 적합성(relevance)
의사결정이 필요한 사안과의 관련성을 의미하며, 정보가 의사결정에 기여하는 정도에 따라 적합성이 결정됨.

2. 적시성(timeliness)
① 정보의 시간적 효용성: 정보는 시간 경과에 따라 가치가 변화하며, 의사결정이 이루어지는 시점에서 가장 큰 효용성을 가짐.
② 정보 제공 시점의 중요성: 정보는 의사결정이 이루어지는 적시에 제공될 때 가장 가치가 높음.

3. 정확성(accuracy)
① 정보의 내용이 사실과 부합하는 정도를 의미하며, 정보의 정확성에 따라 의사결정의 방향과 대응 방안이 달라짐.
② 정보의 정확성은 정보의 생명이라 할 수 있음.

4. 객관성(objectivity)
① 정보의 객관적 판단 근거 제공 기능: 정보는 주관에 좌우되지 않고 누구에게나 동일한 판단을 제공해야 하며, 의사결정에 필요한 판단 근거를 제공함.

② 객관성 상실의 영향: 정보의 객관성이 상실될 경우 적합성, 적시성, 정확성이 모두 무용지물이 됨.

Ⅲ 정보의 가치

1. 정보의 가치 변화
① 농업사회에서 '물질 > 에너지 > 정보' 순으로 물질이 가장 중요한 가치로 작용.
② 산업사회에서 '물질 = 에너지 = 정보'가 유사한 가치를 가짐.
③ 정보사회로 이행하면서 '정보 > 에너지 > 물질' 순으로 가치가 변화.

2. 정보의 가치 분류(Stephen)
(1) 상업적 가치
① 정보의 '상품성'을 강조하며, 정보의 상품화가 서적, 신문, 방송사업 등 미디어 산업에서 나타남.
② 미디어를 통한 정보의 '거래'가 이루어지며, 미디어 기술 발전과 사회체제의 미디어 의존도 증가에 따라 정보의 상업적 가치가 상승.
(2) 개인적 가치
① 정보가 자산(property)의 성격을 가지며, 특허권과 저작권을 통해 법적 보호를 받음.
② 개인 사생활에서도 적용되며, 사적 정보 남용에 따른 불이익으로부터 보호받을 권리가 존재.
③ 정보사회에서 개인적 가치의 중요성이 더욱 부각되는 경향이 나타남.
(3) 공공적 가치
① 정보는 본질적으로 공공적 가치를 내재.
② 공공적 가치를 실현하기 위해 공공시설에서 자유로운 정보 유통 체제 확립·장려.
③ 언론의 자유, 의사표현의 자유, 정보 접촉과 이용의 자유가 정보의 공공적 가치와 밀접한 관련을 가짐.
④ 정보의 상업적 가치, 개인적 가치, 공공적 가치는 고유한 속성을 가지며, 현실적으로 각 가치 간 이해관계의 상호 대립이 불가피.

[정보가치의 대립 관계]

Ⅰ 특성에 따른 분류

1. 발생원인 기준
① 외부 정보: 정보 이용 주체(개인, 조직)의 외부에서 발생(생산)하여 축적된 정보
② 내부 정보: 정보 이용 주체(개인, 조직)의 내부에서 발생(생산)하여 축적된 정보

2. 양적·질적 기준
① 정량 정보: 수량으로 기술되는 정보
② 정성 정보: 수량이 아닌 정성적으로 기술되는 정보

3. 시계열 기준
① 과거 정보
② 현재 정보
③ 미래 정보

4. 발생 빈도 기준
① 항상 정보: 지속적이고 정기적으로 발생하는 정보
② 수시 정보: 임시적이고 불연속적으로 수시 발생하는 정보

Ⅱ 이용 목적에 따른 분류

1. 기호정보
① 실시간 정보: 목적이 달성되면 가치가 없어지는 정보 (예) 일기예보)
② 증거 정보: 시간 경과 후에도 가치가 변하지 않는 정보로서 증명 또는 증거로 전승되는 정보 (예) 영수증)
③ 지적 정보: 인류가 창출한 기술, 지식, 노하우, 도면 등의 문명 정보
④ 역사적 정보: 과거의 사실을 기록한 역사서 등의 정보

2. 정서정보
① 감각이나 정서를 문자, 소리, 형상으로 나타내는 감각적·예술적 정보
② 음악 정보: 리듬, 선율, 가락 또는 소리를 기호로 표현한 음표·악보 등
③ 미술 정보: 미술품의 가치는 형상이나 색채 등 미적인 요소에 의해 결정되는 정보
④ 예술 가치 정보: 정서적·예술적 가치는 부가가치로 작용하여 예술작품으로 평가됨.

3. 제어정보

① 전체를 통제하거나 지령을 내리는 정보

② 결과가 피드백되어 다음 계획 책정의 자료가 되는 정보

4. 전문정보

① 경기 정보: 각종 경제지표, 거시예측, 산업기상도, 경기예측, 내외 시장지표, 경제신문 속보

② 투자 정보: 시장 환경 분석, 주식시장 지표, 상품선택 랭킹, 상품 차트, 업적 예상, 재무속보, 주가속보, 주가전송 서비스

③ 금융 외환 정보: 외환 금리 속보, 외환 금리 예측, 무역지표, 금융 외환 리포트

④ 경영 정보: 업계 동향, 기업 동향, 회사 분석, 경영진단, 생산성 분석, 재무제표, 신용 관리

⑤ 뉴스 텔레콤: 기사검색, 잡지색인, 업계 근황

⑥ 상품 정보: 상장 속보, 주요상표 지표, 개발상품 상장 예측, 선물 상장 차트, 주요 상품 시장 분석

⑦ 지역 정보: 각 지방자치제 현황, 주요 경제지표, 경기 예측, 지방재정 분석, 지역별 기업일람, 선거속보, 지역호재

⑧ IC(Integrated Circuit) 정보: 시장동향, 일렉트로닉스 시장 동향과 예측, IC 메이커별 생산출하 순위, 신제품 정보, 전자업체 파일

Ⅲ 이용 주체에 따른 분류

1. 목적 기준

(1) 형식 정보

특정 목적에 대한 적합성이 평가되지 않고 정보의 이용 주체에게 의미를 주지 않는 단순한 사실

(예 컴퓨터 프로그램(일반인), 단순한 수치 나열)

(2) 의미 정보

특정 목적을 달성하는 데 유용하며, 이용 주체에게 의미가 있는 사실로 정보 자체의 가치 유무와 무관

(예 컴퓨터 프로그램(프로그래머), 색이나 모양(패션 분야))

2. 가치 기준

(1) 가치 있는 정보

정보의 이용 주체에게 직·간접적으로 효용을 가져다주는 정보

① 수단적 정보: 운전 시 도로 정보와 같이 불확실성을 감소시켜 효용을 증대

② 목적적 정보: 회화, 소문 등과 같이 정보 자체가 이용 주체에게 효용을 가져다주는 정보

③ 서비스재적 정보: 음악 애호가의 음악 등과 같이 비교적 공적인 정보

(2) 가치 없는 정보

정보의 이용 주체에게 직·간접적으로 아무런 영향을 주지 못하는 정보

3. 비용 기준

① 정보통신산업의 성립과 발달은 정보 획득 비용 지불로 인해 가능

② 정보통신산업은 정보 획득 비용 절감을 지향하여 발전

③ 일상적 경제활동에서 비용 없이 획득 가능한 다양한 정보 존재

④ 특정 의도가 있는 경우 높은 비용을 지불해도 획득이 어려운 정보 존재

⑤ 정보 구입 비용 및 정보 가격 개념은 상품과 다르게 형성

⑥ 정보 서비스의 거래 단위는 명확히 구분하기 어려움

⑦ 정보는 공적 측면이 복합되어 있어 가격 결정에 관한 일반적 이론 확립이 어려움

4. 제공 시점 기준

(1) 사전적 정보

불확실한 환경에서 의사결정 전에 참고할 수 있도록 사전에 제공되는 정보

(2) 사후적 정보

미래의 불확실한 상태에 대비하기 위해 의사결정 이후에 제공되는 정보

Ⅵ 정보의 전달 대상, 조직 특성, 매체에 의한 분류

1. 전달 대상 기준

(1) 공적 정보

이용 주체들이 공통적으로 보유한 동질적 정보

① 일상적으로 접하는 정보 중 공적 정보 성격 포함

② TV, 신문 뉴스 등 누구나 접할 수 있는 정보

(2) 사적 정보

이용 주체에 따라 서로 다른 정보를 보유하여 가치가 달라지는 정보

2. 조직 특성 기준

(1) 공식 정보

공식적 조직에 의해 제공되는 정보

(2) 비공식 정보

사적 조직에 의해 제공되는 정보

3. 매체 기준

(1) 매스컴 정보

신문, 잡지, 라디오, TV 등 매스미디어를 통해 광범위한 대중에게 전달되는 정보

(2) 비매스컴 정보

개인이나 특정인에게 전달되는 정보

Ⅴ 기능에 따른 분류

(1) 기술 정보

규칙 묘사, 상태 기록, 상태 변화 기술 등 사실 정보

(2) 예측 정보

미래 세계 예측을 위한 정보

(3) 추론 정보

관찰·측정을 통해 논리적 결론 도출

(4) 모형 정보

현실 세계의 행위를 실험으로 묘사

(5) 설명 정보

원인과 결과 설명

(6) 평가 정보

주관적·직관적 납득에 기초한 판단 정보

Ⅵ 표현 형식에 따른 분류

(1) 시각 정보

영상 정보(㉲ 영화, TV, 비디오, CD-ROM)

(2) 청각 정보

음성 정보(㉲ 레코드, 사운드테이프, 라디오)

(3) 문자 정보

텍스트 정보(㉲ 도서, 잡지, 회의록)

(4) 동영상 정보

시각·청각·문자 정보 융합 제공하는 뉴미디어 정보

Ⅶ 생성·가공에 따른 분류

(1) 1차 정보

한 저자의 독창적인 창작물이나 새로운 연구결과를 최초로 기록한 정보

(㉲ 기술 보고서, 회의록, 학술 잡지, 논문)

(2) 2차 정보

① 1차 정보를 번역, 해설, 비평하여 새로운 작품을 만든 정보

② 1차 정보를 효과적으로 검색할 수 있도록 정리한 정보

(㉲ 서지, 색인, 초록, 목록)

(3) 3차 정보

1차 정보와 2차 정보를 토대로 주제별 개요나 개념을 정리한 정보

(㉲ 교과서, 백과사전, 해설 요약, 참고자료 해제)

Ⅷ 정보의 유통

1. 정보의 순환 과정

(1) 정보의 생산

정보생산자의 지적 활동을 통한 새로운 정보 창출 과정

(2) 정보의 발행·배포

생산된 정보의 출판 및 배포 과정

(3) 정보의 수집·관리

정보의 수집, 조직, 가공 및 관리 과정

(4) 정보의 전달

이용자에게 정보 전달 과정

(5) 정보의 활용

이용자의 정보 활용 및 응용 과정

2. 정보 유통 관련 기관

(1) 편집·출판기관

정보 생산에 관여하는 기관

(㉲ 출판사, 미디어 전문기관, 학회, 협회 등)

(2) 도서관, 학술정보센터, 평생학습교육관

정보 유통 촉진을 위한 정보 수집·축적, 가공 및 이용자 정보 요구 대응 기관

(㉲ 색인, 초록, 목록 등 2차 정보 생성)

(3) 초록·색인지 작성기관

전문 분야 자료의 수집, 서지, 색인, 초록 등 2차 자료 정기 간행 기관

(4) 클리어링 하우스

광범위한 정보원 안내 서비스 수행 기관

(5) 정보 에이전트·브로커

다른 정보 서비스 기관의 서비스를 이용하여 특정 이용자에게 적합한 자료 분석·평가 및 결과 제공 조직 또는 개인

Ⅰ 경제재로서의 정보(information)

① 정보는 희소한 경제적 자원으로 합리적 선택을 위해 비용을 지불하는 대상임.
② 정보경제이론은 정보가 완전하지 않은 현실을 고려하여 경제모형을 설정함.
③ 최근 정보경제이론은 정보의 비대칭성에 초점을 맞춤.

Ⅱ 정보의 비대칭성(asymmetric information)

1. 의의

① 비대칭정보는 거래자 중 한쪽만 정보를 보유하고 상대방은 정보가 없거나 부족한 상황을 의미함.
② 감추어진 사전적 특성(hidden characteristics)은 역선택(adverse selection)을, 감추어진 사후적 행동(hidden action)은 도덕적 해이(moral hazard)를 유발함.
③ 비대칭정보는 감추어진 특성과 감추어진 행동의 두 가지 형태로 나타남.

2. 역선택(adverse selection)

(1) 의의

역선택은 정보가 비대칭적으로 분포된 상황에서 정보를 갖지 못한 측이 바람직하지 않은 상대방과 거래할 가능성이 높아지는 현상임.

(2) 역선택의 특성

① 역선택은 감추어진 특성으로 인해 발생함.
② 역선택은 정보를 가진 측의 자기선택(self-selection) 과정에서 나타남.

> **심층 연계 내용** **보험시장에서의 역선택**
> ① 평균적 사고발생 확률을 기준으로 보험료를 책정하면, 평균 이상의 사고 발생 확률자만 가입하게 되어 보험사는 손실을 입게 됨.
> ② 보험료를 인상하면 평균 이하의 사고 발생 확률자는 가입하지 않아 보험사는 계속 손실을 보게 됨.
> ③ 대응책: 사전 신체검사 요구, 탄력적 보험료 제도, 단체의료보험 프로그램 도입 등.

(3) 역선택의 대책

① 신호 발송(signal): 정보를 가진 측이 자신의 감추어진 특성을 적극적으로 알리는 방법.
② 선별(screening): 정보를 갖지 못한 측이 상대방의 감추어진 특성을 판별하는 노력.

3. 도덕적 해이(moral hazard)

(1) 의의

정보가 비대칭적으로 분포된 상황에서 정보를 가진 측은 정보를 갖지 못한 측에서 보면 바람직하지 않은 행동을 취할 가능성이 있는 현상.

(2) 도덕적 해이의 특성

① 감추어진 행동 때문에 발생하는 현상.
② 정보를 가진 측이 자신의 이익을 추구하기 위해 정보를 갖지 못한 측의 이익에 위배되는 행동을 할 가능성이 존재.

> **심층 연계 내용** **금융시장에서의 도덕적 해이**
> ① 금융기관으로부터 대출을 받은 이후 원리금 변제 노력에 대한 정보는 오직 대출자만 보유.
> ② 대출자는 정보를 갖지 못한 금융기관의 관점에서 바람직하지 않은 행동을 할 가능성이 존재. 대응책으로 담보부 대출 또는 연대보증 대출 등이 있음.

(3) 본인-대리인 문제(principal-agent problem)

① 행동의무자인 대리인이 행동 감시자인 본인(주인)의 이익을 위해 최선의 노력을 기울일 유인이 결여되어 발생하는 문제.
② 본인이 적절한 유인 구조를 제공하여 대리인의 행동을 바람직한 방향으로 유도 가능.
③ 유인설계(incentive design)는 대리인의 도덕적 해이를 예방할 수 있는 장치로 성과급, 특별보너스, 스톡옵션, 승진, 포상, 징계 등의 사례가 존재.

Ⅲ 정보재(information goods)의 이론

1. 의의

① 경제생활에서 정보재의 비중이 증가하는 추세.
② 정보재는 상품의 일종이지만 일반 상품과는 다른 독특한 성격을 보유.
③ 정보가 하나의 상품으로서 특성을 결정하는 재화(예 책, 영화, 음악, 소프트웨어, 데이터베이스, 웹페이지 등).

2. 정보재의 기본적 특성

① 잠김효과(lock-in effect): 특정 정보재를 사용하기 시작하면 다른 것으로 전환이 어려움.
② 전환비용(switching cost): 새로운 정보재에 적응하기 위해 필요한 비용(예 노력과 시간).
③ 네트워크 효과(network effect): 같은 상품을 사용하는 소비자 네트워크가 커질수록 소비자 편리성이 증가하는 효과.

④ 긍정적 피드백 효과(positive feedback effect): 일정 단계에서 수요가 폭발적으로 증가하여 시장 전체를 석권하는 단계로 진입하는 효과.

⑤ 경험재(experience goods): 소비자가 직접 사용해 봐야 품질을 평가할 수 있는 재화.

3. 정보재의 가격결정

① 정보재는 개발초기에 고정비용이 높으나 추가적인 한계비용이 낮음. 생산량 증가에 따라 평균비용이 지속적으로 하락하면서 자연독점이 발생. 이에 따라 정보재의 생산자는 가격결정자가 됨.

② 소비자의 가치평가가 다양하여 공급측면보다 수요측면이 더욱 중요하게 고려됨. 따라서 판매 과정에서 전략적 고려가 필수적(예 무료견본. 한정판매 등).

Theme 09 메타데이터와 더블린 코어

I 메타데이터

1. 정의

① 메타데이터는 '데이터에 대한 데이터'라는 추상적 개념으로 정의됨.

② 메타데이터가 구체적인 의미를 갖고 사용되기 위해서는 메타데이터를 활용하는 기관, 단체에서 생산하고 관리되는 기록정보를 분류하는 데 필요한 요소들로 메타데이터의 정의를 정확하게 내릴 필요가 있음.

③ ISO 15489에서는 메타데이터를 '기록의 맥락과 내용, 구조와 기록관리 전 과정을 기술한 데이터'로 정의함.

2. 메타데이터의 4가지 영역

(1) 의의

ISO 15489에서는 메타데이터를 기록에 대하여 맥락, 내용, 구조, 관리내역의 4가지 영역을 기술하는 데이터라고 정의함.

(2) 맥락

① 맥락(Context)이란 기록은 반드시 그것이 생성되고 사용된 환경에 관한 정보에 의해 입증되어야 한다는 의미임.

② 기록을 생성하는 활동과 그 활동이 부분을 형성하는 보다 넓은 기능, 그리고 그 활동에 참여한 사람들의 정체와 역할을 포함하는 행정적인 맥락에 대한 정확한 지식이 없이는 기록을 완전하게 이해할 수 없음.

③ 맥락은 기록 자체에서 혹은 그것을 유지하기 위해서 사용하는 시스템 내에서 획득돼야 함.

(3) 내용

① 내용(Content)이란 기록은 활동에 관한 사실을 반영해야 한다는 의미임.

② 신뢰할 만한 기록이 되기 위해서, 내용은 정확해야 하고 완벽해야 함.

③ 중요한 모든 것이 기록되어야 함.

(4) 구조

① 구조(Structure)란 기록의 물리적 특성, 내용의 내적 체계를 의미함.

② 기록물의 구조는 기록된 내용을 명백하게 이해할 수 있도록 해주는 형식임.

③ 기안문(시행문)과 같은 공식적으로 만들어지는 기록의 경우, 머리글(행정기관명, 수신자, 경유), 본문(제목, 내용, 붙임), 맺는 글(발신 명의, 결재 경로, 생산등록번호와 시행 일자 등)이라는 형식적인 구조를 가짐.

④ 하나의 파일이나 폴더에 있는 문서들 사이에 그리고 시리즈 내 기록 간에도 구조적 관계가 존재함.

(5) 관리내역

① 관리내역(History)이란 기록의 생산부터 최종처리까지의 전체 과정을 알 수 있도록 해야 한다는 의미임.

② 기록이 생산된 때로부터 관리과정 중, 또는 모든 과정을 마치고 최종적인 처리에 이르기까지 기록의 내용과 관리상의 변화를 확인할 수 있어야 함.

③ 이력관리를 함으로써 허가받지 않은 접근을 방지할 수 있고, 기록물의 내용에 대한 변화를 추적할 수 있음.

II 더블린 코어

1. 연혁

① 더블린 코어(Dublin Core, 이하 DC) 메타데이터는 1995년 3월 미국 오하이오주에서 개최된 워크숍을 계기로 탄생한 개념임.

② 해당 워크숍을 계기로 '데이터에 대한 데이터'를 의미하는 '메타데이터'라는 용어가 전 학문 분야에서 사용되기 시작함.

③ OCLC(Online Computer Library Center)와 NCSA(National Center for Supercomputing Applications)의 후원으로 진행된 워크숍으로, 52명의 사서를 비롯한 기록관리자, 인문학자, 웹 전문가들이 참석하여 범 주제적인 전자 정보에 적용 가능하면서 간단한 요소의 필요성에 합의함.

④ 전자 정보에 적용 가능한 기술 방식으로 검색 엔진을 위한 색인 구축 방식과 MARC(Machine Readable Cataloging)와 같은 전문화된 목록 레코드 기술 방식이 존재하였으나, 두 방식 모두 구현 용이성 및 비용 문제로 인해 방대한 양의 웹 자원 기술에 현실적인 적용이 어려움.

2. 특징

① DC는 웹 자원의 발견(discovery)에 필수적이면서 비전문가도 이해할 수 있도록 요소를 단순화하는 데 중점.
② 설계 원칙으로 간결성, 호환성, 확장성을 고려하여 모든 영역에서 사용 가능하며, 유형에 관계없이 적용할 수 있고, 시스템과 관계없이 확장이 가능한 특징을 가짐.
③ 더블린 코어 메타데이터 요소세트(DCMES)는 15개 요소로 정의되었으며, 미국(ANSI/NISO Standard Z39.85-2007) 및 국제표준(ISO 15836)으로 제정됨.
④ 2000년부터 요소의 의미적 정확성을 높이기 위해 한정어(qualifier)를 도입.
⑤ 이후 '한정어' 대신 '상세구분(refinement)'이라는 용어를 사용하며, 2003년 이후 상세구분 요소들이 'DCMI Metadata Terms'의 속성(properties)으로 정의됨.
⑥ 2017년 국제 ISO 표준 규격을 핵심 요소와 속성으로 구분하여 분리함.

3. 더블린 코어 이니셔티브(DCMI)

① 더블린 코어 메타데이터는 '더블린 코어 이니셔티브(DCMI)'에서 관리
② DCMI는 DCMES의 국제 표준 제정 및 다른 메타데이터와의 상호운용성과 확장성을 연구하는 국제 메타데이터 전문가 단체
③ 핀란드, 영국, 캐나다, 싱가포르, 뉴질랜드, 한국, 말레이시아, 미국, 일본 등의 국가 도서관, 대학 및 연구 도서관, 메타데이터 관련 기관들이 DCMI에 가입하였으며, 국립중앙도서관은 한국 대표로 2006년 4월 가입함.

4. DCMES 특징

(1) 의의

① 초기의 DCMES(Dublin Core Metadata Element Set, 더블린 코어 메타데이터 요소 집합)는 자원의 발견을 위한 기본 요소 15개로 구성됨.
② 15개 요소들은 평면적인 구조로 설계되어 계층성이 없으며, 재량적(optional)이고 반복 가능하며, 어떠한 순서로도 사용 가능. 요소들은 세 가지 범주로 구분됨.

(2) 메타데이터 요소의 범주

① 내용: 표제, 주제, 유형, 설명, 출처 요소가 자원의 내용에 해당됨.
② 지적 재산권: 자원의 지적 재산권과 관련된 범주로 창작자, 기여자, 발행자 등의 요소 포함.
③ 인스턴스화
  ㉠ 자원의 구현형(manifestation) 속성을 기술하는 인스턴스화 범주로 날짜(date), 형식(format), 언어(language), 식별자(identifier) 요소가 포함됨.
  ㉡ 동일한 내용을 가진 전자자원의 물리적·언어적 특성을 기술하기 위해 만들어진 개념.
  ㉢ 동일한 보고서라도 HTML, PDF, 워드 파일 등 다양한 형식으로 생성될 수 있으며, 각기 다른 날짜와 URI를 가질 수 있음.
  ㉣ 국제기관의 웹사이트는 다국어로 구축되는 경우가 많으며, 동일한 내용이더라도 언어별로 다른 인스턴스(자원)로 구분됨.

(3) 더블린 코어 메타데이터 15개 요소

① Title(표제): 자원에 부여된 제목.
② Creator(창작자): 자원의 내용에 주된 책임이 있는 개체.
③ Subject(주제): 자원의 내용적 주제(topic).
④ Description(설명): 자원의 내용에 대한 설명.
⑤ Publisher(발행자): 자원을 현재 형태로 이용 가능하게 만든 실체.
⑥ Contributor(기여자): 창작자 외에 자원의 내용에 기여한 기타 개체.
⑦ Date(날짜): 자원의 제작일, 존재 기간 중 발생한 사건의 날짜.
⑧ Type(유형): 자원의 성격 또는 장르.
⑨ Format(형식): 자원의 물리적 및 디지털 표현 형식.
⑩ Identifier(식별자): 공인된 식별체계(URI, URL, DOI, ISBN 등)에 따른 식별 기호.
⑪ Source(출처): 현재 자원의 원 정보 자원.
⑫ Language(언어): 자원의 지적 내용을 기술하는 언어.
⑬ Relation(관련 자원): 관련 자원에 대한 참조.

⑭ Coverage(수록 범위): 자원의 공간적 위치, 시간적 범위(시대).

⑮ Rights(이용 조건): 자원의 권리 및 권리에 관한 정보.

5. DCMES의 장점

① DCMES는 구조가 단순하며 요소가 간단하여 목록 비전문가도 쉽게 메타데이터를 작성할 수 있음.

② DCMES는 웹 자원 기술뿐만 아니라 Dspace, Eprints, PEN-DOR, dCollection, Ohio University의 Knowledge Bank 등 국내외 기관 레포지터리의 메타데이터로 활발히 활용됨.

③ 국립중앙도서관에서는 국가 레포지터리 OAK(Open Access Korea)에 DC를 확장 적용하여 운영 중.

Theme 10 MARC와 MODS

Ⅰ MARC(Machine Readable Cataloging)

1. 의의

컴퓨터가 목록 데이터를 식별·축적·유통할 수 있도록 코드화한 메타데이터 표준 형식.

2. 연혁

미국 의회 도서관이 도서관 간 목록 레코드 상호 교환을 위해 개발.

3. 특징

도서관 자동화 목록 작성에 사용되는 대표적 메타데이터 형식 표준.

Ⅱ MODS(Metadata Object Description Schema)

1. 의의

(1) 개발 배경

미국 의회 도서관(LC)의 네트워크 개발 표준 부서에서 개발한 XML 기반 서지 기술 스키마.

(2) 서지레코드 생성 가능

다양한 형태의 자원에 대한 서지레코드 생성 가능.

(3) MARC와 DC의 절충형

MARC와 DC(Dublin Core)의 절충형으로, MARC 레코드 변환 가능.

2. 연혁

(1) 개발 및 유지 주체

미국 의회 도서관(LC)의 네트워크 개발 및 MARC 표준 사무국에서 개발 및 유지.

(2) 특징 비교

XML 기반 표현, DC보다 풍부한 데이터 요소, ONIX보다 도서관 데이터에 적합.

(3) 사용자 편의성 강화

MARC 레코드 데이터 표현 가능, 문자 기반 태그로 사용자 편의성 강화.

3. 개발 배경

(1) MARC 복잡성 문제

MARC 데이터 요소의 복잡성에 대한 우려로 DC 사용 제안.

(2) MARC 21 기반

MARC 21에서 파생된 데이터 요소 하위 집합 포함, 언어 기반 태그와 XML 스키마 도입.

(3) 버전 발전

2002년 처음 소개, 2017년 현재 version 3.7.

4. 특징

(1) DC와 MARC의 절충형

DC와 MARC의 단순함과 복잡함 절충.

(2) MARC 참고문헌 형식과의 호환성

MARC 참고문헌 형식과의 높은 호환성.

(3) 도서관 데이터와의 호환성

도서관 데이터와의 호환성 높음, 전체 MARC 형식보다 간단.

(4) MARC 데이터 재구성 가능

MARC 데이터 필드 재구성 또는 통합하여 새로운 형식 구현.

(5) 강점

① 멀티미디어 객체 표현에 적합.

② MARC와의 양방향 변환 및 상호운용성 우수.

③ XML 기반 확장성 우수.

Ⅲ 마크업 언어(Markup Language)

1. 정의

문서의 논리적 구조와 배치 양식에 대한 정보를 표현하는 언어.

2. 하이퍼텍스트 기술 언어(HTML)

① ISO 8879 SGML(Standard Generalized Markup Language) 기반.

② 구조화된 형식, HTML 브라우저를 통한 초보자 친화적 인터넷 접근.

3. 확장성 생성 언어(XML)

① 1996년 W3C(World Wide Web Consortium)에서 제안.

② HTML보다 홈페이지 구축·검색 기능 향상, 복잡한 데이터 처리 용이.

③ 사용자가 구조화된 데이터베이스 조작 가능.

④ SGML 문서 형식 따름, SGML의 부분집합.

⑤ 1997년부터 마이크로소프트·넷스케이프가 XML 지원 브라우저 개발.

Ⅳ Fedora

1. 정의

① Flexible Extensible Digital Object Repository Architecture의 약자.

② 유연하고 확장 가능한 디지털 객체 저장소 구조.

2. 연혁

① 1997년 DARPA와 NSF 연구 기금으로 코넬 대학에서 시작.

② 1999년 버지니아 대학에서 10만 개 객체 실험, 디지털 도서관 프로토타입 개발.

③ 2002년 Andrew W. Mellon 기금 지원으로 XML 기반 프로젝트 진행.

④ 2003년 5월 Fedora 1.0 오픈소스 소프트웨어 발표.

⑤ 2004년 6월부터 코넬 대학과 버지니아 대학 협업, 2005년 10월 Fedora 2.1 베타 발표.

⑥ 2015년 현재 v4.3까지 버전 업.

3. 목표

① 복합적 객체 컬렉션의 상호운용 가능한 이용.

② 복합적 디지털 객체의 일반화 및 특징 유지.

③ 디지털 객체의 서비스·프로그램 결합을 통한 표현·내용 변경.

④ 차별화되고 안정적인 접근 제공.

⑤ 디지털 객체의 장기적 관리 및 보존.

4. 특징

① 기관 리포지터리, 디지털 아카이브, 콘텐츠 관리 시스템 등 다양한 활용.

② 디지털 객체 모형 도입, 분산형 리포지터리 지원.

③ 오픈소스 소프트웨어, Java와 Apache 기반, MySQL과 연동.

④ SOAP, WSDL을 이용한 웹 서비스 기능 제공.

⑤ 디지털 객체 모형 지원, 고유 식별번호(PID)와 메타데이터를 통한 관리.

Theme 11 Metadata Registry

Ⅰ 의의

1. 메타데이터 논의 활성화

① 디지털 환경 본격화와 전자기록 관리 연구가 심화되면서 기록 속성을 부여하는 메타데이터에 대한 논의가 활발하게 진행됨.

② 메타데이터는 문자적으로 '데이터에 관한 데이터'로 정의되며, 정보자원에 대한 구조화된 데이터를 의미함.

③ 메타데이터는 활용하는 집단에 따라 정의가 달라질 수 있음.

2. 기록의 진본성과 메타데이터

① 기록이 행위의 증거로서 진본성을 유지하기 위해서는 내용과 구조뿐만 아니라 생산 및 관리 맥락이 보존되어야 함.

② ISO 15489는 메타데이터를 '기록의 맥락과 내용, 구조, 기록관리 전 과정을 기술한 데이터'로 정의함.

③ 전자기록 관리를 위한 메타데이터 제정과 기록정보 통합활용체계 구축이 동시에 진행됨.

3. 국가기록원의 역할

① 국가기록원은 기록관리 분야 표준을 제정·운영하는 주무기관으로서 기록정보 상호 공유를 위한 표준화된 메타데이터 체계 구축 필요.

② 기관 간, 시스템 간 일관성 있는 메타데이터 기술을 위한 시스템 구축 요구됨.

Ⅱ 메타데이터 표준화

1. 정보 공유 문제

① 정보통신기술 발달과 인터넷 환경 확산으로 정보시스템 간 데이터 교환 및 정보 공유 문제가 발생함.

② 시스템적 통합뿐만 아니라 데이터 의미, 구문, 표현 불일치로 인해 정보 공유가 어려움.

③ 네트워크 자원을 표준 메타데이터로 표현하려는 움직임이 일어남.

2. 대표적인 메타데이터 표준

① MARC: 기존 시스템 내 정보자원과 메타데이터 통합을 위한 표준적 메타데이터 포맷.
② 더블린 코어(Dublin Core): 인터넷 정보자원의 메타데이터 표준화.

3. 국제표준화기구의 메타데이터 표준화

① ISO/IEC JTC1/SC32(Data Management and Interchange)는 데이터 의미, 구문, 표현 표준화를 위한 프레임워크 제시.
② ISO/IEC 11179(메타데이터 레지스트리)를 제정하여 메타데이터 등록과 인증을 통한 정보 공유 및 검색 활용 촉진.

4. 기록관리와 메타데이터 표준화 필요성

① 기록관리 기관들은 단계별 흐름(현용, 준현용, 비현용)과 역할 차이에 따라 복잡한 양상을 보임.
② 기록 간, 기관 간, 시스템 간 전자기록 정보 공유를 위해 메타데이터 표준 제정 및 유지·관리가 필요함.
③ 메타데이터 불일치 해소를 위한 시스템, 절차, 지침 마련 요구됨.

Ⅲ ISO 11179 개요

1. 제정 목적

① ISO/IEC JTC1 WG2−Data Management and Interchange는 데이터 공유 및 교환을 위한 해결책으로 메타데이터 레지스트리 표준화 진행.
② ISO/IEC 11179는 데이터 의미, 구문, 표현 표준화를 위한 프레임워크 제시.
③ ISO/IEC 20943−Information Technology에서 메타데이터 레지스트리 의미 일관성 유지 절차 제시.

2. MDR 개요

① 메타데이터 명명·식별·관리 방법을 제안하며, 메타데이터 관리 시스템(Metadata Registry; MDR) 활용을 권고함.
② 데이터 요소(메타데이터)의 생성, 등록, 관리를 지원하여 시스템 간, 조직 간 정보 공유 가능하게 함.
③ 데이터 의미·표현·식별을 쉽게 이해하도록 지원함.
④ 메타데이터 수집의 일관적 모델 제공함.

3. MDR 기능

① 데이터 명확한 기술, 목록관리, 분석, 분류 가능.
② 데이터 표준 개발 프로세스 및 보급 지원.
③ 명확하게 정의된 데이터 요소 및 값 영역 제공.
④ 데이터 공유, 통합, 비교 가능.
⑤ 메타데이터의 중앙저장소 역할 수행.

Theme 12 W3C와 RDF

Ⅰ W3C(World Wide Web Consortium)

1. 의의

① W3C(World Wide Web Consortium, WWW 또는 W3)는 월드와이드웹 표준 개발 및 장려를 목적으로 팀 버너스리가 중심이 되어 1994년 10월 설립된 조직.
② 회원기구, 정직원, 공공기관이 협력하여 웹 표준을 개발하는 국제 컨소시엄이며, 웹의 지속적 성장 도모를 위한 프로토콜 및 가이드라인 개발을 통해 월드와이드웹의 모든 잠재력을 이끌어내는 것이 설립 취지.

2. 웹 표준과 가이드라인 개발

(1) W3C의 역할

① 웹 표준 및 가이드라인 개발 수행으로 지난 10년간 80여 개의 W3C 권고안 발표.
② 교육 및 소프트웨어 개발에도 관여하며, 웹 관련 토론을 위한 열린 포럼 개최.
③ 기본적인 웹 기술의 상호호환성 확보 및 모든 소프트웨어와 하드웨어에서의 웹 접근성 보장을 목표로 하는 "웹 상호운용성(Web Interoperability)" 추구.
④ 웹 언어 및 프로토콜의 공개 표준 제정을 통해 시장 및 웹의 분열 방지.

(2) 팀 버너스리의 역할

① 팀 버너스리와 운영진은 W3C를 웹 기술 컨센서스를 도출하는 산업 컨소시엄으로 발전시켜 옴.
② 팀 버너스리는 1989년 CERN 근무 당시 월드와이드웹 개발, 1994년 W3C 창립 후 현재까지 W3C Director로 활동.
③ 2004년 12월 W3C 창립 10주년 기념 심포지엄을 보스턴에서 개최하여 웹과 W3C의 과거 및 미래 논의.

3. 국제적인 컨소시엄인 W3C

① 웹 표준화를 위해 전 세계 기관들이 벤더 중립적 기구인 W3C에 참여하며, W3C의 기술전문직원 및 회원은 국제적으로 인정받음.

② 다양한 하드웨어, 소프트웨어, 사용자 요구 충족을 위해 회원, 직원, 초청전문가가 협력하여 기술 설계 진행.

③ 국제 활동으로 40여 개 이상의 국가, 지역, 국제 기관과의 관계(liaison)를 활성화하여 월드와이드웹 개발의 국제적 참여 유지.

Ⅱ 자원 기술 프레임워크(Resource Description Framework, RDF)

1. 의의

① 웹상의 자원 정보를 표현하기 위한 규격으로, 상이한 메타데이터 간 어의, 구문, 구조에 대한 공통 규칙 지원.

② 웹상의 기계 해독형(machine–understandable) 정보 교환을 위해 W3C에서 제안.

③ 메타데이터 간 효율적 교환 및 상호호환 목적.

④ 메타데이터 교환을 위한 명확하고 구조화된 의미 표현을 제공하는 공통 기술언어로 XML(eXtensible Markup Language) 사용.

2. 더블린 코어에서의 RDF 적용

(1) 의의

① 다양한 형식의 메타데이터 지원 구조로 RDF 채택

② 더블린 코어 메타데이터를 RDF로 구현

(2) RDF를 이용한 더블린 코어 기술 방법

① 15가지 기술 요소를 더블린 코어 스키마로 정의

② Namespace 기법을 이용한 더블린 코어 선언

③ 실제 정보 자원 기술을 위한 더블린 코어 레코드 작성

Theme **13** 온톨로지(Ontology)

Ⅰ 의의

1. 온톨로지(Ontology)

① 사람들이 세상에 대해 보고 듣고 느끼고 생각하는 것에 대해 합의를 이루어 개념적이고 컴퓨터에서 다룰 수 있는 형태로 표현한 모델.

② 개념의 타입과 사용상의 제약조건을 명시적으로 정의한 기술.

2. 온톨로지의 역할

① 지식표현(knowledge representation) 방식으로서 컴퓨터가 개념을 이해하고 지식 처리를 수행하는 데 기여.

② 정보시스템의 대상이 되는 자원의 개념을 명확하게 정의하고 상세하게 기술하여 정확한 정보 검색을 가능하게 함.

3. 온톨로지와 시맨틱 웹

① RDF, OWL, SWRL 등의 언어를 이용하여 지식 개념을 의미적으로 연결하는 도구.

② 합의된 지식을 표현하며 그룹 구성원이 공유하는 개념.

③ 프로그램이 이해할 수 있도록 정형화된 구조를 가짐.

Ⅱ 어원

1. 존재론

① 존재 의미를 논의하는 철학적 연구 영역.

② 세계의 존재자들(물리적, 현상적, 개념적, 추상적, 감성적)과 그들의 본성 및 관계를 탐구하는 분야.

③ '실재'를 의미하는 그리스어 'onto'와 학문을 의미하는 'logia'의 합성어에서 유래.

2. 정보기술에서의 온톨로지

① 시맨틱 웹, 지식공학, 인공지능, 자연어처리 분야에서 지식(단어, 개념)의 체계 내 위치를 연구하는 분야.

② 단어 간의 상관관계를 보다 빠르고 편리하게 검색할 수 있도록 하는 역할.

Ⅲ 개요

1. 온톨로지의 정의

① 특정 분야(domain)를 기술하는 데이터 모델로서 특정한 개념과 개념 간의 관계를 기술하는 정형(formal) 어휘의 집합.

② 예: 생물학적 분류(종–속–과–목–강–문–계)나 영어 단어 간 관계를 정형화하여 기술하는 방식.

2. 온톨로지와 웹 검색

① 시맨틱 웹을 구현하는 도구로서 지식 개념 간의 의미적 연결을 가능하게 함.

② 웹 정보 검색의 발전과 검색 범위 확대에 따라 정교한 검색 시스템 개발이 필요해지며, 온톨로지가 중요한 역할을 담당.

3. 온톨로지의 활용 분야

① 자연어 기계 번역 및 인공지능에 활용.

② 시맨틱 웹 및 시맨틱 웹 서비스의 핵심 요소로 주목.

4. 온톨로지의 정의

① 개념화된 관심 분야를 명시적으로 정형화한 명세서.

② 공유된 개념의 정형화된 명세, 이는 특정 개념을 여러 분야에서 공통적으로 사용한다는 의미.

Ⅳ 온톨로지의 필요성

1. 표준화 노력과 한계

일반적 지식을 표준화하는 데는 많은 노력과 합의가 필요.

2. 새로운 접근 방식

① 동일한 대상(존재)에 대해 다른 용어를 사용하더라도 속성이 동일할 것이라는 개념에서 출발..

② 예: 'board'의 의미가 문맥에 따라 '스노보드', '식탁', '온라인 게시판', '학교 위원회', '이사회'로 해석될 수 있음.

③ 개념, 관계, 구조, 공리(axiom), 제약 등을 활용하여 웹에서 기계가 이해할 수 있도록 정보를 제공하는 방식.

3. 온톨로지와 시맨틱 웹

(1) 시맨틱 웹

기계가 의미를 해석하고 정보를 추론하여 사용자에게 제공하는 환경.

(2) 온톨로지

① 기계가 의미를 해석하는 데 도움이 되는 뼈대.

② 특정 영역 내 지식의 실체와 의미 간 상호작용을 정의하는 작업 모델.

③ 웹에서 공유하기 위한 표준과 Best Practice의 집합체.

Ⅴ 역할과 기능

1. 시맨틱 웹 기술

(1) 정의

① 사람의 언어 이해를 컴퓨터 언어로 변환하여 컴퓨터가 활용할 수 있도록 하는 기술.

② 기계가 정보 검색과 같은 인간의 요구를 효과적으로 이해하고 반응할 수 있도록 하는 목적.

(2) 구현 목적

① 기계가 인간과 같은 수준으로 언어를 이해해야 진정한 커뮤니케이션이 가능.

② 분산 환경을 갖춘 웹을 활용하여 정보 검색 및 응답 능력 향상.

2. 온톨로지의 필요성

(1) 기존 웹의 한계

① HTML 문서 기반의 현재 웹은 사람에게 정보를 제공하는 역할 수행.

② 컴퓨터 프로그램이 문서의 내용을 정확히 파악하지 못하는 문제 존재.

(2) 개념화와 온톨로지

① 개념화: 인간이 사물과 사건의 특징을 파악하고 이해하는 방식.

② 온톨로지: 개념화를 컴퓨터에서도 활용할 수 있도록 데이터베이스 형태로 변환하는 기술.

3. 온톨로지의 역할

(1) 목적

① 정보 시스템의 대상이 되는 자원의 개념을 명확히 정의.

② 상세한 기술을 통해 보다 정확한 정보 검색 가능.

(2) 장점

① 정보 콘텐츠 구조에 대한 명세서 역할 수행.

② 해당 분야의 지식 공유 및 재사용 가능.

③ 특정 영역의 제약과 가정에 대한 명시 가능.

④ 지식과 프로세스를 분리하여 효율적 활용 가능.

Ⅵ 온톨로지의 속성

1. 의의

① 온톨로지는 합의된 지식을 나타내며, 특정 개인이 아닌 그룹 구성원이 동의하는 개념임.

② 프로그램이 이해할 수 있도록 여러 가지 정형화된 방식이 존재함.

2. 정형화 요건

(1) 형식성(Formal)

기계가 인간의 개입 없이 읽을 수 있는 언어로 작성.

(2) 명백성(Explicit)

다의어의 의미를 문맥에 맞게 해석 가능해야 함.

(3) 공유성(Shared)

① 온톨로지가 모든 사용자에게 공유되지 않으면 활용 불가능.

② 온톨로지는 보편적 사용이 가능해야 함.

(4) 개념화(Conceptualization)

표현하고자 하는 대상 세계의 개념을 특정 모델로 추상화.

(5) 영역성(Domain)

특정 표현 대상의 영역이 존재해야 함.

3. 공유

① 개념과 개념 간의 관계를 특정 영역이나 세계에 적용하여 표현.
② 컴퓨터가 이해하고 추론할 수 있도록 애매하지 않고 명확하게 정의.
③ 온톨로지가 구성되더라도 반드시 공유 속성을 포함해야 함.

Ⅶ 온톨로지의 구성 요소

1. 의의

온톨로지의 구성 요소는 클래스(class), 인스턴스(instance), 관계(relation), 속성(property)으로 구분됨.

2. 클래스(Class)

클래스는 사물이나 개념 등에 붙이는 이름을 의미함. (예 "키보드", "모니터", "사랑")

3. 인스턴스(Instance)

① 인스턴스는 사물이나 개념의 구체물이나 사건 등의 실질적인 형태를 의미함. (예 "LG전자 ST-500 울트라슬림 키보드", "삼성 싱크마스터 Wide LCD 모니터", "로미오와 줄리엣의 사랑")
② 클래스와 인스턴스의 구분은 응용과 사용 목적에 따라 달라질 수 있음.

4. 속성(Property)

속성은 클래스나 인스턴스의 특정한 성질이나 성향을 나타내기 위해 특정한 값(value)과 연결시킨 요소를 의미함. (예 "삼성 싱크마스터 Wide LCD 모니터는 XX인치이다."에서 hasSize 속성 정의 가능)

5. 관계(Relation)

(1) 의의

관계는 클래스와 인스턴스 간의 존재하는 관계를 의미하며, taxonomic relation과 non-taxonomic relation으로 구분됨.

(2) Taxonomic Relation

개념 분류를 위해 폭넓은 개념과 구체적인 개념을 계층적으로 표현하는 관계를 의미함.

(예 "사람은 동물이다."와 같은 개념 간 포함 관계를 나타내는 "isA" 관계)

(3) Non-taxonomic Relation

Taxonomic Relation이 아닌 관계를 의미함.

(예 "운동으로 인해 건강해진다."는 관계를 "cause" 관계(인과관계)로 표현 가능)

Ⅷ 온톨로지 언어

온톨로지에서 사용하는 주요 언어는 RDF, OWL, SWRL임.

1. RDF(Resource Description Framework)

① XML에서 발전한 형태이며, subject, object, predicate로 구성됨. 개념 또는 인스턴스 사이의 관계를 단순히 나타냄.
② 복잡한 제약조건이 필요 없는 일반적인 응용에 사용됨.

2. OWL(Web Ontology Language)

① 관계 간의 hierarchy, 관계 인스턴스 내에서의 논리적 제약조건 등을 포함한 언어임.
② 정밀하고 논리적인 추론을 필요로 하는 경우 사용됨.

3. SWRL(Semantic Web Rule Language)

추론을 위한 규칙을 정의하기 위해 사용됨.

Theme 14 메타데이터와 온톨로지 (Metadata and Ontology)

Ⅰ 메타데이터와 온톨로지의 관계

1. 상황

서로 다른 데이터베이스가 동일한 개념에 대해 상이한 식별자(태그) 또는 용어를 사용하는 사례 증가.

2. 문제점

① 동일 전문 분야 내에서도 데이터베이스 간 상호 교환 시 문제 발생.
② 장기적으로는 서로 다른 전문 분야 간에도 문제 누적.

3. 해결방안

(1) 온톨로지 구축에 의한 방법

① 공유되는 개념화의 정형적, 명시적 명세화를 위한 도구 활용.
② 메타데이터 세트 및 요소 간 호환성을 온톨로지를 통해 유지.

(2) 메타데이터 레지스트리(MDR) 구축에 의한 방법

① 표준화된 방법론을 기반으로 메타데이터 요소의 등록, 승인, 삭제 수행.

② 메타데이터 레지스트리 구축 시에도 이종 메타데이터 세트 및 요소 간 호환을 위해 온톨로지 필요.

Ⅱ 온톨로지 용어의 유래

① 철학의 일부로 존재론(存在論) 또는 존재학(存在學)으로 불림.

② 라틴어 'ontologia'에서 유래, 그리스어 'on(存在子/존재하는 것)'과 'logos(논)'의 합성어.

③ 데카르트파 철학자 J. 클라우베르크(Johannes Clauberg, 1622~1665)가 최초 사용.

④ 존재와 존재자(존재하는 것)의 본성을 연구하는 형이상학의 한 분야.

⑤ 세상의 구성 요소에 대한 명확한 이해를 연구하는 철학의 일부.

⑥ 존재자(존재하는 것)에 대한 인간의 이해와 태도를 이끄는 본질에 대한 연구.

⑦ 존재적 진리(Ontisch Wahrheit) 연구를 통해 존재하는 것의 존재 방식에 대한 이해 도출.

Ⅲ 온톨로지의 언어학적 전이

① 존재론(Ontology)의 학문적 연구 결과물을 온톨로지 개념 체계로 전이하여 활용.

② 개념 체계는 개념의 범주화 혹은 분류를 포함.

③ 공유 개념(화)의 정형적, 명시적 명세는 내재적 사고 및 외재적 세계의 현상에 대한 명확한 정의와 규정.

④ 온톨로지는 시소러스(Thesaurus)의 확장 개념으로 용어 간 의미 관계와 연결 정보를 보다 유동적이고 상세하게 기술.

⑤ 시소러스는 계층적, 고정된 형식으로 용어의 정의 및 개념 간 관계를 설정.

Ⅳ 언어학 분야에서의 온톨로지 개발

1. 시소러스(Thesaurus)

① 의미망 구축의 기초.

② 문헌정보학의 전통적 연구 영역.

2. 의미망(Semantic Network)

① 형식적으로 시소러스와 유사하며, 한 어휘가 가지고 있는 다른 어휘 간의 관계를 네트워크로 표현.

② 단어의 의미 및 개념 간의 연상 관계를 표현하는 네트워크로서 노드와 링크, 관계 표시 등의 결합으로 구성된 도식적 표현(diagrammatic representation).

③ 지식표현 관리 알고리즘을 이용한 다양한 추론 기술 및 데이터베이스 역할을 고려한 전산적 표현(computational representation).

> **핵심 정리**
> 언어학(자연어 처리 분야)＋전산학 → 인공지능 연구 영역

Ⅴ 메타데이터 분야에서의 온톨로지 개발

1. 의의

① 서로 다른 데이터베이스가 동일 개념에 대해 다른 식별자(태그) 또는 다른 단어를 사용할 경우 해결하기 위한 공유 개념화를 정형적, 명시적으로 명세화한 집합체.

② 예시: postal code와 zip code를 사용하는 두 개의 데이터베이스가 동일한 의미를 지칭하는 메타데이터 요소/식별자로 인식될 필요성.

2. 메타데이터 레지스트리(MDR) 구축

① MARC, 더블린코어 등 메타데이터 세트의 호환을 위한 메타데이터 레지스트리(MDR) 구축 중점.

② 사전 예방적 문제 해결 지향, 최근 확장 메타데이터 레지스트리(XMDR) 연구 진행.

Ⅵ 시맨틱 웹 분야에서의 온톨로지 개발

① 팀 버너스리(Tim Berners-Lee)가 1998년 제안, 2001년 2월 공식적으로 Semantic Web Activity 시작, 현재 W3C에서 표준화 진행 중.

② 웹상 자료에 의미를 부가하여 사람이 관여하지 않아도 컴퓨터가 자동으로 처리할 수 있는 차세대 지능형 웹.

③ 정보 간 유기성을 체계적으로 표현하여 정보 공유 체제 마련을 목표로 함.

④ 기존 웹 문서(자연어 위주)와 달리 컴퓨터가 해석하기 용이하도록 의미를 부여한 계층을 가짐.

⑤ 의미(Semantic) 부여는 자연어 처리 기능 추가가 아닌, 컴퓨터가 처리하기 용이하도록 선언적 추가 정보 부여.

Ⅶ 웹 온톨로지(Web Ontology)

① 메타데이터 온톨로지의 일종으로 시맨틱 웹의 중심 개념 중 하나.
② 웹 문서 생성 시 마크업 언어에서 정의된 동일 의미의 다른 명칭 식별자(태그) 또는 같은 내용을 다른 구조로 정의하는 식별자로 인해 발생하는 호환 문제 해결을 위한 공유 개념화를 정형적, 명시적으로 명세화한 집합체.
③ 온톨로지 언어(XML 기반의 RDF, DAML+OIL, OWL, Topic Map 등) 개발 중점, 사후 처방적 문제 해결 지향.

Theme 15 시맨틱 웹(Semantic Web)

Ⅰ 의의

① '의미론적인 웹'이라는 뜻을 가지는 개념.
② 현재의 인터넷과 같은 분산 환경에서 리소스(웹 문서, 파일, 서비스 등)에 대한 정보 및 자원 사이의 관계(의미 정보, Semanteme)를 기계(컴퓨터)가 처리할 수 있도록 온톨로지 형태로 표현하는 프레임워크이자 기술.
③ 웹의 창시자인 팀 버너스리(Tim Berners-Lee)가 1998년 제안.
④ 현재 W3C(World Wide Web Consortium)에 의해 표준화 작업 진행 중.

Ⅱ 시맨틱 웹과 현재 웹의 차이

1. 기존 HTML 문서의 한계

① 컴퓨터가 의미 정보를 해석할 수 있는 메타데이터 부족.
② 사람이 시각적으로 인식하기 용이한 메타데이터 및 자연어 기반의 문장으로 구성.

2. HTML 문서의 한계 예시

① 예시 문장: '바나나는 노란색이다.'
② 〈em〉 태그를 사용할 경우 단어 강조 기능만 수행하며 의미적 관계 해석 불가.
③ 기계(컴퓨터)는 〈em〉 태그를 단순한 문자열로 처리하여 시각적으로 강조하는 역할만 수행.

3. 시맨틱 웹의 특징

① XML 기반의 시맨틱 마크업 언어 활용.
② RDF의 기본 표현 방식: 〈Subject, Predicate, Object〉의 트리플 구조.
③ 예시 표현: 〈urn: 바나나, urn: 색, urn: 노랑〉
④ RDF 기반 트리플 구조를 그래프 형태로 변환하여 온톨로지 표현 가능.
⑤ 기계(컴퓨터)가 의미 정보를 해석하고 처리할 수 있도록 지원.

Ⅲ 시맨틱 웹의 개념

1. 의의

(1) 웹 기술의 발전과 문제점

① 웹 기술은 정보 표현과 전달을 간편하게 하여 인터넷의 확산을 촉진한 역할을 함.
② 방대한 정보가 웹상에 축적됨에 따라 정보 검색 시 불필요한 정보가 많아 정보 홍수가 발생하는 문제점이 있음.
③ 컴퓨터가 정보의 의미를 해석할 수 없어 사용자가 직접 정보를 처리해야 하는 어려움이 존재함.
④ 팀 버너스리가 구상했던 초기 웹과 현재 웹 기술은 차이가 있음.

(2) 시맨틱 웹의 등장

① 2001년 팀 버너스리 등에 의해 제시됨.
② 기존 웹을 확장하여 컴퓨터가 이해할 수 있는 의미 기반의 웹을 구축하는 것이 목표임.
③ 의미적 상호 운용성(semantic interoperability)을 실현하여 정보 처리 자동화, 데이터 통합 및 재사용 가능.

2. 온톨로지로 주석화된 웹(semantically annotated Web)

① 정보 자원이 지식베이스를 형성하며 의미적 상호 운용성을 기반으로 통합됨.
② 인터넷의 분산 정보 자원을 통합한 거대한 지식 베이스 구축 가능.

3. 에이전트

① 사용자를 대신하여 정보 수집, 검색, 추론을 수행하는 지능형 에이전트(agent) 역할.
② 온톨로지를 활용하여 다른 에이전트와 정보 교환 가능.
③ 시맨틱 웹 기반 응용 서비스의 핵심 요소.

Ⅳ 시맨틱 웹 기술과 표준

1. 시맨틱 웹 기술

(1) 명시적 메타데이터(explicit metadata)

XML, RDF 등의 언어 기술을 이용하여 메타데이터와 규칙 표현.

(2) 온톨로지(ontologies)

데이터 의미와 관계 정보를 체계적으로 표현.

(3) 논리적 추론(logical reasoning)

온톨로지와 결합된 관계 정보로부터 새로운 정보 도출 가능.

2. 시맨틱 웹 표준

① RDF(Resource Description Framework)
② RDFa in XHTML
③ SPARQL Query Language for RDF
④ OWL(Web Ontology Language)

3. 시맨틱 웹의 기술 계층 구조

(1) URI

① Uniform Resource Identifier의 약어
② 웹상의 자원 식별을 위한 객체의 명칭 및 위치 표현

(2) IRI

① International Resource Identifier with UNICODE의 약어
② URI와 유사하게 웹 정보 자원 서술과 식별을 위한 표준 체계

(3) XML

① eXtensible Markup Language의 약어
② XML, Namespace, XML Schema 등의 표준 포함

(4) RDF

① Resource Description Framework의 약어
② 정보 자원 및 자원 구조를 표현하는 언어

(5) RDFS

RDF의 Schema 정보로 경량의 온톨로지를 표현

(6) SPARQL

RDF 질의를 위한 언어

(7) RIF

① Rule Interchange Format의 약어
② 규칙 정의 및 교환을 위한 계층

(8) OWL

① Web Ontology Language의 약어
② 특정 도메인에 대한 공유 개념 및 관계 표현 언어

(9) 로직(Logic)

기존 정보로부터 새로운 결론을 도출하는 추론 기능

(10) 증거/신뢰(Proof/Trust)

웹 정보의 신뢰 확보

Theme 16 데이터의 구성단위

Ⅰ 의의

① 컴퓨터를 이용하여 처리하고자 하는 모든 것의 통칭인 '데이터', 다양한 표현 방법을 통해 컴퓨터에 입력과 출력이 이루어지는 특성.
② 어떠한 형태로 데이터가 입·출력되더라도 반드시 거치는 기억장치와 산술 논리장치.
③ 물리적 단위(비트, 니블, 바이트, 워드)와 논리적 단위(필드, 레코드, 파일, 데이터베이스)의 구분.

Ⅱ 데이터의 물리적 단위

1. 의의

실제 물리적 장치(메모리, 저장 장치 등)에서 사용되는 단위.

2. 종류

(1) Bit(비트)

① 0과 1로 표현되는 2진법의 OFF · ON 개념.
② 0과 1만 저장 가능한 최소 단위 비트(bit).

(2) Nibble(니블)

1바이트의 절반인 4비트로 구성되는 니블(nibble).

(3) Byte(바이트)

문자 표현의 최소단위인 8bit 구성 바이트(byte).

(4) Word(워드)

컴퓨터가 한 번에 처리할 수 있는 명령 단위인 워드(word), 운영체제별로 달라지는 크기.

Ⅲ 데이터의 논리적 단위

1. 의의

정보 저장 및 처리에 사용되는 단위, 물리적 단위로 구성, 디지털포렌식 관점에서 분석 대상.

2. 종류

(1) 필드(Field)

다수의 바이트·워드로 구성된 의미 있는 정보 표현의
최소 단위

(2) 레코드(Record)

프로그램이 처리하는 자료의 기본 단위(논리적 레코드)

(3) 블록(Block)

저장매체 입·출력 시의 기본 단위(물리적 레코드)

(4) 파일(File)

① 관련된 레코드 집합으로 구성되는 프로그램의 기본
단위

② 포렌식 분야의 주요 대상

(5) 데이터베이스(Database)

파일(레코드) 집합으로 계층적 구조를 가지는 자료 단위

Theme 17 데이터베이스

Ⅰ 의의

① 데이터베이스(database, DB)는 여러 사람이 공유하
고 사용할 목적으로 체계적으로 통합·관리하는 데
이터의 집합.

② 작성된 목록을 통해 여러 응용 시스템이 통합된 정보
를 저장·운영하며, 공용 데이터의 묶음으로 다양한
모델이 존재.

Ⅱ 연혁

1. 데이터베이스 용어의 기원

① 1950년대 미국에서 데이터베이스 용어가 최초로 사
용됨. 군비의 집중 및 효율적 관리를 위해 컴퓨터를
활용한 도서관 개념에서 출발하여 '데이터의 기지(데
이터베이스)'라는 명칭이 등장.

② 1965년 시스템 디벨로프사의 2차 심포지엄 '컴퓨터
중심 데이터베이스 시스템'에서 데이터베이스 용어가
최초로 공식 사용됨.

2. 데이터베이스 기술 발전

프로세서, 메모리, 스토리지, 네트워크 등의 기술 발전과
함께 데이터베이스 및 각 DBMS(DataBase Management
System)의 크기, 기능, 성능이 지속적으로 향상됨.

Ⅲ 종류

1. 내비게이셔널 데이터베이스(Navigational Database)

(1) 계층형 데이터베이스(Hierarchical Database, HDB)

① 트리 구조 기반으로 계층형 데이터 모델을 사용하며,
데이터가 트리 형태로 구성되고 개체 간 상하관계가
링크됨.

② 대표적인 계층형 데이터 모델로 IBM IMS
(Information Management System)가 존재.

(2) 네트워크형 데이터베이스(Network Database, NDB)

① 그래프 구조 기반으로 네트워크형 데이터 모델을 사
용하며, 개체와 개체 간의 관계를 그래프 형태로 연
결하고, 부모(상위 개체)를 다중 보유할 수 있음.

② CODASYL 모델이 네트워크형 데이터베이스 모델
에 속하며, IDMS(Integrated Database Management
System) 등 다양한 제품에 구현됨.

2. 관계형 데이터베이스(Relational Database, RDB)

(1) 의의

① 1970년 Codd가 제안한 관계형 데이터 모델을 기반으
로 함.

② 가장 안정적이고 효율적인 데이터베이스로 널리 사
용됨.

③ 개체를 테이블로 보고, 공동 속성을 이용해 개체 간
연결하는 독립적인 형태의 데이터 모델

(2) 특징

① 데이터가 계층 구조 대신 표(테이블) 형태로 표현됨.

② CODASYL형 DB와 달리 포인터를 이용하지 않고도
테이블을 자유롭게 액세스할 수 있음.

③ 테이블의 분할과 결합이 자유롭고, 테이블 추가 및
변경 시 다른 요소에 영향을 주지 않음.

④ 종래 DB는 논리적 데이터 구조를 기반으로 프로그램
을 작성했으나, 관계형 DB는 집합론의 '관계' 개념을
이용해 데이터 항목을 그룹화함.

⑤ 데이터 독립성이 높으며, 결합(join), 제약(restriction),
투영(projection) 등의 관계 조작을 통해 높은 표현
력을 가지며 자유로운 구조 변경이 가능함.

(3) SQL

① SQL(Structured Query Language)은 관계형 데이
터베이스를 위한 표준 질의어로서 사용됨.

② 비절차적 데이터 언어의 특성을 가지며, '무엇을 처리
할 것인지'만 제시하면 됨.

3. 객체지향형 데이터베이스(Object – Oriented Database, OODB)

(1) 개념 및 특징

① 1980년대 후반 등장한 데이터베이스로, 객체 지향 프로그래밍 개념을 기반으로 함.

② 데이터와 프로그램을 독립적인 객체로 구성하며, 복잡한 데이터 유형을 쉽게 처리할 수 있음.

③ 객체 단위의 데이터 관리를 통해 데이터 이해가 용이함.

(2) 한계

① 개념적 형태로서 실제 구현과 사용이 어려운 측면이 존재함.

② 완전한 객체지향형 데이터베이스의 실현이 아직 미흡함.

Theme 18 자료구조

I 의의

1. 자료구조 개념

① 자료구조(data structure)는 컴퓨터 과학에서 효율적인 접근 및 수정을 가능하게 하는 자료의 조직, 관리, 저장 방식.

② 데이터 값의 모임, 데이터 간의 관계, 데이터에 적용할 수 있는 함수나 명령을 포함. 신중한 자료구조 선택을 통해 효율적인 알고리즘 활용 가능.

2. 자료구조 선택의 중요성

① 자료구조 선택 문제는 대개 추상 자료형 선택에서 시작됨.

② 효과적인 자료구조 설계를 통해 자원(실행 시간, 메모리 용량) 최소 사용 가능.

II 자료 구조의 중요성

1. 자료구조와 알고리즘의 역할

① 자료구조와 알고리즘은 프로그램 구성의 핵심 요소. 프로그램 개발을 집짓기에 비유하면 자료구조는 자재, 알고리즘은 건축 방법에 해당.

② 다양한 자료구조가 존재하며, 각자의 연산 및 목적에 맞춰 사용됨.(예 B – 트리(데이터베이스에 효율적), 라우팅 테이블(네트워크에 일반적)).

2. 자료구조와 알고리즘의 관계

① 다양한 프로그램 설계 시 자료구조 선택이 우선 고려 대상이며, 구현 난이도와 최종 성능에 큰 영향을 미침.

② 자료구조 선택 후 알고리즘 결정이 일반적이며, 특정 연산이 특정 알고리즘을 필요로 하는 경우도 존재. 또한, 특정 알고리즘이 특정 자료구조에서 최적의 성능을 발휘하는 경우도 있어 적절한 자료구조 선택이 필수적임.

III 분류

자료구조는 단순구조, 선형구조, 비선형구조, 파일구조로 구분됨.

1. 단순구조(Simple Structure)

C/C++, Python, Java 등에서 제공하는 정수, 실수, 문자, 문자열 등의 자료형(Data Type)

2. 선형구조(Linear Structure)

① 자료 간 1 : 1 관계를 가지는 구조.

② 순차리스트, 연결리스트, 스택, 큐, 데크 등이 포함됨.

3. 비선형구조(Nonlinear Structure)

① 계층구조(Hierarchy)나 망구조(Network Structure) 형태를 가짐.

② 트리(Tree), 그래프(Graph) 등이 포함됨.

4. 파일구조(File Structure)

① 관련 있는 필드로 구성된 레코드 집합(파일)으로, 보조 기억장치에 실제 기록되는 형태.

② 파일 구성 방식에 따라 순차파일, 색인파일, 직접파일 등으로 분류됨.

Theme 19 모든 것이 데이터가 되는 빅데이터 시대의 이해

I 빅데이터 시대의 도래: 역사적 흐름, 빅데이터의 정의 및 특성

1. 의의

(1) 정보사회의 전환

① 집적회로가 장착된 마이크로칩의 발달로 인한 전자기기의 혁명은 정보통신기술 발전을 초래하였으며, 후기 산업사회가 정보사회로 전환되는 계기가 되었음.

② 정보사회는 정보의 생산과 유통이 급격히 증가하면서 사회의 생산과 소비가 정보를 중심으로 이루어지는 사회로, 이후 네트워크 사회로 발전(Castells).

(2) 네트워크 사회의 특징

① 자본, 노동, 사람, 지식, 정보 등이 컴퓨터 네트워크를 통해 연결되면서 정보 유통의 범위와 속도가 획기적으로 확장됨.

② 빅데이터 시대는 이 흐름의 연장선상에 존재함.

(3) 빅데이터 시대의 의미

① 방대한 크기의 데이터를 저장, 처리, 분석하는 기술의 발전으로 새로운 가치 창출이 확산된 시대를 의미함.

② 발전의 주요 요인은 대용량 데이터 저장 비용의 지속적 감소 및 컴퓨팅 기술의 비약적 발전임.

(4) 데이터 생산의 폭발적 증가

① 인류가 생산하는 데이터 양은 급증하고 있으며, 에릭 슈미트(Eric Schmidt) 전 구글 CEO에 따르면 2010년 기준으로 인류가 이틀 동안 생성하는 데이터 양이 2003년까지의 총 데이터 양과 유사함.

② 데이터 생산, 유통, 저장 인프라의 발전과 함께 새로운 가치 창출을 위한 혁신이 이루어지고 있음.

2. 빅데이터

(1) 개념

빅데이터는 단순한 데이터 크기의 증가가 아니라, 데이터를 처리하고 활용하는 과정에서 창출되는 결과까지 포함하는 개념으로 확장되고 있음.

(2) 빅데이터의 3V 특성

① 데이터의 규모(Volume)는 기존 데이터베이스 소프트웨어로 저장, 관리, 분석할 수 있는 범위를 초과하며, 클라우드 저장 서비스의 활성화와 함께 지속적으로 증가하는 중.

② 데이터의 속도(Velocity)는 데이터 축적 및 처리 속도의 증가를 의미함.

③ 데이터의 다양성(Variety)은 정형 데이터(테이블 형식)와 비정형 데이터(음성, 텍스트, 영상 등)로 구분되며, 최근 센서 기반 사물인터넷 데이터와 인공지능을 활용한 지능형 서비스가 주목받고 있음.

(3) 데이터의 확장

① 데이터 크기는 테라바이트(TB), 페타바이트(PB)를 넘어 제타바이트(ZB), 요타바이트(YB)까지 확장됨.

② 데이터의 종류는 인간 행위 데이터, 환경 데이터, 우주 관측 데이터 등 모든 유형을 포함함.

③ 경영학에서는 인간 활동과 관련된 데이터를 중점적으로 분석하여 의사결정에 활용하고 있음.

Ⅱ 빅데이터의 사회적 영향: 사회 주체들의 빅데이터 활용

1. 의의

① 대규모 데이터 수집, 처리, 활용 기회의 증가로 인해 빅데이터 활용에 대한 관심이 증대됨.

② 각 사회 주체별로 빅데이터 활용의 강조점이 상이함.

2. 기업

(1) 빅데이터의 경제적 가치

① 빅데이터는 기업의 혁신과 경쟁력 제고, 생산성 향상을 위한 원천으로 작용함.

② 21세기의 원유로 불리며, 생산비용 절감, 제품 차별화, 데이터 기반 비즈니스 모델 창출 등을 통해 기업의 경쟁력을 높이는 데 기여함.

(2) 기업의 활용 방식

① 기업은 빅데이터를 활용하여 문제 발생 내용을 파악하고 본질을 분석함.

② 미래 예측과 해결책을 모색할 수 있음.

3. 정부와 공공기관

(1) 의의

정부 및 공공기관은 환경 탐색, 상황 분석, 미래 대응의 3가지 영역에서 빅데이터를 활용하여 사회에 긍정적 영향을 미칠 수 있음.

(2) 환경 탐색과 상황 분석

환경 탐색은 사회 인구 변화, 재해 등의 데이터를 활용하여 추세를 탐색하는 것이며, 상황 분석은 현재 모습을 분석하는 것임.

(3) 미래 대응

환경 탐색과 상황 분석에 기반하여 정책적 대응을 선제적으로 제시하고 대비하는 과정을 의미함.

(4) 데이터 기반 정책 결정 및 실행

데이터 기반 정책 결정 및 실행이 강조되면서 공공 데이터 개방을 통한 산업 성장 지원이 이루어지고 있음.

4. 시민사회

(1) 정부 감시 및 시민운동

시민사회는 빅데이터를 활용하여 정부 활동을 감시하거나 데이터 기반 시민운동(데이터 액티비즘)으로 실천함.

(2) 탐사보도 사례

국제 탐사보도 언론인협회는 약 1,150만 건의 조세 회피처 데이터를 분석하여 불법 행위를 보도한 바 있음 (예 파나마 페이퍼스 사건).

(3) 시민 참여와 사회 변화

① 공개 데이터를 활용하여 시민이 직접 데이터 기반 서비스를 구축하고 사회 변화를 주도함.

② 유럽으로 향하는 난민 보트의 안전을 보장하기 위해, 과거 데이터를 분석하여 인공지능이 보트 위치를 예측하고 구조 활동에 활용하는 사례가 있음.

Ⅲ 빅데이터 기술: 아키텍처 및 분석 방법의 특징

1. 의의

(1) 개념

① 빅데이터를 처리하기 위한 프레임워크

② 데이터 수집, 저장, 관리, 처리 및 분석 등의 기술

(2) 구분

① 데이터 원천으로부터 데이터를 수집하는 수집기술

② 수집된 데이터를 실시간으로 읽거나 저장하는 적재기술

③ 적재된 데이터를 처리 및 탐색하는 기술

④ 분석 및 응용을 위한 기술

2. 빅데이터 아키텍처(Architecture)

(1) 데이터 수집기술 및 적재기술

① 데이터 수집기술은 대용량 데이터 수집기술과 실시간 스트림 수집기술로 구분됨.

② 적재기술은 대개 분산 데이터 저장기술을 활용하며, 대표적으로 하둡 분산 파일 시스템(HDFS)과 NoSQL 등이 있음.

> **심층 연계 내용** 빅데이터 일괄처리 플랫폼 하둡
>
> 하둡(Hadoop)은 HDFS(Hadoop Distributed File System)와 분산 처리를 위한 맵리듀스(MapReduce)로 구성된 빅데이터 플랫폼임. 맵리듀스를 통해 데이터를 처리하고, HDFS를 통해 저장함. 그러나 하둡은 일괄처리(Batch) 방식으로 실시간 데이터 처리가 어려운 한계가 있음. 이를 보완하기 위해 하둡 에코 시스템 중 하나인 HBase를 활용하여 실시간 데이터 분석 가능

(2) 데이터 처리 및 탐색기술

저장된 데이터를 활용하여 분석하는 기술로 맵리듀스(MapReduce), 하이브(Hive) 등이 있음.

> **심층 연계 내용** 일괄처리 플랫폼 Hive
>
> Hive는 Hadoop의 분산 처리 프레임워크 맵리듀스를 프로그래밍 없이 쉽게 개발할 수 있도록 하는 툴이며, SQL과 유사한 HiveQL을 제공함. HiveQL은 자동으로 맵리듀스 작업으로 변환되어 SQL 사용자도 쉽게 활용 가능

(3) 빅데이터 분석 방법

① 데이터의 성격에 따라 다양한 방법 활용.

② 전통적인 통계 분석, 데이터 마이닝, 텍스트 마이닝, 기계학습 방법 등이 포함됨.

3. 빅데이터 분석의 특징

(1) 전수 조사

① 빅데이터 분석은 표본 추출이 아닌 전수 조사를 기본으로 함.

② 데이터 크기 및 접근성의 한계로 모든 데이터를 수집하는 것은 어려우나, 특정 대상 분석 시 전수 조사를 통해 수행.

(2) 상관관계 중심의 분석

① 기존의 인과관계 중심 분석에서 상관관계 중심 분석으로 변화함.

② 분석 목표는 특정 현상의 설명보다 실용적인 문제 해결에 초점.

③ 예: 유튜브 시청 패턴 분석을 통한 추천 시스템.

(3) 분류와 예측

① 대규모 데이터를 작은 단위로 분류하고 의미를 추출하여 분석 효율성 증대.

② 데이터 크기를 줄이는 추상화 작업과 지속적인 분류 및 예측이 필요함.

③ 예: 독서 기록을 분석하여 특정 유형으로 분류하고, 유형별 추천 시스템을 구축하는 방식.

[빅데이터 아키텍처 구성 요소]

> **심층 연계 내용** Batch
>
> 배치(Batch)는 일정 기간 또는 일정량의 데이터를 정리하여 처리하는 방식이며, 일괄처리라고도 함. 실시간 처리의 반대 개념이며, 초기 컴퓨터 시스템에서는 일괄처리가 주요 방식이었음. 현대에도 일정 시점 단위로 처리해야 하는 업무에서 유용하게 활용됨.

Ⅳ 빅데이터 분석 사례

1. 의의
초기 빅데이터 분석은 상관관계 기반 분석에 집중하였으나, 현재는 최적화된 문제 해결을 위한 예측 중심으로 발전함.

2. 구글의 '독감 트렌드(Flu Trends)' 서비스
① 2008년 구글이 독감 트렌드 서비스를 공개함.
② 구글 검색 데이터에서 독감 징후 관련 검색어 빈도를 분석하여 독감 전파 추이를 예측.
③ 미국 질병통제센터보다 약 10일 먼저 독감 확산을 예측했으나, 예측 오류로 인해 서비스가 중단됨.

3. 소비자 구매행동 패턴을 통한 예측
(1) 미국의 대형마트 타깃(Target)
① 타깃은 소비 패턴을 분석하여 임신 여부를 추론하고 유아용품 할인쿠폰을 발송함.
② 10대 소녀의 아버지가 쿠폰 발송에 항의했으나, 이후 딸이 실제 임신한 것으로 밝혀짐.
③ 빅데이터를 활용하여 고객의 현재 상황을 예측한 대표적 사례임.

(2) 미국 전자상거래 업체 아마존닷컴
예측 정확성이 높아지면서, 아마존은 고객이 주문하기 전에 상품을 미리 해당 지역 물류창고로 옮겨두는 시스템 특허를 제출함.

4. A/B 테스트
① 미국 대통령 선거에서 A/B 테스트를 활용하여 선거 자금을 모금함.
② 오바마 캠프는 웹페이지의 사진 및 클릭 버튼 변경을 통해 최적의 뉴스레터 구독 페이지를 찾아 성공적인 선거 캠페인 수행.

심층 연계 내용 A/B 테스트

A/B 테스트는 웹사이트 구성 요소를 변경하여 서로 다른 집단에 제공한 후 효과를 측정하는 방법임. 분할 테스팅(split testing)이라고도 불림.

---

5. 특정한 문제 혹은 서비스를 최적화하는 방안
① 최근에는 빅데이터를 인공지능 학습 데이터로 활용하는 방식이 증가함.
② 테슬라는 자율주행 기술을 위해 카메라로 주변 정보를 수집하고 신경망을 이용한 심층학습을 수행함.
③ 이러한 학습 데이터를 바탕으로 인공지능이 완전한 자율주행을 수행하도록 개발하고 있음.

Ⅴ 빅데이터 분석의 맹점: 오류 가능성

1. 의의
① 빅데이터 활용 사례 증가 및 새로운 가치 창출 가능성 존재.
② 그러나 빅데이터가 모든 문제 해결책이 될 수 없음.
③ 빅데이터 역시 오류 발생 가능성 존재.

2. 데이터의 과거 지향적 오류
(1) 과거 데이터가 미래를 정확히 반영하지 않는 오류 발생
① 수집된 빅데이터는 특정 사건 발생 후 수집된 과거 데이터.
② 과거의 패턴이 미래에도 동일하게 반복될 보장 없음.
③ 새로운 상황 지속적으로 발생.

(2) 2018년 월드컵 독일 대표팀 예측 오류
① 과거 데이터 기반으로 독일이 우승 가능성이 가장 높다고 분석.
② 그러나 독일은 조별예선에서 한국에 패배 후 탈락.
③ 학습된 데이터에서 독일은 80년간 조별예선 탈락 사례 없음.
④ 과거 데이터에 과도하게 의존하여 새로운 상황 예측력 저하.
⑤ 해당 현상은 과적합(Overfitting) 현상으로 불림.

3. 데이터 자체의 오류
(1) 데이터 대표성 오류 발생 가능성
① 수집된 빅데이터 크기가 크더라도 전체 모집단을 대표하지 못할 가능성 존재.
② 모집단 산정 오류 발생.

(2) IBM 인공지능 왓슨(Watson)의 진단 오류
① 미국 데이터를 기반으로 한 진단 서비스.
② 국내 병원 도입 후 진단 정확성 현격히 저하.
③ 한국 의료 환경과 데이터 차이로 인해 실효성 부족.

(3) 구글 이미지 검색 오류
① 흑인을 고릴라로 분류하는 오류 발생.
② 이미지 학습 데이터에서 흑인 관련 데이터 부족으로 인해 발생.

(4) GIGO(Garbage In, Garbage Out) 원칙 적용 가능
잘못된 데이터가 입력되면 잘못된 출력 결과가 도출됨을 의미.

4. 분석 오류
(1) 알고리즘 및 통계적 분석 방법 적용 오류 발생 가능성
빅데이터 분석에서 상황에 맞지 않는 결과 도출 가능.

(2) 의료 인공지능 분석 오류

질병 호전 시점을 분석했으나 집중치료실에서 퇴원하는 시점을 가장 호전된 시점으로 분석.

(3) 알파고(AlphaGo) 패착 사례

① 이세돌 9단과 대국 중 승률이 일정 수준 이하로 떨어진 후 상대 실수를 유도하는 방향으로만 사고.

② 결과적으로 패착만을 두는 오류 발생.

③ 확률적 가능성이 높은 상황만 고려하여 분석하는 고전적 오류 사례.

Ⅵ 빅데이터 시대의 어두운 그림자

1. 의의

빅데이터 활용의 장점에도 불구하고 프라이버시 침해 문제 및 빅데이터 활용의 불평등 문제 발생.

2. 개인정보 노출로 인한 프라이버시 침해

(1) 빅데이터는 익명화를 기본 원칙으로 적용

① 데이터 출처를 특정할 수 없도록 비식별 조치 적용.

② 그러나 다양한 데이터를 결합하는 과정에서 개인을 특정할 가능성 존재(재식별화 가능성).

(2) 넷플릭스(Netflix) 데이터 공개 문제

① 영화 추천 알고리즘 개선을 위해 50만 명의 사용자 데이터를 비식별화 후 공개.

② 백만 달러 상금이 걸린 경진대회 개최.

③ 데이터 재식별화 가능성이 제기되어 대회 취소.

(3) 데이터 민감성 증가에 따른 프라이버시 침해 심화

의료 기록 등 개인 민감 정보가 외부에 노출될 경우 심각한 프라이버시 침해 발생 가능.

3. 빅데이터 활용과 관련된 불평등 문제

(1) 특정 플랫폼 사업자의 데이터 독점 문제 발생

① 구글, 페이스북과 같은 글로벌 IT 기업이 빅데이터를 독점적으로 구축.

② 독점 데이터를 활용한 새로운 서비스 개발 및 시장 지배력 강화.

③ 글로벌 플랫폼 기업에 의한 시장 독점 문제 발생.

(2) 데이터 제공자와 수익자 간 불평등 문제

① 플랫폼 기업이 데이터를 제공한 주체보다 더 많은 권한을 가짐.

② 데이터 접근 권한을 플랫폼 기업이 독점적으로 행사.

③ 데이터 제공자는 해당 권한까지 플랫폼에 위임한 것이 아니라는 비판 존재.

Theme 20 빅데이터의 활용을 위한 인식론적 과제

Ⅰ 의의

① 시장조사업체 가트너(Gartner)는 빅데이터를 대용량(Volume), 다양성(Variety), 빠른 생성속도(Velocity)를 가진 정보자산으로 정의하며, 이를 비용 효과적이고 혁신적인 정보처리를 통해 향상된 통찰과 의사결정을 지원하는 원자료로 설명함.

② 기존의 기술이나 방법으로 수집, 저장, 검색, 분석이 어려운 비정형 대용량 자료를 의미함.

Ⅱ 빅데이터의 공통적 특징

1. 의의

빅데이터의 특징은 일반적으로 3V(Volume, Velocity, Variety)로 요약되며, 추가적으로 가치(Value), 복잡성(Complexity) 등이 포함되기도 함.

2. 속도(Velocity)

① 대용량 데이터를 빠르게 처리하고 분석할 수 있는 속성.

② 디지털 데이터는 실시간으로 생산, 저장, 유통, 수집, 분석 및 처리가 가능해야 함.

3. 다양성(Variety)

① 다양한 종류의 데이터 존재.

② 정형화 수준에 따라 정형(Structured), 반정형(Semi-structured), 비정형(Unstructured) 데이터로 분류됨.

4. 미래 경쟁력의 우위를 좌우하는 중요한 자원

① 빅데이터는 미래 경쟁력 확보의 핵심 자원으로 주목받음.

② 과거에도 대규모 데이터 분석을 통한 의미 있는 정보 발굴 시도는 존재했으나, 현재의 빅데이터 환경은 데이터의 양, 질, 다양성 측면에서 패러다임 전환을 의미함.

③ 빅데이터는 산업혁명 시기의 석탄과 같이, IT 및 스마트 혁명 시대의 혁신, 경쟁력 강화, 생산성 향상을 위한 원천 자원으로 간주됨.

Ⅲ 정형화 정도에 따른 분류

1. 정형화 정도에 따른 데이터 유형

① 정형데이터: 데이터베이스에 저장된 데이터
② 반정형데이터: 웹문서 등의 형태로 존재하는 데이터
③ 비정형데이터: 오디오, 텍스트문서, 이미지, 비디오 등의 형태로 존재하는 데이터

2. 비정형데이터의 비중 증가

① 기존의 정형데이터: ERP, SCM, CRM 등 관계형 데이터 중심
② 비정형데이터의 비중: 90% 이상 차지하며 지속적으로 증가

구분	내용	종류
정형데이터	고정된 필드에 저장된 데이터	데이터베이스 스프레드시트
반정형데이터	고정된 필드에 저장되어 있지는 않지만 메타데이터나 스키마를 포함하는 데이터	XML HTML
비정형데이터	고정된 필드에 저장되어 있지 않은 데이터	텍스트 문서 이미지/동영상

> **심층 연계 내용**
>
> 1. ERP(Enterprise Resource Planning, 전사적 자원 관리)
>   ① 기업 내 생산, 물류, 재무, 회계, 영업과 구매, 재고 등의 경영 활동 프로세스를 통합적으로 연계하여 관리
>   ② 기업 정보의 공유 및 새로운 정보 생성, 빠른 의사결정 지원을 위한 전사적 자원관리시스템 또는 전사적 통합시스템
> 2. SCM(Supply Chain Management, 공급망 관리)
>   ① 원재료 생산, 유통 등 공급망 전 단계를 최적화하여 수요자가 원하는 제품을 적시·적소에 제공
>   ② 부품 공급업체, 생산업체, 고객 간 IT를 이용한 실시간 정보 공유를 통해 시장 및 수요자 요구에 기민한 대응 지원
> 3. CRM(Customer Relationship Management, 고객 관계 관리)
>   ① 기업이 고객 관련 데이터를 분석·통합하여 고객 중심 자원 극대화
>   ② 고객 특성에 맞는 마케팅 활동의 계획·지원·평가 수행
>   ③ 데이터베이스 마케팅(DB marketing), 일대일 마케팅(One-to-One marketing), 관계 마케팅(Relationship marketing) 요소 포함
>   ④ 신규 고객 획득, 우수 고객 유지, 고객 가치 증진, 잠재 고객 활성화, 평생 고객화 등의 사이클을 통해 고객 관리 수행

Ⅳ 방대한 데이터의 상관관계를 파악할 수 있는 강력한 원자료

1. 빅데이터의 분석 방법론

① 기존 분석 방법론: 사후 처리, 귀납적 접근, 이론 및 연역 의존
② 빅데이터 접근 방식: 경험 지향적(empirical), 데이터 전수조사 가능
③ 빅데이터의 신뢰성: 불완전한 샘플링보다 높은 신뢰성 확보, 숨겨진 맥락 파악 가능

2. 국가통계와의 관계

① 빅데이터를 활용한 상관관계 분석의 타당성 존재
② 빅데이터 기반 통계의 국가통계 승인 사례는 제한적
③ 국가통계 승인 제한 이유: 보수적 통계청 정책, 품질 기준 미충족, 인과관계 유도 요건 미달

> **심층 연계 내용** 데이터 마이닝 알고리즘
>
> ① 분류 알고리즘: 데이터 집합의 다양한 특성을 기반으로 불연속 변수를 예측하는 알고리즘
> ② 회귀 알고리즘: 데이터 집합의 다양한 특성을 기반으로 연속 변수를 예측하는 알고리즘(예 수익, 손실 예측)
> ③ 세그먼트화 알고리즘: 데이터 속성이 유사한 항목을 그룹 또는 클러스터로 분류하는 알고리즘
> ④ 연결 알고리즘: 데이터 집합 내 여러 특성 사이의 상관관계를 찾는 알고리즘(예 시장바구니 분석 활용)
> ⑤ 시퀀스 분석 알고리즘: 데이터 내에서 자주 발생하는 시퀀스 또는 에피소드를 요약하는 알고리즘(예 웹 경로 흐름 분석)

Theme 21 정동 경제의 가치 논리와 빅데이터 폴리네이션

Ⅰ 빅데이터 담론의 구성 요소

새로운 성장 동력, 상관성의 과학, 맞춤형 서비스와 혜택 제공, 산업화 조건 구축.

Ⅱ 21세기의 천연자원으로서의 빅데이터

1. 의의

① 빅데이터의 혁신적 기술 역할: 에너지, 교통, 유통, 헬스, 제조업 등 다양한 분야에서의 중요성.
② 빅데이터의 비유: 21세기의 천연자원, 원유, 석탄, 금과 같은 자연적 대상처럼 인식되는 효과.

2. 네트워크 속 인구들의 비물질 노동

(1) 비물질 노동의 산물

① 빅데이터는 웹 검색, 상품 구매, 이동 기기 사용 등 개인의 비물질 노동으로 생성된 데이터.

② 데이터의 패턴 추출 및 분석은 지식 노동자에 의해 수행되지만, 원천은 네트워크 속 인구들의 노동.

(2) 소셜 네트워크의 생산라인

소셜 네트워크는 비물질 노동의 생산장이지만, 무가치한 데이터에서 가치를 추출하는 작업라인으로 인식.

(3) 정동 경제와 빅데이터 폴리네이션

빅데이터와 소셜 미디어는 가치와 부의 사적 전유를 가능케 하는 환경을 조성.

Ⅲ 빅데이터 분석이 제공하는 상관관계

1. 의의

① 상관관계가 기존 과학의 인과관계를 대체하며 미래 예측 가능성 강조.

② 변수 간 상관성만으로 미래를 예측하고 대응책 도출 가능.

③ 방대한 데이터 기반의 패턴 형성 신뢰성.

2. 사회현상의 규칙성을 알려주는 빅데이터

① 빅데이터는 사회현상의 새로운 시각 제공 및 규칙성 발견 기술.

② 전통적 과학 모델과 달리 의미 있는 패턴과 미래 예측 능력을 제시.

③ 데이터 전수 조사로 의사결정 단계를 간소화.

3. 빅데이터의 효율성 브랜딩

(1) 데이터의 복잡성과 분석 기술

복잡하고 난해한 데이터에서 지혜를 도출하는 기술로서의 빅데이터 강조.

(2) 실시간 정동 흐름과 효율성

네트워크 속 데이터는 복잡하지만, 실시간 전송과 효율성 브랜딩으로 빅데이터 기술 홍보.

(3) 맞춤형 서비스 제공

① 기업: 소비자 대상 실시간 광고와 판촉 향상

② 정부: 국가 전략 및 정책 수립의 토대 제공

③ 개인: 경제적 잉여와 혜택 제공

4. 빅데이터 개인정보 보호안

(1) 개인정보 규제 완화

인터넷에 공개된 정보를 정부와 기업이 자유롭게 활용 가능하게 하는 정책.

(2) 사용자-창출 데이터의 통제 강화

① 소셜 미디어 글을 공개된 정보로 간주, 데이터 소유권과 통제권 강화.

② 네트워크 속 개인의 데이터 소외와 착취 심화.

(3) 부와 가치의 사적 전유

사용자-제작 콘텐츠와 데이터의 자본 전유를 촉진하는 질서 강화

Theme 22 데이터 패브릭(Data Fabric)

Ⅰ 의의

① 데이터 패브릭은 분산 데이터 환경에서 데이터 처리, 분석, 저장, 전송을 지원하는 기술.

② 데이터 생명주기 관리, 데이터 소스 간 통합, 상호운용성, 검색, 분석, 이동을 용이하게 함.

Ⅱ 데이터 패브릭의 주요 기능

1. 데이터 통합

데이터 소스에서 데이터를 통합하여 중복성 감소, 데이터 일관성 및 정확성 보장.

2. 데이터 상호운용성

다양한 데이터 형식과 프로토콜을 지원하여 상호운용 가능 형태로 변환.

3. 데이터 검색 및 분석

데이터를 신속하게 검색하고 분석할 수 있는 기능 제공.

4. 데이터 이동성

데이터를 쉽게 이동하여 다양한 분석 도구와 애플리케이션에서 활용 가능.

Ⅲ 데이터 패브릭의 주요 특징

1. 분산 아키텍처

다수의 데이터 노드에서 데이터를 처리하고 저장하는 분산 아키텍처 사용.

2. 실시간 데이터 처리

실시간 데이터 처리를 지원하여 빠른 데이터 처리와 분석 가능.

3. 스케일 아웃 가능성

(1) 정의

① 독립적인 컴퓨팅 리소스를 추가하여 처리 능력을 확장하는 방식.

② 기존 시스템에 다른 시스템을 연결하여 대형 시스템 구성.

(2) 스케일 업과 비교

① 스케일 업은 단일 서버의 성능 증가를 의미하며 확장성이 제한적.

② 스케일 아웃은 수평적 확장이 가능하여 대규모 데이터 처리 지원.

4. 보안

데이터 보안을 강화하여 안전한 데이터 전송과 저장 보장.

Ⅳ 데이터 패브릭의 하위 기술

1. 데이터 가상화

① 원본 데이터를 복제하거나 이동하지 않고 사용 가능하도록 만드는 기술.

② 데이터 레이크, 데이터 웨어하우스, 패스트 데이터 등 다양한 소스에서 데이터 통합 지원.

2. 데이터 엔진

① 데이터를 처리, 분석, 저장하는 소프트웨어.

② 대규모 분산 시스템에서 실행되어 다양한 데이터 처리 작업 수행.

3. 데이터 브로커

① 다양한 데이터 소스에서 데이터를 수집, 처리, 저장하는 소프트웨어.

② 데이터 가상화와 데이터 엔진을 연결하여 데이터 처리 효율화.

4. 분산 컴퓨팅

① 여러 컴퓨터 노드가 작업을 수행하는 방식.

② 대규모 데이터 처리와 분석 수행, 스케일 아웃 확장 가능.

Ⅴ 다양한 데이터 저장 및 처리 방식

1. 데이터 레이크

① 비정형, 반정형, 정형 데이터를 대규모로 저장하는 저장소.

② 데이터 수집과 저장 중심, 비정형 데이터 분석에 적합.

2. 데이터 웨어하우스

① 정형 데이터 중심의 중앙 집중형 데이터 저장소.

② 데이터 가공, 변환, 집계, 분석 수행, 비즈니스 인텔리전스와 의사결정 지원.

3. 패스트 데이터

① 실시간으로 발생하는 대량 데이터를 처리 및 분석.

② 실시간 의사결정에 중요한 역할, 데이터 패브릭으로 보완 가능.

심층 연계 내용 다크웹(Dark Web)

TOR와 같은 특수한 통신 프로토콜을 사용하여 익명으로 정보 교환이 가능한 웹

Theme 23 공공데이터

Ⅰ 공공데이터

① 정부, 지방자치단체, 공공기관이 생성 · 보유하는 데이터.

② 공공데이터 개방 및 이용 활성화를 통해 국민의 이용권 보장, 혁신성장, 일자리 창출, 사회발전 기여.

③ 공공기관 보유 데이터 목록 등록 후 포털 공유로 양질의 공공데이터로 재탄생.

④ 「공공데이터 개방 및 이용활성화에 관한 법률」 제정 및 공공데이터 전면 개방 의무화 추진.

Ⅱ 공공데이터 활용 방법

1. API

응용 프로그램 프로그래밍 인터페이스로, 운영 체제 또는 프로그래밍 언어가 제공하는 기능 제어 인터페이스.

2. 오픈 API

① 누구나 사용 가능한 공개된 API로, 데이터 표준화와 프로그래밍을 통해 외부 사용자와 공유 가능.

② 다양한 서비스, 애플리케이션, 플랫폼 개발 가능.

Ⅲ 공공데이터 포털

1. 의의

① 공공기관 생성 또는 취득 데이터를 통합 제공하는 통합 창구.

② 파일데이터, 오픈 API, 시각화 등 다양한 방식 제공 및 간편한 검색 기능 지원.

2. 공공데이터 포털의 운영

① 행정안전부장관이 통합제공시스템(공공데이터 포털)을 구축·관리 및 활용 촉진.

② 공공기관의 장에게 공공데이터 연계 및 제공 협력 요청 가능.

③ 요청을 받은 공공기관은 특별한 사유가 없는 한 협력 의무.

④ 포털 구축·관리 및 활용 촉진 관련 사항은 대통령령으로 규정.

Ⅳ 공공데이터 전략 위원회

① 2013년 12월 발족한 공공데이터전략위원회는 「공공데이터 개방 및 이용활성화에 관한 법률」에 따라 설립.

② 공공데이터 개방 및 활용 정책과 계획 심의·조정, 추진사항 점검·평가 수행.

③ 범정부 컨트롤타워 역할 및 민간 의견 반영 위해 민간위원 50% 포함.

Ⅴ 오픈스퀘어–D

① 공공데이터 아이디어를 가진 사람들이 교류·성장하도록 지원하는 공간.

② 공공데이터 기반 아이디어 구체화, 창업, 지속성장 지원 프로그램 제공.

Ⅵ 오픈데이터포럼

1. 의의

① 모든 사람이 데이터 사용·수정·결합·재사용·재배포 가능 데이터.

② 인터넷을 통한 다운로드 형태로 제공.

2. 운영 목적

① 공공데이터 관련 다자간 소통 채널 일원화 및 데이터 기반 사회적 가치 창출.

② 다양한 이해관계자 참여 및 협력으로 오픈데이터 생태계 조성.

3. 구성

시민사회, 산업계, 정부 및 공공기관, 학계, 언론계 등 각 부문 이해관계자로 구성.

Theme 24 정보사회를 바라보는 관점

Ⅰ '정보화 사회'와 '정보사회'

1. 정보화 사회

정보화 사회는 '정보화가 진행 중인 사회'의 동태적인 측면을 강조하는 개념.

2. 정보사회

① 정보사회는 '정보화가 이루어진 사회'라는 정태적인 측면을 강조한 표현.

② 정보사회와 함께 탈산업사회, 후기 자본주의 사회, 탈근대사회, 지식사회 등의 개념이 제기됨.

③ 거시적 사회변동의 흐름에 초점을 맞추어 사회변동 현상을 '제3의 물결(The Third Wave)', '거시 경향(Mega Trends)', '불연속성의 시대(The age of discontinuity)' 등으로 표현.

Ⅱ 정보사회를 바라보는 관점

1. 기술적 관점

(1) 의의

① 1970년대 후반부터 등장한 일련의 기술혁신에 기초를 두고 정보 및 정보기술의 생산과 유통에 초점을 둔 관점.

② 신기술을 새로운 시대를 보여주는 가장 가시적인 지표 중 하나로 간주하고, 새로운 기술이 체계적 사회변동을 초래한다고 봄.

③ 정보통신기술의 거대한 발전을 새로운 유형의 사회에 대한 증거로 인식.

(2) 특징

① 풍부한 정보를 저장, 유통할 수 있으며, 정보의 분배와 변형이 신속하고 효율적이며 사회의 모든 구성원이 값싸게 정보에 접근할 수 있는 사회.

② 정보기술이 급속히 진보함으로써 다방면에 커다란 영향을 미치고 많은 정보가 대량으로 유통되는 사회.

③ 저장과 유통에서 풍부한 정보의 균형, 사회의 모든 구성원에 의한 용이한 정보 접근이 특징.

④ 노동방식, 생활양식, 가치체계, 관습, 사회제도 등이 정보와 지식, 컴퓨터와 통신망을 바탕으로 새롭게 형성된 사회.

⑤ 특정 사회 내 정보유통량 증가에 따라 정보기술의 고도화가 필수적이며, 이에 따른 정보의 사회–경제적 가치가 상승하는 사회.

⑥ 영국 학파에서 슘페터의 '창조적 파괴'와 콘트라티예프의 '장기파동' 이론을 결합하여 정보통신 기술이 새로운 시대의 도래를 나타낸다고 보는 네오슘페터적(Neo Schumpeterian) 접근 제시.

(3) 기술적 관점에 대한 비판
① 정보와 정보기술의 생산 유통 확대가 사회적 귀결을 설명하지 못함.
② 정보사회에서 발생하는 현상의 원리와 정보흐름의 규정을 설명하지 않음.

2. 경제적 관점

(1) 의의
① 정보사회에서 정보활동에 대한 소득, 산업 및 취업구조 등 경제지표 변화를 중시하는 정의.
② 국민계정에서 정보산업 비중이나 전체 노동인구 중 정보 관련 노동력 비중을 통해 정보사회 변화를 분석하는 관점.
③ 정보활동을 경제적 가치 증가로 도식화하는 특징.
④ '국민 총생산(GNP)에서 정보활동 비율 증가를 도식화할 수 있다면 정보경제 달성을 선언할 수 있다.'는 입장.
⑤ '경제활동이 농업이나 제조업보다 정보활동에 의해 더 많이 수행된다면 정보사회로 간주 가능.'이라는 주장.
⑥ 경제활동이 상품 제조에서 정보 및 지식 제조로 이동하며, 전문화된 정보와 새로운 기술 활용이 중시되는 사회.
⑦ 정보의 생산과 교환이 제조업이나 농업의 보조활동이 아닌 주된 경제활동이 되는 사회.

(2) 매클럽(Machlup)
정보 관련 산업을 50개 하위 영역으로 분리된 5개의 대산업군(교육, 통신 매체, 정보기기, 정보 서비스, 기타 정보활동)으로 나누어 GNP에서 차지하는 경제적 가치 산출.

(3) 포랫(Porat)
① 매클럽의 접근법이 다른 산업 내부에 포함된 정보활동을 설명하지 못함에 착안하여 1차 정보부문, 2차 정보부문, 비정보부문 등으로 구분하여 정보의 경제적 중요성 강조.
② 1차 정보부문은 시장가격이 존재하여 경제적 평가가 용이하나, 2차 정보부문은 가격 책정이 어려운 기업 및 국가기구의 정보활동(예) 기업 인사부서, 연구개발 등)으로 현대 조직체에 필수적이라고 평가.

(4) 일본 정보통신경제연구소(RITE)
① 개요: 정보사회로의 진입 여부를 판단하기 위한 정량적 지표 개발
② 주요 지표
  ㉠ 서비스 노동인구가 전체 노동인구의 50% 이상
  ㉡ 대학생 수가 해당 연령집단 전체의 50% 이상
  ㉢ 1인당 소득이 4,000달러 이상
  ㉣ 정보비(총지출 중 정보부문 비율)가 35% 이상

(5) Kahn and Wiener
① 개요: 1인당 국민소득 수준을 기준으로 산업사회 이후 사회를 구분
② 사회 구분 기준
  ㉠ 산업사회: 1인당 국민소득 600~1,500달러
  ㉡ 대량 소비사회: 1,500~4,000달러
  ㉢ 산업화 이후 사회: 4,000~20,000달러

(6) Deutsch
국가경제에서 정보지향 직업 종사자가 과반을 차지하고, 해당 종사자의 가치 창조가 총 국민생산의 50% 이상인 사회.

(7) 경제적 관점에 대한 비판
① 경제적 가치의 객관적 통계 추정 과정에서 주관적 가치 판단 개입 가능성 존재.
② 집합적 자료가 상이한 경제활동을 동질화하는 경향.
③ 정보사회의 양적 지표와 질적 지표를 동일하게 취급하는 문제 발생 가능.

3. 직업적 관점

(1) 의의
① 사회학자들이 선호하는 관점으로, 시간에 걸친 직업 구조 변화로 다수의 직업이 정보노동에서 발견되는 경우 정보사회가 성취된다고 보는 견해.
② 제조업 고용의 쇠퇴와 서비스 부문의 고용 증가가 육체노동의 소멸과 정보노동의 증가로 이어짐.
③ 벨(Bell)의 주장에 따르면 탈산업사회 직업의 지배적 집단은 정보노동자로 구성됨.
④ 라이시(Reich), 드러커(Drucker), 카스텔(Castells) 등이 '상징적 분석가', '지식전문가', '정보노동자' 등의 직업명을 제시하며, 이들의 공통점은 정보를 창조하고 활용하는 노동과 관련됨.

(2) Perkin
① 정보노동자 집단을 질적으로 구분할 필요성.
② 1880년대 이후 영국 역사는 교육을 통해 창조되고 비자격자의 배제로 제고되는 인간자본을 활용하여 통치하는 '전문가'들의 우세화로 기록될 수 있음.

③ 전문성이 '전후사회의 조직원리'가 되었으며, 전문가들은 기존 지배 집단(노동계급, 자본주의적 기업가, 토지귀족)과 낡은 이상(협동과 연대, 재산과 시장, 가부장적 신사)을 서비스, 자격, 효율성 등의 전문가적 에토스로 대체함.

④ 사적 부문과 공적 부문 전문가들 사이 갈등이 존재하지만, 퍼킨은 이를 '전문가 사회' 내부의 대결전으로 보고, 비전문가들의 참여 배제 및 훈련된 전문성의 우세와 능력에 기초한 보상 체계를 공유하는 것으로 설명함.

(3) Gouldner

① 20세기 들어 팽창한 새로운 유형의 노동자로 지식인과 기술적 인텔리겐치아가 등장함.

② 새로운 계급은 부분적으로 자기본위적이며, 권력집단에 종속적이면서도 기성 기업가나 정당 지도자의 통제에 저항할 가능성이 있음.

③ 새로운 계급의 핵심적 분화는 기술주의적·동조적 성향의 집단과 비판적·해방적 성향의 인본주의 지식인 간 차이로 나타남.

(4) Leadbeater

① '밑천 없이 살아가기'(Living on Thin Air)에서 정보사회 부의 생산은 육체적 노동이 아니라 아이디어, 지식, 숙련, 재능, 창의성에서 비롯됨을 강조함.

② 디자이너, 중개사, 이미지 창조가, 음악가, 생명기술자, 유전공학자, 틈새시장 개척자 등 정보 활용 능력이 중요한 직업을 성공적 사례로 제시함.

(5) Machlup

① 지식의 운반자(신문배달원, 우편집배원 등)
② 지식의 변형자(속기사, 자서전 집필자 등)
③ 지식의 처리자(회계사 등)
④ 지식의 해석자(통역원 등)
⑤ 지식의 분석자(신문사 논설위원 등)
⑥ 지식의 창조자(학자, 연구자 등)

4. 공간적 관점

(1) 의의

① 지역을 연결하고 시간과 공간의 조직화에 영향을 미치는 정보통신망의 중요성을 강조하는 관점.

② 전 세계적인 연결망 사회를 형성하여 더 많은 사람들이 통신망에 연결되고, 통신망의 범위와 성능이 기하급수적으로 확장됨.

(2) Castells

① 정보 유통의 양과 속도 증가에 따른 '시공 축약' 현상이 정보사회를 이전 사회와 구별하는 요소가 됨.

② 전자고속도로 발전으로 정보 흐름의 새로운 현상이 발생하고, 시간·공간 관계의 근본적 변화가 일어나 통신망 사회 형성됨.

③ 통신망 사회에서 시간과 거리의 제약이 약화되어 기업과 개인이 세계적 차원의 문제를 효과적으로 관리 가능해짐.

④ 사회구조가 극소전자 기반의 정보와 커뮤니케이션 기술로 형성된 네트워크 사회로 변모함.

(3) Wellman

① 정보통신망이 현대사회의 주요 특징으로 작용하며, 위성을 이용한 직접 통신이 가능해짐.

② 온라인 연결을 통해 신체적 대면 없이 실시간 관계 지속 가능함.

5. 문화적 관점

(1) 의의

① 측정이 적게 이루어지는 개념으로, 일상생활 양식을 통한 사회적 순환에서 증가한 정보의 양을 중시하는 관점.

② 현대 문화는 과거보다 더 많은 정보와 미디어로 가득차 있으며, 새로운 매체들이 지속적으로 등장함.

③ 현대 문화는 본질적으로 상징화(symbolization)에 대한 것으로, 메시지 교환과 수용을 기반으로 함.

④ 정보사회의 도래는 기호의 홍수 속에서 삶의 의미가 풍부해지는 현상과 관련됨.

(2) Baudrillard

① 의미화 증가로 인해 의미의 붕괴가 나타나며, 정보량이 많을수록 의미는 감소하는 사회가 됨.

② 정보 조작과 관리가 강조되며, 사람들은 진실한 기호를 갈구하지 않음.

③ 기호의 인공성을 인지하고, 이를 활용하는 '볼거리의 시대'로 진입함.

(3) Poster

① 기호가 의미를 상실하며, 사람들은 자신이 원하는 기호만 선택적으로 수용함.

② 의미 덩어리들이 교환되지만 본질적인 의미는 없음.

I 정보사회의 특징

1. 사회 운영 원리의 특징

(1) 질적 사회

육체적 노동에서 정신적 노동의 질로 전환.

(2) 거리의 소멸

정보통신망 확장으로 공간·시간·인식적 차원에서 거리 소멸.

(3) 경계의 모호화

사회영역 간 경계가 모호해지는 무경계 사회.

(4) 소프트화

① 변화와 상호작용 증가로 시스템 복잡성 상승.

② 사회 적응을 위해 유연성이 요구되는 사회.

③ 제조업보다 정보통신 산업 비중 증가.

④ 조직구조는 폐쇄형에서 평등한 개방형으로 변화.

(5) 네트워크화

① 의의

㉠ 수평적 협력과 민주적인 구조를 형성.

㉡ 네트워크의 확장과 정보 통합 발생.

② 특징

㉠ 정보 분산처리.

㉡ 개인의 정체성은 능력과 전문성을 파는 사회로 변화.

㉢ 대규모 외부경제 효과.

(6) 자동화

사회 전체가 하나의 망으로 연결되는 사회자동화.

2. 구조적 특징

(1) 앨빈 토플러의 「제3의 물결」

① 정보사회의 조직 원리는 산업사회와 차별화.

② 대량생산에서 다품종 소량생산으로 전환.

③ 위계적 구조에서 네트워크형으로 변화.

④ 전문성을 지닌 구성원이 수평적 네트워크를 구성.

(2) 앨빈 토플러의 「권력이동」

① 의의

㉠ 권력 원천은 폭력, 부, 지식으로 구분.

㉡ 지식이 21세기 권력의 핵심이 됨.

② 구조적 특징

㉠ 데이터, 정보, 지식 교환 중심의 부 창출 체제.

㉡ 대량생산에서 탈대량화로 이동.

㉢ 전통적 화폐 대신 전자화폐 확산.

㉣ 정보 체제로 관료조직 대체.

㉤ 소비자와 생산자가 융합된 프로슈머 등장.

(3) 다니엘 벨의 「탈산업사회의 도래」

① 의의

㉠ 인간 중심 시스템과 정보 시대 과제 강조.

㉡ 21세기 사회 특징으로 개성화, 고령화, 정보화, 글로벌화 제시.

② 차별성

㉠ 제조업 중심에서 서비스업 중심으로 전환.

㉡ 권력 원천이 지식으로 이동.

㉢ 이론적 지식 중심 사회.

(4) 존 나이스비트의 「메가트렌드」

정보사회로의 변화 10가지 차원: 산업사회 → 정보사회, 중앙집권 → 지방분권, 위계조직 → 네트워크 조직 등.

(5) 쉬멘트의 「정보사회 조망」

① 정보유물론과 정보 노동력 확대.

② 개인·기관 간 상호연관성 증대.

③ 정보기술의 사회적 지위와 확산.

II 정보사회의 가치체계

1. 가치체계 변화에 대한 관점

① 주체성 지향: 활력 있는 열린사회로 이행.

② 자폐주의 지향: 연대의식 약화로 폐쇄사회로 이행.

2. 열린사회로 이행의 원리

① 개성화: 획일적 생활양식에서 개성적 생활양식으로 전환.

② 분권화: 네트워크적 시스템으로 변화.

③ 자유화: 개인 창의성이 극대화되는 사회로 이행.

④ 탈이데올로기: 실용적·실무적 문제 해결로 전환.

⑤ 국제화: 국가 간 정보유통 강화로 의존관계 심화.

⑥ 인간화: 인간성 회복과 인권 존중 강조.

III 정보사회의 조직

1. 정보와 의사결정의 상층부 집중화

① 생산노동자의 지위 하락.

② 정치 관료제에서 기술 관료제로 전환.

③ 연구조직과 지식센터가 국제화 과정 통제.

2. 조직의 유연성 증가

비정규직 고용 증가와 근로 형태 다양화.

3. 분산화된 그물망 조직으로 변화

권한이 분산되고 다양한 규모의 조직단위로 구성.

I　지식사회

1. 의의

① 지식의 가치가 부가가치를 창출하는 사회.

② 지식이 발전의 기본축이며 그 자체가 경쟁력이 되는 사회.

③ 암묵적·명시적으로 정보사회를 계승·발전시켜 산업시대를 교체하는 구조변동의 핵심에 위치하는 사회.

2. 특징

① 지력과 연결된 제품을 생산할 수 있는 하부구조를 갖춘 사회.

② 지식사회에서 생산되는 제품은 지식 집합적 과정을 통해 생산, 분배, 판매되는 제품으로 기업자문이나 전자마케팅이 사례.

③ 사회조직은 지식기반 조직으로 변환되어야 하며, 지식기반조직이란 조직구성원이 유용한 지식을 공유할 수 있도록 조직의 규칙체계나 지침서의 형태로 유형화된 조직을 의미.

3. 지식 사회의 구성원

(1) 의의

사회구성원은 비교적 긴 전문교육을 받고, 노동시장은 세 계층으로 분류.

(2) 창조적 전문가

① 전체 노동자의 20%를 차지.

② 지식을 효과적이고 창조적으로 사용하는 능력을 소유한 사람들로 전 지구적으로 이동 가능하며 특정한 국민국가의 틀에 구속되지 않음.

③ 새로운 문제를 해결하고 인식하며 중재하는 관점에서 세계적 경쟁력을 보유.

(3) 전문직업인

① 전체 노동자의 60%로 높은 자질을 갖추었으나 끊임없이 새로운 과제에 도전받는 집단.

② 지식사회에서 평생 직업을 가질 수 없어 상당히 이동적.

③ 창조적 전문가 집단보다 창조적인 관점에서 뒤지는 사람들로 구성.

(4) 그 외의 사람들

① 나머지 20%는 지식사회의 요구를 수용하기 어려운 사람들.

② 자격과 능력을 갖추지 못하여 지식사회의 요구에 적응할 기회를 갖지 못하는 사람들.

II　지식의 분류

1. 매클럽(Machlup)의 지식 분류

(1) 실용적 지식(practical knowledge)

직업적 지식, 사업적 지식, 노동적 지식, 정치적 지식, 가사용 지식 등 일하는 데 유용한 지식.

(2) 지적 지식(intellectual knowledge)

인간의 지적 호기심을 충족시키는 진취적 지식, 인문학과 과학 연구, 일반 문화 관련 지식.

(3) 잡담용 지식과 과거 지식(small talk and past time knowledge)

비학구적 호기심이나 개인의 욕구를 충족시키는 사고 소식, 통속소설, 농담, 게임, 놀이 등 감정을 자극하고 기분을 좋게 하는 지식.

(4) 정신적 지식(spiritual knowledge)

영적 세계와 관련된 도덕적 지식, 종교적 지식 등 신과 영혼의 구원에 대한 지식.

(5) 원하지 않는 지식(unwanted knowledge)

흥미 밖의 지식, 우연히 취득한 지식, 목적 없이 얻게 된 지식.

2. 폴라니(Polanyi)의 지식 분류

(1) 암묵지

학습과 체험을 통해 개인이 습득하지만 외부적으로 드러나지 않고 언어로 상술되지 않은 지.

(2) 형식지

외부로 표출되어 한 개인뿐만 아니라 사회 내 타인이 공유할 수 있도록 언어나 문자로 정리된 지식.

(3) 암묵지와 형식지의 관계

지식의 사회적 활용 측면에서는 많은 암묵지를 형식지화하여 다수가 활용할 수 있도록 하는 것이 필요.

3. 스펜더(Spender)의 지식 분류

(1) 의의

스펜더는 폴라니의 분류에 사회적 활용과 개인적 활용 측면을 추가하여 지식 분류.

(2) 습관화된 지식

개인이 활용하고 있으나 스스로 잘 인식하지 못하고 사용하는 지식.

(3) 의식하고 있는 지식

개인이 의식하면서 활용하는 지식.

(4) 집단화된 지식

집단적으로 활용되고 있으나 명시적으로 표출되지 않은 지식.

(5) 객관화된 지식

많은 사람이 활용하면서도 언어적·체계적으로 잘 기술된 지식.

[스펜더의 지식 분류]

구분	개인적 활용	사회적 활용
형식적 지식	의식하고 있는 지식	객관화된 지식
암묵적 지식	습관화된 지식	집단화된 지식

4. 니코 스테어(Stehr)의 지식 분류

(1) 사상

디지털 시대에서 사회통합을 이루기 위해 사회적 기반을 조성해야 함.

(2) 지식 3단계 유형론

① 유의미한 지식: 이해의 증진을 위한 계몽주의 지식 이념

② 생산적 지식: 산업에 적용되는 지식

③ 행위 지식: 지능형 장치 도입 등으로 지식이 생산과 밀접하게 연결되며, 일상생활 수행에 영향을 미치는 지식

Ⅲ 노나카 이쿠지로(Nonaka Ikujiro)의 「지식경영」

1. 지식사회의 도래 배경

① 지식, 정보량의 폭발적 증가.

② 정보의 유통, 가공, 처리할 수 있는 정보통신기술의 발달.

③ 물적 자원 의존의 산업사회에서 지식과 지적기술 의존, 탈산업사회로 전환.

④ 지구촌의 공동체적 의식 확산과 세계화 심화.

2. 지식 변화 모형(SECI)

(1) 사회화(Socialization)

① 암묵지에서 암묵지로의 변환 과정으로 경험 공유를 통해 정신분석 틀, 기술적 스킬 등의 암묵지 창출 과정.

② 암묵지 획득 과정은 직접 경험을 통한 체험 과정이며, 암묵지 축적 과정은 획득한 지식과 정보를 자신의 생각과 연결하여 기억하는 과정.

(2) 외부화(Externalization)

① 암묵지에서 형식지로 변환하는 과정으로 암묵지를 개념과 언어로 표출하는 과정.

② 암묵지가 은유, 추론, 개념, 분석틀 등을 통해 형식화되며, 전체 지식창조 프로세스에서 중요한 역할 수행.

(3) 종합화(Combination)

① 형식지에서 형식지로 변환하는 과정으로 언어나 숫자와 같은 심벌을 통해 다양한 개념을 조합·체계화하는 과정.

② 새로운 형식지 획득 및 통합 과정으로 형식지화된 지식이나 공표된 데이터 등을 수집·결합하는 과정.

(4) 내면화(Internalization)

① 형식지가 암묵지로 변환되는 과정.

② 경험학습과 밀접하게 연관되며, 종합화를 통해 창출된 새로운 지식을 개인의 암묵지로 내재화하는 과정.

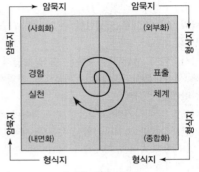

[지식 변화 모형]

Ⅳ 피터 드러커(Peter Drucker)의 '지식사회'

1. 사상

① 「내일의 이정표」에서 '지식사회' 용어 최초 사용.

② 가장 중요한 자원이 된 지식과 함께 정보, 돈 등이 세계화 추세 형성.

③ 지식사회의 두 가지 인프라는 고등교육을 받은 지식근로자와 컴퓨터·인터넷 보급.

④ 새로운 의미의 지식은 실용적 지식이며, 사회적 지위와 경제적 성과를 얻는 수단.

⑤ 전통적 지식이 일반 교양적 지식이라면 현대의 지식은 전문적 지식.

⑥ 지식은 행동에 효과가 있는 정보이며, 결과에 초점을 맞춘 정보로 행동을 통해 증명.

⑦ 지식의 결과는 개인의 내면이 아닌 사회적·경제적으로 외부에 나타나며, 지식 자체의 진보로 나타남.

2. 지식사회의 주요 특성

① 지식과 정보가 생산수단 역할.

② 직무 수행에 필요한 지식의 획득과 휴대가 용이.

③ 지식이 돈보다 쉽게 이동하여 국경 개념 희미.

④ 정규교육 접근성이 높아 신분 상승 이동 용이.

⑤ 지식을 세계적으로 제공 가능하며, 전 세계 조직에 속할 수 있음.

⑥ 세계적 아웃소싱 업무 하청 가능하나 실패 가능성도 높음.

3. 지식혁명의 속성

① 생산요소로서 지식의 역할.

② 산업혁명·노동생산성 혁명과 달리 지식 확산에 대한 저항과 규제 없음.

③ '피를 흘리지 않는 혁명'으로서의 지식혁명.

심층 연계 내용 지식의 유형과 활용

1. 방법지

① 정의: 실천과 절차를 중심으로 한 지식.

② 예시
- 광화문으로 가는 길을 알고 그 경로를 알려줄 능력.
- 원주율 값을 기억하고 외울 수 있는 능력.
- 운전의 절차를 수행할 수 있는 능력.

③ 특징: 어떤 일을 실행하거나 절차를 따를 수 있는 실천적 능력으로 정의됨.

2. 사물지

① 정의: 직접 경험에서 비롯된 익숙함과 표상에 기반한 지식.

② 예시
- 전주시를 방문하여 익숙함을 느끼는 지식.
- 박찬욱 감독과의 과거 경험에서 비롯된 기억.
- 부모님과 함께 산 경험에서 비롯된 친숙함과 기억.

③ 특징: 개인적 경험을 통해 얻어지는 익숙한 표상과 연결된 지식.

3. 사실지

① 정의: 명제나 진술에 기반한 지식으로 정보와 사고를 담고 있음.

② 예시
- 뇌의 전두엽과 사고력 사이의 상관관계에 관한 신경과학적 정보.
- 특정 문장이 참인지 판단하는 능력.
- "몇몇 포유류는 바다에 산다"라는 문장이 참이라는 판단.

③ 특징: 명제와 진술을 기반으로 한 정보의 파악과 판단 능력.

4. 명제지의 중요성

① 정의: 정보의 올바름과 정당성을 판단하는 데 기반이 되는 지식.

② 특징
- 능력지와 사물지가 명제지에 의존하며 상호작용.
- 명제지는 인간의 고등한 인지 활동에 근본이 되며, 정보의 정당성을 평가하는 데 필요.
- 단순 정보와는 달리 명제지는 참과 거짓을 판단하여 지식을 정립.
- 정보의 유효성과 맥락을 따져 올바른 판단을 이끌어냄.

심층 연계 내용 피터 드러커의 '프로페셔널의 조건'

1. 목표와 비전 설정
자신의 삶이 추구하는 목표와 이를 달성하기 위한 비전을 명확히 설정.

2. 완벽 추구와 윤리적 행동
주위에 아무도 없더라도 윤리적으로 행동하며 완벽을 추구.

3. 새로운 주제에 대한 개방성
새로운 주제, 시각, 방법에 대해 항상 개방적 자세를 유지.

4. 정기적 자기 검토
과거의 성과와 실패를 돌아보며 개선점과 발전 방향을 모색.

5. 새로운 직무 요구사항 학습
새로운 직무에서 요구하는 능력과 지식을 빠르게 학습.

6. 피드백 활동 강화
자신의 강점과 개선점을 파악하고, 이를 발전시키기 위한 피드백 활동 지속.

7. 기억되고 싶은 사람의 모습 설정
자신이 어떤 사람으로 기억되고 싶은지 고민하며, 주변 사람들의 삶에 긍정적 영향을 미치기 위한 노력.

Theme 27 서비스 사회

1. 의의

① 20세기 초 시작되어 제2차 세계대전 이후 널리 통용된 개념.

② 상품과 재화 중심의 공업사회와 대비되는 지식·정보, 비물질적 편익 중심의 사회.

2. 푸라스티에(Fourastie)의 「20세기 위대한 희망」

① 서비스 사회를 20세기의 위대한 희망으로 예견.

② 합리화되거나 기계로 대체할 수 없는 노동 형태를 특징으로 함.

③ 대량 실업 문제 해결과 50년 내 완전고용 가능성에 대한 낙관적 전망.

3. 리스먼(Riesman)의 「여가 사회」

미래에는 노동문제보다 여가문제 해결이 더 어려울 것으로 전망하며 '여가 사회' 도래 예고.

4. 에치오니(Etzioni)의 「활동 사회」

① 탈근대사회로서 현대사회를 '활동 사회'로 명명.

② 혁신 세력과 전통 세력 간 가치 구조 우위를 위한 투쟁 필요.

③ 기술에 종속 여부에 따라 활동 사회의 성패 결정.

④ 대중 참여의 사회로 발전하며, 이후 공동체주의 이론으로 대중 참여 패러다임 발전.

5. 드러커(Drucker)의 「단절의 시대」

① 경제계와 노동계에서 지속적인 사회적 변혁 예상.
② 새로운 조직과 지식노동자 같은 새로운 형태의 취업
　노동 등장.
③ 실무적 · 경제적 잠재력으로서 새로운 형태의 지식 형성.

Theme 28 탈산업사회

Ⅰ 의의

1. 분석 방법론

① 탈산업사회는 마르크스주의나 기능주의가 사용한 총
　체론적 접근 방법론으로 파악되지 않음.
② 단일한 체계로 분석될 만큼 유기적이거나 통합된 사
　회가 아님.

2. 사회 구성의 세 영역

(1) 벨(Bell)이 제시한 세 영역

① **사회구조**: 기술 · 경제적 영역.
② **정체**: 사회적 정체성 관련 영역.
③ **문화영역**: 문화적 가치와 규범 중심 영역.

(2) 세 영역의 특징

① 각 영역은 상이한 변화 리듬을 가짐.
② 각 영역 내에서 규범적 표준과 정당성 기준을 결정하
　는 행위 중추원리가 독립적으로 작용.
③ 변화는 연속적이지 않고 대체 또는 양자택일(단절)
　형태로 나타남.

Ⅱ 「탈산업사회의 도래」에 나타난 특징

1. 경제영역

상품 생산 중심에서 서비스 중심으로 전환.

2. 직업구조

① 전문직과 기술직의 급격한 증가.
② 반숙련/미숙련 노동자에서 정신노동자와 고등교육이
　요구되는 전문직 · 기술직으로 전환.

3. 지식의 중심적 역할

사회혁신과 정책형성의 근원으로 이론적 지식이 중심 역
할 수행.

4. 기술통제

기술 창조 · 관리 · 계획 등 기술통제 강화.

5. 새로운 지적 기술의 창출

정보이론, 인공두뇌학, 게임이론 등 고도의 연산 · 논리 ·
확률 · 수리 · 통계 기반의 지적 기술 창출.

Theme 29 미디어 사회 또는 커뮤니케이션 사회

Ⅰ 의의

생활 주변의 다양한 미디어가 사회 전반에 영향을 미치
는 사회이며, 커뮤니케이션의 중요성이 강조되는 사회.

Ⅱ 뮌히(Munch)의 「커뮤니케이션 사회」

1. 사상

① 산업사회의 비동시적 발전, 모험, 모순, 위기에 대한
　비판적 시각을 제시.
② 커뮤니케이션의 폭발적 증가, 가속, 밀집화와 세계화,
　그리고 커뮤니케이션에 의한 사회의 관통을 주장.
③ 커뮤니케이션에 의해 사회가 활력을 얻으며, 산업사
　회의 계승으로서 커뮤니케이션 사회를 확신.

2. 사회적 커뮤니케이션의 법칙

(1) 사회에 대한 의사소통적 침투

사회적 사건은 의사소통적 과정과 그 법칙성을 통해 규
정됨.

(2) 커뮤니케이션의 조밀화

커뮤니케이션 주체들이 점차 조밀하게 연결되며, 커뮤니
케이션 네트워크를 통해 상호 연계됨.

(3) 커뮤니케이션의 가속화

사람들이 점점 더 많은 정보를 빠르게 습득하게 됨.

(4) 커뮤니케이션의 지구화

커뮤니케이션이 제도적, 사회적, 문화적 경계를 초월하
여 확산됨.

Ⅲ 루만(Luhmann)의 「커뮤니케이션 사회」

① 커뮤니케이션과 커뮤니케이션 매체를 추상적이고 보
　편적으로 설명.
② 커뮤니케이션은 사회의 기본 단위이며, 모든 사회체
　계는 커뮤니케이션을 통해 유지 및 조직됨.

③ 커뮤니케이션 개념이 일상적으로 사용되지 않는 이유는 복합적 단위와 독자적인 사회 조작으로 이해되며, 인간이 아닌 사회체계에 의해 진행되기 때문.

④ '커뮤니케이션만이 소통할 수 있다.'라는 공리이론을 기반으로 함.

루만의 사회체계이론

1. 사회체계의 정의
   ① 사회는 소통(communicative interaction)의 자기생산체계 (autopoietic system)로 구성.
   ② 사회의 구성 요소는 사람들이 아니라 사람들 간의 소통.
   ③ 소통은 환경과의 복잡성을 해결하며 기능체계를 구성.
   ④ 기능체계는 경제체계, 정치체계, 법체계, 학문체계, 교육체계, 대중매체체계 등으로 구분.
2. 기능체계의 운영 원리
   ① 각 체계는 특정한 이항 코드로 소통의 정체성을 규정.
   ② **경제체계**: 지불/비지불, **정치체계**: 우세/열세, **법체계**: 합법/불법, **학문체계**: 진리/비진리.
   ③ 체계의 프로그램은 구체적 동작들을 방향 짓는 역할.

체계 이론의 주요 개념

1. 이항 코드
   ① 사회의 주요 부분체계는 각기 다른 커뮤니케이션 매체와 이항 코드에 의존.
   ② 이항 코드는 기능체계의 정체성과 소속을 결정.
   ③ 예: 정치체계의 여-야, 경제체계의 소유-비소유, 학문체계의 진-위.
2. 프로그램
   ① 이항 코드가 가능성을 방향 짓는 역할을 한다면, 프로그램은 구체적 질서를 제공.
   ② 올바른 동작과 행위의 구분을 가능하게 함.
3. 커뮤니케이션 매체
   ① 사회적 진화의 산물로 기능적으로 분화된 체계에서 중요성 증대.
   ② **현대사회에서 중요한 매체**: '화폐', '진리', '사랑', '권력'
   ③ 매체는 공동으로 경험된 체험이 줄어들수록 더 큰 역할을 함.
4. 소통
   ① 사회는 소통사건들의 연쇄로 이루어짐.
   ② 소통이 후속 소통으로 연결되지 않으면 사회는 존속 불가.
   ③ 매체는 소통의 연계를 가능하게 하는 핵심 장치.

Ⅳ 야렌(Jarren)의 「미디어 사회」

① 출판매체가 양적·질적으로 팽창하고, 목표 집단 학술지, 전문 분야 케이블, 네트미디어 등의 뉴미디어 형식이 전통적 매스미디어와 병행하여 미디어 사회를 형성할 것으로 예견.

② 미디어의 중계 능력과 속도가 증가하며, 미디어가 소형화되어 사회 전반에 침투함으로써 미디어 사회가 달성됨.

③ 조직은 미디어 뉴스를 고려하여 지속적으로 대비하거나 PR 작업을 강화하여 뉴스를 제작.

④ 미디어의 이용 가치가 증가하여 사회적 주목과 인정을 받으며, 조직 구성원이 중요한 판단과 인사 결정을 미디어를 통해 접하는 빈번한 상황이 발생.

Ⅴ 머텐(Merten)의 「미디어 사회」

① 커뮤니케이션 체계나 미디어 체계를 정치·경제·종교와 같은 부분 체계 외에 지도적인 사회의 부분 체계로 설명.

② 미디어 경제의 다양한 생산부문을 고려할 때 국민총생산 중 차지하는 비율을 계산하는 방식이 다양하게 존재.

③ 미디어 체계가 지속적으로 확대되며, 모든 사회 영역을 광범위하게 관찰하는 체계로 발전.

④ 디지털화와 월드와이드웹의 네트워크 확산으로 미디어 형식이 기술적·질적으로 새로운 전방위적 잠재력을 갖추고, 시청자의 자연적·시간적·재정적 한계가 붕괴됨.

Theme 30 체험사회

Ⅰ 체험사회의 배경

① 1970년대 중반 이후 문화사적 변동으로 특화된 사회현상.

② 재화와 서비스 충족에서 벗어난 일상생활의 미학화 관점의 전개.

③ 체험 지향의 행위 유형으로 삶 자체가 체험 프로젝트를 양식화.

④ 개인적 미적 취향 개발을 통한 체험시장 형성.

Ⅱ 슐츠(Schulze)의 「체험사회」

1. 의의

① 삶을 아름답고, 재미있고, 주관적으로 보람 있는 것으로 만들어가려는 관점.

② 과도기적 상태를 나타내는 변화 과정의 사회적 순간 포착.

③ 체험 지향적 생활양식으로 인간에게 적합한 새로운 생활철학 탐색.

2. 사회적 환경 구성

(1) 수준환경

① 비교적 높은 교육을 받은 40세 이상의 집단.

② 경력 상승, 부, 삶의 질 중시.

(2) 통합환경

① 중간 교육 수준의 40세 이상의 집단.

② 안락함과 사색 중시, 사회적 기대 부응 및 적응.

(3) 조화환경

① 낮은 교육 수준의 40세 이상의 집단.

② 안전, 단순성, 질서를 최우선 원리로 삼음.

(4) 자기성취환경

① 높은 교육 수준의 40세 미만의 집단.

② 자기도취 및 실험정신 특징.

(5) 사교환경

① 낮은 교육 수준의 40세 미만의 집단.

② 행동과 긴장을 지속적으로 추구.

3. 사회적 환경을 구성하는 기호의 범주

(1) 개인적 스타일

일상생활에서의 미학적 관심.

(2) 연령

세대 소속 및 생활주기의 지표.

(3) 교육

상황에 대한 추론 가능성.

(4) 상황관리의 유형과 방식

① 상황 제안 및 조정.

② 타자의 생활 상황, 직업, 계획 등을 포괄.

4. 체험사회의 행위자 특성

① 감성을 만족시키는 객관적 결정체로부터 자신을 분리하고, 창의적으로 외적 목표 정의.

② 일상적 반복을 즐기고, 창의적이고 공상적인 태도로 현존 여건을 다룸.

Ⅰ 앤서니 기든스(Anthony Giddens)

1. 생애와 활동

① 영국 사회학자로, 「제3의 길」로 널리 알려짐.

② 런던 정치경제대학(LSE) 학장(1997~2003)과 토니 블레어 수상의 고문 역임.

③ 학술적 공로로 2004년 영구 귀족 작위 수여.

④ 저서 30권 이상 출간, 저널리즘 활동 및 세계적 강연 다수.

⑤ 「사회학개론(Sociology)」은 30개 언어로 번역되어 60만 부 이상 판매.

2. 학문적 배경

① 1938년 영국 에드먼튼 노동계급 가정 출생.

② 헐(Hull) 대학 사회학 및 심리학 전공, 런던 정치경제대학에서 석사 취득.

③ 레스터(Leicester) 대학, 케임브리지 대학, 런던 정치경제대학(LSE)에서 학문적 기여.

3. 학문적 공헌

① 박사학위 이후 30권 이상 저서 출간, 학술과 저널리즘 활동 병행.

② 폴리티 프레스 설립 및 독일·프랑스 지식인들 소개에 기여.

③ 명예박사학위 14개 수여.

Ⅱ 구조화 이론

1. 제1기: 초기 저작

① 유럽 전통 사회이론의 비판적 분석과 재구성.

② 의식적 개인 행위자의 능동적 역할 강조.

2. 제2기: 구조화 이론

(1) 의의

① 구조주의와 기능주의의 단선적 사회관 비판.

② 인본주의적이고 행태적인 방법론 지향.

(2) 구조주의

① 인간행위보다는 사회구조의 중요성 강조.

② 인간행위자는 구조의 법칙에 의해 자율성이 제한됨.

(3) 기능주의

① 인간행위를 사회 시스템의 기능적 역할로 이해.

② 전체 시스템의 안정성과 유지 중시.

(4) 구조화 이론

① 구조와 행위의 이중성 강조: 구조는 행위의 결과이자 매개물.

② 행위자는 규칙과 자원을 활용하며 새로운 구조 창출.

③ 행위자의 역량과 지적 능력은 구조에 의해 제한받음.

(5) 기든스의 공헌

① 일상생활에서의 규칙과 자원을 통해 구조와 문화 정의.

② 성찰성을 바탕으로 한 능숙한 생산과 재생산의 사회적 삶 강조.

3. 제3기: 후기 모던사회

(1) 후기 모던사회

① 전통의 권위 상실과 성찰성 강조.

② 자본주의와 정보감시체제가 사회체계에 안정성과 위험성 동시 부여.

(2) 제3의 길

① 사회민주주의와 신자유주의의 대안을 제시.

② 소득 재분배보다 노동 재분배와 참여민주주의 확장 강조.

③ 정부와 시장 간 파트너 관계를 통해 경제와 사회적 틀 연결.

Ⅲ 시공간론과 지역화론

1. 의의

① 구조화 이론을 통해 미시·거시적 방법론의 간극 해결.

② 공간을 사회적 상호작용의 틀로 규정하며 공간의 중요성 부각.

2. 시공간의 원격화

(1) 의의

① 시간과 공간을 사회적 상호작용과 역사적 제도로 해석.

② 사회체계의 시공간적 전개와 통합 강조.

(2) 역사적 궤적

① 전통사회: 국지적 상호작용.

② 중세 봉건시대: 정치·경제적 권력을 통한 원격화.

③ 산업사회: 자본주의와 산업화로 원격화 증대.

(3) 근대성

① 근대 이후 장소의 고정성 탈피와 세계화로 시공간의 확장.

② 전문가 시스템과 상징적 표상을 통해 시공간의 일반화.

3. 시공간의 관례화(routinization)

① 반복과 정규성에 의해 시공간이 관례화.

② 로케일(locale)을 통해 사회적 상호작용 발생.

③ 로케일은 물리적 환경에서 국지적·확장적 범위 모두 포함.

4. 지역화

① 시공간의 관례화와 원격화를 통해 사회적 행위가 구조화.

② 지구화(zoning)와 지역적 상호작용의 연속성 강조.

Theme 32 위험사회

Ⅰ 위험사회

선택의 여지없이 사전지식 없이 당하는 위험과 본질적으로 보이지 않는 위험이 사회·경제·정치 등 모든 분야에 영향을 미치는 사회.

Ⅱ 울리히 벡(Beck)의 「위험사회」

1. 의의

① 근대화 과정에서 나타나는 파괴력이 계급과 영토적 경계를 초월한 현상.

② 재앙 방어와 조정을 통해 권력과 관할 재편, 비상상태의 정상화 유도.

③ 산업사회에서 발전한 근대화의 결과로 위험사회를 생성하며 제2근대를 형성.

④ 제1근대는 산업화 과정 중심, 제2근대는 위험사회로의 성찰적 근대화.

⑤ 과학적 연구의 대상이던 자연·사회가 위험의 과학화를 통해 위험성이 드러남.

⑥ 자연파괴가 단순 환경문제가 아닌 사회적·문화적 총체적 문제로 인식됨.

2. 위험사회의 구조

(1) 위험과 부의 상반된 속성

부는 추구할 가치가 있는 대상으로 인식되며, 근대화 위험은 실재화를 막아야 하는 위협으로 인식됨.

(2) 근대화 위험의 보편성

산업사회에서 위험은 부와 반비례하여 하위 계층을 주로 위협하나, 근대화 위험은 생산자와 이익 창출 계층까지 포함하여 보편적으로 위협함.

(3) 위험 생산논리와 부 생산논리의 경쟁

산업사회의 부 생산논리가 지배적이나, 위험사회에서는 부 생산논리와 위험 생산논리가 병행하며 사회적 영향력을 두고 경쟁함.

(4) 갈등의 원천 변화

산업사회는 물질적 재화의 불평등 분배로 인한 갈등이 특징이며, 위험사회는 물질적 재화의 부정적 결과로 인한 갈등이 발생함.

(5) 안전 요구의 부상

산업사회의 평등 요구에서 위험사회의 안전 요구로 전환됨.

(6) 위험사회의 불평등 구조

산업사회의 계급 기반 불평등에서 위험사회의 사회적 불평등 구조를 망라한 위협과 위험 상황으로 변화됨.

(7) 산업사회와 위험사회의 비교

구분	산업사회	위험사회
사회구성 기본원칙	집단주의, 전통	개인주의, 성찰성
불평등 형성	사회계급, 지위	사회적 위험 인지
핵심논쟁	부 (추구할 가치가 있는 희소자원)	위험 (저지할 가치가 있는 잉여의 근대성이 분산물)
개인적 경험	배고픔	공포
집단적 경험	계급인식	위험인식
유토피아 지향점	희소성의 제거	위험의 제거

3. 위험사회의 성격

① 근대화의 산물로 등장한 인위적 위험.
② 위험은 과학적 지식의 영역으로 과학기술이 위험의 생산자이자 정의 주체.
③ 위험은 지구화와 보편성을 띠며 모든 계층과 세대에 영향을 미침.
④ 안전 가치가 평등 가치를 대체하며 안전이 공적 소비재로 변화.

4. 위험의 종류

(1) 지구화

거대 위험과 전 지구적 불확실성의 공존.

(2) 개인화

사회구조에서 독립적이지만 책임과 의무가 개인에게 전가됨.

(3) 고용감소(실업)

① 엘리베이터 효과로 복지 축소와 사회 불평등 심화.
② 계급의식 부재와 다양한 집단의 출현.
③ "배고픔"에서 "두려움"으로 변화.

(4) 생태적 위기

빈곤과 환경파괴의 밀접한 상관관계.

(5) 대량살상무기 위험

냉전 이후에도 지속되는 화학 · 생물학 무기의 위협.

5. 위험의 과학 의존성

① 위험은 과학적 정의에 따라 판단되며 인식은 추상적 지식에 의존.
② 과학 지식에 의해 위험이 생성되고 사회적 정의 과정에 의존.
③ 위험은 객관적으로 기술 가능하지만, 피해 당사자에게 과소 또는 과대 평가될 가능성 존재.

6. 위험의 미디어 의존성

① 저널리스트와 미디어가 과학 지식을 해석하여 대중에게 위험 소개.
② 교육수준과 정보 접근성에 따라 위험 인식의 차이 발생.
③ 위험사회는 과학사회, 미디어사회, 정보사회의 특성을 동반.

7. 위험과 연관된 과학의 세 가지 관점

① 과학은 자연 지배 인식을 산업에 전환하여 위험을 생산.
② 과학은 위험을 정의하고 드러냄.
③ 과학은 환경기술을 통해 위험 제거를 시도.

Theme 33 위험과 성찰성: 벡, 기든스, 루만의 사회이론 비교

Ⅰ 위험

1. 의의

① 위험은 다양한 개념으로 사용되며, risk는 '위험성', danger는 '위험'으로 번역됨.
② 리스크는 근대적 합리성과 연관된 계산 가능한 위험으로, 위험성평가와 위험성분석 등에서 사용됨.
③ 근대적 합리성을 배경으로 한 계산 가능 위험으로서의 리스크는 벡, 기든스, 루만 모두에게 공통적 개념임.

2. 울리히 벡의 관점

① 벡은 고도 과학기술 위험에 초점을 둔 협의의 리스크 개념을 사용하며, 위험사회는 현대 사회의 특징적 진단임.

② 위험은 현대 과학기술로부터 발생하며, 전면적·무차별적 성격을 가짐.

③ "빈곤은 위계적이지만 스모그는 민주적"이라는 표현으로 현대적 위험의 보편성을 강조함.

심층 연계 내용 울리히 벡의 「위험사회」

1. 울리히 벡

① 격렬한 근대화 과정에서 발생한 위험은 부자와 가난한 자를 막론하고 모두를 위협하며, 이는 영토적 경계와 계급을 초월하는 현상임.

② 위험사회는 재앙사회의 특성을 가지며, 재앙 방어와 조정 과정에서 비상상태를 정상상태로 받아들이게 함.

③ 산업사회의 발전 결과로 나타난 근대화된 위험사회는 제2근대를 형성하며, 이는 성찰적 근대화로 설명됨.

④ 자연파괴와 같은 환경문제는 단순한 생태적 문제가 아닌 사회·정치·경제적 총체적 문제로 인식됨.

2. 울리히 벡의 '위험사회'

(1) 출생과 배경

벡은 독일 변방에서 해군 장교의 아들로 태어나, 산업화와 가족에 관한 연구를 통해 현대사회 이론을 제시함.

(2) 체르노빌 원전사고와 위험사회의 확립

① 「위험사회」는 체르노빌 원전사고가 출간 시점에 발발하며 주장을 설득력 있게 뒷받침함.

② 벡은 기든스, 부르디외, 바우만 등과 함께 현대사회 이론가로 인정받음.

(3) 'Risk'와 'Danger'의 구분

① Danger는 단순한 불가측적 위험을 의미하며, Risk는 통제 가능성이 있는 확률적 위험을 가리킴.

② Risk 개념은 본래 항해 용어에서 유래하며, 위험을 감수해야 성공과 부가 주어진다는 뜻에서 파생됨.

(4) 현대적 위험의 특징

① 산업사회는 부의 생산과 분배에 집중하며 과학과 기술로 모든 것을 해결할 수 있다고 믿었으나, 이는 오판이었음.

② 산업의 고도화로 인해 재화 생산과 함께 위험도 필연적으로 축적되어 현대사회에서 전 방위적으로 위협함.

③ 전통적 위험(danger)은 개인적이고 우연적이었던 반면, 현대적 위험(risk)은 전면적이고 무차별적임.

④ "빈곤은 위계적이지만 스모그는 민주적"이라는 표현은 현대적 위험의 보편성을 상징함.

(5) 전통적 산업사회와 위험사회의 차이

① 산업사회는 분명한 성별 분업, 안정적인 가족구성, 완전고용, 생애적 직업 등의 특징을 가짐.

② 위험사회에서는 성별 분업과 직업이 유동화되고, 전통적 가족이 해체되는 등 불안정성이 심화됨.

③ 개인과 사회 간 연결이 느슨해지면서 개인주의화가 가속됨.

④ 계급적 불평등과 분배 문제가 개인의 성공과 실패로 해석됨.

(6) 위험의 개인 부담화

현대적 위험은 개인이 각자 부담해야 하며, 개인은 위험 앞에 홀로 서서 자신의 삶을 선택하고 꾸려가야 함.

---

3. 더글러스의 관점

① 리스크를 매우 광의적이고 보편적 개념으로 사용하며, 모든 위험 인식을 리스크로 간주함.

② 리스크는 객관적 존재와 연관되지 않고, 일정한 문화와 집단의 도덕적·정치적 표현으로 이해됨.

4. 루만의 관점

① Risk와 danger를 구별하여, 사회적 결정에 따라 발생하는 경우를 risk로, 무관하게 발생하는 경우를 danger로 정의함.

② 위험은 결정자와 당사자 간의 대립으로 설명됨.

Ⅱ 리스크와 근대 과학기술 문명

1. 의의

① 벡은 현대 사회의 리스크를 과학기술의 패러다임 변화와 연결하며, 불확실성의 생산으로 설명함.

② 과학은 확실성의 생산을 목표로 했으나, 현대에서는 오히려 불확실성을 생산함.

2. 더글러스의 관점

① 리스크는 도덕적·문화적 구성물로, "무엇을 위험으로 인식하는가"가 핵심 문제임.

② 현대 사회의 기술적·생태적 리스크 역시 동일한 도덕적·문화적 표현으로 간주됨.

3. 루만의 생태적 위협

① 현대사회에서 합리성과 과학의 발전이 새로운 생태적 위협을 초래한다고 보면서도, 과열된 여론과 도덕적 반응을 비판함.

② 신사회운동이 독자적 체계를 발전시키지 못하고 기생적 형태로 존재한다고 판단함.

4. 기든스의 근대성에 내재한 불확실성

① 리스크를 근대성의 구조적 불확실성으로 간주하고, 신뢰와 연결시킴.

② 외부적 리스크(전통, 자연)와 제조된 리스크(현대 과학기술의 산물)를 구분하여 설명함.

Ⅲ 리스크와 개인화

1. 더글러스와 루만

리스크 커뮤니케이션을 신중간계급의 도덕적 관점과 관련된 것으로 보고, 과열된 여론으로 간주함.

2. 기든스

① 탈주(disembedding)로 인해 현대 사회에서 불확실성이 확대되었으며, 정치적 갈등은 분배 요구에서 새로운 가치에 대한 요구로 변화함.
② 이를 '생활정치'라는 개념으로 설명하며, 삶의 질과 가치에 초점.

3. 울리히 벡

개인화와 불확실성 증가를 강조하며, 근대성의 성찰적 특성보다는 개인화와 합리성의 변증법적 관계로 설명함.

4. 벡의 근대성의 급진화

(1) 의의

① 근대적 합리성의 급진화가 불확실성과 리스크를 생산함.
② 테일러주의의 급진화로 유연노동제도가 형성되고, 과학기술 합리성의 급진화는 생태적·사회적 리스크를 초래함.

(2) 산업사회의 개인화

① 시장합리성과 과학합리성으로 인해 개인화와 생물학적 핵가족주의가 고정됨.
② 산업사회의 개인화는 계급정체성과 생물학적 핵가족주의를 형성하는 과정임.

(3) 일반화된 피고용자의 사회

① 전쟁 이후 복지제도가 확립되면서 모든 피고용자 중심의 사회가 형성됨.
② 현대사회는 계급론이 아닌 '일반화된 피고용자의 사회'로 이해됨.

(4) 근대성의 급진화가 초래한 세 가지 역설

① 노동유연화는 계급정체성의 개인화로 이어짐.
② 과학기술은 정치를 개인화하여 제도 밖 하위정치를 발생시킴.
③ 가족 결속력은 개인화되어 새로운 사회적 결속력을 요구함.

Ⅳ 기든스와 벡의 정치적 관점

1. 기든스의 생활정치

① 생활정치는 자아실현의 정치와 관련되며, 친밀성 구조와 삶의 질 변화를 포함함.

② 단순히 고차원적 가치 추구를 넘어 노동문화의 변화로도 연결됨.

2. 벡의 위험사회의 정치

① 위험사회의 정치는 생존보다 생명을 보호하는 데 더 초점이 맞춰짐.
② 생명과 생존의 문제는 물질적 가치와 존재 양식의 문제로 이해됨.

3. 기든스와 벡의 성찰적 근대화

벡은 성찰적 근대성을 제2근대성으로, 기든스는 후기근대성으로 설명하며, 연속성과 단절의 변증법 차이를 강조함.

Theme 34 액체 근대론과 성찰적 근대화론 비교

Ⅰ 바우만의 액체 근대론

1. 의의

① 액체는 가볍고 유동적이며 다양한 형태로 구성될 수 있는 특성을 가짐.
② 액체 사회와 액체 구조는 이러한 특성을 공유하며, 위해를 받더라도 큰 영향 없이 원상 복귀 가능.
③ 위험을 분산하고 해결할 가능성을 내포하며, 한 지역에서의 위험을 다른 지역으로 분산 가능.

2. '사냥터지기', '정원사', '사냥꾼' 비유

① 사냥터지기: 전근대 사회의 특징으로, 자연환경을 사냥터로 보고 자연의 균형을 유지하는 것이 인간의 사명.
② 정원사: 근대 사회의 특징으로, 세계를 정원으로 간주하고 인간이 이를 디자인하며 유토피아의 꿈을 실현하려던 시대.
③ 사냥꾼: 현대 사회의 특징으로, 이분법적인 사냥꾼과 사냥감의 시대를 상징하며, 개인은 지옥과 같은 현실에서 저항의 필요성을 가짐.

3. 네트워크화

① 액체 근대에서 사회는 구조보다는 네트워크로 구성되며, 이동통신수단을 통한 네트워크화가 주요 특징.
② 네트워크화는 탈근대적 특성을 전유하며, 새로운 사회 패러다임을 형성.

4. 모던적 프로젝트의 실시

① 견고한 사회를 서서히 녹이며 형성된 액체 근대는 위계적 조직의 해체와 개인화 및 양극화를 초래.

② 자본과 노동의 이동을 유도하나, 동시에 사회적 모순과 불평등을 심화.

II 벡의 성찰적 근대화론

1. 성찰적 근대화의 의의

① 근대화 과정에서 생산된 부수적 산물에 대한 체계적 진단으로 성찰성을 정의.

② 성찰성은 자기반성적이라기보다 자기 대면적이며, 문제를 인식하고 변화를 유도하는 행위자를 성찰적 행위자로 명명.

2. 포드주의적 생산방식에서 유연한 생산방식으로의 변화

① 지식 집약성 축적과 성찰적 노동자의 등장을 요구하며 정보적 생활양식이 중요해짐.

② 정보와 이동수단을 기반으로 한 새로운 지식엘리트가 부를 독점하며, 소비적이고 개인화된 삶을 지향.

③ 전문가 체계에 대한 의존과 시장 주도적 경제가 초래.

III 바우만과 벡의 결정적 차이

1. 개인화와 위험사회에 대한 관점 차이

① 벡은 성찰적 개인화로 위험사회를 극복할 가능성을 제시.

② 바우만은 개인화가 위험사회를 증가시키며, 이는 근대성과 합리성의 실패를 반영.

2. 위험사회의 해석 차이

① 벡: 위험사회는 근대성과 산업화 과정에서 발생하며, 지구적 체계화와 개인화된 위험을 동반.

② 바우만: 액체 근대의 위험은 인간의 제어 능력을 초월하며, 관계 단절과 신뢰 상실로 사회 불안을 초래.

3. 해결 방안의 차이

① 벡: 시민운동과 협의체를 통한 위험 극복.

② 바우만: 새로운 집합주의와 동질성을 통한 극복.

4. 근대성 프로젝트의 접근 차이

① 벡: 성찰적 행위자를 통해 부수적 실패를 극복하며, 전문가 지식과 일상적 지식을 통합.

② 바우만: 새로운 아고라를 통해 사회 질서를 재구축하며, 위험의 자가 증식에 대처.

Theme 35 통신망 사회

I 의의

① 수평적 관계를 중심으로 형성되는 사회.

② 개인을 중심으로 통신망(네트워크)이 형성되는 사회.

③ 통신망 자체가 권력이 되는 사회.

④ 전통적 엘리트 권력의 쇠퇴.

⑤ 자유를 지향하며 개인을 중심으로 구성.

⑥ 통신망 발전이 개인주의 확산의 물질적 자원을 제공.

⑦ 기술 발전은 개인의 욕구에 의해 유도되며 사회적 수요가 강조됨.

II 카스텔(Castells)의 「통신망 사회」

1. 의의

① 억압된 정체성들의 부상을 통해 사회 변화를 이끄는 사회.

② 전자적 커뮤니케이션 네트워크를 기반으로 형성.

③ 정체성 혁명을 통해 기존 엘리트들이 부여한 정체성을 거부.

2. 통신망 사회

① 지역적·국가적·전 지구적 차원에서 개인, 집단, 정부 등이 노드로 연결.

② 정치·경제·문화의 기존 원리가 붕괴되고, 네트워크가 지배하는 사회로 전환.

③ 정보통신기술의 심층적 영향에 주목하며 지리적 불연속성 속에서도 통신망으로 통합.

3. 통신망 사회의 출현 변인

① 산업화주의에서 정보화주의로의 이양.

② 정체성 혁명을 통한 사회구조 변혁.

③ 정보통신기술의 발달.

4. 정보화주의

① 산업화주의 다음 단계로 경제·사회 조직의 새로운 기술적 기반.

② 지식 창출 기술과 정보처리에 의존하며, 지식과 정보가 핵심 물질 기반.

③ 지구촌 차원의 인터랙티브 커뮤니케이션 체제가 권력관계와 가치체계를 변화시킴.

5. 정체성

① 수평적 상호작용이 확대되고, 개인과 집단 간의 커뮤니케이션 과정에서 생성.

② 억압받던 정체성의 부상을 통해 다원주의적 가치관이 형성.

③ 정체성 혁명이 개인주의와 공유문화를 접목하여 사회 변화를 가속화.

④ 참여자들이 의견을 교환하며 공감대와 차이점을 공유.

⑤ 통신망 사회에서 타자는 두려움의 대상이 아님.

Ⅲ 웰먼(Wellman)의 연결망(Networked)

1. 의의

관계 맺기를 원하는 상대와 접촉하기 위해 이동성과 통신기술을 활용하는 '연결망 개인화'(networked individualism) 개념을 제시.

2. 공동체의 3단계 발전 유형

(1) 1단계: 집 대 집

① 정착된 공동체로 고정된 생활양식과 주변 이웃과의 관계 형성.

② 장소 중심의 생활방식.

(2) 2단계: 장소 대 장소

① 이웃과의 관계가 줄어들고, 다른 장소의 가족·친지와 관계를 유지.

② 직접적 이웃 관계의 독점적 지위 상실.

(3) 3단계: 개인 대 개인

① '연결망 개인화': 개인화되면서도 관계 선택이 가능해지는 방식.

② 정보통신기술 발전으로 멀리 떨어진 사람들과 관계 유지.

③ 개인 중심의 연결망 형성, 가족이나 직장, 사회집단을 초월.

Ⅳ 캠벨과 파크(Campbell and Park)의 '개인 커뮤니케이션 사회'

① 개인적 선호 중심으로 관계 형성.

② 지리적으로 확장된 관계지만 반드시 일상적으로 유지되지 않음.

③ 정보통신기술에 의해 유지되는 이동성 높은 관계.

④ 약하지만 만족을 주는 관계로 정의.

Ⅰ 의의

① 현대 사회가 대중사회에서 네트워크 사회로 전환 중임을 강조.

② 미디어 네트워크가 사람, 조직, 지역, 국가를 연결하며 새로운 사회 유형을 창출.

③ 사회적 네트워크와 미디어 네트워크의 결합이 현대 사회의 특성과 변화를 규명.

④ 커뮤니케이션 기술 혁신을 통한 미디어 통합과 상호작용성의 증가를 강조.

⑤ 디지털화로 인해 텔레커뮤니케이션, 데이터 커뮤니케이션, 매스커뮤니케이션이 융합.

⑥ 미디어 네트워크를 통한 커뮤니케이션 통합과 상호작용성 증대가 시간·공간 개념을 변화.

Ⅱ 네트워크에서의 정보 유통 패턴의 통합

1. 의의

① 정보 유통 패턴을 훈시, 상담, 등록, 대화 네 가지 모델로 구분.

② 기술 발전과 커뮤니케이션 혁명을 통해 이러한 패턴들이 통합 네트워크로 발전.

2. 훈시 모델

① 정보 제공 및 결정이 센터(central unit)에서 이루어지는 모델.

② 라디오, 텔레비전 같은 전통적 방송 미디어가 해당.

3. 상담 모델

① 정보 제공은 센터에서, 선택은 지역 단위(local unit)에서 이루어짐.

② 책, 신문, 잡지, 인터렉티브 TV 등이 해당.

4. 등록 모델

① 지역 단위에서 센터로 정보를 제공하고 센터가 정보를 수집·결정.

② 케이블 조사, 전자 예약, 텔레뱅킹 등이 해당.

5. 대화 모델

① 센터 없이 지역 단위 간 상호 정보 교환과 주제·시간·속도를 자율적으로 결정.

② 인터넷과 컴퓨터 네트워크가 해당.

6. 결론

네 가지 모델의 통합이 네트워크 사회의 하부 구조를 형성.

Ⅲ 규모의 확대와 축소의 결합

1. 의의

네트워크 통합으로 현대 사회에서 규모의 확장과 축소가 동시 진행.

2. 경제 조직

① 네트워크를 통한 국제적 확장과 기업 활동의 민영화 및 탈중심화로 회사 규모 축소.
② 정부와 공공 행정의 협력과 공조 필요성 증가.

3. 국가 및 지역 단위

① 범죄의 국제화 및 세계화로 인한 정치적 · 법적 대응 강조.
② 자율 규제와 국가적 문제 해결의 어려움 부각.

4. 개인

광범위하고 이질적인 네트워크 참여와 동시에 가족 단위로의 고립 진행.

5. 매스미디어 및 문화적 표현물

① 전 세계로 확산되면서 동시에 자기 정체성 찾기와 소규모 문화 형성.
② 네트워크를 통한 외부 자극 확대와 동시에 지각 축소 가능성 존재.

Ⅳ 대중사회에서 네트워크 사회로

1. 의의

네트워크 사회는 대중사회를 대체하며 새로운 유형의 사회로 등장.

2. 대중사회

① 산업화로 도시 중심으로 발전한 사회.
② 면대면 커뮤니케이션과 대규모 공동체 중심.
③ 제한적 매스미디어 접근.

3. 유기적 공동체와 가상공동체

① 전통 공동체가 사라지고 유기적 공동체와 가상공동체가 등장.
② 네트워크 확장과 규모 확대 · 축소가 동시에 발생.

4. 네트워크 사회

① 유기적 공동체는 물리적 공존과 면대면 커뮤니케이션 중심.
② 가상공동체는 시간 · 장소에 얽매이지 않음.

③ 정보통신기술 발전으로 가상공동체와 현대적 공동체 연결.

5. 전통적 공동체에서 네트워크 사회로의 이행

전통 공동체 해체와 유기적 · 가상공동체 형성을 통해 네트워크 사회로 발전.

Ⅴ 네트워크 사회의 사회 변화

1. 의의

① 네트워크 구조 확산이 사회적 · 미디어 네트워크 결합을 촉진.
② 미디어 네트워크는 단순한 커뮤니케이션 도구가 아닌 사회적 환경으로 작용.

2. 변화의 속도와 정도

(1) 의의

네트워크 확장이 대중사회에서 네트워크 사회로의 이행을 가속.

(2) 진화적 변화

① 변화는 혁명적이 아닌 진화적이며, 기존 사회의 기초를 완전히 바꾸지 않음.
② 미디어 발전은 사회적 영향을 미치지만 혁명적 결과를 초래하지 않음.

3. 네트워크 사회에서의 부문별 변화

(1) 의의

네트워크 구조의 확장 · 축소 이중성이 긍정적 · 부정적 결과를 모두 초래.

(2) 네트워크 구조의 이중성

① 정치적 권력의 집중 · 분산 가능성.
② 중앙집중적 감시와 지방 자치, 시민 참여 간 균형.
③ 시간 · 공간의 장벽 확대로 경험 폭 증가와 경험 약화 가능성.

(3) 인간 지각과 정신에 영향을 미치는 네트워크의 효과

① 지각과 정신을 복잡하게 하거나 단순화할 가능성.
② 정보 격차, 자율성 침해, 커뮤니케이션 질적 저하에 대한 정책적 대응 필요성.

4. 결론

네트워크 기술이 유동적인 사회 변화 가능성을 초래하며, 복지, 안전, 평등, 민주주의 구현을 위한 정책적 대응과 적절한 교육 필요.

I 의의

① 1960~70년대 '공업화 이후 사회', 1980~90년대 '정보사회' 논의에 이어 2000년대 '유비쿼터스 네트워크 사회'의 등장 강조.

② '유비쿼터스'는 "언제 어디서나 존재하는"이라는 의미를 내포.

③ 유비쿼터스 컴퓨팅은 무선인식 기술 기반의 전자식별 칩(RFID)을 통해 인간과 컴퓨터 환경을 자연스럽게 연결.

④ 정보사회와 유비쿼터스 네트워크 사회의 차이는 기술의 인간 환경 통합 방식에 있음.

II 정보사회와 유비쿼터스 네트워크 사회

1. 정보사회

① 정보사회는 물리공간의 요소를 정보공간으로 이주시키는 "사이버 사회"로 정의.

② 물리공간에서 정보공간으로의 이동은 농촌에서 도시로의 이주에 비유 가능.

③ 한국은 1995년에 정보사회 진입, 2000년 이후 정보사회 본격화.

2. 유비쿼터스 네트워크 사회로의 변화

① 글렌(Glenn)은 정보사회 이후 사회를 '의식기술사회'로 진단.

② 유비쿼터스 네트워크 사회에서는 인간과 컴퓨터가 연결되어 경제적 기회 창출.

③ 농업사회의 권력은 '종교', 공업사회는 '국가', 정보사회는 '기업과 사회단체', 유비쿼터스 사회는 '개인'으로 이동.

④ 부의 원천은 농업사회에서 '토지', 공업사회에서 '자본', 정보사회에서 '접속(access)', 유비쿼터스 사회에서 '존재(being)'로 변화.

⑤ 인간의 핵심공간은 농업사회의 '땅', 공업사회의 '공장', 정보사회의 '사무실', 유비쿼터스 사회에서는 '움직임(motion)'으로 대체.

⑥ 전쟁 동기는 농업사회의 '영토', 공업사회의 '자원', 정보사회의 '인식', 유비쿼터스 사회에서는 '정체성'의 차이가 중심.

⑦ 시간의 개념은 농업사회의 '순환적', 공업사회의 '순차적', 정보사회의 '유연하고 탄력적', 유비쿼터스 사회의 '창의적'으로 변화.

3. 유비쿼터스 네트워크 사회의 특징

① 정보사회는 물리공간을 정보공간으로 통합하려는 사회, 유비쿼터스 사회는 물리공간에 컴퓨터를 통합하려는 사회.

② 유비쿼터스 네트워크 사회에서는 사물도 자율적 판단 능력을 갖추어 인간과 상호작용 가능.

③ 유비쿼터스 네트워크 사회는 정보사회의 확대·심화 단계이나 동일한 개념으로 간주 불가.

④ 한국은 2005년 유비쿼터스 네트워크 사회 준비 시작, 2015년 본격적 유비쿼터스 사회 도래 예측.

I 의의

① 현대사회의 변화를 이해하기 위한 관점은 정치·경제·사회·문화 등 사회구조 전반에서의 변화가 현대사회의 변동을 대표하는 추세인지, 변동을 이끌어 가는 동인인지에 대한 구분.

② 정보사회가 이전 사회와 전혀 다른 새로운 사회인지, 기존 사회 체제 내에서 일어나는 중요한 변화인지를 규명.

③ 정보사회 변화를 바라보는 시각은 낙관적이거나 비관적인 관점에 따라 다양한 담론으로 논의됨.

II 담론의 3가지 축

1. 기술과 사회변동의 관계

정보기술의 힘과 영향력을 중심으로 기술이 사회변동을 가져온다는 입장과, 사회구조 내에서 기술 발전을 설명하려는 입장의 담론.

2. 사회체제 연속성 여부

① 정보사회가 이전 사회와 질적으로 다른 사회인지에 대한 관점.

② 정보사회가 기존 사회와 '체제 단절'을 의미하는가, 아니면 '연속성'을 보이는가의 논의.

3. 사회변화 전망

① 정보기술에 의해 사회문제가 해소된다는 컴퓨토피아(computopia)적 견해.

② 기존 사회 권력과 지배 문제가 유지되거나 강화된다는 견해.

I 기술철학

1. 의의

① 기술철학의 분류: 도구론, 기술결정론, 사회구성론.

② 노만빅(Norman Vig)의 관점: 기술이 인간의 목적과 연관된 방식에 따라 도구론, 사회적·상황적 결정론, 자율적 기술론으로 구분.

③ 최근 학계의 동향: 기술결정론과 사회구성론 간 논쟁 구도로 전개.

2. 기술철학의 세 가지 관점

① 도구론: 기술은 목적 달성을 위한 수단이며, 가치중립적. 인간의 사용 방식에 기술의 결과가 좌우됨.

② 기술결정론: 기술은 내적 논리에 따라 자율적으로 발전하며, 사회 발전 방향을 규정.

③ 사회구성론: 기술은 사회적 상황과 집단의 상호작용에 의해 변화하며, 정치·사회·문화적 가치에 의해 구성됨.

II 도구론

1. 의의

① 기술은 목적에 대한 수단으로, 가치중립적.

② 메스딘(Emmanuel Mesthene): 기술의 효과는 기술 그 자체가 아닌 인간의 사용에 달려 있음.

③ 야스퍼스(K.Jaspers): 기술은 선악의 구분이 없는 수단이며, 인간의 사용 방식에 따라 결과가 달라짐.

2. 특징

① 기술 발전과 인간 통제: 산업혁명 이후 기술은 인간에 의해 효과적으로 통제 가능하며, 사회적 풍요와 진보로 연결.

② 도구론의 철학적 기반: 자유주의와 계몽주의 사상.

III 기술결정론

1. 의의

① 기술의 발전이 사회변화의 주요 요인이라는 관점.

② 랭던 위너(Langdon Winner)의 가설: 기술적 기반은 사회적 존재의 근본 조건이며, 기술 변화는 가장 중요한 변화의 원천.

2. 낙관적 기술결정론

(1) 의의

① 기술 발전이 사회적 진보와 풍요를 보장한다는 관점.

② 정보통신기술의 발전이 직접·참여민주주의를 가능하게 한다는 주장.

(2) 토플러(Alvin Toffler)

① 세 가지 물결: 농업혁명, 산업혁명, 정보통신혁명.

② 정보사회: 지식과 정보가 권력과 부의 원천.

③ 정보시대의 정치원리: 소수파 반영, 반직접민주주의, 정치적 위계 무의미.

(3) 나이스비트(John Naisbitt)

① 지방분권제: 중앙집권제에서 지방분권제로 변화.

② 참여민주주의: 정보공유와 시민의 정치 참여를 통한 민주주의 실현.

3. 비관적 기술결정론

(1) 의의

① 기술 발전의 부정적 효과: 인간의 기술 종속과 비인간화 초래.

② 양차 세계대전 이후 기술문명에 대한 비판.

(2) 하이데거

① 기술의 본질: '닦달(Ge-stell)'로 인간 본질의 상실 초래.

② 기술 중립성에 대한 비판: 기술은 단순 수단이 아니라 인간 조건에 영향을 미침.

(3) 엘륄(Jacques Ellul)

① 기술사회: 기술이 인간의 자유를 억압하고 전체주의적 사회를 초래.

② 기술의 특징: 자율성, 결합 필요성, 보편성, 자기 확장성 등.

IV 사회구성론

1. 의의

① 기술은 사회적 조건과 집단의 상호작용에 의해 변화.

② 기술은 정치·사회·문화적 가치와 이해관계를 표현.

2. 주요 이론

(1) 핀치와 바이커

① 기술적 인공물의 사회적 구성: 사회집단 간의 갈등과 합의.

② 해석적 유연성: 기술 문제는 사회집단의 이해관계에 따라 다르게 해석.

(2) 웹스터와 로빈스

① 기술의 정치적 성격: 정보통신기술이 감시와 통제 수단으로 사용됨.

② 정보혁명의 역사적 맥락: 기술 발전이 자본주의 사회의 통제와 관리에 기여.

(3) 라투르의 행위자-연결망 이론

① 비인간 행위자: 기술도 인간처럼 행위자로 간주.

② 번역 과정: 행위자 간 상호작용과 네트워크 형성.

③ 인간-비인간 집합체: 기술과 인간의 결합으로 새로운 행위자 생성.

④ 권력의 본질: 네트워크 구성 능력에서 권력이 결정됨.

V 행위자-연결망 이론(Actor-Network Theory)

1. 의의

① 라투르는 1980년대 후반에 자신의 이론을 '구성주의' 또는 '행위자-연결망 이론(ANT)'으로 정식화함.

② 기술과 사회는 고정된 실체가 아니며, 변화하고 구성된다는 점을 강조하며, 기술에 대한 사회적 영향력을 강조함.

③ 이 이론은 기술결정론과 사회구성론을 통합하려는 시도와 맥락을 공유.

2. 비인간 행위자(non-human actor)

① 기술을 '비인간 행위자'로 간주하며, 인간과 대칭적으로 볼 것을 주장.

② 비인간 행위자: 인간이 아닌 자연물로, 기술 또는 인공물이 가장 중요한 예.

③ 기술은 수동적 존재가 아니며, 사람의 행동에 영향을 미칠 수 있는 능동성을 가짐.

④ 예: 기술은 사람에게 영향을 미쳐 새로운 행동을 유도하고, 이는 인간-비인간의 상호작용을 의미.

3. 번역 과정

(1) 번역(translation)

한 행위자가 다른 행위자와 결합하여 네트워크를 구축하는 과정.

(2) 번역의 4단계

① 문제 제기(problematization): 기존 네트워크를 교란하며, 새로운 문제를 제시.

② 관심 끌기(interessement): 다른 행위자들의 관심을 유도하고 협상을 진행.

③ 등록하기(enrollment): 새로운 역할을 부여하여 행위자를 네트워크에 포함.

④ 동원하기(mobilization): 행위자를 네트워크의 일부로 통합.

4. 핵심 개념

(1) 의무통과점(OPP)

① 네트워크 내에서 행위자들이 반드시 거쳐야 하는 핵심적인 존재.

② OPP는 네트워크 안정화를 위한 중심점.

(2) 치환(displacement)

행위자 이동과 기록을 통해 네트워크를 강화하는 과정.

(3) 블랙박스화(black-boxing)

① 하위 네트워크가 안정화되어 단일 개체로 인식되는 현상.

② 블랙박스는 네트워크 지속성과 확장을 지원.

5. 인간-비인간의 집합체

(1) 의의

사회는 '인간-비인간 집합체'로 구성됨.

(2) 잡종(hybrid)

① 인간과 비인간이 결합해 새로운 행위자 생성.

② 총과 사람이 결합하여 '총-사람 잡종'이라는 새로운 행위자 탄생.

③ 총을 가진 사람은 더 많은 일을 할 수 있고, 총 역시 사용 환경에 따라 존재가 변화.

④ 인간과 비인간은 상호 조건을 형성하며, 현대사회는 기술 없이는 유지 불가.

6. 권력과 네트워크

(1) 권력

권력은 더 많은 비인간 행위자를 포섭한 네트워크에서 발생.

(2) 거대 행위자

① 여러 블랙박스를 활용해 네트워크를 강화한 존재.

② 라투르는 거대 행위자를 미소행위자들의 집합체로 보며, 과학기술이 권력을 가진 정치적 요소라고 설명.

7. 현대사회의 시사점

① 인간과 비인간의 경계를 무너뜨리는 프로젝트로 주체-객체 이분법을 해체.

② 과학기술의 권력을 무력화하며 실질적 민주주의를 구현하고자 함.

③ 정보통신기술(ICT) 등 비인간 행위자의 강제성과 효과를 이해하며, 기술과의 공존 방안을 고민하는 것이 현대사회의 필수 과제로 강조.

Theme 40 매스미디어와 사회 변동의 관계

I 의의

① 데니스 매퀘일(Denis McQuail)은 미디어와 사회변화 관계를 관념론, 유물론, 상호작용론, 자율론으로 분류.
② 미디어가 사회구조에 미치는 영향과 그 반작용을 고찰.
③ 기술결정론, 사회구성론, 상호작용론의 관점과 연계되어 매스미디어와 사회구조의 관계를 논의.

II 매퀘일의 분류

1. 관념론(기술결정론)

① 매스미디어가 사회구조에 영향을 미치는 것을 강조.
② 기술결정론과 유사하며, 매체결정론, 발전미디어론, 문화제국주의론 포함.
③ 미디어 대(大)효과론은 미디어가 사회와 개인에 큰 영향을 미친다고 봄.

2. 유물론(사회구성론)

① 매스미디어를 사회의 반사체(mirror)로 보며, 사회 특성에 의해 미디어가 규정됨.
② 매스미디어는 기존 사회 질서와 지배구조를 유지하는 데 기여.
③ 마르크스주의적 비판 미디어 이론은 미디어가 자본주의 사회의 지배 관계를 재생산한다고 주장.

3. 상호작용론

(1) 의의

① 미디어와 사회가 상호 영향을 주고받는 관계로 설명.
② 미디어가 사회에 영향을 주면서도 사회적 요소에 의해 미디어 특성이 규정됨.

(2) 사례

① 미디어 의제(media agenda)와 공중 의제(public agenda)의 관계에서 발견 가능.
② 의제 설정 기능(Agenda-setting function)은 미디어가 강조하는 뉴스가 공중 의제가 되는 현상을 설명.

4. 자율론

매스미디어와 사회 변화 사이에 뚜렷한 상관관계가 없다고 주장.

Theme 40-1 Charles R. Wright의 매스미디어의 사회적 기능

I 의의

① Charles R. Wright는 매스 커뮤니케이션의 사회적 기능을 체계적으로 분류.
② Harold D. Lasswell의 기능(환경감시, 사회유산전수)에 오락 기능을 추가.

II 매스미디어의 사회적 기능

1. 감시(Surveillance) 기능

① 사회에서 발생하는 사건과 변화를 감시하고 정보를 제공.
② 개인과 집단이 사회적 변화에 대응할 수 있도록 도움.

2. 해석(Correlation) 기능

① 정보를 전달할 뿐 아니라 의미와 중요성을 해석.
② 이를 통해 사람들의 의견 형성에 영향을 미침.

3. 전수(Transmission) 기능

① 사회의 가치, 규범, 문화, 전통을 다음 세대로 전달.
② 사회 지식과 문화유산을 보존하고 전승.

4. 오락(Entertainment) 기능

오락과 즐거움을 제공해 스트레스 해소와 휴식 기능 수행.

Theme 40-2 사회체계와 미디어 유형론

I 의의

① 사회의 정치·경제·사회 체계에 따라 매스미디어를 유형화.
② 프레드 시버트(Fred Siebert) 등이 제안한 '언론의 4이론' 포함.

II 언론의 4이론

1. 권위주의 언론 이론

① 언론은 정부의 허가와 검열을 받으며, 정부 정책을 지지해야 함.
② 권위주의 체제 및 소비에트 전체주의 언론 체제와 연계.

2. 자유주의 언론 이론

① 경제적 수단이 있는 누구나 미디어를 소유할 수 있음.

② '자가 수정의 원리'와 '사상의 자유 공개 시장' 원리에 따라 미디어가 자율적으로 운영.

3. 사회책임 언론 이론

① 미디어는 개인의 사적 권리와 사회적 이익을 조화롭게 고려해야 함.

② 공동체 의견, 소비자 행동, 윤리 의식에 의해 통제.

4. 소비에트 전체주의 언론 이론

당 독재에 기여하며, 비판은 금지되고 사회주의 체제를 강화.

Ⅲ John Martin, Anju Chaudhary, Altschull의 논의

1. John Martin과 Anju Chaudhary

① 세계를 서방 세계, 공산주의 세계, 제3세계로 나누어 매스미디어의 역할과 특성 비교.

② 각 사회 체제의 미디어 소유, 통제, 언론 자유 등을 분석.

2. Altschull의 논의

① 서구 자본주의(제1세계), 사회주의(제2세계), 개발도상국(제3세계)를 미디어 모델로 유형화.

② 미디어는 기존 체제의 기본 가치를 지지하고 이데올로기를 반영.

Ⅳ 마르크스주의적 관점의 비판적 미디어론

1. 정통 마르크스주의

① 매스미디어는 지배 계급이 권력을 유지하기 위한 도구.

② 미디어는 허위의식을 생산하며 자본주의 지배구조를 강화.

2. 미디어 정치경제학

① 자본가 계급이 미디어를 통해 노동자의 사고를 지배.

② 경제적 요인과 지배 관계에 의해 미디어 특성과 내용 결정.

③ 미디어 산업은 이윤 극대화와 자본주의 체제 정당화를 위한 장치로 작동.

Theme 41 포털과 권력

Ⅰ 포털

1. 의의

(1) 포털(portal)의 개념

인터넷에 처음 접속할 때 반드시 거쳐야 하거나 최초로 들어가게 되는 사이트를 의미함.

(2) 포털의 필요성

인터넷은 개방된 공간이므로 원하는 정보를 찾기 위해 정보의 위치를 알아야 하며, 이를 효율적으로 활용하기 위해 정보를 안내하는 포털이 필요함.

(3) 포털의 정의

사용자가 인터넷에 접속할 때 기본적으로 통과하는 사이트로, 필요한 정보 및 메타데이터를 종합적으로 제공하는 서비스로 정의됨.

2. 검색 엔진

(1) 포털과 웹 포털의 개념

① 포털은 우리나라에서 주로 사용되는 용어이며, 공식 용어로는 '웹 포털(web portal)'이 사용됨.

② 웹 포털은 이메일, 블로그, 카페, 검색엔진 등의 정보를 일관된 방식으로 제공하는 웹사이트를 의미함.

③ 대표적인 웹 포털에는 네이버, 다음, 네이트, 야후, 구글 등이 있으며, 구글 크롬, 익스플로러, 파이어폭스와 같은 웹 브라우저도 포함될 수 있음.

(2) 검색엔진의 개념과 역할

① 구글, 야후 등은 '포털'보다 '검색엔진(search engine)'이라는 용어를 사용함.

② 웹 포털은 검색엔진과 달리 이메일, 기상정보, 주식시세 등 다양한 데이터베이스 기반 정보 서비스를 제공함.

③ 최근에는 검색엔진도 다양한 정보 서비스를 제공하여 포털과 검색엔진 간의 차이가 사실상 모호해짐.

(3) 우리나라에서 포털이 더 널리 사용되는 이유

① 포털이 제공하는 서비스의 독특성 때문이며, 정보 유형과 성격에 따라 다양한 포털 사이트가 존재함.

② 게임, 음악, 법률, 정부 민원 등 분야별 포털 사이트는 '목적 사이트(destination site)'로 구분됨.

③ 종합 포털 사이트는 일반적인 정보를 모두 취급하는 사이트를 의미하며, 본 장에서 다루는 포털은 종합 포털 사이트를 지칭함.

Ⅱ 포털의 권력

1. 포털의 긍정적 기능

(1) 정보 접근성 향상

① 포털 사이트는 인터넷 이용자에게 유용성, 용이성, 편의성을 제공함.

② 이용자는 포털을 통해 쉽고 편리하게 정보를 검색하고 활용할 수 있음.

③ 포털 사이트만 이용해도 인터넷상에서 원하는 목적을 대부분 달성할 수 있음.

(2) 이용자 참여 확대

① 포털이 제공하는 다양한 상호작용 도구를 활용하면 이용자가 능동적인 참여자로 활동 가능함.

② 이용자는 소비자뿐만 아니라 콘텐츠 생산자로서 참여할 수 있는 기회를 가짐.

③ 초보 이용자도 쉽게 접근할 수 있어 인터넷의 접근성을 높이는 기능을 수행함.

④ 웹 2.0 환경에서의 참여, 공유, 개방 특성을 구현하는 데 기여함.

2. 포털의 문제점

(1) 포털의 사업화 전략

① 포털은 인터넷 서비스를 제공하는 민간 사업자로서 수익 극대화를 목표로 운영됨.

② 포털이 제공하는 정보 상품과 서비스는 개인적 성격과 공공적 성격을 동시에 가짐.

③ 포털의 콘텐츠 서비스는 미디어 정치경제학적 논쟁을 야기함.

(2) 포털의 여론 형성 영향력

① 과거와 비교해 포털의 영향력이 막대해짐.

② 검색엔진과 콘텐츠를 동시에 제공하는 종합 서비스 제공자로서 여론 형성에 영향력을 행사함.

③ 정치, 사회, 문화적 주요 현안 발생 시 포털이 여론 형성에 미치는 영향이 커짐.

④ 포털이 정보 상품 및 서비스 판매와 관련하여 저널리즘 차원의 논쟁을 초래함.

Ⅲ 포털 서비스

1. 의의

① 포털 사이트는 권력과 무관하지 않으며, 권력을 행사하는 주체로 인식됨.

② 권력이란 타인의 의사와 무관하게 자신의 의도를 관철하는 힘을 의미하며, 미디어 정치경제학에서 이를 연구함.

2. 미디어와 권력

(1) 미디어 정치경제학과 권력관계

① 미디어 정치경제학은 미디어를 통한 자원 생산, 유통, 소비를 연구하며, 권력관계에 초점을 둠.

② 빈센트 모스코(Vincent Mosco)는 미디어 정치경제학을 권력관계 분석의 도구로 활용함.

③ 미디어 권력관계는 가시적으로 드러나지 않는 경우가 많으며, 경제적 분석이 유용함.

(2) 미디어 권력관계의 유형

① 미디어 생산, 유통, 소비 주체 간 권력관계를 분석하는 세 가지 유형 존재.

② 재화 및 서비스 제공자와 소비자 간 권력관계.

③ 재화 및 서비스 제공자들 간 권력관계.

④ 전체 구조 속 개별 행위자 간 권력관계.

⑤ 모스코는 이를 '상품화', '공간화', '구조화' 개념을 통해 분석함.

3. 상품화

(1) 개념

상품화는 사용가치를 교환가치로 전환하는 과정이며, 자본주의 이윤 축적 원리와 관련됨.

(2) 포털 사이트의 상품화 구조

① 포털 사이트는 이용자에게 정보를 제공하나, 직접적인 비용을 요구하지 않음.

② 이용자의 주목을 광고주에게 판매하여 수익을 창출함.

③ 조회수, 페이지뷰, 방문자수, 체류시간이 광고 수익의 핵심 요소로 작용함.

(3) 수용자 상품 개념

① 스마이드(Smythe)는 '수용자 상품' 개념을 제시하여, 미디어 이용자의 시청 행위가 상품화됨을 설명함.

② 포털 이용자 행위(검색, 블로그 작성, 공유 등)는 데이터화되어 광고주에게 판매됨.

(4) 불평등한 권력관계

① 이용자는 웹 2.0의 가치(참여, 개방, 공유)에 따라 자발적으로 노동을 수행하나, 충분한 보상을 받지 못함.

② 포털 사이트는 이용자의 생산-소비 행위를 통해 자본을 축적하며, 불평등한 관계가 지속됨.

4. 공간화

(1) 개념

① 공간화는 미디어 기업의 사업 확장 전략(수직적 통합, 수평적 결합, 교차 소유 등)을 설명하는 개념임.

② 미디어 정치경제학은 소유 구조 분석을 통해 미디어 기업의 경제 권력을 연구함.

(2) 경제 권력

① 대기업은 시장 지배력을 확보하여 가격 경쟁력을 강화하며, 독과점을 형성할 위험이 있음.

② 특정 기업이 부와 가격 결정권을 독점할 경우, 시장 전체가 비효율적으로 통제될 우려가 존재함.

5. 구조화

(1) 개념

① 구조화는 사회적 관계와 권력 작용을 설명하는 개념으로, 행위자와 구조의 상호작용을 강조함.

② 젠더, 인종, 계급 등 다양한 사회적 요인이 구조화 과정에 포함됨.

(2) 미디어 정치경제학과 구조화

① 미디어 정치경제학은 기든스(Giddens)의 구조화이론을 적용하여, 미디어와 사회 변동의 관계를 연구함.

② 특정 권력관계가 고정적으로 재생산되지 않으며, 포털 사이트가 사회적 삶에 미치는 영향을 분석할 수 있음.

(3) 미디어 상품과 의식 형성

① 프랑크푸르트학파는 문화산업이 대중의 비판 의식을 억제하고 체제 순응을 유도하는 이데올로기적 기능을 수행한다고 주장함.

② 미디어 이용 행위는 정보 소비를 기반으로 견해를 형성하는 과정과 연결됨.

(4) 정보 통제와 헤게모니

① 초기 미디어 정치경제학은 미디어 정보 통제 주체를 정치·경제 권력으로 보고, 이들의 이데올로기적 영향력을 강조함.

② 이후 연구에서는 다양한 권력관계 속에서 정보 헤게모니를 둘러싼 투쟁을 분석함.

(5) 의견 교류와 여론 형성

① 구조화 개념은 의견 교류 및 여론 형성 과정과 밀접하게 연관됨.

② 포털 사이트의 뉴스 서비스가 여론 형성 과정에서 중요한 역할을 수행함.

Ⅳ 포털 저널리즘

1. 포털의 권력화

① 포털 사이트는 뉴스 소비의 핵심 창구로 기능하며, 뉴스 제공 및 배치 과정에서 권력을 행사함.

② 포털 사이트가 뉴스를 선별·노출하는 과정에서 편향성이 문제로 지적됨.

2. 포털 저널리즘의 개념

① 포털 사이트는 직접 뉴스를 생산하지 않으나, 뉴스 소비 환경을 변화시키면서 저널리즘 기능을 수행함.

② 이에 따라 '포털 저널리즘' 개념이 등장하였으며, 포털의 저널리즘적 역할에 대한 연구가 진행됨.

3. 의제설정 기능

(1) 개념

① 미디어는 특정 이슈를 반복 보도하여 이용자가 중요하게 여기도록 하는 '의제설정(agenda setting)' 기능을 수행함.

② 미디어는 '무엇을 생각할 것인가'보다 '무엇에 대해 생각해야 하는가'를 결정하는 영향력을 가짐.

(2) 2단계 의제설정 기능

① 미디어는 특정 이슈를 제시하는 것뿐만 아니라, 이슈에 대한 속성을 강조하여 프레이밍(framing) 효과를 발생시킴.

② 미디어의 프레이밍은 이슈를 어떻게 인식해야 하는지에 영향을 미침.

(3) 포털의 의제설정 기능

① 포털 사이트는 뉴스 큐레이션 서비스를 통해 특정 이슈를 강조하고, 이용자가 이슈를 바라보는 방식을 결정함.

② 포털 사이트가 뉴스 편집 및 배열 권한을 행사하면서 강력한 의제설정 기능을 수행함.

4. 의제설정 연구

(1) 미디어 의제와 공중 의제

① 의제설정 연구에서는 '미디어 의제'(media agenda)와 '공중 의제'(public agenda)의 관계를 분석함.

② 미디어 의제는 뉴스미디어가 다루는 뉴스 아이템이며, 공중 의제는 이용자가 중요하다고 인식하는 이슈를 의미함.

(2) 매콤과 쇼(McComb & Shaw)의 연구

① 1968년 미국 대통령 선거에서 미디어 의제와 공중 의제 간 높은 상관관계가 입증됨.

② 후속 연구에서 미디어 의제가 공중 의제에 인과적 영향을 미친다는 점이 확인됨.

(3) 의제설정의 영향력

① 미디어는 이용자에게 특정 이슈를 강조하고, 해당 이슈를 바라보는 관점을 제시함.

② 이 과정에서 틀짓기 효과(framing)와 점화 효과(priming)가 함께 발생함.

Ⅴ 포털 공론장

1. 의의

(1) 포털 공론장의 초기 역할

① 포털 뉴스서비스는 초기에는 새로운 형태의 의견 교류와 이용자 참여 기반 여론 형성이 가능할 것으로 기대됨.

② 인터넷의 상호작용성은 뉴스 생산·유통·소비 과정에서 이용자의 양방향 참여를 증진할 것으로 전망됨.

(2) 공론장의 기준과 포털의 역할

① 포털이 전통적 공론장과 달리 큰 호응을 받은 이유는 공론장으로서 기능에 충실할 수 있었기 때문임.

② 하버마스는 공론장의 기준으로 비배제성, 동등성, 합리성을 제시함.

③ 초기 포털 사이트는 새로운 공론장으로 기능할 것이라는 기대가 있었으나, 이용자 수 급증과 함께 공론장 기능이 위축됨.

2. 포털의 상업화와 공론장 기능의 위축

(1) 의의

① 포털의 공론장 기능 위축은 포털의 상업화와 관련됨.

② 인터넷 공간의 상업화로 인해 공론장의 기능이 재봉건화되었다는 비판이 제기됨.

(2) 포털의 상업화와 공론장 기능 저하

① 포털의 상업화 이슈는 정보 제공의 공정성, 정보의 편향, 정보의 연성화와 선정성으로 구분됨.

② 포털 사이트의 광고 모델은 검색 결과에서 제휴사업자·광고주 연계 정보를 우선 배치하여 이용자의 정보 선택권을 제한함.

③ 포털 뉴스의 편집 및 배열 과정에서 정보 편향이 발생하며, 이는 공론장의 합리적 토론을 저해하는 요인이 됨.

④ 알고리즘 기반 뉴스 제공 방식으로 인해 연성 뉴스 비중 증가, 정치·사회적 토론 주제 축소 현상이 발생함.

⑤ 포털은 이용자를 사이트에 머무르게 하여 경제적 이윤을 추구하는 데 집중하며, 공공 책임 수행에는 소극적인 태도를 보임.

(3) 공론장의 재봉건화

① 하버마스는 자본주의 사회에서 대중매체가 공론장의 잠재력을 가졌으나, 시민들을 구경꾼으로 전락시켜 정치적 참여를 제한했다고 봄.

② 이로 인해 공론장이 쇠퇴하였으며, 이를 '공론장의 재봉건화'로 설명함.

Ⅵ 종합 및 요약

1. 포털의 경제 권력화

① 포털은 이용자의 자발적 참여를 활용하여 이윤을 창출하며, 양면시장 수익을 독점함으로써 강력한 경제 권력으로 자리 잡음.

② 포털의 수익화 전략은 양면시장이라는 플랫폼 경제의 특성을 반영함.

2. 포털의 정보 제공 방식과 문제점

① 포털은 정보 제공자로서 경제적 이윤을 추구하며, 이용자의 지속적인 방문을 유도함.

② 정보는 사적·공적 속성을 모두 가지므로, 단순한 경제적 관점에서만 이해할 수 없음.

③ 포털은 특정 정파의 이익을 대변하지 않지만, 상업화 과정에서 이용자 선호 정보 위주로 제공하여 정보 선택권을 제한함.

④ 이에 따라 주요 사회적 의제에 대한 시민적 참여가 위축됨.

3. 포털의 이중적 기능

① 포털은 이용자에게 유용성과 편의성을 제공하는 긍정적 기능을 수행함.

② 그러나 포털은 강력한 경제 권력과 막대한 미디어 권력을 동시에 가지며, 여론 형성에 영향을 미침.

③ 따라서 포털의 기능과 영향력에 대한 종합적 평가가 필요함.

I 기술결정론적 관점

1. 의의

① 정보기술 발전과 확산이 사회구조와 작동방식에 변화를 유발하는 추진력으로 작용.

② 사회변동의 기본 동인으로 정보통신기술을 간주, 자율적이고 역동적인 힘을 행사.

2. 기술적 기반 강조

① 사회변동의 핵심 원인을 기술적 진보로 보는 견해.

② 정보처리·저장·전달의 발전이 모든 사회영역에서 정보기술 이용 가능.

③ 디지털 네트워크 확산으로 생산성 증대, 노동시간 감소, 여가시간 증가 등의 효과.

3. 경제구조의 변화

(1) 정보생산 초점 관점

① 포랫: 정보활동을 정보 상품과 서비스의 생산·분배로 정의.

② 다니엘 벨: 화이트칼라 정보노동자의 출현과 제조업 쇠퇴 속 사회구조 변화 설명.

(2) 정보소비 초점 관점

정보화 지수로 정보 소비와 커뮤니케이션 매체 보급률 측정.

4. 사회구조의 변화

(1) 탈산업사회론(다니엘 벨)

농업에서 산업, 산업에서 서비스로 이동하며 정보와 지식이 핵심 자원이 됨.

(2) 마스다의 유토피아적 모형

자발적 공동체, 참여적 민주주의, 목표 달성적 가치 등으로 전환된 사회.

5. 기술결정론 비판

(1) 기술적 자율성 문제

기술이 자체 의지를 가진 것으로 신비화, 비전문가 개입 불허.

(2) 기술적 필연성 문제

기술 발전을 불가역적·필연적 현상으로 간주하여 윤리적 판단 유보.

(3) 보편주의 문제

특정 사회·문화적 맥락을 무시하고 서구 기술결정론 수용 시 문제 발생.

II 사회구조론적 관점

1. 의의

① 기술은 독립변수가 아니라 사회구조의 매개변수.

② 기술 이용방식이 사회관계와 권력에 따라 결정됨.

2. 자본주의와 정보기술 발전

(1) 쉴러(Schiller)

자본주의 위기 극복 수단으로 정보통신산업 육성 주장.

(2) 스마이드(Smythe)

기술이 경제적 불평등, 정보격차, 실업 등의 문제를 심화.

3. 산업의 정보화와 정보의 산업화

(1) 산업의 정보화

공장자동화(FA), 사무자동화(OA)를 통해 생산성 증대 및 노동력 대체.

(2) 정보의 산업화

정보통신기기를 통해 가공된 정보를 상품화하여 유통·소비.

4. 사회구조론적 시각

① 기술 변화가 사회관계 변화를 유발하지만 권력의 매개변수로 간주.

② 자본주의 구조 속에서 정보기술의 개발·이용 과정 설명.

③ 시민사회 성장, 정보 불평등 완화, 국제연대 등 긍정적 가능성 미흡.

> **심층 연계 내용** 보편적 서비스
>
> 모든 국민이 적정한 요금으로 전기통신 서비스를 이용할 수 있도록 보장하는 제도.

Theme 43 사회체제의 연속성 여부

I 정보사회와 자본주의

① 정보사회가 산업사회와 구별되는 새로운 사회인지에 대한 문제 제기.

② 후기산업사회와 탈산업사회 논쟁을 통해 정보사회의 성격 규명 필요.

③ 산업사회의 자본주의 원리가 탈산업사회에서 대체되었는지에 대한 검토 필요.

Ⅱ 정보사회 이행의 두 관점

1. 정보사회를 새로운 사회로 보는 관점

① 정보사회는 기존 사회와 단절된 완전히 새로운 사회.
② 탈산업사회로 변화하면서 독자적인 사회 원리를 형성.

2. 자본주의 연속성에서 정보사회를 보는 관점

① 정보가 현대사회에서 핵심적 중요성을 가지지만 자본주의 원칙에 종속됨.
② 기존 사회관계의 연속성을 강조하며 '정보화' 개념을 사용.
③ 정보기술과 정보통신산업 발전을 자본주의와 연속적으로 해석.

3. 정보사회 이행의 관점

구분	경제	사회구조	문화 · 지배
단절론	정보경제론	정보사회론	정보양식론
연속론	산업경제론	자본주의 산업사회론	지배양식론

Ⅲ 단절론

1. 의의

① 정보사회는 자본주의 산업사회와 단절된 새로운 사회.
② 정보경제의 비중 증대와 정보기술 발전이 기존 경제구조를 변화시킴.
③ 유토피아적 미래사회를 전망하는 견해가 포함됨.

2. 정보경제론

① 정보 관련 산업의 경제적 비중 증대를 근거로 정보사회 도래 주장.
② 매클럽: 지식산업을 교육, 연구개발, 미디어, 정보기기, 정보서비스로 구분.
③ 포랫: 정보산업을 1차 정보부문(정보재 · 서비스 생산)과 2차 정보부문(비정보기업 · 정부의 내부 정보서비스)으로 구분.

3. 정보사회론

① 정보산업의 성장으로 새로운 사회질서 형성.
② 정보기술을 사회변동의 핵심 요인으로 간주.
③ 대표 이론: 벨의 탈산업사회론, 토플러의 제3의 물결, 마쓰다의 정보사회론.

4. 정보양식론(Poster)

① 정보기술이 사회관계와 커뮤니케이션 방식에 근본적 변화를 초래.

② 전자 커뮤니케이션이 송신자－수신자 관계를 변화시키며 사회적 관계망을 새롭게 형성.

5. 탈산업사회론(Bell)

(1) 의의

① 산업사회 이후 정보와 지식이 핵심 자원으로 작용하는 사회 도래.
② 사회의 경제구조가 농업 → 산업 → 서비스로 변화.
③ 정보활동(서비스 고용)이 주요 노동 형태.
④ 산업사회에서 자본 · 노동이 주요 자원이었듯이, 탈산업사회에서는 지식 · 정보가 전략적 자원.

(2) 한계

① 산업사회를 과도하게 협소하게 해석.
② 20세기 기술 발전(컴퓨터, 위성 등)을 탈산업사회적인 것으로 간주.
③ 전문가 증가가 시대 변화를 이끈다는 주장에 대한 설득력 부족.

6. 단절론을 주장하는 대표적인 담론

① 벨의 탈산업사회론, 토플러의 제3의 물결, 마쓰다의 정보사회론, 포스터의 정보양식론 등.
② 화이트칼라 노동자의 증가, 정보산업 비중 증가를 양적 기준으로 정보사회 도래를 주장하지만, 양적 변화만으로 단절을 확정할 수 없다는 비판 제기.

Ⅳ 연속론

1. 의의

① 정보기술 발전을 자본주의 기업의 시장 확대 전략으로 해석.
② 정보 상품 · 서비스의 상품화가 지속되는 산업화 현상 강조.
③ 정보사회 이행이 자본주의의 자기 적용 과정에 불과하다는 입장.

2. 산업경제론(산업주의)

① 정보기술 발전이 새로운 사회구조를 형성하지 않으며 자본주의 기업이 통제위기 해소를 위해 발전.
② 정보의 중요성이 경제부문에서 부각되며 정보 상품화가 산업화 과정을 지속.

3. 자본주의 산업사회론

(1) 의의

① 정보기술 발전은 자본주의 체제 유지를 위한 전략적 수단.
② 정보화는 자본주의적 축적과정 안정화를 위한 선택.

(2) 도구주의

정보기술 발전이 자본가 계급의 이익을 반영.

(3) 구조주의

경제뿐만 아니라 정치·이데올로기와의 상호연관 속에서 정보기술 발전 해석.

4. 지배양식론

① 정보기술이 감시·통제와 연계되어 새로운 지배 방식으로 작용.
② 지배 관계가 변화하지만 구조적 사회변동을 유발한다는 입장에는 부정적.

5. 쉴러(Schiller)의 정보 발전과정

① 정보의 상품화가 시장 기준에 의해 철저히 진행.
② 정보 접근성과 창출 능력이 계급 불평등을 형성.
③ 정보기술이 자본주의적 조직에 의해 지배됨을 강조.

6. 연속론을 주장하는 대표적 담론

① Schiller의 네오맑시즘, Aglietta의 조절이론, Harvey의 유연적 축적론, Habermas의 공공영역론, Giddens의 민족 국가와 폭력.
② 정보사회론의 비판적 입장으로 정보화가 가져올 가능성과 이익 측면을 배제하는 한계 존재.

V 사회변화의 전망

1. 의의

① 기술·정치·사회적 측면에서 낙관론과 비관론 공존.
② 낙관론: 정보기술 발전이 삶의 질 향상에 기여.
③ 비관론: 정보기술이 기존 자본주의 문제를 심화.

2. 기술적 측면

① 낙관론: 홈쇼핑·홈뱅킹 발전, 생산성 향상, 여가시간 증가.
② 비관론: 환경파괴, 도덕성 문제, 노동시장 불안정.

3. 정치적 측면

① 낙관론: 참여민주주의 확대, 정보 민주화 가능성 증가.
② 비관론: 정보 감시·통제 강화, 대중조작 가능성 증가.

4. 사회적 측면

① 낙관론: 창의성 향상, 협력 증가, 성 역할 변화.
② 비관론: 정보격차 심화, 경제 불평등, 프라이버시 침해.

5. 정보적 측면

정보사회 변화는 권력 집중과 정보 생산 주체 변화에 영향.

[정보적 측면의 전망]

구분	낙관론	비관론
정보 접근성	• 공유적 정보 • 누구나 언제 어디서나 접근 가능	• 배타적 정보 • 사적 소유로 타인 사용 배제
정보 생산 주체	• 분산된 다수에 의한 정보 생산 • 다수에 의한 정보생산으로 인한 불평등 감소	• 소수에 의한 정보생산 • 소수에 집중된 배타적 정보로 인한 사회적 불평등과 권력집중 심화
정보 상품	• 정보 상품에는 규모의 경제가 작동하지 않음 • 창의성을 가진 소규모 회사도 경쟁력을 가져 독점기업이 존재하지 않음	• 정보 상품에도 규모의 경제가 작동함 • 대량생산체제로 인한 독점기업이 존재함

심층 연계 내용 네그로폰테(Nicholas Negroponte)의 '디지털이다(Being Digital)'

1. 아톰에서 비트로의 변화
   ① 과거는 물질(아톰)의 시대, 미래는 정보(비트)의 시대.
   ② 정보가 물질보다 중요한 가치로 부상.
   ③ 디지털화는 불가역적 과정.
2. 디지털 사회의 특징
   ① 탈중심화, 세계화, 조화력, 분권화.
   ② 디지털은 기술이 아니라 생활방식.

VI 사회변화 전망 요점

1. 낙관론

① 정보사회가 민주주의 확대, 경제적 풍요, 창조적 문화 향유를 촉진.
② 대표적 학자: 벨, 토플러, 맥루한, 나이스비트, 네그로폰테.

2. 비관론

① 정보격차 심화, 통제 사회화, 가상공간의 획일화.
② 대표적 학자: 마르크와 로빈스, 쉴러, 하버마스, 기든스.

I 의의

1. 벨의 주장

① 1950년대 후기산업사회 용어 사용.

② 1980년대 컴퓨터와 통신기술 발달로 미래학 관심 증가.

③ 정보와 지식이 사회체계에서 중심적 역할 수행.

2. 「탈산업사회의 도래」

① 1973년 출간, 정교한 사회학적 분석으로 평가.

② 학문적으로 풍부하고 독창적인 대작으로 인정.

3. 탈산업사회의 개념과 특징

① 정보와 지식이 중심적 역할 수행.

② 정보와 지식의 양적 · 질적 중요성 강조.

③ 정보의 양적 증가에서 질적 변화를 통해 이론적 지식 등장.

II 진화론적 관점

1. 역사적 전환

① 전(前)산업사회(농업 중심) → 산업사회(제조업 중심) → 탈산업사회(서비스 중심).

② 18세기 영국: 농업 중심 사회.

③ 19세기 말엽 영국: 제조업 중심 산업사회.

④ 21세기 영국: 서비스 중심 탈산업사회.

2. 탈산업사회로의 진화

① 미국은 탈산업사회로 이어지는 체계를 주도.

② 벨은 역사를 자동적으로 탈산업사회로 진행하는 동력 기로 설명.

III 독립적 영역구조

1. 독립 영역의 자율성

① 사회구조, 정체, 문화가 독립적이며 자율성을 가짐.

② 단일 체계가 아니며 총체적 사회이론을 거부.

2. 한계

① 독립적 영역 설정에 대한 논리적 증거 부족.

② 영역 간 상호작용 및 영향을 설명하지 못함.

③ 분절 증가에 대한 근거 부족.

IV 사회변동과정

1. 사회변동의 의의

① 탈산업사회는 사회구조 변동을 통해 출현.

② 특정 변동을 핵심 요소로 간주할 수 없음.

2. 결정적 요인

① 생산성 증가가 변동의 핵심 요인.

② 합리화 원칙으로 효율성을 강조.

3. 지배적 고용양식에 따른 유형

① 전(前)산업사회: 농업노동 중심.

② 산업사회: 공장노동 중심.

③ 탈산업사회: 서비스노동 중심.

4. 탈산업사회 진입 결과

① 산업노동자 감소 및 서비스업 확대.

② 새로운 욕구 충족을 위한 서비스업 증가.

③ 기술 혁신으로 고용 안정화.

V 정보와 정보노동자

1. 정보 중심 사회

① 정보가 주요 노동 재료로 작용.

② 서비스 경제는 정보사회로 정의됨.

2. 정보노동의 특징

① 화이트칼라 노동 중심, 직업 만족도 높음.

② 전문직 확대 및 지식 엘리트 등장.

③ 대학 · 연구단체 · 정부 중심의 인텔리겐치아 형성.

3. 정보노동과 사람 간의 게임

① 전(前)산업사회: 자연과의 게임, 근력 중심.

② 산업사회: 기계와의 게임, 기술적 · 합리화된 존재양 식.

③ 탈산업사회: 사람 간의 게임, 정보 중심.

VI 탈산업사회의 구성과 주요 특징

1. 구성 요소

① 경제: 제조업에서 서비스업 중심으로 전환.

② 기술: 과학 기반 신산업 부상.

③ 사회: 새로운 기술 엘리트와 계층화 원리 등장.

2. 주요 특징

① 인간 상호 간의 게임 중심.

② 서비스업 중심, 전문직 확대.

③ 지적기술과 이론적 지식 중심.
④ 사회 하부구조가 통신으로 전환.
⑤ 새로운 결핍 존재.
⑥ 선진국 중심의 공간적 분포.

Ⅶ 지적 보수주의와 수렴이론

1. 지적 보수주의
(1) 의의
생산성 증가가 사회변동의 핵심 원인.
(2) 막스 베버의 합리화 이론에 크게 의존
① 서구사회의 핵심을 합리화로 설명.
② '더 적은 것으로 더 많은 것'이라는 경제화 원칙 강조.
③ 기능적 효율성을 자원 분배 원리로 정의.

2. 수렴이론
① 모든 사회는 동일한 발전 경로를 통해 탈산업사회로 이행.
② 기술 · 지식 · 직업 분류에서 유사성을 보임.
③ 정치 · 문화 · 역사적 차이를 무시하며 발전 경로를 동일시.

Ⅷ 탈산업사회의 서비스업

1. 서비스업의 확장
① 공업 · 농업 감소, 서비스업 확장.
② 생산성 증가가 서비스업 확장의 동력.

2. 서비스업의 분류
[벨의 서비스업 분류]

제1집단	청소부, 세탁소, 미용실과 같은 개인적 서비스 (personal service)
제2집단	금융, 보험, 부동산과 같은 기업적 서비스 (business service)
제3집단	운수, 통신, 설비업
제4집단	의료, 교육 등 인간적 서비스(human service)와 연구, 정부 등 전문적 서비스(professional service)

① 전문직과 기술직의 확대.
② 정보이론, 인공두뇌학, 게임이론 등 새로운 기술 도입.
③ 제4집단(새로운 지식 계층) 형성.

Ⅸ 이론적 지식

1. 중심적 원리로서의 이론적 지식
① 정보는 질적으로 독특한 이론적 지식으로 작용.
② 전문직 확산으로 이론적 지식 사용 증가.

2. 경험주의에 대한 우위
① 이론적 지식의 부호화로 경험주의를 대체.
② 추상적 상징체계를 통한 새로운 지식 창출과 혁신.

3. 미래 계획과 통제 능력
① 정보기술 활용으로 미래 계획과 통제 능력 향상.
② '조직화된 복합성' 관리와 기능적 기술 창출.

> **심층 연계 내용** 맥도널드화
> ① 조지 리처는 현대사회의 합리화를 맥도널드화로 정의.
> ② 효율성 · 예측가능성 · 계산가능성 · 통제가 사회 전반으로 확산.

Theme 45 정보자본론

Ⅰ 의의
① 정보의 중요성 및 중심적 역할 강조
② 정보와 통신이 자본주의적 활동의 기본적 요소로 변화
③ 마르크스주의 사상과 정보의 생산 및 분배
④ **주요 학자:** 피터 골딩, 그레이엄 머독, 니콜라스 간햄, 시즈 햄링크, 아르망 마텔라르, 카를 노스뎅스트렝, 빈센트 모스코, 제럴드 서스만, 스튜어트 유언
⑤ 정보자본론적 관점에서 선진 자본주의의 정보 의존 분석

Ⅱ 정보자본주의

1. 허버트 쉴러(Shiller)
(1) 정보 배후의 구조적 특징 분석
미디어 메시지의 경제적 요인 (소유양식, 광고수입, 청중의 지출능력)
(2) 정보 · 통신에 대한 체계적 분석
① 정보적 영역의 발전과 자본주의 체제의 운영
② 역사적 추세와 발전의 시대 구분
(3) 현대 자본주의에서의 커뮤니케이션 추세
① 정신 산업(mind industry) 부상의 중요성
② 자본주의의 시장경제 요구 지속

(4) 새로운 정보기술의 특성과 전망
　기술혁신과 그 통제권에 대한 분석

2. 더글러스 켈너(Kellner)
① 기술자본주의 개념 사용
② 계급, 자본, 상품화, 이윤 개념의 지속적 중요성
③ 마르크스주의적 권력, 통제, 이해관계 분석

Ⅲ 정보와 시장원리

1. 허버트 쉴러의 핵심 논지
① 정보 · 통신 혁신과 시장 압력
② 정보의 상품화
③ 계급 불평등과 정보 접근성
④ 기업 자본주의 사회의 변동

2. 기업의 경제 지배
① 현대 자본주의에서 기업의 영향력
② 자본주의 체제와 정보사회 형성
③ 자본주의 요구를 반영하는 정보사회

3. 시장원리와 정보산업
① 이윤 최대화와 정보 생산
② 비용과 가격 결정
③ 정보 수요와 공급
④ 민영화와 탈규제화
⑤ 시장 원리를 정보영역에 적용한 결과

Ⅳ 정보의 상품화

1. 정보의 상품화 개념
① 시장주의 사회에서 정보의 상품화
② 정보의 가격 책정 및 거래 가능성

2. 정보의 지적 재산 보호
① 지적 재산 보호와 저작권
② 자유 문화 운동과 정보 공개

3. 정보의 지적 재산 보호
① 지적 재산 보호와 저작권
② 자유 문화 운동과 정보 공개
③ 인터넷 사용과 소유권 논쟁
④ 정보 상품화의 방향

Ⅴ 계급불평등

1. 정보 영역에서 시장의 역할
① 정보 생산 및 이용의 계층적 구조
② 계급에 따른 정보 접근성 차이

2. 정보와 지불능력
① 시장이 소비자 계층을 구분하는 원리
② 정보격차(digital divide) 형성

3. 빈센트 모스코(Mosco)의 유료사회 개념
① 정보 부자와 정보 빈자의 형성
② 정보의 계급별 차등적 접근

4. 허버트 쉴러의 정보계층 체계
① 정보혁명의 주요 실행자: 군대, 대기업, 정부
② 국가 간 정보 불평등

5. 정보격차 확대의 원인
① 경제적 불평등과 정보 접근성
② 상층 계급과 하층 계급의 정보 소비 차이
③ 정보 사회에서 지불능력의 중요성

Ⅵ 정보자본주의

1. 기업 자본주의
① 정보혁명의 주된 수혜자
② 기업의 정보 소유 및 통제

2. 소비자 자본주의
① 소비자 중심적 경제와 정보 생산
② 오스카 간디의 감시사회론
③ 린과 한슨의 소비자 자본주의 비판
④ 정보혁명과 소비주의 확산

Ⅶ 초국적 제국

1. 초국적 기업의 형성
① 정보와 기술이 초국적 자본주의의 성장 촉진
② 초국적 기업의 정보 통신망 구축

2. 신세계 정보 질서(NWIO)
① 정식 명칭: 신세계 정보커뮤니케이션 질서
② 제3세계의 새로운 정보 질서 요구 및 원칙
③ 국제 정보 흐름에 대한 국가 개입 필요성
④ 세계 4대 신문 · 통신사의 정보 독점 문제

⑤ 서방 측 보도의 불공정성 (쿠데타, 전쟁 등 특수 측면 집중)
⑥ 정보 독점을 통한 서구 자본주의 경제의 미디어 지배
⑦ 제3세계 국가의 정보 자주권 요구
⑧ 신세계 정보 질서를 통한 정보 제국주의 극복 노력

Theme 46 조절이론

Ⅰ 산업사회에서 탈산업사회로의 변화에 대한 학자들의 견해 차이

① 학자들은 탈산업사회로의 변화에 대해 서로 다른 강조점을 가짐.
② 동일한 현상을 설명하려 하지만 의미와 중요성에 대한 해석이 상이함.
③ 두 가지 관점으로 나뉘며, 하나는 포드주의에서 탈포드주의·신포드주의로의 이행, 다른 하나는 대량생산 시대에서 유연전문화 시대로의 전환을 주장함.

Ⅱ 조절이론의 출현

1. 조절이론의 개념
① 프랑스 지식인 집단에서 유래한 이론으로 초기 마르크스주의 경제사상의 영향을 받음.
② 사회 지속을 가능하게 하는 상호연결 방식을 강조하며 사회관계의 총체적 관점을 추구함.
③ 기술혁신을 국가의 역할, 계급구성, 기업 추세, 소비 유형, 성별관계 등의 맥락 속에서 분석함.

2. 근본적 질문
(1) 자본주의가 지속성을 어떻게 보장하는가?
성공적인 이윤 창출과 지속적 자본 팽창을 전제로 한 체계의 안정성 문제를 중점적으로 다룸.
(2) 자본주의적 축적이 어떻게 유지되는가?
시장의 '보이지 않는 손'만으로 사회질서를 유지하기 어렵다는 점을 강조함.

3. 자본주의 본질적 요소로서의 불안정성
① 근로자는 항상 고용주보다 더 많은 것을 요구하며, 기업 간 경쟁은 혁신을 필수적으로 요구함.
② 조절학파는 불안정성이 관리되고 규제되는 방식을 연구하여 자본주의의 지속성을 설명하려 함.

4. 조절이론의 주요 연구 과제
① 한 시점에서 지배적인 축적체제를 분석함.
② 생산의 조직화, 소득 분배 방식, 경제 조정 방식, 소비 형태를 연구함.
③ 조절양식은 축적과정의 통일성을 보장하는 규범, 습관, 규칙, 조절망 등을 포함함.
④ 조절이론 연구는 주로 축적체제와 조절양식 간의 관계를 규명하는 데 집중됨.

Ⅲ 포드주의 축적체제(1945~1973)

1. 포드주의-케인즈주의 시대
① 대량생산과 소비의 균형이 이루어진 시기임.
② 국가가 경제 문제에 개입하여 이 균형을 유지함.
③ 정부의 복지 정책이 사회적 안정성과 경제 균형을 지원함.
④ 포드는 대중소비가 가능한 가격으로 상품을 생산하고 높은 임금을 지급하여 포드주의의 상징이 됨.
⑤ 케인즈는 산업문제에 대한 국가 개입과 밀접한 정책을 주장하여 케인즈주의로 불림.

2. 포드주의-케인즈주의 시대의 특징
(1) 상품의 대량생산
① 조립라인 체계를 통한 대량생산이 공학, 전자제품, 자동차 산업에서 일반화됨.
② 차별화되지 않은 표준화된 상품을 대량생산함.
③ 대표적 상품으로 냉장고, 청소기, 텔레비전, 의류 등이 포함됨.
④ 대규모 제조공장이 많은 근로자를 고용함.
⑤ 규모의 경제를 바탕으로 비용 효율성을 추구함.

(2) 고용구조에서 지배적 집단으로서의 산업노동자
① 제조업과 일부 추출산업에 남성 블루칼라 노동자가 집중됨.
② 강한 지역적·계급적 연대의식을 형성함.
③ 1951년 영국 노동력의 70%를 차지했던 남성 육체노동자가 20년 후에도 60% 유지됨.
④ 장기간의 경제 호황과 완전고용이 지속됨.

(3) 대중소비의 일반화
① 상승하는 임금, 소비재 가격 하락, 완전고용, 할부판매 확대, 신용판매 증가, 광고·유행·텔레비전 등의 영향으로 소비가 촉진됨.
② 대량생산된 상품의 주요 소비층은 노동자로 구성됨.
③ 지속적인 소비 증가가 생산기반 확대를 유도하고, 이는 완전고용을 보장함.

④ 포드주의 경제에서 소비자 구매력이 경제 건강을 결정함.

⑤ 대량생산과 대중소비가 일정한 균형을 이룸.

⑥ 소비 증가가 일자리 창출을 지원하는 선순환 구조를 형성함.

(4) 소수 독점 기업이 지배하는 경제 구조

① 전자, 의류, 소매, 공학 분야에서 몇 개의 대기업이 시장을 지배함.

② 수직적·수평적 통합을 통해 시장을 통제하고 조정함.

(5) 계획에 의한 국가 역할

① 복지국가 성장에서 가장 뚜렷하게 나타남.

② 국가의 경제 개입은 케인즈주의 정책 정당성에 대한 합의로 이어짐.

③ 교육과 보건을 제공하는 국가 정책이 대중적 지지를 받음.

④ 다양한 계획을 통해 포드주의 체제의 안정성을 유지함.

Ⅳ 탈포드주의

1. 포드주의 한계 – 국민국가의 제약

① 국민국가의 주권과 정책 수행 능력, 국내 기업 보호의 한계를 드러냄.

② 초국적 기업 성장으로 국가 경계가 불분명해짐.

③ 투자자와 초국적 기업이 이윤 극대화를 추구하면서 국민국가의 영향력 감소.

④ 자본주의의 국제화로 국가의 완전성 유지가 어려워짐.

⑤ 국제적 기업 전략 개발, 거대 기업 간 경쟁 심화, 금융 세계화로 국가 주권 훼손.

⑥ 1970년대 불황과 함께 새로운 축적체제 창출 촉진.

2. 기업조직의 변화 – 구조조정과 노동관계 변화

① 기업조직이 새로운 환경에 적응하기 위해 구조조정 추진.

② 노동조합 운동 약화를 위한 노사관계 정책이 필요함.

③ 노동력 축소는 정체된 시장에 대한 기업의 대응.

④ 일부 성공적 기업들은 일자리 없는 성장 가능성 제시.

3. 탈포드주의 특징

① 기술 응용을 통해 노동력 감소와 경제 성장의 공존 가능.

② 기업의 수직적 해체 진행, 외부 계약 증가.

③ 외주전략을 통해 중앙조직의 인력 감소 및 효율성 제고.

④ 수직적 해체는 정교한 통신과 컴퓨터 설비의 뒷받침이 필수적.

4. 정보 하부구조의 특징

(1) 세계화된 생산 및 판매 전략 조정

① 글로벌 생산, 분배, 판매 관리 필요.

② 초국적 기업이 전 세계에 분산된 자회사 조정.

③ 세계적 기업전략은 정교한 정보통신망이 기반.

(2) 세계 금융거래 처리

세계화된 경제의 필수 요소로 금융거래 정보 서비스 중요.

(3) 상품 및 생산과정 개선

① 감시와 제어 기능 향상.

② 비용 절감과 품질 개선을 위한 새로운 기술 도입 기회 제공.

(4) 경쟁력 제고

치열한 경쟁 속에서 기업의 경쟁력 강화 필수 요소.

5. 대량생산에서 소비지향적 체제로의 전환

① 대중적 산업노동자 감소, 소비지향적 개인 출현.

② 소비자가 직접 소비 대상을 선택하며, 소비를 통해 자아 표현.

③ 광고 및 상품 판촉에 대한 정보의 역할 증가, 소비의 상징적 의미 확대.

Ⅴ 초국적 기업의 세계화

1. 세계화

① 세계화가 포드주의 붕괴의 핵심 요인 중 하나.

② 국민국가 간 상호작용 증가, 사회경제적 통합 확대.

③ 세계화를 경제적 통합의 문제로 인식하는 경향.

④ 자본주의의 전 세계적 확산과 일상생활 침투.

⑤ 세계화로 인해 국가 간 상호연결 증가, 개인 생활경험도 세계적 맥락 내에서 형성.

⑥ 초국적 기업의 확장이 세계화의 주요 기초 제공.

2. 세계화의 특징

(1) 시장의 세계화

① 주요 기업들의 시장은 전 세계에 걸쳐 있음.

② 경제적 주체들에게 개방된 시장 전제.

③ 거대 기업 중심의 국제적 활동 지원.

④ 거대 기업 간 경쟁 심화.

⑤ 국내 시장이 외국 기업에 의해 점점 잠식됨.

(2) 생산의 세계화

① 기업의 사업 조정이 세계적 차원에서 이루어짐.

② 세계적 생산전략이 핵심 요소.

③ 초국적 기업은 본사, 설계, 제조, 판촉 활동을 세계적으로 분산.

④ 비교우위 극대화를 위한 전략 수립 필요.

⑤ 정교한 정보 서비스 없이는 글로벌 시장 전략 및 제조시설 조직화 불가능.

⑥ 생산체계 연결을 통한 성장 촉진.

⑦ 광고, 은행, 보험, 자문서비스 등 정보서비스의 세계화가 필수적.

(3) 금융의 세계화

① 은행 및 보험회사의 국제적 확산.

② 통합된 세계금융시장 발달.

③ 정보통신기술 발전으로 금융거래 실시간 처리 가능.

④ 금융시장 통합으로 국가 경제의 취약성 부각.

(4) 커뮤니케이션의 세계화

① 전 세계적 통신망 확산.

② 위성 및 통신시설 발전, 미디어 초국적 기업 주도.

③ 세계시장체계에서 지원적 역할 수행.

④ 브랜드화가 현대 마케팅 전략의 핵심 요소.

(5) 정보 하부구조의 세계화

① 금융, 보험, 광고 등 정보 서비스 확산.

② 컴퓨터와 통신기술 발달 필요.

③ 정보 유통의 급격한 성장.

Ⅵ 수평 조직

1. 로버트 라이시(Robert Reich)

(1) 의의

① 세계화는 정보를 처리, 분석, 분배하는 데 있어 정보통신기술보다 사람들의 능력에 더 많은 비중을 둠.

② 과거 기업의 생산은 국가 내부에 집중되어 미국 기업에 이득이 되었으나, 세계화로 인해 국가 단위의 국민경제 개념이 무의미해짐.

③ 자본과 생산의 유동성이 증가하면서 경제는 국가적 경계를 초월하여 운영됨. 기업 간 관계는 세계적 웹(global web)으로 변화.

④ 세계화의 압력으로 인해 기업은 수직적으로 해체되며 관료제적 탈계층화가 진행됨. 이는 중간 관리층 제거를 포함한 규모 축소 사례에서 확인됨.

(2) 대량생산에서 고가치 생산과 서비스로의 변화

① 차별화, 혁신, 경제적 문제 해결, 구체적 노동에 대한 지식 기여를 촉진함.

② 전문화된 시장이 지속적으로 추구되며, 새로운 상품이 개발됨.

③ 상품의 상징적 중요성과 기술적 정교함이 증가함.

④ 포드주의 대량생산에서 유연적 고객 맞춤화로 변화함.

⑤ 상품이 점점 더 지식과 정보 집약적으로 변화함.

⑥ 세계적 시장 운영은 틈새시장 발굴, 기회 포착, 회계 · 관리기술을 통한 비용 절감 가능성을 제공함.

(3) 상징적 분석가(symbolic analyst)

① 기업통신망을 유지 · 발전시키는 역할을 수행함.

② 관리적 사고에 지속적으로 관여함.

③ 21세기 성공을 위한 필수적 지적 자본을 보유함.

④ 문제 해결, 식별, 조정을 위해 상징을 조작하며 추상, 체계적 사고, 실험, 협업을 강조하는 직업군을 대표함.

⑤ 은행, 법률, 공학, 컴퓨터, 회계, 미디어, 관리, 학계 등 다양한 분야에서 활동하는 문제해결사 및 전략구상가로 구성됨.

⑥ 전체 직업의 20%를 차지하며, 공통점은 정보 중심적이라는 점임.

⑦ 특정 영역의 전문성을 보유하며, 급격한 변동 속에서도 활동함.

⑧ 가장 중요한 장점은 유연성으로, 새로운 상황에 적응하는 능력이 핵심임.

⑨ 정보노동자는 재훈련 가능성이 높으며, 최신 사고에 주의를 기울이고, 시장변화를 지속적으로 관찰함.

2. 프랜시스 후쿠야마(Francis Fukuyama)

① 성공적 수평 조직은 근로자들에게 힘을 부여하고 자율성에 대한 만족감을 제공함.

② 조직에 대한 헌신은 감소할 수 있으나, 고숙련 자유계약직 종사자들이 프로젝트 단위로 협력하며 윤리적 · 직업적 유대를 형성함. 이는 사회적 자본을 촉진함.

심층 연계 내용 후쿠야마(Fukuyama)의 정보사회

1. **의의**

① 정보사회는 '무절제한 개인주의'로부터 야기되는 병폐가 존재

② 의심할 여지없이 더 많은 자유와 더 높은 생활수준을 유지하고 있지만, 사회적 자본(social capital)은 쇠퇴하는 경향이 있으며, 그와 더불어 권위에 대한 존경, 공익에 대한 헌신, 소속감이 저하

2. **정보사회에서 사회적 붕괴가 발생하는 이유**

① 지속적으로 가속되는 변동의 속도로 인한 자동화와 재조직화는 모든 공동체를 불안정하게 만들며 위협

② 지리적(온라인 포함)이동과 그에 수반되는 관계의 일시성이 강조되면서 장소의 고정성이 약화됨으로써 사람들은 점점 더 자기만의 방식으로 살아가면서 스스로에 대해서만 신뢰

③ 정보노동으로의 이행은 두뇌에 비해 근력의 기여도가 낮아짐으로써 노동력의 여성화가 촉진되고, 고용된 여성들은 남성들의 속성을 취하면서 경쟁적이고 자기지향적이며 계산적으로 되어 전통적으로 이웃과의 상호관계, 사회화와 양육에서 차지하는 여성들의 역할이 약화. 이에 따라 유대의 탄력 쇠퇴 경향이 촉진된다고 주장

④ 출산과 관련된 현대적 피임은 점점 생활양식의 선택 문제로 신체에 대한 여성들의 통제의 중요성에 주목

3. 톰 프리드먼(Tom Friedman)

수평 조직의 출현은 사람들에게 독립성을 제공하며, 유사한 사람들 간 헌신을 촉진함.

Ⅶ 노동의 유연성

1. 의의

노동의 유연성은 '노동시장의 유연성'과 '노동과정의 유연성' 두 가지 차원으로 구분됨.

2. 노동시장의 유연성

(1) 수량적 유연성

① 고용량의 유연화: 규제 완화를 통해 정리·해고 절차를 용이하게 하고, 단기계약·임시직·시간제 노동 등 비정규직 고용 확대.
② 노동시간의 유연화: 변형노동시간제, 교대근무제, 야간노동, 여성노동자의 생리휴가 폐지·축소 등 다양한 방식으로 나타남.
③ 노동력의 아웃소싱: 외주·하청, 소사장제, 파견노동제, 자영업 활용을 통한 노동력 유연화.

(2) 임금유연성

① 단체교섭 중심에서 개인·집단의 능력과 성과에 연계된 임금구조로 전환됨.
② 물가연동제 폐지·축소, 최저임금제·사회 보장적 간접임금 축소, 능력주의적 임금관리 도입 등으로 경쟁원리가 확대됨.

3. 노동과정의 유연성

① 다품종·소량생산을 가능하게 하는 생산방식 유연화 및 다기능공 육성이 핵심.
② 노동자의 직업능력 개발을 통한 노동력 질 향상으로 기능적 유연성 확보.

Ⅷ 유연전문화

1. 의의

자본주의 발전은 노동의 탈숙련화를 초래하나, 일부 이론은 유연전문화가 노동자 기술 향상을 촉진한다고 봄.

2. 출현 배경

① 1960~1970년대 노동 불안으로 인해 기업은 하청을 늘리고 생산을 분권화함.
② 소비자 기호 변화로 인해 차별화된 시장수요가 증가함.
③ 새로운 기술이 소규모 기업의 경쟁력을 향상시킴.

3. 정보의 역할

① 정보가 유연전문화의 핵심 역할을 수행함.
② 과거 노동자는 평생 몇몇 업무만 습득하였으나, 정보기술 시대에는 지속적 기술 향상이 필요함.
③ 노동자는 교육과 재교육을 통해 숙련도를 높여야 함.
④ 전체 업무 과정에 대한 이해와 개관 능력이 요구됨.

4. 유연성 축적체제의 특성

(1) 노동 과정의 유연성

① 탈포드주의 노동자는 엄격한 업무지침이 불필요함.
② 직업에 대한 전통적 규제 태도가 사라짐.
③ 다중 숙련이 요구되며, 평생훈련 개념이 강조됨.
④ 고용량 유연화, 노동시간 유연화, 노동력 아웃소싱, 임금유연성과 연계됨.

(2) 생산유연성

정보통신망 발전으로 적시체제 도입 등 비용 절감적 생산방식이 확산됨.

(3) 소비유연성

첨단기술의 발전으로 생산의 다양성이 증가함.

5. 탈포드주의와 유연성

① 정보통신기술 기반 구축으로 시공간 축약이 가능해짐.
② 중앙집중적 대규모 공장 대신 고도 기술설비를 갖춘 소규모 공장이 확산됨.
③ 기업은 정보통신기술을 활용하여 더 넓은 지역을 통제함.
④ 서비스 부문에서 시간제 여성노동자가 증가함.
⑤ 1970년대 이후 제조업 기업의 쇠퇴와 유연노동력 증가가 진행됨.

Theme 47 노동과정

Ⅰ 노동과정의 의미

1. 노동과정의 정의

① 노동과정은 원료 또는 다른 투입물이 사용가치를 갖는 생산물로 변화되는 과정임(Marx).
② 노동과정은 인간노동, 노동대상, 노동도구의 결합으로 이루어짐.

2. 노동과 생산수단: 인간노동, 노동대상, 노동도구의 구성

① 인간노동: 노동을 지향하는 인간의 목적적 행위
② 노동대상: 자연물, 원료, 재료 등의 형태

③ 노동도구: 작업 도구, 기술적 하드웨어
④ 노동대상과 노동도구를 합하여 생산수단(mean of production)이라 함.

3. 노동과정에서의 자본가와 노동자의 관계
① 노동자는 작업 강도와 속도를 조절하고 재량권을 유지하려 함.
② 자본가는 정해진 노동 시간 내에서 최대한의 잉여가치를 확보하기 위해 노동자에 대한 감시와 통제를 강화함.
③ 노동과정에는 노동통제를 둘러싼 노동자와 자본가의 상호관계가 존재함.
④ 뷰러워이(Burawoy, 1985)는 이를 '생산의 정치'(politics of production)라 칭하며, 작업장에서 노동자와 자본가가 노동통제의 주도권을 놓고 힘겨루기를 지속한다고 설명함.

Ⅱ 자본주의 노동과정의 역사적 전개

1. 아담 스미스와 배비지의 분업이론
(1) 아담 스미스의 기술적 분업
① 스미스는 「국부론」에서 핀 생산 공장의 사례를 통해 기술적 분업을 통한 생산성 향상을 논함.
② 분업 도입으로 노동자 1인당 생산량이 20개에서 4,800개로 증가함.

(2) 분업의 효과
① 작업 기교의 향상(반복을 통한 작업 숙달)
② 작업 전환 시 이동비용 감소
③ 생산의 기계화 확대

(3) 배비지(Babbage) 원리
① 기술습득 시간 절약
② 원료낭비 절감
③ 작업 전환 시 시간손실 방지
④ 도구 교체 시간 절약
⑤ 반복활동을 통한 신속성 증가
⑥ 각 공정에 적절한 기계 활용

2. 테일러의 '과학적 관리' 이론
(1) 테일러의 기여
① 배비지의 분업 개념을 발전시켜 생산 공정을 과학적으로 분석하고 체계적으로 관리하는 기법을 개발함.
② 「과학적 관리의 원리」 저술, 시간·동작 연구 기법 제안.

(2) 테일러리즘의 세 가지 원리
① 노동자로부터 숙련기술 분리·제거
② '구상'(conception)과 '실행'(execution) 분리
③ 노동자의 행위양식 통제

(3) 테일러리즘의 영향
① 정신노동과 육체노동을 분리하여 작업과정을 단순화하는 것을 목표로 함.
② 노동자의 강한 저항을 초래하였으나, 경영 관리의 기본원리로 확산됨.

3. 포디즘
(1) 헨리 포드의 공헌
① 1903년 포드 자동차회사 설립, 1908년 T형 포드 양산 시작.
② 1913년 조립 라인 방식 확립, 1914년 최저임금 일급 5달러, 1일 8시간 노동 도입.

(2) 대량생산·대량소비 체계
① 제품 가격 인하로 판매량 확대
② 생산성 향상을 통한 노동자 임금 인상
③ 노동자들이 자사 제품을 소비자로서 구매

(3) 컨베이어벨트를 이용한 조립생산
① 포디즘은 컨베이어벨트를 이용한 조립생산 방식으로 확장됨.
② 자본주의적 생산의 보편적 단계로 발전함.

(4) 생산방식으로서의 포디즘
① 컨베이어벨트를 활용한 조립 라인을 통해 생산성을 극대화함.
② 노동자의 이동시간 제거, 기계 리듬에 종속시켜 높은 생산성 달성.
③ 노동자의 단순 반복작업 증가, 노동 소외 심화.

(5) 생활양식으로서의 포디즘
① 그람시(Gramsci)는 포디즘을 문화적 현상으로 분석함.
② 노동자의 지성·창의성을 파괴하고 기계적 노동을 강조함.
③ 작업장 규율이 사회 전반으로 확산됨.

(6) 대량생산·대량소비 축적체계
① 조절학파 경제학자들은 포디즘을 표준화된 제품의 대량생산·대량소비 체계로 정의함(Aglietta).
② 1926~1929년 대공황으로 대량생산체계의 위기가 심화됨.
③ 케인즈(Keynes)는 유효수요 확보를 대안으로 제시함.
④ 미국 정부는 뉴딜(New Deal) 정책을 시행, 포드 자동차회사는 고임금 정책을 채택함.

⑤ 와그너법(Wagner Act, 1935) 제정으로 노사 협조 체계 구축.

⑥ 생산성과 실질임금 상승을 통한 소비 증대, 생산·투자 확대, 선순환 구조 형성.

⑦ 제2차 세계대전 이후 선진 자본주의 경제의 고도성장은 포디즘에 기반한 생산·소비 선순환을 통해 이루어짐.

Ⅲ 포스트포디즘

1. 의의

(1) 저신뢰 체계

① 영국 사회학자 폭스(Fox)는 테일러리즘과 포디즘을 '저신뢰 체계'(low-trust system)로 보았으며, 이는 노동자에 대한 불신을 전제로 한 작업방식임.

② 저신뢰 체계에서는 노동자의 업무가 경영자에 의해 지정되며, 기계가 수행하는 방식으로 운영됨. 노동자는 관리자의 엄격한 감독을 받으며, 업무 자율성이 거의 없음.

(2) 포디즘의 문제점

① 1960년대 말~1970년대 초, 테일러리즘과 포디즘의 경영관리 기법이 노사갈등을 유발하며 노동자의 높은 결근율과 낮은 사기 문제를 초래함.

② 포디즘은 노동자의 생산과정 참여를 유도하는 데 실패하였으며, 노동의 파편화, 단조로움, 노동 강도 강화, 노동의 위계적 차별 등을 심화시켜 노동의 비인간화를 초래함.

③ 극단적 표준화로 인한 경직성, 부품 생산과 최종 조립의 불균형, 부품 과잉생산, 노동의 세분화, 구상기능 박탈로 인한 노동규율 저하 등의 문제 발생.

2. 저신뢰 조직을 대체하기 위한 실험

(1) 의의

포드주의의 위기에 대응하여 기업들은 저신뢰 조직을 대체하기 위한 실험을 진행하였으며, 그 방향은 자동화, 집단생산, 유연생산의 세 가지로 나뉨(Giddens).

(2) 자동화 또는 프로그램 가능한 기계 도입

① 자동화는 인간의 육체노동이 사라지고, 노동이 부분적 감독·기계 조작·통계 분석으로 대체되는 생산 형태를 의미함.

② 자동화는 단순 기계화와 달리 자동 조립생산, 수치제어, 연속과정 생산 등의 다양한 형태를 포함함.

③ 산업용 로봇 도입으로 노동자가 전혀 없는 공장이 등장하였으며, 로봇 가격 하락과 성능 향상으로 자동화 생산은 더욱 확산될 전망임.

(3) 집단생산과 협업작업팀

① 컨베이어벨트 조립 대신 협업작업팀을 통한 집단생산을 도입하는 기업이 등장함. 이는 노동자의 작업의욕 향상을 목적으로 함.

② 품질관리조(QC)는 5~20명의 노동자가 생산 관련 문제를 해결하는 집단으로, 테일러리즘의 원칙을 파괴하는 방식임.

③ 스웨덴 볼보(Volvo)사의 칼마르(Kalmar) 및 우데발라(Uddevalla) 공장은 컨베이어벨트를 폐지하고 자율경영팀을 운영하는 실험을 진행함.

④ 이러한 변화는 노동자의 경영참가를 확대하고 노동의 인간화를 촉진하는 프로그램의 일환으로 진행됨.

(4) 유연생산

① 일본 자동차업체들은 유연생산을 채택하였으며, 도요타 자동차는 '불량률 제로' 운동을 전개하여 노동자가 불량 발견 시 즉시 기계를 멈추고 원인을 조사할 권한을 부여함.

② 도요타는 지속적인 개선(카이젠, 改善)을 강조하여 노동자의 적극적 참여를 유도하였으며, 다품종 소량생산을 실현하는 데 성공함.

③ 정보통신기술 발전에 힘입어 유연생산 방식의 적용 가능성이 더욱 확대됨.

(5) 결론

① 자동화, 집단생산, 유연생산의 실험들은 포디즘 생산방식과 대비되며, 이러한 변화를 포스트포디즘이라 함.

② 포스트포디즘은 포디즘의 '규모의 경제'를 '범위의 경제'로 대체하여, 동일 고객에게 다양한 상품과 서비스를 제공함으로써 수익 극대화를 추구함.

③ 포스트포디즘 생산방식의 특징은 노동의 유연성 증가, 기계와 노동자의 시간·공간적 분리 가능성, 생산의 탈사회화 가능성, 노동자의 개인주의화, 중심-주변 노동시장의 분리, 공공서비스의 상품화·사유화 경향 증가 등임.

④ 포스트포디즘은 노동의 인간화를 강조하며, 노동조합의 저항 감소와 신기술 도입 협조를 기대함. 이는 신기술 및 노동력의 유연한 활용을 통해 자본주의적 축적 위기를 극복하려는 전략임.

I 공공영역의 개념

① 공공영역은 국가가 담당하는 비영리적 활동의 영역이며, 단일한 사회적 기능을 가진 동일체가 아니라 여러 관료기구의 조합으로 이루어진 사회적 기능들의 집합체이자 강제력의 장치임.

② 정보의 공공영역은 정보사회를 시장원리로부터 보호하는 최후의 보루임.

③ 정보산업이 완전한 시장원리에 맡겨질 경우, 지불능력이 부족한 사람들은 정보서비스를 이용할 수 없게 되어 정보격차가 심화됨.

④ 정보의 공공영역은 국가가 개입하여 정보 취약 집단을 포함한 모든 국민이 무비용 또는 일정하게 낮은 비용으로 정보에 접근할 수 있도록 보장하는 역할을 수행함.

II 이론적 배경

1. 하버마스(Habermas)

(1) 공공영역의 개념

① 공공영역은 사적영역과 구분되며, 초개인적으로 구조화된 사회적 행위와 의사소통 관계의 영역을 의미함.

② 서구 자유민주주의 정치질서의 조직 원리로 이해됨.

③ 근대 자본주의 사회에서 출현한 개념으로, 전(前)자본주의 사회에서는 존재하지 않음.

④ 18~19세기 영국에서 자본주의 확산과 함께 출현하였으며, 20세기 중반 이후 쇠퇴함.

⑤ 근대적 공공영역은 자본주의 전개와 결부된 역사적 현상이며, 새로운 집단적 주체들에 의해 형성됨.

⑥ 국가의 자금지원을 받지만 정부 및 당파적 경제세력으로부터 독립적이며, 합리적인 논쟁과 토론이 이루어지는 공간을 의미함.

(2) 공론장

① 부르주아 공론장은 시민들이 자유롭게 정치적 문제를 논의하며 여론을 형성하는 영역을 의미함.

② 18~19세기 유럽에서 '공중으로 결집된 사적 개인들의 영역'으로 형성됨.

③ 문자 매체를 기반으로 시민들의 대화와 토론이 이루어지는 공간으로 발전하였으며, 부르주아의 정치적 영향력을 확대하는 데 기여함.

④ 20세기 후반 산업사회의 발전과 함께 시장기능 확대 및 국가권력 확장으로 인해 공론장의 보편적 특성이 붕괴됨.

⑤ 공론장은 대중조작 및 소비문화의 진원지로 전락하였으며, 시민은 비판적 시민공중에서 수동적인 대중으로 변모함.

⑥ 후기 자본주의 사회에서 국가권력의 확대는 행정권력의 비대화를 초래하였고, 공론장의 탈정치화를 가속화함.

⑦ 현대 민주적 법치국가는 사적 자율성과 공적 자율성을 보장하며, 언론의 자유로운 표현을 통해 다양한 의견이 경쟁할 수 있도록 보장함.

2. 매디슨(Madison)

① 공공 정보가 없는 대중적 정부는 희극이나 비극의 서막에 불과함.

② 지식은 무지를 지배하며, 자기 스스로를 지배하는 사람들은 지식이 제공하는 능력으로 무장해야 함.

3. 홀룹(Holub)

① 공공영역은 일반 시민들이 자유롭게 참여하고 검열할 수 있는 공간으로 여론이 형성되는 곳임.

② 공공영역의 핵심 요소는 정보이며, 행위자들은 논의를 통해 입장을 표명하고, 그 과정은 일반인에게 공개됨.

③ 대중매체, 도서관, 통계기관 등의 역할이 중요하며, 의회토론과 의사록 공개가 공공영역의 핵심적 측면을 보여줌.

III 공공영역의 변화

1. 공적 서비스제도의 변화

BBC 및 공공도서관 연계망과 같은 공적 서비스제도가 시장지향적이고 조직화된 운영으로 변화함에 따라 정보적 기능이 잠식됨.

2. 정보 상품화의 부정적 영향

정보가 이윤을 위해 거래될 수 있는 것으로 간주됨에 따라 정치적 담론의 질적 악화와 참여수준의 쇠퇴가 발생하여 공공영역에 부정적 영향을 미침.

3. 현대 커뮤니케이션 환경의 변화

신뢰성 없고 왜곡된 정보가 점점 더 많이 생산되고 전달됨.

IV 역사적 변화의 기류

1. 부르주아 공공영역의 등장

18세기 영국 신흥자본가들이 부를 축적하면서 귀족에 대한 의존성을 줄이고 전통적 권력으로부터 분리된 비판 영역을 형성함에 따라 부르주아 공공영역이 등장함.

2. 자본주의 확장과 공공영역 변화

① 자본주의 확장과 공공화로 인해 국가로부터 더 많은 자율성이 확보됨.

② 국가의 변화 요구가 확대되면서 언론의 자유와 의회 개혁에 대한 지원이 강화됨.

Ⅴ 19세기 부르주아 공공영역의 주요 특징

1. 공공영역의 특성

공개적 논쟁, 비판적 검토, 완전한 보도, 확장된 접근성, 경제적 이해관계로부터의 자율성 등이 특징임.

2. 국가로부터의 독립

국가로부터 독립하기 위한 투쟁이 부르주아 공공영역의 필수 요소였음.

3. 초기 자본주의와 정치적 개혁

초기 자본주의는 기존 국가에 저항해야 했으며, 언론 자유, 정치적 개혁, 대표성 증대 등의 투쟁이 중요했음.

Ⅵ 공공영역의 재봉건화

1. 지속적인 자본주의 확대

① 사유재산과 공공영역 간의 상호침투가 진행되었으나, 19세기 말 사유재산 쪽으로 균형이 기울어짐.

② 자본주의 세력과 영향력이 성장함에 따라 국가 개혁 요구를 넘어 국가를 인수하여 목적을 달성하는 방식으로 변화함.

③ 20세기 동안 홍보활동과 로비문화가 확산되었으며, 이는 공공영역이 여전히 중요한 논쟁의 장으로 인정됨을 의미함.

④ 홍보활동이 공개적 논쟁을 시작하는 과정에서 특정 이해관계를 위장함으로써 공공영역이 진정한 논쟁의 장이 아닌 권력가들의 전시 공간으로 변질됨.

2. 매스 커뮤니케이션 체계 내부의 변화

① 매스 커뮤니케이션 체계 변화에서 유래함.

② 대중매체를 통해 공적 문제에 대한 접근과 면밀한 검토가 가능하므로 매스 커뮤니케이션이 공공영역 운영에 중심적 역할을 함.

③ 20세기 동안 매스미디어가 독점적 자본주의 조직으로 발전하면서 공공영역의 신뢰성 있는 정보 확산자로서의 기능이 약화됨.

④ 미디어의 기능이 변화하여 점차 자본주의적 이해를 대변하는 방향으로 이동함.

⑤ 언론이 광고 기능을 포함하고 보도에서도 선전적 입장을 취하게 됨에 따라 공공영역이 상당히 쇠퇴함.

⑥ 근대사회에서 공적 서비스 윤리를 생성하고 확산하는 데 기여한 집단은 교수, 법률가, 일부 공무원 등 전문직 종사자로서 초기 부르주아 공공영역은 경제와 정책 사이에 위치한 공간을 제공함.

Ⅶ 공공영역의 국가 개입

1. 의의

① 자본주의 소유권 취득 경향 속에서 경쟁력 있는 공공영역을 위한 정보적 하부구조 보장을 위해 국가 개입이 필요함.

② 공공도서관, 정부통계 서비스, 박물관, 미술관, 고등교육 기관 등이 공공영역 핵심 제도로서 작용함.

③ 지불능력과 관계없이 많은 사람들에게 정보를 냉정하고 중립적으로 제공하는 공적 서비스 윤리는 공공영역이 효과적으로 기능하는 데 필수적인 지향과 일치함.

2. 하버마스(Habermas)의 관점

① 보통선거권을 통해 사람들이 정치적 영역에 진입했으나, 이는 합리적 논의의 질적 내용보다 여론을 우선시하는 경향을 초래함.

② 쟁점의 타당성 평가 없이 투표 결과를 중요시하는 경향이 나타남.

③ 모든 사람에게 선거권이 부여됨과 동시에 근대적 선전이 출현하여 여론 관리 능력이 강화됨.

④ 계몽주의의 어두운 면으로 인해 무엇을 위해 투표하는지를 평가할 수 있는 수단이 부재한 경우, 투표권이 실질적인 의미를 가지지 못함.

⑤ 정보가 기만을 위한 도구가 된다면, 정보량이 많아도 의미가 없음.

⑥ 계몽과 통제 정보, 광고와 교육, 조작과 교육이 공존하는 야누스적 구조가 형성됨.

I 라디오와 텔레비전

1. 의의

① 공익방송조직은 대부분의 국가에서 중요한 공공 정보 서비스 제도.

② 공익방송은 정치가, 기업가, 시청자의 외부적 압력으로부터 제도적으로 분리된 유형.

③ 상업적 운영 필요에 영향을 받지 않으며, 공동체 전체의 이용 및 이익을 위한 방송.

④ 다양한 소수집단을 대상으로 포괄적이고 고품질의 서비스 제공을 목표로 함.

2. 공익방송의 건전성 악화

① 현재 공익방송의 건전성이 현저하게 악화됨.

② 대안적 매체들은 정보제공보다 오락판매에 집중하며 광고 및 후원, 개인 가입비 지원 프로그램 강조.

③ 비용 부담자의 결정권이 강조되면서 공적으로 기금을 받는 조직이 정부의 도구로 전락할 가능성 증가.

II 도서관

1. 공공영역으로서의 특징

(1) 의의

① 정보는 전유하거나 사적으로 소유되는 것이 아니라 모든 사람에게 속한다는 개념을 바탕으로 공공도서관 형성.

② 정보와 지식은 배타적으로 소유될 수 없으며 무료로 제공되어야 함.

③ 정보 검색 과정에서 어떠한 불이익도 없어야 한다는 공공도서관의 철학.

(2) 비용부담 없는 접근 보장

① 정보는 모든 사람에게 제공되며 개인적인 비용 부담 없이 접근 가능.

② 일부 도서관은 지역 제한 없이 모든 사람에게 서비스 제공.

③ 도서 및 전자자료의 무료 열람·대출 및 참고문헌 제공, 이용자 편의를 고려한 운영 시간 설정.

(3) 정치적 독립성 보장

① 국가 및 지방자치단체의 지원을 받지만 정치적 이해관계로부터 독립적으로 운영됨.

② 포괄적이고 효율적인 도서관 서비스 제공이 목적.

(4) 대중의 정보욕구 충족

① 공공도서관은 대중적으로 가장 많이 이용되는 공간.

② 상호 대차서비스를 통해 이용자의 정보욕구 충족.

③ 사서는 특정 개인에 대한 편견 없이 참고봉사 서비스 제공.

(5) 19세기 중반 이후 영국 공공도서관 성장 요인

① 상류계급의 박애주의와 가부장적 동정심.

② 교육받지 못한 대중에 대한 두려움.

③ 문맹률 감소에 대한 열망.

④ 사회적 약자에게 학습자원 제공을 통한 교육기회 확대.

2. 시장원리의 침투

① 상업적 정보기술 도입으로 전산화 시행 및 사용자 수수료 징수 증가.

② 도서관이 영리적 성격을 띠며 정보서비스의 접근성이 지불능력에 따라 결정되는 문제 발생.

③ 도서관이 상업적 정보산업의 보조자 역할을 하게 됨 (Shiller).

④ 대출통계 중심의 운영으로 대중적 도서를 우선시하는 블록버스터형 도서관 등장(Webster).

⑤ 정보 격차 심화로 민주주의 토대가 약화됨.

III 박물관과 미술관

1. 의의

19세기 박물관은 교육과 진보의 원천으로 무료 제공을 원칙으로 함.

2. 미술관과 박물관의 공공영역 특성

① 무료입장 원칙이 핵심 정책으로 유지됨.

② 초기 기금은 부유한 기부자로부터 조달되었으나 현재는 국고 지원이 대부분.

③ 공적 서비스 윤리가 확산되어 직원들의 헌신적 직업의식 강화.

3. 박물관과 미술관의 변화

① 후원자들은 사업적 이유로 특정 전시나 기관을 지원하는 경향 증가.

② 오락물 중심 전시 증가로 인해 예술적·역사적 가치 약화.

Ⅳ 정부 정보서비스

1. 의의

① 영국의 정보서비스 핵심기관은 1996년 통합된 통계청.
② 정부 정보서비스는 공공영역 개념에 부합.
③ 신뢰할 만한 통계적 정보 없이 의미 있는 정치 및 사회적 논의 불가능.
④ 19~20세기 정치적 심의를 위해 체계적으로 수집된 정보 필요성 대두.
⑤ 정부 통계관들은 공적 서비스 윤리를 바탕으로 면밀하고 공평하게 정보 수집 및 분석 수행.
⑥ 통계관들은 정치적 중립성과 객관성 유지(Phillips).

2. 클라우스 모저(Claus Moser)의 공적 서비스 철학

① 정부 통계관은 방대한 국가정보를 관리하고 전체 공동체의 이익을 위해 개발해야 함.
② 정부 수집 정보는 비밀의 제약을 받지 않으며 대중이 쉽게 이용할 수 있어야 함.
③ 민주사회 및 열린 정부를 위해 공적 기금으로 수집된 정보는 자유롭게 순환되어야 함.

3. 정부 정보서비스의 전통적 역할 훼손 요인

① 정보를 상품으로 취급하는 경향 증가.
② 통계자료의 신뢰성을 위협하는 정부와 정치인의 개입 증가.
③ 정부정보 서비스 비용 삭감 및 정보 이용에 상업적 비용 부과 주장(Rayner).

4. 레이너(Rayner)의 추천 내용

① 통계 간행물에 대한 보조금 감축 및 기업 정보에 상업적 요금 부과 필요.
② 시설 비용은 정보를 이용하는 개인이나 기관이 부담해야 함.
③ 정부 보조금 삭감 및 공공 정보서비스의 시장기반 운영 필요.

Theme 50 마누엘 카스텔(Manuel Castells)

Ⅰ 의의

① 마르크스주의 흔적이 현대 세계를 설명하는 데 총체주의적 관점을 제시함. 세계의 움직임을 설명하기 위해 사회적, 경제적, 정치적 특징을 상호 연관된 요소로 검토해야 한다는 가정을 전제로 함.
② 기존 관계를 흔들어 놓는 지리적 불연속성이 존재하지만, 지역이나 지방은 여전히 중요하며 궁극적으로 통신망 사회로 통합될 것이라고 주장함.
③ 광역 통신망의 연결점이 되는 혁신환경의 도시는 특별한 중요성을 가지며, 고유한 특성을 지님.
④ 세계도시는 장소를 넘어서 정보 흐름을 만들어가는 과정에서 중요한 역할을 담당함.

Ⅱ 생애

① 라만차에서 성장했으나 바르셀로나로 이주하여 법과 경제학을 전공함.
② 반 프랑코 학생운동에서 정치적으로 활동하다가 프랑스로 망명함.
③ 파리 대학교에서 사회학 박사 학위를 취득하고, 파리 제10대학교 낭테르에서 근무하다가 1968년 학생 시위로 해고됨. 이후 사회과학고등연구원에서 1970년부터 1979년까지 재직함.
④ 1979년 캘리포니아 버클리 대학교 사회학 및 도시 및 지역계획학 교수로 임명되어 2003년까지 재직함. 2008년부터 유럽혁신기술연구소 집행위원회 구성원으로 활동함.

Ⅲ 학문적 배경

1. 네트워크 사회의 기원

(1) 네트워크에 의한 사회공간의 재구성

① 네트워크를 '상호 연관된 결절의 집합'으로 정의함. 네트워크의 형태에 따라 결절의 의미가 달라짐.
② 네트워크는 결절 간 거리를 줄이거나 동일한 거리를 유지하는 방식으로 작동하며, 개방구조로서 무한히 확장될 수 있음.
③ 네트워크 형태는 경제적, 문화적, 정치적 목적을 위한 사회 조직에 필수적이며, 권력관계를 재조직하는 원천으로 작용함.
④ 정보기술이 매개하는 네트워크 사회에서 '장소의 공간'이 '흐름의 공간'으로 전환됨. 흐름의 공간은 경제적, 기능적 조직의 공간적 논리가 됨.
⑤ 전통적 시간 개념(기계적 시계 시간)이 '즉시적 시간(instant time)' 개념으로 대체되며, 세계 금융시장 네트워크처럼 '무시간적 시간(timeless time)'이 등장함.

(2) 네트워크 공간의 구조와 사회적 표현

① 공간을 '사회의 표현'으로 정의하며, 네트워크의 물질적 기반을 세 가지 층으로 설명함.
② 첫 번째 층: 전자파 회로(컴퓨터 및 정보통신망과 같은 기술적 하부구조)

③ 두 번째 층: 결절과 허브(hubs), 네트워크 상에서 전략적으로 중요한 역할 수행
④ 세 번째 층: 지배 및 관리 엘리트의 공간적 조직

2. 마르크스주의에 기반한 도시사회학

① 1970년대 '대중 소비' 개념을 제시하여 대중교통, 공공주택 등 다양한 사회적 투쟁을 포함하는 개념으로 설명함.
② 1980년대 초 마르크스주의 구조를 넘어서 새로운 기술의 역할에 주목함.
③ 1989년 '흐름의 공간' 개념을 도입하여 실시간으로 조정되는 경제 네트워크를 설명함.
④ 1990년대 '정보시대 3부작'을 출판함.

심층 연계 내용

1. 정보지형론
   ① 도시의 공간적 변화와 정보기술 혁신 간의 관계를 분석하는 이론.
   ② 정보 네트워크 확장이 지역 개념을 희석시킴.
   ③ 구조주의적 마르크스주의(알튀세)의 영향을 받아 도시를 정치경제학적으로 접근함.
   ④ 기술혁신이 자본주의적 재구조화를 통해 도시, 사회, 지역 구조를 변화시킴.
   ⑤ 정보생산자의 문화적 지배력 강조.

2. 정보도시
   ① 정보사회에서 새로운 도시 형태 등장.
   ② 실리콘 밸리와 같은 특정 모델이 전 세계 정보도시의 표준이 아님.
   ③ 네트워크 중심으로 조직되며, 공간적 구조보다는 과정으로 이해해야 함.

3. 세계도시
   ① 정보화 경제에서 주요 생산 현장으로 작용하며, 지구적 경제의 지시 기능 수행.
   ② 각 지역의 경제가 독자적 결절을 형성하여 지구적 네트워크에 연결됨.

4. 이중도시
   ① 도시공간이 잉여가치 창출 집단에 의해 지배되며, 고부가 가치 창출 집단과 저소득층 간의 이중화 심화됨.
   ② 반숙련 노동자가 쇠퇴하고 첨단 산업과 저임금 이민노동자의 유입으로 고용구조 양극화 발생함.
   ③ 자본의 유연성이 증가하는 과정에서 자본의 힘은 강화되고 노동의 힘은 약화됨.
   ④ 사회적·공간적 양극화가 문화적·정치적 양극화로 이어짐.

---

3. 생산, 권력, 경험이라는 세 가지 사회적 차원

① 경제, 사회, 문화가 상호 연결되어 있으며, 사회 역학에서 중요한 역할을 수행함.
② 인터넷 발전 과정에서 국가, 사회운동, 비즈니스의 역할을 강조함.

③ '네트'와 '자아' 개념을 중심으로 정보사회가 형성되고 있음을 설명함.
   ㉠ '네트'는 사회적 조직에서 네트워크가 지배적인 형태로 등장하는 것을 의미함.
   ㉡ '자아'는 변화하는 문화적 환경 속에서 개인이 정체성을 형성하는 방식을 의미함.

Ⅳ 정보자본주의

1. 정보시대의 개념

① 정보시대는 정보통신기술로 가능해진 통신망 발전에 따라 등장한 정보의 흐름이 우선시되는 사회를 예고하는 개념임.
② 모든 사회는 정보를 이용하므로 정보사회라는 용어는 현 시기의 특성을 분석하는 데 있어 가치가 거의 없다고 주장함.

2. 정보시대의 특성

① 정보주의는 지식에 대한 지식의 작용이 생산성의 주요 원천으로 작용하며, 새로운 사회 및 경제의 등장을 예고하는 요소로 간주됨.
② 자본주의는 이윤추구, 사적 소유, 시장원칙 등의 경제 관계를 포함하는 친숙한 경제체제임.
③ 정보자본주의는 냉혹하고 약탈적인 자본주의 형태로서, 통신망을 통한 유연성과 세계적 범위를 통합하는 특징을 가짐.
④ 정보시대는 새로운 경제 및 사회로의 심층적 변동을 초래하며, 이에 따라 자본주의는 더욱 대담하고 견고한 형태로 발전함.
⑤ 1970년대 후반 자본주의 발전과 정보통신기술의 결합이 정보자본주의의 가능성을 열어 정보사회의 태동에 있어 연속성과 변동을 모두 고려해야 함.
⑥ 자본주의가 주도적 역할을 수행하는 가운데 통신망 사회의 형성이 근본적 변화를 유발하며, 향후 사회적 조직화의 필수적 요소로 작용할 것임.
⑦ 진정한 새로운 사회의 출현은 통신망 사회로 규정되며, 정보사회가 아닌 통신망 사회로서 근본적이고 형태학적인 사회 변형이 이루어짐.

Ⅴ 통신망 사회

1. 정보시대의 변동

① 카스텔은 정보시대의 변동을 경험하고 있으며, 그 핵심적 특성은 사람, 제도, 국가를 연결하는 통신망의 확산으로 규정됨.

② 정보시대 변동의 결과는 다양하지만, 가장 중요한 점은 통신망 사회가 지구적 차원의 통합을 증대시키는 동시에 사회적 분리를 심화시키는 양상을 보인다는 점임.

③ 세계화는 사람과 과정을 통합하는 방식과 동시에 파편화 및 해체를 평가하는 과정임.

④ 정보시대의 출발점은 1970년대로, 이는 '전후 정착'(완전 고용, 생활수준 향상, 국가 복지체계 등)의 종말과 자본주의 위기의 시기임.

⑤ 자본주의 위기는 경쟁 심화로 인해 기업들이 구조 조정을 통해 이윤 창출을 추구하게 된 결과임.

⑥ 이러한 구조조정 과정은 정보통신기술의 발전과 밀접한 연관이 있으며, 카스텔은 이를 정보적 발전양식의 출현과 연계하여 설명함.

2. 통신망 사회의 특성

① 통신망 사회는 공간적 제약 없이 자본주의 활동이 이루어지는 사회임.

② 다수의 논자들은 세계적 정보통신망의 확산이 국민국가의 종말을 예고한다고 주장하는데, 이는 전자적 흐름이 국경과 무관하며, 마케팅·생산·분배가 국가적 경계를 초월하여 발생하기 때문임.

③ 통신망 사회가 국민국가의 종말을 의미하지는 않으나, 국민국가는 약화되어 세계시장 속에서 중요한 역할을 지속할 것임.

3. 통신망의 형태

① 고가치 생산국(정보노동에 기초): 북미, 서유럽, 일본에 집중됨.

② 대량 생산국(저임금 노동에 기초): 중국이 특히 중요한 지역으로 작용함.

③ 원자재 생산국(자연자원에 기초): 석유 및 가스 생산이 주요한 지역임.

④ 잉여노동 생산국(저가치 노동 전략): 자본과 자원이 부족하고, 정부가 불안정하며, 하부구조가 빈약한 지역임.

Ⅵ 통신망 기업

1. 출현 배경

① 자본주의와 정보혁명의 결합으로 통신망 사회가 출현.

② 단순한 세계화 문제가 아닌 조직 형태의 근본적 변화 및 통신망 성장에 따른 지구적 통합과 조직운영의 탈관료제화 진행.

③ 기업 권력의 이동으로 정보 노동자가 중심적 역할 수행.

④ 정보 노동자는 거래 성사, 틈새시장 발굴 등 프로젝트 수행하며 특정 기업보다는 동종 노동자에 대한 헌신도가 높음.

2. 통신망과 초국적 기업

① 통신망 사회에서 초국적 기업 출현 및 변화 요구.

② 초국적 기업은 수직적 통합에서 수평적 기업으로 변형 필요.

③ 지구적 시장 대응속도 및 적응성이 핵심이며, 통신망을 통한 제품과 서비스의 적시 제공이 중요.

④ 정보경제에서 대기업은 독립적 존재가 아니라 분권화·참여·협동에 기초한 통신망 접근 권한을 가진 사람들에게 권력 이양 필요.

3. 통신망 사회의 탈포드주의 색채

① 탈포드주의 핵심 개념인 유연성이 카스텔의 저서에서 반복적으로 등장.

② 현대 기업 패러다임의 전형으로 시스코(Cisco)를 제시하며 기업 활동의 80%가 웹사이트를 통해 이루어짐.

③ 포드주의의 거대한 제조공장·표준화된 생산 공정·위계적 관리구조와 대비되는 정보시대의 전형적 통신망 기업으로 시스코를 분석.

4. 정보주의

① 현대 자본주의는 기존과 다른 형태로 변화하며, 중심에는 정보주의 정신이 존재.

② 정보주의 정신은 정보 교환을 활발히 하고 통신망과 효과적으로 연결됨으로써 사이버 공간 참여자들이 주도하는 세계를 형성.

③ '창조적 파괴'(슘페터 개념) 속에서 통신망을 통한 의사결정이 사회 전반을 변화시키며, 이에 적응하는 새로운 유형의 인재 요구.

④ 통신망 기업으로 형성된 사이버 공간은 슘페터와 베버의 만남이 이루어지는 곳으로 창조성·변동성·개인적 충동이 결합된 인재 필요.

⑤ 정보 노동은 사회 전반으로 확산되며, 과거 노동보다 높은 만족도를 제공하고 더욱 개인화됨.

⑥ 통신망 사회의 변화 속에서 정보자본주의 변동성에 적응하여 현재 및 미래의 직무에 유연하게 대응하는 능력이 필수.

Ⅶ 통신망 국가(= 네트워크 국가)

1. 출현배경

① 국가가 자주적이지 않고, 권력은 있으나 독자적으로 행사할 수 없는 상태에서 통신망 사회에서 제시된 개념.

② 지구화된 세계에서 정치 관리의 실제 운영 단위가 국민국가, 국제기구, 국민국가의 연합체, 지방정부, 비정부기구 등에 의해 형성됨을 개념화.

③ 전 지구적, 국가적, 지방적 쟁점들을 협상하고 관리하며 결정을 내리는 다양한 수준의 거버넌스 유형이 통신망 국가의 특성.

2. 국민국가와 통신망 국가

① 국민국가는 서로 연합하여 국가 네트워크를 형성하며, 대표적 사례로 NAFTA, NATO, EU, ASEAN, APEC, 동아시아 정상회의, 상하이 협력기구 등이 존재함.

② 국민국가는 지구적 이슈를 다루기 위해 유엔(UN)과 같은 일반 목적 기관부터 WTO, IMF, 세계은행, 국제형사재판소 등 전문기관까지 국제기구 및 초국가기관과 네트워크를 구축함.

③ 국민국가는 권력을 지역정부 및 지방정부로 이양하고 NGO 참여 채널을 개방하는 현상을 보이며, 이에 따라 정치적 의사결정 과정이 국가적, 초국가적, 국제적, 공동 국가적, 지역적, 지방적 기관들 사이의 상호작용 네트워크를 넘어 시민사회까지 확장됨.

④ 새롭게 등장한 통신망 국가는 상이한 국가 및 정부 수준 사이에서 주권과 책임을 공유하고, 거버넌스 절차가 유연하며, 정부와 시민 사이의 관계에서 시간과 공간의 다양성이 더욱 확대됨.

⑤ 위기에 처한 국가는 새로운 연결고리를 형성하여 '통신망 국가'가 되며, 여전히 영향력을 행사하나 지구화된 통신망 사회에서 국가의 개념은 자주적 독립체가 아닌 전략적 행위자로 이해됨.

3. 통신망 사회에서의 권력(Castells)

(1) 의의

① 네트워크는 이미 프로그램된 목표에 따라 작동하는 권력 관계로, 사람들의 의지와 상관없이 삶을 결정하고 지배하는 요소로 작용함.

② 네트워크 사회의 권력은 네트워크를 통해 행사되며, 사회적·기술적 조건 아래에서 네 가지 형태로 존재함.

(2) 권력의 유형

① 네트워킹 권력(networking power)

글로벌 네트워크 사회의 핵심을 이루는 행위자 및 조직들이 글로벌 네트워크에 포함되지 못한 사람들에게 행사하는 권력.

② 네트워크 권력(network power)

㉠ 네트워크 안에서 사회적 상호작용을 조정·통합하기 위해 필요한 표준에서 도출되는 권력.

㉡ 권력은 네트워크에서의 배제가 아닌 네트워크 포함을 위한 조건을 규정하는 규칙 부과 형태로 행사됨.

③ 네트워크화된 권력(networked power)

㉠ 네트워크 안에서 사회적 행위자가 다른 사회적 행위자에게 행사하는 권력.

㉡ 권력 행사 형태와 과정은 각 네트워크의 사정에 따라 다르게 구체화됨.

④ 네트워크를 구축하는 권력(Network-making Power)

㉠ 카스텔이 가장 중요하게 생각하는 권력 형태.

㉡ 네트워크를 구축하는 권력은 프로그래머들의 이익과 가치에 따라 구체적인 네트워크를 프로그램하는 권력과, 다양한 네트워크의 주요 행위자들이 전략적 협력을 통해 기존 네트워크를 변화시키는 권력을 포함함.

Ⅷ 정보발전양식

1. 정보자본주의 출현

① 카스텔은 정보 발전양식과 자본주의 생산양식을 구별함. 생산양식은 마르크스주의 전통에서 기원한 개념으로 시장경제, 이윤을 위한 생산, 사적 소유 등을 지칭하며, 발전양식은 부를 생산하는 수단을 의미함.

② 산업주의도 하나의 발전양식이며, 현대 사회는 정보 발전양식으로의 전환을 경험함.

③ 정보발전양식은 지식 자체에 대한 지식의 작용이 생산성의 주요 원천이 되는 방식으로 등장함.

④ 1970년대 자본주의 위기와 정보혁명의 역사적 동시 발생을 통해 정보 자본주의가 출현함.

2. 생산양식, 발전양식, 기술 패러다임

① 발전양식(mode of development)은 마르크스주의 사회학의 주요 개념인 생산양식(mode of production)과 구별되며, 생산력과 생산관계에 의해 결정됨.

② 발전양식은 생산성 수준을 높이기 위한 기술적 배열이며, 궁극적으로 잉여 수준을 결정함. 생산의 사회적 관계가 생산양식을, 생산의 기술적 관계가 발전양식을 규정함.

③ 카스텔의 발전양식 개념은 기술혁명을 핵심 동력으로 한 역사 변천 과정을 설명하는 전략적 개념이며, 정보통신기술이 주도하는 현대 문명의 특성을 설명하는 도구임.

[카스텔의 발전양식과 기술 패러다임]

구분	농업문명	산업문명	정보문명
발전양식	농업적 발전양식	산업적 발전양식	정보적 발전양식
잉여 증가 요인	생산수단의 양적 수단증가	신에너지원 도입과 에너지 사용의 질	지식의 질 (지식생산, 정보처리, 상징 커뮤니케이션)
기술 패러다임	전산업주의	산업주의	정보주의
수행 원리	더 많은 노동량과 생산수단 동원 지향	경제 성장 (산출 극대화) 지향	지식과 정보 지향

3. 정보기술 패러다임의 특징(카스텔)

① 정보가 기술에 영향을 미칠 뿐만 아니라 정보에 영향을 미치는 기술이 출현함.

② 신기술 효과의 파급성이 개인적, 집합적 존재의 모든 과정에서 나타남.

③ 복잡성 증가와 관련된 네트워킹 논리가 특징적임.

④ 재구성 능력에서 드러나는 유연성이 특징적임.

⑤ 개별 기술들이 상호 의존적으로 수렴되는 고도로 통합된 시스템이 형성됨.

4. 패러다임(paradigm)

① 특정 시대를 지배하는 이론적 틀이나 개념 집합체를 의미하며, 토머스 쿤이 「과학혁명의 구조」(1962)에서 제시한 개념임.

② 그리스어 '파라데이그마(paradeigma)'에서 유래하며, 표준적인 모범 틀을 의미함.

③ 패러다임은 기존의 과학적 이론 위에서 혁명적으로 생성되며, 쇠퇴 후 새로운 패러다임으로 대체됨.

④ 정상과학(normal science)은 기존 패러다임 내에서 문제를 해결하는 연구 활동을 의미하며, 일정한 성과가 축적되면 기존 패러다임이 부정되고 새로운 패러다임이 등장함.

⑤ 자연과학뿐만 아니라 사회과학과 다양한 사회 현상까지 정의하는 개념으로 확장됨.

5. 문화적 결과

① 카스텔은 정보통신기술의 영향에 초점을 두며, 텔레비전이 인쇄 시대의 종말과 새로운 문화형태로의 전환을 예고한다고 주장한 마셜 맥루한의 견해를 계승함.

② 정치에서 TV 출연이 필수적이듯이, 통신망 사회에서 가장 중요한 것은 통신망에 대한 접근 가능성임.

③ 컴퓨터 통신망은 개인화 및 상호작용을 가능하게 하며, TV 중심의 매스커뮤니케이션 체제의 종말을 예고함.

④ 맥루한의 '매체는 메시지다.'라는 견해를 지지하며, 국가 단위의 공통 문화가 약화될 것을 예고함.

⑤ 인터넷은 상호작용성과 개인화를 특징으로 하며, 전자 공동체 형성을 가능하게 함.

⑥ 수용자가 메시지를 있는 그대로 수용하지 않는다는 '적극적 수용자' 이론을 넘어, 메시지를 해석하고 조작하는 '창의적 수용자' 개념을 제시함.

Ⅸ 노동계급의 소멸

1. 전통적 노동계급의 종말

① 노동계급의 수적 감소 및 비육체 노동, 특히 여성 노동력에 의해 대체됨.

② 노동계급의 사회적 기여 감소 및 노동가치론이 정보(지식)가치론으로 대체됨.

2. 정보노동자 출현

① 지식과 정보가 새로운 생산 과정에서 핵심적 재료가 됨.

② 교육이 노동의 핵심적 자질이 되며, 정보 자본주의의 새로운 생산자는 높은 경제 기여 가치를 지닌 지식 창출자 및 정보 처리자로 구성됨.

③ 정보노동자가 새로운 계급으로 등장하며, 기존 노동계급을 대체함.

④ 정보노동자는 자동화를 통해 기존 노동자의 필요성을 감소시키거나, 생산을 다른 지역으로 이전하거나, 일반 노동자가 적응할 수 없는 새로운 생산물을 창출함.

⑤ 얼굴 없는 집합적 자본가 개념을 제시하며, 세계 주식 시장과 외환시장 등에서 자본주의 기업의 선택권이 제한됨.

⑥ 유산 자본가가 아닌 시스템 기능자로서 정보노동자가 존재하며, 이들은 회계사, 시스템 분석가, 금융가, 투자가, 광고업자 등으로 구성됨.

⑦ 정보자본주의와 무관한 비숙련 노동자로서 '제4세계'가 형성되며, 이들은 글로벌 자본주의 체제에서 배제됨.

⑧ 미국의 도시 빈곤층이 '제4세계'에 속하며, 웨이터, 보모, 청소부 등으로 구성됨.

I 의의

① 탈근대론은 두 가지 측면에서 '탈' 세계에서 정보의 역할을 강조함.

② 탈근대 사상가들은 새로운 시기의 성격을 규정하면서 정보 및 커뮤니케이션을 강조하며, 대표적인 탈이론 가인 장 보드리야르(Jean Baudrillard)와 롤랑 바르트(Roland Barthes)는 다른 정보사회 이론가들과 상이한 방식으로 정보에 초점을 둠.

③ 이들이 정보를 중요시하는 것은 경제적 관점, 직업적 변화의 측면, 시공간에 걸친 정보의 흐름이 아닌 상징과 기호의 확산 측면임.

II 지적 운동으로서의 탈근대주의

1. 탈근대주의

① 탈근대주의는 지적 운동인 동시에 일상생활에서 접하는 현상으로 나타남.

② 사회과학 내에서 근대성은 유럽에서 봉건제와 농업사회를 종식시키고 세계적으로 영향을 미친 과학, 산업, 계몽주의 사고방식으로 정의되며, 탈근대성은 이러한 것들과의 단절을 의미함.

③ 일부 논자들은 탈근대주의가 이론보다 문화의 문제로 간주되어야 한다고 주장하며, 이는 탈근대주의의 관심이 예술 미학, 음악, 건축, 영화 등에 집중되어 있기 때문임.

④ 근대주의와 탈근대주의의 구별은 근대성과 탈근대성의 구별보다 덜 포괄적이며, 정보사회를 문화적 영역에 국한시키면 근대주의와의 단절 의도는 약해짐.

2. 탈근대주의 논의의 문제점

(1) 연대기의 문제

① 근대성은 17세기 중반 유럽에서 시작되었으며, 모더니즘은 그보다 더 최근에 등장함.

② 모더니즘이 반대했던 고전주의 문화 자체도 근대성의 시기에 나타난 산물이며, 근대성과 모더니즘의 관계는 논쟁거리이자 개념적 혼란의 원인이 될 수 있음.

(2) 재현적 문화에 대한 거부

① 탈근대주의 핵심에는 재현적 문화에 대한 거부가 존재함.

② 탈근대주의를 문화적 개념으로 국한시키면 의미가 축소되며, 본질적으로 모더니즘 가정을 전제로 성립됨.

③ 이는 근대성을 거절하는 탈근대성 선언에 미치지 못함.

3. 지성적 특성

(1) 의의

① 탈근대주의는 사회발전과 인간행위의 근저에 놓인 합리성을 밝히는 계몽주의에 반대함.

② 프리드리히 니체의 영향을 받아 근대화 과정의 설명에 회의적이며, 개인행위의 설명방식에도 적대적임.

③ 근대 세계 형성을 설명하는 문명의 성장, 자본주의 동인, 진화의 힘 등을 주요 원인으로 간주하는 입장을 거부함.

④ 진실을 밝혀낼 수 있다는 주장에 대해 회의적이며, 상대주의 원칙을 지지하고, 세계에 대한 다양한 설명 방식을 강조함.

⑤ 탈근대주의자들은 사회마다 자체적인 진리체계와 담론 유형을 가지고 있다고 인정함.

⑥ 계몽주의적 진리 탐색을 거부하고, 분석·설명·해석의 차이가 있는 해방적 의미를 강조함.

(2) 탈근대 사상가들이 근거 분석을 거부하는 이유

① 근거는 이론가들의 구성물이므로, 연구자들은 자신이 보는 것만을 해석하게 되며, 지식의 타당성을 주장할 수 없음.

② 대서사들은 연구의 논리적 결과로 특정 사회변동 방향을 추천하는데, 이는 편향성을 띠며, 총체적 설명 자체가 20세기 역사과정에서 신뢰성을 부정받았음.

4. 사회적 특성

(1) 의의

① 탈근대주의는 위로부터의 판단을 거부하며, 사회적 기준을 설정하는 사람들을 인정하지 않음.

② 이는 민주주의적 방종의 성격을 가지며, 미학에서 품위나 전통에 대한 기존 판단을 거부함.

③ 미학적 상대주의를 원칙으로 하며, 다양한 차이를 고취함.

④ 삶의 올바른 기준 설정을 거부하고, 다양성, 차이, 무한한 변화를 기반으로 번창함.

(2) 근대주의자들의 진리 탐구에 대한 거부

① 근대주의자들의 진리 탐구를 거부하는 이유는 진리를 정의하는 사람들의 동기가 솔직하지 않을 가능성이 있기 때문임.

② 전문가들 사이에서도 의견 불일치가 존재하며, 유일하고 논쟁의 여지가 없는 진리는 존재하지 않음.

③ 진리에 대한 정의가 권력의 횡포로 변질될 수 있기 때문임.

④ 따라서 차이, 다원주의, 어떤 것도 괜찮다는 사고를 옹호함.

(3) 자아의 존재에 대한 부정
① 근대주의자들은 의미를 걱정하는 반면, 탈근대주의자들은 의미 탐구를 포기하고 즐거움을 경험하는 데 만족함.
② 본질적이고 진실된 자아의 존재를 부정함.
③ 진정한 자아는 존재하지 않으며, 그에 대한 추구는 무가치하다고 주장함.
④ 의미에 대한 불안감을 버리고 즐거움을 선택하며 살아가는 것이 탈근대주의적 태도임.

(4) 근대주의 원리와 관행 거부
① 계획, 조직, 기능성과 같은 개념은 특정 집단이 강요하는 합리성이므로 거부함.
② 디자이너의 특권적 지위, 건축가나 도시계획가의 합리성을 거부함.
③ 진정한 의미는 존재하지 않으며, 찾고자 하는 사람의 상상 속에만 존재한다는 입장임.

Ⅲ 탈근대주의와 정보

1. 언어
① 탈근대주의는 언어를 통해서만 세계를 알 수 있다고 주장함.
② 계몽주의자들은 언어를 객관적 실체를 기술하는 수단으로 간주하나, 탈근대주의자들은 이를 투명성의 신화로 봄.
③ 미셀 푸코는 실체는 존재하지 않으며, 언어가 모든 것이라고 지적함.

2. 정보
① 실체가 언어의 문제라면, 우리가 경험하고 접하는 모든 것은 정보적인 것임.
② 모든 것은 언어 속에서 구성되고 이해되어야 하므로, 투명하거나 깨끗한 것은 존재하지 않음.
③ 탈근대주의는 우리가 정보의 대상이 되는 것이 아니라 정보적인 세계 속에서 살고 있다고 주장함.

Ⅳ 기호의 문화

1. 기호의 문화(Baudrillard)

(1) 극사실(hyper – reality)
① 현대문화는 기호(signs)의 문화이며, 기호는 극사실(hyper – reality)임.
② 사물이 기호로 대체되고 현실의 모사나 이미지인 시뮬라크르들이 실재를 지배하고 대체함.
③ 재현과 실재의 관계가 역전되어 더 이상 흉내낼 대상인 원본이 없는 시뮬라크르들이 더욱 실재 같은 '극사실'을 형성함.
④ 모든 사물이 실재가 아닌 유사 실재로 존재하며, 그 자신을 가리키는 독립적인 기호뿐인 사회임.

(2) 의미화(signification)
① 오늘날 모든 것은 의미화(signification)의 문제임.
② 의미화는 미디어의 폭발적 성장과 관련되며, 일상생활의 변화, 도시화, 이동 증가와 연관됨.
③ 사회에 기호가 만연함으로써 현대와 과거 시대 간의 범주적 차이가 발생함.

2. 기호의 끊임없는 순환

(1) 뉴스에 대한 기호
세계적으로 발생하는 사건과 관련된 기호임.

(2) 자아에 대한 기호
개인이 투사하고자 하는 정체성과 관련된 기호임.

(3) 지위와 위신의 기호
개인의 사회적 위치를 나타내는 기호임.

(4) 건축물의 기호
건축물의 목적을 나타내는 기호임.

(5) 벽 · 탁자 · 보조대에 대한 기호
미학적 선호와 관련된 기호임.

심층 연계 내용 **파노플리 효과**

① 특정 제품을 소비함으로써 같은 제품을 소비하는 소비자와 동일한 집단이라고 여기는 환상임.
② 파노플리(panoplie)는 프랑스어로 한 세트(set), 집합을 의미함.
③ 본래 기사 갑옷과 투구 한 세트를 의미하나, 소비사회에서는 특정 집단과 연대감을 나타내기 위해 소비하는 명품 브랜드 제품의 쇼핑 목록을 뜻함.
④ 보드리야르가 제시한 개념으로, 특정 상품을 구매함으로써 특정 계층에 속한다고 여기는 현상을 설명함.
⑤ 어린아이가 장난감 의사놀이세트를 사용하면서 자신이 의사가 된 듯한 느낌을 받는 것과 같은 현상임.
⑥ 사람들은 실용성뿐만 아니라 제품이 가진 이미지로부터 심리적 만족을 얻음.
⑦ 구매한 물건을 통해 지위와 경제적 부를 드러내려는 과시 욕구에서 비롯됨.
⑧ 명품백을 구매하면서 자신을 명품백 사용자들과 동일시하는 경향.

---

3. 시뮬라시옹(simulation)

(1) 의의
① 근대주의 비평가들은 기호의 배후에 실재가 있다고 주장하나, 보드리야르는 단지 기호만이 존재한다고 주장함.

② 탈근대 문화에서는 기호의 비진정성이 공공연한 비밀이며, 현대인은 기호가 단순한 모사(시뮬라시옹)에 불과하다는 점을 인식함.

(2) 광고

① 광고는 단순한 볼거리와 매혹으로 작용하며, 소비자는 단지 기호를 보는 경험을 즐김.
② 광고의 메시지보다 광고 자체가 제공하는 즐거움이 중요함.

(3) 정치

① 미디어는 특정 쟁점이나 정치인을 제한된 방식으로 표현하는 기호로 작용함.
② 시간상의 제약으로 인해 정치 보도는 특정 정치적 입장에 제한됨.
③ 미디어의 정치 보도 자체가 또 다른 모사에 불과함.
④ 정치적 메시지가 인공적이라는 점을 대중은 인식하며, 단순한 볼거리로서 소비됨.

(4) 탈근대 세계

① 기호가 단순한 모사라는 점을 인식하면, 의미 없는 기호만이 남게 됨.
② 실제적인 것과 비실제적인 것, 진실과 거짓의 구분이 붕괴됨.
③ 현대 미국 자체가 모사이며, 모든 것은 극사실적이고, 기호는 그 자체만을 지칭함.
④ 디즈니랜드는 하이퍼리얼리티의 완벽한 모형이며, 현실과 모사의 경계를 모호하게 함.

심층 연계 내용 시뮬레이션 효과

1. 보드리야르
   시뮬레이션 개념은 가상과 실재의 경계를 희석하는 문화적 현상과 연결됨.
2. 터클(1996)
   ① 인터넷 문화에서 세 가지 주요한 시뮬레이션 효과를 제시함.
   ② 디즈니랜드 효과: 비디오 게임이나 역할 놀이 게임에서 가상 경험을 실제처럼 느끼게 함.
   ③ 인공악어 효과: 모조품이 실재보다 더 선명하게 느껴지는 현상.
   ④ 가상적 경험의 강렬함: 온라인상에서 성별을 바꾸는 등의 가상적 경험이 현실보다 더 강렬하게 인식되는 현상.

---

4. 시뮬라크르(simulacre) 시대

(1) 의의

① 원본이 없는 복제품이라는 의미에서 시뮬라크르(simulacre) 개념을 사용함.
② 정보화 사회는 원본과 복제물의 구분이 무의미한 시뮬라크르의 시대임.

③ 이미지가 현실보다 더 현실적인 시대가 도래함.

(2) 시뮬라시옹

① 오리지널과 복사물의 구분이 소멸하는 과정을 시뮬라시옹이라 함.
② 무한 복제와 재현을 통해 대상 자체가 소멸됨.
③ 현실과 시뮬라시옹의 차이가 사라지고, 단지 시뮬라크르만이 존재함.

(3) 시뮬라크르

① 실재를 닮으려 하지 않고, 스스로 실재성을 자랑함.
② 보드리야르는 이미지가 단순한 시뮬라크르라고 강조함.
③ 우리는 시뮬라크르 속에서 지배받으며 살아감.

(4) 하이퍼리얼리티

① 하이퍼리얼리티는 현실보다 더 현실적인 이미지의 극사실임.
② 시뮬라크르는 존재하지 않는 인공현실임.
③ 미디어 기술이 무한한 가상성을 창출하면서 발생함.

5. 이미지와 시뮬라시옹

(1) 이미지와 실재의 관계

① 실재가 사라짐으로써 이미지가 독자적인 실재로 기능함
② 끊임없이 새로운 실재를 생성하는 파생 실재의 현실이 시뮬라크르임
③ 시뮬라시옹은 실재의 반영인 재현과 달리 지시체를 부정하며, 자체적으로 실재이자 이미지의 연속임

(2) 보드리야르의 이미지 단계 구분

① 실재의 반영 단계
   ㉠ 미메시스(mimesis) 개념에 해당하며 실재를 모방함
   ㉡ 실재를 그대로 반영하는 선량한 외양을 가짐
② 실재를 감추고 변질하는 단계
   ㉠ 이미지는 실재를 변질시키고 감추는 기능을 수행함
   ㉡ 실재에 대한 거짓된 환상(phantasma)을 제공함
③ 실재의 부재를 감추는 단계
   ㉠ 사실성의 부재를 숨기고 실재처럼 보이게 하는 마법적 기능을 수행함
   ㉡ 진리를 가지지 않으면서 마치 진리를 은폐하는 듯한 외양을 가짐
④ 실재와 무관한 이미지 단계
   ㉠ 어떠한 실재와도 관계를 맺지 않는 시뮬라시옹 계열임
   ㉡ 기존의 이미지가 실재를 감추던 기호에서 기호 그 자체로 전환됨

Theme 52 뉴미디어의 확산

I 미디어의 성장(Vattimo)

① 탈근대주의를 선도하는 데 미디어의 성장의 중요성.

② 미디어의 확산으로 다양한 집단, 지역, 국가가 목소리를 낼 기회 확보.

③ 청중이 쟁점과 사건의 다양한 실체와 시각을 접하며 사건 해석과 가치 정의의 다양성 증가.

④ 방송에서 다중적 실체(성적, 종교적, 문화적, 인종적, 정치적, 미학적 요소 등) 등장으로 차이가 관심의 중심으로 부각.

⑤ 기호의 다양성으로 인해 확신을 가지지 못하고 혼란과 동요 발생, 그러나 결과적으로 해방적이며 탈근대적 경험 초래.

⑥ 바티모는 보드리야르와 유사한 입장에서 기호의 다중성이 의미화 능력을 감소시키고 사람들이 볼거리, 비의미, 진리로부터 자유를 얻는다고 주장.

II 제2미디어의 시대(Poster)

1. 의의

① 포스터는 보드리야르의 제자로서 「제2미디어 시대」에서 정보가 모든 것을 결정한다고 주장하며 정보양식 개념 제시.

② 마르크스의 생산양식 개념을 변용하여 상징의 교환구조를 기준으로 시대 구분.

③ 정보기술과 전자적 매개 정보의 확산이 사회적 관계의 연결망을 변화시켜 생활방식과 사고방식에 중대한 영향 초래.

④ 상징적 교환에 기초한 변화 모형 제시.

2. 정보양식

(1) 구술(oralism)의 시기

① 상호작용의 대면적 특성.

② 생활방식의 고정·불변성.

③ 자아의 집단 속 은폐.

④ 기호의 고착화된 생활방식과의 상응.

⑤ 상징적 교환이 공동체의 집단적 의식과 전통을 통해 개인 정체성 결정.

(2) 문자교환(written exchange)의 시기

① 기호의 재현적(representational) 역할.

② 자아의 합리적 독립 개체로서의 인식 형성.

③ 개인의 이성적 판단과 독립적 존재 확립, 개인적 책임 강조.

(3) 전자매개(electronic mediation)의 시기

① 기호의 정보적 모사 문제 발생.

② 기호의 비재현적 특질 부각.

③ 자아의 탈중심화, 분산, 다중적 성격 강화.

④ 기표(signifiers)의 흐름이 주된 특징으로 다중적 자아 형성의 지속적 과정 속함.

(4) 정보 양식의 지리적 범위

커뮤니케이션 방식이 발전함에 따라 공동체 규모가 촌락에서 민족 단계를 거쳐 지구촌 단계로 확장.

3. 제2미디어 시대의 특징

① 과거에는 사람들이 기대되는 바를 말하고 생각.

② 이후 자율성에 대한 강한 감각을 발전시키며 외부 세계에서 일어나는 일을 기록으로 기술.

③ 탈근대시대에는 모사의 확산으로 과거의 확실성이 붕괴되고 기호의 배후 실체에 대한 믿음이 상실되어 자아의 파편화 및 중심 상실.

④ 객관적 실제를 분별할 수 없는 상태 도래.

⑤ 포스터는 보드리야르 및 바티모와 마찬가지로 재현의 위기가 의미하지 않은 기호의 풍부함을 가져와 진리의 폭정으로부터 자유를 제공한다고 보며 이를 해방적인 것으로 간주.

4. 진리체제(truth regimes)에 대한 탈근대주의의 저항

① 포스터는 진리체제(truth regimes)에 대한 탈근대주의적 저항 지지.

② 인터넷 사용자들은 자유롭게 활동하지만 국민국가의 권리와 의무 강요됨.

③ 시민의 권리와 의무를 발전시킨 계몽 시대는 서구적 담론으로 식민주의와 제국주의를 지지.

④ 세계화가 국민국가를 전도시키고 인터넷이 더 많은 해방을 약속하며 시민의 권리와 의무에 대한 주장 거부.

[제1미디어와 제2미디어 시대 비교]

제1미디어 시대(방송)	제2미디어 시대(상호작용성)
• 중심적(소수가 다수에게)	• 탈중심적(다수가 다수에게)
• 일방향 커뮤니케이션	• 양방향 커뮤니케이션
• 국가 통제를 받기 쉬움	• 국가 통제를 벗어나는 경향
• 계층화와 불평등 체제의 도구	• 민주화: 보편적 시민권을 촉진
• 참여자는 흩어져 있고 대중으로 구성	• 참여자는 자신의 개인성을 유지
• 의식(consciousness)에 영향을 미침	• 공간과 시간의 개인적 경험에 영향을 미침

I 의의

1. 정보적 추세와 탈근대 문화

정보적 추세 변화가 탈근대 문화를 특징짓는 요소이며, 이는 진리 주장에 대한 회의주의를 초래함.

2. 기호 중심 분석과 리오타르의 접근법

보드리야르, 바티모, 포스터는 기호를 강조하나, 리오타르는 정보와 지식의 역할 및 기능 변화에 관심을 두고 분석을 진행함.

3. 수행성 원칙과 지식의 정당화

① 지식과 정보는 수행성 원칙이 우세한 환경에서만 생산되며, 효율과 효용의 기준으로 정당화됨.

② 정보는 유용성의 기준에서 정당화될 때만 수집, 분석 및 생산됨.

4. 정보의 상품화와 시장 기제

지식과 정보가 상품화되면서 거래 가능성이 증가하고, 수행성 판단이 시장 기제에 의해 결정됨.

II 수행성 원칙(principle of performativity)

1. 수행성 원칙의 적용

(1) 효율과 효용에 따른 정보의 정당화

수행성 원칙이 적용되면, 효율과 효용 관점에서 정당화되지 않는 정보와 지식은 배제되거나 폐기됨.

(2) 학문 분야별 정당화 차이

① 미학 및 철학은 성과 측면에서 정당화되기 어려우나, 금융과 관리는 쉽게 정당화됨.

② 수행성이 낮은 학문 분야는 쇠퇴하고, 수행성이 높은 분야는 발전함.

(3) 연구지원기관의 역할 변화

① 연구지원기관은 연구가 산업 경쟁력 제고에 기여할 것을 요구하며, 수행성 기준으로 연구 분야를 평가함.

② 이색적이거나 비실용적인 사회과학자는 배제됨.

2. 지식 발전에 대한 대학 지배의 도전

(1) 엘리트 중심 대학의 역할 축소

지식 발전이 진리 추구 중심의 엘리트 대학에서 벗어나고 있음.

(2) 새로운 지식 생산 주체의 등장

① 종합연구소(Think Tank), 기업 연구개발부 등은 효율과 효용을 중시하며, 전통적인 대학의 지배에 도전함.

② 선진 고등 교육의 발전 추세에서 실용적 학문은 성장하는 반면, 성과지표를 충족하지 못하는 학문은 쇠퇴함.

(3) 지식의 지속교육으로의 변화

① 리오타르는 교육이 직업과 노동 요구에 따라 평생 지속되는 방식으로 변화한다고 주장함.

② 과거 교육은 일정 수준의 지식을 일괄적으로 전달하는 것이었으나, 이제는 직장인들에게 선택적으로 제공됨.

③ 교육은 직업적 숙련도 향상과 승진 기회 확대를 위한 도구로 사용됨.

3. 진리에 대한 기성관념의 붕괴

(1) 유용성 기준의 진리 개념

① 수행성과 상품화로 인해 진리는 유용성 관점에서 정의됨.

② 실용적 요구에 의해 진리가 정의되면서, 유일한 진리는 사라지고 복수의 진리가 등장함.

③ 진리 결정권자가 더 이상 존재하지 않음.

(2) 전문지식과 지식인의 역할 변화

① 수행성 기준에 따른 전문지식이 우세함.

② 많은 지식인은 실용성을 추구하는 전문가들을 '단순 기술자'로 비난하며, 연구·저술·교육을 통한 대중적 지식 보급을 강조함.

③ 과거에는 기술자를 천대하는 경향이 있었으나, 계몽주의적 교육 관점이 약화되면서 이러한 구분이 사라짐.

(3) 교육의 기대 변화

① 과거 교육은 계몽된 시민을 양성하는 역할을 기대했으나, 현재는 단순한 전문가 양성이 목표가 됨.

② 지식 습득은 개인 소득 증가와 연결되며, 성공적인 전문가만이 지식을 통해 경제적 혜택을 얻음.

4. 교육받은 사람에 대한 관념 변화

(1) 지식의 저장보다 접근 방법 중시

① 오랫동안 교육은 일정량의 지식을 습득하는 것을 의미했으나, 컴퓨터화가 진행되면서 데이터 접근 능력이 더욱 중요해짐.

② 개별 지식을 기억하는 것보다 데이터뱅크를 효과적으로 활용하는 것이 강조됨.

(2) 데이터뱅크와 정보검색의 중요성

데이터뱅크가 미래의 백과사전으로 인식되며, '키보드 기술'과 '정보검색' 능력이 전통적 진리 개념을 대체함.

(3) 전통적 엘리트의 진리 주장 약화

① 데이터뱅크 활용이 증가하면서 전통적 엘리트의 진리 주장이 약화됨.
② 교수는 기성 지식을 전달하는 역할에서 경쟁력을 잃고 있으며, 실무팀보다도 응용 및 다목적 사용 능력이 떨어짐.
③ 리오타르는 이를 '교수 시대의 종말'로 규정함.

Ⅲ 지식과 정보의 상대주의

1. 진리에 대한 특권적 접근 거부

수행성, 상품화, 대서사의 실패는 진리에 대한 특권적 접근을 거부하는 지식과 정보의 상대주의를 의미함.

2. 보편적 관념의 쇠퇴와 책임의 다중성

① 보편적 관념의 쇠퇴는 사고와 삶의 자유를 보장하며, 책임의 다중성과 독립성을 강화함.
② 유연하고 관용적인 태도를 요구하는 환경이 조성됨.

Theme 54 커뮤니케이션의 이해

Ⅰ 의미

① 인간의 사회적 삶에서 필수적인 행위로, 상징을 통해 정보나 의견을 주고받는 행위.
② 상징은 언어적 요소뿐만 아니라 몸짓이나 표정과 같은 비언어적 요소 포함.
③ 상징을 이용하는 인간은 커뮤니케이션을 통해 의미를 공유하고 공동체 의식 형성.
④ 인류는 공동체 생활 시작과 함께 다양한 매체와 수단을 동원하여 커뮤니케이션 진행.
⑤ 언어 발명 전에는 몸짓이나 표정, 문자 발명 전에는 구두 전달, 종이 발명 전에는 가죽이나 벽에 글자 새김.
⑥ 현대사회에서 정보 전달의 속도와 효율성을 높이기 위해 기술적 발전 요구 증가.
⑦ 산업사회의 등장과 함께 커뮤니케이션 기술의 획기적 발달 진행.
⑧ 인쇄술 발달로 인쇄매체 등장 후, 라디오, 텔레비전, 케이블TV, 위성방송, 인터넷 등 디지털 기술 이용한 뉴미디어 등장.

Ⅱ 커뮤니케이션을 바라보는 관점

1. 구조적 관점

(1) 정의

① 커뮤니케이션을 정보 또는 메시지의 송·수신 과정으로 해석하는 견해.
② 정보나 메시지를 보내고 받는 과정.
③ 정보가 한 곳에서 다른 곳으로 흐르는 과정.
④ 정보나 메시지 유통 과정 중시, 의미나 결과 경시.
⑤ 정보 흐름의 경로 및 신속·정확한 전달을 위한 기술적 문제 중시.
⑥ 대표적 학자: 섀넌과 위버(Shannon and Weaver), 위너(Wiener), 레이즈벡(Raise beck).

(2) 모형

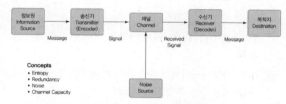

[섀넌(Shannon)과 위버(Weaver)의 수학적 모형]

① 정보원이 전달정보를 선택하여 메시지를 생성하고, 송신기가 신호로 변환하여 채널을 통해 목적지로 전달.
② 채널 잡음(noise)이 발생할 경우 신호 송신 방해로 커뮤니케이션 효율성 저하.

2. 기능적 관점

(1) 정의

① 커뮤니케이션을 인간의 기호 사용 행위로 보고, 기호화 및 해독 과정 중시.
② 인간이 기호를 사용하여 의미를 창조하고 공통 의미를 수립하는 과정 중점.
③ 인간의 본능적·비의도적 행위로 커뮤니케이션 인식.
④ 스티븐스(Stevens)는 커뮤니케이션을 자극에 대한 생물체의 분별적 반응으로 정의.
⑤ 대표적 학자: 오스굿(Osgood), 수시(Susi), 탄넨바움(Tannenbaum), 콜지브스키(Korzybski), 리이(Lee), 하야까와(Hayakawa), 리차즈(Richards).

(2) 모형

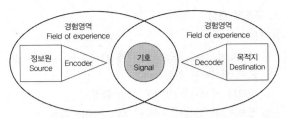

[슈람(Schramm)의 커뮤니케이션 모형]

① 두 개체가 기호를 매개로 공통된 의미와 경험영역 공유하는 과정.
② 경험영역의 겹치는 정도가 커뮤니케이션 성공 여부에 영향.

3. 의도적 관점

(1) 정의

① 한 개인이 다른 개인에게 영향을 미치기 위해 계획된 행위.
② 개인 커뮤니케이터가 수용자의 행동 변화를 위해 자극을 제공하는 과정(Hovland).
③ 커뮤니케이션 행위자가 의도적으로 수용자에게 메시지를 보내는 행위(Miller).
④ 대표적 학자: 호블랜드(Hovland), 체리(Cherry), 아이젠슨(Eiexenson), 오우어(Auer), 어윈(Irwin).

(2) 모형

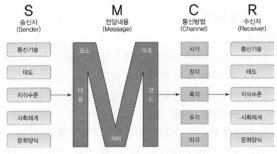

[벌로(Berlo)의 SMCR 모형]

① 송신자는 개인뿐만 아니라 신문사, 방송국, 국가 등 목적을 가진 모든 주체 포함.
② 송신자는 목표 달성을 위해 메시지를 고안.
③ 메시지는 내용(content), 처리(treatment), 코드(code)로 구성.
④ 처리는 메시지 조직, 배열 등을 의미하며, 코드는 언어·그림 등 기호를 의미.
⑤ 고안된 메시지는 채널을 통해 수신자에게 전달.

Ⅲ 커뮤니케이션의 목적(Devito)

① 자신과 타인 및 주변 세상을 이해하기 위함.
② 타인과 관계를 형성하기 위함.
③ 타인을 설득하거나 영향을 미치기 위함.
④ 타인과 놀이 및 즐거움을 공유하기 위함.
⑤ 타인을 돕기 위함.

Ⅳ 커뮤니케이션의 일반 원칙(Redfield)

① 명료성: 의미 명확성 유지, 복잡한 배경 설명·어색한 문장·불필요한 전문용어 배제.
② 일관성: 수정 및 가감 반복 시 일관성 저하 방지, 목표 부합 필요.
③ 적기적시성: 적절한 시기와 시간을 맞추어야 효과적 전달 가능.
④ 분포성: 커뮤니케이션의 명확한 전달 필요.
⑤ 적당성: 과다한 양과 빈번한 커뮤니케이션은 역효과 초래.
⑥ 적응성과 통일성: 융통성·개별성·현실성 유지, 전체적 일관성 필요.
⑦ 관심과 수용: 커뮤니케이션의 관심과 수용 가능성이 존재할 때 가치와 효율성 증가.

Ⅴ 커뮤니케이션의 장애요인(Axley)

1. 지각 장애

개인의 해석 차이로 인해 사물 그대로 보지 못하는 문제 발생.

2. 언어 장애

개인마다 어의적 차이 존재하여 오해 및 문제 발생.

3. 하향식·상향식·횡적 의사소통 장애

① 하향식: 공간적·심리적 거리로 인해 장애 발생.
② 상향식: 정보 전달 기회 제한, 의도된 메시지 왜곡 가능.
③ 횡적: 견해 차이, 경쟁, 지위 차이에 의한 장애 발생.

4. 보호적 여과작용(filtering)

하의상달 과정에서 불리한 의견 삭제로 인해 조직 내 의견 전달 부족.

5. 신뢰성 부족

① 전달자의 전문지식, 신용, 평판 등이 신뢰성에 영향.
② 과거 경험과 선입관이 전달자 평가에 영향.

6. 준거의 틀(frame of reference)

① 개인마다 다른 준거 체계를 기반으로 동일 상황을 다르게 해석.

② 사회적 지위·신분·소득이 유사할 경우 동질적 이해 가능성 증가, 교양·학력 차이로 인해 공감대 형성 어려움.

Theme 55 커뮤니케이션의 유형

I 전통적 커뮤니케이션

1. 자아 커뮤니케이션

① 인간의 내부에서 일어나는 자신과의 커뮤니케이션.

② 한 인간이 메시지의 발신인인 동시에 수신인.

2. 대인 커뮤니케이션

① 인간 상호 간의 커뮤니케이션.

② 두 사람이 대화하는 과정에서 일어나는 정보전달 현상.

③ 대화가 가능할 정도로 근접한 상황에서 최소 2인 이상의 정보교환 과정.

④ 사용 메시지의 상징적 의미를 이해할 수 있는 문화적·사회적·심리적 공감대 형성.

⑤ 비교적 자유스러운 분위기에서 내용이나 유형이 특정 공식에 구애받지 않음.

3. 집단 커뮤니케이션

① 집단적 상황에서 일어나는 인간 상호 간의 커뮤니케이션 유형.

② 가족이나 동료집단 내에서 이루어지는 대화나 토론 포함.

4. 조직 커뮤니케이션

① 사회구조적 환경에서 일어나는 인간 상호 간의 커뮤니케이션.

② 조직 환경의 특정 목적 달성에 필요한 커뮤니케이션의 독특한 특징.

③ 조직 내 정보의 흐름이나 의사전달은 정해진 규범과 규칙에 따름.

④ 공식적 통로와 비공식적 통로로 구분.

⑤ 공적 업무수행 정보는 주로 문서나 회의 등 공식적 통로로 전달.

5. 매스 커뮤니케이션

① 신문, 방송, 영화, 서적 등 매스미디어를 매체로 대중에게 정보 전달되는 사회적 과정.

② 전달자, 수용자, 메시지 내용, 매체 채널, 전달정보의 영향 효과 등 5가지 요소로 구성.

[전통적 커뮤니케이션 유형별 특성 비교]

구분	자아	대인	집단	조직	매스
참여자 수	1인	2~3인	3~10인	10인 이상	대중
친밀/공식적	가장 친밀	대체로 친밀	친밀/공식적	대체로 공식적	공식적
피드백	100%	많은	중간	적음	적고 지연적
메시지 계획성	전혀	약간	약간	대체로 계획적	100% 계획적
송/수신자 역할	동시적	교대로	교대로	1 : 다수	1 : 다중

II 뉴 커뮤니케이션

1. 의의

① 네트워크 커뮤니케이션으로 주로 정보통신망인 컴퓨터망을 통해 시·공간 제약 없이 상호 커뮤니케이션 가능.

② 원하는 시간에 정보를 송수신하거나 동시 교환 가능하여 사이버 공간에서 새로운 공동체 형성 가능.

③ 미디어 융합이 지속 진행되며 인터넷이 현대 정보사회의 중심 매체로 자리잡음.

④ 벌로(Berlo)의 SMCR 모형에서 송·수신자, 채널, 메시지 개념이 더 복잡해졌으나 동일한 모형이 여전히 적용됨.

2. 뉴 커뮤니케이션의 특성

(1) 상호작용적(interactive) 양방향(two-way) 커뮤니케이션

송신자가 수신자의 환류(feedback)를 반영하여 지속적으로 메시지를 수정·발송하는 상황.

(2) 동시적·비동시적 커뮤니케이션

① 수용자 모두가 거의 동시에 메시지 수신 가능.

② 원하는 시간에 프로그램 시청 가능하여 특정 시간에 맞출 필요 없음.

(3) 커뮤니케이션 범주 간 구분이 사라진 새로운 유형

① 기술 융합과 문화적 변화로 인해 커뮤니케이션 범주 간 구분이 사라짐.

② 인터넷이나 모바일을 통한 커뮤니케이션이 대중, 대
집단, 소집단, 대인 커뮤니케이션을 자유롭게 넘나들
며 진행됨.

Ⅲ 커뮤니케이터의 성향

1. Sheth의 커뮤니케이션 유형

유형	특성
과업 지향형	• 집요하고 근면함 • 목표 지향적이며 과단성 • 능률과 시간, 비용 및 노력을 최소화하는 데 관심
상호작용 지향형	• 상호작용을 추구하며 즐김 • 인간적이며 사교적
자기 지향형	• 자기에 대한 몰두 • 적극성과 지배성 • 자기 자신의 복지에 많은 관심(직접적인 보상과 인정) • 타인에게 덜 감정이입적

2. Norton(1978)의 커뮤니케이션 유형

유형	특성
주도적 (dominant)	• 자신의 생각을 자주 표현 • 사회적 위치에서 주도하기를 원하는 강한 유형
역동적 (dramatic)	• 과장하거나 은유적인 표현을 많이 사용 • 말하고자 하는 내용을 표현하기 위해 다양한 유사언어를 구사하는 유형
논쟁적 (contentious)	논쟁을 좋아하는 유형
생기 있는 (animated)	다른 유형과 비교하여 다양한 신체적 표현을 사용하는 유형
인상 깊은 (impression leaving)	말하는 방법이나 강조하는 방법으로 청자에게 각인되는 유형
여유로운 (relaxed)	조용하고 긴장을 드러내지 않는 유형
주의 깊은 (attentive)	• 타인의 의견을 듣고, 의견에 대한 관심을 표현 • 듣고 있다는 것을 표현하기 위해 자의적인 행동을 취하는 유형
개방적인 (open)	• 자신에 관하여 공개 • 쉽게 자기 감정을 표현하는 유형
친절한 (friendly)	• 타인을 위로하고, 타인의 공로를 알아주고, 상대방에 대한 존경을 공개적으로 표현 • 재치가 있는 유형
대화자 이미지 (communicator image)	• 낯선 사람이나, 소수계층 사람이나 반대의 성향을 가진 사람들과도 쉽게 대화를 나누는 유형 • 독립적인 요소 혹은 다른 요소에 의해 좌우되는 결과적 요소로 작용

Ⅳ 사이버 공간에서의 커뮤니케이션

1. 의의

① "사이버 공간(cyber space)" 개념은 1984년 윌리엄
깁슨의 소설 「뉴로맨서」에서 처음 사용.

② 멀티미디어 환경에서 문자, 음성, 데이터, 영상이 통합된
의미 전달 수단을 통해 정보와 오락 서비스 제공.

③ 최첨단 정보통신기술을 활용하여 사용자 간 상호작용
및 정보교류가 쌍방향 커뮤니케이션 형태로 이루어짐.

④ 사이버 공간은 개별 컴퓨터뿐 아니라 이용자의 의사
소통까지 연결.

⑤ 네트워크를 통해 디지털 데이터뿐 아니라 감정, 정
서, 의견, 사상 등이 비트 단위로 흐름.

⑥ 네티즌들은 전자우편, 뉴스그룹, 채팅 등을 통해 실
시간으로 의사소통 가능.

⑦ 사이버 커뮤니티는 새로운 의사소통 수단으로 등장.

⑧ 기존 의사소통 방식과 달리 비동시적, 쌍방향적,
시 · 공간 초월, 익명성이 유지되는 다수 대 다수의
의사소통 가능.

⑨ 사이버 공간은 위의 조건들을 동시에 충족하는 새로
운 의사소통 수단.

2. 커뮤니케이션 수단으로서 사이버의 특성

① 권위적이고 불평등한 현실세계 장벽이 제거된 상태에
서 자유로운 의사 개진 및 여론 형성 가능.

② 정치부터 연예계 소식까지 다양한 사회적 현안에 대
한 공론화 가능.

③ 시 · 공간적 제약, 성별, 연령, 계층, 인종 등 사회적
조건을 초월하여 개인의 관심과 이해를 중심으로 사
이버 공동체 결성 가능.

3. 사이버 공간의 다양한 의미

① 컴퓨터와 네트워크를 통한 커뮤니케이션 공간.

② 시간, 거리, 국가, 영토 등의 물리적 구조 없이 존재
하는 인터페이스 영역의 공간.

③ 비트(bit)와 네트(net)가 만나 형성된 사회적 공간.

④ 단순한 컴퓨터 매개 커뮤니케이션이 아니라, 그것이
만들어내는 사회적 상황.

⑤ 컴퓨터 매개 커뮤니케이션(CMC) 기술 이용으로 인간
관계, 자료, 부, 권력 등이 현존하는 개념적 공간.

⑥ 컴퓨터 게시판과 네트워크를 통해 이루어지는 가상공
동체.

⑦ 기술을 매개로 한 사회적 공간.

⑧ 디지털 정보와 인간의 지각이 만나는 문명의 매트릭스.

⑨ 네트워크 및 가상현실 기술을 활용한 공간.

⑩ 현실 세계의 시뮬레이션 발전과 더불어 가상현실 창
조가 가능한 열린 공간.

I 의의

① 의사소통은 발신자와 수신자가 공통 부호(code)를 공유할 때 원활하게 이루어짐.
② 공통 부호는 언어적, 준언어적, 비언어적 요소로 구성됨.

II 의사소통의 구성요소

범주	언어적 요소		준언어적 요소	비언어적 요소		
	청각적	시각적	청각적	시각적		
예	음성 언어	문자 언어	음성 크기, 높이, 길이 등	동작/행동, 자세, 시선, 얼굴표정	공간/시간, 사용, 개인 간 거리, 접촉	외모, 화장, 향수
연구 분야	언어학		준언어학	동작학	근접학	

1. 언어적 요소

말과 문자로 구성됨.

2. 준언어적 요소

① 메타커뮤니케이션 기능을 담당하며 언어적 요소에 수반되는 모든 성대음 포함.
   음성의 크기, 높이, 길이 및 잔기침, 콧소리, 신음 소리 등이 해당.
② 문장 자체가 표현하는 정보와 무관하게 문맥과 상황에 적절한 해석 제공.
   발화체에 대한 여러 추론의 기초 제공.

3. 비언어적 요소

① 대개 시각적으로 인지되며 화자의 동작, 자세, 시선, 표정, 공간과 시간 사용, 접촉, 외모 등을 포함.
② 언어적 요소의 정확한 의미 제공 및 이해를 돕는 역할.
③ 발신자가 부호화하여 작성한 메시지를 수신자가 해석하는 과정에서 활용됨.
   생리적, 심리적, 사회적, 문화적 특성이 작용하며, 특히 문화적 특성이 가장 크게 영향을 미침.

III 비언어적 행위의 특성과 기능

1. 의의

① 비언어적 행위는 구조적, 의미적, 문화상황적 측면을 고려하여 정리 가능.
② 언어적 표현과 함께 발신자의 감정을 전달하거나, 비언어적 표현이 언어적 표현을 대체하여 의사 전달 가능.

2. 비구조성

일정한 규칙이나 형식이 없이 자유롭게 표현됨.

3. 비분절성과 총체성

언어 표현이 분절성을 가지는 것과 달리 비언어적 행위는 하나의 의미 단위로 전체가 총체성을 가짐.

4. 의미단위의 개체성

의미 전달의 전체 구조가 하나의 개체로 기능함.

5. 상황 의존성

동일한 형식의 비언어적 행위라도 상황에 따라 의미가 다르게 해석됨.

6. 문화 의존성

① 비언어적 행위는 문화적 요소에 의해 해석이 달라짐.
② 표정, 감정 표현은 보편적인 요소지만 대부분은 문화 의존적임.

7. 시각 의존성과 가시성

① 비언어적 행위는 청각 중심적인 언어 의사소통과 달리 시각을 통해 의미를 해석.
② 가시적인 환경에서 이루어지며 담화 장면의 시각적 요소가 중요함.

IV 신체언어의 특성 및 종류와 문화

1. 의의

① 신체언어는 언어와 마찬가지로 약호로서 기능하며, 문화적 지배를 받음.
② 신체언어 표현은 '인간의 몸'에 한정되므로 일부는 보편적이지만, 대부분은 문화 의존적.
③ 동일한 몸짓이라도 문화적 배경에 따라 해석이 다름.
   예 '다가오라'는 제스처는 한국어 문화권에서는 손등을 위로 향하게 하지만, 영어 문화권에서는 손바닥을 위로 향하게 함.

2. 신체언어의 특성

(1) 의의

① 신체언어는 인체를 통한 의사소통의 한 형식.
② 머리부터 발끝까지 모든 인체 기관과 심리적 현상 표현을 포함.
③ 사회 구성원 간에 약호로서 기능.
④ 언어적·준언어적 표현 및 '침묵'과 차별되는 특성 존재.

(2) 언어대체성

언어적 표현 없이 신체언어만으로 의사소통 가능.

(3) 언어표현의 보완

① 담화 상황에서 신체언어가 언어적 표현을 보완하는 역할 수행.

② 준언어적 요소와 유사한 기능.

(4) 함축성

신체언어의 의미적 폭이 언어표현보다 큼.

(5) 시각 의존성

① 신체언어는 시각적으로 수용됨.

② 발신자는 신체언어를 생리적으로 실현하며, 수신자는 시각을 통해 이를 해석.

③ 음성 언어가 청각에 의존하는 것과 차별됨.

④ 공간적 제약을 받으며, 음성 언어가 제한되는 환경에서 활용 가능.

3. 신체언어의 종류

(1) 의의

① 시각 의존성이 중심이 되어 성립되며, 신체 부위를 활용하여 형성됨.

② 표정, 시선, 몸짓(gesture), 자세, 상징(emblem)으로 구분.

(2) 표정

① 얼굴의 근육과 기관을 통한 생리적 표현.

② 심리 현상과 감정을 드러내는 기능.

③ 문화 독립적 요소 존재(예 기쁨, 슬픔, 노여움, 혐오 등).

(3) 시선

① 눈과 입의 움직임을 통해 다양한 신체언어 연출.

② 시선의 양상에 따라 의미가 다름.

③ 신분이나 성별에 따라 제약을 받는 경우도 있으며, 문화 의존성이 강함.

(4) 몸짓

① 신체 대부분을 활용하는 신체언어의 핵심 요소.

② 문화적 약호로 인정되어야 의미가 성립.

③ 문화 의존성이 큼.

(5) 자세

① 관습과 전통을 통해 학습되는 신체언어.

② 문화, 개인, 종교, 직업, 사회계층, 성별, 나이에 따라 차이가 있음.

(6) 상징

① 문화적으로 관습적 의미를 가지며, 언어적 표현 없이 독립적으로 사용됨.

② 주로 말을 대신하거나 금기어를 지칭하는 기능.

③ 언어공동체 구성원 간 동의가 이루어진 약호적 성격.

Theme 57 커뮤니케이션과 미디어 편향성

Ⅰ 커뮤니케이션 미디어 생태학

1. 의의

① 미디어를 환경으로 보는 관점으로, 각 미디어가 인간 의식과 사회변동의 동인으로 작용하는 미디어 자체의 본질적 속성에 주목하는 것.

② 미디어의 본질적 속성에 따라 인간은 특정 방향으로 세상을 지각하고 상호작용하도록 유도됨.

③ 새로운 미디어가 출현하여 사회의 주도적 커뮤니케이션 미디어가 되면, 그 속성에 따라 새로운 사회적 인식과 사회문화적 변동이 초래됨.

④ 문자와 인쇄문화의 등장이 종교개혁과 산업혁명의 원동력이었듯이, 전자 미디어와 인터넷 기반 첨단미디어의 등장은 근대적 권위주의를 넘어 개방과 참여, 공유를 특징으로 하는 부족적 구술문화를 복원시킴.

⑤ 미디어는 정보를 실어 나르는 빈 그릇이 아니며, 고유한 편향적 구조를 가지며, 이는 편향적인 의식과 사회문화적 양상을 형성함.

2. 미디어 생태학의 이론적 명제

① 미디어는 자료나 정보를 한 장소에서 다른 장소로 옮기는 중립적이고 객관적 연결관이 아님.

② 각 미디어의 물리적·상징적 특성이 본질적 편향성을 수반함.

③ 미디어 편향성이 사회·경제·정치·문화적 결과를 촉진함.

3. 미디어 편향성

학자	속성	편향성에 따른 미디어 구분
이니스 (Innis)	물리적 내구성	• 공간 편향적 미디어(종이, 파피루스, 전자미디어 등)는 한 지역에서 다른 지역으로 메시지를 운반, 현재와 미래 지향적이고 정치권력의 신장과 세속적인 제도 확대에 기여, 제국건설, 복잡한 관료제도, 군사제도의 팽창이 가능 • 시간 편향적 미디어(양피지, 진흙, 돌 등)는 관습 권위, 공동체, 영속성, 역사성, 신성화 등이 강조되는 전통적 사회체계에서 주로 활용, 세대에서 세대로의 메시지 전수에 상대적으로 용이

맥루한 (McLuhan)	감각 참여	• 미디어가 특정한 감각을 확장하거나 강 조함으로써 새로운 감각 배합의 비율 발생, 감각이 참여하는 비율과 사용방식 에 의해 인간 경험을 결정 • 뜨거운 미디어(hot media)는 사진, 책, 영화 등 정세도가 높고 정보의 양이 많 아 감각을 밀어내거나 특정 감각의 불 균등한 확장이 발생 • 차가운 미디어(cool media)는 만화, 전 화, 텔레비전 등 정세도가 낮고 정보량 이 적어 다양한 감각을 참여시켜 공감 각적인 감각조건 형성
옹 (Ong)	언어	• 구술문화와 문자문화가 가진 정신역학 을 연구 • 제1구술문화와 제2구술문화로 구분하 는 말과 쓰기의 차이 • 제2구술성은 인쇄와 문자에 기반한 구 술성
포스트만 (Postman)	종합적 관점	• 이니스, 맥루한, 옹의 편향성 개념을 더 욱 확장 • 정보를 코드화 하는 상징적 형태에 따 른 정서적 · 지적 편향성 • 정보를 코드화, 저장, 전송하는 물질적 형태에 따른 시간적 · 공간적 · 감각적 편향성 • 상징적 형태에 대한 접근 가능성에 따 른 정치적 편향성 • 참여양상에 따른 사회적 편향성 • 서로 다른 시 · 공간적 편향성에 따른 형이상학적 편향성 • 미디어의 상징적 혹은 물질적 형태에 따른 내용적 편향성 • 인식적 · 이념적 편향성 제시

Ⅱ 시간과 공간 편향성

① 이니스의 커뮤니케이션 편향성 개념.

② 특정 시기의 역사적 사건들은 지배적으로 사용된 미
디어의 편향적 속성과 관련됨.

③ 시간과 공간 편향성 매체 비교.

시간 편향성 매체	공간 편향성 매체
양피지, 진흙, 돌	종이, 파피루스
위계질서	분권
수축	팽창
구어적 전통	문어 문화
역사 및 전통에 대한 관심 배양	제국적 성장
비세속적 권위(종교)에 기여	세속적, 정치권력 수립에 기여
윤리와 형이상학 강조	과학과 기술 강조
과거 지향	현재, 미래 지향

Ⅲ 감각의 편향성

1. 의의

① 맥루한은 「미디어의 이해」에서 미디어가 일으키는
감각적 편향을 소개함.

② 인간의 미디어 사용이 특정 감각을 편향적으로 이용
한다는 점을 강조함.

③ 미디어의 기술적 편향성이 전달 내용보다 더 강력한
효과를 발생시킴.

④ 미디어가 인간 의식에 미치는 영향과 그에 따른 사회
적 변화를 중점적으로 탐구함.

2. 뜨거운 미디어와 차가운 미디어

① 미디어 유형이 이용자에게 발생시키는 효과는 참여
정도에 의해 구별됨.

② 정세도 차이는 인간이 내용을 이해하는 데 필요한 참
여 정도의 차이로 나타남.

③ 정세도의 높고 낮음은 미디어 간 상대적 개념으로 존
재함.

④ 뜨거운 미디어는 고정세 정보를 가지고 특정 감각만
을 확장시키는 미디어임.

⑤ 차가운 미디어는 직관적 · 감성적 관여 경향이 있으
며, 정보량이 빈약하고 불분명하여 수용자의 적극적
참여가 요구됨.

⑥ 뜨거운 미디어는 수용자의 참여도가 낮으며, 차가운
미디어는 참여도가 높음.

⑦ 라디오는 텔레비전에 비해 뜨거운 미디어지만 인쇄매
체보다 차가운 미디어로 상대적 개념으로 존재함.

심층 연계 내용 임플로전(Implosion)

① 물체가 스스로 무너지거나 압착되면서 파괴되는 과정으로, 폭
발(explosion)의 반대 개념.

② 낮은 내부 압력과 높은 외부 압력 또는 내부와 외부 힘 사이
의 차이로 인해 구조 자체가 내부로 붕괴하는 현상.

③ 맥루한은 사이버 공간에서 시공, 공사, 말과 글, 실재와 가상
의 경계가 파괴되는 개념으로 사용함.

핵심 정리 차가운 미디어와 뜨거운 미디어

① **뜨거운 미디어**: 단일 감각을 고밀도로 확장하는 미디어

② **차가운 미디어**: 감각적 정보량이 적어 수용자의 적극적 참여
가 요구되는 미디어

③ 뜨거운 미디어는 참여도가 낮고, 차가운 미디어는 참여도가
높음

④ 뜨거운 형식은 배타적, 차가운 형식은 포괄적

- 라디오 / 전화
- 라디오 / 텔레비전
- 영화 / 텔레비전
- 신문 / 텔레비전
- 알파벳 문자 / 상형문자나 표의문자
- 종이 / 돌
- 선진국 / 후진국
- 왈츠 / 트위스트
- 선형적, 인과적 / 모자이크적
- 문자 문화 / 비문자(구술) 문화
- 뜨거운 폭탄 / 차가운 전쟁(냉전)
- 과밀 도시 / 구조화된 도시
- 뜨거운 재즈(영화와 라디오 시대) / 차가운 재즈(영화와 라디오가 준 충격을 흡수한 이후 등장)

IV 옹의 구술문화적 사고와 표현의 특징

1. 의의

① 구술문화에서는 말이 마술적 힘을 지닌다고 여겨짐.
② 발화되는 말은 소리로 울려 퍼지며 힘을 동반함.
③ 활자문화에서는 말이 평면적으로 고정된 사물처럼 인식됨.

2. 사고와 표현의 특징

(1) 종속적이기보다 첨가적

  구술문화는 and를 덧붙이는 첨가적 구조를 가짐.

(2) 분석적이기보다 집합적

  사고와 표현의 구성 요소들이 덩어리로 결합하는 경향.

(3) 장황하거나 다변적

  반복적 화법을 통해 핵심에서 벗어나지 않도록 함.

(4) 보수적이고 전통적

  지식의 구술적 전승을 통해 보수적 사고 형성.

(5) 인간 생활세계에 밀착

  쓰기와 달리 생활경험과 밀접하게 개념화됨.

(6) 논쟁적 어조 강조

  속담이나 수수께끼를 통해 지적 대결을 유도함.

(7) 감정이입적이고 참여적

  연행자와 대상이 하나로 융합됨.

(8) 항상성 유지

  불필요한 기억을 지워 균형을 유지함.

(9) 추상적이기보다 상황 의존적

  개념들이 구체적 맥락 속에서 이해됨.

V 속성들 간의 관련성

① 이니스의 시간 편향성: 원시 공동체와 중세 공화정의 열린 공동체 사회 포함.
② 맥루한의 구술문화시대: 동시성과 오감 인식을 강조하는 귀의 문화.

① 기계적 형태에서 전기적 형태로의 전환 속도가 증가하면 외파가 내파로 반전됨.
② 전기 시대의 내파는 과거의 전통적 조직 패턴과 충돌함.
③ 인구와 교육의 변화는 숫자 증가가 아닌, 전기적 연결성 증가로 인해 초래됨.
④ 전기 시대의 지식 체계는 개별적 교과에서 상호 연관성이 강조되는 방향으로 변화함.
⑤ 중심부에서 주변부로의 일방적 팽창이 아니라 탈중심화되는 특징을 가짐.

Theme 58 현대 매체이론에서 문자의 개념과 역할

I 의의

1. 1차적 매체로서의 문자

① 문자는 매체이론에서 가장 기본적인 1차적 매체 중 하나로 간주됨.
② 1차적 매체란 정보를 전달하는 기본적인 매개 형식을 의미하며, 문자와 함께 이미지(Bild)와 소리(Ton)가 포함됨.

2. 매체 개념의 다양성과 문자

① '매체' 개념은 학자에 따라 다르게 정의됨.
② 문자 또한 1차적 매체로 분류되지만, 각 이론에서 차지하는 역할과 의미가 상이함.

II 최근 문자와 관련된 매체연구의 특징

1. 문자에 대한 전통적 통념 탈피

(1) 문자에 대한 전통적 시각

① 문자란 음성 언어의 재현 수단에 불과하다는 관습적 통념 존재.
② 문자를 저장과 전달 기능에 한정하고 음성 언어보다 부차적 요소로 간주.

(2) 탈구조주의적 경향과의 연계

① 기존의 전통적 시각에 대한 반박으로 문자 연구 경향 변화.

② 서구 철학사의 탈구조주의적 흐름과 연계되어 기의 중심에서 기표 중심으로 연구 방향 전환.

2. 문자 개념의 확장과 문화사 재편

(1) 문자 연구의 확장

① 매체이론 속에서 문자의 개념과 역할 확대.

② 문자의 외형적 특징과 물질성에 대한 고찰 증가.

(2) 문자 중심의 문화사 재편 시도

① 문자에 대한 연구가 현대 매체학자들의 중심 과제처럼 부각.

② 문자 개념의 격상과 함께 인류 문화사의 재구성 시도 활발.

3. 캐나다 학파와 현대 매체이론

① 현대 매체이론의 출발점으로 캐나다 학파의 이론 주목.

② 캐나다 학파를 비판적으로 계승하며 발전시킨 플루서(Flusser)와 키틀러(Kittler)의 연구 등장.

Ⅲ 문자의 새로운 역할: 언어기호에서 매체이론의 중심으로

1. 문자적 매체 개념으로의 전환

① 전통적으로 언어를 가장 근본적인 매체로 간주함.

② 1950년대부터 1970년대 초반까지 캐나다 학파의 이론 형성과 함께 문자적 매체 개념이 확립됨.

2. 문자 연구와 현대 매체학의 관계

① 철학과 인문학의 언어학적 전환과 유사한 시기에 문자 연구가 진행됨.

② 현대 매체학이 전자적 매체 분석을 표방하면서도 문자 연구를 토대로 삼음.

3. 유럽 매체연구가들의 문자 연구

① 플루서를 비롯한 유럽 매체연구가들은 문자를 매체연구의 출발점으로 설정함.

② 문자를 중심으로 주도매체와 결부된 기술문화사를 구성함.

③ 시대사를 '문자 이전 – 문자 – 문자 이후'로 구분하는 표준 형성.

4. 문자 중심 매체사의 구성

① 20세기 아날로그 기술매체의 등장 이후 문자매체의 가치 하락과 지위 상실을 기술한 키틀러의 저작「기록체계들 1800 · 1900」이 이러한 표준과 일맥상통함.

② 문자가 매체연구에서 중심적 위치를 차지하게 된 과정과 물질적 측면을 고찰함.

Ⅳ 캐나다 학파: 구술문화와 문자문화

1. 의의

① 캐나다 학파는 특정 학파를 형성한 것은 아니나, 토론토 대학 문화 기술 센터(Centre of Culture and Technology)를 중심으로 연구한 매체연구가들의 그룹을 지칭함.

② 주요 학자로 마셜 맥루한(McLuhan), 해롤드 이니스(Innis), 에릭 하벨록(Havelock), 잭 구디(Goody), 월터 옹(Ong) 등이 포함됨.

③ 연구 주안점은 인류의 문자화(특히 알파벳화) 과정이 시대적 변화를 견인한 방식에 대한 분석임.

2. 이니스(Harold A. Innis)

(1) 의의

① 주도매체의 특성에 따른 사회 발달 이론을 정립한 캐나다 학파의 선구적 학자.

② 토론토 대학 정치경제학부 교수로 경제사를 연구하며, 사회조직의 안정성과 변화 요인을 탐구함.

③ 원시사회와 발달사회의 차이를 말하기와 쓰기의 차이로 설명하며, 경제수단이 아닌 의사소통 매체를 중심으로 시대를 구분함.

(2) 문자의 공간적 확산 가능성

① 문자 매체의 경제적 측면, 특히 '가볍고 운반에 용이한' 특성을 기반으로 한 공간적 확산 가능성에 주목함.

② 소통 매체는 시간과 공간의 확산과 관련되며, 무거운 매체는 시간적 확산, 가벼운 매체는 공간적 확산에 적합함.

③ 매체의 특성에 따라 지식의 전파 방식이 결정되며, 이는 문화 형성에 영향을 미침.

(3) 주도매체와 문화 변화

① 이니스는 새로운 소통 매체가 등장할 때마다 사회적 결속의 방식이 변화하고, 새로운 형태의 지식이 생성되며, 이에 따라 권력 구조도 변한다고 주장함.

② 이를 바탕으로 '주도매체가 하나의 문화를 조건짓고 변화시킨다.'는 캐나다 학파의 핵심 명제가 정립됨.

③ 구술사회는 지역적이고 조망 가능한 구조를 가지나, 문자적 소통의 등장으로 더 넓은 지역 지배(예 로마, 중세 가톨릭 교회)가 가능해짐.

④ 인쇄문화의 영향력과 이에 대한 비판적 성찰을 제시하며, 문자 독점 세력 약화와 계몽주의 촉진, 지식의 대중적 확산을 설명함.

⑤ 문자의 발전은 추상적 사고와 인과법을 가능하게 하며, 노동분업, 자유시장, 대량생산 등의 경제제도를 창출하나, 이는 인간 삶을 파괴하는 방식으로 발전할 위험이 있음.

⑥ 이니스는 이러한 문자문화의 부정적 측면을 극복하기 위해 구술사회로의 복귀를 제시하며, 이는 캐나다 학파의 주요 연구 방향이 됨.

3. 에릭 하벨록(Eric A. Havelock)

① 구술성과 문자성의 대비 관계를 연구하며, 문자가 이성적 지식 형태를 열어준다고 봄.

② 문자는 지식의 객체와 주체를 분리하며, 불연속적이고 추상적이며 분절적인 사고를 가능하게 함.

③ 문자는 문법, 수사학, 변증법을 통해 담론적 사유를 가능케 하는 도구로 발전함.

4. 월터 옹(Walter J. Ong)

(1) 의의

① 하벨록의 연구를 계승하여 구술성과 문자성의 관계를 종합함.

② 저서 「구술성과 문자성」에서 발전 단계를 '구술문화-문자문화-제2차 구술문화(전자기술시대)'로 정리함.

(2) 제2차 구술시대

① 20세기 전자기술(전화, 라디오, TV, 녹음기구)의 발전으로 새로운 구술성이 등장함.

② 참여와 공동체 의식, 현재성, 관용어구 반복 등의 특성을 지님.

③ 제1차 구술성과 유사하지만, 문자문화의 영향을 받은 새로운 구술성임.

④ 전자기술의 시대에서도 문자는 여전히 필수적이며, 문자의 영향을 완전히 벗어날 수 없음.

5. 마셜 맥루한(Marshall McLuhan)

(1) 의의

① 현대 매체이론의 대중적 확산에 기여하며, 문자가 현대 사회를 형성한 주요 원인으로 강조됨.

② 서양 문화사를 매체기술의 변화로 분석하는 이론을 전개함.

(2) 구텐베르크 은하계

① 인쇄 문자가 지배하는 시대를 '구텐베르크 은하계'라 명명함.

② 문자는 선형적 구조를 가지며, 시각적 감각을 강조함.

③ 문자의 선형성은 다층적 의미를 단일 논리로 전환하며, 세계를 재조직하는 강력한 영향력을 가짐.

(3) 인간 몸의 확장

① 매체는 인간의 몸을 확장하는 도구이며, 맥루한은 이를 '인간의 확장', '감각의 확장'으로 정의함.

② 전기 기술의 시대는 인간의 중추 신경 조직을 외부로 확장하는 과정으로 설명됨.

③ 전기 미디어 시대는 무의식과 무감각의 시대이며, 감각 마비 현상이 발생함.

④ 컴퓨터는 의식을 모방하는 도구이며, 인간의 의식 자체가 확장된 형태로 설명됨.

6. 캐나다 학파의 문자성 연구

① 문자를 체계적 사고의 전환점으로 간주하며, 문자 개념을 확장하여 매체 연구의 중심 대상으로 삼음.

② 문자가 단순한 음성 언어의 부속물이 아니라, 사고와 의사소통 방식을 근본적으로 변화시킨다고 봄.

Ⅴ 플루서(Flusser): 문자와 기술적 이미지

1. 의의

① 캐나다 학파의 맥루한과 옹은 새로운 전자시대에 관심을 가졌으나, 연구의 중심은 여전히 문자 시대와 문자에 있었음. 반면, 1970년과 1980년을 중심으로 유럽에서 진행된 매체이론은 철학적 성찰을 바탕으로 정보사회의 발전과 시대상의 변화에 중점을 둠.

② 캐나다 학파가 연구한 문자와 문자 이전 사회의 대립에서 나아가, 문자와 문자 이후 사회의 대립이 논의의 중심이 됨. 캐나다 학파의 매체문화사 구성을 급진적으로 확장하며 '기술적 이미지(Techno-Bilder)'와 문자 간의 관계를 연구한 현대 매체이론의 선구자는 빌렘 플루서(1920~1991)임.

2. 플루서의 세 가지 코드

① 플루서는 인류 역사가 서로 다른 코드에 의해 구성된다고 보고, 역사의 진보를 매체가 운반하는 새로운 코드가 인간의 의식을 변화시키는 과정으로 해석함.

② **플루서가 구분한 세 가지 코드**: 선사시대의 이미지, 역사시대의 문자, 현재의 기술적 이미지. 플루서의 매체문화사에서도 문자 시대가 중심에 놓임.

③ 선사시대 인간이 이미지 코드를 사용한 것은 다른 생명체와 차별을 시도하는 비약이었으며, 동시에 현실에서 추상으로 향하는 과정이었음. 빌렌도르프의 비너스는 입체 형태였으나 추상을 향한 최초의 시도였음.

④ 인류 문화의 발전 과정에서 입체는 평면 이미지로, 평면 이미지는 선형적인 연속으로 변화함. 이미지 코드는 상징성을 표면에 담고 있는 반면, 문자 코드는 이미지 코드를 행으로 변환하고 장면을 이야기로 전환함. 플루서는 이를 '선의 세계'로 표현하며, 시각적 선형성이 인류의 두 번째 비약의 동력으로 작용했다고 분석함.

3. 선형적인 텍스트로서의 문자

① 플루서에게 문자는 선형적인 텍스트를 구성함으로써 인간이 의미를 생산하고 축적하는 역사적 활동을 가능하게 하는 주역으로 등장함. 문자가 지배적인 시대에는 맥락, 논리, 과정이 중요한 요소로 작용하며, 이에 적합한 사회구조와 상업경제가 형성됨.

② "쓰기의 관찰에서 가장 인상적인 것은 기호들이 선형적으로 이루어진 행이며, 이러한 선형적 문자 배열이 역사의식과 논리적 사고, 계산, 비판, 학문, 철학 등을 가능하게 함."

4. 기술적 이미지

(1) 의의

① 전자매체로 둘러싸인 현대는 어떠한 코드의 시대이며, 이는 어떤 의미를 갖는가? 캐나다 학파가 구술성으로의 회귀를 논했던 것처럼, 플루서는 다시 이미지가 주도적인 시대로 전환된다고 주장함.

② 기능성과 프로그램이 중심인 시대에서 문자가 정보를 주도하지 못하고, 각종 전자기기에서 이미지가 쏟아지는 현상이 나타남. 이는 입체에서 평면으로, 평면에서 선으로, 선에서 점으로 향하는 추상의 마지막 단계임. 디지털이라는 점으로 이루어진 모자이크가 바로 기술적 이미지임.

③ 플루서는 현재를 선의 세계에서 점의 세계로 진입하는 시점으로 정의하며, 문자에 익숙한 인과논리의 선형적 사고에서 우연과 조합이 중심이 되는 '점-세계'의 사고방식으로의 세 번째 비약이 필요하다고 주장함.

(2) 기술적 이미지로의 전환

① 기술적 이미지로의 전환이 문자 이전 이미지로의 회귀를 의미하지 않음. 옹의 통찰처럼 문자 코드의 영향력이 여전히 작용함.

② 기술적 이미지는 선사시대의 이미지와 성격이 다름. 기술적 이미지 안에는 문자와 기호 체계가 보이지 않는 코드로 내재됨. 즉, 기술적 이미지는 문자로 된 텍스트에서 정보를 공급받으며, 텍스트를 투영함.

③ 선사시대의 이미지와 기술적 이미지는 평면에 세계를 표현한다는 공통점이 있으나, 선사시대의 이미지는 현실의 입체를 추상화하며 등장한 반면, 문자 이후의 이미지는 선을 추상화한 점의 조합을 통해 구체를 형성함.

④ 전통적인 평면은 입체의 표면이며, 새로운 평면은 개념들의 표면임. 전통적인 평면이 구체적인 것에서 추상적인 것을 향한 움직임의 결과라면, 새로운 평면은 최종적인 추상에서 구체적인 것을 향한 움직임의 결과임. 이 두 상반된 피부가 만나는 곳에 우리가 존재함.

⑤ 플루서에게 문자는 '코무니콜로기(Kommunikologie)'의 중심을 이루며, 문화기술의 문화인류학을 구성하는 핵심 요소로 작용함. 문자는 음성 언어의 기록체계가 아니라 입체와 평면에 대립되는 물질적 성격을 지닌 선형적 코드로 정의됨.

⑥ 인류는 이미지에서 문자로, 그리고 문자를 내포한 기술적 이미지, 즉 코드화된 '문자-이미지'의 시대로 이동 중임. 디지털 시대에도 문자는 기술적 이미지 속에 삽입된 코드로서 존속할 것임.

Ⅵ 키틀러: 문자와 기록체계들

1. 의의

① 현대 매체이론의 급진적인 한 갈래는 독일의 매체학자 프리드리히 키틀러로부터 비롯됨. 키틀러는 매체사를 구성할 때 '문자 이전의 시기'를 배제하고 최초의 매체를 문자로 간주함.

② 매체는 정보의 저장, 전달, 처리로서 제시되며, 가장 중요한 기능은 '저장'임. 발화 즉시 사라지는 언어는 매체로 간주되지 않음.

③ 매체의 물질적 형식이 인간 삶의 근본적 조건을 구성함. 기록체계는 문화적 정보를 저장, 전달, 재현할 수 있는 기술의 네트워크를 의미하며, 문자 이전의 이미지는 해당되지 않음.

2. 기록체계

(1) 의의

① 기록체계는 크게 두 단계로 구분됨. '기록체계 1800'(문자 매체 시대)과 '기록체계 1900'(아날로그 기술매체 시대)로 나뉨.

② 제2차 세계대전 이후 '튜링 기계(Turing-Maschine)'의 시대는 디지털 매체가 주도하는 현대를 의미함.

③ 키틀러의 주된 관심은 문자 시대와 문자 이후의 시대에 있음. 그의 저서에서 문자가 감각을 통합하여 독점적으로 전달하던 시기에서 정보의 저장, 전달, 재현 방식이 아날로그 매체로 분화되는 과정과 인간이라는 형이상학적 개념이 해체되는 과정을 서술함.

(2) 기록체계 1800

① 기록체계 1800(1785~1815)은 문자와 낭만주의의 시대이며, 기록양식은 문자를 가르치는 '어머니의 발화'에 기반함.

② 신흥 부르주아 계층에서 어머니의 역할이 확대되었으며, 최초의 교육으로 문자의 읽기와 쓰기를 담당함.

③ 아이들에게 읽기를 가르치는 어머니의 목소리는 근원적 소리의 상징이 되며, 문자는 단순한 기호가 아닌 정신을 담은 것으로 간주됨.

④ 문자를 배우는 아이들은 성인이 되어 독서를 할 때 어머니의 목소리를 문자 속에서 기억하게 되며, 이는 글을 쓰는 작가에게도 동일하게 적용됨.

⑤ 괴테의 낭만주의 문학이 이 시기의 기록양식을 대표하며, 「파우스트」에서 '영원히 여성적인 것'이 모성적 정신을 대표하는 요소로 등장함.

(3) 기록체계 1900

① 의의

㉠ 기록체계 1800은 문자가 초월적인 기의를 담고 있다는 전제에서 성립하며, 기록되는 것은 보편적 가치로 평가됨.

㉡ 20세기를 전후로 문자 독점의 시대가 급변함.

② 축음기

문자의 독점이 새로운 매체기술(소리와 빛 저장 방식)에 의해 붕괴됨. 20세기의 기록양식은 영화와 축음기가 대표함.

③ 타자기

㉠ 타자기의 발명으로 문자의 기록방식에 전환이 발생함. 필사의 방식과 달리 규격화된 기록방식을 제시함.

㉡ 필사 방식에서 독립된 개별자로 인식된 시민적 개인이, 타자기로 인해 익명화된 존재로 해체됨.

④ 문자의 물질성

㉠ 기록체계 1900(1885~1915)은 낭만주의 패러다임과 결별하며, 예술에서 초월적 가치 대신 문자의 물질성이 강조됨.

㉡ 아방가르드 실험예술과 다다, 칼리그람 등이 문자의 시각성을 강조하며 근원적 목소리와의 연결을 단절함.

㉢ 문자는 공간적으로 재배치되며, 실재를 포착하거나 환영을 만들어 내는 역할을 기술매체에 넘겨줌.

3. 기록체계 1900에서 중심이 되는 매체

(1) 의의

① 기록체계 1900의 중심 매체는 축음기, 영화, 타자기이며, 각각 음향 기술, 광학 기술, 문자 처리 기술을 대표함.

② 키틀러는 라캉의 실재계, 상상계, 상징계를 매체 발전사에 적용함.

(2) 축음기(실재계)

① 축음기는 기호화된 문자 대신 소리를 그대로 저장하는 기록매체로 작동함.

② 인간 언어가 아닌 소음까지도 저장 가능해짐.

③ 아날로그 기술매체로 인해 시문학의 가치는 하락하며, 문학은 소음의 기록으로 간주됨.

(3) 영화(상상계)

① 영화는 실재를 재현하지 않고, 기술적 효과로 실재처럼 보이도록 조작함.

② 영화의 광학적 파장은 음성보다 훨씬 빠르므로 직접적인 실재를 기록할 수 없음.

③ 네거티브 필름과 잔상효과를 활용하여 실재를 조작함.

(4) 타자기(상징계)

① 타자기는 문자의 물질성을 강조하며, 선험적 기의에 대한 믿음을 해체함.

② 글쓰기 과정에서 손과 눈의 조화가 사라지고, 텍스트는 타이피스트를 통해 기계적으로 생산됨.

③ 니체는 매체기술이 사유에 영향을 미친다고 주장함.

④ 타자기는 문자를 상업적이고 물질적 차원으로 전환하며, 텍스트는 수량화되고 개성과 영혼을 상실함.

4. 아날로그 기술매체들의 도전

① 키틀러는 문자매체가 아날로그 기술매체의 도전에 따라 변화하는 과정을 상세히 기술함.

② 축음기와 영화 등의 기술매체는 문자에서 유래하며, 정보 조작이 창작의 원칙으로 작용함.

③ 인쇄술은 최초로 공간을 조직하는 기술이었으나, 기록체계 1900의 아날로그 기술매체는 과도기적 단계임.

5. 컴퓨터의 탄생 이후 기록체계

① 컴퓨터 출현으로 정보 저장, 전달, 재현 방식이 변화함.

② 디지털 매체는 0과 1의 이진법 코드로 정보를 변환하며, 모든 매체는 숫자로 치환됨.

③ 디지털 환경에서 모든 것이 숫자로 처리되며, 매체 개념이 변형됨.

④ 키틀러는 현대 사회를 '친절한 사용자 환경'이라 묘사하며, 컴퓨터에 대한 무지 상태를 새로운 문맹 상태로 해석함.

Ⅰ 매체유물론

1. 매체의 선험성

① 키틀러의 매체유물론은 매체의 물질성과 선험성을 강조하며, 매체가 인간의 의식을 결정한다는 매체선험성을 주장함.

② 매체선험성은 기술과 분리된 인간 고유의 존재 방식을 배제하고, 매체가 인간의 삶을 결정한다는 개념임. 빈클러(Winkler)는 이를 '인식의 코페르니쿠스적 전환'으로 평가함.

③ '매체가 우리의 상황을 결정한다'는 키틀러의 주장은 기술적 조건이 사회의 구조, 제도, 인간의 의식과 사유 방식을 형성하는 결정적 조건이 된다는 의미임. 기술적 조건이 다르면 사회의 문화와 의식 구조도 달라질 수밖에 없음.

④ 키틀러의 비판자들은 기술이 인간에 의해 만들어진다는 점을 강조하지만, 키틀러는 기술이 스스로 증식하고 인간을 앞질러 간다고 주장함.

2. 소통의 물질성

(1) 의의

키틀러는 맑스의 유물론을 매체에 적용하여, 매체의 물질성을 역사의 결정적 동력으로 봄. 이는 그의 저서 「기록시스템들」에서 상세히 다루어짐.

(2) 기록시스템

① 기록시스템은 한 문화가 적절한 데이터를 선택, 저장, 생산하도록 하는 기술 및 제도의 네트워크를 의미함. 기존의 문학이나 인문학을 인쇄술과 같은 기술 및 제도적 시스템의 산물로 분석함.

② 1800년대 기록시스템은 인쇄기술 발전으로 문자문화 중심이었으며, 1900년대에는 축음기, 전화기, 타자기 등의 발명으로 소리와 영상의 시대가 개막됨.

(3) 축음기

① 축음기의 발명은 소리를 물질로 인식하는 패러다임을 창출하며, 근대음악의 비례 중심 사고를 해체함.

② 축음기의 원리는 뇌의 기억 체계와 유사하며, 기억은 축음기의 재생 과정과 같다고 키틀러는 주장함.

③ 축음기의 소음 기록 원리는 정신분석학의 무의식 개념과 연결됨. 축음기는 인간의 감각으로 인지되지 않는 소리를 기록하며, 무의식적 요소를 드러냄.

(4) 문자만의 독특한 상상력 해체

① 사진, 영화, 레코드판의 출현은 문자텍스트에서 시각과 청각 이미지를 현실로 구현하여 문자 중심의 상상력을 해체함.

② 기술적 질서는 커뮤니케이션을 변형하고 인간 의식의 구조까지 변화시킴. 키틀러는 매체가 내용과 무관하게 소통 방식 자체를 변화시킨다고 주장함.

Ⅱ 정보기계로서의 인간

1. 의의

① 키틀러는 인간을 전통적인 '주체'로 보지 않고, 물질과 기술, 문화의 산물로 정의함.

② 푸코의 구성된 주체 개념을 수용하며, 인간을 '정보기계'로 설명함.

2. 물리적 · 생리학적 과정의 총체

① 인간의 뇌는 신경조직이 작용하는 정보의 공간으로, 생리적 기능을 처리하는 기관임.

② 뇌의 기능은 분화되어 있으며, 읽기, 쓰기, 말하기, 듣기 등은 서로 독립적임.

③ 인간의 뇌 작용을 정보 저장과 실행의 물질적 과정으로 설명하며, 인간을 정보기계로 정의함.

3. 생리적 신체기능과 매체의 발전의 변증법

① 매체는 인간의 신체 기능 결손을 보완하는 과정에서 발전해왔음.

② 맥루한 등은 매체를 인간의 신체기관 확장으로 해석했지만, 키틀러는 매체가 인간 경험을 결정한다고 보며 인간과 기술의 주종 관계를 뒤집음.

③ 카메라, 영화그래픽 등은 단순한 시각적 확장이 아니라, 인간이 포착할 수 없는 정보를 처리하여 인간에게 제공하는 역할을 함.

4. 매체와의 접속을 통해 구성되는 존재

① 키틀러는 디지털 시대의 인간을 '접속되는 존재'로 정의함. 인간은 디지털 기기에 지속적으로 접속하며 새로운 규칙과 원리를 익혀야 하는 존재가 됨.

② 기술매체 시대의 인간은 기술의 '종속 변수'이며, 인간과 기술이 통합된 존재로 변화하고 있음.

③ 인간과 기술 프로그램, 프로세서(실행 장치)가 어우러진 문화가 형성되고 있으며, 기존의 인본주의적 윤리학 전통은 무의미해짐.

④ 인간은 유일한 문화적 존재가 아니며, 로봇의 발전은 인간보다 더 문화적인 존재의 탄생을 예고함.

⑤ 키틀러는 기술이 인간의 지배적 요소가 되는 미래 사회를 낙관적으로 보지도 않고, 단순한 기술결정론자로 평가할 수도 없다고 주장함.

I 의의

포스터의 역사적 시대 구분의 핵심 개념은 '정보양식'임.

II 생산양식 개념에 대한 비판

1. 정보양식 개념과 생산양식 개념의 차이

① 정보양식 개념은 맑스의 생산양식 개념을 참고한 개념이나 본질적으로 다름.
② 생산양식은 인간의 욕구를 충족시키는 대상물을 생산·교환하는 방식임.
③ 정보양식은 상징적 기호를 매개로 의미를 소통하고 주체를 구성하는 방식임.

2. 생산양식 개념의 한계

① 노동패러다임에 기반한 생산양식 개념은 지식과 정보의 부상을 간과할 수 있음.
② 정보이용자의 새로운 의사소통 방식을 반영하지 못할 위험이 있음.

III 비관주의적 관점에 대한 비판

1. 비판이론의 문제점

① 호르크하이머와 아도르노는 기술과 미디어 문화의 관계를 자율성/타율성 이항대립으로 설명함.
② 이에 따라 전자적 단계에서 새로운 주체 구성 과정을 간과함.

2. 기술 지배력 강조의 문제점

노동자 계급과 대중을 수동적·무력한 존재로 규정하는 문제 발생.

IV 정보양식의 역사적 단계

1. 의의

① 포스터는 정보양식의 역사적 단계를 설정하면서 '역사적 특수성'을 강조함.
② 정보양식 개념은 총체적·본질주의적 범주가 아닌 다층적 개념임.
③ 정보양식 연구는 동굴 벽화부터 데이터베이스·통신위성까지 포함해야 함.
④ 정보 보존·전달 방식은 사회적 관계와 밀접한 연관을 가짐.
⑤ 역사적 시대 구분은 상징적 소통구조의 변형방식에 따라 가능함.

⑥ 현대 문화에서 정보는 숭배나 헌신의 대상이 될 정도로 비중이 커지고 있음.

2. 정보양식의 세 가지 발전 단계

① 구어적 정보양식: 대면적·구어적 매개 의사소통 단계
② 문자적 정보양식: 인쇄 문자 매개 의사소통 단계
③ 전자적 정보양식: 전자적 매개 의사소통 단계

3. 각 정보양식 발전 단계에 따른 수용자의 특징

(1) 구어적 정보양식

대면적 관계 속에서 발화 소재지로 규정됨.

(2) 문자적 정보양식

합리적 자율성을 기반으로 하나 실제로는 수행자로 위치함.

(3) 전자적 정보양식

① 아날로그 단계: 수동적·능동적 수용자가 혼재됨.
② 디지털 단계: 능동적·복수적·노마드적 이용자로 변화함.
③ 미디어 이용자는 특정 집단으로 고정되지 않으며 탈중심화되고 분산됨.

4. 정보양식의 변화 방식

① 정보양식 변화는 진화론적 발전이 아니라 공존적·보완적 발전 형태를 가짐.
② 구어적·문자적·전자적 정보양식은 동시대적으로 공존함.
③ 기술패러다임 중심의 역사발전 결정론을 탈피하기 위해 균형적 관점이 필요함.

I 의의

1. 플루서의 코무니콜로기(Kommunikologie)

① 플루서는 저서 「코무니콜로기」에서 '코드화된 세계'의 변화를 역사적으로 탐구함.
② 코무니콜로기는 '코드화된 세계'의 커뮤니케이션 방식의 변화를 고찰하는 학문적 개념임.
③ 플루서가 정의하는 코드(code)는 상징의 과정이 전제된 개념으로, 합의된 상징들의 조작을 일정한 방식으로 정돈하는 체계임.
④ 코드의 혁명을 통해 탈문자시대 이후 '기술적 형상 혹은 이미지'가 생산됨.

⑤ 코드화된 세계는 점차 '제1의 자연'의 세계를 망각하게 됨.

2. 미디어철학의 코무니콜로기(Kommunikologie)

① 플루서는 인간의 소통을 죽음과 관련지어 설명하며, 소통이 반(反)엔트로피적 행위임을 주장함.

② 인류는 그림(벽화), 말(구두언어), 문자를 활용하여 소통했으며, 각 소통 도구들은 고유한 코드화 과정을 통해 독특한 세계관을 형성함.

③ 그림은 감성과 자연신 중심주의와 관계되며, 그림을 설명하려는 노력이 말(구두 언어)의 탄생으로 이어짐.

④ 말은 지성과 유일신 중심주의와 관련되며, 말을 저장하고 전달하려는 노력이 문자의 탄생으로 이어짐.

⑤ 문자는 이성과 인간 중심주의와 관련되며, 문자를 자유롭게 사용하려는 노력이 학교의 탄생과 분과학문, 인간 중심주의의 발전으로 이어짐.

⑥ 기술적 형상(숫자와 컴퓨터 프로그래밍 언어로 이루어진 것)은 문자의 발전 과정에서 등장함.

⑦ 플루서는 대화와 담론을 구조화하며, 코무니케메(kommunikcme) 개념을 제시함.

⑧ 코무니케메는 소통을 구성하는 소통 분자로서, 명령법, 원망법(願望法), 직설법(直說法)으로 분류됨.

⑨ 명령법은 'A는 B여야 한다', 원망법은 'A는 B일 수 있다', 직설법은 'A는 B이다'라 할 수 있음.

⑩ 플루서는 대화와 담론의 구조가 경계와 방향으로 이루어져 있음을 강조함.

Ⅱ 인간의 전형적인 코드 3단계

1. 의의

① 인류문화사적 관점에서 인간의 전형적인 코드는 세 단계로 변화 · 발전함.

② 선사시대의 그림, 문자시대의 텍스트, 탈문자시대의 기술적 형상 혹은 이미지로 구분됨.

2. 각 단계의 특성

(1) 선사시대(기원전 4000~1500년)

① 3차원적 현실 세계의 이미지를 2차원적 이미지로 표현한 동굴벽화가 정보수단으로 활용됨.

② 상상의 관계들이 형성된 단계임.

(2) 문자시대(기원전 1500~서기 1900년)

① 그림으로부터 텍스트로의 비약적 발전이 이루어짐.

② 1차원적 이미지가 중시되며, 상상의 관계들이 개념적 관계들로 대체됨.

(3) 탈문자시대(1900년 이후)

① 인간의 정보가 깊이와 공간이 결여된 0차원의 형태로 전환됨.

② 기술적 형상 혹은 이미지가 생산되는 단계임.

③ 0차원적 이미지는 공간의 제약이 없으며, 역설적으로 모든 공간에 침투할 수 있음을 함축함.

3. 요약정리

① 기술적 이미지의 창조자인 인간은 '이미지 창조자 혹은 상상가'가 됨.

② 붐(Boom)은 탈문자 시대의 인간이 디지털 매체를 통해 시 · 공간을 넘나들며 새로운 현실을 창조할 수 있다고 긍정적으로 평가함.

③ 플루서는 탈문자시대의 이미지 생산이 선정주의, 스테레오타입, 즉시적 정보의 수동적 수용 등의 '탈역사적 파시즘'을 초래할 위험이 있다고 비판함.

④ 플루서는 담론형 커뮤니케이션은 정보의 손실을 제한하지만 엘리트주의적 개입이 크며, 대화형 커뮤니케이션은 송수신자 간의 경계 없이 해석과 개입이 가능하지만 대중적 기만에 노출된다고 봄.

⑤ 0차원의 시 · 공간은 TV와 디지털 매체를 통해 미학적 실험과 창조를 가능케 하지만, 현실 문제를 왜곡하거나 배제할 위험이 있음.

Theme 60-2 플루서의 커뮤니케이션 이론

Ⅰ 담론과 대화

1. 개념

① 플루서는 인간의 커뮤니케이션이 담론과 대화를 균형 있게 활용할 때 고독을 극복하고 인생에 의미를 부여할 수 있다고 주장함.

② 담론은 자연의 엔트로피 작용에 대응하여 정보를 보존하는 방식으로, 송신자의 기억에서 수신자의 기억으로 정보를 일방적으로 분배하는 행위임.

③ 대화는 주어진 정보를 교환하며 새로운 정보를 합성하는 과정이며, 상호작용을 통해 정보가 창출됨.

2. 담론과 대화의 관계

① 대화는 이전 담론의 축적된 정보를 활용해야 성립되며, 담론은 이전 대화에서 생성된 정보를 기반으로 이루어짐.

② 담론과 대화는 상호 의존적이며, 어느 한쪽이 더 우세하다고 평가할 수 없음.

3. 사회적 의미

① 담론과 대화가 공존하는 사회가 이상적임.

② 담론이 지배적이면 정보는 축적되지만, 개인은 고독을 느끼게 됨.

③ 대화가 우세하면 역사적 단절이 발생하여 고독이 초래됨.

4. 미디어와 커뮤니케이션 구조

① 미디어는 담론형 혹은 대화형 커뮤니케이션 구조를 가짐.

② 담론형과 대화형 커뮤니케이션은 각각 발전해왔으며, 현대 커뮤니케이션에서는 공존하고 있음.

③ 매체의 기능은 상황, 목적, 장소 등에 따라 달라지며, 단순히 존재론적 특성으로 결정되지 않음.

④ 매체는 담론형에서 대화형으로, 대화형에서 담론형으로 변질될 가능성이 있음.

Ⅱ 담론형 커뮤니케이션

1. 의의

① 자연의 엔트로피 작용이 정보에도 적용되며, 담론은 정보 소멸에 대항하여 정보를 보존하는 역할을 함.

② 담론 수행 시 정보의 변형 방지와 수신자를 미래의 송신자로 만드는 것이 중요함.

③ 정보의 충실성 유지와 정보의 흐름을 통한 발전을 조화시키는 것이 어려운 과제임.

④ 플루서는 담론의 형태를 네 가지로 분류함.

2. 극장형 담론

① 극장, 교실, 콘서트홀 등에서 나타나는 형태로, 개방된 전면과 차단된 후면 구조를 가짐.

② 정보의 흐름을 촉진하며, 송신자의 메시지에 대한 즉각적인 응답이 가능하여 대화로 전환될 가능성이 있음.

③ 외부 소음을 차단하지만 내부의 잡음은 허용하여 정보의 흐름을 강조함.

3. 피라미드형 담론

① 군대, 교회, 행정기관 등에서 발견되는 구조로, 위계질서를 강조하고 통제를 최우선으로 함.

② 송신자가 정보를 전달하고 릴레이가 이를 재코드화하여 수신자에게 전달함.

③ 수신자의 재송출이 허락되지 않으며, 정보의 충실성 유지에 탁월하나 수신자를 송신자로 전환하는 데에는 부적합함.

4. 나무형 담론

① 피라미드형 담론과 달리 수평적 구조를 가지며, 최종 수신자가 존재하지 않음.

② 과학, 기술, 예술 등의 분야에서 발견되며, 정보가 끊임없이 재구성되고 창조됨.

③ 정보의 흐름이 활발하지만, 정보의 통합이 이루어지지 않아 충실성 측면에서는 미흡함.

5. 원형극장형 담론

① 신문, 텔레비전 등 대중매체에서 나타나는 형태로, 송신자가 정보를 단순 전송하며 수신자는 독립적인 위치에 있음.

② 정보의 충실성과 흐름을 동시에 만족시키는 구조이나, 수신자를 송신자로 전환할 필요가 없음.

Ⅲ 대화형 커뮤니케이션

1. 의의

① 대화는 다양한 정보를 새로운 정보로 합성하는 방식임.

② 브레인스토밍, 그룹 다이내믹스 등을 활용하여 생산성을 높일 수 있음.

③ 플루서는 대화형 커뮤니케이션을 원형 대화와 망형 대화로 구분함.

2. 원형 대화

① 원탁 구조를 가지며, 위원회, 실험실, 회의, 의회 등에서 발견됨.

② 공통분모를 발견하여 새로운 정보를 생성하는 과정이지만, 참가자의 제한된 숫자로 인해 파급력이 낮음.

③ 성공할 경우 최상의 커뮤니케이션 형식이 될 수 있음.

3. 망형 대화

① 분산적인 형태를 가지며, 인간 커뮤니케이션의 기본 망을 형성함.

② 잡담, 소문, 욕설 등의 형식이 포함되며, 모든 사람이 송신자이자 수신자 역할을 수행함.

③ 폐쇄적 구조의 원형 대화와 달리 개방적이며, 현대에는 인터넷을 통해 확산됨.

Ⅳ 정리

1. 플루서의 분석

① 극장형 담론과 원형 대화는 더 이상 제대로 작동하지 않으며 위기에 처해 있음.

② 피라미드형 담론은 극복된 것처럼 보이지만 여전히 중요한 커뮤니케이션 형식임.

③ 나무형 담론은 강력한 형태처럼 보이나 의심할 여지가 있음.

2. 미래 커뮤니케이션 전망

① 원형극장형 담론과 망형 대화가 미래의 핵심 커뮤니케이션 형태가 될 가능성이 큼.
② 대중매체와 합의를 통한 코드 전환이 새로운 존재 형식을 창출할 것임.
③ 나무형 담론에서 출발한 특수화된 코드가 점차 일반화되고 있으며, 이를 재창조하기 위해 코드의 원리를 이해해야 함.

Theme 60-3 속도의 시대: 비릴리오

Ⅰ 의의

① 탈문자시대의 기술적 이미지, 즉 영상문화에 대한 플루서의 비판적 입장은 비릴리오에게서 더욱 강력하게 나타나는 입장.
② 새로운 기술이 새로운 지각방식과 세계질서를 형성하지만, 결국 파국적인 변화를 필연적으로 초래함.
③ 비판적 관점은 '속도'와 '정치'의 결합이 가져올 파괴력에 대한 강조로 이어지며, 「속도와 정치」, 「소멸의 미학」 등에서 일관되게 유지됨.

Ⅱ 속도의 네 가지 양태

1. 의의

속도는 모든 동물의 생존과 종의 보존을 위한 필수 요소로 작용함.

2. 속도의 유형

(1) 생체 속도와 기술적 속도

역사적으로 '생체 속도'와 '기술적 속도'가 존재하며, 기술적 속도는 '기계적 속도'와 '시청각 속도'로 구분됨.

(2) 기계적 속도와 시청각 속도

① 기계적 속도: 자동구동 장치 발명에 의해 가능해진 속도.
② 시청각 속도: 전자기파 발견에 의해 가능해진 속도. 라디오, 텔레비전, 인터넷, 가상현실 등이 포함됨.

3. 속도의 역사에서 세 가지 혁명이 존재함.

① 18세기 중반부터 시작된 '운송 혁명': 기계적 속도의 획득.

② 19세기 말부터 시작된 '전송 혁명': 시청각 속도의 획득, 빛의 속도에 근접.
③ 20세기 중반부터 시작된 '이식 혁명': 생체 속도와 기술적 속도의 융합.

4. 이식 혁명

이식 혁명은 인간이 신의 속성(편재성, 동시성, 즉각성)을 획득하는 단계로 발전하며, 빛의 속도를 인간에게 '이식'하는 것이 가능해짐.

Ⅲ 이식 혁명

① 운송혁명(이동수단의 발전), 전송혁명(통신기술의 발전), 이식혁명(기술과 인간의 융합)으로 속도의 혁명이 진행됨.
② 이식혁명은 신체와 기술의 경계를 붕괴시키며, 인간의 신체 일부가 소형화된 기계 장치로 대체되는 단계.
③ 신체에 삽입된 극소기계로 인해 인간의식의 주체성이 사라지고, 신체 내부의 식민화가 발생할 위험이 있음.

Ⅳ 피크노렙시와 드로몰로지

1. 피크노렙시(picnolepsie)

① '자주 일어나는 신경발작'을 의미하는 용어.
② 기억 부재증과 관련되며, 사회적으로 빈번한 중단, 사고, 장애, 시스템 오류 등의 현상을 조명함.
③ 감각이 깨어 있으나 외부로 향한 느낌이 닫혀 있는 상태에서 연속적인 시간으로부터 벗어남.
④ 속도의 가속화 속에서 개인의 시간적 경험이 변화함.

2. 드로몰로지(Dromology, 질주학)

① 속도의 변화를 역사적으로 분석하며, 3대 속도혁명(운송, 전송, 이식)을 통해 속도의 질서를 구분함.
② 속도의 가속화로 인해 공간의 소멸이 발생하며, 이는 개인의 자유와 실존의식을 위협함.
③ 「속도와 정치」에서 '드로몰로지' 개념을 제시하며, 속도가 사회 및 정치적 생활에 미치는 영향을 분석함.

3. 질주정(dromocratie) 혁명

① 속도를 생산하는 수단(증기기관, 핵무기, 즉각적 통신 등)이 사회적, 정치적 생활에 미치는 영향 분석.
② 사회는 지속적인 속도의 가속화를 경험하며, 현대 사회는 가속화의 한계점에 도달함.
③ 정보의 즉각적 전송 및 초음속 비행 기술이 발전하면서 가속화의 한계로 인한 사회적 문제 발생.

Ⅴ 시대마다 각기 다른 형태의 이미지들

① 이미지의 변화를 형식논리, 변증법적 논리, 모순의 논리로 구분.
② 18세기까지의 형식논리적 이미지(회화, 수예, 건축), 19세기까지의 변증법적 논리(사진, 영화, 포토그램), 20세기 이후 모순의 논리(비디오, 컴퓨터, 홀로그래피)로 구분됨.
③ 디지털 이미지와 가상현실이 실제와의 경계를 모호하게 만듦.

Ⅵ '모순의 논리'가 작동하는 전자정보매체의 혁명과 세계질서 변화

1. 의의

① 속도의 개념을 통해 전자정보매체의 혁명을 분석함.
② 전자정보매체는 신체적 감각의 한계를 초월하며, 공간과 시간의 개념을 변화시킴.

2. '사라짐의 미학'과 현실과 가상의 혼합·혼동

① 시각기계가 인간의 현실 감각을 마비시키며, 미디어 속 정보가 실재처럼 인식됨.
② TV, 영화, 디지털 매체의 발달로 현실감이 마비됨.
③ 인터넷과 디지털 이미지는 실제 사물의 존재 여부와 상관없이 실재처럼 작동함.

Ⅶ 비릴리오에 대한 평가

① 닉 스티븐슨: 비릴리오의 기술 공포증이 가장 큰 한계라고 지적하며, 기술의 전체주의적 야망에 대한 대응으로 기술 금욕을 주장한다고 비판.
② 존 아미티지: 비릴리오가 기술 공포증에 치우치기보다는 원격통신 기술과 핵에너지 같은 절대적 속도와 힘에 대한 문제를 제기한다는 점에서 긍정적으로 평가.
③ 그러나 아미티지 역시 비릴리오의 미디어 문화에 대한 기술 공포증에 대해 비판적 입장을 유지하며, 그의 분석이 부정적 측면에 집중되어 있다는 점을 지적함.

Theme 61 뉴미디어와 소셜 미디어

Ⅰ 뉴미디어의 이해

① 기존 미디어에 새로운 정보처리 및 정보 전달기술이 융합되어 기존 매체가 다른 매체나 새로운 기술과 결합하여 보다 편리하고 진보된 기능을 갖게 되는 미디어.
② 전자기술 발전으로 정보교환 및 통신수단이 지배적 대중매체가 되는 미디어.

Ⅱ 텔레마틱스(telematics) 혹은 컴퓨티케이션(computication)

① 컴퓨터와 정보 통신기술이 결합된 새로운 형태의 커뮤니케이션 기술이나 이를 기반으로 하는 새로운 사회 환경.
② 텔레마틱스(telematics): 시몽 노라(Simon Nora)와 알랭 밍크(Alain Minc)가 처음 사용한 용어로 컴퓨터와 원거리 통신이 결합된 현상.
③ 컴퓨티케이션(computication): 안토니 웨팅거(Anthony Oettinger)가 만든 용어로 디지털 부호에 의해 컴퓨터, 전화, 텔레비전이 결합됨으로써 발생하는 새로운 정보전달 현상.

Ⅲ 미디어의 발달 과정

1. 제1기: 활자미디어 시대
최초로 정보 기록의 저장 및 전달 가능

2. 제2기: 전파미디어 시대
거리와 시간을 초월한 정보전달 가능

3. 제3기: 영상미디어 시대
음성 위주 정보전달에서 영상메시지 전달 가능

4. 제4기: 뉴미디어 시대
기존의 미디어를 복합적으로 활용 가능

Ⅳ 뉴미디어의 특성

1. 종합화(integration)
개별 미디어를 하나의 정보망으로 종합하고, 디지털화를 통해 모든 매체를 하나로 통합하여 멀티미디어화되는 과정.

2. 영상화(visualization)
문자, 음성, 음향, 영상 기호 등 다양한 정보 형태가 영상화되어 하나의 디지털 단말기로 다양한 신호와 정보 송·수신 및 이용 가능.

3. 상호작용성(interactivity)
채널 용량 증대로 리턴 채널(return channel) 설정이 가능하고 양방향 커뮤니케이션 활성화.

4. 비동시화(asynchronocity)

수용자가 원하는 시간과 장소에서 원하는 프로그램을 선택적으로 이용 가능 (VOD, PVR 등 활용).

5. 탈대중화(demassified)

특정 계층을 목표 수용자로 하여 다품종 소량주의적 성격을 가짐.

Ⅴ 뉴미디어의 분류

1. 정보형태를 기준으로 한 분류

① 문자계: 전자신문, 전자사서함, 문자다중 TV방송, 문자라디오방송, 무선호출기 등
② 음성계: 디지털오디오테이프(DAT), 오디오CD, 디지털라디오방송, AM스테레오방송, 문자라디오방송, 개인휴대전화(PCS), 위성개인휴대통신(GMPCS), 음성사서함전화서비스 등
③ 영상계: 비디오CD, 주문형비디오서비스(VOD), 가입형TV, 직접위성방송, HDTV, 디지털텔레비전, CATV, 원격영상회의, 정지화방송, 전자신문, 다채널 마이크로웨이브방송(MMDS) 등
④ 멀티미디어계: 디지털비디오디스크(DVD), 디지털종합케이블 TV 서비스망, 인터넷망, 미래공중육상이동통신 등

2. 정보전달수단에 따른 분류

① 유선계: 광통신, 케이블TV, 비디오텍스, 데이터베이스, 전자신문, 팩스신문, 인터넷망, 디지털종합케이블방송, LAN, VAN, ISDN 등
② 무선계: 마이크로웨이브, 가입자 TV, 저출력 TV, 다채널마이크로웨이브방송(MMDS), 디지털라디오방송, 문자다중방송, 문자라디오방송, 차량이동전화, 셀룰러전화, 개인휴대통신(PCS), HDTV, 정지화방송, PCM방송, FAX방송, 화상회의, 코드데이터방송, 무선호출 등
③ 위성계: 직접위성방송(DBS), SMATV, VSAT네트워크이동통신, HDTV 등
④ 패키지계: 비디오텍스, 콤팩트디스크, 비디오카세트, 디지털오디오테이프(DAT), 디지털비디오디스크(DAD) 등

Ⅰ 스마트 혁명: 이동성 확장과 연결성의 진화

1. 스마트폰으로 인한 연결의 양적 확장과 질적 변화

① 스마트폰의 보급으로 인해 사람과 사람 간의 연결이 증가하며, 이는 인간이 본질적으로 연결을 추구함을 의미함.
② PC 환경과 달리 모바일 환경에서는 항시 연결이 전제되며, 오프라인과 온라인 공간의 경계가 모호해짐.

2. 스마트 혁명이 정보 연결에 미친 영향

① 날씨, 미세먼지, 길 찾기, 대중교통 정보 확인이 손쉽게 가능해지며, 일상적 접촉의 필요성이 감소함.
② 뉴스의 실시간 소비, 영화표 및 기차표 예매, 모바일 뱅킹 이용 증가로 인해 피상적 대면 접촉이 감소함.
③ 소셜 미디어는 이용자가 생산한 콘텐츠(일상, 정치적 의견 등)를 실시간 공유하며 불특정 다수에게 확산함.

Ⅱ 연결됨을 추구하는 관계적 인간

1. 연결망의 확장

① 인간은 본래 공동체를 이루며 생활해왔으며, 퇴니스는 공동체 예시로 가족, 촌락을 제시함.
② 뒤르켐은 농경사회와 산업사회의 연결망 변화를 분석하며, 산업사회에서의 연결망 확대를 설명함.
③ 산업사회에서 생활 영역의 분화로 상호의존성이 강해졌으며, 국가 단위의 연결이 증가하고 교통 및 정보통신기술의 발달로 상호작용이 촉진됨.

2. 기계적 연대와 유기적 연대

① 근대 이전 사회의 동질성 기반 공동체는 기계적 연대, 필요에 따라 협동하는 공동체는 유기적 연대로 설명됨.
② 정보사회에서는 물리적 공간뿐만 아니라 가상공간에서도 연결이 가능해지며, 시공간 장벽이 감소함.
③ 인터넷 커뮤니티를 통해 유사한 관심사를 가진 사람들과 상호작용하며, 온라인에서는 사회경제적 지위가 관계 형성에 영향을 미치지 않아 수평적 인간관계 형성이 가능함.
④ 온라인 공간에서 관계가 유지되거나 오프라인 만남으로 확장 가능함.

3. 사회적 관계의 형성과 유지

(1) 오프라인에서 온라인으로 확장된 관계

① 온라인 공간은 오프라인에서 자주 만나지 못하는 사람들과 상호작용 빈도를 증가시키며, 실시간 및 시차를 둔 소통이 가능함.

② 음성, 텍스트, 이미지 중심의 소통에서 화상 소통으로 발전함.

(2) 사회연결망의 특성과 강한 연결

① 오프라인과 온라인에서 중첩된 관계는 강한 연결이며, 가족, 친구, 동료 관계에 해당함.

② 취미 기반 온라인 커뮤니티, 지역 기반의 맘카페 등은 오프라인 만남으로 확대될 수 있음.

③ 온라인에서만 유지되는 관계는 관심사 변화에 따라 쉽게 단절될 수 있으며, 이는 약한 연결로 설명됨.

> **심층 연계 내용** 사회연결망(social network)
> ① 인간 행위와 사회구조를 네트워크로 파악하는 개념으로, 개인, 집단, 국가를 노드(node)로 정의하고 이들 간의 상호의존적 관계(tie)에 의해 형성됨.
> ② 연결의 강도에 따라 강한 연결(동질적 집단 내 상호작용을 통한 신뢰 효과)과 약한 연결(이질적 집단 내 상호작용을 통한 정보 효과)로 구분됨.

Ⅲ 소셜 플랫폼

1. 인간의 연결 욕구를 충족하는 서비스

① 소셜 플랫폼은 소셜 네트워킹 서비스 또는 소셜 미디어로 불리며, 개인 간 사회적 관계 유지 및 확장을 용이하게 함.

② 1997년 식스디그리즈닷컴(SixDegrees.com)이 최초의 소셜 네트워킹 서비스로 등장함.

③ 1999년 국내에서 싸이월드, 아이러브스쿨이 큰 인기를 끌었으나, 모바일 환경 적응 실패로 쇠퇴함.

④ 2004년 페이스북, 2006년 트위터가 등장하여 대표적인 소셜 미디어로 자리 잡음.

2. 다양한 모바일 메신저 서비스

미국의 왓츠앱, 페이스북 메신저, 중국의 위챗, 일본의 라인, 국내의 카카오톡 등이 개인 및 집단 간 연결을 돕는 주요 수단으로 자리함.

> **심층 연계 내용** 소셜 네트워킹 서비스
> (Social Network Service, SNS)
> ① 준거집단 및 공통 관심사를 매개로 개인 간 사회적 관계를 유지하고 확장하는 서비스.
> ② 2010년 이후에는 이용자가 직접 콘텐츠를 생산하고 공유하여 공론화하는 미디어 기능을 수행하며, 소셜 미디어와 혼용되어 사용됨.
> ③ 대표적인 SNS로 페이스북, 트위터, 인스타그램 등이 있음.

Ⅳ 사회자본

1. 의의

① 사회적 관계는 개인에게 유무형의 혜택을 제공하는 요소이며, 소셜 미디어의 인기 요인과 관련됨. 퍼트넘(Putnam)은 사회자본을 서로에게 이익이 되고 협력을 용이하게 하는 네트워크, 규범, 신뢰와 같은 사회조직화의 특성으로 정의함.

② 사회자본은 물적 자본이나 인간자본과 달리 개인 내부에 체화되지 않으며, 개인이 아닌 관계에서 발생한다는 특징을 가짐.

> **심층 연계 내용** 사회자본(social capital)
> 사람들의 사회참여나 사회연결망에서 생성되는 자원으로, 지속적인 상호작용을 통해 신뢰와 규범을 형성하며 사회적 거래비용을 감소시키는 역할을 함. 주요 구성요소로 연결망(network), 신뢰(trust), 사회규범(social norms)을 포함함.

2. 개인 수준에서의 사회자본

① 사회자본의 개인 수준에서의 효과는 정서적 효과와 도구적 효과로 구분됨.

② 도구적 효과는 사회적 관계를 통해 다른 사람이 가진 자원을 동원하는 것임. 예를 들어, 의료 인공지능 기업 관계자와의 인터뷰에서 의료 데이터센터에 종사하는 지인을 활용하여 접촉을 용이하게 하는 사례를 들 수 있음. 또한 희귀병 관련 커뮤니티는 정서적 지지와 함께 질병, 병원, 치료법 등의 정보를 제공하는 기능을 수행함.

3. 인터넷이 사회자본에 미치는 영향

(1) 의의

사회학자 웰먼(Wellman)은 인터넷이 사회자본에 미치는 영향을 탐구하며 세 가지 시각을 제시함.

(2) 사회자본 강화론

온라인 상호작용이 소통의 빈도를 증가시키고 오프라인 관계를 증진시키며, 개인 간의 만남, 조직 참여, 커뮤니티 헌신을 촉진한다는 입장.

(3) 사회자본 축소론

한정된 시간 자원의 제약으로 인해 온라인에서 약한 연결이 증가하는 반면, 가정 내 상호작용 및 사회적·정치적 관여가 감소한다는 입장.

(4) 사회자본 보완론

인터넷 사용이 사회자본의 증가나 감소 없이 오프라인 대인관계를 보완하는 역할을 한다는 입장. 연구 결과에 따르면 온라인 상호작용은 대면 접촉이나 전화통화를 증가시키거나 감소시키지 않으며, 보완적 역할을 수행함.

(5) 결론

① 정보통신기술의 발전으로 사회자본 형성과 유지가 용이해지고, 사회적 관계를 형성·유지할 수 있는 수단이 다양화됨.

② 개인 수준에서는 온·오프라인 상호작용을 통해 신뢰가 형성되며, 온라인 커뮤니티 참여는 사회적 수준에서의 효과를 나타냄. 정치적·사회적 이슈와 관련된 촛불집회 등의 사례가 대표적임.

V 정보사회에서 고립의 다면성

1. 의의

① 정보사회는 인간이 정보 및 타인과 연결되기 용이한 환경을 조성하였으나, 연결의 혜택을 받지 못하는 경우도 존재함. 고립의 양상은 사회로부터의 고립과 정보로부터의 고립으로 구분 가능함.

② 디지털 소외는 인터넷 이용 불가로 인한 소외 현상이며, 정보망 및 디지털 서비스에서 배제될 경우 사회적 고립이 초래됨.

③ 디지털 과의존은 인터넷을 과도하게 이용하여 스스로를 고립시키는 현상으로, 새로운 정보망 및 사회관계를 차단하는 문제를 야기함.

2. 디지털 소외: 비자발적 고립

① 인터넷 사용이 어려운 정보취약 계층(장애인, 저소득층, 고령층, 농어민, 북한이탈주민, 결혼이민자 등)이 존재하며, 이들은 디지털 소외로 인해 사회적 불이익을 경험함.

② 오프라인 서비스가 온라인으로 전환됨에 따라 디지털 소외는 사회적 고립을 심화시키는 결과를 초래함.

3. 디지털 과의존: 자발적 고립

(1) 의의

인터넷 및 스마트폰 중독이란 용어 대신, 과도한 의존에 초점을 맞춘 개념으로 정의됨.

(2) 성립 요소

① 현저성(salience): 스마트폰이 개인의 삶에서 가장 중요한 활동이 되는 현상.

② 조절실패(self-control failure): 스마트폰 이용에 대한 자율적 조절능력이 저하되는 현상.

③ 문제적 결과: 스마트폰 이용으로 인해 신체적·심리적·사회적으로 부정적 결과를 경험하면서도 이용을 지속하는 현상.

(3) 사례

① 온라인 게임의 과도한 이용 및 현실과의 단절 현상.

② 소셜 미디어의 알고리즘과 즉각적 보상 구조가 이용자의 과의존을 유도하는 현상.

(4) 특징

① 디지털 과의존은 자발적 고립이라는 특징을 가짐.

② 사회자본 축소론의 근거로 작용하며, 인터넷 사용으로 인해 물리적 환경 내 주변인과의 관계가 소홀해지는 문제를 초래함.

③ 과의존으로 인해 특정 콘텐츠에 몰입하며 타인 및 사회로부터의 고립이 발생하며, 사회적 문제로 인식됨.

VI 지능정보사회에서 인간의 연결과 고립

① 지능정보사회에서는 인터넷을 통한 인간과 정보의 연결뿐만 아니라, 사람과 사물, 사물과 사물 간의 연결이 중요한 이슈로 등장함.

② 사람과 사물의 연결 사례로 돌봄 서비스에서 활용되는 '효돌' 인형과 인공지능 스피커 등이 있으며, 이는 심리적 안녕감 향상 및 맞춤형 정보 제공 등의 역할을 수행함.

③ 그러나 사회적 관계를 통한 신뢰 형성과 사회자본 형성의 가치가 지속적으로 강조될 필요가 있음.

④ 지능정보사회에서는 개인의 취향을 반영한 알고리즘이 확증편향(confirmation bias)을 형성하여 정보의 편향적 노출과 정치적 양극화, 사회갈등을 심화시킬 가능성이 있음.

> **심층 연계 내용** 확증편향(confirmation bias)
> ① 자신의 기존 신념을 강화하는 방향으로 정보를 선택하고 해석하는 경향을 의미함.
> ② 유튜브 등 개인화된 미디어 플랫폼은 이용자의 선호에 맞춰 정보를 제공하여 확증편향을 심화시키는 요인으로 작용함.

I 의의

소셜 미디어의 기능은 단순한 정보 공유를 넘어 인간관계를 확장하는 데 있음. 현실 세계의 인간관계를 유지 및 강화하는 역할 수행.

II 사회자본과 비밀 공유

1. 사회자본

① 소셜 미디어는 신뢰를 기반으로 한 인간관계를 형성하며, 사회 자본을 생성함.
② 사회 자본은 경제자본, 인간자본, 문화자본과 함께 개인이 신뢰할 수 있는 인간관계를 포함함.

2. 비밀 공유

① 친밀한 관계 형성을 위해 비밀 공유가 필요함.
② 비밀 공유를 통해 관계의 소중함이 증가하며, 이는 사생활에 대한 정보로 구성됨.
③ 비밀 공유에는 사회적 비난의 위험이 존재하나, 정신적 불안 해소의 역할을 함.

3. 프라이버시

① 근대 이후 개인화가 진행되면서 프라이버시는 법과 제도를 통해 보호받는 개념으로 발전됨.
② 프라이버시는 개인이 독립적으로 보장받아야 할 삶의 영역을 의미함.

III 자기 전시주의

1. 페이스북과 자기 전시

① 페이스북은 자기 전시주의를 대표하는 소셜 미디어 플랫폼이며, 글, 사진, 영상을 통해 사용자의 존재감을 드러냄.
② 페이스북의 콘텐츠는 타인을 위한 일기로서, 타인의 반응과 판단을 기대함.

2. 준프라이버시

① 소셜 미디어 공간은 개인의 은밀한 공간이 아닌, 타인에게 인정받기 위한 공간으로 기능함.
② 프라이버시는 연출과 편집을 거쳐 준프라이버시 형태로 공개됨.
③ 페이스북에서는 밀접한 관계뿐만 아니라 약한 관계의 사람들에게도 자신의 모습이 노출됨.

IV 소셜 미디어 자기전시와 프라이버시에 대한 논쟁

① 자기 전시 증가와 함께 프라이버시 침해 문제가 발생함.
② 자발적 노출이므로 프라이버시 침해가 아니라는 주장과, 노출된 정보를 수집하는 행위 자체가 침해라는 주장이 대립함.

V 현실 공간에서의 고독과 소셜 미디어에서의 자기전시

1. 현대사회의 고독

① 공동체로부터의 분리로 인해 감정적 지지 부족이 발생하며, 개인은 고독을 경험함.
② 타인의 지지가 가져다주는 자기만족감이 프라이버시 노출의 위험보다 중요하게 작용함.

2. 타인의 시선과 관심

① 고독의 원인은 타인의 관심 부족이며, 이는 정체성과도 연결됨.
② 경쟁사회에서 개인은 존재감을 인정받기 어려우며, 사회적 지지 부족은 아노미 상태를 초래할 수 있음.
③ 소셜 미디어는 관계 지속과 존재감 표현을 가능하게 하며, 쉽게 자기 전시를 할 수 있도록 함.

3. 상호작용론과 소셜 미디어

① 상호작용론에 따르면 개인의 정체성은 타인과의 관계 속에서 형성됨.
② 소셜 미디어는 현대사회에서 개인 정체성 형성에 중요한 역할을 함.

> **심층 연계 내용** 미장센느
>
> 프랑스어 Mise en Scene에서 유래한 개념으로, 장면(scene)을 만들기 위한(mise en) 모든 장치와 방법을 의미함. 연극, 영화, 공연 등에서 배우들의 연기를 현실감 있게 표현하기 위해 활용되는 무대 장치, 조명, 분장 등이 포함됨. 소셜 미디어에서는 음식 사진 촬영 시 각도와 조명을 조절하거나, 여행지 사진을 특정 앱을 사용해 보정하는 등의 연출 방식이 미장센느에 해당함.

VI 소셜 미디어의 자기전시와 사회적 지지

1. 의의

① 소셜 미디어에서는 정체성, 취향, 인간관계, 고민이 타인에게 공개됨.
② 사회적 지지를 받지 못할 경우 불안이 발생하며, 이를 해소하기 위해 더욱 전시적인 콘텐츠를 제작함.

2. 스타와 일반인의 지지

① 사회적 지지를 가장 필요로 하는 존재는 스타이며, 스타는 지속적인 지지를 필요로 함.

② 소셜 미디어의 등장으로 일반인도 사회적 지지를 받을 기회를 얻게 됨.

③ 한국 청년 세대는 현실 공간에서 사회적 지지 기회가 감소하며, 이를 소셜 미디어에서 보완하고자 함.

VII 소셜 미디어의 자기전시와 고프먼의 연극이론

1. 연극이론 개념

① 어빙 고프먼은 삶을 연극 무대에 비유하며, 개인은 타인의 기대를 만족시키기 위해 연기를 한다고 설명함.

② 관객의 기대에 맞춰 자신의 모습을 변형하며, 이를 '자아 이미지의 재연출'이라고 정의함.

2. 페이스북과 연극이론 적용

① 현실에서 사회적 지지를 받기 어려운 개인은 페이스북에서 지지를 받고자 함.

② 이를 위해 자신의 실제 모습이 아닌, 타인이 기대하는 모습으로 자신을 연출함.

③ 타인의 기대에 맞춰 연출된 콘텐츠를 통해 큰 지지를 얻고, 자기 전시를 성공적으로 수행함.

3. 공모 개념과 페이스북

① 고프먼은 배우와 관객 간의 공모 관계를 설명하며, 페이스북에서도 유사한 관계가 형성됨.

② '좋아요'와 댓글을 통한 지지의 순환이 이루어지며, 이를 통해 사회적 지지가 지속적으로 재생산됨.

Theme 64 익명성과 다중정체성

I 디지털 자아 혹은 사이버 자아의 존재론

1. 의의

① 개인은 자신의 욕구, 신념, 가치를 중심으로 형성된 자아정체성을 가짐. 이는 성별, 나이, 직업, 신분 등의 사회적·경제적 지위를 포함하며 개인의 성격과 개성을 형성함. 현대의 개인은 현실 세계의 정체성뿐만 아니라 첨단정보 기술을 이용하여 인터넷에서 새로운 정체성을 창조할 수 있음.

② 인터넷과 SNS 등의 사이버 공간에서 활동하며 형성되는 정체성은 '디지털 정체성' 혹은 '디지털 자아'로 정의됨. 디지털 자아는 사이버 공간에서 자신을 대리하는 자아로, 사이버 대리자아라고도 불림. 현실 자아와 디지털 자아 간에는 밀접한 관계가 형성될 수 있음.

2. 현실 자아와 디지털 자아의 존재론적 차이

① 물리 세계의 현실 자아(본래자아)와 사이버 공간의 디지털 자아(사이버 대리자아)는 존재론적 차이를 가짐.

② 물리 세계는 개별자의 세계로, 개인은 개별적 몸을 소유함. 하나의 몸을 가진 개인의 수를 몸의 개수로 헤아릴 수 있음.

③ 반면 사이버 공간은 개별자의 세계가 아닌 속성의 세계이며, 개별자가 지닌 속성들을 구현하는 세계로 존재함. 사이버 공간에서 활동하는 디지털 자아는 속성의 다발로 구성된 캐릭터이며, 본래자아를 대신하여 사이버 대리자아가 활동함.

3. 정보 존재론

(1) 의의

① 사이버 공간의 존재론은 '정보 존재론'으로 불리며, 비트 단위의 정보만이 존재함. 인간이나 사물이 문자 그대로 존재하지 않고, 정보의 형상으로만 구현됨.

② 사이버 공간에 존재하는 것은 정보와 정보의 형상화로서 구현된 이미지이며, 이는 속성 존재론으로 해석될 때 사이버 공간과 물리 세계의 특성을 대조적으로 이해할 수 있음.

(2) 속성 존재론

① 사이버 공간의 정보들은 유형으로 존재하며, 이는 인간이 외부 세계와 교환하는 내용임.

② 유형으로서의 정보는 물리 세계의 개별성과 대비되며, 사이버 공간의 존재들은 속성이나 속성의 집합으로 존재함.

③ 사이버 공간의 정보가 구현된 이미지도 개별적 형상이 아니라 속성들의 구현에 불과하며, 사이버 공간의 존재론은 속성 존재론으로 규정됨.

(3) 사이버 공간

① 사이버 공간에는 개별적 물리적 대상이 없으며, 속성으로 구성된 속성적 대상만 존재함. 속성의 조합과 구성은 개별자의 물리적 현실 조합과 무관하게 이루어짐.

② 사이버 공간에서는 개별자와 속성의 구분이 사라지며, 모든 존재는 속성이나 속성의 다발로 나타남. 개체의 개별성을 유지하는 것이 불가능하며, ID는 특정 개체를 지시하지 않고 속성의 집합을 가리킴.

③ 속성 존재론이 지배하는 사이버 공간에서는 개체 간의 경계가 사라지며, 자아와 타자의 구분도 유동적임. 이는 한 개인이 여러 개의 인격을 가지거나 여러 개인의 특성이 한 개인 안에서 구현되는 현상을 초래함.

④ 사이버 공간에서는 개별적 몸의 제약이 없음. 물리적 세계에서 불가능한 존재 변형이 사이버 공간에서는 가능함.

⑤ 상상과 현실의 경계가 사라지며, 속성들의 조합 가능성이 무한해짐. 비트 단위의 정보는 동질적인 속성이므로 속성 간 결합이 원리적으로 제한되지 않음.

4. 개별자 존재론과 속성 존재론

(1) 물리 세계의 개별자 존재론
물리적 공간은 개별적인 대상들이 존재하는 공간으로, 인간은 개별적인 몸을 가진 개별자로 존재함.

(2) 사이버 세계의 속성 존재론
사이버 공간의 대상과 인물은 속성들의 집합으로, 사이버 자아는 속성들로 구성된 정체성과 캐릭터, 혹은 이미지로 구현됨.

Ⅱ 디지털 자아의 익명성

1. 동일성(개별화와 재확인)
신분 확인을 위해서는 개인을 다른 사람과 구별할 수 있어야 하며, 시간의 흐름 속에서도 동일한 존재로 재확인될 수 있어야 함. 개별적 몸은 개별화와 재확인의 기준이 됨.

2. 사이버 공간의 익명성
① 사이버 공간은 익명의 공간이며, 개별적 몸이 없기에 신분 확인이 불가능함. 개별적 몸이 없으면 개별화에 실패하며, 시공간적 지속성을 통한 재확인에도 실패함.

② 속성 존재론이 지배하는 사이버 공간에서는 자아와 자아의 속성이 구분되지 않음. 동일성과 유사성의 구분이 사라지며, 개별적인 신분 확인이 어려움.

③ ID는 특정 개체를 지시하지 않으며, 하나의 개인이 여러 개의 ID를 가질 수 있고, 하나의 ID를 여러 사람이 공유할 수도 있음. ID는 특정 개체가 아니라 속성의 집합에 붙여진 이름에 불과함.

3. 동일성과 정체성의 구분

(1) 개인동일성의 물음
신분 확인을 위한 물음으로, 개별화와 재확인을 위한 기준을 묻는 것. 신체동일론과 기억동일론이 대표적인 입장임.

(2) 개인정체성의 물음
개인을 특정하게 만드는 속성을 묻는 것. 자아정체성을 형성하는 요소로는 욕구, 믿음, 가치 등이 있으며, 이들의 안정적인 중심 속성이 자아정체성을 나타냄.

4. 사이버 다중자아

① 본래자아가 사이버 공간에서 여러 개의 사이버 대리자아를 구성하여 활동하는 현상. 이는 현실의 다중자아 현상과는 달리 능동적으로 구성된 자아의 다수성에 기반함.

② 물리 세계에서는 논리적 모순에 의해 마음의 분할이 발생하나, 사이버 공간에서는 한 개체로부터 다수의 자아가 표상됨.

③ 사이버 다중자아는 병리적 현상이 아니라 능동적으로 정체성을 구성하고 캐릭터 역할을 수행하는 과정에서 형성됨. 이는 실험적이고 놀이적 성격을 지님.

Ⅰ 의의

① 「재매개(뉴미디어의 계보학)」은 맥루한의 「미디어의 이해」 이후 등장한 뉴미디어 이론서.

② 기술 발전으로 새로운 미디어 지속적 등장, 모바일 하이퍼매개의 부상으로 미디어 지형 변화.

③ 향후 뉴미디어의 지속적 등장, 미디어 계보와 상호작용 및 방향성에 대한 이론적 정립 필요.

④ 위와 같은 관점에서 「재매개(뉴미디어의 계보학)」의 역할과 위치 확고.

Ⅱ 재매개 이론에서 미디어의 속성

1. 의의
재매개 이론에서 미디어의 속성을 비매개, 하이퍼매개, 재매개로 구분.

2. 비매개
① 미디어의 존재를 잊고 대상을 직접 직시하게 하는 매개.

② 사용자가 미디어 속 대상과 직접 상호작용하는 느낌을 투명성이라 정의.

③ 영화, 드라마, 가상현실에서 사용자가 미디어를 투과해 내용의 일부가 된 것처럼 느끼는 방식.

④ 비매개는 이러한 투명성을 특징으로 함.

3. 하이퍼매개
① 사용자가 미디어를 조작하여 대상과 상호작용하는 매개.

② 조이스틱, 컴퓨터, 휴대폰 등을 이용해 게임, 소통, 조작 수행 가능.

③ 사용자가 하이퍼매개 자체에도 깊은 관심을 갖는 경향 존재.

4. 재매개

(1) 의의

① 재매개는 새로운 미디어가 과거 미디어를 대체하는 과정(사진 → 초상화 재매개, 영상 → 사진 재매개).

② 재매개는 지속적으로 발생하며, 미래 뉴미디어 등장 시에도 동일하게 진행될 것.

③ 미디어 속성 간 상호의존적이며, 때로는 역방향 작용(사진이 초상화를 재매개했으나, 극사실주의 그림이 다시 사진을 재매개함).

(2) 재매개의 방향성

① 볼터와 그루신은 재매개의 방향성을 강조하며, 미디어가 사용자를 재매개하는 방향성을 논의.

② 미디어는 새로운 자아 창조 가능.

③ 익명성으로 인해 네트워크상의 자아가 현실 자아와 상이한 모습 나타냄(소란스럽거나 폭력적, 음란한 자아가 기본 자아로부터 분열되어 발현되는 경향).

④ 미디어가 사용자를 재매개할 경우, 미디어 형식에 따라 자아의 다중화 또는 변형이 발생(사회심리학 및 임상심리학적으로 중대한 연구 단서 제공).

Ⅲ 인격화되어 가는 미디어

1. 미디어의 인격화 현상

① 미디어 자체가 인격화되는 경향 증가(MMORPG 게임의 아바타＝사용자 자신).

② 향후 미디어는 사용자의 자아 및 신체와 더욱 밀접한 방향으로 발전.

③ 미디어의 인격화로 인한 새로운 사회 문제 발생 가능성.

2. 미디어 의존성과 사회적 문제

① 미디어 공격＝개인 공격으로 인식될 가능성 증가.

② 인터넷 및 컴퓨터 의존 증가에 따라 바이러스, 해킹 문제 심화.

③ 미디어 사용 시간 증가로 현실세계와 미디어 세계 간 물리적 차이로 인한 인지적 혼란 발생 가능성.

④ 개인 및 사회적 차원에서 미디어 현실 수용 방식에 대한 문제 제기 필요.

Ⅰ 재매개의 개념

① 뉴미디어 기술이 구미디어 기술을 개선하거나 수정하는 인간성향적(anthropotropic) 과정.

② 뉴미디어가 구미디어 형식들을 개조하는 형식 논리.

Ⅱ 볼터와 그루신의 재매개론(Bolter & Grusin)

1. 비매개와 하이퍼매개를 통한 발전

(1) 비매개

보는 사람이 매체 존재 자체를 의식하지 않고, 자신이 표상 대상물 존재 속에 있는 것으로 느끼는 시각적 표상 양식.

(2) 하이퍼매개

보는 사람에게 매체를 환기시키는 시각적 표상 양식.

2. 투명성의 비매개

가상현실의 몰입적 환경과 컴퓨터, 텔레비전, 영화의 비몰입적 환경을 통해 나타나며, 미디어 아트 작품을 통해 실제로 구현됨.

3. 하이퍼매개

(1) 의의

텍스트, 이미지, 음향이 서로 결합되어 매개의 역할을 환기시키는 비선형, 다선형, 다중적 구조.

(2) 유비쿼터스 컴퓨팅(Ubiquitous computing)

교실이나 가정과 같은 물리적 환경을 개조하는 전자적 장치들의 활용, 이러한 장치들은 환경 속에 침투되어 상호 커뮤니케이션하는 하이퍼매개의 사례.

(3) 증강현실(augment reality)

물리적 세계에 대한 시각과 컴퓨터 생성 그래픽을 결합한 다양한 컴퓨터 시스템, 이용자가 특수 안경이나 헤드셋을 착용하여 물리적 세계와 컴퓨터 제공 정보가 결합된 시각 공간을 형성하는 사례.

4. 재매개 논리

① 뉴미디어는 매개(mediation)와 재매개(remediation)의 과정을 거쳐 형성되는 계보(genealogy).

② 하이퍼텍스트(hypertext)도 고대 필사본에서 현재까지 재매개된 글쓰기 양식, 뉴미디어가 구미디어를 대체하는 과정에서 구미디어의 특징과 의미를 재형성하는 것이 재매개 이론의 핵심.

5. 재매개 논리의 비교

구분	내용	산출방식
투명성의 비매개	• 미디어 이용자로 하여금 미디어가 실재하고 있다는 것을 잊게 만드는 시각적 표현 방식 • 매체 사용자의 존재를 지움 • 표현행동의 자동적 생성 • 통일된 시각적 공간 제공	• 선형원근법 • 선형원근법의 보완(지움) • 선형원근법 기술의 자동화 • 자연스러움 • 광학적·화학적 재현의 모방
다중성의 하이퍼매개	• 미디어 이용자로 하여금 미디어를 상기하고 기억하게 만드는 시각적 표현 방식 • 매체를 상기하거나 인식하도록 만듦 • 표현 행동의 다양성 인정 • 다양한 이질적 공간제공 • 기호를 활용한 인간의 풍부한 감각기관의 재생 노력 • 즉시성에 대한 인간의 욕망 상기	• 이질성 • 분절성 • 불확정성 • 상호작용성 • 다중성 • 사용자로 하여금 미디어의 통제감을 실현하는 핵심 개념

6. 재매개 방식의 유형

(1) 의의

① 비매개적 매체와 하이퍼매개적 매체는 단순한 대립 또는 연결이 아닌 다양한 형태로 서로 인용, 차용, 융합됨.

② 재매개의 관계는 반드시 역사적 선후관계에 의해 규정되지 않음.

③ 뉴미디어가 구미디어를 차용하는 것이 아니라 구미디어도 뉴미디어를 차용하여 변화 가능.

④ 볼터와 그루신은 재매개를 미디어 간 경합이나 경쟁 정도에 따라 재현, 확장, 개조, 흡수의 네 가지 유형으로 분류.

⑤ 볼터와 그루신의 연구는 주로 시각매체 간의 관계에 집중됨.

(2) 재현(representation)

① 새로운 미디어가 기존 미디어의 내용과 방식을 그대로 수용 및 재현하는 경우.

② CD-ROM이나 DVD의 그림 모음과 텍스트 모음이 대표적인 사례, 새로운 미디어는 기존 미디어의 형식에 충실하며 투명성을 목표로 함.

(3) 확장(fidelity)

① 새로운 미디어가 기존 미디어의 형식을 존중하면서도 차이를 강조하는 경우.

② 전자 백과사전과 확장책(Expanded books)의 인터페이스가 예시, 기존 미디어의 형식을 유지하면서도 전자적 검색과 링크 기능을 추가.

③ 기존 미디어의 형식을 우선하며 개선된 기능을 중시, 차용 방식은 반투명(translucent)한 형태.

(4) 개조(refashion)

① 기존 미디어의 존재를 드러내며 다중성과 하이퍼매개성을 유지하면서 기존 미디어를 개조(refashion)하는 방식.

② 원천과 대상 모두를 부각.

③ 콜라주, 사진 몽타주, 테크노 음악의 가락 속 분절 삽입된 텔레비전과 미디어, 워드프로세서 문서, 디지털 사진 및 비디오, 그래픽 사용자 인터페이스 등이 예시.

④ 인위성과 불투명성을 특징으로 하는 병렬적 관계.

(5) 흡수(absorb)

① 기존 미디어를 완전히 흡수하여 재매개하는 방식.

② 컴퓨터 게임 장르가 영화를 재매개하는 방식, 상호작용 영화(interactive movie), 영화 속 디지털 테크놀로지, 가상현실 등이 사례.

③ 디지털 테크놀로지는 영화 속에서 흡수 및 재목적화되며 실사영화처럼 보이도록 설계.

④ 두 미디어 간 불연속성을 최소화하며 매끄러운 공간을 창출, 기존 미디어와의 관계를 은폐.

⑤ 이용자에게 비매개의 경험을 제공하는 가상현실 패러다임, 새로운 미디어가 우위.

핵심 정리 **재매개 특성**

① **차용(borrowing)**: 하나의 매체 속성을 다른 매체에서 재사용. 독자나 시청자가 두 버전을 알고 비교할 때 발생.

② **재현(representation)**: 디지털 미디어에서 기존 미디어의 특성을 그대로 반영.

③ **확장(fidelity)**: 기존 미디어의 특성을 유지하며 디지털 미디어의 인터페이스에 차용.

④ **흡수(absorb)**: 기존 미디어와의 관계를 감추고 사용자에게 매개되지 않은 듯한 경험 제공.

⑤ **개조(refashion)**: 하나의 미디어 장르가 기존 미디어 형식을 차용하여 동일하게 나타나는 경우.

재매개는 새로운 미디어가 이미 존재하는 미디어 형식을 재구성하는 과정. 뉴미디어 환경 변화는 기존 미디어 기술, 표현양식, 사회적 관습을 차용 및 개선한 결과.

[재매개 방식의 유형과 특징]

매개방식	기존 미디어	새로운 미디어	상호관계 및 미디어의 특징	미디어 간 우열 관계
기존 미디어 형식에 충실한 재매개(재현)	문학 텍스트/그림	문학텍스트 시디롬/그림시디롬	수용/투명함	기존 미디어 우위
기존미디어의 위상을 인정하며 개선된 차이를 강조한 재매개(확장)	백과사전/책	전자 백과사전/확장책	개선/반투명함	기존 미디어 우위
새로운 미디어가 기존의 미디어를 개조하는 재매개(개조)	회화/사진	콜라주/사진 몽타주/그래픽 사용자 인터페이스	개조/인위성, 불투명성	원천과 대상이 모두 부각되는 병렬적 관계
기존 미디어가 완전히 흡수된 재매개(흡수)	영화/디지털 테크놀로지	상호작용 영화/컴퓨터 그래픽 애니메이션/가상현실	재목적화/비매개적 투명한 공간	새로운 미디어 우위

7. 재매개 방법

(1) 매개의 매개(mediation of mediation)

미디어는 서로 평가(comment), 대체(replace), 재생산(reproduce)하는 과정에서 완성.

(2) 매개와 실재의 불가분성(inseparability)

모든 미디어는 다른 미디어에 의존하며, 미디어 자체는 실재를 재매개하는 존재로 매개를 제거할 수 없음.

(3) 개혁(reform)

미디어는 다른 미디어를 개조(refashion)하거나 복구(rehabilitate), 재매개 과정에서 실재 개혁이 이루어짐.

I 의의

① 재매개의 개념을 이해하기 위해서는 매개의 기본 방식에 대한 이해가 필요함.
② 매개의 방식은 비매개와 하이퍼매개로 구분됨.

II 비매개

1. 의의

비매개의 핵심 특징은 투명성으로, 미디어를 사라지게 하는 것을 목표로 함.

2. 선형원근법

① 선형원근법 연구자들은 공간을 수량화하여 그림 속 공간이 관람자의 공간과 연속되도록 함.
② 알베르티(Alberti, 1435)는 「회화론」에서 사각형의 프레임을 '열린 창문'으로 간주하도록 가르침.
③ 이를 통해 회화 속 공간이 창문 너머의 공간을 표상하게 되며, 캔버스 표면은 사라지고 투명성을 획득함.

3. 현전감의 강화

① 투명성은 미디어를 잊게 하여 관람자의 몰입을 유도하고 현전감을 강화함.
② 볼터와 그루신(Bolter & Grusin)은 비매개의 예로 선형원근법 회화, 사진, 영화, 컴퓨터 그래픽을 제시함.

III 하이퍼매개

1. 의의

하이퍼매개의 핵심 특징은 다중성으로, 다중적 미디어와 무차별적 접근(random access)의 결합을 의미함.

2. 특징

① 비매개는 통일된 시각 공간을 제공하고 표상행위를 지우거나 자동화하려는 경향이 있음.
② 하이퍼매개는 이질적인 공간을 제공하며, 다중적 표상 행위를 인정하고 가시적으로 드러냄.
③ 여기서 표상은 '세계로 향한 창'이 아니라 '창문 자체'로 기능하며, 창문을 통해 다른 표상물이나 미디어가 열림.

3. 계보

① 하이퍼매개의 기원은 중세 필사본까지 거슬러 올라갈 수 있음.
② 르네상스 제단화, 바로크 장식장, 모더니즘 콜라주 및 회화 등에서도 하이퍼매개의 특징이 발견됨.

Ⅳ 비매개와 하이퍼매개의 상호작용

1. 문화적 견제 기능

볼터와 그루신은 하이퍼매개가 비매개에 대한 문화적 견제 기능을 수행한다고 주장함.

2. 역사적 변화

① 비매개는 르네상스 이후 모더니즘까지 지배적이었으나, 20세기 말 이후 하이퍼매개가 비매개의 대립물로 이해됨.
② 콜라주는 원근법 회화의 비매개성에 도전했으며, 사진 몽타주는 사진의 비매개성에 도전한 사례임.

3. 현대적 적용

① 윈도우 인터페이스는 초기에는 투명성을 목표로 했으나, 현재는 다중 창을 겹치거나 중첩하는 방식으로 상호작용성을 강조함.
② 전자텍스트는 인쇄텍스트를 대체하며, 클릭 행위는 새로운 페이지를 생성하고 기존 페이지를 삭제하며 상호침투, 병치, 다중화를 통해 주의를 유도함.

4. 상호작용 관계

비매개와 하이퍼매개의 관계는 단순한 대립이 아니라 상호 인용과 병치를 통해 서로 영향을 주고 재매개하는 과정으로 작용함.

Theme 68 가상현실(VR)과 증강현실(AR)

Ⅰ 가상현실(VR)

① 인공현실, 사이버 공간, 가상세계, 가상환경, 합성환경, 인공환경 등으로 불림.
② 사용 목적은 사용자가 직접 경험하기 어려운 환경을 간접적으로 체험하고 조작할 수 있도록 하는 것임. 응용 분야는 교육, 고급 프로그래밍, 원격조작, 원격위성 표면탐사, 탐사자료 분석, 과학적 시각화(scientific visualization) 등임.
③ 구체적인 예는 탱크 및 항공기 조종법 훈련, 가구 배치 설계, 수술 실습, 게임 등임. 가상현실 시스템에서는 인간 참여자와 실제 및 가상 작업공간이 하드웨어로 상호 연결됨. 사용자는 주로 시각적으로 가상환경을 인식하며, 청각 및 촉각을 보조적으로 활용함.
④ 시스템은 사용자의 시점 및 동작 변화를 감지하여 가상환경에 적절한 변화를 적용할 수 있음. 사용자의 현장감을 높이기 위해 입체표시장치, 두부장착표시장치(Head-mounted display) 등의 이펙터(effector)를 사용하며, 사용자의 반응 감지를 위해 데이터 장갑(data glove), 두부위치센서 등의 센서를 활용함.

Ⅱ 증강현실(AR)

① 사용자가 눈으로 보는 현실세계에 가상물체를 겹쳐 보여주는 기술임. 현실세계에 실시간으로 부가정보를 갖는 가상세계를 결합하여 하나의 영상으로 제공하므로 혼합현실(Mixed Reality, MR)이라고도 불림. 현실환경과 가상환경을 융합하는 복합형 가상현실 시스템(hybrid VR system)으로 1990년대 후반부터 미국 및 일본을 중심으로 연구·개발됨.
② 증강현실은 현실세계를 가상세계로 보완하는 개념으로, 컴퓨터 그래픽으로 만든 가상환경을 사용하나 주역은 현실환경임. 컴퓨터 그래픽은 현실환경에 필요한 정보를 추가 제공하는 역할을 하며, 사용자가 보는 실사 영상에 3차원 가상영상을 겹쳐 현실환경과 가상환경의 구분을 모호하게 함.
③ 가상현실 기술은 가상환경에 사용자를 몰입시켜 실제 환경을 볼 수 없으나, 증강현실 기술은 실제환경과 가상의 객체를 혼합하여 사용자가 실제환경을 볼 수 있도록 하여 보다 나은 현실감과 부가 정보를 제공함. 예를 들어, 스마트폰 카메라로 주변을 비추면 인근 상점의 위치, 전화번호 등의 정보가 입체영상으로 표기됨.
④ 원격의료진단, 방송, 건축설계, 제조공정관리 등에 활용됨. 스마트폰 보급 확대에 따라 상업화가 본격적으로 진행되었으며, 게임, 모바일 솔루션, 교육 분야에서 다양한 제품이 개발됨.
⑤ 증강현실의 실외 구현 형태가 착용식 컴퓨터(wearable computer)임. 특히 머리에 착용하는 형태의 컴퓨터 화면장치는 사용자가 보는 실제환경에 컴퓨터 그래픽 및 문자를 실시간으로 겹쳐 증강현실을 구현함.
⑥ 증강현실 연구는 착용컴퓨터 개발을 중심으로 진행됨. 개발된 증강현실 시스템으로는 비디오 방식과 광학 방식의 HMD(Head Mounted Display)가 있음.

심층 연계 내용 증강현실 기반 기술

① 증강현실은 다양한 기술이 유기적으로 연동되어야 하는 복합적인 기술로, 구현을 위해 필요한 기술은 다음과 같이 구분됨.
② **트래킹 기술**: 카메라를 통해 입력되는 영상을 분석하여 실제 이미지에 가상의 이미지를 출력할 특징점을 찾거나 마커(Marker)를 인식하는 등의 목표물을 추적하는 기술.
③ **정합 기술**: 가상의 이미지의 좌표계를 현실 이미지의 좌표계와 정확하게 일치시키는 기술.
④ **위치 인식 기술**: GPS 등을 이용하여 사용자의 위치를 파악하거나 사용자의 방향 및 동작을 인식하는 기술.
⑤ **렌더링 기술**: 표시 장치에 보여지는 몰입 콘텐츠를 고해상도 및 고화질로 구현하는 데 필요한 하드웨어 및 소프트웨어 기술.
⑥ **디스플레이 기술**: 효과적으로 증강현실을 사용자에게 제공하는 기술.

I 의의

1988년 팰로앨토 연구소의 연구원이었던 마크 와이저의 정의에 따르면, 유비쿼터스 컴퓨팅은 유선과 무선, 근거리 무선 간 이음매 없는 통신망이 실현됨으로써 누구든지 어디서나 네트워크로부터 필요한 정보를 얻을 수 있는 환경을 의미함. 그는 이 개념이 오늘날의 매체 환경으로 도래할 것이라 예언함.

II 유비쿼터스 컴퓨팅의 구현

① 이용자의 수보다 네트워크에 연결된 컴퓨터 장치의 수가 많아지며, 이용자의 의지만 있으면 언제든지 가상현실에 접속할 수 있는 환경이 조성됨.
② 스마트폰의 보급을 통해 마크 와이저의 예측이 실현되고 있으며, 인간의 지각 방식부터 사회상까지 변화하고 있음.
③ 여러 화면으로부터 전달되는 정보를 동시에 처리하는 능력이 발달하고 있으며, 시공간적 제약 없이 공동의 업무를 수행하는 새로운 인간 유형이 등장하고 있음.

III 재매개와 유비쿼터스 컴퓨팅

재매개 개념은 새로운 미디어라 하더라도 기존 미디어 형식을 재구성한 것에 불과하다는 이론이며, 제이 데이비드 볼터와 리처드 그루신이 제시함. 유비쿼터스 컴퓨팅 또한 기존 미디어의 기술, 표현 양식, 사회적 관습을 차용, 개선한 결과로 볼 수 있음.

IV 소형화·착용화·지능화되는 컴퓨터

1. 의의

유비쿼터스 컴퓨팅은 소형화된 컴퓨터, 착용식 컴퓨터, 지능형 공간으로 구분되며, 대표적인 예가 스마트폰임. 스마트폰은 PDA를 거쳐 컴퓨터의 폰 노이만 구조(메모리, 제어장치와 산술논리장치, 입출력 장치)를 갖추게 되었으며, 현재 한국에서 약 70%의 보급률을 기록함.

2. 소형화

① 스마트폰은 휴대용 단말기를 통해 네트워크에 접속할 수 있다는 점에서 유비쿼터스 컴퓨팅의 대표적 산물임.
② 스마트폰은 마크 와이저가 언급한 유무선과 근거리 무선 사이의 이음매 없는 통신망을 가장 광범위하게 충족시키는 매체이며, 컴퓨터 장치의 완전한 소형화로 나아갈 것으로 전망됨.

3. 착용화

① 착용식 컴퓨터는 신체 기능을 보완하며 네트워크 접근성을 강화하는 장치로 정의됨.
② 대표적인 예로 구글 글래스가 있으며, 스마트폰과 동일한 소형 컴퓨팅 장치를 탑재하고 증강현실을 제공함.
③ 구글 글래스는 인간의 시각 정보를 처리하는 차원을 넘어 새로운 기능을 부여하며, 신체와 일체화되는 방향으로 발전할 것으로 예상됨. 개발자인 세르게이 브린은 시선과 화면의 일치를 통해 이용자가 환경으로부터 고립되지 않을 수 있음을 강조함.

4. 지능화

① 유비쿼터스 컴퓨팅 기술은 공간으로 확장되며, 특정 몸짓이나 음성을 통해 조작할 수 있는 지능형 공간이 등장함.
② 지능형 주택은 거주자가 자연어 또는 동작을 통해 실내 환경을 조절할 수 있는 시스템으로 구현되고 있음.
③ 현재 거주 공간 위주로 적용된 지능형 공간 시스템은 공공 영역으로 확대될 것으로 예상되며, 이는 마크 와이저가 언급한 눈에 보이지 않는 인터페이스 개념과 연결됨.

V 유비쿼터스 컴퓨팅과 사회적 변화

① 마셜 맥루한의 이론을 인용하지 않아도 유비쿼터스 컴퓨팅이 사회적 변화를 야기하고 있음.
② 스마트폰은 물리적으로 떨어져 있는 사람들 간의 존재감을 강화하며, 동시적 대화 및 업무 수행을 가능하게 함.
③ 구글 글래스와 같은 착용식 컴퓨터는 인간과 기계의 유기적 결합을 통해 사이보그 실현 가능성을 높임.

VI '사이버 펑크'로 본 디스토피아적 미래

① 인간 생활 변화에 대한 전망은 사이버 펑크 예술 작품을 통해 상상할 수 있음.
② 사이버 펑크는 1980~90년대 등장한 예술 양식으로, 과학 발전에 따른 극단적 기계화와 인간 관계 변화를 다룸. 대표적인 작품으로 윌리엄 깁슨의 「뉴로맨서」와 리들리 스콧 감독의 영화 「블레이드 러너」가 있음.
③ 사이버 펑크 장르는 디스토피아적 사회상을 전제로 하며, 컴퓨팅 환경이 인간과 기계 간의 정체성 혼란을 초래하는 모습을 보여줌.
④ 구글 글래스를 착용한 이용자는 매체에 의해 굴절된 정보를 접하며, 이는 현실 인식을 왜곡할 가능성을 내포함.

⑤ 사이버 펑크 작품들은 미래에 대한 비관적 전망을 통해, 장 보드리야르가 제시한 '심리적 깊이 없이 표면적 정보로 판단되는 사회' 개념과 연결되며 현대 사회를 반영함.

Theme 70 원격현전

I 의의

원격현전은 커뮤니케이션 매체를 통해 특정 환경 속에 실재하고 있음을 경험하는 개념으로, 환경에 대한 매개된 지각을 의미함. 스토이어(Steuer)에 따르면 원격현전을 결정하는 요소는 기술적 차원에서 "생동감"과 "상호작용성"이며, 이용자 요인으로는 매개 환경 및 테크놀로지와 맺는 관계, 즉 관여가 주요 요소로 작용함.

II 스토이어(Steuer)의 원격현전

① 현전은 특정 환경 속에서 느끼는 실재감(sense of being)을 의미하며, 원격현전은 커뮤니케이션 매체를 통해 특정 환경 속에 실재하고 있음을 경험하는 개념으로, 환경에 대한 매개된 지각(mediated perception)과 동일한 개념으로 볼 수 있음.
② 원격귀인(distal attribution) 및 외부지향(externalization) 현상과 밀접한 관련이 있으며, 감각기관의 한계를 넘어 외부 공간을 지각하려는 경향을 포함함.
③ 매개되지 않은 환경에서는 주위의 물리적 환경을 당연한 것으로 인식하나, 매개된 환경과 매개되지 않은 환경이 동시에 주어질 경우 어느 환경을 우선할 것인지가 문제가 됨.
④ 원격현전은 즉각적인 물리적 환경보다 매개된 환경 속에서 더 실재감을 느낄 때 발생하며, 매개된 환경은 원거리 실재(real) 환경(예 비디오 카메라를 통한 공간) 또는 컴퓨터가 생성한 가상세계(virtual world)일 수 있음. 따라서 원격현전은 실재 환경뿐만 아니라 시뮬레이션된 환경에서도 발생할 수 있으며, 현전과 근본적으로 다른 개념이 아님.

III 6가지 유형의 원격현전

1. 의의

매튜 롬바드(Matthew Lombard)와 테레사 디턴(Teresa Ditton)은 현전 개념을 여섯 가지 유형으로 분류했으며, 이 개념은 원격현전을 설명하는 것과 동일함.

2. 사교적 풍부성(Social Richness)으로서의 현전

① 조직 커뮤니케이션 연구에서 출발한 사교적 현전 이론(Social Richness Theory)과 미디어 풍부성 이론(Media Richness Theory)에 따르면, 미디어를 통해 다른 사람과 상호작용할 때 매체별로 사교적이거나 친밀하게 느껴지는 정도가 다름.
② 매개 커뮤니케이션(CMC, computer-mediated communication)은 면대면 커뮤니케이션보다 사교적 풍부성이 부족하며, 이 개념의 핵심 요소는 친밀성(intimacy)과 즉각성(비매개성, immediacy)임.

3. 현실감(Realism)으로서의 현전

(1) 의의

① 미디어가 실재하는 대상, 사건, 사람 등을 얼마나 현실적으로 표상하는가를 의미하며, 매체별로 현실감을 불러일으키는 정도가 다름.
② 사회적 현실감(social realism)과 지각적 현실감(perceptual realism)으로 구분됨.

(2) 현실감의 유형

① 사회적 현실감: 매체가 묘사하는 내용이 실제 발생할 수 있는 가능성을 의미함.
② 지각적 현실감: 대상이나 사람이 실제로 존재하는 것처럼 보이는 정도를 의미함. 공상과학 영화는 사회적 현실감이 낮지만 지각적 현실감이 높을 수 있으며, 만화는 반대로 사회적 현실감이 높지만 지각적 현실감이 낮을 수 있음.

4. 이전(Transportation)으로서의 현전

(1) 의의

매체가 이용자로 하여금 특정 장소에 존재하는 것처럼 느끼게 하는 개념임.

(2) 이전(transportation) 유형

① "그곳에 있다(You are There)": 가장 오래된 유형으로, 책을 읽거나 전화를 할 때, TV를 보거나 가상현실을 이용해 원격작동(teleoperation)할 때 다른 곳에 있는 것 같은 실재감을 느낌.
② "이곳에 있다(It is Here)": 대상이나 사람이 매체 이용자의 환경 속으로 불려 들어온 것처럼 느껴지는 경우로, TV나 비디오 시청 시 상징적 메시지보다 물리적 사물처럼 반응하는 현상 포함.

③ "우리가 함께 있다(We are Together)": 매체를 통해 다른 사람과 공간을 공유하는 느낌을 의미하며, 비디오 회의, 온라인 채팅, 가상현실 시스템에서 실재감을 느낌.

5. 몰입(Immersion)으로서의 현전

① 이용자가 매체를 통해 가상환경에 빠져드는 경험을 의미하며, 지각적 몰입(perceptual immersion)과 심리적 몰입(psychological immersion)으로 구분됨.

② 지각적 몰입: 가상환경이 이용자의 감각 체계를 감싸는 정도로, 가상현실 시스템은 입출력 장치로 감각기관을 대체해 물리적 환경을 차단함.

③ 심리적 몰입: 감각기관을 차단하는 기술 없이도 이용자가 몰입적 실재감을 느끼는 현상으로, 두 가지 몰입이 결합될 때 몰입의 정도가 극대화됨.

6. 매체 내 사회적 행위자(Social Actor within Medium)로서의 현전

(1) 의의

매체 속 인물이나 대상과 상호작용하는 것처럼 느끼는 경우를 의미함.

(2) 의사교호작용(para-social interaction)의 대상

① TV 캐릭터

② 컴퓨터 애완동물(예 다마고치)

③ 사이버 가수 및 가상인물(예 게임, 채팅방 아바타, 원격교육 시스템 안내자) - 이용자는 이들과 상호작용할 때 실재감을 느낌.

7. 사회적 행위자(Medium as Social Actor)로서의 매체

① 매체 자체가 사회적 행위자처럼 이용자와 상호작용하는 경우 현전감을 느낌.

② 컴퓨터 인터페이스 발전으로 인간-컴퓨터 상호작용 환경이 제공됨.

③ 컴퓨터 교육 프로그램 및 온라인 학습 시스템은 컴퓨터가 교사처럼 학습을 안내하는 역할을 하며, 이는 컴퓨터가 사회적 단서를 제공하기 때문임.

Ⅳ 원격현전의 결정 요인

1. 의의

인터넷을 포함한 기존 매체는 정도의 차이는 있으나 원격현전을 다양한 요인에 기대어 경험할 수 있음. 감각 자극들의 결합, 참여자의 환경과의 상호작용 방식, 개인의 특성 등이 이에 해당함(Steuer). 원격현전을 야기하는 요인은 기술적 요인과 이용자 요인으로 대별됨.

2. 기술적 요인

(1) 의의

① 스토이어(1992)는 원격현전을 결정하는 기술적 차원을 "생동감(vividness)"과 "상호작용성(interactivity)"으로 구분함. 이는 하위 요인을 포함하며 매체에 따라 정도가 다름.

② 생동감과 상호작용성에 의해 야기되는 원격현전은 인간 경험의 영역에 속함.

(2) 생동감

① 의의

㉠ 생동감은 "매개된 환경이 제공하는 표상적 풍부함(representational richness)"으로 감각 체계에 정보를 제공하는 형식적 특성에 의해 규정됨.

㉡ 생동감을 결정하는 주요 요인은 폭(breadth)과 깊이(depth)임.

② 폭(breadth)

㉠ 폭은 동시에 전달되는 감각 차원의 수, 깊이는 지각 채널 각각의 해상도(resolution)를 의미함. 감각기관의 개수와 해상도가 많고 높을수록 생동감 증가.

㉡ 커뮤니케이션 매체의 폭은 다양한 감각기관에 정보를 제공하는 정도에 따라 달라짐. 인간의 감각 체계는 균형감각, 청각, 촉각, 미각, 시각으로 구성됨. 테크놀로지는 단일 감각기관 소구에서 다감각 소구로 발전함.

㉢ 인쇄물, 전화, 텔레비전, 영화 등 전통적 매체는 시각과 청각 채널에 의존하여 폭이 상대적으로 좁음. 1962년 모턴 하일리그(Morton Heilig)의 센소라마(sensorama)와 테마파크 라이드들은 폭이 넓음. 최근 기술은 모든 감각 입력을 중첩적으로 제공하는 방향으로 발전함.

③ 깊이(depth)

㉠ 깊이는 감각기관 각각에 제공되는 감각 정보의 질(quality) 또는 대역폭(bandwidth)에 의해 결정됨.

㉡ 실재 세계에서 인간 감각기관은 완전한 대역폭을 사용하나, 현재 개발된 매체는 대역폭의 일정 희생이 불가피함.

㉢ 청각은 음성 이해에 필요한 최소 대역폭만을 사용하지만, CD는 상대적으로 넓은 청각 대역폭을 가짐. 서라운드 음향 시스템과 헤드폰 시스템은 공간 환각(illusion of space)을 통해 현전감을 향상시킴.

㉣ 시각의 경우 일반 텔레비전(525라인, 625라인)은 제한적이나 영화는 상대적으로 대역폭이 넓음. HDTV, 투구형 디스플레이(HMD)와 같은 가상현실 시스템은 입체 영상을 통해 현전감을 증대시킴.

(3) 상호작용성

① 의의

⊙ 상호작용성은 "매개된 환경의 형태와 내용을 이용자가 실시간으로 변형할 수 있는 정도"를 의미함. 이는 매개 환경과 인간의 상호작용에 집중하며, 인간 간 상호작용을 강조하는 전통 개념과 차별됨.

ⓒ 상호작용성을 결정하는 주요 요인은 속도(speed), 범위(range), 매핑(mapping)임. 속도는 입력된 정보의 반응 속도, 범위는 가능한 작용의 수, 매핑은 환경 속에서의 변화를 반영하는 시스템 능력을 의미함.

② 속도

⊙ 속도, 즉 반응 시간은 상호작용 시스템의 핵심 요소임. 전통 매체(영화, 책, 신문)는 상대적으로 상호작용 속도가 느림. 전화는 실시간 상호작용이 가능함.

ⓒ 비디오게임, 컴퓨터 회의 시스템, 채팅, 고글 및 데이터 장갑을 이용한 가상현실 시스템은 상호작용 속도가 빠름.

③ 범위

⊙ 매개 환경이 변경할 수 있는 속성 개수와 변화의 정도에 따라 상호작용의 범위가 결정됨.

ⓒ 변경 가능한 속성(파라미터)은 시간적 순서, 공간적 조직화, 강도(소리 크기, 이미지 밝기, 냄새 강도), 주파수 특성(음색, 색상) 등이 있음.

ⓒ 영상 시스템을 시간 순서 변화 정도에 따라 나열하면, 일반 지상파 텔레비전 → 비디오테이프 → 상호작용적 레이저디스크 → 컴퓨터 애니메이션 순임.

④ 매핑(mapping)

⊙ 매핑은 인간 행동이 매개 환경 속 움직임과 어떻게 연결되는지를 나타냄.

ⓒ 인간 행동과 기능 간 연관성은 자의적이거나 유사성이 높을 수 있음.

　예 TV 볼륨 조절, 키보드 입력(자의적 연관), 아케이드 게임 조작, 마우스 움직임(높은 유사성).

ⓒ 자연스러운 인간 움직임을 매개 환경에서 반영하는 방식으로 '은유(metaphor)'가 사용됨. 애플 매킨토시의 데스크톱 은유(desktop metaphor)는 대표적 인터페이스 사례임.

ⓔ 최근 가상현실 시스템은 데이터 글러브, 위치 추적기, 음성 인식 시스템을 활용하여 인간 행동을 직접 반영함.

ⓜ 기술적 요인들이 결합될 경우 상승작용을 일으켜 높은 현전감을 경험하게 하며, 하나의 요인이 강할수록 다른 요인에도 긍정적 영향을 미침.

3. 이용자 요인

① 원격현전 경험은 매체의 기술적 요소 외에도 이용자 요인에 영향을 받음. 주요 요인은 가상환경 내 행위자의 수, 이용자 환경 요인, 개인 관심사 등임.

② 이용자 측면에서 가장 중요한 요소는 매개 환경 및 테크놀로지와의 관계, 즉 관여(engagement)임. 브랜다 로렐(Branda Laurel)에 따르면, 이는 새뮤얼 콜러리지(Samuel T. Coleridge)가 언급한 "불신에 대한 자발적 중지(willing suspension of disbelief)"와 유사함.

Theme 71 메타버스(Metaverse)

I 의의

1. 어원

메타버스(Metaverse)는 가상(meta)과 세계(universe)의 합성어

2. 정의

① 3차원 가상 세계를 의미함. 정치·경제·사회·문화 전반에서 현실과 비현실이 공존하는 생활형·게임형 가상세계.

② 아바타를 이용한 사회·경제·문화적 활동이 이루어지는 가상세계

③ 실생활과 같이 사회·경제적 기회가 주어지는 생활형 가상세계

④ 가상공간과 현실이 상호작용하는 공간 및 방식

⑤ 메타버스를 현실계, 이상계, 환상계의 융합된 공간으로 분석

3. 미국전기전자학회(IEEE)

지각된 가상세계와 연결된 영구적인 3차원 가상공간들

4. ASF(Acceleration Studies Foundation)

가상적으로 향상된 물리적 현실과 물리적으로 영구적인 가상공간의 융합

II '스노우 크래쉬' 속에서의 메타버스

1. 의의

1992년 닐 스티븐슨의 소설 「스노우 크래쉬」에서 메타버스 개념이 등장하며, 현실세계와 유사한 사회·경제 활동이 이루어지는 3차원 가상공간으로 묘사됨.

2. 작품 속에서의 메타버스 기술적 특징

① 고글과 이어폰을 통한 시청각적 출력 장치 사용
② 현실적으로 불가능한 조명쇼, 자유 전투 구역 등 존재
③ 현실세계와 달리 물리 법칙의 한계에서 자유로움
④ 경제적·사회적 활동이 현실세계와 유사한 방식으로 진행됨

Ⅲ 메타버스의 네 가지 유형 (ASF의 분류 기준)

1. 증강현실(Augmented Reality)

① 현실공간에 2D 또는 3D 가상 물체를 겹쳐 보이게 하는 기술
② 예: 단말기의 카메라를 이용해 현재 존재하지 않는 건물을 중첩하여 보여주는 기술

2. 라이프로깅(Lifelogging)

① 일상적 경험과 정보를 캡처하고 저장하는 기술
② 예: 스포츠 웨어와 네트워크 연동 MP3 플레이어를 통해 운동 기록 저장 및 공유

3. 거울세계(Mirror Worlds)

① 현실을 있는 그대로 반영하면서 정보적으로 확장된 가상세계
② 예: 구글 어스(Google Earth)

4. 가상세계(Virtual Worlds)

① 현실과 유사하거나 완전히 대안적인 세계를 디지털로 구축한 공간
② 예: 온라인 롤플레잉게임(리니지), 생활형 가상세계 (세컨드 라이프)

Ⅳ 발전방향과 문제점

1. 현황 및 발전방향

① 세컨드 라이프의 성공으로 메타버스가 3D 기반 인터넷 플랫폼으로 주목받음.
② 다양한 가상세계 서비스(데어닷컴, 웹킨즈 등) 출시로 멀티버스 시대 도래 가능성 증가.
③ 가상세계와 웹 2.0 서비스의 융합 진행 중 (예 구글 Lively).

2. 문제점

(1) 메타버스 내 불법행위와 사법권

① 가상세계에서 도박, 사기, 매춘 등 범죄 발생.
② 법적 문제 발생 시 재판 관할 문제 존재.

③ 사이버 마약 등 기존 법률이 규정하지 않은 범죄 통제 어려움.

(2) 가상화폐의 현금화

① 가상화폐의 환전에 대한 논쟁 발생.
② 정당한 노동의 대가로 얻은 가상화폐와 사행성 게임에서 발생한 가상화폐 구분 어려움.
③ 가상화폐를 거래수단으로 인정할 것인지에 대한 논의 지속.

(3) 가상세계 중독

① 가상세계가 현실생활처럼 인식되어 중독성이 심화될 가능성 존재.
② 가상세계 과몰입으로 인한 현실세계에서의 정체성 장애 및 일상 파괴 우려.

Theme 72 케이블 TV와 위성방송

Ⅰ 케이블 TV

1. 의의

① 전화회선, 동축케이블 또는 ISDN 회선을 통한 정보 전송에 사용되는 뉴미디어.
② 방송기술센터와 각 가구를 연결하는 케이블을 통한 지상파 방송 재송신 포함.
③ TV 전파 수신이 곤란한 산간지대나 난청지역에서 공동수신안테나를 설치하여 수신된 공중파를 유선케이블로 전송하여 TV 방송 가입자에게 분배하는 공동수신시스템.

2. 매체적 특성

(1) 다양성

공중파 방송의 3~5개 채널에 비해 수십여 개의 전문 채널을 제공하는 프로그램의 다양성 확보.

(2) 전문성

공중파 방송에서 하나의 프로그램 단위였던 영화, 뉴스, 스포츠, 드라마 등의 고도로 차별화·전문화된 채널 제공.

(3) 지역성

지역사회를 대상으로 서비스 제공, 지역 현안과 필요성에 맞춘 프로그램 편성 및 지역주민의 참여 유도.

(4) 사업성

가입 가구를 대상으로 하는 서비스로서 공공성과 함께 사업성 강조.

(5) 쌍방향성

케이블 TV 방송국과 개별 가정을 상호 접속시키는 교환 기능을 가진 통신 서비스 제공 가능.

3. 케이블 TV의 사업구성

(1) 프로그램 공급자(Program Provider, PP)

스포츠, 어린이, 교통, 관광, 문화, 예술, 바둑, 만화 등 다양한 분야의 전문 채널 운영.

(2) 종합유선방송국(System Operator, SO)

패키지로 구성된 케이블 TV 서비스 제공, 영업 업무 담당, 자체 지역 채널 제공.

(3) 전송망 사업자(Network Operator, NO)

케이블 TV의 전송망 구축 및 유지·보수, 임차 서비스 제공.

4. 분류

기본서비스 패키지(Basic Cable Package)와 유료채널 서비스(Premium Channel Service)로 구분.

5. 케이블 TV의 서비스 제공 방식

(1) 프로그램 단위 직접 판매 방식

① 주문형 서비스(VOD) 제공.

② 유사주문형 서비스(Near VOD), PPV, 고도화된 PPV(enhanced PPV) 구분.

③ 영화 및 이벤트 중심의 PPV 방식 적용, 향후 생중계, 전문 뉴스, 최신 영화 등의 직접 판매 증가 전망.

(2) 채널 단위 직접 판매 방식

유료 채널 단위로 TV 서비스 판매.

(3) 패키지 서비스 방식

① 주문형 서비스 및 채널당 직접판매 채널을 통해 가치가 소진된 프로그램 제공.

② 신작 오락물 시리즈 중심으로 구성, 다양한 패키지 서비스 개발.

(4) 방송 티어(Broadcast Tier) 방식

지상파 방송채널을 포함한 무료 서비스 제공, 원격전송 채널, 종교 네트워크, 쇼핑 채널, LO(Local Origination) 프로그램 포함.

Ⅱ 위성방송

1. 의의

① 위성으로부터의 전송을 일반 대중이 직접 수신하는 무선 통신 서비스.

② 지구정지궤도(35,784km) 위성을 이용한 프로그램 전송 방식.

③ 1986년 11월 NHK(일본)에서 세계 최초 위성방송 실시.

2. 매체적 특성

(1) 다채널화

디지털 압축기술을 통한 다채널 서비스 제공.

(2) 광역 서비스

지형의 영향을 받지 않고 전국 단위의 수신 가능.

(3) 전파월경(spillover)

방송전파가 국경을 넘어 해외방송, 통일방송에 유리.

(4) 난시청 문제 해소

보편적 서비스(universal service) 기능 활성화.

(5) 중계비용 저렴화

전송거리에 영향을 받지 않는 신호전달 비용 절감.

3. 방송위성(Broadcasting Satellite, BS)

(1) 의의

① 가정에서 직접 수신할 수 있도록 방송전파 증폭 후 전송하는 위성방송용 정지위성.

② 직경 50cm 안테나로 수신 가능.

(2) 특징

① Ku-band(12/14GHz) 중계기 사용, 고출력 전파(120W) 발사.

② 특정 국가 범위 내 위성방송 수신 가구 대상 서비스 제공.

③ 한국의 경우 6개 채널 할당.

④ 동일 주파수 대역 위성과 9도 간격 유지.

4. 통신위성(Communication Satellite, CS)

(1) 의의

① 마이크로파를 이용한 장거리 통신 중계국 역할.

② 증폭기나 중계기 구비 여부에 따라 능동형과 수동형으로 구분.

(2) 특징

① 주로 통신목적으로 사용.

② 낮은 출력 C-band(4/6GHz) 중계기 사용.

③ 초국경 위성방송서비스 제공.

④ 75cm 이상 대형 안테나 필요.

⑤ 주파수 대역이 나라별로 정해지지 않아 가용채널 다수 확보 가능.

⑥ 동일 주파수 대역 위성과 2도 간격 유지.

Ⅲ 위성방송과 케이블 TV

1. 전송망 부문

위성방송은 무선통신, 케이블 TV는 유선통신 방식.

2. 프로그램 제작 부문

① 케이블 및 위성방송을 통한 프로그램 제작 및 공급.
② 프로그램 제작과 유통·판매가 수직 통합된 경우, 위성방송과 케이블 TV 제작 부문의 분리 심화.

3. 프로그램·채널 유통 부문

① 프로그램을 채널 단위의 유통사업자에게 제공.
② 위성방송과 케이블 TV 프로그램 유통 사업자 구분 불필요.

4. 방송사업 운영 부문

① 서비스 홍보·판매 및 수익 징수 역할 수행.
② 케이블 TV 운영사업자는 지역별 가입료·광고비 징수.
③ 위성방송 운영사업자는 채널 제공 및 가입료·광고비 징수.
④ 케이블 TV와 위성방송은 지역 범위 차이는 있으나 동일 가입자 대상 경쟁.

[케이블 TV와 위성방송 비교]

구분	케이블 TV	위성방송
전송망 부문	케이블 설치·유지·보수	위성의 발사 유지
프로그램 제작 부문	케이블 TV 프로그램 제작	위성방송 프로그램 제작
프로그램·채널	케이블 TV 프로그램·채널 공급	위성방송 프로그램·채널 공급
유통부문	케이블 TV 가입자의 확보·유지	위성방송 가입자의 확보·유지
방송사업 운영부문	최종 서비스의 제공	최종 서비스의 제공
장점	광대역성, 쌍방향성, 지역성	신호전달 비용이 전송 거리에 영향을 받지 않음
단점	케이블 설치가 기술적으로 어려운 지역의 경우 경제성이 떨어짐	쌍방향성, 용량, 지역성

Ⅰ 의의

① 인터넷과 방송의 합성어로, 인터넷을 통해 문자·그림·동영상 등을 방송의 형태로 제공하는 서비스.
② 지상파 텔레비전 방송신호의 수직 귀선 기간에 정보를 실어서 전송하는 데이터 다중 방송을 이용하여 인터넷 콘텐츠를 보내는 방송.
③ 인터넷을 매체로 하여 영상, 음성, 문자, 이미지 등의 멀티미디어 정보를 인터넷 사용자들에게 전달하는 방법 혹은 체계.

Ⅱ 특징

1. 초시간적·탈공간적인 방송

① 어느 장소, 어느 시간에나 인터넷에 접속만 가능하면 시청 가능.
② Live의 형태로 서비스되며, 방영된 파일을 DB화하여 VOD서비스로 지속적 방송 가능.
③ 오픈 네트워크인 인터넷을 통한 방송으로 국내·외 구분 없이 전 세계 방송 가능, 국내문화를 전 세계인 대상으로 방송 가능.

2. 다양한 콘텐츠

영화, 음악, 교육, 문화, 종교, 쇼핑 등 다양한 멀티.미디어 콘텐츠가 인터넷 방송의 소재가 될 수 있으며, 수많은 채널(사이트)을 통해 방송 가능

3. 방송국 설립의 대중성

① 인터넷 개념을 알고 있다면 적은 자본으로 쉽게 설립 가능.
② 라디오 방송국의 경우, 녹음기와 디지털 파일 제작이 가능한 PC 한 대로 호스팅 서비스를 이용하여 월 몇 십만 원 비용으로 개국 가능.

Ⅲ 인터넷 방송과 TV 방송의 차이

구분	인터넷 방송	TV 방송
단계	신호 산출	신호 산출
	디지털화 (아날로그 → 디지털화)	
	전송신호로 압축(인코딩)	
	ISP(인터넷 서비스 제공자)에게 전송	TV 방송국으로 신호 전송
	신호 복제 및 인터넷을 통해 방송	공중파를 통해 방송
필요 장비	웹캐스팅 장비, 통신장비 (대역폭 등)	방송시간(네트워크로부터 구매), 방송장비, 전송탑

Ⅳ 분류

1. 서비스 유형에 따른 분류

(1) 의의

① 이용자 주도 방송으로 다양한 서비스 형태 존재.

② 기존 방송이 제공자 주도라면, 인터넷 방송은 사용자가 원하는 시간과 장소에서 원하는 형태로 서비스 제공 가능.

③ 주문형 서비스, 생방송 서비스, 푸시형 서비스, 플랫폼 서비스, 웹캐스팅 포털 서비스 등으로 분류.

(2) 푸시형 서비스

① 최신 정보를 얻기 위해 웹사이트를 일일이 찾을 필요 없이 정보 제공자가 주기적으로 컴퓨터 화면에 직접 밀어 넣는 서비스.

② 지능형 에이전트(intelligent agents) 이용으로 지정되지 않은 사이트 관련 정보도 함께 서비스하는 형태로 발전.

③ 기존 배너광고와 달리 동화상 지원 및 컴퓨터 미사용 시에도 화면보호기처럼 반복 노출되어 광고서비스 활용 증가.

2. 정보의 형태별 분류

(1) 의의

① 문자, 소리, 영상 등 제공되는 정보 형태에 따른 분류.

② 문자 데이터캐스트(datacast), 오디오캐스트(audiocast), 비디오캐스트(videocast)로 구분.

(2) 데이터캐스트

① 신문, 서적 등 문자정보 제공.

② 단순 문자서비스는 인터넷 방송에서 활발하지 않음.

③ 멀티미디어 선호로 인해 저용량 문자서비스가 영상이 필요치 않은 분야에서 확대 전망.

④ 무선 인터넷 기술 발달과 함께 저용량 데이터캐스트 확대 예상.

(3) 오디오캐스트

① 소리 형태의 방송 서비스(오디오캐스트)는 가장 활발히 진행되는 분야.

② MP3 압축기술, 리얼오디오 프로그램 등의 개발과 발전으로 스트리밍 기술 확산.

③ 음악이 국제 공통언어이며, 오디오가 상대적으로 저용량이라는 점이 오디오캐스트 활성화 요인.

(4) 비디오캐스트

① 동영상 중심의 비디오캐스트는 멀티미디어 정보를 서비스하는 완성된 형태의 인터넷 방송.

② 초고속 인터넷과 대용량 압축·전송기술 발달로 서비스 확대.

③ 쇼, 실황중계, 화상회의, 원격강의, 원격진료 등 다양한 영역으로 확대.

Ⅴ 인터넷 방송의 등장 배경

1. 인터넷 확산과 웹 발전

1995년부터 상용화된 인터넷과 월드와이드웹(WWW)의 확산으로 문자 중심 통신정보 개념이 변화하여 멀티미디어 정보 전 세계 전달 가능.

2. 스트리밍 미디어 솔루션 등장

파일 용량이 큰 멀티미디어 정보 전달 문제 해결을 위해 스트리밍 기술 등장.

3. 네트워크 환경의 고속화·대용량화

인터넷 접속환경 발전으로 멀티미디어 서비스 가능.

4. VOD & AOD 개념 등장

인터넷 방송은 기존 방송(TV, 라디오)과 달리 시간·공간 초월하여 시청자가 원하는 콘텐츠를 선택하여 시청 가능.

Ⅵ 인터넷 방송기술

1. 웹 서비스 기술

① 웹 서비스(web service) 기술은 이질 정보의 통합 및 연결, 주문형 제공 가능.

② 멀티미디어(multimedia), 하이퍼미디어(hypermedia), 온디맨드(on-demand) 기술 포함.

기술	기술 개요	특징
멀티 미디어	이질 정보(문자·소리· 영상 등)의 통합	정보의 디지털 코딩 및 압축으로 대용량 전송
하이퍼 미디어	비순차적 정보 연결	정보의 공간적· 시간적 제약 극복
온디맨드	원하는 정보를 원하는 시간에 전송	방송의 시간적 일방성 해결

2. 캐스팅 기술

① 웹캐스팅(webcasting) 기술은 이용자가 원하는 정보를 방송 형태로 전송하는 데 필요한 기술.

② 푸시(push), 스트리밍(streaming), 멀티캐스팅(multicasting) 기술 포함.

기술	기술 개요	특징
푸시	미리 저장된 정보 목록에 따라 정보가 자동으로 이용자에게 전달	이용자의 편의를 지향
스트리밍	기존 방송과 같이 정보의 전송과 구현을 동시에 진행	다운로드를 위해 기다릴 필요 없이 바로 방송 시청
멀티 캐스팅	일정 수의 클라이언트 에게만 정보를 전송	인터넷 방송의 효율성을 지원

3. 압축·복원 기술

(1) 의의

오디오·비디오 정보 압축기술은 서비스 품질과 망 대역폭 관리 발전에 기여.

(2) MPEG 시리즈

① 대표적인 오디오·비디오 압축기술은 MPEG 시리즈.

② MPEG-1, MPEG-2는 자연영상과 소리만 부호화.

③ MPEG-4는 자연영상뿐만 아니라 합성영상도 부호화.

④ MPEG-4는 가상현실(virtual reality) 개념 도입, 영상부분 개별 부호화.

(3) MP3와 MP4

① 대표적인 오디오 압축기술은 MP3(MPEG-2 Layer3)와 MP4(MPEG-2 AAC).

② MP3는 16~12kbps급 속도로 인터넷 음악파일 및 음악·음성 혼합 파일에 적합.

③ MPEG-2 AAC는 대화형 방송서비스에 적합하며, 압축률과 품질 우수.

Ⅶ 헤이즈(Hayes)의 크로스미디어 발전 단계

1. 의의

헤이즈(Hayes)는 크로스미디어의 발전 단계를 제작 형식과 소비 형태에 따라 Pushed형, Extra형, Bridges형, Experience형의 네 가지로 구분함.

2. 유형

(1) Pushed형

① 한 가지 콘텐츠를 별다른 가공 없이 여러 미디어 플랫폼에서 동시에 사용하는 형태를 의미함.

② 콘텐츠를 다른 미디어에 맞게 제작하거나 수정하지 않고 그대로 사용함.

③ 예: 텔레비전 방송 프로그램의 내용이 인터넷, 라디오, 신문 등 다른 미디어에 그대로 전달되는 경우.

(2) Extra형

① 기존의 콘텐츠를 보완하거나 확장하는 추가 콘텐츠를 제작하여 제공하는 형태를 의미함.

② 예: 텔레비전 드라마의 배경이나 캐릭터에 대한 추가 정보를 웹사이트를 통해 제공하는 경우.

(3) Bridges형

① 사용자를 다른 미디어 플랫폼으로 이동시키도록 설계된 콘텐츠를 제작하는 형태를 의미함.

② 사용자가 다양한 미디어를 통해 지속적으로 콘텐츠를 소비하도록 유도함.

③ 예: 텔레비전 프로그램에서 QR 코드를 제공하여 스마트폰으로 스캔 후 추가 정보를 제공하는 경우.

(4) Experience형

① 콘텐츠가 여러 플랫폼에서 동시다발적으로 전달되며, 사용자가 이를 통해 체험하는 형태를 의미함.

② 제작자는 콘텐츠 제공이 아닌 사용자가 콘텐츠를 경험할 수 있는 환경을 제공함.

③ 모든 미디어 플랫폼이 상호 연결되어 있으며, 사용자가 이를 통해 자신만의 이야기를 만들어 나감.

④ 예: 대체 현실 게임(ARG, Alternate Reality Game).

3. 발전 방향

① 크로스미디어 콘텐츠의 발전 단계는 복잡성과 통합성이 증가하는 방향으로 나아감.

② 미디어 제작자는 다양한 미디어 환경에서 콘텐츠 제작과 배포 방법을 고민하게 됨.

Ⅷ OTT(Over The Top)

1. 의의

① OTT 서비스란 기존의 통신 및 방송 사업자와 더불어 제3사업자들이 인터넷을 통해 드라마나 영화 등의 미디어 콘텐츠를 제공하는 서비스임.

② 'Top'은 TV에 연결되는 셋톱박스를 의미하며, 초기에는 TV 셋톱박스를 통한 인터넷 기반 동영상 서비스를 뜻함.

③ 현재는 셋톱박스 유무와 관계없이 PC, 스마트폰 등 다양한 단말기뿐만 아니라 기존 통신사 및 방송사가 추가로 제공하는 인터넷 기반 동영상 서비스까지 포함하는 개념으로 확대됨.

④ OTT 서비스 이용자는 TV 프로그램, 광고, 영화, UGC(User Generated Contents) 등의 콘텐츠를 이용할 수 있음.

2. OTT 서비스 등장 배경

① TV 시청자들이 비교적 저렴한 가격으로 선호하는 미디어 콘텐츠만을 시청하려는 수요 증가로 인해, 월정액 방식의 케이블 TV가 제한된 채널로 인해 모든 시청자의 콘텐츠 수요를 충족시키지 못하는 한계가 발생함.

② 방송사의 TV 방영 프로그램이 인터넷으로 유통되면서 시청자가 시간의 제약 없이 다양한 동영상 서비스를 이용할 수 있게 됨.

③ IT 기술 발전으로 OTT 서비스 제공 단말기 범위가 확대됨. 과거 PC에 국한되었던 동영상 서비스가 스마트폰, 태블릿 PC, 게임기, TV 등 다양한 단말기로 확장됨.

3. OTT 서비스 시장 진출 전략에 따른 사업자 유형 구분

① 플랫폼과 단말기를 기반으로 미디어 콘텐츠 제작 사업자들과 제휴(예 Apple, Microsoft).

② 플랫폼을 기반으로 단말기 및 콘텐츠 제작 업체와 협력(예 Netflix, Amazon, Google).

③ OTT 전용 셋톱박스와 같은 단말기 중심으로 시장 진출(예 Roku, Boxee).

④ 다양한 미디어 콘텐츠 보유를 기반으로 사업 확장(예 Hulu).

> **심층 연계 내용** 훌루(Hulu)
>
> ① 훌루(Hulu)는 미국의 OTT 서비스를 제공하는 엔터테인먼트 기업으로, 현재 디즈니의 자회사임.
>
> ② 주요 역할은 텔레비전 콘텐츠 시리즈의 스트리밍을 지원하고, 소유자의 텔레비전 네트워크 및 기타 콘텐츠 파트너로부터 다양한 시리즈의 현재 및 과거 에피소드를 제공하는 것임.
>
> ③ 초기 설립은 월트 디즈니 컴퍼니, 워너미디어, 컴캐스트, 뉴스 코퍼레이션(후에 21세기 폭스로 승계) 등이 합작하여 진행됨.
>
> ④ 이후 AT&T가 보유 지분을 월트 디즈니 컴퍼니에 매각하면서 훌루는 디즈니의 자회사가 됨.
>
> ⑤ 훌루의 주요 경쟁사는 넷플릭스(Netflix)와 아마존 프라임 비디오(Amazon Prime Video)임.
>
> ⑥ 현재 훌루는 미국과 일본에서만 서비스 중이며, 2019년 1분기 기준 구독자 수는 2,850만 명임.

Theme 74 IPTV(Internet Protocol TV)

Ⅰ IPTV 의의

1. 개념

(1) 정의

① 인터넷 접속 기능을 갖춘 텔레비전으로, 인터넷 TV라고도 함.

② 인터넷 검색기능이 탑재된 TV세트, 고속 모뎀, 기억장치, 웹브라우저 등 소프트웨어를 장착하여 TV만으로 인터넷 및 PC통신 이용 가능함.

③ 별도의 부가장치 없이 인터넷 이용이 가능한 방식임.

(2) 방식

① 방송용 전파가 아닌 인터넷 프로토콜(IP)을 이용하여 스트리밍 방식으로 방송 프로그램을 제공하는 디지털 방송임.

② 인터넷망(IP망)을 통해 디지털 TV 이상의 고품질 TV 서비스를 시청자에게 제공함.

(3) 서비스의 형태

VOD, T-Commerce, 오락, 뱅킹, 정보, TV포털, 다채널 방송서비스 등 멀티미디어 콘텐츠를 초고속 인터넷망(ADSL, FTTH)을 통해 제공하는 방송과 통신 융합서비스임.

2. 주요 관점별 의미

(1) 전송매체 관점

지상파, 케이블, 위성과 같은 기존 방송매체에 IP 전송방식의 초고속 인터넷망이 새로운 전달매체로 등장한 것임.

(2) 단말기 관점

PC 중심이던 초고속 인터넷 접속영역을 TV 등 방송가전 영역으로 확대하여 접속 가능한 단말기 창구가 늘어난 것임.

(3) 콘텐츠 관점

기존의 폐쇄형(closed circuit) 방송 콘텐츠에 인터넷의 개방형(open circuit) 콘텐츠가 추가된 형태임.

Ⅱ IPTV 특성

1. 양방향 서비스(interactive service)

사용자 참여가 가능한 양방향 서비스 및 주문형(on-demand) 서비스 제공으로 TV 방송의 주도권이 방송사나 중계업자에서 시청자로 이전됨.

2. 개인화 서비스(personalized service)

① Point-to-point 방식으로 개인화된 채널 서비스 제공 가능함.

② Personalized entertainment 서비스 제공 가능함.

③ 맞춤 인터넷 정보를 TV에 적합하게 재가공한 Walled garden 서비스 제공 가능함.

④ SMS, TV 화상회의 등 communication 서비스 제공 가능함.

3. 번들링 서비스(bundling service)

① TV 단말과 초고속 인터넷의 장점을 결합한 서비스 제공 가능함.

② 초고속 인터넷, VoIP 등과의 결합을 통한 TPS 제공 가능함.

③ 강력한 소비자 Lock-in 효과 발생함.

4. 기타

① 주파수 대역의 제한 없이 무제한 채널 공급 가능함.

② QoS/QoE 보장 가능함.

③ TV와 인터넷의 혼합 모델임.

Ⅲ IPTV와 경쟁 매체의 특성 비교

구분	IP TV	디지털 케이블 TV	디지털 위성방송
특징	디지털 양방향 서비스 제공	디지털 양방향 서비스	디지털 양방향 서비스 (제한적 양방향 서비스)
채널 수	TV 60~100여 개 채널	• TV 50여 개 채널, • 라디오 20여 개 채널, • 데이터 15개 채널	• TV 80여 개 채널, • 오디오 60여 개 채널
화질	SD, HD급 단계별 서비스	SD, HD급 단계별 서비스	SD, HD급 단계별 서비스
요금	10,000~15,000원 예상	18,000원 예상	20,000원 (Sky Family)
주변 기기	셋톱박스 필요	셋톱박스 필요	셋톱박스 필요
전송망	xDSL, FTTH, HFC (하나로)	HFC	위성
부가 서비스	• VOD 서비스 • VoIP, SMS, 메시징 서비스 • 게임, 웹 검색 • EPG 서비스 • TV 쇼핑, 뱅킹 서비스	• VOD 서비스 • VoIP, SMS, 메시징 서비스 • EPG 서비스 • TV 쇼핑, 뱅킹 서비스	• VOD 서비스 • SMS, 메시징 서비스 • 게임 • EPG 서비스 • TV 쇼핑, 뱅킹 서비스
서비스 권역	전국	지역	전국

Ⅳ IPTV 서비스의 종류

1. 전자프로그램 가이드(Electronic Program Guide, EPG)

① IPTV의 대표적인 형태로 사용자와의 상호작용을 강조한 개념으로 IPG(Interactive Program Guide)라고도 함.

② 한 채널에 복수의 SD(standard definition)급 프로그램 전송이 가능하여 가상공간을 이동하지 않고도 현재 방송 중인 정보를 쉽게 확인할 수 있도록 제공되는 서비스임.

③ IPTV 프로그램의 포털 서비스임.

2. 대화형 서비스

(1) 실시간 대화형 서비스

게임, 퀴즈 프로그램 등 제공함.

(2) 홈뱅킹 서비스

TV 시청 중 간단히 은행에 접속하여 TV 화면에 나타난 금융정보를 보면서 거래 가능함.

(3) 텔레비전 전자상거래(T-Commerce)

① 뱅킹 서비스, 양방향 광고 및 기타 요금이 부과되는 모든 서비스를 포함함.

② 클릭만으로 상품 정보를 검색하고 직접 구매 및 예약 가능함.

(4) PVR(Personal Video Recorder)

방송 프로그램을 녹화하고 디지털 형식으로 콘텐츠를 디스크 드라이브에 저장하는 서비스임.

Ⅴ IPTV의 도입 배경

1. 공급자 요인

① 초고속 인터넷 기술의 발전으로 데이터 전송 속도 증가함.

② 기존 인프라 및 신규 인프라(BcN 등)를 활용한 범위의 경제 효과 극대화 가능함.

③ 성숙기 시장인 통신서비스 시장에서 방송서비스 시장으로 진입하여 역량 활용 가능함.

④ 케이블 사업자 등의 TPS 서비스 등장으로 기존 통신서비스 시장의 경쟁 심화에 따른 수익성 보전 필요성이 증가함.

⑤ 다양한 신규 부가서비스 제공을 통한 ARPU 증가 가능함.

2. 수요자 요인

① 동일 단말기 및 네트워크를 통한 방송과 통신 서비스 활용으로 편리성 증가함.

② 기존 서비스 사업자의 통합으로 인한 편리성 확대됨.

③ T-Commerce, T-Learning 등 방송의 디지털화와 맞물려 양방향 서비스 수요 증가함.

④ 맞춤형 TV 포털 등 방송의 개인 미디어화를 통한 개인 선택권 강화됨.

⑤ 방송의 디지털화에 따른 IPTV 인지도 증가함.

Theme **75** TRS(Trunked Radio System)

Ⅰ 의의

① TRS(Trunked Radio System)는 특정한 직무 수행을 위해 조직 내부에서 사용되는 무선통신서비스이며 그룹통화, 1대다 지령 통신, 신속한 접속을 특징으로 함.

② TRS는 전력, 운송, 치안 분야에서 핵심 무선 통신망으로 활용됨.

③ TRS에서 사용되는 호의 길이는 매우 짧으며, 트렁킹을 통한 확률적인 채널 이용 효율 증대가 가능함.

④ 업무용 무선통신시스템은 트렁킹 기술을 적용하고 있으며 북미지역과 우리나라에서는 TRS라는 용어를 사용함.

⑤ 트렁킹 기술을 사용하는 TRS는 통계적 다중화 기법을 이용하여 부여된 채널보다 많은 통화 그룹을 생성하여 사용 가능함.

⑥ 디지털 TRS는 보이스, 데이터 등의 트래픽 채널이 디지털 신호로 전송되는 시스템이며, 디지털 TRS 표준으로는 TETRA(Terrestrial Trunked Radio)가 유일함.

Ⅱ TETRA

① TETRA는 ETSI(European Telecommunication Standards Institute)에서 생산한 TRS 표준임.

② 현재까지 TRS와 관련하여 생산된 유일한 표준임.

③ TETRA 시스템은 다양한 UHF 주파수 대역을 활용하여 구축 가능함.

④ 전력 IT용 디지털 TRS는 380~400MHz 대역을 이용하며 점유대역폭은 25KHz임.

⑤ Uplink와 Downlink는 FDD 방식으로 구분되며 송수신 신호 간 간격은 10MHz임.

⑥ TETRA가 이용하는 변복조 방식은 $\pi/4$ shifted QPSK임.

⑦ $\pi/4$ shifted QPSK는 TIA IS-54 규격에 의해 TDMA에 권고된 변복조방식이며, QPSK를 매 포인트에서 $\pi/4$ 천이(shift)시키는 변복조방식을 사용하며 8포인트의 신호점을 가지며 대역폭은 QPSK와 동일함.

⑧ TETRA의 다중접속방식은 1 : 4 TDMA 방식임.

⑨ 음성 또는 데이터가 수용된 4개의 타임슬롯이 하나의 TDMA 프레임을 구성하며, 4개의 슬롯 중 하나는 제어채널로 사용됨.

Theme **76** 소셜 미디어의 이해

Ⅰ 커뮤니케이션 미디어 양식의 변화

① 포스터는 커뮤니케이션 미디어 양식의 변화를 중심으로 인류 역사를 설명한 대표적인 학자 중 한 사람임.

② 지배적 커뮤니케이션 미디어(dominant communication media)의 변화에 따라 커뮤니케이션 양식의 변화를 설명함.

③ 한국지능정보사회진흥원은 지배적 미디어와 커뮤니케이션 양식의 변화를 제시함.

지배적 매체	구두·필기	대중매체	인터넷	소셜 미디어
커뮤니케이션 방식	인간 ↔ 인간	인간 ↔ 매스미디어	인간 ↔ 컴퓨터 인간 ↔ 컴퓨터 ↔ 인간	인간 ↔ 소셜 미디어 ↔ 인간
커뮤니케이션 장소	물리공간 (제1공간)	물리공간 (제1공간)	가상공간 (제2공간)	물리공간 + 가상공간 (제3공간)
생산 기반	채집, 농경	산업, 제조	정보, 지식, 창의력	
인간관계 기반	혈연·지연	학연·직장연	정보연·취향연	

④ 대중매체 의존 시대에서 인터넷 미디어 시대를 거쳐 소셜 미디어를 통한 소통의 시대로 변화함.

II 카스텔(Castells)

① 소셜 미디어를 가능하게 한 정보통신기술의 발달로 개인이 사이버 공간에서 주체적으로 문화를 창조하는 개인주의가 가능해짐.
② 사이버 공간의 개인화 성향은 개인 중심적이지만 네트워크를 통해 공동체를 형성하며 새로운 공동체성의 확대를 가져옴.

III 새로운 커뮤니케이션 환경으로서의 소셜 미디어

① RSS, 위젯(Widget) 등 개인화 프로그램을 통해 기존 미디어가 제공하는 정보가 아닌, 관심사 기반 정보 수용 가능.
② 소셜 미디어는 온라인 도구 및 플랫폼으로, 텍스트, 이미지, 오디오, 비디오 등을 포함하며, 블로그, 소셜 네트워크, 팟캐스트, 위키, 비디오 블로그 등의 다양한 형식을 포함함.

IV 소셜 미디어의 발전

① 소셜 미디어 용어 최초 사용자는 가이드와이어 그룹 창업자이자 글로벌 리서치 디렉터인 크리스 쉬플리(Chris Shipley)이며, 2004년 '블로그 온 2004 컨퍼런스'에서 개념을 소개함.
② 2005년 마이스페이스(MySpace) 등장, 2006년 유튜브(YouTube) 확산으로 소셜 미디어에 대한 관심 증가.
③ 2008년 웹2.0을 반영한 오픈 플랫폼으로 페이스북이 주목받음.
④ 초기 소셜 미디어는 참여와 공유가 강조되는 커뮤니티 형태, 이후 개방 중심의 블로그, 관계 중심의 SNS(Social Network Service)로 발전함.
⑤ 2009년 이후 지속적인 인터넷 시장의 성장과 초기 수용자들에 의해 소셜 미디어의 커뮤니케이션이 진화함.

V 소셜 미디어의 특징

1. 신속한 정보 전달

① 인터넷 미디어 중 가장 신속한 정보 전달 가능.
② 정보의 수평적 전달과 피라미드적 확산 가능.
③ 뉴스 기사 작성 및 기존 저널리즘 필터링을 통해 저널리즘적 행위 가능.

2. 공유

① 개인의 경험을 다른 사람과 공유 가능.
② 개인 홈페이지 역할 수행하며 자유로운 콘텐츠 선택 가능.
③ 기존 매스미디어와 달리 편집이나 검열 없이 다양한 정보와 감정 표현 가능.

3. 대안적 미디어

① 개방형 커뮤니케이션 공간으로 매스미디어에 대한 도전과 저항 역할 수행.
② 콘텐츠 제한 없이 자유로운 스크랩과 링크 가능하며 사회적 네트워크 공개 가능.

VI 페이스북(Facebook)

1. 의의

① SNS 시장에서 가장 돋보이는 미디어 중 하나.
② 개인 프로필을 놀이 개념으로 확장한 서비스.
③ 2004년 2월 마크 저커버그(Mark Zuckerberg)와 동료들이 하버드 대학교 기숙사에서 사이트 개설.
④ 초기 가입자는 하버드 대학생으로 한정, 이후 가입 대상 확대.

2. 이용자 증가율

① 2004년 12월 100만 명, 2010년 2월 5일 4억 명 돌파.
② 2014년까지 두 자리 수 성장률 유지.
③ 2015년 8월 기준 월 활동 사용자 14억 9천만 명, 일 활동 사용자 9억 6천 8백만 명 기록.

3. 페이스북의 장점

① 페이스북 커넥트를 통해 외부 네트워킹 확장 가능.
② Following 기능 없이 쌍방향 네트워크 구축.
③ 업데이트를 통한 관계 유지 및 강화 가능.

VII 트위터(Twitter)

1. 의의

① 140자 내 단문 메시지를 기반으로 한 마이크로블로그 서비스.
② 실시간 정보 공유 및 사회적 이슈 논의 가능.
③ 2006년 6월 오픈 이후 빠른 성장, 2012년 2월 23일 기준 전 세계 5억 명 이용.
④ 2011년 31.9% 성장률 기록, 2014년까지 두 자리 수 성장률 유지.

2. 트위터의 특징

(1) 단순성
① 방문자에게 보여주기 위한 꾸밈 필요 없음.
② 140자 제한 내에서 정보 공유 가능.
③ 스마트폰 친화적인 서비스.

(2) 네트워크 구축의 용이함
① Following 기능을 통해 승인 없이 관계 형성 가능.
② 유명인과의 직접적인 정보 공유 가능.
③ 개방형 네트워크 구축 가능.

(3) 정보 확산의 신속성
① Follower 수에 비례하여 정보 전파 가능.
② 리트윗(retweet) 기능을 통해 정보 확산 촉진.
③ 사회 전반에 걸친 강력한 영향력 행사.

(4) 정보와 애플리케이션 공유
① API(Application Programming Interface)를 통한 정보 공개 정책 유지.
② 외부 사이트에서 트위터 계정으로 로그인 및 정보 공유 가능.

Ⅷ 페이스북과 트위터의 차이점

1. 네트워크 연결 방식

(1) 페이스북
친구 신청 및 승인 과정을 거치는 쌍방향 구조.

(2) 트위터
Following 방식의 단방향 구조로 빠른 네트워크 구축 가능.

2. 정보전달 속도

(1) 페이스북
개인화 서비스로 친구들과의 연결성에 따라 속도 결정.

(2) 트위터
① 단문 메시지를 통한 빠른 정보 확산.
② 리트윗 기능을 통한 정보 공유.
③ Blocking 기능을 제외한 모든 정보 확인 가능하며 강력한 실시간 웹 인프라 제공.

Theme 77 Telegram Messenger

Ⅰ 의의

① Telegram Messenger LLP사가 개발 및 운영하는 오픈소스 인터넷 모바일 메신저임. 니콜라이 두로프(Nikolai Durov), 파벨 두로프(Pavel Durov) 형제가 개발하여 2013년 8월 iOS용으로 최초 출시되었으며, 현재 안드로이드, Windows, Windows Phone, 리눅스, macOS, 웹 브라우저까지 지원하는 메신저임. 또한 구글 크롬용 확장 기능 버전도 제공함.

② 비영리 운영으로 유료 기능 및 광고가 없음. 이는 개발자인 파벨 두로프가 러시아의 억만장자로서 서버 유지 및 개발 비용을 충당하기 때문임. 향후에도 광고 및 유료화 계획이 없으며, 비용이 부족할 경우 기부를 받을 예정임.

Ⅱ 멀티디바이스 지원

① 전화번호 한 개로 여러 기기에서 제약 없이 동시 사용 가능함. 웹 버전을 이용하면 설치 없이 인터넷 브라우저를 통해 접속 가능하며, 플레이스테이션 4 등의 게임기에서도 접속 가능함.

② 카카오톡, 왓츠앱, 라인 등 주요 메신저들은 멀티디바이스를 지원하지 않음. 텔레그램은 1인 무한 기기 지원이 가능하며, 설정을 통해 다른 기기의 세션을 제어할 수 있어 현재 사용 중인 기기를 제외한 모든 기기를 로그오프하는 기능이 제공됨.

Ⅲ 오픈소스

오픈소스 프로그램으로 프로토콜, API, 아이폰 및 안드로이드용 앱의 소스 코드를 공개하여 개발자가 자유롭게 수정 및 개발할 수 있도록 함.

Ⅳ 비밀 대화

① 비밀 대화 기능은 모바일 버전에서만 이용 가능함. 사용자가 보낸 메시지는 언제든지 삭제할 수 있으며, 삭제 시 상대방의 화면에서도 동일하게 삭제됨. 일정 시간이 지나면 자동으로 삭제되는 '자동 삭제 타이머' 기능 제공함.

② 비밀 대화에서 스크린샷을 찍으면 상대방에게 알림이 뜨며, 안드로이드에서는 스크린샷 기능 자체가 차단됨.

V 보안성 및 개인정보 보호

① 기존의 메시지 단체 전송을 대체하는 채널 기능 추가됨. 채널은 개설자 및 관리자만 메시지를 남길 수 있는 단방향 채팅 기능이며, 구독자 수 제한이 없어 공지사항 및 뉴스 전달에 적합함.

② '저장한 메시지' 기능을 이용하면 해당 계정으로 로그인된 모든 기기에서 파일 및 메시지를 열람할 수 있어 텔레그램을 클라우드 서비스처럼 활용 가능함.

③ 채널에 게시된 메시지는 수정 및 삭제가 가능하며, 삭제 시 모든 구독자의 채팅 화면에서도 삭제됨. 구독한 시점에 관계없이 과거 게시된 모든 메시지 열람 가능함.

④ 일반 대화는 다른 메신저와 유사하나 모든 대화가 클라우드 서버에 보관됨. 메시지는 클라우드 서버에 업로드된 파일처럼 무한정 보존되며, 로그인된 기기 중하나에서 삭제 시 다른 모든 기기에서도 동기화되어 삭제됨. 이로 인해 텔레그램 서버가 국가 기관에 의해 감찰당할 경우 모든 대화가 압수될 가능성이 있음.

⑤ 비밀 대화는 종단 간 암호화 기술을 적용하여 두 단말기 간에만 복호화가 가능한 비밀키를 이용함. 서버는 암호화된 메시지를 단순히 전달하는 역할만 수행하며, 감청영장이 부과되더라도 메시지 열람이 불가능함. 또한 자동 대화 삭제 및 대화 내용 저장 기능이 제공되지 않음.

Theme 78 인터넷

I 인터넷의 기원

1. 알파넷의 구축과 확대

① 인터넷은 1969년 미국 국방부 고등 연구 계획국이 핵전쟁에 신속히 대처하기 위해 국방부 산하 연구기관들의 컴퓨터와 소프트웨어를 연결한 알파넷(ARPAnet)에서 시작됨.

② 군사 목적으로 구축된 ARPAnet이 1969년부터 가동되었으며, TCP/IP 통신 규약 통일로 기종에 관계없이 정보 교환이 가능해짐. 1970년대 초 ARPAnet이 미국 대학과 연구소에 개방되면서 이용 증가. ARPAnet은 군사 목적의 MILnet과 일반인을 지원하는 ARPAnet으로 분리됨.

---

2. NSFNET 체제로의 전환

① 미국국립과학재단(NSF)이 1986년 TCP/IP 기반의 미국국립과학재단망(NSFNET)을 구축하여 미국 내 5개 슈퍼컴퓨터 센터를 상호 접속.

② 1987년 ARPAnet을 대체하여 인터넷 기간망 역할을 담당하면서 인터넷 본격화, 2년 후 ARPAnet 종료.

③ 인터넷의 상업적 이용 수요 증가했으나, NSFNET은 정부 지원으로 운영되며 교육 연구 목적의 이용을 제한하는 방침(Acceptable Use Policy, AUP) 유지.

3. 인터넷의 상업화

① AUP 방침으로 인해 1992년 일부 인터넷 사업자가 협회를 구성하여 상업용 인터넷 교환망(CIX) 구축, 상용 인터넷 상호 접속.

② 인터넷 접속 방법으로 전용선 IP 접속, 전화 회선을 이용한 다이얼 업 IP 접속, UUCP 접속이 존재.

③ 인터넷 사용자는 네트워크정보센터(NIC)에서 할당하는 IP 주소와 게이트웨이 컴퓨터 소유자의 승낙이 필요하나, 인터넷 접속 서비스 이용 시 절차 간편.

④ 국내에서는 한국인터넷진흥원의 한국 인터넷 정보센터(Korea Network Information Center, KRNIC)가 IP 주소 지정 및 도메인 등록 담당.

⑤ 1994년 6월 KT가 최초로 인터넷 상용 서비스(KORNET service) 시작, 이후 많은 인터넷 정보 제공자(ISP)가 일반인을 대상으로 상용 서비스 제공.

II 인터넷의 정의

1. 미국 연방 네트워크 위원회(Federal Networking Council, FNC)

① 인터넷은 IP(Internet Protocol) 기반의 유일한 주소체계로 전 세계적으로 연결된 범세계적 정보 시스템(global information system).

② TCP/IP를 사용하여 상호 간 커뮤니케이션이 가능하며, 누구나 접근 가능한 통신 인프라 구조에 기초한 고차원 서비스.

2. 크롤과 호프만(Krol & Hoffman)

① TCP/IP 프로토콜 기반의 네트워크의 네트워크.

② 네트워크를 구축하고 사용하는 사람들의 공동체로, 네트워크를 통해 획득 가능한 정보자원의 집합체.

Ⅲ 인터넷의 특성

1. 운용원리적 측면

(1) 의의

① 세계 최대 규모의 컴퓨터 통신망으로 근거리 통신망 (LAN) 등 소규모 망을 상호 접속하여 전 세계를 망라하는 거대 망 형성.

② 인터넷 대표 조직으로 인터넷 소사이어티(ISOC)가 존재하나, 중앙 관리 본부는 없음.

③ 망의 망 구조로 중심 컴퓨터 없이 운영.

④ TCP/IP 프로토콜 사용으로 개방형 네트워크 구축, 자유로운 정보 유통 가능.

(2) 패킷전송법(packet routing)

전화 전송 원리와 구별되는 패킷전송법(packet routing) 사용.

(3) 아이피 주소(IP address)

여덟 개의 16진수로 표현되는 IP 주소를 사용하여 인터넷상 데이터 전송 목적지 식별.

(4) 도메인 네임(domain name)

IP 주소 대신 사람들이 인지하기 쉬운 언어 형태로 나타낸 도메인 네임 사용.

(5) 실시간 · 쌍방향의 멀티미디어 네트워크

① 기술 발전으로 문자 · 수치 · 음성정보 외 동영상 정보 전달 가능.

② 지역 및 기종과 관계없이 상호 데이터 송 · 수신 가능하며 방대한 정보 접근 가능.

(6) 무정부 네트워크

소유자나 운영자가 따로 없는 개방적 세계 규모 네트워크.

(7) 대중적 네트워크

값싼 요금으로 초보자도 이용 가능한 대중적 네트워크.

2. 커뮤니케이션으로서의 미디어적 특성

① 다대다(many to many) 송 · 수신 가능.

② 시 · 공간을 초월한 동시적 · 비동시적 커뮤니케이션 지원.

③ 신문, 라디오, 텔레비전 등 개별화된 매체를 통합하는 토탈 미디어.

④ 익명성을 특징으로 하는 가상공동체(virtual community) 형성.

3. 이용자적 특성

① 메시지 생산자와 수용자의 위치가 불연속적.

② 비일관적.

③ 가변적.

④ 유동적.

⑤ 급속히 증가.

4. 콘텐츠적 특성

① 전 세계 컴퓨터가 연결된 정보의 바다로 방대한 멀티미디어 정보 제공.

② 검색엔진을 통한 콘텐츠 검색 가능하며, 누구나 콘텐츠 생산자 및 사용자 역할 수행.

Ⅳ 인터넷 망 중립성

1. 망 중립성(network neutrality)

① 모든 인터넷 트래픽을 동등하게 취급하는 비차별성 원칙을 강조하는 개념.

② Tim Wu가 처음 사용한 용어로, '망이나 이용자에게 해가 된다는 증거가 없다면 통신사업자는 트래픽을 차별할 수 없다.'는 원칙을 제시한 개념.

③ 인터넷 접속망 이용자를 위한 원칙으로, 망 사업자 또는 정부가 콘텐츠 사이트 플랫폼, 부착하는 기기, 통신방식에 대한 제약을 두어서는 안 되며, 서비스 품질이 다른 트래픽으로 인해 부당하게 악화되지 않아야 함.

④ 인터넷 데이터 트래픽을 내용, 유형, 제공사업자, 부착된 단말기 등에 관계없이 동등하게 처리하는 개념.

2. 비차별성의 적용방식에 따른 망 중립성의 범위

(1) 절대적인 비차별성(absolute non-discrimination)

① 인터넷 접속사업자가 품질 고려 없이 도착한 순서대로 패킷을 처리(first come, first served)하는 방식.

② 품질차별, 패킷 우선순위 변경, 요금차별 등을 망 중립성 위배로 판단.

(2) QoS 차등을 인정하는 차별화 개념

① 서비스 품질(QoS) 차등에 따른 추가 요금 수수를 인정하지 않는 범위 내에서 QoS 차등을 허용하는 개념.

② 높은 QoS 보장을 대가로 추가 요금을 지불하지 않는다면 QoS 차별 허용 가능.

(3) QoS 차등에 따른 추가 요금 수수를 인정하는 제한된 차별화 개념

① 서비스 계약이 비배타적인 것을 전제로 QoS 차등에 따른 추가 요금 수수를 인정하는 개념.

② 서비스 계약이 제한되지 않는다면 높은 QoS 보장을 대가로 추가 요금 수수 가능하며, QoS 차등이 망 중립성 원칙 위배로 간주되지 않음.

3. 망 중립성 관련 쟁점별 찬반 논의 현황

① 절대적인 비차별성 개념이 망 중립성 규제 찬성 측이 선호하는 개념.

② 인터넷접속서비스 사업자의 망 관리 관행을 인정하는 개념들은 상대적으로 느슨한 망 중립성 원칙에 해당.

	찬성측	반대측
투자와 혁신	• 망중립성 규제 부재 시 광대역사업자들이 contents gatekeeper로서 경쟁사업자의 BM 정착 방해로 투자와 혁신 저해 우려 • Tim Wu: 혁신이 지배하는 시장에서 협상력이 지배하는 시장으로 변모 우려	• 망 중립성 규제는 망 사업자들의 광대역망 투자를 억제하여 오히려 혁신과 경쟁 촉진에 부정적 영향을 초래할 것임 • Google, Skype 등은 통신 및 케이블사업자들이 구축한 망에 무임승차하고 있음
공정·경쟁	• 데이터 통제를 허용할 경우 광대역 사업자들이 원하는 웹사이트의 품질을 높이고 반대의 경우 품질을 악화시켜 경쟁 왜곡 우려 • 통신사업자들이 가입자망 통제를 위해 계층화된 서비스 모델 도입, 이용자들로 하여금 경쟁력이 없는 서비스 구입 강요 우려	• 인터넷 접속시장은 이미 충분히 경쟁적 • 인터넷은 동등한 경쟁의 장이 아니며, 대규모 사업자들은 서버 확충 대용량서비스 구매 등을 통하여 소규모 사업자에 비해 이점을 보유 • 이용자의 차별된 요구를 반영하는 관행이 오히려 인터넷 중립성에 기여
표현의 자유	인터넷이 자유롭고 개방된 기술로 유지되며, 자유로운 의사소통수단으로 발전하는 것이 민주주의 발전, 소비자주권 보호에 기여	망사업자들은 이용자의 표현의 자유를 침해할 의도가 없음
합리적 전망	인터넷 접속사업자들의 합리적인 망 관리 능력 보유는 필요하나 분명한 가이드라인 필요	• 합리적 망 관리 부재 시 악성 바이러스 등의 문제가 발생할 수 있음 • Video streaming, P2P file sharing 서비스 확산으로 인한 망 과부하 상태 해소를 위해 적절한 망 관리 조치가 필요

4. 미국 연방통신위원회(FCC)의 망 중립성 6원칙

① 소비자는 합법적인 인터넷 콘텐츠에 자유롭게 접근할 권리 보유.

② 소비자는 자신의 선택에 따라 자유롭게 애플리케이션을 사용하고 서비스를 이용할 권리 보유.

③ 소비자는 네트워크에 피해를 주지 않는 합법적인 단말기로 인터넷에 접속할 권리 보유.

④ 소비자는 네트워크 제공업체, 애플리케이션 및 서비스 제공업체, 콘텐츠 제공업체 간의 경쟁을 보장받을 권리 보유.

⑤ 비차별성(non-discrimination) 원칙에 따라 ISP는 콘텐츠 및 애플리케이션을 차별할 수 없음.

⑥ 투명성(transparency) 원칙에 따라 ISP는 모든 고객 정책을 공개해야 함.

5. 한국방송통신위원회의 망 중립성 기본원칙

(1) 이용자의 권리

① 인터넷 이용자는 합법적인 콘텐츠, 애플리케이션, 서비스 및 망에 위해가 되지 않는 기기 또는 장치를 자유롭게 이용할 권리 보유.

② 이용자는 관련 사업자로부터 인터넷 트래픽 관리에 관한 정보를 제공받을 권리 보유.

(2) 인터넷 트래픽 관리의 투명성

① 인터넷접속서비스 제공사업자는 인터넷 트래픽 관리의 목적, 범위, 조건, 절차 및 방법 등을 명시한 트래픽 관리방침을 공개해야 함.

② 트래픽 관리 조치를 시행하는 경우, 해당 이용자에게 그 사실과 영향을 고지해야 함.

③ 방송통신위원회는 공개 및 고지 대상 정보의 범위 및 방식을 별도로 정할 수 있음.

(3) 차단 금지

① 인터넷접속서비스 제공사업자는 합법적인 콘텐츠, 애플리케이션, 서비스 또는 망에 위해가 되지 않는 기기 또는 장치를 차단할 수 없음.

② 다만, 합리적인 트래픽 관리의 필요성이 인정되는 경우 예외 적용 가능.

(4) 불합리한 차별 금지

① 인터넷접속서비스 제공사업자는 콘텐츠, 애플리케이션, 서비스 유형 또는 제공자 등에 따라 합법적인 트래픽을 불합리하게 차별할 수 없음.

② 다만, 합리적인 트래픽 관리의 필요성이 인정되는 경우 예외 적용 가능.

(5) 합리적인 트래픽 관리

① 의의

  ㉠ 합리적인 트래픽 관리의 필요성이 인정되는 경우 포함.

  ㉡ 기타 합리적인 트래픽 관리의 범위, 조건, 절차, 방법 및 판단 기준 등은 방송통신위원회가 별도로 정함.

  ㉢ 망의 유형(유무선 등)과 기술 특성에 따라 기준이 달라질 수 있음.

② 합리적인 트래픽 관리의 필요성이 인정되는 경우

  ㉠ 망의 보안성과 안정성 확보를 위해 필요한 경우.

  ㉡ 일시적 과부하 등으로 인한 망 혼잡으로부터 다수 이용자의 이익을 보호하기 위한 경우.

  ㉢ 국가기관의 법령에 따른 요청이 있거나 타 법의 집행을 위해 필요한 경우.

Ⅴ 인터넷의 주소체계(IPv6)

1. 의의

① IPv6(Internet Protocol version 6)는 인터넷 프로토콜 스택(stack) 중 네트워크 계층의 프로토콜로서 버전 6 인터넷 프로토콜(version 6 Internet Protocol)로 제정된 차세대 인터넷 프로토콜.

② 인터넷(Internet)은 IPv4 프로토콜로 구축되었으나, 32비트 주소 공간의 한계 및 국가별 할당 주소 소진 문제로 인해 IPv6 프로토콜이 대안으로 제안됨.

③ 국제 표준이 RFC를 통해 확정되었으며, 현재 IPv6 주소는 휴대폰 및 컴퓨터에 할당되어 사용됨.

④ IPv6 주소 구성은 16비트 단위로 구분되며, 각 16비트 블록은 4자리 16진수로 변환되고 콜론(:)으로 구분됨.

2. IPv4 프로토콜과 IPv6 프로토콜의 주요 특징 비교

구분	IPv4	IPv6
주소 길이	32비트	128비트
표시 방법	8비트씩 4부분으로 10진수로 표시 예 202. 30. 64. 22	16비트씩 8부분으로 16진수로 표시 예 2001:0230:abcd:ffff: 0000:0000:ffff:1111
주소 개수	약 43 억 개	약 43억 × 43억 × 43억 × 43억 개
주소 할당	A, B, C 등 클래스 단위의 비순차적 할당	네트워크 규모 및 단말기 수에 따른 순차적 할당
품질 제어	지원 수단 없음	등급별, 서비스별로 패킷을 구분할 수 있어 품질보장이 용이
보안 기능	IPsec 프로토콜 별도 설치	확장기능에서 기본으로 제공
모바일 IP	상당히 곤란	용이
웹 캐스팅	곤란	용이

Ⅵ 보안 프로토콜(HTTPS)

1. 의의

① HTTPS(HyperText Transfer Protocol over Secure Socket Layer, HTTP over TLS, HTTP over SSL, HTTP Secure)는 HTTP의 보안이 강화된 버전.

② 넷스케이프 커뮤니케이션즈 코퍼레이션이 개발한 웹 프로토콜로 전자 상거래에서 널리 사용됨.

③ 소켓 통신에서 일반 텍스트 대신 SSL 또는 TLS 프로토콜을 이용하여 세션 데이터를 암호화하며, 기본 TCP/IP 포트는 443.

④ 보호 수준은 웹 브라우저의 구현 정확도, 서버 소프트웨어 및 지원하는 암호화 알고리즘에 따라 달라짐.

2. 전송 계층 보안(Transport Layer Security, TLS)

① 컴퓨터 네트워크의 통신 보안을 위해 설계된 암호 규약으로, SSL이 표준화되면서 TLS로 명칭 변경됨.

② TCP/IP 네트워크를 사용하는 통신에 적용되며, 전송 계층 종단 간 보안과 데이터 무결성을 확보함.

③ 웹 브라우징, 전자 메일, 인스턴트 메신저, VoIP 등의 응용 분야에 적용되며, 국제 인터넷 표준화 기구(IETF)에 의해 현재 구식으로 간주됨.

④ 최종 갱신 버전은 RFC 5246이며, 넷스케이프에서 개발한 SSL 표준 기반.

3. HTTPS(HTTP Secure)의 특징

① TLS 위에 HTTP 프로토콜을 적용하여 보안된 HTTP 통신 제공.

② 넷스케이프 커뮤니케이션즈 코퍼레이션이 개발했으며, 전자 상거래에서 널리 사용됨.

③ HTTPS를 사용하는 웹페이지의 URI는 'http://' 대신 'https://'로 시작함.

Ⅶ 인터넷 서비스의 종류

1. 원격접속(Telnet)

① Telecommunication Network 의미.

② 인터넷에 연결된 컴퓨터를 원격에서 접속하여 제어 및 조작 가능.

③ 현재 대부분 웹 서비스로 통합됨.

2. 전자우편(e-mail, electronic mail)

① 컴퓨터 통신망을 통한 메시지 전송 또는 전송된 메시지.

② 인터넷 사용자 간 메시지 및 파일 전송 수단으로 활용.

③ 초기에는 별도 메일 프로그램 사용, 현재는 웹 메일 서비스로 통합됨.

3. 인터넷 전화(Internet phone)

① 인터넷을 통한 PC 사용자 간 실시간 음성 대화.

② 마이크와 스피커를 이용하여 전화처럼 통화 가능.

③ 음성 교환 방식 채팅에 가까우며, 전화에 비해 음질이 낮음.

④ 회선 용량에 따라 품질이 다르며, 저렴한 비용으로 장거리 및 국제통화 가능.

⑤ 국내에서는 PC 간, 일반 전화 간, 국제전화 간 인터넷 통화 지원.

4. 파일 송·수신(File Transfer Protocol, FTP)

① 한 시스템에서 다른 시스템으로 파일 전송을 위한 규약.

② 파일 공유 및 시스템 간 저장 구조 차이를 보이지 않도록 차단하며, 신뢰성 있는 데이터 전송 보장.

③ 호스트 컴퓨터에서 승인된 계정 필요, 익명 접속 계정은 'anonymous'.

5. IRC(Internet Relay Chatting)

① 키보드 입력을 통한 실시간 다자간 대화 및 토론 가능.

② 전 세계 IRC 서버 접속을 통해 글로벌 채팅 가능.

6. 고퍼(Gopher)

① 미국 미네소타 대학에서 개발한 분산 정보검색 시스템.

② 웹 개발 전까지 활발히 사용된 메뉴 기반 인터넷 정보 검색 서비스.

③ 클라이언트−서버 방식으로 인터넷상의 정보를 간편하게 검색 및 수집 가능.

④ WWW, WAIS, 아키(Archie), 텔넷(Telnet), FTP 등의 인터넷 서비스 중계 기능 수행.

⑤ 현재 대부분 웹 서비스로 통합됨.

7. 와이즈(WAIS)

① 여러 서버에 분산된 전문 주제 데이터베이스 목록을 단일 서버에서 유지·관리.

② WAIS 클라이언트 프로그램을 통해 검색 가능.

③ 현재 대부분 웹 서비스로 통합됨.

8. 월드와이드웹(WWW: World Wide Web)

① 하이퍼텍스트 및 멀티미디어 환경에서 정보 검색을 제공하는 정보검색 시스템.

② 전 세계 규모의 광역 정보 서비스.

③ 하이퍼텍스트 기능을 통해 인터넷상의 분산된 정보를 통합된 방법으로 검색 가능.

④ 가장 최근에 개발된 인터넷 서비스로 멀티미디어 형태의 정보 제공.

⑤ 웹 브라우저의 발달로 다양한 인터넷 서비스(FTP, Gopher, e−mail 등)를 웹상에서 활용 가능.

핵심 정리 **월드와이드웹의 역사**

① 1989년 팀 버너스리(Tim Berners−Lee)가 유럽원자핵연구소(CERN)에서 개발.

② 연구자들이 서로 다른 컴퓨터 및 운영체제 간 소통 문제를 해결하기 위해 개발.

③ 1990년 최초 웹브라우저 개발. 초기 명칭은 '월드와이드웹', 이후 '넥서스'로 변경.

④ 1993년 CERN에서 웹 기술을 무료로 개방, 같은 해 모자이크 웹브라우저 등장.

⑤ 1994년 넷스케이프 내비게이터 출시로 웹 대중화 시작.

---

9. 전자게시판(Bulletin Board System, BBS)

① 사용자가 원격으로 접속하여 정보 및 메시지를 볼 수 있는 시스템.

② 전화선과 터미널 프로그램을 통해 접속하여 파일 업로드/다운로드 및 뉴스, 메시지 교환 가능.

③ 1980년대 초~1990년대 중반 전성기, 이후 유료화 진행.

④ 친교, 논문 발표, 자유 프로그램 배포, 게임 및 기타 응용 분야에서 활용.

⑤ 현재는 인터넷 프로토콜 및 웹 기반 시스템으로 통합됨.

Ⅷ 인터넷 관련 기구

1. 국제인터넷주소관리기구(ICANN)

① The Internet Corporation for Assigned Number의 약어

② 새로운 도메인 체계 도입

③ IP 주소 할당

④ DNS 관리 등 업무 담당

2. 인터넷번호할당기관(IANA)

① Internet International Numbers Authority의 약어

② IP 주소 공간 할당 권한

③ 도메인 네임 할당 권한

④ ICANN 및 기타 조직에 업무 위임

3. 국제인터넷특별위원회(IAHC)

Internet International Ad Hoc Committee의 약어

4. 인터넷 정책 등록기관(IPRA)

Internet Policy Registration Authority의 약어

5. 네트워크정보센터(NIC)

① Network Information Center의 약어

② 국가별·대륙별 인터넷 이용기관을 위한 주소 등록 서비스 제공

③ 주요 정보서비스 제공

6. 한국인터넷진흥원(KISA)

① Korea Internet & Security Agency의 약어

② 우리나라 IP 주소 할당

③ 도메인 네임 관련 DB 관리

④ 새로운 도메인 네임 도입 업무 담당

① 세계 각국의 정보화 및 인터넷 관리에 중요한 영향을 미치는 글로벌 거버넌스 기구.

② 인터넷의 탈중심성과 중심성을 동시에 갖는 매체적 특성.

③ 인터넷 프로토콜 주소(IP 주소)의 필요성.

④ 네트워크에 연결된 개별 컴퓨터의 고유한 인터넷 프로토콜 주소 보유로 인한 통신 가능성.

⑤ 도메인 명칭(domain name)의 도입 배경: IP 주소의 기억 및 사용의 어려움 해결.

⑥ 도메인 명칭 시스템(DNS)의 개념: IP 주소와 상응하는 도메인 명칭을 수록한 데이터베이스.

⑦ 근본 서버(root server)의 역할: 전 세계 컴퓨터들이 인터넷에서 원활히 연결될 수 있도록 관리.

⑧ 인터넷 주소자원 관리의 글로벌 거버넌스 요청.

(1) 개념

① 인터넷 도메인 명칭 등록자와 기존의 상표권 소유자 간 갈등.

② 예시: '맥도널드닷컴(McDonalds.com)'을 등록한 개인과 상표권을 가진 맥도널드사 간 분쟁.

(2) 발생 배경

① 1990년대 중반 웹사이트 증가와 도메인 명칭 재판매의 수익성 인식.

② 도메인 명칭 소매사업의 발전.

(3) 사례

1994년 70달러에 등록된 '월스트리트닷컴(wallstreet.com)'이 1999년 100만 달러에 판매됨.

Theme 79 월드와이드웹(World Wide Web)

I 의의

① 월드와이드웹은 팀 버너스리(Tim Berners-Lee)가 1989년 CERN(스위스 제네바에 있는 유럽입자물리연구소)에 근무하면서 과학자들이 연구한 정보를 쉽게 공유할 목적으로 개발한 소프트웨어 프로토콜임.

② 연구자가 작성한 정보가 어떤 컴퓨터에서도 읽힐 수 있는 단일화된 파일 형식으로 인터넷에 저장되어 지구상 어디에서도 데이터 소스를 공유할 수 있도록 한 것임.

③ 1990년 이 웹 소프트웨어는 CERN에 근무하는 제한된 소수에게 공개된 후 빠르게 전파되었으며, 그해 8월 인터넷에서 이용 가능하게 되어 급속도로 전 세계로 확산됨.

④ 이후 그래픽 웹 브라우저의 등장으로 웹 사용이 폭발적으로 증가함.

II 웹의 특성

1. 하이퍼텍스트

(1) 의의

① 하이퍼텍스트라는 용어는 1964년 테드 넬슨(Theodor Holm Nelson)이 「Literacy Machines」에서 처음 사용한 개념임.

② 책, 필름, 연설 등 선형 포맷과 대조적인 비선형 구조로 컴퓨터를 통해 정보를 제공하는 정보 길라잡이 방법 중 하나로, 하이퍼텍스트는 링크 및 링크 아이콘과 연결된 마디들을 가진 데이터임.

③ 하이퍼텍스트는 독자가 클릭을 통해 자유롭게 콘텐츠를 탐색하며 다양한 방향으로 나아갈 수 있도록 함.

④ 독특한 참여적 읽기 경험을 만들어 텍스트를 오디오와 비디오로 자유롭게 연결되도록 허용함.

⑤ 하이퍼텍스트는 비선형적이며, 다중선형적, 다중순차적으로 경험되는 텍스트를 형성함.

⑥ 하이퍼텍스트의 형식 구조는 마디(node)들의 집합이며, 이 마디들은 이음(link)에 의해 연결됨.

⑦ 하이퍼텍스트는 한계와 위계가 존재하지 않으며, 사용자와 텍스트 모두가 주체가 되어 이동경로에 따라 무수히 많은 줄기를 생성하며 각각의 정보가 독립적 주체로 존재함.

⑧ 여섯 개의 노드(node)와 아홉 개의 링크로 구성된 하이퍼텍스트 구조가 존재함.

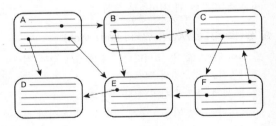

(2) 하이퍼텍스트의 특성

① 상호텍스트성(intertextualities)

ㄱ 텍스트 상호 간 유기적 관련성으로 모든 작가는 텍스트를 창작하기 전에 다른 작가들의 작품을 읽는 독자임.

ㄴ 어느 한 텍스트는 저자가 읽어 온 여러 텍스트들의 영향을 받으며, 독자는 특정 텍스트를 읽을 때 과거에 읽은 모든 텍스트에 대한 기억을 총동원함.

② 원자적 재배열화

ㄱ 하이퍼텍스트의 모든 형식은 원자화되고 분산된 다양한 결합을 이끌어냄. 인쇄된 텍스트의 공간적 고정성과 달리 전자적 텍스트는 최종적인 상태가 아니며, 언제나 변경 가능함.

ⓛ 전자적 링크나 개별적인 블록들 사이의 읽기 경로
가 텍스트를 다르게 경험하도록 허용하여 변주
(variation)라는 근본적 양상을 형성함.

③ 렉시아(lexia)적 특성

ⓧ 다양한 경로를 허용하는 링크들에 의해 연결된 일
련의 텍스트 덩어리로 구성됨.

ⓛ 하이퍼텍스트는 텍스트 블록과 이를 연결하는 전
자 링크로 구성됨.

④ 비선형성

하이퍼텍스트는 인터넷상에서 사용자의 선택에 따른
한 번의 클릭으로 원하는 웹 페이지로 이동할 수 있
으며, 비순차적 이동과 물리적 거리 및 시간의 제약
을 받지 않음.

⑤ 잘라내어 붙이기 특성

ⓧ 하이퍼텍스트 콜라주는 피카소와 브라크가 창안한
전통적 콜라주(collage)와 다름.

ⓛ 전통적 콜라주는 한 장면의 무대 효과를 강조하는
반면, 하이퍼텍스트의 잘라내어 붙이기는 비선형적
이며 시간적 연속성을 지닌 몽타주적 특성을 가짐.

ⓒ 부호 형태로 항상 재설정, 재배열, 재작성 등 무한
확장이 가능함.

2. 시각적 브라우저

(1) 모자이크(Mosaic)

① 일리노이 주립대 슈퍼컴퓨터응용센터(NCSA)는 웹
기술을 도입한 최초의 사이트 중 하나.

② NCSA에서 아르바이트를 하던 마크 앤드리슨(Marc
Andressen)은 당시 일리노이 주립대 학부생.

③ 마크 앤드리슨은 과학적 도구로 활용할 웹 그래픽컬
인터페이스(graphical interface) 도구인 모자이크
(Mosaic) 연구를 시작.

④ 에릭 비나(Eric Bina)가 모자이크 프로젝트에 합류하
여 최초의 그래픽 웹 브라우저인 모자이크를 완성.

(2) 하이퍼텍스트 마크업 언어(HTML)

① 브라우저(Browser)는 하이퍼텍스트 마크업 언어
(Hypertext Markup Language, HTML)로 작성된
문서를 해석하고 보여주는 프로그램.

② HTML은 웹 문서 구성에 사용되는 코드 제공. 각 코
드가 문서 요소의 분류 체계와 특성을 결정하며, 하
이퍼텍스트 링크를 지정하는 역할 수행.

(3) 넷스케이프 내비게이터(Netscape Navigator)

① 마크 앤드리슨은 학교를 그만두고 넷스케이프
(Netscape) 설립 후 넷스케이프 내비게이터(Netscape
Navigator) 개발.

② 넷스케이프의 인기와 웹의 급속한 보급으로 마이크로
소프트(Microsoft)가 인터넷 익스플로러(Internet
Explorer)를 개발.

③ 시각적 브라우저는 단어나 아이콘 클릭을 통해 사용
자들이 정보를 쉽게 접근할 수 있도록 하여 인터넷
사용을 확산.

3. 내비게이션(사이트 간 이동)과 내용 외적 요소

(1) 그래픽

① 그래픽컬 브라우저는 아이콘, 로고, 지도, 사진, 소
리, 비디오 파일 등 내용 외적 요소를 첨가하여 인터
넷 상호작용 지원.

② 그래픽 요소를 활용한 소프트웨어 프로그램은 웹 페
이지 열람을 쉽게 하며, 인간과 컴퓨터 간 상호작용
에 기여.

(2) 웹 페이지

웹 페이지는 사용자들이 문서를 열람할 수 있도록 화살
표, 버튼, 스크롤바 등을 제공하며, 타이틀 태그, 페이지
제목, 내비게이션 아이콘, 사이트맵, 검색 엔진 등의 기
능 포함.

(3) 하이퍼텍스트 링크

하이퍼텍스트 링크는 관련 정보를 연결하는 핫스팟
(hotspot), 아이콘 버튼, 연결고리 역할 수행.

(4) 사이트맵과 인덱스

사이트맵과 인덱스는 사용자가 개별 사이트를 효율적으
로 열람하도록 지원.

(5) 브라우저

브라우저는 정보 검색 시 정보 위치를 쉽게 찾도록 시각
적 요소를 첨가하여 제공.

4. 웹 주소

(1) URL(Uniform Resource Locator)

① 모든 웹 페이지는 고유한 주소(URL)를 가짐.

② URL(Uniform Resource Locator)은 웹 페이지의
주소를 의미.

③ URL은 인터넷상에서 파일 위치 정보를 제공.

예 http://mail2.daum.net/hanmail/welcome.html
(구성 요소: 프로토콜 // 서버명(도메인 포함) / 패스 /
파일명)

(2) 도메인(Domain Name)

① 도메인은 인터넷 서버 운영 단체의 성격을 구분하는
역할 수행.

② 일반적인 도메인 종류: gov(정부), edu(교육), com(상
업), net(네트워크), org(기관) 등.

③ 도메인에는 지리적 위치를 나타내는 국가 코드 포함 가능.

④ 국가 코드(2글자)는 세계표준협회(International Standards Organization, ISO)에서 제정.

예 미국(us), 프랑스(fr), 일본(jp), 한국(kr) 등.

핵심 정리 **근본 서버(Root Server)**

① 2008년 기준 전 세계 도메인 명칭 검색 처리를 담당하는 근본 서버(Root Server)는 총 13개.

② 미국 10개, 영국·스웨덴·일본 각각 1개.

③ 인터넷주소자원관리기구(ICANN)가 근본 서버 관리 담당.

④ 근본 서버에 대한 최종 통제권은 미국 정부가 보유.

⑤ 근본 서버 변화는 베리사인(VeriSign)의 근본 서버를 통해 하루 두 번 나머지 12개 서버에 전달되어 반영.

---

5. 웹사이트와 CMC(Computer Mediated Communication)

① 웹사이트는 책, 잡지, 신문 등과 같이 콘텐츠를 제공하기 위해 디자인됨. 또한, 컴퓨터 매개 커뮤니케이션(CMC) 기능 포함.

② 토론장 제공, 채팅 및 MUD(Multi-user dialogue) 세계와의 연결 제공.

③ 웹사이트의 콘텐츠는 사이트와의 상호작용뿐만 아니라 이용자 간의 상호작용도 가능하도록 지원.

6. 인터캐스팅(Intercasting)

① 인터넷과 방송이 통합되면서 생긴 개념의 변화 반영. 스트리밍 비디오(streaming video) 기술을 웹의 기능에 부가한 것.

② 웹캐스팅(webcasting) 또는 작은 카메라를 이용하여 이미지를 포착하고, 인터넷을 통해 전송하는 방식 포함.

③ 웹캠은 개인 방송을 가능하게 지원. 개인 방송은 비디오 카메라, 컴퓨터, 소프트웨어를 이용하여 인터넷을 통해 방송하는 것.

7. 상호작용과 거래

① 상호작용성은 웹과 컴퓨터 매개 커뮤니케이션의 핵심적 속성.

② 다수의 웹사이트는 이용자와 상호작용할 수 있는 웹페이지를 구성하여 서비스 제공.

③ 거래 기능은 사용자가 인터넷을 통해 개인이나 기업과 금전적 거래 가능하도록 함.

④ 거래 기능은 상품 구매, 온라인 뱅킹, 인터넷 신용카드 사용 및 문서 작성 등을 포함.

Ⅲ 검색엔진

1. 의의

정보를 수집하고 찾아주는 컴퓨터 시스템으로, 현재 주로 월드와이드웹을 대상으로 하는 검색서비스 의미.

2. 분류

① 자동화된 로봇 프로그램이 웹페이지 문서를 수집하는 웹페이지 키워드 검색엔진.

② 사람들이 주제별로 웹사이트 주소록을 정리하는 디렉터리 검색엔진.

③ 로봇 검색과 디렉터리 검색을 통합하여 제공하는 검색엔진.

3. 검색엔진의 진화

(1) 1세대 검색엔진

① 디렉터리 검색엔진.

② 초기 웹 서비스 시절, 전 세계 인터넷 페이지가 수천만 페이지에 불과한 시기 개발.

③ 전문가가 사이트를 선별하여 정리한 야후의 디렉터리 서비스가 대표적 사례.

(2) 2세대 검색엔진

① 1세대 로봇 검색엔진.

② 웹페이지의 급속한 증가로 인해 사람이 사이트를 선별하는 것이 무의미해짐.

③ 디렉터리 검색엔진이 찾지 못하는 더 많은 정보 검색 욕구를 충족할 필요 발생.

④ 웹봇(webbot) 또는 에이전트(agent)를 이용한 로봇 검색엔진 등장.

⑤ 알타비스타, 핫봇, 익사이트 등 검색엔진 서비스가 대표적 사례.

(3) 2.5세대 검색엔진

① 디렉터리와 로봇의 응용 검색엔진 서비스 병용.

② 다른 검색엔진 서비스 결과를 실시간으로 정리하여 제공하는 메타 검색엔진 등장.

③ 디렉터리 검색엔진과 로봇 검색엔진의 장점을 혼합한 형태.

④ 네이버, 다음, 파란 등 서비스.

(4) 3세대 검색엔진

① 2세대 로봇 검색엔진 기반으로 구글 등장.

② 페이지 랭크(Page Rank) 기술을 적용하여 첫 페이지에 원하는 정보 노출하는 로직 사용.

(5) 4세대 검색엔진

① 3세대 로봇 검색엔진 서비스 발전 형태.

② 차세대 검색엔진 서비스.

③ 1세대부터 3세대까지 약 20년 동안 키워드 검색엔진 기반 유지.

④ 4세대 검색엔진은 키워드 기반이 아닌 의미 기반 검색방법 사용.

⑤ 하키아, 큐로 등 시맨틱 랭크 적용 서비스 사례.

Ⅳ 웹의 진화

1. 웹 1.0 시대

① 1990년대 인터넷 등장과 함께 하이퍼텍스트 위주의 웹 환경에서 콘텐츠 생산자가 제공하는 정보에만 접속 가능한 초기 웹 시대.

② 2000년까지 지속.

2. 웹 2.0 시대

① 2000년 초 네트워크 확장과 웹의 폭발적 성장으로 인해 이용자가 콘텐츠 생산자이자 소비자로 등장.

② 정보 개방을 통해 인터넷 사용자 간 정보 공유 및 참여 유도, 정보 가치 증대.

3. 웹 3.0 시대

① 시맨틱(semantic) 기술을 이용한 지능화된 웹.

② 상황 인식을 통해 이용자 맞춤형 콘텐츠 및 서비스 제공.

4. 웹 4.0 시대

① 유비쿼터스 웹 기반으로 인간이 기술의 연장으로 업그레이드.

② 언제나 온라인과 연결된 상태 유지.

구분	웹 1.0	웹 2.0	웹 3.0
시기	1990~2000	2000~2010	2010~2020
키워드	접속(Access)	참여와 공유	상황 인식(Context)
콘텐츠 이용 형태	생산자가 이용자에게 일방적으로 콘텐츠 제공 이용자는 콘텐츠 소비자	이용자는 콘텐츠의 생산자이며 소비자이며 유통자	지능화된 웹이 이용자가 원하는 콘텐츠를 제공 개인별 맞춤 서비스 제공
검색	검색 엔진 내부에서만 가능	여러 사이트에 있는 자료의 개방 (Open API)	사용자 맞춤형 검색
정보 이용자	인간	인간	인간, 컴퓨터(기계)
기반 기술	브라우저, 웹 저장	브로드밴드, 서버관리	시맨틱 기술, 클라우드 컴퓨팅, 상황인식
대응 단말	PC	주로 PC(모바일 단말 일부 포함)	PC, 모바일 단말, 시계와 같은 액세서리 등 다양

Ⅴ 인터넷 정보자원의 식별체계

1. URx

① URI, URL, URN, URC 등 정보자원 식별 체계 총칭.

② URN(Uniform Resource Name): 영구적이며 소장 위치와 관계없이 정보자원을 식별하는 고유 기호.

③ 정보자원 탐색 시 URL(Uniform Resource Locator)로 변환 필수.

④ 인터넷 자원의 객체(문서, 이미지, 파일, 데이터베이스, 전자우편 등)의 명칭과 위치를 표현하는 URI (Uniform Resource Identifier).

⑤ URI에는 URL과 URN 포함.

2. DOI(Digital Object Identifier)

(1) 의의

① 디지털 객체 식별자(DOI®) 시스템: 모든 유형의 객체에 대한 항구적이고 고유한 식별을 위한 인프라 제공.

② DOI는 "Digital Object Identifier"의 약어이며, "디지털 객체의 식별자"가 아닌 "객체의 디지털 식별자" 의미.

③ 온라인상의 디지털 콘텐츠에 부여되는 알파벳＋숫자 기호 체계로, 학술 논문 등 고유번호 부여.

④ DOI 이름: 객체의 현재 정보 해석 가능 및 항구적 네트워크 링크 제공.

⑤ 객체 정보 변경 가능하나 DOI 이름은 변경되지 않음.

⑥ DOI 이름: 객체와 관련된 하나 이상의 데이터 유형 (URL, 이메일 주소, 기타 식별자 및 설명 메타데이터 등)과 연계 가능.

(2) DOI 시스템

① DOI는 "객체의 디지털 식별자" 의미.

② DOI 이름은 디지털 네트워크상의 위치가 아닌 식별자 역할 수행.

③ 항구적이며 디지털 네트워크에서 관리되는 정보의 상호 교환을 위한 시스템 제공.

④ 물리적 개체, 디지털 개체, 추상적 개체에 할당 가능.

⑤ DOI 시스템은 상호운용성을 고려하여 기존 식별자 및 메타데이터 스키마와 연계 가능.

⑥ DOI 이름은 URL(URI)로 표현 가능.

(3) DOI 이름 구문

① DOI 이름 구문은 명명 권한과 위임을 통한 모호한 문자열 구성 명시.

② 기존 식별자를 수용할 수 있는 식별자 "컨테이너" 제공, DOI 이름은 "/" 문자로 구분.

③ DOI 이름 구성 요소: 접두사와 접미사로 구성, 접미사는 기존 식별자 또는 고유 문자열 가능, 접두사는 명명 권한 기관(Naming Authority) 나타냄.

④ 접두사는 DOI 등록 기관에 할당, 하나의 기관이 여러 접두사 선택 가능.

⑤ 기존 표준 식별 시스템(예) ISBN)도 DOI 접미사로 사용 가능.

⑥ 동일한 개체가 두 개 이상의 시스템에 의해 정확히 식별되도록 DOI 시스템 내에서 조정 필요.

핵심 정리

① 국제표준도서번호(ISBN)와 유사한 모든 디지털 콘텐츠에 부여되는 고유 식별 번호.

② 인터넷 주소 변경 시에도 사용자가 문서의 새 주소로 접근 가능하도록 영구적 식별자 부여.

---

3. PURL(Persistent Uniform Resource Locator)

① 인터넷 정보자원을 영구적 위치로 식별하여 접근하기 위한 체계.

② OCLC(Online Computer Library Center)에서 학술정보 식별 및 접근을 위해 개발.

③ 기능적으로 URL과 유사.

Theme 80 컴퓨터 네트워크

I 의의

① 컴퓨터 통신을 위해서는 컴퓨터와 컴퓨터를 연결해주는 선로(cable)와 통신제어에 필요한 장치들이 필요하며, 컴퓨터 통신을 위해 연결된 컴퓨터들의 집합을 컴퓨터 통신망 또는 컴퓨터 네트워크(computer network)라고 함.

② 통신은 멀리 떨어진 두 개 이상의 개체 사이에서 정보를 주고받는 행위임.

③ 컴퓨터 통신은 서로 다른 컴퓨터 사이에서 정보를 주고받는 것을 의미함.

II 근거리 통신망(Local Area Network, LAN)

1. 의의

① 건물 내 혹은 소규모 지역 내에서 구성된 네트워크임.

② 사용자 측에서 설치하므로 사설 데이터망(Private Data Network)이라고도 함.

2. 근거리 통신망 구성 방식

(1) 스타형(Star Topology)

하나의 호스트 컴퓨터를 중심으로 여러 대의 컴퓨터가 연결된 형태이며, 각 컴퓨터는 호스트에만 연결됨(Point-to-Point 방식).

(2) 링형(Ring Topology)

① 토큰링(token ring)이라고 불리는 제어 신호가 네트워크를 구성하는 여러 컴퓨터를 순서대로 제어하는 방식임.

② 토큰링을 받은 컴퓨터만 데이터를 송수신할 수 있어 공정한 기회를 제공함.

(3) 버스형(Bus Topology)

① 모든 컴퓨터가 버스라고 불리는 회선에 연결되며, 데이터를 버스를 통해 송수신하는 방식임.

② 필요한 컴퓨터만 데이터를 읽는 방식임.

(4) 트리형(Tree Topology)

① 버스형이 확장된 분산처리시스템 형태이며, 헤드엔드(Headend)에서 시작된 케이블이 여러 개의 가지(Branch)로 분기되는 구조임.

② 데이터는 양방향으로 전송되며, 트리의 끝 단말 노드로 흡수됨.

③ 통신 회선수가 절약되며, 통신선로가 가장 짧음.

(5) 메시형(Mesh Topology)

① 모든 컴퓨터가 통신회선으로 연결된 형태이며, 공중전화망과 공중 데이터 통신망에 이용됨.

② 통신회선 총 길이가 가장 길고, 분산처리 시스템이 가능하며, 광역통신망에 적합함.

③ 통신회선 장애 발생 시 다른 경로를 통해 데이터 전송 가능하여 신뢰도가 높음.

(6) 격자망(Matrix)

① 2차원 형태를 갖는 네트워크로, 구성 복잡도는 높지만 신뢰성이 우수함.

② 광역통신망(WAN)에 적용되며, 화상처리 등 특수한 분산처리망에 적합함.

III 원거리 통신망(Wide Area Network, WAN)

① 광역통신망으로, 넓은 의미로는 전화망까지 포함됨.

② 일반적으로 WAN은 디지털망이나, 전화망은 아날로그망으로 구성됨.

③ 전송속도는 느리지만 거리 제한이 없음.

④ 구축비용이 근거리 통신망보다 상대적으로 높음.

Ⅳ 백본 네트워크(Backbone Network)

① 네트워크의 최하위 레벨(level)임.
② 많은 LAN 및 원거리 통신망을 연결하는 역할을 수행함.
③ 주요 도시를 연결한 초고속통신망임.

Ⅴ 패킷 스위치 네트워크 (Packet Switched Network)

1. 회선 교환

데이터 전송 전, 두 컴퓨터 사이에 물리적인 회선을 미리 설정하여 독점적으로 사용함.

2. 패킷 교환

① 패킷은 데이터 전송단위로, 전송 정보에 주소와 제어 신호를 포함한 데이터 형태임.
② 인터넷은 패킷 교환 방식을 이용하여 한 선로를 여러 사용자가 동시에 이용함.
③ 신뢰성이 높으며, 데이터 전송 속도가 비교적 빠름.

핵심 정리 시분할 컴퓨팅(Time - sharing Computing)

① 시분할 컴퓨팅은 1대의 컴퓨터를 여러 명의 사용자가 동시에 이용할 때, CPU 사용 단위 시간을 나누어 공유하는 방식임.
② 예를 들어, 1대의 컴퓨터를 100명의 사용자가 1/1000초 단위로 이용하는 경우를 생각할 수 있음.
③ 이는 만화영화에서 정지된 장면을 빠르게 보여 연속적으로 움직이는 것처럼 보이게 하는 원리를 컴퓨팅에 적용한 것과 유사함.
④ 시분할 컴퓨팅 환경에서 사용자는 마치 자신이 단독으로 전체 컴퓨터를 사용하는 것처럼 느낌.
⑤ 네트워크 환경에서 시분할 컴퓨팅을 구축하면 컴퓨터 자원 공유의 이점을 갖게 됨.
⑥ 1960년대 초반 영국 물리학연구소의 데이비스(Davies)가 이를 착안하여 전국적 컴퓨터 네트워크 구상을 제안함.

Theme 81 통신 프로토콜

Ⅰ 의의

① 컴퓨터 통신을 위한 통신규약.
② 서로 다른 종류의 컴퓨터들을 연결하기 위한 통신 프로토콜 제정.
③ 프로토콜이 동일한 컴퓨터 간 정보교환 가능.
④ 대표적인 **프로토콜 모델**: OSI 모델(ISO 제정), TCP/IP 모델(인터넷 사용).

Ⅱ 종류

1. TCP/IP

인터넷 정보 전송 및 제어 프로토콜

심층 연계 내용 IPsec

1. IPsec(IP security)
   ① IP 보안 메커니즘
   ② 두 가지 프로토콜: IP 인증 헤더(AH), IP 캡슐화 보안 페이로드(ESP)
   ③ IP 인터페이스 변경 없이 보안 제공
   ④ 암호 연산 수행으로 프로토콜 처리비용 및 통신시간 증가
2. IP 인증 헤더
   ① 송신자 인증을 통한 데이터그램 무결성 및 출처 보장
   ② 기밀성 미보장
   ③ 인증 데이터를 데이터그램 헤더 내 포함
3. IP 캡슐화 보안 페이로드
   암호화를 통한 기밀성 보장

---

2. FTP(File Transfer Protocol)

파일 전송 프로토콜

3. SMTP(Simple Mail Transfer Protocol)

전자우편 서비스 프로토콜

4. HTTP(Hyper Text Transfer Protocol)

웹 이용 프로토콜

5. PPP(Point - to - Point Protocol)

전화망 이용 인터넷 연결 프로토콜

6. SLIP(Serial Line Internet Protocol)

전화망 이용 인터넷 연결 프로토콜

Ⅲ 기능

① 정보 전달 시 크기 조정(fragmentation) 및 재결합 (reassembly)
② 에러 감시 및 제거
③ 통신 개체 간 흐름 및 연결 제어 통한 동기화 (synchronization)
④ 다중화(multiplexing) 기능으로 여러 메시지 동시 전송 가능

Ⅳ 네트워크 연결 장비

1. 리피터(Repeater)
신호 증폭을 통한 장거리 전달 장치

2. 라우터(Router)
패킷 주소 확인 후 최적 네트워크 경로로 전송하는 장치

3. 게이트웨이(Gateway)
서로 다른 프로토콜 네트워크 연결 장치

4. 허브(Hub)
물리층(Physical Layer) 연결 장치

Ⅴ OSI 참조 모델

1. 의의
① 1984년 국제표준화기구(ISO) 발표 표준 프로토콜.
② 하위계층(1~4계층): 하드웨어에 가까움 / 상위계층 (5~7계층): 소프트웨어에 가까움.
③ 상위계층은 하위계층 기능 계승.

2. OSI 7계층
(1) 제1계층: 물리 계층(Physical Layer)
시스템의 물리적, 전기적 표현 담당(예 케이블 종류, 전압, 핀, 무선 주파수 등).

(2) 제2계층: 데이터 링크 계층(Data Link Layer)
① 두 개 노드 간 데이터 전송 및 물리 계층 오류 수정.
② 대부분의 스위치 작동 계층.

(3) 제3계층: 네트워크 계층(Network Layer)
① 네트워크 경로 결정(라우팅) 수행.
② 라우터 기반 데이터 패킷 분할 및 전송.

(4) 제4계층: 전송 계층(Transport Layer)
① 데이터 용량, 속도, 목적지 처리.
② 대표적 프로토콜: TCP(Transmission Control Protocol).

(5) 제5계층: 세션 계층(Session Layer)
① 네트워크 연결 수행 및 세션 개설.
② 프로세스 간 통신 제어 및 동기화 유지.

(6) 제6계층: 표현 계층(Presentation Layer)
네트워크와 응용프로그램 간 데이터 변환 수행(암호화 및 복호화 포함).

(7) 제7계층: 응용 계층(Application Layer)
① 사용자 네트워크 접근 인터페이스 제공.
② 대표적 프로그램: 웹 브라우저(크롬), 메일 클라이언트(아웃룩).

심층 연계 내용 쿠키와 세션

① 서버-클라이언트 통신은 연속적이지 않으며 지속적 인증 필요.
② 서버 자원 관리 차원에서 쿠키와 세션 병행 사용.
③ 쿠키: 사용자의 컴퓨터에 저장되는 작은 기록 정보 파일.

Theme 82 네트워크의 성장 법칙

Ⅰ 사르노프(David Sarnoff)의 법칙
① 20세기 초 라디오와 텔레비전 네트워크의 등장에 기인.
② 방송 네트워크의 가치는 시청자의 수에 비례.

Ⅱ 무어(Gordon Moore)의 법칙
① 전자 소형화로 전자공학, 컴퓨터, 네트워크의 발전 촉진.
② 1965년 인텔 공동 설립자이자 마이크로프로세서 발명자인 고든 무어(Gordon Moore)가 마이크로 칩 하나에 포함될 수 있는 소자의 수가 해마다 곱절이 된다고 주장.
③ 소자의 수는 24개월마다 배가될 것으로 예측하며 급속한 성장 예상.
④ 1971년 인텔 최초 마이크로프로세서는 2,250개의 소자, 30년 후 펜티엄4 프로세서는 420만 소자로 증가.
⑤ 컴퓨터 및 전자 구성요소의 발전을 촉진하며 전자산업 성장의 핵심 원리로 작용.

Ⅲ 메트칼프(Bob Metcalfe)의 법칙
① 쓰리콤(3Com) 주식회사 설립 후 네트워크 가치 증대 법칙 고안.
② 네트워크의 수학적 특성에 기초하여 접속점 사이의 가능한 연결 수가 접속점의 수보다 더 빠르게 증가.
③ 네트워크의 총 가치는 접속점 수의 제곱에 비례.
④ 네 개의 접속점은 각각 한 단위의 가치를 가지지만 네트워크로 연결되면 16단위 가치 보유.
⑤ 100개의 접속점은 100×100, 즉 1만 단위의 가치 창출.
⑥ 네트워크 가치가 접속점 수보다 기하급수적으로 증가하며 경제적 효력으로 전환.

리드(David P. Reed)의 법칙

① 이베이 성공 원인 분석 중 새로운 법칙 발견.

② 고객 간 상호 거래를 촉진하며 사회적 집단 형성을 용이하게 하는 네트워크 역할 강조.

③ 네트워크에서 집단을 형성하는 집단형성네트워크 (Group-Forming Networks, GFNs)의 가치는 메트칼프의 법칙이 적용되는 네트워크보다 훨씬 빠르게 증가.

④ 접속점 수 제곱이 아닌 2를 접속점 수만큼 제곱하는 방식으로 가치 증가.

⑤ 예시로 10개의 접속점 가치는 메트칼프 법칙에 따르면 100(10의 2제곱), 리드 법칙에 따르면 1,024 (2의 10제곱).

V **Katz와 Shapiro의 네트워크 효과**

1. 의의

① 네트워크 효과(network effect) 또는 네트워크 외부성(network externality)은 제품 사용자가 증가할수록 제품의 효용이 증대하는 현상.

② 대표적 사례로 전화, 팩스, 데이터 통신 등이 있으며, 사용자가 많을수록 효용 증가.

③ 사용자 증가로 공급자 수도 증가하며, 이는 네트워크 효과 촉진.

④ 공급자는 결정적 다수(critical mass)를 확보하기 위해 노력하며, 사용자 확보 실패 시 기술 확산 어려움 발생.

2. Katz & Shapiro의 네트워크 가치

(1) 실물네트워크

전화, 팩스 등 단말기 자체로는 가치가 없으나 네트워크 속에서 가치 창출.

(2) 가상네트워크

① 컴퓨터 운영체제, 응용 소프트웨어 등 네트워크에 소속되지 않아도 내재가치 보유.

② 기존 제품 및 서비스 사용 선호 현상을 고착효과 (lock-in effect)라 정의.

③ 고착효과로 인해 사용자 전환비용 발생, 고착 정도에 비례한 비용 증가.

(3) 단순긍정피드백

① 내구소비재 유지보수 필요성이 소비 행위에 영향을 미치는 현상.

② 예시로 전자제품 A/S센터, 자동차 정비업체 등이 있으며, 유지보수 네트워크의 크기에 따라 소비자 선택이 영향을 받음.

③ 서비스센터 유지 필요로 인해 판매량 및 보급 지역 확대 필수.

Theme **83** **파레토 법칙과 롱테일 법칙**

I **의의**

파레토 법칙은 이탈리아 경제학자 빌프레도 파레토가 유럽 제국의 소득 분포를 조사하면서 발견한 경험적 법칙으로, '80 : 20 법칙'이라고도 함. 전체 성과의 대부분(80%)이 몇 가지 소수의 요소(20%)에 의존한다는 의미를 가짐. 그러나 웹 2.0 시대에는 파레토 법칙이 쇠퇴하고 틈새상품이 시장을 주도하는 '롱테일 비즈니스'가 부각됨.

II **파레토 법칙**

1. 의의

① 파레토 법칙이라는 용어를 경영학에서 처음 사용한 사람은 품질 경영 컨설턴트 조지프 주란으로, 이탈리아 경제학자 빌프레도 파레토의 이름에서 유래함.

② 빌프레도 파레토는 1906년 이탈리아의 불균형적인 부의 분배를 나타내는 수학 공식을 제시했으며, 이는 통계학에서 '파레토 분포'라는 확률 분포로 사회과학에서 널리 사용됨.

2. 파레토 분포

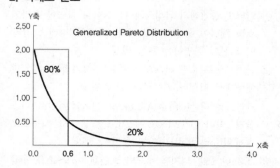

① 빌프레도 파레토는 부의 불공평한 분포를 통계적으로 표현했으며, 이를 파레토 분포라고 함. X축의 좌측에서 우측으로 진행할수록 Y축의 값이 최저 수준으로 감소하는 형태를 나타냄.

② 파레토 분포에서 X축의 좌측 20%가 Y축상의 80%를 차지하며, X축의 우측 80%가 Y축상의 20%를 차지함.

③ 1940년대 말, 품질 경영의 선구자인 조지프 주란이 '치명적인 소수와 사소한 다수'라는 개념으로 '80대20 법칙(80/20 Rule)'을 기업 경영에 적용하였으며, 이

를 파레토 법칙(Pareto's Principle 또는 Pareto's Law)이라 명명함. 이는 20%의 소수가 매우 중요하며, 80%의 다수는 상대적으로 사소하다는 의미를 가짐.

3. 파레토와 주란의 관점의 차이

① 파레토는 20%의 소수에게 80%의 부가 집중된다는 점을 강조한 반면, 주란은 품질 경영 관점에서 20%의 결점이 80%의 문제를 초래한다고 설명함.

② 파레토 법칙은 주란이 처음 적용한 품질 관리뿐만 아니라 마케팅을 포함한 경영학 등 사회 여러 분야에서 사용됨.

③ 마케팅 분야에서는 파레토 법칙이 보편적으로 활용되며, 상위 20%의 매출을 차지하는 베스트셀러나 고가 상품이 전체 매출의 80%를 차지하는 전통적인 마케팅 전략의 근거가 됨.

④ 은행 및 증권사의 PB(Private Banking) 센터, 백화점 VIP 마케팅, 패션업체의 주요 상품 진열 등도 파레토 법칙이 적용된 사례임.

4. 파레토 법칙의 한계와 유용성

파레토 법칙은 사회적으로 나타난 현상을 사후적으로 설명하는 데 초점을 맞추어 원인을 규명하지 못한다는 한계를 가짐. 그러나 경영 분야에서는 20%에 집중함으로써 효율적인 경영이 가능하다는 점에서 유용하게 활용됨.

Ⅲ 롱테일 법칙

1. 의의

① 인터넷 상거래의 급성장과 IT 진화로 다양한 온라인 쇼핑 채널이 활성화됨에 따라, 기존의 '파레토 법칙'이 도전에 직면하는 현상 발생.

② 단기적으로 소량 판매되는 제품도 장기적인 누적 판매량에서 기업에 기여하는 현상 발생.
크리스 앤더슨(Chris Anderson)이 인터넷 비즈니스 잡지 '와이어드(Wired)'에 기고한 글에서 처음으로 '롱테일(long tail)'이라는 용어로 정리.

③ 2004년 1월, 디지털 주크박스 업체 이캐스트(Ecast)의 '분기당 단 1곡이라도 팔린 곡이 전체 곡 중 98%'라는 통계를 분석하여 롱테일 법칙 주장.

④ '80/20 Rule'에 따르면 약 20%의 상위 앨범이 주로 판매될 것이나, 디지털 콘텐츠 시장에서는 98%라는 높은 비율이 판매됨.

⑤ 애플 아이팟의 음원, 아마존 도서 판매에서도 하위 80% 상품이 단 1회 이상 판매된 비율이 98%에 달하며, 하위 80% 상품의 매출액이 전체 매출액의 50% 차지.

⑥ 롱테일 법칙은 온라인 마켓에서 공급 측면과 수요 측면으로 설명 가능.

2. 공급 측면의 관점

① 정보통신기술을 활용하여 소비자에게 물건을 공급하거나 공급자에게 실시간으로 정확한 정보 제공 가능.

② 온라인 상점 운영 기업은 임대료, 진열대, 관리 인력 필요 없음.

③ 취급 가능한 물건과 상대 가능한 고객이 전 세계에 걸쳐 있음.

④ 비용 구조 변화: 고정 비용 감소, 가변 비용 증가.

⑤ 주문 처리, 고객 불만 해결 등에서 가변 비용 발생.

⑥ 물건을 판매할 때만 비용이 발생하는 구조로, 고정 비용을 가변 비용으로 대체 가능.

⑦ 가격이 비용을 상회하는 한도 내에서 다양한 소비자에게 물건 공급 가능.

⑧ 과거 오프라인에서는 수익성이 없었던 상품도 온라인에서는 수익성 확보 가능.

⑨ 아마존 등 온라인 기업들이 롱테일 법칙을 활용하여 시장을 확장하는 사례 증가.

3. 수요 측면의 관점

① 소비자의 제품 사용이 증가할수록 기업의 시장 분석 용이.

② 소비자 데이터베이스(DB) 축적으로 구매 패턴, 쇼핑 유형 분석 및 맞춤형 서비스 제공 가능.

③ 소비자들 사이에서 이전에 주목받지 못했던 상품이 재발견되는 현상 발생.

④ 기업 입장에서 실패했던 상품이 소비자들에 의해 재조명되고 재구매되는 경우 존재.

⑤ 아마존의 관련 상품 추천 시스템을 통해 특정 작가의 히트작이 나오면 이전 작품들의 매출 상승.

⑥ 크리스 앤더슨의 분석에 따르면 소비자의 지출이 한정되어 있어 '머리가 작아지고 꼬리가 길어지는 현상' 발생.

⑦ 수요곡선이 변화하며 롱테일 부분이 더욱 두꺼워지는 현상 가능.

I 의의

① 아날로그 시대는 물질 기반의 구조화된 근대적 공간이며, 디지털 시대는 가상공간 중심의 개별화·개인화된 탈근대적 공간으로 변화하여 디지털 콘텐츠 산업이 출현함.
② 커뮤니케이션이 실제 세계(real world)에서 가상세계(cyber space)로 이동하며, 네트워크 접속을 통해 수평적 관계망이 무제한적으로 확산됨.
③ 디지털 시대는 일대다(one to many), 다대다(many to many) 커뮤니케이션을 가능하게 하며, 시·공간을 초월한 커뮤니케이션, 정보 교환 및 저장, 압축 능력의 증가로 사회적 지식 확장을 초래하는 등 커뮤니케이션 및 사회 전반에 변화 초래함.

II 정보 중심의 새로운 미디어 출현

① 인터넷과 같은 뉴미디어 등장으로 사회가 수많은 네트워크로 연결됨.
② 네트워크 사회는 수평적 상호작용 커뮤니케이션(interactive communication) 체제로 확산되며, 과거 수직적 사회구조 속 엘리트주의의 영향력이 약화됨.
③ 가치와 권력은 네트워크 시대에서 창의적 이용자들의 상호 커뮤니케이션 과정에서 창출됨.
④ 사회는 네트워크 중심으로 지역적·국가적·전 지구적 차원에서 형성되며, 컴퓨터 네트워크 기반 전자적 상호작용 커뮤니케이션 기술에 의해 유연하고 강력한 사회구조 형성됨.
⑤ 네트워크 사회에서는 정보와 지식의 생성 방식 및 사회적 영향력이 중요하게 작용하며, 지속적인 정보 생산·유통·소비 구조를 형성함.
⑥ 사회를 연결하는 미디어는 지속적으로 발전하며, 새로운 미디어 시대로 진입함.

III 소셜 네트워크 서비스의 등장

1. 의의

① 정보가 가치 있는 자원으로 인식되면서 이용자들은 정보 생산·공유·확산을 위해 유기적 네트워크 관계로 연결됨.
② 정보 공유를 넘어 관계 형성 욕구, 커뮤니케이션 욕망이 온라인 공간을 복잡한 그물형 공간으로 변화시킴.
③ 인터넷 이용자가 직접 생산·유통·공유하는 정보와 콘텐츠의 양 증가 및 중요성 확대에 따라 네트워크 연결 서비스인 소셜 네트워크 서비스(Social Network Service, SNS) 등장함.

④ SNS는 친구 리스트 구성을 통한 온라인 인맥 구축 형태로 시작되었으며, 학연·지연·인종 등 오프라인 네트워크 특성을 통합하는 특징 가짐.
⑤ 오프라인 공간의 다양한 특성이 온라인 공간으로 이어지는 경향이 강하여 현실 공간의 연장선으로 온라인 공간이 형성됨.
⑥ 이용자의 참여를 유도하여 네트워크로 연결하는 서비스나 사이트를 소셜 미디어라고 하며, 기존 SNS 네트워크 기능에 정보·콘텐츠 생산 및 공유 개념이 강화됨.

2. 소셜 미디어의 특성

구분	내용
참여 (participation)	관심 있는 모든 사람들의 기여와 피드백을 촉진하며 미디어와 오디언스의 개념이 불명확
공개 (openness)	대부분 피드백과 참여가 공개되어 있으며 투표, 피드백, 코멘트, 정보 공유를 촉진함으로써 콘텐츠 접근과 사용에 대한 장벽이 거의 없음
대화 (conversation)	전통적 미디어가 broadcast이고 콘텐츠가 일방적으로 오디언스에게 유통되는 반면, 소셜 미디어는 쌍방향성
커뮤니티 (community)	빠르게 커뮤니티를 구성, 커뮤니티로 하여금 공통의 관심사에 대해 이야기
연결 (connectedness)	대부분 다양한 미디어의 조합이나 링크를 통한 연결상에서 번성

IV 디지털 미디어 커뮤니케이션의 특징

1. 의의

① 디지털미디어는 기존 미디어를 복합적으로 활용하여 정보를 생성, 가공, 전달, 축적, 이용하도록 하는 수단 또는 매체를 의미하며, 쌍방향성, 선별된 소량의 정보 제공, 정보의 업데이트 용이성이 특징.
② 인터넷은 디지털 기술을 바탕으로 기존 커뮤니케이션 패러다임에 변화를 초래하여 단방향 커뮤니케이션이 상호작용적 과정으로 전환되었으며, 생산소비자(prosumer) 개념 등장.
③ 가상네트워크 관계 형성을 통해 연속적 정보 흐름이 아닌 비선형적 불연속 정보소통 가능.
④ 디지털미디어 시대 정보기술의 혁명적 변화는 커뮤니케이션 패러다임 자체의 변화 초래.

2. 특징과 방식에 따른 구분

디지털미디어 커뮤니케이션은 쌍방향 상호작용 커뮤니케이션, 네트워크 커뮤니케이션, 참여 커뮤니케이션으로 구분.

3. 쌍방향(two-way) 의사소통

① 디지털미디어는 기존 매스미디어와 달리 쌍방향(two-way) 의사소통을 가능하게 함.

② 인터넷 기반 커뮤니케이션은 쌍방향성과 상호작용 과정을 통해 정보 선택과 교류의 폭 확대 및 다양한 이용자 계층을 대상으로 용이한 정보 제공 가능.

③ 인터넷은 네트워크로 연결된 관계망을 형성하여 상호작용 효과를 극대화하며, 가상의 공동체 형성 지원.

4. 네트워크 커뮤니케이션

① 쌍방향 커뮤니케이션을 기반으로 개별 뉴미디어가 다양한 관계망으로 얽혀 네트워크 커뮤니케이션 형성.

② 텔레커뮤니케이션(telecommunication)과 컴퓨터 기술 발달로 네트워크 커뮤니케이션 가능해지며, 커뮤니케이션 기술, 주체, 특성 측면에서 기존 매스 커뮤니케이션과 차별성 존재.

5. 참여(participation) 커뮤니케이션

① 인터넷 이용자는 단순 정보 및 뉴스 소비에서 벗어나 표현(expression)과 참여(participation) 커뮤니케이션 시대를 주도.

② 디지털 기술 발전과 네트워크 진화로 표현 커뮤니케이션 출현.

③ 이용자는 탈공간화와 탈영토화, 재공간화와 재영토화의 주체로서 상호작용 수행.

④ 특정 시공간에 얽매이지 않고 이동하면서 자신만의 영토 형성 및 커뮤니케이션 수행.

⑤ 온라인 공간의 풍부한 정보환경은 정보 접근 용이성과 사회 참여를 유도하여 시민사회 발전에 기여.

⑥ 가상공간에서 형성된 문화와 지식정보는 온라인 내에 머무르지 않고 현실과 연결되어 네트워크망으로 확장.

⑦ 매스미디어 기반 재현 커뮤니케이션(representative communication)은 이용자가 의사결정 담론의 소비자 역할을 수행했으나, 디지털미디어는 대중을 담론 생산자로 전환.

⑧ 기존 커뮤니케이션에 비해 수평적이고 현재진행형 소통을 가능하게 하여 새로운 시민사회 정치 지형 형성 및 집단지성 형성 과정에서 핵심적 역할 수행.

Ⅴ 매개 커뮤니케이션의 확산

1. 컴퓨터 매개 커뮤니케이션(Computer Mediated Communication)

(1) 의의

① 컴퓨터를 매개로 문자화된 메시지를 통해 일 대 일, 일 대 다수, 다수 대 다수 간 의사교류 진행.

② 송신자와 수신자가 물리적 만남 없이 컴퓨터를 통해 메시지를 상호 전송하는 과정.

③ 가상공간에서 메시지 교환, 저장, 편집, 발송, 복사 가능하여 거리의 제약 없음.

(2) 컴퓨터 매개 커뮤니케이션의 특성

① 시간과 공간을 초월한 동시적 또는 비동시적 커뮤니케이션 상호작용 가능.

② 커뮤니케이터는 직접 대면 없이 컴퓨터 및 화면을 통해 의사교환 수행.

③ 글로 표현된 메시지를 활용한 커뮤니케이션 진행.

④ 저장 및 편집이 가능한 커뮤니케이션 환경 제공.

⑤ 익명성을 유지한 상태에서 커뮤니케이션 수행 가능.

(3) 컴퓨터 매개 커뮤니케이션의 핵심요소

① 컴퓨터는 사용자와 정보 제공자 간 휴먼 인터페이스(human interface) 제공.

② 네트워크는 컴퓨터 간 연결 역할 수행.

③ 컴퓨터와 네트워크는 정보전송의 물리적 미디어 역할 수행.

④ 인터넷은 다양한 응용 애플리케이션을 통한 휴먼 인터페이스 제공.

⑤ 컴퓨터 매개 커뮤니케이션의 다음 단계는 인터넷 커뮤니케이션.

2. 인터넷 커뮤니케이션

(1) 의의

① 하이퍼미디어 환경에서 인간 상호작용과 기계 상호작용을 포괄.

② 미디어를 매개로 인간 상호작용과 기계 상호작용이 동시 진행.

③ 정보 전달보다는 매개된 환경이 창조되고 경험된다는 점이 특징(Steuer).

④ 대인 커뮤니케이션 모형, 매스 커뮤니케이션 모형, 매개 커뮤니케이션 모형이 통합된 형태.

(2) 모리스와 오간(Morris & Organ)의 분류

① 일 대 일(one to one) 비동시적 커뮤니케이션(전자우편)

② 다 대 다(many to many) 비동시적 커뮤니케이션(유스넷)

③ 동시적 커뮤니케이션(머드, 인터넷 채팅)

④ 비동시적 커뮤니케이션(월드와이드웹 파일전송 프로토콜)

유형	참여자 수	서비스의 사례
비동시적	일 대 일	전자우편, 인터넷 쪽지 등
	일 대 다수	• WWW, FTP • 수신자를 여러 명으로 지정했을 경우 전자우편과 인터넷 쪽지 등
	다수 대 다수	전자게시판 등
동시적	일 대 일 다수 대 다수	• IRC • 같은 인스턴트 메신저 프로그램이나 같은 사이트에 동시에 접속해 있는 경우의 인터넷 쪽지 등

3. 인터넷 커뮤니케이션의 특성(Rafaeli)

① 멀티미디어(multimedia)

② 하이퍼텍스트성(hypertextuality)

③ 패킷교환(packet switching)

④ 동시성/비동시성(Synchronicity)

⑤ 상호작용성(interactivity)

4. 일반적인 인터넷 커뮤니케이션 특성

(1) 장소 독립성(공간 초월성)

지리적 장벽 없이 다양한 장소 및 인물과 상호작용 가능하며, 멀티태스킹 가능.

(2) 상호작용성

① IRC, MUD, 온라인 게임 등에서 뛰어난 쌍방향 상호작용성 제공.

② 가상 ID를 활용한 익명성 보장으로 물리적 관계 없이 상호작용 가능.

(3) 비선형성

정보 흐름이 순차적이지 않으며 하이퍼텍스트를 통해 비연속적 단절 및 재구성 가능.

(4) 통합된 플랫폼

① 웹 서비스는 기존 매스미디어 기능을 포괄하는 멀티미디어 형태.

② 다양한 미디어 데이터를 통합하여 디지털화된 정보 제공.

(5) 창조적 주체

인터넷 사용자는 정보 소비자가 아닌 창조적 참여자로 활동하며, 정보 내용 및 전달 방식을 능동적으로 결정.

Theme 85 가상공동체

Ⅰ 라인골드(Rheingold)의 가상공동체

① '가상공동체'라는 용어는 라인골드가 웰(WELL)이라는 컴퓨터 네트워크에서 발전된 국제적 관계를 기술하기 위해 사용한 개념.

② CMC 기술을 통한 인간의 가상공동체 형성 가능성 강조.

③ 가상공동체는 일정한 사회적 접촉을 유지하는 사람들의 모임이며, 관심사를 공유하는 집단.

④ 사이버 공간에서 다수가 공적인 토론을 나누고 감정을 교류하며 개인적 관계망을 형성하는 사회적 집단.

Ⅱ 가상공동체의 특성

1. 자발적 참여

가상공동체는 이용자들의 능동적 참여를 전제로 하며, 지속적인 의사소통을 통해 유지됨.

2. 수평적, 민주적 운영

① 공동체는 스스로 규율과 규칙을 만들어 운영하며, 최소한의 업무를 담당.

② 공동체 구성원들은 자율적으로 규칙을 준수하여 공동체의 독립성과 정체성을 형성.

3. 능동적, 적극적 관계 형성

① 특정한 관심 분야에서 참여자들이 상호 교류.

② 공동체 참여는 상호 관계 형성과 유지 의미.

③ 개인의 취미나 관심사 기반 커뮤니티에서 의견과 정보를 교환하며 새로운 지식 창출.

4. 집단지성 형성

① 가상공동체는 온라인 집단지성 형성에 필요한 요건을 갖춤.

② 특정 공동체 소속 없이도 위키피디아, 네이버 지식iN 등의 서비스 이용을 통해 집단지성 형성.

구분	전통적 공동체	가상공동체
유사점	• 구성원 간 경험과 감정, 가치를 공유하는 집단 • 구성원의 지속성과 의례 행위가 있고 일정한 통제가 존재 • 특정 관계 속에서 도움을 주고받음	
속성	• 지역성을 띠는 경우가 많음 • 운명적, 귀속적, 자연적	• 시공간의 한계를 벗어남 • 자발적 임의적 선택 가능

인간 관계	직접적, 대면적, 전인격적	• 간접적, 비대면적 • 익명성 보장
규제	상대적으로 강한 규제	상대적으로 약한 규제
사회적 관계	• 잘 알고 있는 지인들에게 특정 공동체의 성격과 관련 있는 한정된 유형의 도움 제공 • 정서 지향적	• 비교적 자유롭고 다양한 유형의 도움 제공 • 일반화(관례화)된 상호성에 따라 모르는 사람과 상호 도움 제공 • 목적 지향적
유대 관계	• 대체로 강한 유대 • 사회적으로 유사한 사람 들일 가능성이 높음	• 대체로 약한 유대 • 서로 상이한 성원들이 다양 한 사회집단에 연결된 약한 유대를 통해 새로운 정보를 습득하는 데 용이함

Ⅲ 가상공동체의 구성요건(Jones)

1. 최소한의 상호작용

가상공동체 형성의 핵심 요소로 상호 교류와 피드백 제공 필요.

2. 공동체 참여자의 다양성 유지

다양한 구성원들의 상호작용 참여 필요.

3. 공통의 공론장

규칙적으로 소통할 수 있는 공통의 공론장이 필요.

4. 일정 기간 유지되는 멤버십

구성원들의 소속감 증대와 공동체 정체성 형성 기여.

Ⅳ 가상공동체의 유형(Barmes)

1. 프리넷

① 지역 커뮤니티 성격이 강하며, 커뮤니티 구성원들이 무료로 운영.
② 건강정보, 도서관, 교육, 여가, 법률, 정부 등 공공적 정보 제공 목적.
③ 1990년대 중반부터 보급되며, 공적인 담론 형성을 통해 민주주의 및 공동체 영향력 증대.

2. 공동체 네트워크

① 물리적 장소 기반으로 형성되며, 참여자는 지역 사회 구성원.
② 사이버커뮤니티의 개인 고립 및 대면 접촉 감소 우려.
③ 맥이니스(Mcinnes)의 연구에서 온라인 및 오프라인 커뮤니케이션 증가 확인.

3. 관심사 공동체

① 인터넷을 통해 공통된 관심사를 가진 개인들 연결.
② 특정 세대, 환경운동가, 윤리학자, 특정질병 치료자, 프리랜서 등 다양한 공동체 형성.

4. MUD 공동체

① 티니머드(TinyMUDs), 아버머드(AberMUD), 디쿠머드(DikuMUD) 등의 MUD 유형 발전.
② 게임 기반 MUD 소프트웨어 확산으로 다양한 MUD 사회 형성.
③ MUD 공동체는 역할 놀이를 통해 가상사회 구성 가능.
④ 커티스(Curis)는 MUD 플레이어들이 시간이 지나면서 실질적인 커뮤니티를 형성한다고 주장.
⑤ MUD 참여자들은 공통된 사적 언어, 행동 기준, 공공 지역에 대한 합의를 형성.

5. 지지자 공동체

① 감동적인 경험을 공유하는 온라인 지지 그룹이 가상 공동체로 발전.
② 공통 경험을 공유하며 오프라인 만남으로 확장 가능.
③ 비동시적 대화를 통해 강한 공감대 형성.
④ 감동적인 메시지 공유를 통해 공동체 소속감 형성.

6. 청중의 공동체

① 팬(fan) 커뮤니티로 정보 공유, 해석, 토론 수행.
② 컴퓨터매개커뮤니케이션을 통해 팬들의 사고방식과 판단 공유 가능.
③ 바임(Baym, 2000)은 팬들이 인터넷 상호작용을 통해 커뮤니티를 형성한다고 주장.
④ 애호가 커뮤니티는 특정 콘텐츠 공유뿐만 아니라 친구 관계 형성 및 감정 교류의 장.

Theme 86 제3의 장소

Ⅰ 의의

① 레이 올덴버그가 1989년에 저술한 「정겨운 장소에 머물고 싶어라(The Great Good Place)」는 정겨운 장소에 대한 예찬과 현대화 과정에서 사라지는 공동체에 대한 향수를 담고 있는 저서임.
② 올덴버그는 제2차 세계대전 이후 본격화된 미국식 도시계획과 교외 부동산 개발 산업이 미국 사회에서 정겨운 공공장소 및 공동체가 사라지는 원인이라고 분석함.

Ⅱ 공공장소와의 단절

① '베드타운(Bed Town)'은 미국 중산층 가족상을 반영하는 개념으로, 장시간 출퇴근으로 인해 공공장소와의 단절이 발생하는 현상을 의미함. 직장 근처 맥줏집 방문이 어려워지면서 사회적 관계가 약화됨.

② 주부들은 교외 생활로 인해 도보로 접근할 수 있는 상점 및 시설이 줄어들어 이동이 필수적이 되었으며, 사회적 관계 유지가 어려워짐. 드라마「위기의 주부들(Desperate Housewives)」에서도 이러한 모습이 묘사됨.

③ 대형 백화점, 쇼핑몰, 스포츠 센터 등의 복합 소비 공간이 등장한 이유는 일상의 따분함과 인간관계 단절로 인한 무료함을 해소하기 위함임. 이로 인해 미국 사회에서는 계절별 신상품 구매, 홈 인테리어 변경, 차량 교체 등의 소비문화가 정착됨. 이는 정겨운 장소의 부재로 인한 심리적 공백을 보상하려는 현상으로 해석됨.

Ⅲ 정겨운 장소(The Great Good Place)

① '제3의 장소(Third Place)'는 가정(제1의 장소)과 직장(제2의 장소) 외에 인간에게 필요한 공동체 공간을 의미함. 형식과 격식 없이 사람들이 자유롭게 모이고 교류하는 장소로, 이를 이용하는 사람들은 사회적 지능이 높고 교양이 있으며, 소속감을 느껴 행복도가 증가함.

② 이탈리아 시골에서는 저녁 무렵 동네 노인들이 소광장(Piazza)에 모여 담소를 나누는 문화가 존재함. 영국과 아일랜드에서는 맥줏집이 주요한 제3의 장소로 기능하며, 프랑스에서는 카페와 비스트로(bistro)가 이 역할을 수행함. 오스트리아 빈의 카페하우스(Kaffeehaus)는 정치가, 언론가, 예술가들이 토론하고 작업하는 창조적 오피스 공간으로 활용됨.

③ 1999년 출간된「정겨운 장소에 머물고 싶어라」제3판에서는 스마트 모바일 기기의 시대에 대한 언급이 없음.

Ⅰ 온라인 사회관계의 유용성

1. '약한 유대(weak-tie)'의 정보적 유용성

(1) 약한 유대

① 서로 간의 접촉이 거의 부재하거나 간헐적이며, 정서적 친밀성이 약하며, 어떠한 호혜적 서비스를 서로 나눈 경험이 없는 사람들 사이의 관계.

② 서로 대면 접촉한 적이 없으며, 느슨하게 연결되어 있고, 사회적으로나 물리적으로 소원하며, 긴밀한 노동 관계나 공동체 구조를 공유하지 않은 사람들로 구성.

(2) 다양한 정보 요구를 포괄할 수 있는 가능성

물리적 공간적 경계를 넘어서서 다양한 사회 문화적 배경을 가진 사람들은 서로 같은 것보다 상이한 것을 알고 있을 가능성이 높음(Granovetter).

(3) 정보 제공 방식의 장점

직접적 요청·제공, 특정 주제에 대한 식견 있는 논쟁, 하이퍼링크의 촘촘한 상호텍스트성 등을 통한 정보 신뢰성 평가 문제 해결 가능.

2. 정보적 도움 교환의 이유(Kollock)

① 직접적 호혜성·선물교환, 즉 상호 연관되고 호혜적인 행위자들 사이의 양도불가능한 재화나 서비스의 구속력 있는 이전을 위해 정보적 도움이 교환됨.

② 정보적 도움은 전문성이나 선함과 같은 정체성 표현의 주요 매개.

③ 정보적 도움은 자긍심을 높이고 존경심을 획득하기 위한 수단.

④ 일반화된 호혜성, 즉 특정인에게 준 도움이 그 수혜자로부터가 아니라 그룹 속의 어떤 다른 사람에 의해 되돌아오는 네트워크 차원의 책임구조도 정보적 도움 교환의 이유.

Ⅱ 사회 정서적 온라인 지원 관계

1. 단서부재론(cues-filtered-out approach)

① 시청각 단서(표정, 몸짓 등)와 사회 단서(계급, 성, 연령 등)를 결여한 온라인 상호작용에서 정서적으로 친숙한 관계 형성 어려움.

② 대면 상황에 비해 사회심리적으로 부정적, 사무적, 목적지향적 태도가 지배적이며, 몰인격화와 욕설과 인신공격과 같은 인화적(inflammatory) 행동으로 흐를 가능성 높음.

③ 당혹감, 죄책감, 동정심, 반격에 대한 두려움 등이 감소하며, 반사회적이고 절제되지 않는 행동이 강화되는 특성.

2. 사회영향론

① 플레이밍은 절대적으로나 상대적으로나 온라인의 지배적 행위 유형이 아님.
② 그룹 구성원들 사이의 친숙도, 그룹 분위기, 역사, 지배적 행위 규범, 개인들의 성격과 같은 사회적 요인들의 영향을 더 크게 받음.

3. 웰먼과 줄리아(Wellman & Gulia)

① 특화된 주제에 초점을 맞추는 온라인 그룹 구성원들 사이에서 협소하고 특화된 관계 형성 가능성.
② 온라인 그룹은 정보 교환뿐만 아니라, 유대감, 사회적 지원, 소속감 같은 것들을 추구하며, 포괄적 지원관계로 발전 가능.

4. 사회적 정보처리 이론(Walther)

① 장기적이고 반복된 상호작용을 통해 상대방에 대한 인상 정보를 축적할 경우 익명성과 관련된 부정적 현상 극복 가능.
② 관계적 동기가 사람들을 움직여서, 텍스트에 표출된 단서들을 해독함으로써 상대방에 대한 분명한 인상을 발전시키며, 컴퓨터 매개 상호작용으로부터 다른 행위자들에 대한 심리적 수준의 지식을 도출하고, 그에 따라 관계적 변화를 관리하고 관계적 메시지를 해독함.
③ 다른 사람의 사회적 현존감이 무시되지 않으며, 익명성과 연관된 사회정서적으로 부정적인 태도와 현상 충분히 극복 가능.

Ⅲ 온라인 포럼과 공동체 관계

1. 낙관론

(1) 의의

① 사이버공간은 상호작용의 시공간 장벽을 낮추어 상호작용 비용을 줄이고 속도를 높이며, 지리적으로 분산된 사회관계를 지속할 수 있도록 함.
② 새로운 관계 형성과 공동체 발전을 촉진하고, 더 풍부하고 더 큰 연결망 형성 가능.

(2) 라인골드(Rheingold)

충분한 수의 사람들이 사이버공간에서 개인적 관계망을 형성할 정도로 충분한 인간적 감정을 갖고 충분한 기간 동안 공적 토론을 수행할 경우 공동체 관계 발전 가능.

(3) 웰먼과 줄리아(Wellman & Gulia)

공동체 관계의 핵심 요소는 지역적 장소적 준거가 아니라 사람들 사이의 '사회적 연결망'으로 온라인 사회관계가 공동체 관계로 발전할 수 있음.

2. 비관론

① 대부분의 온라인 사회관계가 피상적이고 일시적이며 몰인격적.
② 온라인 인격은 '심리적 단절'을 경험하기 때문에 공동체적 관계 형성 어려움(Kolko & Reid).

3. 통합적 관점

① 온·오프라인 사회관계를 배타적으로 보기보다 양자의 최고 장점을 흡수하는 방향 모색 필요(Turkle).
② 전통적으로 소규모의 직접 접촉에만 나타난다고 보았던 지속적 친밀성 관계가 온라인의 대규모 간접 접촉에서도 출현 가능(Cerulo & Ruane).

4. 인터넷과 정서적 지원 관계의 확대

① 인터넷이 관계망 확대에 미치는 효과는 소외집단에게 크게 나타나지만, 인터넷 사용 자체가 반드시 사회연결망 크기를 확대시키는 것은 아님(Hlebec).
② 온라인 그룹이 '제3의 장소'의 성격을 일부 지니지만, 진정한 제3의 장소가 지역공동체에 기반하고, 사회적 평등화 공간이며, 접근 가능한 것과 달리 온라인의 제3의 장소는 이러한 한계 존재(Soukup).

Theme 88 플레이밍(flaming)

Ⅰ 의의

욕설, 모욕, 인신공격 등 적대감의 표출을 의미함.

Ⅱ 온라인 공간에서 플레이밍의 발생 원인

1. 단서부재론

(1) 의의

온라인 상호작용은 오프라인 상호작용에 비해 사무적, 자아도취적이며, 의견 불일치 조정 및 해결이 어려우며, 더욱 공격적이고 적대적임.

(2) 비언어적, 사회적 단서의 부재

① 비언어적 단서: 표정, 웃음, 눈짓, 음색, 자세, 몸짓, 복장 등

② 사회적 단서: 거주지, 직업, 계급, 성, 인종, 나이, 고향 등

(3) 몰인격화

① 관심의 초점이 청중에서 메시지의 작성과 반응으로 이전됨.

② 당혹감, 죄책감, 동정심, 반격 및 배척에 대한 두려움 감소.

③ 반사회적이고 절제되지 않는 행동 강화.

2. 사회적 영향 모델

① 온라인 상호작용의 사회적 맥락 강조.

② 플레이밍을 허용하지 않는 강한 행위규범하에서는 실명 및 가명 그룹 실험조사에서 플레이밍이 거의 나타나지 않음.

③ 특정 사회그룹이 플레이밍을 행위규범으로 인정할 때 현저히 증가하며, 이는 온라인 상호작용의 단서부재 때문이 아님.

3. 정보처리이론

① 온라인 상호작용에서도 사회심리적으로 상호지원적 관계 형성 가능.

② 부정적이고 몰인격적 행위는 낯선 사람들 간 초기 상호작용에서만 나타나며 시간이 지남에 따라 감소.

③ 장기 사례연구 결과, CMC에서도 상호지원 관계가 형성되고 발전함.

④ 이러한 차이는 교환되는 정보의 양이 아닌 정보교환에 필요한 시간 차이 때문이며, CMC에서도 긍정적인 개인 간 관계 발전 가능.

Theme **89** 샐린스(Sahlins)의 호혜성

I 사회적 유대에 따른 호혜성의 구분

마샬 샐린스(Sahlins)는 사회적 유대관계의 친밀도에 따라 호혜성을 일반적 호혜성, 균형적 호혜성, 부정적 호혜성의 세 가지 형태로 구분함.

II 일반적 호혜성(generalized reciprocity)

1. 의의

① 상대방에게 물자와 용역을 제공하되, 종류, 양, 가치를 계산하거나 특정한 시간을 정하여 등량등가(等量等價)로 되갚을 것을 요구하지 않는 호혜성임.

② 즉각적인 보답은 요구되지 않지만, 장기적으로 혜택을 되돌려 갚는 것이 일반적임.

2. 예시

① 이타적인 동기로 베푼 은혜나 예물에 대해 수혜자가 나중에 답례하거나 존경을 표시하는 형태로 보답하는 경우 존재함.

② 주는 사람에게 사회적 위세가 돌아가는 효과가 있음.

③ 부부, 부모−자식, 형제, 사제, 가까운 친척 사이에서 주로 나타남.

III 균형적 호혜성(balanced reciprocity)

1. 의의

① 상대방에게 제공한 물자와 용역에 대해 받는 사람과 주는 사람이 같은 가치만큼 되돌려 갚아야 한다는 원칙이 인정되는 호혜성임.

② 교환 기간이 비교적 단기적이며, 등가등량의 교환을 원칙으로 함.

③ 실제 교환되는 종류, 양, 가치는 사회의 관습과 도덕에 따라 결정됨.

2. 예시

① 혼례, 상례, 통과의례에서 주고받는 축의금, 부의금 등은 일정한 기록을 통해 후일 동일한 형태로 갚는 경우 존재함.

② 다만, 종류와 양, 가치는 정확히 동일하지 않으며, 사회적 지위나 경제적 형편에 따라 조정됨.

③ 농경사회에서의 품앗이(모심기, 김매기, 추수 시 노동력 교환) 역시 균형적 호혜성의 예임.

IV 부정적 호혜성(negative reciprocity)

1. 의의

① 상대방에게 주는 것보다 더 많은 것을 얻으려는 호혜성임.

② 교환 당사자는 서로 상반된 이해관계(利害關係)를 지님.

③ 쌍방이 모두 자기 이익을 극대화하고자 하는 의도를 가지고 있음.

2. 예시

① 극단적인 형태: 상대방에게 아무것도 주지 않고 강제로 빼앗는 강매(強賣).

② 덜 심한 형태: 상대방의 것을 깎고 자기의 것을 높이는 흥정(에누리).

③ 친밀도가 가장 낮은 관계에서 발생하며, 주로 서로 모르는 사람들 사이에서 이루어짐.

I 개념

① 사회적 자본(Social Capital)은 종전의 인적 · 물적 자본에 대응되는 개념이며, '사회구성원의 공동문제 해결을 위한 참여조건 또는 특성' 혹은 '공동이익을 위한 상호 조정과정과 협력을 촉진하는 사회적 조직의 특성'으로 정의됨.

② 사회적 자본의 개념은 학자마다 차이가 있으며, 유사하지만 세부적으로 다른 정의를 포함함.

II 사회적 지원관계에 의한 이용가능한 자원으로서의 사회적 자본

① Coleman: 개인이 참여함으로써 특정한 행동을 가능하게 만드는 사회구조 또는 사회적 관계의 한 측면으로 사회적 자본을 정의함.

② Nahapiet와 Ghoshal: 개인 또는 사회적 단위가 소유한 관계의 네트워크로부터 이끌어내어 이용 가능한 실제적 · 잠재적 자원의 합으로 개념화함.

III 사회적 관계가 제공하는 기회와 이익의 총합으로서의 사회적 자본

① Bourdieu: 친근감이나 상호 인지적 관계가 제도화되거나 지속적인 연결망이 유지되어 개인이나 집단이 실제 및 가상으로 얻게 되는 이점이나 기회의 총합으로 사회적 자본을 정의함.

② Granovetter: 이해관계를 추구하는 행위자들이 생산적으로 이용할 수 있는 사회적 구조 내에 축적된 자원으로 개념화함.

IV 공동체 유지를 위한 기제로서의 사회적 자본

① Putnam: 상호이익을 증진시키기 위한 조정과 협력을 촉진하는 네트워크, 규범, 사회적 신뢰와 같은 사회조직의 특징으로 정의함.

② Fukuyama: 그룹과 조직에서 공공 목적을 위해 협력하도록 하는 능력이며, 사람들 사이의 협력을 가능케 하는 집단 내 공유된 비공식적 가치, 규범, 신뢰의 존재로서 사회적 자본을 규정함.

③ Brehm과 Rahn: 집단행동 문제 해결을 촉진하는 시민들 사이의 협동적 관계망(사회적 연계망)으로 개념화함.

V 사회적 자본의 종류

① 신뢰: Fukuyama는 사회적 자본이 사회 내에 존재하는 신뢰로부터 나오는 것으로, 종교 · 전통 · 역사적 관습 등과 같은 문화적 메커니즘에 의해 형성되고 전파됨을 강조함.

② 사회적 연계망: Brehm과 Rahn은 현대 및 전통사회, 권위주의 및 민주사회, 봉건 및 자본주의 사회 등 모든 사회가 공식 · 비공식적인 커뮤니케이션 및 상호교환의 네트워크에 의해 특징지어진다고 주장함.

③ 상호호혜 규범: Adler와 Kwon은 사회 구성원이 공유하는 규범에 근거한다고 설명함.

④ 믿음(Beliefs): Nahapiet & Ghoshal은 공통적인 전략적 생각(vision), 해석(interpretations), 의미 체계(systems of meaning)와 같은 요소가 사회자본 형성에 중요한 역할을 한다고 설명함.

⑤ 규율(Rules): 공식적인 제도와 규율은 사회적 연계망, 규범, 믿음 등에 영향을 주어 사회자본에 강력한 직 · 간접적 영향을 미칠 수 있음.

VI 주요 속성과 기능

① 사회적 자본은 자발적이며 수평적으로 형성되는 개인 간 · 집단 간 관계를 이어주는 네트워크를 포함하며, 호혜주의적 특성을 지님. 구성원들은 상호 봉사를 통해 언젠가는 보답받을 것이라는 기대를 가짐.

② 친사회적 행태(prosocial behavior)로 설명되며, 이를 강화하는 사회적 규범이 존재함. 이는 비공식적 · 사회적 통제력을 가지며 공식적 · 법적 제재와 구별됨.

③ 사회관계는 공동체주의적 지향성을 가지며, 공동체가 핵심적 위치를 차지함. 사회적 자본은 정치 · 경제 발전을 지지하는 윤리적 기반(ethical infrastructure)으로 작용함.

④ 1990년대 이후 사회적 자본은 인적 · 물적 자본보다 국가경쟁력이나 국력의 실체로 작용하며, 민주주의뿐만 아니라 경제 발전에도 중요한 영향을 미친다는 논의가 등장함.

I 의의

① 부르디외의 자본 개념은 '축적된 역사'로 정의됨. 마르크스에게 자본은 축적된 노동으로서의 가치이며, 자기 증식하는 가치로서 상품과 동일한 개념을 가짐.

② 부르디외는 마르크스의 자본 개념을 경제재뿐만 아니라 교육재, 문화재, 사회재, 정치재 등으로 확장함.

③ 확장된 자본을 총칭하여 상징적 자본이라 하며, 사회적 자본, 정치적 자본, 국가적(statist) 자본, 문화적 자본, 정보적(informational) 자본, 학술적 자본 등이 포함됨.

II 문화적 자본

① 부모 세대의 교육적, 문화적 자원이 계급 재생산과 밀접하게 연결됨.

② 부모 세대에서 자식 세대로 전이되는 문화, 교양, 취향의 자산을 문화적 자본으로 정의함.

③ 문화적 자본은 예술과 문화에 대한 객관적인 지식, 문화적 취향과 선호, 문화적 기술과 실제적인 지식, 차별화 및 가치 판단 능력을 포함함.

④ 문화적 자본 개념은 마르크스주의적 계급적 함의를 내포하며, 이윤추구 및 증식의 특성을 가짐. 부르디외는 자본 개념을 상징적 영역으로 확장하여 경제적 자본의 이윤추구 성격을 상징적 차원의 이해추구로까지 확대함.

심층 연계 내용 구별짓기(distinction)

① '구별짓기' 개념은 피에르 부르디외(Pierre Bourdieu)의 저서 「구별짓기: 문화와 취향의 사회학」에서 유래됨.

② 계급의 영향력이 취향, 소비 선호, 생활양식에서 나타남을 분석함.

③ 계급은 특정 생활양식을 채택하여 타 계급과의 차별화를 시도함.

④ 개인적 취향, 소비 패턴, 생활양식이 계급분할 및 계급투쟁의 중요한 요소로 작용함.

⑤ 구별짓기는 특정 집단을 포함하고 규정하는 동시에 타 집단을 배제하는 속성을 가짐. 이를 통해 소속감과 유사성의 감정을 형성함.

III 사회적 자본

1. 의의

① 사회적 자본은 현실적 또는 잠재적 자원의 집합으로, 상호 면식과 인식이 제도화되고 지속화된 관계망을 소유하는 것과 관련됨.

② 특정 집단의 멤버십과 연결되어 있으며, 제도화된 관계망은 집단적으로 소유된 자본의 후원을 통해 신용을 부여하는 보증 역할을 수행함.

2. 문화적 자본과의 구별

① 문화적 자본은 부모와 부모의 관계망이 가진 문화적 자원이 자식 세대로 전승되는 과정에 초점을 둠.

② 사회적 자본은 보다 포괄적인 사회관계 속에서 개인이 보유한 연결망과 집단 소속이 제공하는 다양한 사회적 기회 자원을 총칭함.

IV 실천의 경제에 관한 일반과학

1. 의의

① 부르디외의 자본 이론은 '실천의 경제에 관한 일반과학'을 정립하려는 의도에 기반함. 이는 경제적, 문화적, 미학적, 사회적, 정치적 행위 전반을 축적된 역사 및 노동의 순환적 자기증식 논리로 설명하려는 것임.

② 다양한 자본은 상호 전환이 가능하며, 모든 다양한 자본의 근원은 경제적 자본임. 다른 모든 자본들은 변형되고 위장된 경제적 자본에 불과함. 문화적, 사회적 자본은 경제적 자본으로 귀속된다는 사실을 은폐할수록 더욱 효과적인 역할을 수행함.

2. 문화적 자본과 사회적 자본의 특징

(1) 의의

① 문화적 자본과 사회적 자본은 경제적 자본의 뿌리를 위장하고 내부의 계산 관계를 은폐하는 경향을 가짐. 이는 현대 민주주의 체제의 가치 및 운영원리와 연결됨.

② 봉건사회에서는 경제적 자본과 문화적, 사회적 자본의 결합이 공공연했으나, 평등화된 사회에서는 경제적 동기를 위장하는 방식으로 문화적, 사회적 자본이 활용됨. 즉, 경제적 자본의 계급적, 세대적 이전을 위한 은폐된 통로로 기능함.

(2) 베버적 관점의 수용

① 부르디외는 자본 개념을 비경제적 영역으로 확장하며 마르크스 이론을 발전시키고 베버적 관점을 흡수함.

② 베버적 관점이란 역사의 동력이 경제적, 물질적 가치뿐만 아니라 문화적, 정신적 가치로도 이루어진다는 시각을 의미함.

③ 부르디외는 상징체계, 문화적 취향, 사회적 인간관계가 역사를 구성하고 움직이는 힘이 된다는 점을 다양한 자본 개념을 통해 설명함.

(3) 마르크스의 경제 결정론의 영향

모든 자본은 상호 전환되지만 결국 경제적 자본의 변형된 형태에 불과하다는 논리는 '최종 심급에서의 경제결정'이라는 마르크스주의 경제결정론의 영향을 받음.

(4) 자본이론에서 마르크스주의와 부르디외의 차이

① 마르크스주의에서는 자본의 주체와 동력이 계급 또는 계급 이해에 기반하지만, 부르디외의 자본 개념에서는 주체와 동력이 개인 또는 자기이해임.

② 마르크스주의에서는 계급이해 개념이 존재하지만 자기이해 개념은 부재함. 반면, 부르디외는 자기이해 개념을 강조하나 계급이해 개념이 분명하지 않음.

③ 부르디외는 구조적 집단적 틀 속에서도 개인의 행위를 자기이해라는 동기를 통해 미시적 차원에서 분석할 수 있는 점을 이론의 강점으로 삼음.

Ⅴ 부르디외의 장이론(field theory)

① 장이론은 부르디외 사회학의 핵심 이론이며, 상징폭력의 정치경제학, 실천이론 등의 이름으로도 불림. 사회관계의 기본을 경쟁으로 설정하며, 사회적 관계들은 '게임'으로 설명될 수 있음.

② 장 내에서 개인은 자본을 더 많이 획득하기 위해 투쟁하며, 육체적 감각(아비투스)과 자기 자신을 구성하는 과정을 통해 경쟁에 참여함.

③ 개인은 자본을 획득하기 위해 전략적으로 행동하고 경쟁하며, 이러한 경쟁이 불평등한 자본 분배를 초래함.

심층 연계 내용 아비투스(Habitus)

① 아비투스는 특정 환경에서 형성되는 지속적이고 치환 가능한 성향체계로서 실천과 재현을 발생시키고 구조화하는 원칙임.

② 특정 계급이 생존 환경을 조정함으로써 영구적이면서도 변동 가능한 성향체계로 형성됨.

③ 사회화 과정을 통해 개인이 획득하는 성향체계이며, 구조를 결정하는 구조로 작용함.

④ 목표를 명시적으로 통제하지 않더라도 실천과 표상을 조직하고 발생시키는 원칙으로 기능함.

Theme 92 네트워크 사회운동론

Ⅰ 의의

① 디지털 미디어가 사회운동의 효율성을 높이는 논의는 '병참론적 관점'에서 이해됨.

② 디지털 미디어는 정보 수집과 확산, 대화와 토론, 집단 형성과 유지, 행동 조직과 조율 등 사회운동의 병참적 요구를 충족시킴.

③ '네트워크 사회운동론'은 현대 사회운동이 중앙집중적이고 전문적인 방식보다 수평적이고 분산적인 네트워크형 운동 양상을 강조함.

Ⅱ 특징

1. 네트워크 구조의 특성(Wall)

① 탈산업사회의 사회운동은 지도자 중심이 아닌 소규모 자가 형성적 집단들의 네트워크 구조를 특징으로 함.

② 갈락(Galac)과 하인(Hein): 1960년대 말 이후 사회운동 조직은 '분절적, 다중심적, 통합적 네트워크' 형태를 띰.

2. 신사회운동의 원리(Donk 등)

신사회운동은 전통적 운동 원리보다 '다양성, 탈중심성, 정보성, 풀뿌리 민주주의' 같은 네트워크 원리를 강조함.

3. 탈중심화된 사회운동과 기술(Melucci)

① 텔레커뮤니케이션과 컴퓨터 기술이 사회운동의 탈중심화, 분절화, 그물형 구조와 양립함을 강조함.

② 네트워크 사회운동은 탈중심성, 비위계성, 민주성, 개방성, 다양성, 확장 가능성, 이질성, 분산성, 유동성, 유연성, 비공식성, 자치성의 원리에 의존함.

③ 강한 집합 정체성이나 이데올로기적 통일성을 기대하기 어려움.

4. 현대 사회운동의 변화와 리더십(Bennett)

① 현대 사회운동은 '지구적 범위, 네트워크화된 복잡성, 다양한 정치 정체성 개방성, 실용적 성과를 위한 이데올로기적 통일성 희생' 경향을 보임.

② 강력한 조직적 리더십이 강조되지 않으며, 오히려 리더십의 부재가 지배 권력에 대한 유연하고 효과적인 저항을 가능하게 함.

심층 연계 내용 어피니티 그룹(Affinity Group)과 저항 네트워크

① 어피니티 그룹: 신뢰할 수 있는 3~20명으로 구성된 활동가 그룹.

② 위계와 위임 원리를 따르지 않으며, 행동 수행을 중시함.

③ 장기 회원제가 아닌 단기 프로젝트 중심으로 활동함.

④ 특정한 공동체 정체성이 아닌 개인적 행동과 개성적 자아 표출을 우선함.

⑤ 단일 연대성보다 다중적 유동성을 중시함.

⑥ 높은 교육 수준과 독자적 작업 방식에 익숙하며, 집합 행동의 '개인화(personalization)'가 이루어짐.

⑦ 공식 조직 소속이 아닌 개인 생활방식 기반으로 다양한 대의 선택 및 행동 참여.

⑧ 베넷(Bennett)과 세거버그(Segerberg): 디지털 연결된 개인들이 대규모 저항 조직화에 핵심적 역할을 함.

Ⅲ 네트워크 사회운동론에 대한 비판

1. 소셜 미디어 기반 집합행동의 한계

① 저위험 행동 중심(글래드웰(Gladwell)): 소셜 미디어 기반 집합행동은 전자 청원, 온라인 기부 등 저위험 행동에 불과함.

② 인터넷의 정보 확대 가능성과 한계(디아니(Diani)): 인터넷이 정보와 자원을 확대할 수 있지만, 새로운 참여자를 유입하는 수단으로 작용할지는 의문임.

③ 사회관계망 내 동원의 어려움(바이언(Byron)): 사회관계망 사이트 이용자는 집합행동 방침을 제안하는 사람을 무시하거나 비합리적으로 간주하며, 온라인 자원을 적극적으로 탐색하지 않음.

2. 약한 유대의 한계

① 공통 경험, 연대감, 신뢰, 강한 도덕적 의무감과 집합 정체성이 결여되어 고위험 행동으로 발전하기 어려움.

② 약한 유대의 네트워크는 체계적 사회변화에 적합하지 않음.

3. 네트워크 조직의 취약성

① 구조적 취약성(글래드웰): 네트워크 구조는 외부 공격과 내부 분쟁에 취약함.

② 내부적 방향과 목적 도전(베넷): 네트워크 조직구조는 캠페인 통제 및 집합 정체성 프레임 형성이 어려우며, 개방적 소통 과정에서 내부 방향과 목적이 도전받는 취약성이 존재함.

Ⅳ 구성주의 사회운동론

1. 의의

① 네트워크 사회운동론과 함께 최근 부상한 구성주의 사회운동론은 저항행동의 동원과 조직에서 운동 참여자들의 자발성과 탈중심성이 두드러지지만, 집합행동의 프레이밍이 참여자들의 탈중심적 협력만으로 자연발생적으로 형성되는 것은 아님을 강조함.

② 스노우와 벤포드는 사회운동에서 "여론과 대중적 사건에 영향을 미치고자 하는 활동가들이 참가자들의 불만을 지배적인 믿음 및 가치와 연결함으로써 잠재적 참여자들의 공감을 얻을 수 있도록 자신들의 의제를 어떻게 프레이밍 하는가?"가 중요한 요소임을 지적함.

③ 루트는 사회운동에서 대중매체의 반응이 "운동의 궁극적 성공 혹은 실패의 전제 조건"이 되므로 "모든 운동이 대중매체에 의해 보장되거나 거부되는 공적 가시성을 위해 노력한다"고 주장하며, 구성주의 사회운동론에서 전통적인 대중매체의 영향력이 대중 동원과 의제 설정 등에 있어 여전히 중요함을 강조함.

2. 전통 대중매체의 중요성에 관한 강조

① 전통 대중매체의 중요성을 강조하는 구성주의 사회운동론은 소셜 미디어의 여론 형성 기능을 중시하는 네트워크 사회운동론과 대립하는 측면이 존재함. 네트워크 사회운동론은 디지털 미디어가 운동 동원과 조직뿐만 아니라 사용자들 사이의 '공유된 인식'을 강화한다고 주장함.

② 캐츠와 라자스펠드의 '소통의 두 단계 흐름' 이론에 기반하여 셔키는 소셜 미디어가 이용자들이 친구, 동료, 가족 등과의 일상적 대화 속에서 여론을 형성하는 '소통의 두 번째 단계' 역할을 수행한다고 주장함.

③ 그러나 셔키의 주장은 '소통의 두 단계 흐름' 이론이 강조하는 대중매체의 직접적 영향력보다 여론 주도층의 매개적 역할이 더 중요하다는 점과, 여론 형성과 흐름의 방향이 '대중매체에서 대중으로'라는 구조를 유지한다는 점을 간과함.

④ 구성주의 사회운동론 관점에서 '소통의 두 번째 단계'는 여전히 여론 주도층이 대중매체의 관점을 수용한 후, 소셜 미디어를 통해 그 타당성과 정당성을 전달하고 설득하는 과정으로 이해됨.

3. 집합행동의 방향 설정에 대한 강조

① 구성주의 사회운동론은 대중매체의 영향력을 강조하지만, 네트워크 사회에서 집합행동이 점점 더 상향적, 평등적, 사회적 소통 방식으로 표출되고 있다는 사실을 부정하지 않음. 오늘날의 사회운동은 공중을 수평적으로 통합하는 동시에 저항 이슈를 적절히 프레이밍하여 공중의 인식과 태도에 일정한 방향성을 부여해야 함.

② 대중 동원의 측면에서는 디지털 미디어의 수평적이고 평등주의적인 네트워크 논리가 중요하지만, 집합행동의 방향 설정에서는 대중매체를 활용하는 하향적이고 위계적인 매스미디어의 논리가 중요함.

③ 사회운동은 성찰적 집합행동을 조직할 수 있는 대중과 하향적으로 결합하려는 노력을 지속해야 하며, 이를 위해 대중매체의 메시지에 적극적으로 개입하고 진보적 관념과 해석(진보 프레임)을 전파하는 활동을 전개해야 함.

④ 사회운동의 중요한 임무는 대중의 관심을 특정 이슈에 집중시키고, 공통의 의미화 작업을 조직하며, 공유된 행동 프로그램을 창출하여 지배 질서에 대한 대중적 압력을 높이는 것임.

현실의 집합행동 분석 시 집합체의 성격에 따라 군중(crowd), 대중(mass), 공중(public)으로 구분됨.

1. 군중
특정 장소에서 관심 대상을 공유하고 상호 영향을 주고받는 사람들의 일시적 모임.

2. 대중
① 특정 사상이나 쟁점에 대해 관심을 공유하는 다수의 사람들로, 반드시 동일한 장소에 모이지 않음. 광범위한 지역에서 동일한 사건이나 현상에 동일한 방식으로 대응하는 경우 발생함.
② 유언비어, 소문, 대중 히스테리, 도락, 유행, 열광, 도회전설 등이 대중의 행동 사례에 해당함.

3. 공중
특정 쟁점에 일정 기간 관심을 공유하는 집단으로, 이성적이고 비판적인 사고를 통해 여론을 형성하는 특징이 있음.

Theme 93 디지털 시민성

I 시티즌십(citizenship)

1. 의의
① 시민권과 시민성을 포괄하는 개념.
② 시민권: 개인과 국가의 관계에서 권리와 의무를 다루는 개념.
③ 마셜(Marshall)에 따른 현대 시민권의 구성 요소:
시민적 권리(civic rights), 정치적 권리(political rights), 사회적 권리(social rights).

2. 사회적 권리(social rights)
① 현대 복지국가의 정당화에 기여한 사회권의 개념.
② 부르주아 중심의 시민적 권리에서 배제된 집단의 권리를 제도적으로 인정하기 위한 권리.
③ 경제적 복지, 안전, 문화적 존재로서의 삶을 포함.
④ 자유주의적 입장에 반대하며 국가 개입을 통한 실질적 민주주의 증대 전략.
⑤ 법과 제도 차원에서 포섭(inclusion)과 배제(exclusion)의 문제와 연결.
⑥ 국민 국가의 성원권(membership) 전제.

II 시민성

1. 의의
① 시민으로서의 자기 확립과 타 시민과의 관계를 규정하는 덕목과 역량.
② 법과 제도적 차원의 시민권 발전과 연계되지만 분석적으로 구분 가능.
③ 자기완성을 추구하는 태도 및 역량과 타인의 권리를 존중하며 관계를 유지하는 태도를 포함.

2. 자기완성을 추구하는 태도와 역량
① 시민으로서 자긍심(self-esteem)과 자기충족감(self-fulfillment) 보유.
② 시민적 자기리더십을 통한 말하기, 듣기, 판단, 행동 수행.

3. 다른 시민과의 관계를 유지하고 개선하려는 태도와 역량
① 자유와 평등을 정치적 가치로 수용하는 사회의 일원으로서의 시민 개념.
② 타인의 자유와 평등 가치를 인정하고 자기성찰을 통한 자기충족 추구.
③ 자기완성과 타인 존중을 동시에 실천하는 태도와 역량 강조.

4. 의무적 시민(Dutiful Citizen)
① 시민의 권리보다 의무를 강조하는 입장.
② 시민공화주의 및 공동체주의 전통(Almond & Verba)에 기반.
③ 참여를 시민의 의무이자 정치적 존재로서의 잠재력 실현 과정으로 규정.
④ 공동체 소속감과 참여 활동의 중요성 강조.
⑤ 국가 및 지역공동체 참여 활동을 시민의 자질 판단 기준으로 활용.

5. 실현적 시민성(Actualizing Citizenship)
(1) 의의
① 베넷(Bennett)이 개념화한 '자기실현적 시민성'.
② 과거의 시민성 교육(DC 모델): 공공적 사안에 대한 정보와 식견을 갖춘 의무 중심적 시민 양성.
③ 새로운 시민성 교육(AC 모델): 자기실현적 시민 육성을 목표.

(2) 의무적 시민과 실현적 시민의 비교

[시민성 모델]

의무적 시민 (Dutiful Citizenship)	자기실현적 시민 (Actualizing Citizenship)
정부 중심적 활동 참여에의 의무감	정부에 대한 의무감 약화-개인적인 목적의식 강화
투표는 핵심적인 민주적 행위	소비주의, 공동체 자원봉사, 혹은 초국적 활동주의 등과 같은 보다 개인적으로 정의된 행위들의 의미 증가. 반면 이에 비해 투표의 의미는 약함
매스미디어를 통해 정부 및 이슈에 대한 정보를 얻음	미디어와 정치인에 대한 불신이 부정적인 매스미디어 환경에 의해 강화됨
시민사회조직에 참여하거나 정당을 통해 자신의 이해를 표현함. 이는 지지자를 동원함에 있어 일방적인 관례적 소통 방식을 전형적으로 취함	공동체 활동의 느슨한 네트워크 선호. 이는 우정, 또래관계, 상호적인 정보 기술에 의한 얇은 사회적 연계 등을 통해 형성되고 유지됨

① 기존 시민 교육 전략이 새로운 사회적 조건에 부합하지 않는다는 비판에서 출발.
② DC 모델: 개인을 과잉 관리(over-manage)하며 참여 기회 제한.
③ 현대 사회에서는 이러한 과잉 관리 방식이 효과적으로 작동하지 않음.
④ 자기실현적 시민은 정부에 대한 의무감이 약하고 개인적 목적의식에 의해 공동체 활동 참여.
⑤ 실현적 시민성은 정치적 영역뿐만 아니라 일상생활 전반에서의 참여 활동을 포괄.
⑥ 윤리적 소비운동, 공동체 자원봉사, 초국적 활동주의 등 개인적으로 정의된 참여 행위 부상.
⑦ DC 모델에서는 정당 참여와 시민사회조직을 중시하는 반면, AC 모델에서는 느슨한 네트워크 중심의 조직 선호.

6. 미디어 환경의 변화와 시민성의 변화

(1) 의의
① 나와 공동체의 관계 인식 변화, 공·사 경계 유연화, 공공적 이슈 해결 방식 다양화.
② 베넷이 강조한 미디어 환경 변화의 영향.

(2) 미디어 환경의 변화: 상호적이고 표현적인 참여로
① 베넷의 실현적 시민성 개념은 미디어 환경 변화와 밀접한 관련.
② 전통적인 뉴스 미디어 vs. 상호적인 온라인 미디어 사용 비교(Shehata & Ekstroem & Olsson 연구).
③ 젊은 세대는 쌍방향 미디어에 익숙하며, 실현적 시민성 요구 증가.

(3) 시민성의 성격 변화
① 미디어 환경 변화로 인해 정보 소비자로서의 개인 창출.
② 정보 소비자는 개인주의적 성향이 강하며 원하는 주제를 능동적으로 선택.
③ 개인적으로 의미 있는 행위를 추구하고 스스로 정보를 생성 및 판단.
④ 새로운 미디어 환경에 익숙한 시민은 공적 토론에서도 이러한 참여 기술 활용.
⑤ 공적 토론 주제는 위로부터 주어지는 것이 아닌, 미디어 소비자가 선택.
⑥ 정보는 기존 정보들의 종합을 통해 시민이 직접 생산하는 형태로 변화.

(4) 유연한 공·사 경계
① 디지털 네트워크 기술 발달로 공·사 경계 구분이 유연화(Castells).
② 공적 토론 목적 변화: 합의 도출 → 공감과 네트워킹.
③ 기존 시민사회조직의 영향력 감소.
④ 카스텔: 글로벌 네트워크에서의 권력은 '흐름의 권력'이며, 기존 조직 논리와 병존하기 어려울 뿐만 아니라, 네트워크 사회에서는 정체성이 이러한 흐름의 권력에 의해 좌우될 가능성이 증가.

심층 연계 내용 정보사회의 역량

1. 컴퓨터 리터러시
① 컴퓨터를 프로그램하고 통제할 수 있는 능력.
② 컴퓨터 응용 소프트웨어를 다양하게 사용할 수 있는 능력.
③ 정보검색, 커뮤니케이션, 문제해결을 위한 전략적 활용 능력.
④ 경제적, 사회적, 심리적으로 컴퓨터가 미치는 영향을 이해하는 능력.

2. 멀티미디어 리터러시
① 멀티미디어 원리와 영향을 이해하는 능력.
② 개인, 교육, 전문직, 기업에서 목적 달성을 위해 활용하는 능력.

3. 정보 리터러시
① 정보의 필요성을 인식하는 능력.
② 유용한 정보를 검색하고 평가하는 능력.
③ 정보를 효율적으로 활용하는 능력.
④ 비판적 사고를 통한 평가와 문제 해결 능력.

4. 정보통신 리터러시
① 디지털 테크놀로지, 커뮤니케이션 도구, 네트워크 활용 능력.
② 지속적으로 요구되는 지식, 기술, 전략을 포함한 능력.
③ 커뮤니케이션 도구로서 상호작용 개념을 도입한 능력.

5. 미디어 리터러시
① 정보 리터러시, 컴퓨터 리터러시, 영화 및 비디오 리터러시, 문화 리터러시를 포함하는 멀티플 리터러시.
② 다양한 매체를 포함하는 능력.
③ 단순한 읽기와 쓰기를 넘어 멀티미디어 언어 이해로 확장하는 능력.

6. 디지털 리터러시

① 인터넷에서 찾아낸 정보의 가치를 평가하는 비판적 사고력.
② 컴퓨터를 통해 정보를 이해하고 자신의 목적에 맞게 조직하는 능력.
③ 디지털 매체와 테크놀로지를 활용하는 기술과 지식 습득 능력.
④ 정보를 찾고 전략을 세우며 비판적으로 선별하는 능력.
⑤ 문제 해결, 커뮤니케이션, 지식 창출을 통해 개인, 사회, 국가, 세계 발전에 기여하는 능력.

7. 사이버 리터러시

① 무질서한 사이버 공간의 질서를 새롭게 정립하는 능력.
② 가상 공간을 이해하고 활용하는 능력.
③ 구락(Laura J. Gurak)이 2001년 저서 「사이버 리터러시」에서 처음 사용한 개념.

심층 연계 내용 **홉스(Renee Hobbs)의 디지털 및 미디어 리터러시의 필수 역량**

1. 접근

① 미디어 및 기술적 도구를 찾아내고 이용하는 능력.
② 타인들과 적절하고 타당한 정보를 공유하는 능력.

2. 분석 및 평가

① 메시지를 이해하는 능력.
② 메시지의 품질, 진실성, 신빙성, 관점을 분석하는 능력.
③ 메시지가 갖는 잠재적 효과나 결과를 고려하는 능력.

3. 창조

① 목적, 메시지 전달 대상, 작문 기법을 고려하여 콘텐츠를 구성하는 능력.
② 창조적이고 자신감 있게 콘텐츠를 만들어내는 능력.

4. 반성

① 사회적 책임감과 윤리적 원칙을 자신의 정체성과 삶의 경험에 적용하는 능력.
② 자신의 의사소통 행위와 활동에 윤리적 원칙을 적용하는 능력.

5. 행동

① 가족, 직장, 공동체에서 지식을 공유하고 문제를 해결하는 능력.
② 개인적 작업이나 공동 작업을 수행하는 능력.
③ 동네, 지역, 국가, 세계 공동체의 일원으로 참여하는 능력.

심층 연계 내용 **Data – Pop Alliance가 제시한 리터러시**

1. 의의

① Data – Pop Alliance는 빅데이터와 인간 발전을 연구하는 국제 연구기관.
② Harvard Humanitarian Initiative, MIT 미디어랩, Overseas Development Institute(ODI)에 의해 공동 설립됨.

2. Data – Pop Alliance가 제시한 리터러시

① 과학적 리터러시: 데이터와 과학적 방법을 사용하여 의사 결정을 내리고 문제를 해결하는 능력.
② 통계 리터러시: 일상생활에서 통계를 비판적으로 평가하고 활용하는 능력.

---

③ 컴퓨터 리터러시: 데이터를 사용하여 문제 해결을 위한 알고리즘을 개발하고 구현하는 능력.
④ 미디어 리터러시: 기술적 능력의 습득을 강조하지 않으며, 미디어 제작 지원 및 표현, 언어, 제작, 잠재 고객 이해를 개발하는 능력.
⑤ 디지털 리터러시: 정보 기술과 인터넷을 사용하여 콘텐츠를 찾고, 평가하고, 활용하고, 공유하고, 생성하는 능력.
⑥ 정보 리터러시: 정보를 찾고 신뢰성을 결정하는 능력의 중요성을 강조한 개념.

Theme 94 집단지성 형성의 세 가지 원칙

I 집단지성 주체의 형성

1. 의의

(1) 집단지성의 다양한 형태

사이버 공간에서 형성된 집단지성과 가상세계와 현실세계의 연계 속에서 나타나는 집단지성이 존재함.

(2) Levy의 집단지성 개념

① 모든 지식은 인류 전체에 내재하며, 개별적으로 모든 것을 아는 사람은 없지만 각 개인은 특정 지식을 보유함.
② 기존에는 소수 전문가가 지식의 흐름을 독점했으나, 이제는 전체 인류가 적응하고 학습하며 새로운 것을 고안해야 함.
③ 초기 집단지성 개념은 개미 군집생활의 관찰에서 유래하였으며, 인간도 집단을 형성할 때 더 높은 지능 체계를 형성함.
④ 데카르트의 '나는 생각한다(cogito)'가 아닌 '우리는 생각한다(cogitamus)'를 강조하며, 개인보다 집단적 사고가 더 높은 지능을 발현한다고 봄.

2. 자율적이며 탈영토화된 공간

① 집단지성 주체들은 자율적이며 탈영토화된 공간에서 등장.
② 전체주의 사회에서는 개인들이 자율성을 가지지 못하며, 위계적 · 관료주의적 공간에서 활동해야 하므로 집단지성 구축 불가하며, 사회구성원들의 역량 증대가 권력 장악보다 중요(Lévy).
③ 집단지성 주체들은 항상 변화하고 탈영토화하며 유목적 주제로 형성됨.
④ 집단지성을 이루기 위해서는 서로 다른 목소리를 들으면서도 조화를 이루는 '즉흥 다성 합창' 필요(Lévy).

⑤ 권력을 장악하고 타인의 목소리를 억누르거나 익명의 대중을 몰법주화하는 집단은 더 이상 진화 불가.

⑥ 가상공간의 주체들은 자율적으로 조직되고 변화와 탈영토화를 통해 집단지성 형성 및 강력한 영향력 발휘.

3. 참여군중

① 참여군중은 첨단 기술 기기로 무장하고 컴퓨터 네트워크로 연결되어 있으며, 휴대전화, PDA, 무선 인터넷 등을 이용하여 연대를 형성.

② 오픈소스 운동(open source movement)과 같은 움직임을 통해 위키피디아 등의 결과물을 생성.

③ 소유(possession)보다 공유(sharing)가 중요하고, 제조된 상품보다 아이디어 및 정보가 중요한 시대에서 누구와 관계를 맺으며 공유하는가가 개인의 존재를 결정.

④ 라인골드(Rheingold)는 '참여군중(smart mobs)'에서 군중이 사회에 참여하는 배경과 원리를 제시.

⑤ 참여군중은 기존 주류 미디어를 거부하고 인터넷 방송국, 웹진, 홈페이지, 블로그, 트위터 등을 통해 관심사를 교환하고 토론.

⑥ 인간관계 형성과 업무 수행뿐만 아니라 촛불시위 등 정치적 의사표출을 현실에서 진행.

⑦ 집단지성을 통한 이론 학습 및 생활 기반 조직력으로 무장한 아고리언들이 웹 2.0 시대의 저항 주체로 평가됨.

⑧ 참여군중의 출현에는 기술의 사회적 요소와 신뢰 형성이 필수.

⑨ 정보 공유가 신뢰를 바탕으로 이루어져야 하며(라인골드), 소수 전문가보다 네트워크로 연결된 다수 비전문가가 더욱 생산적.

⑩ 통제보다 자율이 질서를 형성하고, 경쟁보다 협력이 효율과 정확성을 높임.

Ⅱ 집단지성의 유형

1. 유형

집단지성은 공유형(sharing), 기여형(contributing), 공동창조형(cocreating)으로 구분.

2. 공유형

① 특정 주제에 대한 자료나 정보 공유 가능.

② 누구나 열람 및 활용할 수 있는 게시판 형태.

3. 기여형

① 상호 질문과 답변을 통해 특정 문제 해결.

② 토론방이나 '지식iN'과 같은 형태.

4. 공동창조형

① 다수가 참여하여 지속적으로 중립적이고 체계적인 지식 축적.

② '위키피디아'와 같은 형태.

③ 공동창조형이 가장 고도로 진화된 집단지성의 형태.

5. 기여형과 공동창조형의 비교

① 기여형: 각자의 의견이 독립적으로 존재하며, 평가나 추천은 가능하지만 의견 조율 없음.

② 공동창조형: 내용을 보완 및 수정하는 자율적 상호 조율을 통해 새로운 지식 창출 가능.

③ 기여형에서는 개인 의견 및 경험 공유 가능하지만, 공동창조형에서는 객관적 사실만 정리하여 활용하는 한계 존재.

Ⅲ 집단지성의 내용 구성

1. 개념

(1) 집단지성의 정의

집단지성은 어디에나 분포하며 지속적으로 가치가 부여되고 실시간으로 조정되면서 역량의 실제적 동원에 이르는 지성(Rheingold).

(2) 집단지성의 특징

① 어디에나 분포하는 지성은 지식 전체가 인류에게 있으며, 집단지성의 주체는 누구나 될 수 있음을 의미.

② 사이버 공간에서 개인들이 자율적으로 모여 집단 공동체를 형성하고 각자의 지식 정보들이 상호 교류됨.

③ 지식 정보는 한 번 게시되거나 소통되었다가 멈추는 것이 아니라 최소한의 상호작용을 통해 지속적으로 조정됨.

④ 레비는 디지털 기술의 등장으로 지속적으로 가치를 부여할 수 있는 가능성이 커지고, 실시간으로 작성, 수정, 삭제가 가능한 콘텐츠가 등장하면서 집단지성이 형성된다고 주장.

⑤ 가치와 의미가 지속적으로 부여되고 언제든지 조정할 수 있는 지성과 지식 결과물들이 집단지성을 구성.

2. 사례

(1) 위키피디아

① 사용자에 의해 수정, 추가되는 온라인 백과사전.

② 분산 협업(distributed collaboration)의 성공적 사례로 평가됨.

③ 사용자가 위키 방식으로 편집할 수 있도록 구성된 웹사이트에서 출발.

④ 백과사전이 전문가 집단에 의해 제작된다는 기존 개념을 탈피하고 웹 2.0 시대에 다양한 개인들의 역량이 모여 형성된 온라인 지식 백과사전.

⑤ 전통적인 백과사전을 넘어서는 영향력 보유.

⑥ 기존 백과사전과 달리 완성물이 아닌 하나의 과정(process)으로서 지식이 지속적으로 수정·추가됨.

⑦ 산업사회에서 소수 엘리트가 대중을 지배하던 구조에서 벗어나, 1인 미디어를 소유한 개인들이 네트워크로 연결된 유기적 사회로 발전하는 과정 반영.

(2) 한국의 집단지성 사례

① 네이버의 '지식iN' 서비스.

② 지식iN 서비스가 집단지성인지에 대한 반론 존재.

③ 다수의 사용자들이 만들어가는 지식 체계라는 점에서 집단지성 개념 적용 가능.

④ 한국의 집단지성 웹 서비스는 한국적 환경을 고려하여 위키피디아와 달리 사전 형태보다는 검색 결과를 중시하는 지식검색 서비스로 구성.

Ⅳ 집단지성의 신뢰성

1. 의의

① 다수의 참여에 의해 만들어진 지식이 언제나 정확하고 올바른 것은 아님.

② 위키피디아에서도 잘못된 정보가 수록된 사례 존재.

2. 위키피디아의 신뢰성 확보를 위한 편집 원칙

① 중립적 관점, 검증 가능성, 독창적 연구 배제 원칙 유지.

② 중립적 관점은 특정 관점의 우열을 단정하지 않음을 의미.

③ 검증 가능성은 독자가 진위 여부를 판단할 수 있도록 신뢰성 있는 기관의 자료 사용 및 출처 명시 필요.

④ 독창적 연구 배제는 검증되지 않은 주장이나 분석의 수록을 배제하고 기존 문헌을 종합·재조직하는 것을 권장.

3. 오류 수정 및 반달리즘 방지 장치

① 열성 편집자들이 존재하며, 문서 수정 시 자동 알림 기능 활용.

② 밴덜프루프(VandalProof) 소프트웨어를 사용하여 문서 수정 자동 감지.

③ 위키스캐너(Wikiscanner)를 이용하여 작성자 및 내용 추적 가능.

④ 안티 밴덜봇(AntiVandalBot)을 통해 오탈자 및 오류 자동 감지.

⑤ 클린업 태스크포스(Cleanup Taskforce), 뉴 페이지 패트롤(New Page Patrollers), 최근 수정 패트롤(Recent Change Patrollers), 카운터 반달리즘 유닛(Counter Vandalism Unit) 운영.

⑥ 동료 심사제도를 강화하고, 우수 기사(Wikipedia: Good Articles) 및 특집 기사(Wikipedia: Featured Article) 제도를 통해 양질의 기사에 인센티브 제공.

⑦ 기술적·사회적 장치를 통해 집단지성의 신뢰성을 제고하고 집단지성의 영향력을 강화.

> **심층 연계 내용 반달리즘(Vandalism)**
> ① 다른 문화, 종교, 예술 등에 대한 무지로 인해 그것들을 파괴하는 행위.
> ② 5세기 초 유럽의 민족 대이동 시기, 로마를 침입하여 약탈과 문화유적 파괴를 자행했던 반달족의 활동에서 유래됨.
> ③ 다수가 참여할 수 있도록 공개된 문서의 내용을 훼손하거나 엉뚱한 제목으로 변경하고 낙서를 하는 행위를 의미함.

Ⅴ 역량의 실제적 동원

1. 의의

레비는 역량의 실제적 동원에 이르는 지성이 집단지성임을 주장하며, 어디에나 분포하는 지성들에 지속적으로 가치를 부여하고 실시간 조정을 통하여 실제적 역량에 동원될 때 큰 힘을 발휘함.

2. 2008년 촛불집회

① 2008년 촛불집회는 온라인 논의를 현실공간으로 확장한 대표적인 사례.

② 인터넷 이용이 온라인 참여뿐만 아니라 온라인과 오프라인 정치참여의 경계를 모호하게 하며 상호 보완적 양상을 보임.

③ 온라인 공간에서 형성된 자율적 집단들의 다양한 의견과 목소리가 실제 현실까지 이어지며 단순한 시위가 아닌 새로운 사회운동의 모습을 형성함.

3. 플래시몹(Flash Mob)

① 집단지성의 실제적 동원 사례로 특정 시간, 특정 장소에 모여 사전에 약속된 춤이나 행위를 수행하고 사라지는 형태의 갑작스러운 모임.

② '플래시 크라우드(flash crowd)'와 '스마트몹(smart mob)'의 합성어로 하워드 라인골드의 저서 「스마트몹(Smart Mobs: the next social revolution)」에서 처음 제시된 개념.

③ 2002년 월드컵 당시 깜짝 응원 도구로 활용되었으며, 불특정 다수의 대중이 인터넷과 휴대전화를 통해 시간과 장소를 정해 미리 약속한 응원을 진행한 후 사라지는 방식.

④ 5분 이내의 짧은 시간 동안 진행되지만 의미를 가지며 집단 행위 예술과 유사한 특징을 가짐.

4. 집단지성의 주체

① 집단지성의 주체가 10대를 시작으로 전 연령층으로 확산됨.
② 기존 대학생이나 30~40대 남성 중심의 사회운동에서 벗어나 남녀노소 구분 없이 다양한 주체들의 모임으로 변화.
③ 소수 전문가가 생성한 지식과 정보가 아니라 다수가 자발적으로 생성하고 공유한 지식과 정보가 중심이 됨.
④ 노트북, 휴대전화 등 개인 미디어를 통한 실시간 조정이 이루어짐.

5. 위키피디아(Wikipedia)

① 집단지성을 통한 지식 생산이 단순히 웹 서비스 차원이 아닌 사회적 흐름으로 확장됨.
② '위키노믹스'(wikinomics) 현상이 발생하며, 집단지성을 기반으로 한 경제적 활동이 이루어짐.
③ 집단지성이 형성되어 현실 공간에서 역량을 동원하며 온·오프라인 집합행동에 변화가 발생함.
④ 레비는 지식의 다양한 폭을 인정하고 타인을 존중할 때, 정체성이 형성되며 적극적 동원이 가능하다고 주장함.
⑤ 수평적 커뮤니케이션 구조에서 개인과 집단이 협력하여 자원을 생성하며, 집단지성으로의 전환 가능성이 증가함.
⑥ 지식이 독립적인 권력 자원으로 작용하며, 실제적으로 동원될 때 집단지성이 형성됨.

Ⅵ 집단지성의 호혜성과 위험성

1. 호혜성

① 집단지성은 대화, 토론, 수정, 보완을 통해 최선의 결과물을 산출하는 과정으로 효율성, 합리성, 집단성, 호혜성을 내포함.
② 피에르 레비는 미래사회가 사이버공간을 통한 지식과 정보의 자유로운 분배 및 상호 교환을 중심으로 형성될 것이라고 전망함.
③ 인터넷을 활용하여 지속적으로 사상과 정보를 교환하고, 공동체를 형성할 것으로 예상됨.
④ 인터넷이라는 가상 소통공간에서 지식과 정보를 공유하면서 배제와 소외 문제를 해결할 수 있음.

2. 위험성

① 인터넷을 통한 지식 및 정보 공유 과정에서 신뢰성과 타당성을 충분히 검증하지 않고 행위의 근거로 사용할 가능성을 내포함.
② 사회심리학자 솔로몬 애쉬의 실험 데이터에 따르면, 사람들의 평균 70%가 동조하는 경향을 보이며, 이를 '동조(conformity)'라고 정의함.
③ 인터넷 공간에서는 동조 현상이 다양한 형태로 나타날 가능성이 큼.
④ 집단지성은 특정 조건에서 개별적 의견을 발전시키기보다는 다수 의견에 쉽게 동의하며 합리성을 강화하는 경향을 가짐.
⑤ 인터넷에서 소수 의견을 제시한 사람들은 쉽게 도태되거나 저항의 모습을 보이며, 심한 경우 의견 개진 자체가 불가능한 상황이 발생할 수 있음.

> **심층 연계 내용** 집단지성의 위험성
> ① 단순히 다수의 선택과 동조가 진실을 판단하는 유일한 근거가 되는 현재 집단지성의 현실은 여러 측면에서 제한적임.
> ② 집단적 감성에 근거한 반응이 빈번하게 발생함.
> ③ 집단지성은 정보유통 환경을 의미하며, 결정적 요소는 지성을 갖춘 이성적 시민임.
> ④ 집단지성의 정보유통방식 자체가 문제를 내포하며, 다양성을 허용하지 않는 점에서 위험성이 존재함.

Theme 95 집단지성과 반전문가주의

Ⅰ 전문가 관념

1. 의의

① 근대 서구 사회에서 본격적으로 형성된 개념.
② 과학자를 엄밀한 과학적 탐구방법을 통해 물질세계의 법칙을 밝혀내는 존재로 간주하는 관점에 기반.

2. 세이러위츠(Sarewitz)

① 근대 사회에서 전문가의 탐구활동이 공공선에 기여할 것이라는 강력한 믿음 존재.
② 전문적 탐구활동이 실제적·도덕적 결과와는 독립적으로 지속적으로 개척될 수 있어야 한다는 믿음 공유.
③ 전문가들이 누리는 권위는 그들이 생산한 지식이 사회 정치적 분쟁 해결의 객관적 토대를 제공한다는 대중의 믿음에서 기인.
④ 이러한 믿음이 근대 실증주의 과학의 신화를 구성.

⑤ 과학적 탐구방법에 능통한 연구자와 전문가만이 복잡한 사회문제를 중립적·객관적으로 진단하고 공공선을 확대하는 데 필수적인 물질세계의 법칙을 발견할 수 있다는 믿음이 근대 실증주의 과학의 전문가주의 이데올로기 형성.

Ⅱ 사회구성주의

① 1970년대 이후 과학지식에 대한 사회구성주의 이론가들의 전문가주의 비판 전개.
② 사회구성주의 과학지식 관점에서 과학지식은 객관 세계의 투명한 반영이 아니라 특정한 해석과 질서 부여의 결과물로서 사회적 구성물로 이해됨.
③ 실증주의 과학이론과 달리, 과학지식을 객관 세계의 투명한 반영으로 보지 않으며 절대적 타당성을 인정하지 않음.
④ 과학지식 생산이 사회적·경제적·정치적 맥락에 의존함에 따라, 지식의 중립성에 대한 회의적 시각 존재.
⑤ 사회구성주의 지식이론에 따르면 전문가가 생산한 지식이 반드시 중립적이고 보편타당한 지식으로 간주될 필요 없음.

Ⅲ 집단지성 이론에 나타난 전문가주의에 대한 비판적 관념

① 다양한 집단지성 이론에서 전문가주의에 대한 비판적 관념 확인 가능.
② 레비(Levy), 집단지성을 "끊임없이 향상되고, 실시간으로 조정되며, 기능의 효과적 동원으로 귀결되는 폭넓게 분포된 지성"으로 규정.
③ 탭스컷과 윌리엄스(Tapscott and Williams), 집단지성을 "독립된 참여자 집단에 의한 탈중심적 선택과 판단에서 출현하는 집합적 지식"으로 정의.
④ 네그리(Negri), 집단지성을 "중앙집중적 통제나 보편모델 없이 문제를 해결하는 집합적·분산적 기술"로 이해하며, 급진 민주주의 운동의 잠재성 강조.
⑤ 리누스 토발즈(Linus Torvalds)의 리누스 법칙 "지켜보는 눈동자가 많으면 시스템 오류는 쉽게 찾아낼 수 있다"를 기반으로 탭스컷, 윌리엄스, 네그리의 집단지성 이론 발전.
⑥ 집단지성은 탈중심 네트워크에서 이루어지는 다중의 자유로운 상호작용과 수평적 협력을 통해 창출되는 집단 지식과 기술로 정의 가능.

핵심 정리 **대중과 다중**
① 대중: 획일화, 동질화, 평준화된 불특정 다수로 구성된 집합체.
② 다중: 개별 정체성을 유지하면서 행동하며 특정한 사안에서 공동 행동을 수행하는 사람들.

Ⅳ 반–자격편중주의(anti–credentialism)

1. 의의

① 전통적인 전문성 관념에 대한 집단지성의 비판적 관점은 반–자격편중주의(anti–credentialism)에 바탕을 둠.
② 전통적으로 양질의 지식과 기술은 전문 경영인이 관리하는 거대한 위계 조직 속 숙련된 전문가들에 의해 생산된다고 간주됨.
③ 집단지성 이론은 1990년대부터 등장한 '협력'이라는 생산 모델에 주목하며, 숙련된 아마추어들의 느슨한 연결망이 전통적 전문가, 조직, 출판사보다 더 낫거나 비슷한 수준의 지식과 기술을 생산할 수 있다고 봄.

2. 집단지성 이론에 나타난 반–자격편중주의

(1) 탭스컷과 윌리엄스
① 혁신과 성장을 위해 대중과 대규모 조직이 공개 협력하는 생산 시스템에서 전문가주의와 자격증을 갖춘 지식 생산자의 독점이 약화됨.
② 아마추어 생산자들이 전문가들과 지식 생산 무대를 공유함.

(2) 네그리
① 혁신은 특정 개인의 천재성이나 전문성보다는 네트워크 속 자원의 공유와 다중의 자유로운 상호작용에 의해 발생함.
② 전문가가 아마추어와 지식 생산 무대를 공유하면서 전문가의 권위주의가 용인되기 어려워짐.

(3) 레비
① 다양한 경험과 기술을 아마추어적이라 하여 무시할 것이 아니라 그 가치를 인정하고 발전시켜야 함.
② 개별 전문가의 전문성 범위는 매우 협소하므로, 집단지성의 반전문가주의가 중요한 토대가 됨.

(4) 서로위키
① 전문성의 가치를 과대평가하고 있음을 지적함.
② 특정 분야에 능통한 사람이 다른 영역에서도 유사한 능력을 발휘할 것이라는 생각은 신화에 불과함.
③ 집단의 결정이 개개인의 결정보다 대부분 우월하며, 의사결정 수가 많을수록 이 현상이 두드러짐.

④ 전문가의 성과는 문제의 성격에 따라 변동하며, 개인이 집단보다 지속적으로 우수한 결과를 내놓을 가능성은 희박함.

Ⅴ 집단지성의 원리

1. 의의

① 집단의 지성은 항상 개인의 지성보다 우월함.
② 전통적 전문가주의는 도전에 직면하고 있으며, 네트워크 사회는 집단지성 확대 속에서 개방성, 다양성, 독립성, 탈중심성, 실시간 조정과 통합 등의 새로운 사회 권위를 창출함.
③ 많은 조직이 개방성을 중요한 원리로 채택함(서로위키).

2. 개방성

탭스컷과 윌리엄스는 개방적인 조직이 내부 자원과 능력에 의존하는 조직보다 더 나은 성과를 거둔다고 지적함.

3. 다양성

① 전문가들로만 구성된 집단보다 다양한 사람들로 구성된 집단이 문제 해결 능력이 뛰어남(서로위키).
② 동질적인 집단은 전문성을 발휘하는 데 유리하지만 대안 탐색 능력은 낮음(서로위키).
③ 다양성은 미처 고려하지 못한 관점을 제공하고, 소수의 의사결정 독점을 방지하는 장점을 가짐.

4. 독립성

① 다양성과 독립성은 밀접한 연관이 있으며, 집단지성과 전체주의는 혼동해서는 안 됨.
② 레비는 집단지성이 개별 지성을 무차별적으로 흡수하지 않으며, 개별성이 성장하고 분화하는 과정임을 강조함.
③ 탭스컷과 윌리엄스는 집단지성이 전체주의적 통제가 아니라 개인의 자유로운 선택과 자발적 조정에 기초한다고 주장함.

5. 탈중심성

① 위에서 아래로 지시하는 방식보다 독립적 개인이 분산 방식으로 문제를 해결할 때 집단적 해법이 더 우수함(서로위키).
② 탈중심 조직에서는 권력이 집중되지 않으며, 중요한 의사결정은 개별 전문가들에 의해 이루어짐.
③ 네그리는 뇌가 중앙 집중적으로 작동하는 것이 아니라 뉴런들의 협력으로 작동하듯, 네트워크도 다중의 협력으로 작동한다고 주장함.
④ 탈중심성은 암묵적 지식 활용에도 유리함(서로위키).

6. 통합메커니즘

① 집단지성은 탈중심 네트워크 내 다양한 정보를 효과적으로 통합할 때만 실현됨.
② 집단지성의 성공적 발전을 위해서는 다양한 판단을 통합할 수 있는 메커니즘 구축이 필수적임.
③ 정보통신 기술은 이러한 통합 과정에서 유용하게 활용됨.
④ 레비는 정보통신 기술이 시공간의 제약을 넘는 상호작용을 가능하게 함으로써 집단지성이 실시간으로 조정될 수 있다고 설명함.

Theme 96 위키피디아의 권위와 신뢰성

Ⅰ 의의

1. 집단지성 원리의 구현

① 위키피디아는 집단지성 원리가 가장 성공적으로 실현된 영역임.
② 웨일즈(Wales)에 따르면, 위키피디아는 수많은 개별 사용자가 각기 내용을 추가하고 그로부터 응집된 작업물이 출현하는 현상을 의미함.

2. 대중 자발성과 목적의식성

① 위키피디아는 대중의 자발성과 목적의식성을 바탕으로 운영됨.
② 철저한 비영리주의와 반상업주의를 지향함.
③ 누구든지 기사를 작성할 수 있으나 중앙 집중적인 편집 통제권은 존재하지 않음.

3. 편집 규정과 운영 방식

① 기사 편집에 관한 상세한 규정은 일반 이용자들이 자율적으로 결정함.
② 공통의 규범이나 규칙을 공유하지 않는 이용자들이 토론 문화를 형성함.
③ 영리 목적의 웹 2.0 사이트들과 차별됨.
④ 2001년 출범 당시부터 반상업주의를 천명했으며, 위키미디어(Wikimedia)는 비영리기구로 운영됨.

4. 집단지성의 구현 과정

① 자발적 참여자들이 집단적으로 백과사전 지식을 집대성함.
② 작업에 필요한 다양한 장치와 절차를 참여자들이 자율적으로 구축함.
③ 집단지성이 구현되는 과정 자체를 보여줌.

Ⅱ 위키피디아의 반전문가주의

1. 의의

① 위키피디아는 백과사전을 지향하므로 마이스페이스, 페이스북, 유튜브 등의 집단지성보다 전문 학술 영역의 영향을 더 많이 받을 것으로 예상됨.

② 전문 연구자가 직접 지식 편찬을 담당하거나 지식 편찬 문화와 규범 정립에 적극적으로 개입할 가능성이 존재함.

③ 그러나 위키피디아는 전문 학술 세계의 전문가주의와 긴장관계를 형성해 옴.

④ 전문가 중심의 편집 원리를 거부하고 기사 작성의 개방성을 추구함.

2. 반엘리트주의와 급진적 개방주의에 대한 비판

① 비관론자들은 아마추어들이 작성한 위키피디아 기사는 부정확하며, 반달리즘의 위험에서 자유롭지 못하다고 비판함(Sanger).

② 생거(Sanger)는 2001년 웨일즈와 함께 위키피디아를 창설했으나, 2002년 반엘리트주의와 급진적 개방주의 편집 원리에 반대하여 프로젝트에서 이탈함.

③ 생거는 위키피디아 기사가 신뢰성, 특히 세부 사항에서의 신뢰성이 부족한 아마추어적 성격을 띤다고 주장함.

④ 사용자들이 위키피디아를 널리 사용하지만, 실제로는 신뢰하지 않으면서 이용하는 경우가 많다고 지적함.

⑤ 생거는 위키피디아에서 전문성이 존중받지 못하며, 전문가에 대한 냉대와 불경이 용인되는 반엘리트주의가 문제라고 주장함.

⑥ 위키피디아가 신뢰성을 높이고 반달리즘을 극복하기 위해서는 전문가를 존경하고 존중하는 공식 정책을 채택해야 한다고 제안함.

⑦ 전문가들이 기고 및 심사 과정에 더 많이 참여할 수 있도록 유도해야 한다고 주장함.

Ⅲ 위키피디아의 권위와 신뢰성

① 낙관론자들의 평가: 위키피디아가 백과사전 편찬 영역에서 상당한 권위 확보

② 퓨(PEW) 인터넷 조사연구(2007): 교육 수준 및 가구 소득 수준이 높을수록 위키피디아 사용에 긍정적 태도

③ 네이처(Nature) 뉴스 팀 조사(2005): 브리태니커와 위키피디아 기사의 정확도가 거의 동일

④ 반달리즘 대응 기제: 경험연구 결과, 위키피디아의 반달리즘 대응이 성공적으로 작동, 집단 조정과 조율이 효과적으로 이루어짐

Ⅳ 위키피디아의 반전문가주의

1. 반-자격편중주의(anti-credentialism)

① 위키피디아 공동체에서 반전문가주의의 한 형태로 나타나는 '반-자격편중주의'

② 전문성의 인정 기준: 박사학위나 전문 자격증이 아닌 신뢰할 만한 출처를 바탕으로 한 양질의 기사 작성

③ 전문가 담론: 자격편중주의를 넘어선 '위키-실력주의' 지향

2. 전문성의 협소함

① 전문성의 협소함 강조: 위키피디아 반전문가주의의 또 다른 형태

② 전문가 권위 인정 이유: 특정 분야에 대한 장기간의 깊은 연구

③ 전문가 관념에 대한 태도: 위키피디아 공동체에서 비교적 널리 확인되나, 부정적이고 비관적인 태도도 존재

3. 전문가 신드롬

① 위키피디아 공동체에서 반전문가주의는 전문가 신드롬에 대한 강한 거부감으로 표출

② 전문가 신드롬: 전문가 편집자들이 비전문가 편집자들을 무지하고 무능하며, 과도한 자기 확신을 가진 고집불통으로 비난하는 모습으로 확인됨

4. 전문가의 편향성

① 전문가 및 전문지식의 중립성에 대한 회의적 관념

② 전문가의 평가: 관련 자료를 많이 보유하고 있으며, 자료의 질을 판단할 능력을 가진 사람으로 평가

Ⅴ 위키피디아 권위 형성의 원리

1. 의의

① 위키피디아는 반전문가주의의 다양한 양상을 드러내는 지식 편찬 시스템임.

② 반전문가주의에도 불구하고 위키피디아가 신뢰할 만한 지식편찬 작업으로 널리 받아들여지는 요인이 존재함.

2. 다양성과 개별성

① 위키피디아는 개별 편집자들의 관점의 다양성과 개별성을 최대한 보장함.

② 위키피디아 기사의 신뢰성을 높이기 위해 도입된 '중립적 관점' 정책은 다양성이라는 집단지성 원리 실현의 핵심 장치로 기능함.

3. 검증 가능성과 독창적 학술조사 금지

(1) 의의

① 위키피디아 집단지성을 뒷받침하는 두 가지 중요한 원리는 '검증 가능성'과 '독창적 학술조사 금지'임.

② '중립적 관점'과 함께 이 두 가지 원칙은 위키피디아 기사 내용의 3대 정책을 구성함.

(2) 검증 가능성과 독창적 학술조사 금지

① 위키피디아에서는 기사의 진리 여부보다 검증 가능성이 중요한 기준이 됨.

② 위키피디아는 독창적 연구결과나 생각을 발표하는 공간이 아니며, '독창적 학술조사 금지'는 기사의 '검증 가능성'을 보장하는 장치임.

③ 발표되지 않은 사실, 주장, 추측, 관념 등은 위키피디아에 게재할 수 없으며, 개인 의견, 경험, 주장 등을 게시하는 곳이 아님.

④ 위키피디아는 기존에 발표된 글을 종합하고 재조직하는 것을 권장하지만, 기존 문헌을 종합한 글이 새로운 결론을 도출하면 '독창적 학술조사 금지' 기준을 충족하지 못함.

Ⅵ 탈중심의 수평적 협력 관계

1. 의의

① '검증 가능성'과 '독창적 학술조사 금지' 정책은 위키피디아 편집자 간 관계를 중앙집중적 위계 관계가 아닌 탈중심적 수평적 협력 관계로 만듦.

② '독창적 학술조사 금지' 원리는 학술 세계의 규범과 근본적으로 상반되며, 학술활동의 가치는 과학적 방법론에 의해 뒷받침되는 발견의 독창성에 있음.

③ 위키피디아에서는 과학적 방법론이나 주장의 독창성이 아닌 문헌의 뒷받침이 중요하며, 따라서 전문가와 아마추어가 작성한 문헌이 동등한 가치를 지님. 전문가의 독창적 연구결과는 위키피디아에서 삭제 대상이 됨.

2. 인류 지식의 집대성 작업

① 위키피디아는 인류 지식의 집대성 작업을 소수 전문가 중심이 아닌 다중의 탈중심 협력 작업으로 수행함.

② '검증 가능성'과 '독창적 학술조사 금지'는 전문가 편집자가 자신의 글이 연구결과에 해당하므로 인용과 출처를 밝힐 필요 없다는 태도를 규제하는 효과를 가짐.

3. 위키피디아의 권위 형성

① 탈중심 협력 메커니즘 속에서 위키피디아는 학술 관행을 받아들여 검증 가능한 출처의 신뢰도를 구분하고, 가능한 한 양질의 기사를 수록하려 함.

② 위키피디아 기사는 사실 확인과 정확성을 보장하는 신뢰할 만한 제3자 출판 자료에 근거해야 하며, 동료 심사를 거친 학술지나 대학 출판사 서적이 가장 신뢰성 높은 자료로 인정됨.

③ 신뢰성 있는 자료로 대학 교재, 잡지, 유명 출판사 서적, 주류 신문 등이 인정되며, 반면 자가 출판 글, 소문, 개인 의견, 상업광고 등은 신뢰할 자료로 인정받기 어려움.

Ⅶ 위키피디아의 저작권

1. 의의

① 위키백과 내 모든 문서의 저작권은 각 저작자에게 있으며, 위키백과나 위키미디어 재단이 소유하지 않음.

② 위키백과 문서는 크리에이티브 커먼즈 저작자표시−동일조건변경허락 3.0 Unported 라이선스(CC−BY−SA 3.0)하에 배포됨.

③ 문서 내 별도 표식이 없을 경우 GNU 자유 문서 사용 허가서 1.2 이상(GFDL)으로도 배포되며, 원하는 라이선스를 선택해 사용하거나 두 라이선스를 모두 사용할 수 있음.

2. 특징

① 위키백과에 올릴 수 있는 자료는 비영리적 및 영리적으로 자유롭게 이용 가능한 자료에 한정됨.

② 위키백과에 저작물을 올린다는 것은 제3자가 영리적 목적을 포함한 모든 목적으로 자유롭게 이용해도 좋다는 것을 의미하며, 타인의 저작물을 영리적 이용 허가 없이 올리는 것은 금지됨.

③ 제3자의 저작물을 올리기 위해서는 제3자로부터 영리 이용을 포함하여 자유롭게 복제/변경/재배포할 수 있다는 허락을 받아야 함.

④ 크리에이티브 커먼즈와 GFDL 라이선스에 따라 위키백과 내 저작물을 사용할 때 저작권자의 특별한 허가가 필요하지 않음.

Theme 97 GNU와 크리에이티브 커먼즈

I GNU

1. 의의

GNU는 운영 체제이자 컴퓨터 소프트웨어의 모음집으로, 온전히 자유소프트웨어로 구성됨. 대부분 GNU 프로젝트의 GPL로 라이선스됨.

2. GNU 일반 공중 사용 허가서(GNU General Public License, GPL)

① 자유소프트웨어 재단에서 만든 자유소프트웨어 라이선스로, 소프트웨어의 실행, 연구, 공유, 수정의 자유를 최종 사용자에게 보장함.

② 리눅스 커널이 이용하는 사용 허가로, 가장 널리 알려진 강한 카피레프트 사용 허가임. GPL을 적용한 프로그램을 이용하여 새로운 프로그램을 만들 경우, 파생 프로그램 역시 동일한 카피레프트를 가져야 함.

③ GPL은 자유소프트웨어 사용자의 권한을 보호하고, 이전 작업 내용을 수정하거나 다른 내용을 추가하는 것을 허용함. BSD(Berkeley Software Distribution) 사용 허가가 대표적인 예로 존재함.

3. GNU 자유 문서 사용 허가서(GNU Free Documentation License, GFDL)

① 자유소프트웨어 재단(FSF)에서 GNU 프로젝트를 위해 제정한 자유문서를 위한 저작권 라이선스임.

② GFDL을 따르는 문서는 자유롭게 복사, 수정, 재배포가 가능하며, 2차 저작물도 GFDL을 따라야 함. 기본적으로 무료 배포되나, 대량 제작 시 유료 판매 가능함.

③ GFDL을 적용한 대표적 프로젝트로 위키백과가 있으며, 위키백과는 크리에이티브 커먼즈(CCL)와 GFDL의 2중 라이선스를 따름.

II 크리에이티브 커먼즈

1. 의의

① 크리에이티브 커먼즈(Creative Commons, CC)는 저작권의 부분적 공유를 목적으로 2001년에 설립된 비영리 단체로, 2002년 12월 16일 크리에이티브 커먼즈 라이선스(CCL)를 제정함.

② 위키백과가 대표적으로 CCL을 따르는 프로젝트이며, GNU 자유 문서 사용 허가서(GFDL)와 2중 라이선스를 따름. 사용자는 특정 권리를 선택하여 이용 가능함.

2. 종류

(1) ⓘ 저작자 표시(BY)
저작물 사용 시 원저작자를 반드시 표기해야 함.

(2) Ⓢ 비영리(NC)
저작물을 영리 목적으로 사용할 수 없음.

(3) ⊜ 변경 금지(ND)
저작물을 변경할 수 없음.

(4) ⓞ 동일조건 변경 허락(SA)
① 2차 저작물 제작 시 원저작물과 동일한 라이선스를 적용해야 함.
② 변경 금지(ND)와 동일조건 변경 허락(SA)는 동시에 적용할 수 없으며, 총 6가지 라이선스가 존재함.

3. 조합

(1) 저작자 표시(BY)

저작자와 출처를 표시하면 영리 목적 이용, 변경 및 2차 저작물 작성 포함 자유 이용 가능함.

(2) 저작자 표시-변경 금지(BY-ND)

저작자와 출처를 표시하면 영리 목적 이용 가능하나, 변경 및 2차 저작물 작성 불가함.

(3) 저작자 표시-비영리(BY-NC)

저작자와 출처를 표시하면 변경 및 2차 저작물 작성이 가능하나, 영리적 이용 불가함.

(4) 저작자 표시-동일조건 변경 허락(BY-SA) (위키백과 라이선스)

저작자와 출처를 표시하면 영리 목적 이용 및 2차 저작물 작성이 가능하나, 2차 저작물에 원저작물과 동일한 라이선스를 적용해야 함.

(5) 저작자 표시-비영리-변경 금지(BY-NC-ND)

저작자와 출처를 표시하면 자유 이용이 가능하나, 영리적 이용과 2차 저작물 작성 불가함.

(6) 저작자 표시-비영리-동일조건 변경 허락(BY-NC-SA)

저작자와 출처를 표시하면 변경 및 2차 저작물 작성이 가능하나, 영리적 이용 불가하며 2차 저작물에는 원저작물과 동일한 라이선스를 적용해야 함.

Theme 98 오픈 액세스(open access)

I 의의

① 오픈 액세스(open access)란 비용과 장벽 없이 이용 가능한 연구 성과물.
② 기존 학술생태계의 모순 극복을 위한 대안으로 등장한 정보 공유 행위.
③ 저자의 비용 부담, 이용자의 무료 접근, 시공간을 초월한 상시적 접근, 저자의 저작권 보유 등의 4대 원칙을 강조하는 정보 공유 체제.
④ 크리에이티브 커먼즈 라이선스를 따르며 전통적인 종이 학술지를 포함한 모든 형태의 학술 저작물에 적용됨.

II 배경

① 17세기 근대 과학혁명 이후 학술 저널을 통한 과학적 지식 검증·공유.
② 연구자의 연구논문 지적재산권을 학술 저널에 양도하는 방식으로 학술출판 유통 메커니즘 형성.
③ 학술출판 산업의 소수 출판사 집중으로 구독료 급증, 대학 및 공공도서관의 구독 부담 증가, 일반 대중의 접근 제한.
④ 학술논문의 독과점적 유통구조로 인한 연구 접근 제한 문제 발생.
⑤ 대형 출판사에 대한 비판과 연구계 내부 자성 증가, 2000년대 초 오픈 액세스 운동 등장.

III 연혁

① 1995년 6월 미국 스탠포드 대학교 도서관 HighWire에서 시작, JBC(Journal of Biological Chemistry)를 온라인 출판.
② 2002년 2월 BOAI(Budapest Open Access Initiative) 선언, 전 학문분야 연구 논문의 무료 이용 원칙 제시, OSI(Open Society Institute)의 자금 지원.
③ BOAI 선언 목표: 상호심사 연구논문의 자유로운 이용, 셀프 아카이빙(Self-archiving)과 오픈 액세스 저널(Open access journal) 전략 제시.
④ 오픈 액세스 정의: 재정적, 법률적, 기술적 장벽 없이 인터넷을 통해 학술논문의 원문을 무료로 접근, 다운로드, 복제, 배포, 탐색할 수 있도록 허용하는 것.
⑤ OA 의무제출을 연구비 지원 조건으로 설정하는 사례 증가.
⑥ 학술정보 유통의 지나친 상업화와 가격 인상 문제 해결을 위한 대안으로 등장.
⑦ 오픈 액세스 목적: 학술정보, 학위논문 및 학술지 논문의 개방과 접근성 향상, 가격 및 접근 장벽 제거.

IV 형태

1. 셀프 아카이빙(green OA)

학술지에서 동료평가를 거친 논문을 저자가 자신의 홈페이지나 OA 저장소에 게재하는 방식.

2. OA 학술지

학술지 출판사가 저널 홈페이지에 모든 논문을 무료로 제공하는 방식.

3. 혼합형 OA 학술지

기본적으로 구독료를 받지만, 저자나 후원자가 논문 처리 수수료(Article Processing Charges, APC)를 지불한 경우 해당 논문만 무료로 공개하는 방식.

Ⅴ 배포

① OA 학술지 개별 검색은 비효율적이며, 웹 검색 엔진을 통한 검색이 일반적.
② 대표적 검색 엔진: 구글 학술 검색, OAIster, openaccess.xyz, core.ac.uk 등.
③ 한국에서는 한국과학기술정보연구원(KISTI)의 AccessON 플랫폼을 통해 국내외 OA 논문 통합 검색 가능.

심층 연계 내용 Pluto Journals

① 사회과학 분야 독립학술저널 Pluto Journals에서는 연구자가 투고료 대신 스스로 설정한 심사비용을 저널에 지불.
② 심사비용은 동료평가(peer review) 참여 연구자들에게 배분.
③ 자발적 참여와 합리적 보상구조가 지식 공유와 확산에 기여함.

Theme 99 공유의 비극을 넘어(Ostrom)

Ⅰ 의의

① Governing the Commons(이하 공유의 비극을 넘어)는 2009년 오스트롬 교수가 여성 최초이자 현직 정치학자로서 최초로 노벨 경제학상을 수상하는 계기가 된 저서임.
② 노벨상 선정위원회는 공유자원 연구를 혁명화하였다고 평가하였으며, 본 저서는 공유자원이 사유화되거나 정부에 의해 통제되어야 한다는 기존 이론들을 다수의 경험적 사례를 통해 반박하고, 자치적인 제도의 가능성과 조건을 제시함.
③ 공유자원 문제에 대한 제도적 해결의 지평을 확대하였으며, 국가와 시장 중심의 전통적인 집합행동이론의 한계를 극복하고 자치의 가능성과 조건을 제시한 점에서 이론사적 의의를 지님.

Ⅱ 인간관

① 인간은 '실수를 범하지만 시행착오를 통해 학습할 수 있는' 존재이며, 행동과 결과의 비용·편익을 고려하되 규범을 내재화할 수 있는 능력을 지닌 존재로 상정됨.

② 공유자원 상황은 소규모라도 상당한 불확실성을 동반하며, 다수의 개인이 공동체 속에서 상호의존적으로 존재한다는 사실을 기반으로 함.
③ 광의의 합리성, 시행착오적 학습, 규범의 내재화 가능성과 같은 최소한의 행위자 가정을 바탕으로 집합행동 문제의 해결 방식을 탐구하며, 인간 자체의 추상적 연구가 아니라 구체적 상황과 변수 및 집단적 문제 해결 방식에 초점을 맞춤.

Ⅲ 제도 디자인 원리(Design Principle)

① 성공적인 제도 하에서 집합행동 문제를 해결하는 핵심 개념은 '조건부 협동의 전략', '공유된 믿음', '저비용의 감시체제', '점증적인 제재 조치' 등임.
② 집합행동 문제 해결을 위해서는 집합행동의 범위가 분명해야 하며, 관련 당사자가 누구인지 명확해야 함. 공유자원의 물리적 경계 또한 분명해야 하며, 상호의존적 상황에 의해 영향을 받는 사람들이 내부 행위자로 정립되어야 함. 외부인이 행동의 장에 임의로 개입하여 집합행동의 조직화를 방해해서는 안 됨.
③ 집합행동의 성공적 조직화를 위해 경계 내 구성원들이 규칙 제정과 관련하여 일정 수준의 자율성을 가져야 함.
④ 제정된 규칙들은 집합행동을 둘러싼 물리적·공동체적 조건들의 특성과 부합해야 함.
⑤ 집합행동 문제 해결은 단 한 번의 규칙 제정으로 완성되지 않으며, 예상치 못한 상황과 필연적 갈등이 발생할 수 있음. 이에 대비해 당사자들이 신뢰할 수 있는 저비용의 갈등 해결 장치가 필요하며, 이는 공동체 내부에서 마련되거나 더 큰 정치조직의 체계를 활용할 수도 있음.

Ⅳ 감시 활동과 그에 입각한 점증적인 제재 조치

1. 의의

① 여덟 가지 제도 디자인 원리 중 감시 활동과 점증적인 제재 조치는 집합행동 문제 극복에 결정적인 중요성.
② 집합행동 참여를 위해 협동의 이득이 협동 부재 상태보다 크다는 인식 공유 필요.
③ 배반 전략, 무임승차 가능성, 공유자원 과다 획득 유혹으로 사회적 딜레마 발생.

2. 조건부적 협동을 위한 공유된 인식

① 오스트롬은 배반 전략 선택이 협동 의사 부족이 아닌, 타인의 협동 확신 부족 때문이라고 분석.
② 협동 유지에는 배반이 큰 이득이 되지 않는다는 인식 공유 필요.

③ 공유된 인식이란 규칙의 의미, 필요성을 당사자들이 알고 있으며, 다수가 같은 생각을 한다는 사실을 인식하는 것.

3. 저비용의 감시체계와 효과적인 제재조치

(1) 의의

① 저비용 감시체계와 효과적인 제재는 개인의 편익－비용 계산뿐만 아니라 타인의 행동 기대에도 영향.

② 성공적 협동 체계도 자연적 조건 변화, 인간 실수, 순간적 유혹으로 규칙 위반 발생 가능.

(2) 저비용의 감시체계

① 규칙 위반이 발견, 처리되는 방식이 공유된 믿음 유지에 영향.

② 위반자가 발각되지 않으면 체계 전체 감시 기능 약화.

③ 위반 사례가 공개되고 적절한 제재가 이루어지면 협동 체계 운영 방식에 대한 인식에 영향.

④ 규칙 위반이 적발되면 적절한 제재가 가해지며, 모두가 이를 목도하여 조건부 협동 유지 가능.

⑤ 규칙 위반이 적발되었을 경우 이를 공개적으로 수행하는 것은 공유된 믿음 유지 목적.

(3) 효과적인 제재조치

① 규칙 위반 제재는 공동체 공유 신념 유지에 기여하며, 첫 번째 위반에는 낮은 수준 제재 적용.

② 집합행동 자치 해결 가능성을 회의하는 이론가들도 감시와 제재의 중요성을 인정.

③ 기업, 국가 조직의 소유자는 협동 잉여분 권한을 가지며 감시와 제재 수행 인센티브 보유.

④ 오스트롬은 공유자원 당사자가 저비용 감시체계를 마련하고 감시와 제재가 집합적 재화 제공뿐만 아니라 감시자, 제재자의 이익과도 일치 가능하다고 설명.

⑤ 예시: 고기잡이 지점 순번제 운영, 수로 이용 감시 등.

Ⅴ 「공유의 비극을 넘어」에서 묘사되는 '자치'

1. 의의

① '자치'는 도덕적 인간들이 이루는 유토피아적 삶과 거리가 있음.

② 협동이 제도를 통해 이루어질 경우 규칙 확립, 준수 감시, 위반 처벌 필수.

③ 오스트롬은 제도적 현실주의자로 평가되며, 감시와 제재를 단순한 개인의 편익 계산 관점에서만 보지 않음.

④ 감시와 제재의 중요성은 규범 학습 및 조건부 협동 전략 사용 가능성 제고에 있음.

2. 균형으로서의 제도와 규칙의 체계로서의 제도

① 합리적 선택이론에서 '제도란 무엇인가'에 대한 논쟁 존재.

② 제도를 균형으로 보는 입장과 규칙 체계로 보는 입장으로 구분.

③ 균형으로서의 제도 강조 학자들은 제도를 단순한 행동 규칙성으로 간주.

3. 「공유의 비극을 넘어」에서의 제도

① 오스트롬은 제도를 단순한 균형이 아닌 행동 제약으로 보는 실재론적 관점 채택.

② 제도를 '사용되는 규칙들(rules－in－use)'의 체계로 정의하며, 공식적 규칙(rules－in－form)과 구별.

③ 법률 체계에 공식적 절차로 적혀 있어도 사용되지 않으면 제도가 아님.

④ 사용되는 규칙이란 실제 행동 지침이 되는 규칙.

4. 제도의 구성 요소

(1) 의의

① 오스트롬은 제도의 구성 요소로서 규칙을 규범 및 행동과 구별하여 정의.

② 규칙과 규범은 요구, 금지, 허용의 언명 형태를 띰.

③ 규칙은 위반 시 처벌이 따르는 점에서 규범과 차별됨.

④ 규범 위반은 위반자의 심리적 고통 유발, 규칙 위반은 제재 수반.

(2) 공유된 인식 대상으로서의 제도

① 제도는 행동의 균형 상태 이상이며 공유된 인식으로 존재.

② 공유된 인식의 대상으로서의 제도는 개인 외부에 존재하며 행동 기준 제공.

③ 제도를 게임이론적 균형으로 보는 접근은 자기지속성을 과신하는 경향.

④ 현실 행동 상황에서는 환경 불확실성과 인간의 제한적 합리성으로 규칙 위반 발생 가능.

⑤ 제도는 합리적 계산에 의해 지속되는 것이 아니라, 긴장 속에서 재확인되고 재정립됨.

⑥ 행위자들은 제도 규칙을 재해석하고 새로운 상황에 적용하며 협의와 논쟁을 통해 제도를 의식적으로 유지.

Ⅵ 시장과 국가 또는 정부에 의한 통제와 사유화의 대안으로서의 자치

① 「공유의 비극을 넘어」의 메시지는 시장과 국가 또는 정부에 의한 통제와 사유화라는 두 가지 대안 외에 자치(self－governance)라는 제삼의 대안을 제시하는 것에 대한 이해로 볼 수 있음.

② 제도는 '시장'과 '국가'라는 이분법적 구분으로 완전히 사적이거나 완전히 공적인 경우가 거의 없음.

③ 많은 성공적인 공유 자원 제도는 사적인 제도와 공적인 제도의 혼합물로 존재하며, 경직된 이분법적 틀에 맞지 않음.

④ 사적 제도의 전형이라 할 수 있는 시장 자체도 공공재의 성격을 가짐. 공적인 제도와 사적인 제도는 별개의 영역이 아닌 상호의존적으로 존재함.

Ⅶ 제도 분석과 발전(Institutional Analysis and Development, IAD)

1. 의의

① 오스트롬은 국가 또는 시장이라는 제도를 비판하는 것이 아니라, 다양한 제도를 국가와 시장이라는 정해진 개념의 틀에 맞추려는 이론과 정책을 비판함.

② 이분법에 대한 비판은 삼분법이 아닌 인간의 사회적 상호작용에 질서를 부여하는 규칙체계의 다양성을 분석하는 방법론으로 볼 수 있음.

③ 단순한 이분법적 사고에서 벗어나 복잡하고(complex), 다중심적인(polycentric) 현실의 제도를 경험적으로 연구하며, 인간의 문제 해결 능력을 촉진하는 것이 제도 분석과 공공정책의 목표임.

④ '제도 분석과 발전(Institutional Analysis and Development, IAD)' 분석틀은 이러한 문제의식을 구체화한 개념임.

2. IAD 분석틀의 특징

① IAD 분석틀은 국가, 시장을 포함한 다양한 형태의 제도를 이해하는 데 보편적으로 적용될 수 있는 제도의 내생적, 외생적 변수들과 그 변수 간의 관계를 규명함.

② 메타이론적인 개념 체계를 제시하며, 분석 대상이 되는 상황의 특징에 따라 다양한 이론과 결합될 수 있음.

③ 제도를 형성하는 초기 비용이 극복 불가능할 정도로 크지 않을 수도 있으며, 문제 해결을 위해 당사자들이 적극적으로 참여하는 인센티브를 가질 가능성이 있음.

④ 공공기업가의 입장에서 문제 해결을 위한 헌신이 자신의 미래 계획과 일치할 수도 있음. 결국 제도의 출발점은 필요성을 인식하고 가능성을 분석하며 제약을 극복하는 개인들의 결단과 실천임.

⑤ 제도의 형성과 유지 과정은 거시적으로 자연발생적이고 진화적인 과정이지만, 미시적으로는 장인정신(artisanship)의 발현 과정으로 볼 수 있음.

⑥ 진화적 과정이 미리 결정된 것이 아니듯, 제도 형성과 유지도 성공과 실패가 완전히 결정된 것이 아님. 제도의 최종적 실현은 인간의 노력에 의해 이루어짐.

Ⅰ 의의

Benkler는 분산되고 느슨한 사회관계에 기초한 사회적 공유라는 새로운 생산양식의 가치가 자율성과 효율성에 있다고 주장함.

Ⅱ Airbnb와 Uber

1. 문제제기

Airbnb와 Uber가 공유경제의 가치에 부합하는지에 대한 다측면적 분석 필요함.

2. Airbnb

① Airbnb 사업은 자산 임대를 통해 숙박 서비스를 제공하는 영리 목적의 P2P 방식 사업임.

② 실증연구에 따르면 Airbnb는 기존 숙박요금에 영향을 미치며, 도심지역의 아파트형 거주지가 Airbnb를 통해 임대되는 경우 시장경제 요소를 강하게 포함함.

③ 임대인의 재량권이 존재하나 Airbnb의 규칙 준수 의무로 인해 Benkler가 지향하는 자율성에 미달함.

④ 기존 숙박업체 대비 숙박시설 제공이 탄력적이어서 효율성이 높으나, 부동산의 특성상 역동적 변화가 어려워 Benkler가 지향하는 효율성을 달성하기 어려움.

3. Uber

① Uber 사업은 Ride 서비스를 제공하는 자와 원하는 자를 P2P 방식으로 연결하는 영리 목적의 사업임.

② Uber의 요금은 규제를 받지 않으며 피크타임 요금제 도입 등 시장 경제적 요소를 포함함.

③ Airbnb와 유사한 이유로 Benkler가 지향하는 자율성과 효율성 달성이 어려움.

4. 시사점

① 해외에서는 단기 주택임대 규제가 장기 임차인 보호 차원에서 추진되었으나 국내에서는 해당 요소가 간과됨.

② 도시의 단기 주택대여가 전월세 공급에 미치는 영향을 분석하여 필요 시 단기 주택대여 기간 제한 필요함.

Ⅲ 공유경제의 철학적 배경

1. 의의

① Benkler에 따르면 분산형 컴퓨팅, 카풀 등 공유행위는 특정 커뮤니티를 넘어 범사회적으로 실천되어 왔음.

② 공유행위는 가격체계가 아닌 사회관계와 공유의 윤리를 기반으로 자원 배분이 이루어지며, 가격 기반 또는 정부 지원 시스템과 공존하거나 이를 능가함.

③ 범사회적 공유는 새로운 생산양식으로 부상하며, 단순한 휴머니즘이 아닌 개인이 통제 가능한 자원을 통해 생산 활동에 효과적으로 관여하는 방식임.

④ 새로운 생산양식은 분산되고 느슨한 사회관계를 기반으로 하며, 가치는 자율성과 효율성에 있음.

2. 공유행위의 특징

① 생산과정의 분산화로 인해 개인은 사회관계에서 자율성을 보장받고, 계약이나 감사에 구속받지 않음.

② 느슨한 사회관계는 재화 배치와 행동의 유동성을 증대시키고, 자율성을 강화하여 대규모 참여자의 기여와 노력을 역동적으로 변화시켜 경제적 효율성 달성이 가능함.

③ 2006년 Benkler는 저서 "The Wealth of Networks"에서 정보통신 네트워크 발전으로 인해 공유행위의 장애 요인이었던 거래비용 문제가 해결되면서 공유 기반 생산활동이 효과적으로 수행 가능해졌다고 주장함.

3. 공유행위의 종류

(1) commons-based production

① commons란 자원 접근, 사용, 제어 권리를 구조화하는 제도적 형태로, 법적 재산권과 대비되는 개념임.

② commons의 특징은 특정 개인이 특정 자원을 배타적으로 사용할 권리가 없다는 점임.

③ commons-based production은 생산과정에서 투입과 산출을 공유하며, commons 사용 결정이 개인의 재량에 맡겨짐.

(2) peer production

peer production은 commons-based production 중에서 개인의 의사 결정이 분권화되어 널리 분산된 개인들이 협력하는 메커니즘임.

(3) sharing of processing, storage and communication platforms

① 개인 소유물을 조합하여 거대한 시스템을 구성하는 플랫폼을 공유하고 공동 활용하는 방식임.

② 개인의 역량은 공유하지 않으며, 투자는 개인이 결정하고 산출은 개인 소유임.

③ 대표적인 예로 개인 PC의 유휴 컴퓨팅 파워를 조합하여 거대한 슈퍼컴퓨터를 구축하는 분산형 컴퓨팅 시스템이 있음.

Ⅳ 공유경제의 역사적 배경

1. 제레미 리프킨(Jeremy Rifkin)

① 사회관계에 기반을 둔 공유경제 개념을 경제사적 배경에서 논의함.

② 사유재산권은 계몽주의 경제학자들에 의해 확립된 것이며, 소유권은 배타적 향유를 중시하며 타인과의 경험 공유를 배제함.

③ 사유재산권이 인류 역사에 있어서 일시적인 개념이며, 공유가 오랜 시간 동안 인류의 자연스럽고 보편적인 행태로 존재함.

④ 공유경제는 보이지 않는 시장의 힘보다 사회적 신뢰와 같은 사회적 자본에 더 많이 의존하며, 시장보다는 networked commons의 형태를 띰.

⑤ 기존 자본가가 공유문화를 이용해 새로운 수익을 창출하려는 시도는 좌절될 것이며, 그 예로 eBay의 공유경제 사업이 있음.

2. 리프킨의 사유재산권에 대한 역사적 시각

① 사유재산권에 대한 부정적 시각으로 인해 리프킨의 공유경제 개념은 사회주의 경제체제에 가까운 것으로 평가됨.

② 구석기 시대에는 소유권 개념이 존재하지 않았으며, 인류가 경작을 시작하면서 잉여 곡물 및 가축에 대한 소유물 개념이 등장한 시점은 기원전 1만 년경으로 추정됨.

③ 토지에 대한 소유권은 엔클로저 법령이 확립되면서 공식적으로 인정되었으며, 1차 산업혁명 이후 계몽주의 경제학자들은 사유재산의 소유를 미덕으로 극찬함.

3. 사유재산권에 대한 전통적인 경제사학의 입장

① 사유재산권에 대한 리프킨의 역사적 시각은 전통적인 경제사학과 차이가 있음.

② 사회경제적 관점에서 봉건제는 "직접생산자로서 독립적 소농민 경영을 갖는 사실상의 토지점유자인 농민에 대해 토지소유권자인 영주가 경제외적 강제에 의해 봉건지대를 수취하는 생산양식"으로 정의됨.

③ 1789년 프랑스 혁명의회는 봉건제의 완전 폐지를 선언하였으며, 여기서 봉건제는 봉건 영주의 토지 소유권을 의미함.

④ 게르만의 고(古)공동체, 즉 원시 말기에 성립한 게르만의 농업 공동체에서는 중유럽 이북 삼림지대의 자연적 조건으로 인해 사실상 사적 소유에 기초한 소농민 경영이 일찍부터 실현됨. 따라서 토지 소유권 개념은 중세 이전부터 존재했던 것으로 판단됨.

⑤ 리프킨은 생산수단에 대한 소유권 개념이 근세 이후 등장한 것으로 주장하였으나, 산업화 이전 주된 생산수단인 토지에 대한 소유권은 이미 고대 사회에도 존재했으므로 생산수단에 대한 소유권을 일시적인 개념으로 보는 것은 타당하지 않음.

(1) 「한계비용 제로 사회」
① 자본주의 시스템의 기반을 흔드는 것은 자본주의의 운용 논리적 가정의 극적인 성공이며, 경쟁의 장은 새로운 기술 개발과 생산성 증가를 촉발함.
② 독과점이 형성되더라도 장기적으로는 기술적 약진을 이룬 새로운 경쟁자에 의해 무너짐.
③ 치열한 경쟁은 기술 발전을 낳으며, 결국 생산성이 최고점에 이르면 한계비용이 제로가 되어 자본주의를 지탱하는 이윤이 고갈됨.
④ 자본주의는 '성공에 의해 실패하도록 설계'된 구조이며, 자본주의가 물러난 자리에는 협력적 공유사회(Collaborative Commons)가 등장함.
⑤ 협력적 공유사회는 이기심이나 물질적 이득이 아닌 공동의 이익에서 동기를 부여받으며, 사회적 자본의 집적으로 측정됨.
⑥ 공유사회는 인류의 역사와 궤를 함께하는 통치 모델이며, 자기규제 규약과 이에 수반하는 처벌이 핵심 구성요건임.

(2) 「엔트로피」
① 엔트로피 법칙의 정의는 열역학 제2법칙에서 출발하며, 물질과 에너지는 한 방향(유용한 상태에서 무용한 상태로)으로만 변화함.
② 석탄 연소와 같은 예를 통해 유용한 에너지가 무용한 형태로 변하는 것을 확인할 수 있으며, 이 과정을 엔트로피라고 정의함.
③ 시간이 지남에 따라 엔트로피는 기하급수적으로 증가하며, 인류 곁의 모든 유용한 에너지가 결국 소멸될 가능성이 있음.
④ 인류는 이러한 엔트로피 증가 문제를 해결하고자 재생 불가능한 자원의 소비를 줄이고 대체 에너지를 개발해왔으나, 엔트로피 법칙을 벗어날 수 없음.
⑤ 해결 방안으로 제3세계와의 평화로운 무역, 부의 재분배, 태양 에너지의 효과적 활용, 기계론적 사고의 탈피 등이 제시됨.

(3) 「소유의 종말」
① 원제는 「접속의 시대(The Age of Access)」이며, 전통적인 자본주의 사회 내에서 소유 개념이 사라진다는 점을 강조함.
② '접속' 개념은 단순한 인터넷 접속이 아니라 소유에 반대되는 개념으로, 일시적으로 사용하는 권리를 의미함.
③ 자동차, 주택, 가전제품 등 다양한 실물 영역에서도 접속 개념이 확대됨.
④ 변화와 혁신이 빠르게 이루어지는 현대 사회에서 소유보다는 접속이 경제적 효용성과 편익 측면에서 유리함.

(4) 「노동의 종말」
① 노동 없는 세계는 인간이 반복적 작업에서 해방되는 시대를 의미하지만, 동시에 대량 실업과 사회적 불안을 초래할 수 있음.
② 제조 및 서비스 제공 과정에서 기계가 인간 노동을 대체하는 시대가 도래함.

(5) 「공감의 시대」
① 인간 활동은 실체적 경험과 타인과의 관계 속에서 이루어지며, 공감능력은 인간이 사회적 존재로서 정체성을 형성하는 핵심 요소임.
② 실체적 경험을 바탕으로 '신앙의 시대', '이성의 시대'를 넘어 새로운 시대로 나아가야 함.

Ⅴ 공유경제의 개념

① sharing economy란 자산의 부분적인 소유권, 이용권 또는 향유권을 주거나 받는 경제, 또는 구성원들이 공동으로 소유, 사용 또는 향유하는 경제.
② 한국어의 사전적 의미로 共有經濟는 자산을 구성원들이 공동으로 소유하는 경제이지만, sharing economy를 공유경제로 번역하는 경우 자산에 대한 이용권과 향유권 부분이 가려지는 문제점이 존재함. 공유경제라는 용어를 사용할 때 이 점을 상기할 필요가 있음.
③ 2008년 레식(Lessig)은 저서 「Remix: Making Art and Commerce Thrive in the Hybrid Economy」에서 공유경제(sharing economy)라는 용어를 최초로 사용함.
④ 레식은 공유경제를 상업경제(commercial economy)에 대칭되는 개념으로 사용하며, 공유경제를 가격이 아닌 다양한 사회관계(social relations)에 의해 조율되는 경제로 정의함.
⑤ 레식의 공유경제 개념에서는 벤클러(Benkler)의 공유 행위와 같이 사회관계가 핵심적 요소로 작용함.

Ⅵ Botsman의 공유경제의 유형

1. 의의

Botsman은 "공유경제는 공유된 정의가 없다(The sharing Economy Lacks a Shared Definition)."고 주장하며, 공유경제를 sharing economy, peer economy, collaborative economy, collaborative consumption 등의 개념으로 분류함.

2. Collaborative economy

(1) 의의

중앙집중적 조직과는 반대로 연결된 개인과 공동체로 구성된 분산된 네트워크들 위에서 형성된 경제로, 생산, 소비, 금융, 학습 방식이 변화함.

(2) 4개의 핵심 구성요소
① 생산: 협력적 네트워크들을 통한 재화의 디자인, 생산, 분배(예 Quirky).
② 소비: 재분배와 공유된 접근의 효율적 모델을 통한 자산의 최대 활용(예 Airbnb).
③ 금융: 개인 대 개인의 은행 업무와 금융을 탈집중화하는 대중 주도 투자 모델
(예 peer-to-peer 대출 플랫폼 Zopa).
④ 교육: 개방된 교육과 교육을 민주화하는 개인 대 개인 학습 모델(예 Coursera).

3. Collaborative consumption

(1) 의의

① 제품과 서비스의 공유, 교환, 거래 또는 대여를 기반으로 하는 경제 모델로, 소유 대신 접속을 가능하게 하는 특징을 가짐.

② 무엇을 소비할 것인가뿐만 아니라 어떻게 소비할 것인가를 재발명하는 개념을 포함함.

(2) 3가지 시스템

① 재유통 시장: 필요 없거나 덜 사용된 재화를 다시 유통시킴.

② 협력적 라이프 스타일: 공간, 기술, 금전과 같은 자산을 새로운 방식으로 교환하거나 거래
(예 TaskRabbit은 작업을 대신해주고 금전적 보상을 받을 수 있도록 개인 또는 기업을 연결함).

③ 제품 서비스 시스템: 제품을 소유할 필요 없이 제품이 주는 혜택에 접근하는 방식
(예 BMW의 Drive Now는 회원제 자동차 공유 서비스로, 차를 구매하지 않고 필요한 시점과 장소에서 차를 이용하며 분당 요금을 지불함).

4. Sharing Economy

① 공간을 비롯하여 기능, 물건에 이르기까지 저사용된 자산을 금전적 또는 비금전적 혜택을 위해 공유하는 경제 모델.

② 현재는 주로 P2P(peer-to-peer)와 연관되어 회자되지만, B2C(business-to-consumer) 모델에서도 동일한 기회가 존재함.

5. Collaborative Economy

① Botsman의 개념 정의 중에서 가장 포괄적인 개념으로, 기존 공유경제 비즈니스의 거의 모든 것을 포함할 수 있음.

② 반면, Botsman의 sharing economy 개념은 생산과 금융 측면이 거의 배제되어 있으며, 사실상 그녀의 collaborative consumption 개념과 큰 차이가 없음.

핵심 정리 **공유 목적: 소비/서비스 제공**

(1) 공유 방법: 자산 임대

	P2P	B2P
영리	Airbnb, Turo(RelayRides)	Zipcar, 토즈
비영리	NeighborGoods	열린옷장, 셰어하우스 WOOZOO

(2) 공유 방법: 서비스 제공/교환

	P2P	B2P
영리	Uber, TaskRabbit	
비영리	LETS, Time Bank	홍합밸리

(3) 공유 방법: 매매/교환

	P2P	B2P
영리	ebay, Etsy	알라딘
비영리	Swapstyle	아름다운가게

(4) 공유 목적: 제조/생산

	Community	Crowdsourcing/ Crowdfunding	B2P	P2P
영리		Quirky, Kickstarter	TechShop	
비영리	hackerspace Fab lab			Garden sharing

Theme 101 공유경제와 구독경제

I 공유경제(sharing economy)

① 제품을 개인이 구매하는 것보다 합리적인 가격으로 공유하는 개념.

② 제품을 함께 사용하는 협력 소비 행태.

II 구독경제(Subscription economy)

1. 개념

일정 이용 기간만큼 물건 사용 비용을 지불하는 개념.

2. 사례

① 신문의 월 구독료, 가정 내 우유 및 요구르트 구매.

② 음식점에서 정수기를 일정 금액을 지불하고 빌려 쓰는 렌탈 서비스.

③ 스트리밍 영상 서비스(예 넷플릭스) 이용 방식.

3. 핵심 가치

제품의 공유보다 효용성을 기반으로 커스터마이즈된 서비스(경험)와 소유.

Ⅲ 공유경제와 구독경제의 공통된 가치

1. 서비스 방식의 변화

상품 구매에서 서비스 경험으로의 전환.

2. 자원 활용 및 사회적 비용 절감

비싼 가격으로 제품을 구매 후 방치하는 방식에서 벗어나, 저렴한 비용으로 자원을 효율적으로 활용하는 방식.

3. 용어 혼용 문제

구독경제나 플랫폼 경제에 가까운 서비스 및 모델이 공유경제로 포장되는 사례 존재.

4. 렌탈 서비스의 개념적 혼재

공유를 기반으로 하면서도 구독의 성격을 포함하고 있어 개념 구분이 명확하지 않음.

Ⅳ 공유경제와 구독경제의 차이

1. 의의

① 소유의 개념을 탈피하고 사용 경험을 중시.
② 공유경제: 생산된 제품을 다수가 공유하는 개념.
③ 구독경제: 제품의 효용성을 기반으로 한 개인 맞춤형 서비스 경험 또는 소유.

2. 경험 제공 방식의 차이

(1) 공유경제

소비자가 중개 플랫폼을 통해 제품 및 서비스 소유자와 거래 후 일정 기간 이용하는 모델.

(2) 구독경제

공급자(기업)가 제품 및 서비스 판매 방식을 구독으로 변경하여 소비자가 일정 기간 이용하는 모델.

(3) 공통점

소유가 아닌 경험 제공, 이용한 만큼 대가 지불.

(4) 차이점

① 공유경제의 핵심 주체는 중개 플랫폼.
② 구독경제의 핵심 주체는 공급자(기업).
③ 경제적, 사회적 영향력의 범위를 결정짓는 주요 차이점.

Ⅴ 공유경제의 변질

① 공유경제의 개념: 2008년 세계 금융위기 이후 미국 하버드대 법대 로렌스 레식 교수가 처음 사용한 개념으로, 생산된 제품을 공유하여 사용하는 경제방식.
② 공유경제의 특징: 소비자가 물건을 소유하는 것이 아니라 일정 기간 빌려 경험하는 방식.
③ 공유경제의 필연성: 자본주의 발전의 필연적 단계로 해석되며, 잉여 생산물 증가와 기업 간 경쟁 심화의 결과로 등장.
④ 공유경제의 변질: 공급자와 수요자를 연결하는 플랫폼 플레이어에게 부가 집중되는 '플랫폼경제'로 변화.
⑤ 사회적 갈등 초래: 공유경제가 소득 불평등을 증가시키고 플랫폼 플레이어 중심의 경제로 변질됨.
⑥ 플랫폼 경제의 문제점: 우버, 에어비앤비 등의 대형 플랫폼 업체가 높은 중개수수료를 받아 생산자들이 플랫폼에 종속됨.
⑦ 공유경제의 실질적 문제: 거래는 공유경제 방식이지만 수익은 플랫폼 플레이어에게 집중되어 생산자에게 불리한 모델로 변질됨.
⑧ 기존 산업과의 충돌: 차량 공유 플랫폼(쏘카) 이용 증가로 인해 완성차 업계가 위협을 느끼고 경제 성장 저해 요인으로 인식됨.

Ⅵ 구독경제는 기존 산업의 발전 모델

① 구독경제의 개념: 제품 생산자가 직접 판매하는 방식을 구독 모델로 전환한 경제 방식.
② 구독경제의 특징: 사회적 갈등을 유발하지 않으며 기존 산업의 발전 모델로 운영 가능.
③ 생산자의 역할: 제품 및 서비스의 기본 구조를 유지하며 지속적인 판매 가능.
④ 구독경제의 단점: 판매 방식보다 수익이 감소할 가능성이 있지만 공유경제보다 감수할 수준.
⑤ 소비자 유인 효과: 고가 제품을 효율적 가격으로 경험 가능하며 지속적인 팬층 확보 가능.

Ⅶ 구독경제 시대의 생산자

① 생산자의 과제: 소비자에게 적합한 구독 서비스를 기획하고 제공해야 함.
② 구독 서비스 설계 요소: 이용자 성향, 결제 기간, 서비스 카테고리, 배송 방식 등의 차별화 필요.
③ 자동차 구독 서비스 사례: 고가 차량을 월 구독료로 이용하는 방식 도입.
④ 구독 서비스의 다양성: 완성차 업체의 구독 서비스는 타깃 소비자와 서비스 성격에 따라 차별화됨.
⑤ 소비자 혜택: 선택의 폭 확대 및 맞춤형 서비스 제공 가능성 증가.
⑥ 경제적 부담 경감: 고정 비용을 통해 필요한 재화와 서비스만 이용 가능.

⑦ 소비자 중심의 경제 전환: 기업은 고객 유지를 위해 지속적인 서비스 개선 필수.

⑧ 소유 중심 경제와의 차이점: 기존에는 1회성 판매로 이윤 창출했으나, 구독경제에서는 소비자 유지가 핵심 요소.

Ⅷ 구독경제와 MZ세대

① **전통적 소유 개념**: 과거에는 집과 자동차 소유가 주요 목표였으며 노동을 통해 재화를 소유하는 것이 일반적.

② **MZ세대의 소비 패턴 변화**: 소유보다 경험을 중시하며, 필요에 따라 사용하고 경험하는 소비 형태 선호.

③ **사용 기반 소비 방식**: '산 만큼'이 아닌 '사용한 만큼' 비용을 지불하는 방식 선호.

④ **실용적 소비의 한계**: 소유를 포기할 수밖에 없는 현실적 요인이 존재하며, 이에 따른 소비 패턴 변화 발생.

⑤ **명품 소비 증가**: MZ세대는 특정 제품에는 과감하게 투자하나, 일반 재화는 경험 중심의 합리적 소비 추구.

⑥ **경제적 환경의 영향**: 높은 부동산 가격 등의 요인으로 인해 실용적 소비 패턴이 강화되며, 구독경제 모델이 확산.

Theme 102 현대 자본주의와 동료 생산

Ⅰ 의의

1. 동료 생산

① 시장 논리 및 조직의 위계로부터 자유로운 개인들이 동등한 위치에서 자발적으로 협력하여 공유 재화를 생산하는 모델.

② 1960년대 해커 문화의 영향.

③ 1980년대 중반 스톨먼(Stallman)의 자유소프트웨어 (free software) 운동에서 본격화.

2. 주요 동료 생산 모델

① 운영 시스템: 그누/리눅스(GNU/Linux)

② 웹 서버: 아파치(Apache)

③ 웹 브라우저: 파이어폭스(Firefox)

④ 프로그램 언어: 펄(Pearl)

⑤ 데이터베이스 관리 시스템: 마이스퀄(MySQL)

⑥ e-메일 라우팅 서비스: 센드메일(Sendmail)

⑦ 기타: 오픈 디자인(Open Design), 프로젝트 구텐베르크(Project Gutenberg), 세티엣홈(SETI@home), 위키피디아(Wikipedia) 등

3. 웹 2.0 경영 전략

① 기업들이 동료 생산을 디지털 공유지로 활용하여 독점적 수익 창출.

② '좋아서 하는 일이 돈 받고 하는 일보다 종종 더 나은 성과를 거둔다.'는 교훈.

③ 구글, 유튜브, 페이스북, 트위터 등의 웹 2.0 기업이 디지털 자본주의의 대표 기업으로 성장.

④ '집단 지성', '위키노믹스', '대중 협력' 등의 용어 등장.

Ⅱ 네트워크화된 정보 경제

1. 의의

(1) 산업적 정보 경제

① 19세기 중반 이후, 대규모 물질 자본 투자에 의존하는 경제 체제.

② 신문, 도서, 음악, 영화, 라디오, 텔레비전, 전신, 케이블, 위성, 메인프레임 컴퓨터 등의 자본 집약적 생산과 배포 논리.

(2) 네트워크화된 정보 경제

① 컴퓨팅과 네트워킹을 통한 대규모 정보 생산 및 배포 가능.

② 정보와 문화 생산의 물질적 장벽 제거.

③ 디지털 네트워크 기술 기반 고부가가치 생산 활동의 중심이 정보, 지식, 문화 영역으로 이동.

2. 벤클러(Benkler)

(1) 현대 경제

① 정보(금융 서비스, 회계, 소프트웨어, 과학) 및 문화 (영화, 음악) 생산.

② 상징 처리(운동화 제조, 상표 부착, 로고의 문화적 의미 창출) 중심으로 이행.

(2) 네트워크화된 정보 경제의 핵심 희소 자원

① 기존 지식, 정보, 문화에서 새로운 의미 창출 능력(통찰력, 창의성, 감수성).

② 교육, 연구, 예술, 정치, 종교 등의 비시장 영역에서 효과적으로 훈련.

③ 비독점 전략, 비시장 생산, 대규모 협력 작업의 확산.

(3) 탈중심화된 개인적 행동의 중요성

① 독점 전략을 배제한 분산적이고 비시장적인 협력과 조율 강화.

② 산업적 정보 경제보다 개인 행동의 영향력이 더욱 확대.

(4) 웹 2.0 사업과 공유지 기반 동료 생산

① 웹 2.0 모델(구글 등)에서 다양한 개인 행동이 조율된 결과로 나타남.

② 자유/오픈소스 소프트웨어 운동, 위키피디아 등의 공유지 기반 동료 생산 확산.

(5) 비시장적이고 탈중심적인 생산 방식의 성장

① 네트워크 환경 기반의 비시장적 정보, 지식, 문화 생산 확산.

② 독점적 재산이 아닌 개방적 공유 윤리 강화.

(6) 자본주의 경제의 중심으로 이동

시장 생산과 함께 현대 경제에서 점점 더 중요한 역할 수행.

Ⅲ 인지자본주의

1. 의의

(1) 부탕(Boutang)의 인지자본주의론

현대 경제의 패러다임이 산업주의에서 인지주의로 완전한 전환을 이루고 있다는 주장.

(2) 인지자본주의의 특징

① 무형의 비물질재, 즉 지식과 혁신 창출을 통한 이윤 획득이 경제 축적의 최대 관건.

② 지식이 가치의 근원이자 축적의 대상.

③ 세계경제에서 비물질재에 대한 투자가 물질 장비 투자보다 우세.

④ 물질적 산업생산의 유연 모델 전환이 비물질적인 요소에 크게 의존.

2. 비물질 무형 요소의 비중 증가

(1) 비물질 요소의 역할

① 농업, 공업, 일상 서비스, 금융 등 경제 활동 전반을 재조직하고 재배열하는 핵심 요소.

② 물질재 생산에서 원료 및 단순 노동의 비중 감소, 디자이너, 스타일리스트, 법률가, 소비자 분석가 등의 역할 증가.

(2) 시장가치의 결정 방식 변화

① 전통적 자본과 노동의 양으로 측정 불가능.

② 무형 지식재의 교환가치는 시장 참여자 간 '공통 의견 형성', '평판', '유행', '대중 관심 동원' 등의 폴리네이션(pollination) 방식에 의해 결정됨.

3. 디지털 네트워크를 통한 대규모 협업

(1) 혁신의 발생 방식 변화

① 생산자 간 협력 및 복잡한 작업 조율을 통해 발생.

② 기존 기술적 사회적 노동 분업은 인지자본주의에 적절하지 않음.

(2) 노동 분업의 변화

① 디지털 네트워크를 통한 대규모 협업 속에서 실행.

② 네트워크의 긍정적 외부성을 최대한 확보하는 방식으로 운영.

③ 네트워크가 특정 인지적 문제에 특화될수록 참여자 수 증가가 문제 해결 속도와 효율성을 높임.

④ 집단 지성을 활용하는 것이 가치 생산 활동의 핵심 요소.

4. 정보와 지식에 대한 접근

(1) 산업 자본주의의 지적 재산권 강화 전략의 한계

① 디지털화로 인해 기존 지적 재산권 보호 기술이 쉽게 해제됨.

② 지식 소유보다는 사용과 협력이 중요한 가치 생산 요소로 작용.

(2) 네트워크의 긍정적 외부성 확보 전략

① 살아 있는 노동이 기계, 소프트웨어, 네트워크 및 네트워킹 활동에 접근 가능해야 함.

② 접근의 자유가 배타적 소유권 개념을 대체.

(3) 생산과 정보 및 지식 접근의 관계

① 소프트웨어 개발자, 연구자, 예술가들이 동료 생산 모델을 통해 자본주의 생산 영역에 영향 미침.

② 사회적 전환을 촉진하는 동력으로 작용.

Ⅳ 네트지배 자본주의

1. 보웬스(Bauwens)의 네트지배 자본주의 관념

동료 생산이 자본주의를 넘어선 새로운 생산 양식의 지배 논리가 될 가능성 제시.

2. 현대 자본주의의 변화

① 분산된 네트워크 속 동료 간(peer-to-peer) 동학에 의존하는 시스템.

② 시장 교환 가치가 아닌 사용자 공동체를 위한 사용 가치 생산.

③ 제3의 생산양식, 거버넌스 양식, 소유 양식 등장.

3. 기업과 개방적 공유지의 관계

① 현대 자본주의는 동료 생산의 사회적 협력이 만들어 내는 지식과 혁신에 의존.

② 개방적 공유지와 기업 생태계 간 상승효과 존재.

③ 대표 기업: 구글, 애플, 아마존, 이베이, 유튜브, 페이스북.

4. '공유 경제' 혹은 '크라우드소싱 경제'

(1) 네트지배 자본주의의 특징

폐쇄적, 독점적 지적 재산권 전략보다 플랫폼 소유에 의존.

(2) 플랫폼 이용자와 네트워크

① 네트워크 내 자유로운 창작 및 공유 가능.

② 플랫폼 이용자들의 창작물을 사유화하는 전략은 지속 가능하지 않음.

③ 이용자 확보 및 관심을 광고 및 판촉 수단으로 활용하여 교환가치 창출.

(3) 보웬스의 비판

① 동료 생산이 네트지배 자본주의에 포획될 위험성 경고.

② 비자본주의적 급진성이 소멸될 가능성.

③ '공유주의(Common-ism)'라는 새로운 정치경제학의 확산 필요성 제시.

Ⅴ 벡터 자본주의

1. 의의

① 워크(Wark)의 '벡터 자본주의' 이론은 정보에 대한 독점권을 소유한 벡터 계급(vector class)과 자신들이 집합적으로 생산한 정보의 자유를 위해 싸우는 해커 계급(hacker class) 간의 대결을 현대 자본주의의 기본 갈등 구조로 규정함.

② 물질적 재화 생산을 정보의 순환에 종속시키는 벡터 계급은 새로운 지배 계급으로 등장함.

③ 벡터 계급은 토지의 상품화와 지대를 얻는 지주 계급, 자본에 대한 지배로 이윤을 획득하는 자본 계급을 잇는 계급으로, 정보의 사유화로 차익(margin)을 얻는 현대의 새로운 지배 계급으로 자리함.

④ 재산의 사유화는 토지에서 자본으로, 자본에서 정보로 진척됨.

2. 벡터 계급(vector class)

① 벡터 계급의 권력은 정보재(information stock), 정보의 흐름(flow), 정보의 분배 수단(vector)에 대한 소유와 통제로부터 발생함.

② 벡터 계급의 권력은 지적 재산, 특허권, 저작권, 상표권을 독점하는 데서 비롯됨.

③ 정보의 사유화는 부수적 현상이 아니라 지배적인 상품화 생활의 양상이 됨(Wark).

3. 해커 계급(hacker class)

① 해커 계급은 하드웨어, 소프트웨어, 웨트웨어(wetware)를 프로그래밍하는 계급으로, 생산 도구의 디자이너이며 생산 수단을 완전히 박탈당하지 않은 계급임.

② 해커 계급은 예술, 과학, 철학, 문화, 데이터 수집 등 다양한 지식 생산 분야에서 새로운 가치를 창출하며, 벡터 계급의 상품화 및 사유화에 저항하고 투쟁함(Wark).

Ⅵ 현대 자본주의의 공통된 문제의식

① 동료 생산의 비독점적이며 비시장적인 조직 방식이 현대 자본주의 경제에 미치는 급진적 함의를 강조함.

② 동료 생산의 공유주의 가치와 디지털 공유지의 사유화 경향 사이의 상호의존적이면서도 대립적인 성격을 주목함.

③ 지식재를 통한 자본 축적에서 지적 재산권 강화 전략이 갖는 의미를 분석함.

Theme 103 동료 생산의 조직 (분산과 통합 메커니즘)

Ⅰ 의의

① 동료 생산은 "널리 분산되어 있으면서 서로 느슨하게 연결된 개인들이, 시장 신호나 경영 명령과는 독립적으로, 서로 협동하고 자원과 결과물을 공유하는, 매우 탈중심적이고 협력적이며 비독점적인 생산"임(Benkler).

② 동료 생산은 "자발적으로 물질적 혹은 비물질적 자산을 한데 모으고, 상호 적응을 통해 참여 거버넌스 과정을 디자인하고, 공동으로 생산한 가치가 진정으로 '공유재'로 남을 수 있도록" 해주는 생산 모델임(Bauwens).

Ⅱ 시장 생산과의 차이

① 리눅스 개발 프로젝트에서 볼 수 있듯이, 동료 생산은 생산자 공동체에 의해 관리되며, 시장 논리나 조직 위계의 지배를 받지 않음. 기업이나 정부의 재정 지원 없이도, 다양한 동기를 가진 수많은 개인들의 인터넷을 통한 조율되지 않은 행동이 결과적으로 잘 조율된 결과를 낳을 가능성이 매우 높아짐(Benkler).

② 시장 생산에서는 개별적 생산 활동이 자신의 이익을 넘어선 사회적 관심에 따라 조직되지 않지만, 동료 생산은 개인적 이익을 넘어서서 분명한 사회적 목적을 지닌 개인들에 의해 조직됨. 생산 활동에 참여하는 개인들은 사전 허락이나 유력 허브에 얽매이지 않고, 공유재를 생산하겠다는 목적의식 아래에서 협력함.

③ 동료 생산은 공유재가 보편적으로 보급될 수 있도록 하는 분배 시스템 덕분에, 시장 생산에 비해 사회 전체의 이익을 증대시킴.

Ⅲ 동료 생산의 특징

① 동료 생산의 조직 원리는 '리누스 법칙(Linus' Law)'으로 대변됨. 인터넷이 소통과 거래 비용을 거의 영(zero)으로 만들었지만, 복잡한 프로젝트에서 의사 결정, 인간 감정, 기술적 불확실성 해소 등 협력 비용 문제는 여전히 존재함.

② 동료 생산의 핵심 조직 원리는 참가자가 상부 명령이 아닌 자발적 의지에 따라 행동할 수 있는 '적응능력(adaptability)', '탈중심성', '분산성'임.

③ 부탕(Boutang)에 따르면, 인지자본주의의 불확실한 시장 상황에서 시행착오를 배제할 '유일한 최상의 방법' 은 없으며, 디지털 네트워크 기반 대규모 협력 생산은 정보의 실시간 교환을 통해 행동을 자유롭게 수정하고 문제의 해결책을 찾을 수 있음.

④ 켈티(Kelty)는 동료 생산이 '계획'이 아니라 '적응 능력'에 따라 조직된다는 사실을 강조함. 자유소프트웨어의 조정 구조는 개인들의 위계 구조에 의해 지시되거나 통제되는 공유된 계획, 목적, 이상이 아니라 변화에 대한 일반화된 개방성을 중시함.

⑤ 벤클러(Benkler)와 니센바움(Nissenbaum)은 자신이 가장 잘할 수 있는 일을 스스로 찾아 하는 '탈중심성'이 개인들의 다양한 동기와 창의성을 최대한 발현하게 해주며, 동료 생산이 매우 폭넓은 정보 원천을 가지도록 해준다고 주장함.

⑥ 부탕(Boutang)은 '똑똑한 네트워크의 출입구에 명청한 행위자들을 두지 말아야 한다'고 주장하며, 개별 노드에 특정한 의무를 부과하는 허브가 없다는 점에서 동료 생산 네트워크는 '탈중심적'이라기보다는 '분산적'임.

⑦ 동료 생산은 미리 수립된 계획을 통해 개인의 행동을 구속하는 것이 아니라, 참가자들이 자신의 관심과 능력에 따라 기존 코드와 디자인을 자유롭게 사용하고 모방하고 비판하고 수정할 수 있도록 하는 분산성과 적응능력의 실행을 통해 많은 혁신을 이루어 냄.

Ⅳ 동료 생산의 핵심 조직 원리로서의 모듈화

1. 모듈화의 개념

① 동료 생산의 핵심 조직 원리는 모듈화(modularization)임.

② 탈중심성이 실현되기 위해서는 프로젝트가 하나의 전체로 통합되기 전에 독립적으로 생산될 수 있는 작은 구성 부분인 모듈들로 나뉘어야 함.

③ 프로젝트 구성 부분을 세분화하여 이해하기 쉽고 오류 수정이 용이하도록 하는 것이 중요함.

2. 모듈화의 자율성

① 벤클러(Benkler)에 따르면, 모듈들이 서로 독립적이면 개별 참가자들은 언제, 무엇을 기여할 것인지 자율적으로 결정할 수 있음.

② 부탕(Boutrant)은 소규모 생산과 다양성 경제의 인지적 노동 분업이 표준화와 동질화가 아니라 모듈의 조각적 성격에 의존한다고 밝힘.

3. 위키피디아와 모듈화

① 위키피디아의 경우 모든 기사, 심지어 개별 기사의 최소 단위인 단어조차도 하나의 모듈이 될 수 있음.

② 개인들은 자신이 아는 특정 주제에 관해, 단순한 오탈자 수정이라도 공신력 있는 기사를 제공할 수 있음.

4. 모듈화와 프로그램 설계

① 모듈화는 한 가지 작업을 잘 수행하는 작은 프로그램을 만들고, 이를 다른 프로그램과 쉽게 연결할 수 있도록 디자인할 때 달성됨(Weber).

② 다른 모듈들과 잘 연결되면서도 한 모듈의 변화가 다른 모듈의 변화를 연쇄적으로 유발하지 않는 것이 좋은 모듈화의 특징임.

5. 모듈의 크기와 생산성

① 벤클러는 동료 생산에서 모듈의 크기는 개인들이 모듈을 생산하기 위해 투입해야 하는 시간과 노력으로 표현된다고 설명함.

② 모듈 작업 시간이 5분 정도인 '슬래쉬닷(Slashdot)' 프로젝트는 성공적 모델이며, 정부의 엄격한 지침 준수와 소수의 집중적 시간이 요구되는 '위키북스(Wikibooks)'는 성공 가능성이 낮은 모델임.

6. 모듈의 크기와 참여도

① 모듈의 크기가 작을수록 생산에 참여할 사람의 수가 증가함.

② 모듈의 크기가 클수록 지속적으로 참여할 사람의 수가 감소할 가능성이 높음.

③ 따라서 모듈의 미세성은 대규모 동료 생산의 핵심 성공 조건임.

V 동료 생산의 유인과 제재

1. 프로젝트 통합 유인

① 웨버(Weber)에 따르면, 참가자들은 프로젝트에서 따로 떨어져 나가는 것이 기술적 도움을 얻거나 평판을 획득하는 데 불리하다는 점을 인식함.

② 개인적 동기 측면에서 프로젝트로부터의 분기보다 통합 유인이 더 강하게 작용함.

2. 기여 검토와 오류 수정

① 리눅스 개발과 위키피디아 사례에서 볼 수 있듯이, 참가자들의 기여는 동료들에 의해 지속적으로 검토됨.

② 오류는 즉각적으로 수정될 수 있는 구조를 가짐.

3. 제재 메커니즘

공동체의 규범과 규칙을 위반하는 행위에 대해 플레이밍(flamming)이나 따돌리기와 같은 제재 메커니즘이 동원됨.

VI 동료 생산의 조율과 통합의 원칙

1. 라이선스의 역할

위계적 권위 구조가 없는 동료 생산 프로젝트에서는 일반 공중 라이선스(General Public License, GPL)와 같은 세부 지침이 조율과 통합의 원칙으로 작용함.

2. 동료 생산 라이선스의 원칙

① 프로그램의 자유로운 이용과 수정을 보장하는 자유.

② 누구의 참여도 가로막지 않는 비차별.

③ 영리와 비영리를 구별하지 않는 실용주의.

④ 실적 중심주의(meritocracy)에 따른 평가.

3. 지도자의 권위

① 리눅스의 리누스 토발즈, 위키피디아의 지미 웨일즈와 같이 프로젝트를 주도하는 사람의 권위를 존중하는 문화가 형성됨.

② "코드가 결정하게 하라"는 기술-합리적 분쟁 해결 방침을 따르는 문화가 동료 생산의 통일성을 보장함.

VII 탈중심적인 상향적 동학과 핵심 집단의 하향적 조직화

1. 지도력의 중요성

프로젝트의 목적 천명, 전망 제시, 참여 유도, 협력 조율 등의 역할이 성공적 동료 생산의 필수 요소임.

2. 탈중심적 위계 구조

① 동료 생산 프로젝트는 참가자들에게 작업을 할당하는 위계 구조는 없지만, 참가자들의 작업 반영 여부를 결정하는 탈중심적 위계 구조를 가짐.

② 위키피디아는 '일반 편집자(editors)', '관리자(administrators)', '관리(bureaucrats)', '조정위원회(arbitration committee)'로 구성되는 위계 구조를 가짐.

③ 리눅스 프로젝트에서 토발즈는 '자비로운 독재자(benevolent dictator)'로 불리며, 카리스마를 바탕으로 주요 의사 결정을 수행함.

3. 상향적 조직과 하향적 조직화

① 동료 생산 방식은 아래로부터 조직될 뿐만 아니라, 최상의 결과물을 위해 위로부터의 통제와 권위를 통해서도 조직됨.

② 탈중심 동료 생산 프로젝트는 '지도자 없는 운동'이 아님.

③ 지도력은 다양한 동료 생산 모델에서 공통적으로 나타남.

4. 실적 중심주의

① 동료 생산은 해커 윤리의 전통을 이어받아 실적 중심주의(meritocracy)를 기반으로 함.

② 동료 생산 참가자들이 대학 이상의 학위를 가진 경우가 많아 자격증 중심주의(credentialism)와 다르지 않다는 비판이 존재함.

③ 그러나 동료 생산의 개방성 원리를 고려할 때 이러한 비판은 결과론적 평가에 불과함.

④ 실적 중심주의에 기반한 동료 생산의 권력 관계는 억압적이기보다 생산적인 것으로 간주됨.

5. 결론

동료 생산은 자율적이고 탈중심적인 상향적 동학과 핵심 집단의 하향적 조직화가 결합된 형태로 이루어짐.

Theme 104 동료 생산의 분기(오픈소스 프로젝트)

I 의의

① 동료 생산은 일반적으로 '자유소프트웨어·오픈소스 소프트웨어(FOSS)' 운동을 포괄하는 개념으로 사용되나, 1998년 오픈소스 운동의 출현으로 인해 동료 생산이 분기되었으며, 이로 인해 자유소프트웨어 운동과 오픈소스 운동 간 긴장 관계가 형성됨.

② 자유소프트웨어 운동은 1980년대 중반 소프트웨어의 사유화에 반대했던 스톨먼의 유닉스 호환 소프트웨어 시스템 '그누(GNU)' 프로젝트에서 시작됨. 1991년 리누스 토발즈가 운영 시스템의 핵심인 리눅스 커널의 초기 모델을 배포하면서 '그누/리눅스'라는 대규모 자유소프트웨어 운동으로 발전함.

③ 1998년 봄, 토발즈, 레이먼드(Raymond), 오라일리(O'Reily) 등 일부 자유소프트웨어 운동 참가자들이 스톨먼을 배제한 채 '프리웨어정상회의'를 개최하고, 영리 기업도 활발히 참여할 수 있는 오픈소스 프로젝트를 출범시킴. 오픈소스 주창자들은 당시 리눅스를 주요 기업들의 컴퓨터 시스템으로 평가했으나, 공동체는 여전히 취미 클럽 수준의 의식구조를 지닌 것으로 인식함. 이에 따라 오픈소스 운동은 새로운 자의식, 이름, 정체성, 명확한 임무 설정을 목표로 함.

II 오픈소스 운동의 특징

① 오픈소스 운동은 사회적으로 시장 친화성을 지향하고, 기술적으로 실용주의를 추구하며, 정치적으로 이념적 성격을 탈피하는 것으로 규정됨. 자유소프트웨어 운동이 영리 기업의 참여를 제한한다고 봄.

② 레이먼드(Raymond)는 자유소프트웨어를 투자자, 벤처 자본, 주식 구매 대중에게 이해하기 쉬운 형태로 만들어 인터넷 경제의 물결을 활용해야 한다고 강조함.

③ 오라일리(O'Reily)는 자유소프트웨어 운동이 자유소프트웨어가 주류 기업에게 주는 매력을 억압하며, 기업의 프로젝트 참여를 막는 장애물이 되고 있다고 주장함.

III 오픈소스 프로젝트의 라이선스

① 기업과 시장의 참여를 유도하기 위해 오픈소스 프로젝트는 자유소프트웨어 운동과 다른 라이선스 전략을 도입함.

② 자유소프트웨어의 '일반 공중 라이선스'는 자유롭게 제공받은 소프트웨어의 소스 코드를 수정하여 만든 새로운 소프트웨어를 동일한 라이선스로 재배포해야 하지만, 오픈소스 프로젝트는 오픈소스 코드를 포함했다고 해서 반드시 일반 공중 라이선스를 부착할 것을 요구하지 않음.

③ 소스 코드가 공개, 수정, 공유되는 한, 개발자는 자유롭게 라이선스를 선택할 수 있도록 함.

IV 영리 기업들의 오픈소스 프로젝트의 활용

1. 영리 기업들의 이중 라이선싱 전략

① 영리 기업들은 오픈소스 프로젝트에 참여하면서도 '이중 라이선싱'을 활용하여 기존의 독점 소프트웨어 전략을 유지.

② 정보통신 기업들에게 오픈소스 그룹은 거대하고 값싼 노동력 풀로 인식됨.

2. 소프트웨어 개발 서비스 사업과 오픈소스 플랫폼 구축

① 기업들은 '소프트웨어 개발 서비스' 사업을 통해 오픈소스 프로젝트를 하청(outsourcing)하려는 시도 진행.

② 자체 기술개발을 위해 오픈소스 플랫폼을 구축하는 기업 등장.

3. 넷스케이프(Netscape)의 오픈소스 프로젝트 참여

① 1998년, 영리 기업 최초로 오픈소스 프로젝트에 참여.

② '모질라 공중 라이선스(Mozilla Public License, MPL)'와 '넷스케이프 공중 라이선스(Netscape Public License, NPL)'를 동시에 운용.

4. 휴렛패커드(Hewlett-Packard)와 선 마이크로시스템(Sun Microsystems)의 오픈소스 전략

① 기업의 호스팅 플랫폼에서 공개적으로 개발된 기본 소프트웨어에는 오픈소스 라이선스를 부착.

② 기업 내부에서 부가 모듈을 제작하여 통합한 소프트웨어에는 독점 라이선스를 부착하여 오픈소스 소프트웨어의 상품화 촉진.

V 효과적인 배포 전략으로서의 오픈소스 프로젝트

① 영리 기업들은 개발 전략뿐만 아니라 배포 전략으로서도 이중 라이선싱 전략을 채택.

② 오픈소스 소프트웨어는 인터넷을 통해 저렴하고 광범위하게 배포됨.

③ 기업들은 이를 통해 독점적 생산물에 대한 폭넓고 값싼 배포 채널을 구축.

VI 오픈소스 프로젝트의 실용주의와 시장 친화성

1. 오픈소스 주창자들의 입장

① 영리 기업들의 독점 라이선스 전략에 부정적 반응 존재.

② 그러나 완벽한 프로그램 개발을 최상의 가치로 삼는 실용주의적 관점에서는 해당 전략이 가치와 양립 가능.

2. 레이몬드의 입장

① 기업 활동에서 자유는 추상적 개념이 아닌 실질적 요소.

② 기업의 성공은 공급자와 고객이 누리는 자유와 직접적 관련.

③ 소프트웨어 산업에 대한 규범적 판단보다 참여자들의 이익과 효과적 개발을 중시.

3. 웨버(Weber)의 분석

① 동료 생산의 '분기(forking)'는 창의성 표출과 소프트웨어 발전을 위한 자유를 극대화하기 위한 현상.

② 자유소프트웨어 재단이 믿었던 가치와는 다른 종류의 가치로 평가.

4. 오픈소스 운동과 자유소프트웨어 운동의 가치 차이

① 자유소프트웨어 운동의 핵심 가치: '완벽한 프로그램 개발'과 '소프트웨어의 자유로운 사용'.

② 오픈소스 주창자들은 이를 대립시키고, '이데올로기적으로 올바른' 소프트웨어 생산에서 '기능적으로 훌륭한' 소프트웨어 생산으로 전환.

5. 시장 친화성의 정당화

① 오픈소스 운동은 소프트웨어 개발의 한 가지 방법론으로 정당화됨.

② 실용주의적 접근이 강조됨.

Ⅶ 오픈소스 진영의 자유소프트웨어 운동에 대한 이념적 비판

1. 토발즈의 비판

① 자유소프트웨어 운동의 이데올로기적 성격을 비판.

② 리눅스 사용이 이데올로기적 이유보다는 실용적 이유에서 이루어져야 한다고 주장.

③ 이데올로기의 과도한 개입이 사회 발전을 저해한다고 평가.

2. 레이몬드의 비판

① 자유소프트웨어 운동을 이데올로기나 종교와 유사한 것으로 간주.

② 지적재산권 강화를 강조하며 자유소프트웨어의 실용적, 이윤 추구적, 시장 친화적 사용 옹호

③ 자유소프트웨어 운동과 스톨먼을 공산주의적 교조주의자로 비판.

3. 자유소프트웨어 운동의 대응

① 오픈소스 진영과의 의식적 구분.

② 스톨먼: 자유소프트웨어 운동의 성취를 자유소프트웨어의 가치와 철학에 기반해 해석해야 함을 주장.

Theme 105 플랫폼과 지적 재산권(디지털 공유)

Ⅰ 의의

① 자유소프트웨어 운동은 전통적인 지적 재산권 및 저작권 개념에 반대하며, 소프트웨어의 사용·연구·복제·공유·변경·재배포의 자유를 보장함으로써 지식과 정보의 공유를 실현하는 것을 목표로 함.

② 일반 공중 라이선스를 중심으로 '카피레프트(copyleft)' 운동을 촉발하며, 지적 재산권에 대한 자연권적 관념과 공리주의적 관념 모두에 나타나는 지적 생산물의 독점화 논리를 비판함.

Ⅱ 지적 재산권

1. 지적 재산권에 대한 자연권적 관념

① 로크(Locke)와 디드로(Diderot) 등에 의해 발전된 자연권적 관념은 육체적·지적 노동의 산물은 노동을 투입한 사람의 소유물이어야 한다고 봄.

② 로크는 "모든 사람은 그 자신의 사람이라는 재산을 갖는다. 자기 몸의 노동, 자기 손의 작업은 그의 재산이라고 말할 수 있다."라고 주장하며, 이는 지적 재산의 자연권적 토대가 됨.

③ 디드로는 "정신의 작업, 그 자신의 생각, 결코 사라지지 않는 자신의 가장 소중한 부분 말고 어떤 형태의 부가 그에게 속하는 것일 수가 있겠는가?"라고 하며, 지적 재산이 물질적 재산보다 더 강력한 재산권의 대상이 되어야 함을 강조함.

2. 지적 재화의 '희소성' 문제

(1) 의의

① 자연권적 관념은 지적 재화의 '희소성' 문제에 대한 논란을 야기함.

② 한편으로, 재산권은 재화의 희소성에 기반한 개념이므로, 비경합·비배제성을 가진 지식과 같은 비희소 재화에 재산권을 부여하는 것은 적절하지 않다는 견해가 존재함.

③ 지적 재산은 희소하지 않으며, 디지털 환경에서는 무한히 제공될 수 있음에도 불구하고, 지적 재산권이 지적 재화의 희소성을 인위적으로 창출하여 성립된 개념이라는 비판이 제기됨.

④ 반면, 희소성의 인위적 창출이 사회적 편익을 증진할 경우, 지적 재화에 대한 배타적 소유권 부여는 정당화될 수 있음.

⑤ 보일(Boyle)은 책, 약, 영화 등의 경우 생산은 어렵지만 복제가 용이하여 접근 통제가 어려운 특성을 지니므로, 이러한 시장 붕괴 문제를 방지하기 위해 국가 개입을 통한 희소성 창출이 필요하다고 주장함.

(2) 스톨먼(Stallman)

① 스톨먼은 희소성 창출 논리가 지적 생산물의 '독점'과 지적 노동의 '소멸' 중 하나를 선택해야 한다는 잘못된 이분법에 기반한다고 비판함.

② 그는 독점 프로그램의 사회적 유용성을 아무런 프로그램이 없는 상태와 비교하여 독점 소프트웨어의 발전이 권장되어야 한다는 논리가 형성된다고 지적함.

③ 그러나 논리적으로 타당한 비교는 독점 소프트웨어와 모든 사람이 공유하는 소프트웨어를 비교하는 것임.

④ 자유소프트웨어 운동은 지적 재화를 특정 개인의 창조물이 아니라 사회의 집합적 과정의 산물로 보아야 한다는 관념을 기반으로 함.

(3) 꽁도르세(Condorcet)

① 꽁도르세는 문예 재산이 "자연 질서가 아닌 사회적 힘에 의해 보호되는 재산이며, 사회 그 자체에 기반한 재산"이라고 주장함.

② 지식, 정보, 문화는 공동체 내의 의사소통을 통해 발전한 것이므로, 개인의 창조물이기 이전에 공동체의 자산으로 봄.

③ 앤 여왕법 이후 지적 재산권의 법적 보호 기간이 제한된 것은 지식이 공동체에서 비롯되었음을 인정한 결과로 해석됨.

Ⅲ 지적재산권을 공리주의적 방식으로 정립하는 관점

1. 의의

① 자연권적 관념에 대한 비판에서 비롯된 공리주의적 지적재산권 관점은 공공의 이익을 강조하며, 공공 도메인의 보호 원칙과 창작 인센티브 제공 원칙 간 균형을 추구함.

② 공리주의자들은 창작과 발명에 대한 인센티브 제공이 혁신 촉진과 공공복리 증진을 위한 최상의 방법이라 주장하며, 배타적 독점권 부여가 없을 경우 혁신을 위한 투자 감소 및 기술 발전 지체를 초래한다고 봄.

③ 창작자의 이윤 추구 동기가 과학과 예술의 발전을 촉진하는 원동력이며, 예술, 영화, 음악, 도서, 소프트웨어의 공공 도메인 확대를 위해 창작 활동 인센티브를 극대화해야 한다는 입장.

2. 인센티브 제공의 목적

① 인센티브 제공을 지적재산권의 목적으로 간주하는 것은 원래 취지에 어긋남.

② 저작권법의 목적은 공공선을 위한 예술적 창의성과 과학의 진보 촉진이며, 이를 달성하기 위한 수단으로 작가의 창의적 활동을 장려하는 특별한 보상을 제공하는 것임.

③ 보상은 수단일 뿐 목적이 아니며, 스톨먼(Richard Stallman)은 미국 헌법상 독점은 소유자의 이익이 아니라 과학의 진보를 위한 것이라고 주장함. 따라서 소수의 부유함을 위해 다수를 희생시키는 것은 공공 이익과 거리가 멀다는 입장.

3. 인센티브 중심 접근법의 문제점

① 인센티브 중심 접근법은 창작과 발명에 필요한 자료 비용을 증가시키며, 공공 도메인의 창조적 혁신 활용 가능성을 제한함.

② 창작자와 사용자의 구분이 무의미한데, 오늘의 창작자가 내일의 사용자가 될 수 있고, 반대의 경우도 가능함.

③ 장기적으로 지적재산권 강화는 공공 영역 접근성을 낮추며, 저작권자 찾기 및 계약 비용 증가, 저작권자 부재 또는 사용 허가 거부 등의 문제를 초래할 수 있음.

4. 시장 논리로 설명되지 않는 인센티브

① 창작과 발명의 동기는 이타심, 평판 추구, 창조적 본능 등 시장 논리로 설명되지 않는 요인에 의해 발생할 수도 있음.

② 따라서 저작권 및 특허권과 같은 배타적 독점권이 유일하고도 최상의 인센티브라고 단정할 수 없음.

③ 연구에 따르면 지적재산권이 혁신과 발명을 촉진하기보다 오히려 억제하는 경우가 많음.

④ 이러한 비판적 관념을 바탕으로 자유소프트웨어 운동이 전개되었으며, 아이디어와 코드의 공유가 기술 혁신을 위한 대규모 협력의 강력한 인센티브가 될 수 있음을 입증함.

⑤ 일반 공중 라이선스(GPL)가 수많은 프로그래머들이 공동 프로젝트에 기여하도록 유도하고, 모든 사람이 아이디어 공유 혜택을 누릴 수 있도록 함.

⑥ 동료 생산 결과물을 사유화하면 공유를 지향하는 참가자의 동기가 약화되어 동료 생산 메커니즘 자체가 위협받을 가능성이 큼.

Ⅳ 웹 2.0 사업의 핵심 전략

① 네트워크의 긍정적 외부성을 획득하기 위해 지식의 소유보다 사용이 중요하며, 이에 따라 지적재산권 강화 전략은 디지털 자본주의의 혁신 창출을 억제할 가능성이 높음.

② 실제로, 지적재산권을 통한 지대 추구는 네이버, 구글, 페이스북, 트위터 등 웹 2.0 기업의 핵심 전략이 아님. 이들은 플랫폼 이용자의 관심을 광고주에게 판매하여 수익을 창출하며, 가능한 많은 이용자를 확보하려는 영업 전략에서 지적재산권이 장애물로 작용할 수 있음.

③ 신문 및 방송 콘텐츠를 보유한 벡터 계급은 처음에 구글과 페이스북 같은 플랫폼 보유 벡터 계급이 지적 재산권을 침해한다고 비판했으나, 이후 플랫폼을 새로운 수익 창출 수단으로 활용하는 전략을 채택함. 이는 디지털 시대 지적재산의 배타적 독점권이 가진 한계를 반영하는 사례임.

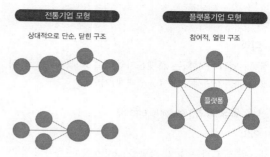

[전통기업과 플랫폼기업의 모형 비교]

Theme 106 디지털 플랫폼 경제

Ⅰ 의의

① 플랫폼의 사전적 의미는 '평평한 표면을 갖는 구역'이며, 현재는 특정 목적을 이루기 위한 장(場)의 의미로 사용됨. 기차역 플랫폼은 이동을 위한 공간, 전통시장은 거래를 위한 장소로 기능함.
② 기존에도 다양한 플랫폼이 존재했으나, 디지털 기술 기반의 디지털 플랫폼 영향력 증가로 플랫폼이 디지털 비즈니스 플랫폼을 의미하게 됨. 디지털 플랫폼은 이해관계자 간 정보와 상품의 거래, 물류 등을 가능하게 하여 가치를 생산하고 생태계를 형성하는 시스템임. 디지털 네트워크 확산이 플랫폼 확장의 기반이 되며, 지능정보기술 발전과 모바일 환경 확산으로 글로벌 플랫폼 등장 가능.
③ 플랫폼은 외부 생산자와 소비자를 연결하여 가치를 창출하며, 플랫폼 소유자, 생산자, 소비자가 기본 구성원임. 플랫폼 소유자는 플랫폼을 제공 및 운영하며, 생산자는 상품·서비스를 제공, 소비자는 이를 소비하고 피드백을 제공함. 예를 들어, 유튜브는 동영상 공유 환경을 제공하고, 사용자는 동영상을 생산·소비하며, 디바이스 생산자나 네트워크 운영자가 생태계 참여자로 작용함.

Ⅱ 플랫폼기업의 성장: 전통기업과의 비교

1. 의의

마이크로소프트, 구글, 애플 등 기존 거대 정보기술기업이 플랫폼을 도입하여 성장했으며, 새로운 플랫폼기업이 전통기업을 위협함. BMW의 시가총액이 우버에 추월당하고, 메리어트 호텔이 에어비앤비에 추격받는 사례가 있음.

2. 전통기업과 플랫폼기업의 비교

(1) 조직 구조

전통기업은 파이프라인 형태의 선형적·닫힌 구조이며, 플랫폼기업은 네트워크 형태의 참여적·열린 구조를 가짐. 조직 구조 차이가 전체적인 기업 차이를 유발함.

(2) 사업 방식

전통기업은 가치 흐름을 통제하는 게이트키퍼 역할을 수행하나, 플랫폼기업은 시장의 피드백을 기반으로 함. 전통기업은 내부 기준에 따라 제품 생산을 결정하는 반면, 플랫폼기업은 소비자가 선택하도록 하여 품질관리와 자원 효율성이 증대됨.

(3) 소비자 후생

플랫폼기업은 소비자 선택권을 확대하여 후생 증가를 유발함. 예를 들어, 코세라(Coursera)는 전 세계 교육자들의 콘텐츠를 제공하여 소비자 선택 폭을 크게 확대함.

(4) 자산 관리

플랫폼기업은 자산 보유 최소화 전략을 통해 경쟁력을 확보함. 에어비앤비는 호텔 건물을 소유하지 않으면서도 더 많은 객실을 제공하며, 정교한 예약 시스템 운영으로 비용 절감 효과를 극대화함.

(5) 정리

① 전통기업은 내부 자원 통제와 최적화를 통해 고객가치를 극대화하고, 플랫폼기업은 외부 상호작용을 촉진하여 생태계 가치를 극대화함(Alstyne).
② 전통기업은 유·무형 자산을 소유하며 규모의 경제를 성장 동력으로 삼는 반면, 플랫폼기업은 생태계 참여자들의 자원을 조정하고 상호작용을 촉진하여 가치를 창출함.
③ 플랫폼의 장점인 소비자 피드백 시스템과 유형 자산 최소화는 기업 혁신을 용이하게 하여 전통기업과의 경쟁에서 우위를 점하게 함.

[전통기업과 플랫폼기업의 비즈니스 비교]

Ⅲ 플랫폼의 특징

1. 의의

전통기업과 구분되는 플랫폼기업의 주요 특징은 네트워크 효과, 양면시장 구조, 생태계 기반임.

2. 네트워크 효과(network effect)

(1) 의의

네트워크 효과는 동일 제품을 소비하는 사용자의 수가 증가할수록 효용이 기하급수적으로 증가하는 현상임. 예를 들어, 메신저 사용자가 3명일 때 3개의 연결이, 5명일 때 10개의 연결이 생성됨.

(2) 직접 네트워크 효과와 간접 네트워크 효과

① 직접 네트워크 효과: 동일 사용자 그룹 내 참여자가 증가하면서 네트워크 효과가 발생하는 현상. 예를 들어, 특정 메신저 사용자 증가가 친구들의 추가 가입을 유도함.

② 간접 네트워크 효과(교차 네트워크 효과): 한 영역의 참여자 증가가 다른 영역의 참여자 증가를 유발하는 현상. 예를 들어, 안드로이드 사용자 증가가 앱 개발자 증가를 유도하는 현상.

(3) 네트워크 효과와 승자 독식 현상

① 네트워크 효과는 플랫폼 확장을 유도하지만, 승자 독식 현상을 초래함. 특정 플랫폼이 시장 지배력을 강화하며 경쟁 플랫폼과의 격차 확대.

② 락인(lock-in) 효과 발생. 사용자가 플랫폼을 변경할 때 계정 이전 및 개인정보 제공 등의 전환 비용이 발생하여 기존 플랫폼 유지 경향 강화됨.

(4) 양면(다면) 시장 구조

① 양면(다면) 시장 구조는 플랫폼이 두 개 이상의 참여자 집단 간 상호작용을 통해 가치를 창출하는 구조임. 예를 들어, 우버는 운전자와 승객 간의 상호작용을 기반으로 운영됨.

② 참여자 집단이 증가할수록 간접 네트워크 효과가 증가하나, 생태계 복잡성이 증가하여 갈등이 발생할 가능성 존재. 이에 따라 플랫폼기업은 참여자 수를 조정할 필요가 있음.

③ 플랫폼 거버넌스 결정에 따라 생태계 모습이 달라짐. 개방형 거버넌스는 생산자 확보에 유리하지만, 서비스 품질 관리가 어려움. 폐쇄형 거버넌스는 품질과 신뢰 보장에는 유리하나 생산자 확보가 제한됨.

(5) 생태계 기반

① 플랫폼은 생산자, 소비자, 광고주, 디바이스 생산자, 네트워크 운영자 등으로 구성된 생태계를 기반으로 함. 특정 참여자의 활동이 부실할 경우 생태계 전체가 위협받을 수 있음.

② 예를 들어, 앱마켓 운영자가 수수료를 인상하면 개발자의 이탈을 초래할 수 있으며, 이는 소비자 감소로 이어져 앱마켓의 쇠퇴를 초래할 가능성이 있음. 따라서 플랫폼기업은 생태계의 균형을 유지할 수 있도록 전략을 수립해야 함.

Ⅳ 플랫폼의 분류

1. 의의

플랫폼의 분류 방식은 다양하나, 역할에 따라 4가지로 구분됨(Evans & Gawer).

2. 거래 플랫폼

① 사용자, 소비자, 서비스 제공자 등 생태계 참여자 간 거래를 촉진하는 중개자 역할을 수행하는 플랫폼.

② 매개형 플랫폼이라고도 하며, 대표적 형태.

③ 공유서비스(우버), 이커머스 마켓플레이스(이베이), 디지털 콘텐츠 플랫폼(넷플릭스), 게임 등이 해당됨.

3. 혁신 플랫폼

① 외부 참여자(개발자, 개발회사)에게 소프트웨어, 상품, 서비스 개발 환경을 제공하여 기반 소프트웨어(운영체제)를 진화시키는 플랫폼.

② 대규모 개발자 네트워크 포함

③ 생태계 내 협업을 통한 가치 창출과 혁신이 원동력이 되는 환경

④ 대표적 사례: 마이크로소프트, 오라클, SAP

4. 통합 플랫폼

① 거래 플랫폼과 혁신 플랫폼이 결합된 형태로, 시장 규모 면에서 가장 큼.

② 양면시장 참여자의 상호작용을 매개하는 거래 플랫폼의 성격 포함

③ 다수의 개발자가 제품 및 서비스를 생산하는 혁신 플랫폼의 역할 포함

④ 다양한 서브 플랫폼을 운영하는 플랫폼 복합기업(platform conglomerate)으로 분류됨

⑤ 대표적 사례: 구글, 애플, 페이스북, 아마존, 알리바바 등

5. 투자 플랫폼

① 플랫폼 포트폴리오 전략에 기초하여 다양한 플랫폼에 투자를 지원하는 지주회사 형태의 플랫폼.

② 프라이스 라인 그룹은 부킹닷컴, 프라이스라인닷컴, 카약닷컴, 렌탈카스닷컴 등 호텔 및 레저 분야에 특화된 플랫폼 투자 지주회사

③ 투자 지주회사이면서도 플랫폼 투자 포트폴리오 전략을 수립하여 플랫폼기업에 집중적으로 투자하는 형태

④ 지원하는 플랫폼은 백엔드 인프라와 고객 경험을 공유하여 전략적으로 활용 가능

⑤ 빅데이터 시대 도래로 고객 정보 활용과 맞춤형 서비스 가치 증가에 따라 투자 플랫폼의 위상 상승

⑥ 대표적 사례: 프라이스 라인 그룹, 소프트뱅크

Ⅴ 멀티 호밍과 탈중개화 위험

1. 의의

플랫폼기업은 멀티 호밍과 탈중개화의 위험을 내포함 (Feng & Iansiti).

2. 멀티 호밍(multi-homing)

(1) 플랫폼 참여자가 또 다른 플랫폼에 동시에 참여하는 현상

① 예시: 우버 이용자가 리프트(Lyft)도 사용하며 가격, 대기시간 비교 후 결정.

② 플랫폼 참여 비용이 낮아 플랫폼 비즈니스에서 일반적으로 나타남.

(2) 플랫폼기업은 인센티브 제공 및 서비스 차별화를 통해 대응

① 예시: 아마존은 판매자가 아마존 마켓플레이스에서만 상품을 판매할 경우 인센티브 제공.

② 빠른 배송서비스 제공으로 소비자 유지.

3. 탈중개화

(1) 플랫폼 매개 없이 생산자와 소비자가 직접 거래하는 현상

거래형 플랫폼은 거래 매개를 통한 수익 창출이므로 탈중개화는 위험 요소.

(2) 탈중개화로 인해 파산한 사례 존재

홈조이(Homejoy)는 소비자와 청소업자를 매칭하는 플랫폼이었으나, 소비자가 청소업자와 직접 거래하면서 플랫폼 역할 상실 후 2015년 파산.

(3) 플랫폼기업의 대응: 서비스 규약을 통한 생산자-소비자 직접 상호작용 차단

애플은 앱 내 결제를 애플의 결제시스템에서만 가능하게 하고 자체 결제시스템 사용 불허.

(4) 플랫폼기업의 또 다른 대응: 양질의 매개 서비스 제공

① 에스크로(Escrow) 활용하여 거래 안정성 보장.

② 참여자 간 문제 발생 시 중재 역할 수행.

③ 생산자에게 소비자 데이터 분석을 기반으로 한 마케팅 전략 제공.

Ⅵ 플랫폼 규제

1. 플랫폼기업은 혁신을 주도하지만, 독점적 지위로 인한 우려 존재

① 네트워크 효과로 인해 플랫폼기업 규모 확대 및 승자 독식 현상 발생.

② 독점적 지위 획득 후 약탈적 행위 가능성.

③ 예시: 스마트폰 앱마켓 수수료 인상으로 인해 앱 개발자 및 소비자 피해 발생.

④ 시장독점 규제를 통한 플랫폼기업 규제 논의 중.

2. 플랫폼기업의 독점이 일시적 현상이라는 주장도 존재

① 플랫폼 경제에서 산업 간 경계가 모호해지며 여러 영역에서 경쟁 발생.

② 예시: 아마존은 미디어 사업 확장 후 애플TV 판매 중단.

3. 국가 간 플랫폼기업 역량 불균형 문제 제기

① 주요 플랫폼기업(구글, 애플, 아마존, 마이크로소프트, 페이스북)은 대부분 미국 기업이지만, 세계 시장에서 영향력 행사.

② 국내 시장에서도 글로벌 플랫폼 영향력 확대: 페이스북이 국내 대표 SNS로 자리 잡고, 구글 검색이 네이버를 넘어섬.

③ 유럽연합(EU)은 '구글세' 도입을 통해 글로벌 플랫폼 견제 시도.

④ 국내에서도 글로벌 플랫폼 규제 논의 중.

Theme 107 플랫폼 자본주의

Ⅰ 의의

1. 서르닉(Nick Srnicek)의 주장

① 디지털 플랫폼이 21세기 자본주의의 새로운 비즈니스 모델로 부상.

② 지속적인 이윤 추구 속성 및 거대 플랫폼 간 경쟁과 독점화 경향으로 자본주의 사회의 불평등 심화.

③ 장기 침체 극복 불가능 전망.

④ 기업 플랫폼에 대한 국가 규제 및 공공 플랫폼 개발 필요성 제안.

2. 자본주의의 변화와 데이터 활용

① 자본주의의 지속적인 이윤 추구 동기 본질적 특성 유지.

② 제2차 세계대전 이후 경제 호황기 종료, 1970년대 장기 이윤율 하락 및 제조업 부진.

③ 새로운 이윤 창출을 위한 변화 불가피, 데이터 활용 증가.

④ 정보 및 정보통신기술(ICT) 활용을 통한 경제 성장 및 활력 유지 노력.

▦ Ⅱ '디지털 플랫폼' 모델의 등장과 발전

1. 의의

① 21세기 선진 자본주의의 새로운 사업 모델로 '디지털 플랫폼' 부각.

② 1990~2000년대 초 닷컴 거품과 붕괴 이후 디지털 플랫폼이 이윤 창출 기제로 부상.

③ 1970년대 후반 제조업 중심 대량 생산 경제 위기 이후 정보화 및 산업화 과정 진행.

④ 정보통신기술의 발전으로 기업 생산성과 효율성 증가.

⑤ 유연 생산 체제 확산, 노동의 유연성과 주변화 심화.

⑥ 인터넷 확대 및 상업화로 글로벌 네트워크 확장, 닷컴 기업 부상.

⑦ 닷컴 붕괴 및 글로벌 금융 위기 발생, 자본주의 경제 위기 심화.

⑧ 저금리 및 양적 완화 정책을 통한 자본주의 위기 관리.

⑨ 지속적인 이윤 추구 및 사업 모델 변화, 노동 구조 변화 지속.

3. 디지털 플랫폼 모델의 특징

(1) 데이터

① 플랫폼: 대량 데이터 추출 및 통제 기반 사업 모델.

② 정보통신기술 발전으로 데이터 폭발적 증가.

③ 과거 주변적 자원에서 핵심 자원으로 전환.

④ 데이터의 가치: 알고리즘 개선, 경쟁 우위 확보, 생산 최적화, 노동 통제 및 외주화 촉진.

(2) 플랫폼

① 데이터 독점, 추출, 분석, 활용, 판매 중심 사업 모델.

② 저숙련 노동자 외주화 및 노동 비용 절감으로 기업 수익 증가.

③ 노동의 외주화, 주변화, 배제를 통한 이윤 확대.

④ 플랫폼 방식의 경제 전반 확산.

(3) 플랫폼의 특징

① 생산자, 공급자, 서비스 제공자, 소비자, 광고주 등 다양한 이용자 집단을 연결하는 디지털 인프라 제공.

② 네트워크 효과 기반: 이용자 증가 시 혜택 증가, 독점적 성향 강화.

③ 교차 보조 전략 활용: 일부 서비스 무료 제공 후 타 부문에서 수익 창출 (예 구글의 무료 메일 서비스 및 광고 수익 모델).

④ 이용자의 지속적 관심 유도 및 생태계 내 이용자 유지 설계.

⑤ 데이터 추출 및 통제의 핵심 모델로 기능.

▦ Ⅲ 플랫폼의 유형

1. 의의

① 서르닉은 플랫폼을 광고 플랫폼, 클라우드 플랫폼, 산업 플랫폼, 제품 플랫폼, 린 플랫폼의 다섯 가지 유형으로 구분.

② 이러한 플랫폼 유형은 개별 기업 내에서 공존할 수 있으며, 아마존이 대표적인 사례.

2. 광고 플랫폼

(1) 개념

광고 플랫폼은 플랫폼 비즈니스의 시작이자 가장 성공적인 유형으로, 구글과 페이스북이 대표적 사례.

(2) 특징

① 초기에는 검색 서비스, 사회관계망 서비스를 제공하여 다수 이용자 확보.

② 사용자 데이터를 서비스 개선에 활용하였으나 이후 광고 수익 창출에 이용.

③ 이용자의 온라인 활동 데이터를 추출, 분석 후 광고주에게 판매하여 수익 창출.

④ 2016년 기준 광고 수익 비중: 구글 89.9%, 페이스북 96.6%.

⑤ 체계적, 과학적 데이터 분석을 통해 경매 시스템으로 광고 판매.

⑥ 광고주는 단순 데이터가 아닌 분석된 "약속된" 표적 고객을 구매.

3. 클라우드 플랫폼

(1) 개념

디지털 경제의 인프라를 구축하여 데이터 수집, 분석 및 외부 기업에 자산을 대여하는 플랫폼.

(2) 특징

① 대표적 사례: 아마존(AWS).

② 서버, 스토리지, 컴퓨터 연산 서비스 제공.

③ 소프트웨어 개발자 도구, 운영 체제, 완성된 앱 대여.

④ 고객사는 하드웨어, 소프트웨어 개발 및 앱 구축 비용 절감.

⑤ 클라우드 플랫폼 기업은 하드웨어 및 소프트웨어를 통합 활용하여 데이터 수집 및 분석을 통한 수익 극대화.

⑥ 교차 보조 전략 활용: 신속하고 저렴한 배송을 통한 이용자 유치 후 플랫폼 내 서비스로 수익 창출.

4. 산업 플랫폼

(1) 의의

① 기존 제조업이 하드웨어, 소프트웨어를 직접 구축하여 인터넷 연결 조직으로 전환하는 플랫폼.

② 산업 인터넷(산업의 사물인터넷, 독일: 산업 4.0) 도입.

③ 센서, 컴퓨터 칩, RFID 추적 장치를 물류에 활용하여 스마트 제조 역량 확보.

(2) 기능

① 산업 인터넷을 작동하는 하드웨어 및 소프트웨어를 구축.

② 터빈, 유전, 엔진, 운송 트럭, 각종 앱을 연결하는 인프라 제공.

③ 대표 사례: 미국 GE(프레딕스), 독일 지멘스(마인드 스피어).

④ 스마트 제조 역량 강화를 위한 지속적 투자.

⑤ 임대 모델을 통해 인프라, 개발 도구, 관리 도구 제공 및 수익 창출.

⑥ 수집된 데이터 분석을 통해 글로벌 제조업 운영 최적화.

⑦ 네트워크 효과에 의한 독점 경쟁 심화.

5. 제품 플랫폼

(1) 의의

① 사물 인터넷과 클라우드 컴퓨팅 기반의 주문형 플랫폼.

② 자산을 보유한 후 대여하는 플랫폼.

③ 대표 사례: 집카, 스포티파이.

(2) 특징

① 집카: 자동차를 소유하여 대여하는 모델.

② 스포티파이: 스트리밍 기반의 음악 및 팟캐스트 제공.

③ 전통적 신문 구독 모델과 유사한 구독자 모델 형성.

④ 특정 제품(칫솔, 면도기, 자동차, 주택, 비행기, 제트 엔진 등)을 서비스로 제공.

⑤ 임금 하락, 저축 감소에 따른 임대 소비 증가가 성장 원인.

6. 린 플랫폼

(1) 의의

① 자산을 직접 소유하지 않고 외주를 통해 서비스를 제공하는 플랫폼.

② 플랫폼 자체는 데이터 수집, 분석 및 활용이 핵심.

③ 고정 자본, 노동력, 노동자 교육훈련까지 외주에 의존.

④ 하드웨어 및 소프트웨어를 클라우드 기업에서 대여.

⑤ 대표 사례: 우버, 에어비앤비.

(2) 우버

① 하드웨어 및 소프트웨어를 AWS, 구글 지도, 트윌리오, 샌드그리드, 브레인트리 등 외부 서비스에서 대여.

② 운전자를 종업원이 아닌 독립 계약자로 취급.

③ 차량 운행 데이터 및 운전자 데이터를 수집하여 비즈니스 활용.

핵심 정리 | 플랫폼의 유형과 특징

1. 광고 플랫폼
   ① 특징: 사용자의 정보를 분석해 추출하고, 이를 활용해 온라인 광고에 판매.
   ② 사례: 구글, 페이스북
2. 클라우드 플랫폼
   ① 특징: 디지털 사업에 필요한 하드웨어와 소프트웨어를 보유하고, 고객사에 필요에 따라 대여.
   ② 사례: 아마존웹서비스, 세일즈포스
3. 산업 플랫폼
   ① 특징: 전통적 제조업을 인터넷 연결 조직으로 전환해 생산비용 절감 및 제품을 서비스화. 이를 위해 하드웨어와 소프트웨어 직접 구축.
   ② 사례: GE, 지멘스
4. 제품 플랫폼
   ① 특징: 전통적 제품을 서비스화한 주문형 플랫폼. 임대와 구독형 서비스로 수익 창출.
   ② 사례: 집카, 스포티파이
5. 린 플랫폼
   ① 특징: 자산 소유를 줄이고 비용을 절감하여 수익 극대화.
   ② 사례: 우버, 에어비앤비

Ⅳ 전망

1. 의의

① 서르닉은 플랫폼의 지속적 성장에도 불구하고 전망을 비관적으로 평가.

② 네트워크 효과로 인해 거대화된 플랫폼 간 경쟁 심화 예상.

2. 폐쇄 전략의 강화

① 데이터 확보를 위해 플랫폼 간 수렴 현상 발생.

② 경쟁자를 배제하고 이용자 및 데이터를 자사 플랫폼에 가두는 폐쇄 전략 강화.

③ 기존 광고 기반 플랫폼은 점차 직접 요금 및 임대 수익으로 전환.

3. 교차 보조 전략의 종말

① 플랫폼의 기존 수익 모델이었던 교차 보조 전략이 사라질 가능성.

② 공적 인터넷 공간의 점진적 소멸 예상.

③ 소득 및 부의 불평등이 디지털 접속 불평등으로 확장될 가능성.

V 대안

① 플랫폼 자본주의의 부정적 영향에도 불구하고 정치적 개입을 통해 통제 가능.

② 국가가 플랫폼을 규제하고 공공 플랫폼을 개발할 가능성.

③ 감시 국가 기구로부터 독립된 공공 플랫폼 요구 가능.

④ 구체적 전략 부재로 인해 규범적 주장에 그친다는 한계 존재.

Theme 108 '이윤의 지대되기'와 정동 엔클로저 (구글과 페이스북의 독점 지대 수취 경제)

I 지대의 개념

1. 일반적 정의

① 지대는 토지, 장소, 특허, 저작권 등 공식적 특권에 의해 형성된 자산의 사용 비용 또는 소득을 의미함.

② 디지털 네트워크에서 창출되는 가치의 전유 과정에도 적용될 수 있음.

2. 디지털 공간에서의 지대

① 특정 노드에 많은 사람이 모이면 수요의 집중으로 인해 지대 발생.

② 신자유주의 금융화는 비노동 영역(일상생활, 웹 서핑, 소비, 브랜드 평가 등)을 가치 창출 기제에 포섭하여 지대 수익 발생.

③ 디지털 플랫폼 이용자의 콘텐츠와 데이터가 플랫폼 제공자에게 현물 지대로 양도됨.

④ 플랫폼 지대는 이용자의 소득 일부가 사회적으로 이전된 결과로 설명됨.

⑤ 플랫폼 지대는 사회적·공통적으로 생산된 초과이윤이 플랫폼 소유자에게 사적으로 이전된 것으로 해석됨.

⑥ 플랫폼 지대는 "사회 전체에서 생산된 잉여 가치의 공제 및 교환을 통한 총 잉여 가치의 재분배"로 볼 수 있으며, 그 적정성에 대한 사회적 검토 필요.

II 독점 지대 추출

1. 지대

(1) 지대의 본질

① 하비(Harvey)에 따르면, 모든 지대는 "지구상의 특정 부분에 대한 사적 소유자의 독점적 권력"에 기반함.

② 재산의 독점적 소유권자는 가치 생산의 외부에서도 소득 강제 가능.

(2) 지대의 형태

① 절대 지대(absolute rent): 토지 소유권만으로 강제되는 소득으로, 생산성이 낮아도 발생하며 자본 유입 차단 시 강화됨.

② 차액 지대(differential rent): 토지의 비옥도, 산출량 차이, 위치적 요인(도심 접근성) 등에 의해 발생.

③ 독점 지대(monopoly rent): 특정 토지의 생산물이 독점 가격을 실현할 때 발생.

④ 연구자들은 지대 개념이 토지 부문을 넘어 네트워크 정보 경제에도 적용 가능하다고 보나, 지대 유형에 대한 합의는 없음.

2. 네트워크 자본이 누리는 초과이윤의 성질

(1) 차액 지대 적용 가능성

① 파스퀴넬리(Pasquinelli)는 네트워크 중심성이나 접근성으로 인해 차액 지대 발생 가능성을 제시함.

② 하비(Harvey)에 따르면, 차액 지대의 원천은 특정 장소의 자연적 생산성 우위에 있음.

③ 구글과 같은 네트워크 자본이 차액 지대를 누리려면 영구적인 자연적 우위성이 입증되어야 함.

④ 디지털 네트워크는 물리적 접근성이 거의 문제가 되지 않으며, 본질적으로 천부적인 생산력 차이가 없음.

⑤ 따라서 네트워크 자본의 초과이윤을 차액 지대로 해석하는 것은 부적절함.

(2) 독점 지대로서의 네트워크 자본 이윤

① 네트워크 자본이 제공하는 서비스의 특출함으로 인해 중심성, 수요 집중 발생.

② 젤러(Zeller)는 사유화된 지식과 정보에서는 차액 지대가 출현할 수 없다고 주장.

③ 정보 경제에서 지대는 특이한 재화와 서비스가 독점 가격을 형성할 수 있는지 여부에 따라 결정됨.

④ 네트워크 자본이 누리는 지대는 서비스의 특이성, 예외적 양질성과 연관된 독점 지대로 해석 가능.

⑤ 하비(Harvey)에 따르면, 독점 지대는 "독특하고 복제 불가능한, 직·간접적으로 거래 가능한 물품에 대한 배타적 통제"를 통해 지속적인 높은 소득을 실현하는 형태.

⑥ 차액 지대와 달리, 독점 지대는 재화와 자원의 특출함으로 인해 독점 가격을 실현할 수 있을 때 발생.

⑦ 예로서, 최상질 포도밭의 와인, 인구 밀집 지역의 고급 주택에서 발생하는 초과이윤이 독점 지대로 볼 수 있음.

⑧ 독점 가격을 강제할 수 있는 한, 양질의 토지, 인간 활동 중심지, 선망의 대상이 되는 장소는 독점 지대를 창출할 수 있음.

Ⅲ 웹 2.0 경제에서 소프트웨어가 독점 지대를 창출하는 방식

1. 의의

① 웹 2.0 경제에서 소프트웨어의 독점 지대 창출 방식은 기존 방식과 차이 존재.
② 전통적 소프트웨어(예 마이크로워드, 엑셀)는 패키지 소프트웨어 모델에 따라 연구개발과 새로운 버전 출시 방식으로 생산됨.
③ 웹 2.0 소프트웨어(예 구글 페이지랭크, 페이스북 에지랭크)는 집단 지성 활용, 사용자 반응 실시간 반영 및 업그레이드 방식의 서비스 소프트웨어 모델에 따라 생산됨.

2. 정동 엔클로저

① 웹 2.0 소프트웨어는 특허 재산으로 지적 재산권 수익을 창출하는 동시에, 검색과 사회관계망 활동에서 표출되는 실시간 정동 관리 및 활용을 통해 독점 지대 수취 가능.
② 독점 지대 획득 전략은 정동 엔클로저와 긴밀히 결부되며, 정동은 소비자 관심과 애착 및 평판 형성의 토대 역할 수행.
③ 기업들은 실시간 정동 흐름을 포착·관리·활용하여 수익 창출에 집중하며, 소비자의 욕망·감정·선호 조정 및 통제를 통해 경제적 부와 가치를 독점함.
④ 토지 엔클로저는 자본주의적 상품으로의 전환 과정이며, 지식·정보 엔클로저는 사회적으로 축적된 지적 자산의 사유화 및 몰수 과정임.
⑤ 정동의 상품화 및 사유화는 디지털 네트워크 속 관계와 소통을 통해 확장되며, 구글·페이스북의 정동 경제는 디지털 자본주의의 새로운 모범으로 자리 잡음.
⑥ 전통적 기업들도 디지털 플랫폼을 활용하여 사용자 및 소비자의 정동을 독점 지대 수취 수단으로 삼는 경영 전략을 도입함.

Ⅳ 자본의 '생산 외부적 위치'

1. 의의

① 토지·지식에 이은 정동 엔클로저는 금융화와 결합하여 '지대의 완전한 귀환' 혹은 '이윤의 지대되기' 경향을 강화함.

② 지대는 재산의 독점적 소유권에서 발생하는 소득이며, 이윤도 자본의 독점적 소유권에서 획득된다는 점에서 개념적 차이 모호함.
③ 일반적으로 지대는 생산 과정 외부에서 가치를 추출하는 방식이며, 이윤은 생산 과정에 개입하여 창출됨.

2. 이윤의 지대되기

(1) 의의

지대는 생산 과정 외부에서 가치를 추출한 결과이며, 이윤은 협력 노동 및 규율 체제 부과 등을 통해 생산 과정 개입으로 획득된 수익으로 간주됨.

(2) 지대의 부활

① 현대 경제에서 이윤과 지대의 경계가 점점 모호해짐.
② 베르첼로네는 '지대의 완전한 부활과 증식' 및 '이윤의 지대되기'를 현대 자본주의의 주요 특징으로 간주함.
③ 포드주의 산업 자본주의 시기에는 금융 시장 통제, 토지 지대 누진세, 화폐 공급 관리 등으로 인해 지대가 주변적 요소로 남음.
④ 포드주의 위기 이후, 재산권 및 신용 역할 강화, 시장 지휘가 생산 지휘를 대체함에 따라 이윤과 지대의 구분 약화 및 지대 증식 발생.

(3) 자본의 생산 과정 외부 요소화

① 하트는 현대 경제에서 공통적인 것(아이디어, 정보, 지식 등)의 생산이 헤게모니적 위치를 차지하며, 자본의 생산 과정 외부 요소화가 필연적이라고 주장함.
② 물질재 생산 중심의 산업 자본은 생산 내부 요소이나, 공통재 생산에서는 자본 개입이 생산성 감소를 초래하여 외부 요소로 작용함.
③ 자본은 재산 소유권을 토대로 공통재 생산 가치 통제 및 지대 형태의 몰수 진행.
④ 하트는 이윤이 지대로 이동하는 반대 운동이 발생하고 있으며, 금융이 '이윤의 지대되기' 대표적 영역이라고 주장함.

Ⅴ 생명자본주의(biocapitalism)와 인지자본주의에서 '이윤의 지대되기'

1. 의의

① 마라찌는 생명자본주의에서 '이윤의 지대되기' 개념을 중요하게 다루며, 인지자본주의를 유통·소비·삶의 전반적 재생산 영역에서 잉여 가치 추구하는 새로운 축적 전략으로 설명함.
② 인지자본주의에서는 불변자본과 가변자본에 대한 투자가 아닌, 직접 생산 과정 외부에서 가치 추출 및 포획하는 장치에 대한 투자 집중.

③ 주요 기업들은 고정자본 투자를 줄이고 임대 및 외주 방식 채택함에 따라 가변자본 투자 역시 감소.

④ 마라찌는 자본의 유기적 구성 변화로 인해 불변자본은 사회에 분산되고, 가변자본은 재생산 · 소비 · 생활 방식 등 영역에 분포한다고 설명함.

2. '사회 – 공장'의 시대

① 기존 공장 생산 방식을 넘어 사회 전반에서 잉여 가치 생산이 이루어지는 '사회 – 공장' 시대 도래.

② 기업들은 네트워크 속 인구들의 정동을 실시간으로 수집 · 분류 · 활용하며, 정동 엔클로저를 본격화함.

③ 크라우드소싱은 자본이 직접 생산 과정 외부에서도 가치를 포획할 수 있도록 하는 대표적 방식임.

④ 인지자본주의에서는 물질적 고정자산보다 비물질적 무형자산 투자 비중 증가, 정동이 경제적 가치 생산에서 차지하는 중요성 강조됨.

⑤ 자본은 산업적 재화 직접 생산보다 금융, 보험, 부동산으로 이동하며, 네트워크 속 인구들의 자발적 협력을 통해 사회적 경제적 부 창출.

⑥ 생산의 내부 요소가 아닌 자본은 재산 독점 소유권을 기반으로 잉여 가치를 전유하며, '이윤의 지대되기'가 진행됨.

⑦ 현대 금융 자본의 핵심적 수익 방식은 정동에서 창출되는 지대 획득이며, 거대 기업의 지적 재산권 수익 전략의 핵심 요소가 됨.

Ⅰ 알고리즘과 독점 지대

1. 의의

① 구글의 페이지랭크(PageRank)와 페이스북의 에지랭크(EdgeRank)는 디지털 네트워크에서 다중의 일상적 정동을 추적, 집적하여 상품화하는 인지자본주의 불변자본

② 두 알고리즘은 구글과 페이스북의 대표 지적 재산으로, 전통적 소프트웨어와 상이한 방식으로 독점 지대 창출

2. 자기 완결적 알고리즘과 차이점

① 마이크로워드와 같은 전통적 소프트웨어는 자체적으로 모든 기능 구현, 사용자는 비용을 지불하고 사용권 획득

② 전통적 소프트웨어의 독점 지대 창출 방식: 특허 재산의 인위적 희소성 창출 및 임대

3. 페이지랭크와 에지랭크

① 외부 데이터 의존적 알고리즘으로 자체 콘텐츠 생산 없음, 지속적으로 변화하는 인터넷 콘텐츠를 활용

② 특허 재산의 임대가 아닌, 인구 집중의 경제 효과를 전유하여 수익 창출, 이용자 데이터 확보가 필수적

③ 알고리즘은 웹 이용자들의 독립적 콘텐츠 및 자연발생적 상호연결망을 기반으로 작동, 구글과 페이스북은 생산의 외부적 위치에 존재

④ 검색 및 사회관계망 서비스 자체는 상품이 아니며, 인구 집중이 상품화되는 구조

⑤ 이용자 콘텐츠 및 데이터를 활용하여 인구를 집중시키고, 그들이 생산하는 추가 데이터로 수익을 창출하는 인구 집중형 지대 창출 기계

Ⅱ 독점 지대와 과세

1. 구글의 조세 회피 방법

① 더블 아이리시(Double Irish)와 더치 샌드위치(Dutch Sandwich) 기법을 활용, 법인세 납부 회피

② 구글 아일랜드 홀딩스(Google Ireland Holdings)는 버뮤다에 본사를 두고, 유럽 사용 권리를 허가

③ 아일랜드 법인세 과세 기준 회피, 구글 버뮤다 언리미티드(Google Bermuda Unlimited)의 소유권 아래 금융 정보 공시 의무 없음

④ 구글 아일랜드 리미티드(Google Ireland Limited)를 통한 지적 재산권 사용권 허가 및 수익 집중

⑤ 구글 네덜란드 홀딩스(Google Netherlands Holdings B.V.)를 중간 경유지로 활용하여 세금 회피

⑥ 아일랜드 법인세율(12.5%)보다 낮은 비율로 법인세 납부

⑦ 다국적 기업의 국제 세금 체제 악용으로 막대한 조세 회피 발생, 법적으로 불법은 아니나 공정성 문제 제기

2. 디지털 기업 과세 정책

① 영국 정부, 해외로 이전된 이윤에 25% 법인세 부과하는 구글세 도입(2015년 4월 1일 시행)

② 경제협력개발기구(OECD), 기반 침식 이윤 이전(Base Erosion and Profit Shifting) 방지 계획 결의

③ 구글과 페이스북의 조세 회피 방식은 지적 재산권이 지대 수익 창출의 핵심 수단임을 보여주며, 기존 법인세 제도의 한계를 드러냄

Ⅲ 기술혁명과 국제금융시장의 발달로 인한 새로운 세금

1. 구글세

① 구글세(Google Tax): 구글, 아마존 등 인터넷 기반 지식산업 기업이 타국에 고정 사업장이 없어도 사업 운영이 가능하므로, 타국에서 획득한 소득에 대한 조세 회피를 방지하기 위해 해당 국가에서 얻은 매출 수입을 기준으로 부과하는 세금

② 주요 국가: 프랑스 및 유럽 국가 중심으로 미국 IT 다국적기업을 타깃으로 과세 추진

③ 프랑스 구글세법안: 2019년 1월부터 소급 적용, 2019년 7월 25일 마크롱 대통령 서명, 세율 3%

2. 로봇세

① 로봇세(Robot Tax): 인간의 노동을 로봇이 대체하는 경우, 로봇 소유주인 개인사업자나 기업에 부과하는 세금

② 부과 이유: 인간 노동에는 급여, 사회보장세, 실업세, 건강보험 등의 추가 비용이 발생하지만, 로봇은 초기 구입 비용 외 급여 및 유지비용이 적음

③ 논의 배경: 대규모 노동자 실직으로 인한 세수 감소 및 소비 침체에 따른 경제 성장 저해 방지 목적

3. 토빈세

① 토빈세(Tobin Tax): 단기성 국제외환거래에 부과되는 세금으로, 노벨 경제학상 수상자 제임스 토빈(예일대 교수)이 주장

② 도입 목적: 국제 투기자본(핫머니)의 급격한 유출입으로 인한 각국 통화 급등락 및 통화위기 방지

③ 주요 내용: 투기자본이 국경을 넘나들며 통화가치를 변동시키는 과정에서 발생하는 금융위기를 예방하기 위한 금융거래세

4. 버핏세

① 버핏세(Buffet Tax): 세계 3위 부자인 워런 버핏이 정부에 최상위 부자들에게 소득세를 더 부과할 것을 촉구하면서 제안된 세금

② 도입 배경: 2010년 버핏이 낸 세금(694만 달러, 소득의 17.4%)이 그보다 소득이 적은 직원들의 세율(33~41%)보다 낮음

③ 제안 내용: 연간 100만 달러 이상 소득자의 '최저한 세율(Minimum tax rate)' 적용, 중산층 이상의 실효세율 보장

5. 부유세

(1) 부유세(Wealth Tax, Capital Tax, Equity Tax, Net Worth Tax, Net Wealth Tax)

일정액 이상의 자산 보유자를 대상으로 비례적 또는 누진적으로 부과하는 세금

(2) 주요 사례

① 캘리포니아 주: 순자산 3,000만 달러 이상 3만여 명에게 0.4% 부과 법안 발의

② 워싱턴 주: 10억 달러 이상의 금융투자자산·무형금융자산에 1% 세율 적용하는 부유세

③ 법안 발의, 2022년 법안 통과 시 2023년부터 시행

④ 아마존 창업자 제프 베조스: 약 20억 달러의 세금 납부 예상

Theme 110 거대 플랫폼기업의 독점 규제

Ⅰ 미국의 반독점 전통

① 미국의 반독점 전통은 과도한 경제력 집중과 경제권력 남용을 통제하기 위해 1890년 제정된 셔먼법에서 시작됨. 셔먼법을 발의한 존 셔먼 상원의원은 경제에서도 왕과 제국을 허용해서는 안 된다고 주장함.

② 반독점법은 독점가격 문제뿐만 아니라 다양한 독점 횡포로부터 산업의 자유로운 활동을 보장하고, 독점 체들의 부의 집중이 정치사회적으로 부정적인 영향을 주는 것을 방지하기 위해 입법됨.

Ⅱ 반독점 규제 원칙의 변형

1. 로버트 보크(Robert Bork)

① 1970년대 신자유주의 확산과 함께 반독점 규제 원칙이 공격받기 시작함. 시카고학파 및 법학자 로버트 보크에 의해 반독점 규제 원칙이 변형됨.

② 독점기업이 과도한 독점가격을 책정하여 소비자 후생을 감소시키지 않는 한 규제할 필요가 없다는 주장이 부상함.

③ 반독점 초점이 생산자나 노동자 관점을 배제하고 소비자 중심으로 좁혀짐. 독점기업이 싼값에 제품을 제공하면 문제되지 않는다는 논리가 확산됨.

2. 리나 칸(Lina Khan)

① 1980년대부터 독점규제 원칙은 기업이 경쟁가격 이상의 가격을 지속적으로 유지할 수 있는 힘을 제한하는 방향으로 변형됨.

② 1978년 보크의 논문 「반독점의 역설」을 비판적으로 계승하여 리나 칸이 「아마존 반독점의 역설」을 발표함.

Ⅲ 아마존 온라인 플랫폼의 독점적 횡포

1. 의의

① 소비자 가격 중심의 독점 규제 방식은 아마존과 같은 온라인 플랫폼에서는 효과적이지 않음.

② 대부분의 온라인 플랫폼이 소비자에게 낮은 가격으로 서비스를 제공하므로, 소비자 가격 중심의 규제 방식으로는 아마존을 규제하기 어려움.

2. 경쟁과정과 시장구조

① 온라인 플랫폼에서는 소비자 가격만으로 독점 폐해를 포착하기 어려우므로 경쟁과정과 시장구조를 분석해야 함.

② 시카고학파는 시장지배력 확대 자체를 해로운 것으로 보지 않지만, 기업이 시장지배력을 경쟁 왜곡에 활용할 가능성이 존재함.

③ 아마존은 손실을 감수하면서 저가공세를 통해 시장지배력을 구축하고, 장기적 규모 확장을 위한 공격적 투자를 지속함.

④ 아마존의 시가총액 및 매출 규모는 경쟁기업보다 높지만, 영업이익률은 20여 년간 낮은 수준을 유지함.

⑤ 아마존 수익의 절반 이상이 전자상거래가 아닌 클라우드 서비스에서 발생함.

3. 온라인 플랫폼이 지배하는 시장구조

① 리나 칸은 온라인 플랫폼의 독점 문제를 분석하며 '약탈적 가격(predatory price)'과 '수직적 통합(vertical integration)'을 중점적으로 고려해야 한다고 주장함.

② 아마존은 저가 공세를 통해 시장 점유율을 확대하고, 전자상거래뿐만 아니라 배송, 클라우드 서비스 등 연계 사업을 통합함.

③ 아마존은 킨들과 베스트셀러 전자책을 저가에 판매하여 소비자에게 잠김 효과(Lock-in effect)를 유발함.

④ 아마존이 장기적으로 지배적 지위를 구축하면 소비자 가격 변동, 출판사 비용 전가 등의 방식으로 손실을 보상받을 가능성이 존재함.

⑤ 아마존은 마켓플레이스 운영자로서 다른 소매업체의 거래 데이터를 활용해 직접 경쟁 상품을 출시함으로써 이해충돌을 초래함.

Ⅳ 온라인 플랫폼기업에 대한 규제

① 온라인 플랫폼기업을 규제하는 방법은 두 가지임. 첫째, 규모 확장을 예방적으로 차단하는 것. 둘째, 특정 사업 겸업을 금지하는 것.

② 리나 칸은 온라인 플랫폼 규제를 '금산분리' 원칙에 비유함. 은행이 다른 상업적 비즈니스를 겸업할 경우 발생하는 신용특혜 문제와 유사한 문제가 온라인 플랫폼에서도 발생할 수 있음.

③ 네트워크 효과로 인해 온라인 플랫폼이 자연 독점화되는 경향이 있다면, 공공이익 보호를 위해 가격통제 등의 조치를 시행해야 한다고 주장함.

④ 플랫폼 인프라를 필수시설(essential facilities)로 규정하여, 다른 기업들이 공유하도록 강제하는 방안을 제안함. 필수시설 사례로 아마존의 물리적 배송서비스, 마켓플레이스 플랫폼, 클라우드 웹서비스 등이 포함됨.

Theme 111 지적 재산권의 안전피난처 (구글의 정동 경제)

Ⅰ 인지자본주의의 노동과 가치

1. 인지자본주의

① 축적양식에서 정보, 지식, 정동, 창의성, 혁신 등의 비물질재 투자가 이윤 획득의 주요 원천이 되는 경제 체제.

② 비물질재가 모든 산업에서 물질적 생산을 재조직하는 핵심 요소이며, 1980년대 중반부터 물질 장비 투자보다 비중이 커짐(Boutang).

③ 생산 방식에서 기존의 수직적 노동 분업보다 네트워킹을 통한 대규모 협업이 중시됨. 네트워크 외부성 확보 및 창의성, 집단 지성 활용(Boutang).

④ 사회적 부와 가치의 생산 과정이 개별 공장 담장을 넘어 사회 전체로 확대됨. 정보통신 환경이 대규모 정보 소비와 생산 수단 제공.

⑤ 생산과 순환의 탈경계화 속에서 사회적 부 생산이 임금 노동에 국한되지 않고 다양한 지적, 문화적, 예술적, 사회적 활동으로 이루어짐.

2. 인지자본주의에서의 노동의 가치

① 노동이 탈영토화, 분산화, 탈중심화되어 사회 전체가 이윤 창출 과정에 포함됨. 관계적, 소통적, 정서적 활동이 가치 추출의 원천.

② 노동이 가치 생산의 모든 활동을 포함하며, 소비와 여가도 포함됨. 네그리와 하트는 이를 지적, 언어적 노동과 정동적 노동으로 구분함.

③ 라자라토(Lazzarato)는 비물질 노동을 상품의 정보적, 문화적 내용을 생산하는 노동으로 정의. 소비자의 활동도 상품의 문화적 내용 생산에 기여.

④ 아비드손(Arvidsson)은 소비를 통해 형성되는 심성적 잉여(ethical surplus)가 브랜드 가치 창출에 기여한다고 주장.

⑤ 가치 개념이 사회적으로 인정된 중요성을 의미하며, 노동시간으로 측정 어려움. 네그리와 하트는 비물질 생산에서 가치이론이 시간량 개념으로 이해될 수 없다고 주장.

⑥ 아비드손(Arvidsson)은 가치가 정치적 투쟁의 산물이며 사회적 구성물로 변화한다고 주장. 인지자본주의의 가치 생산이 소통, 우호 관계, 집단 지성 활용에 의존.

Ⅱ 애딘포메이션(Adinformation): 유용한 광고는 좋은 정보

① 구글의 정동 경제가 광고와 정보가 통합된 애딘포메이션(adinformation)에 기반함. 정보 생산, 유통, 소비에서 형성된 정동을 광고 사업과 연결해 수익 창출.

② 구글의 페이지랭크(PageRank) 기술이 수십억 인터넷 이용자의 정동을 위계적으로 가시화함.

③ 페이지랭크는 웹 페이지로 연결되는 링크의 수와 질을 기준으로 랭킹을 부여하여 정동 목록을 형성. 이를 통해 인터넷을 정동 위계로 전환(Pasquinelli).

Ⅲ 디프라이버싱(Deprivacing): 개인 데이터와 프라이버시의 분리

① 개인 데이터가 구글 정동 경제의 핵심 비물질재이며, 디프라이버싱(deprivacing)은 이를 상품화하는 전략.

② 구글이 사용자 제공 데이터와 사용자 이용 데이터를 수집하며, 전자의 경우 이름, 성별, 주소, 전화번호 등 포함.

③ 사용자 이용 데이터는 기기 데이터, 로그 데이터, 위치 데이터, 애플리케이션 정보, 쿠키와 익명 식별자 등을 포함함.

④ 정동 데이터가 사용자 제공 데이터보다 중요하며, 방대한 행동 패턴 분석을 통해 광고 수익 창출.

⑤ 사용자의 검색 키워드, 페이지 방문 시간, 메시지 교환, 동영상 공유, 광고 클릭 등의 정동 노동 산물을 수집 및 저장하여 맞춤형 광고 자료로 활용.

Ⅳ 무임승차하기(free-riding): 디지털 텍스트의 차별적 공정 이용(fair use)

1. 의의

① 구글의 정동 경제는 이용자-창출 데이터 통제 및 이용자-제작 콘텐츠에 대한 차별적 공정 이용(fair use)에 기반함. 구글은 웹 문서, 뉴스, 지식, 이미지, 지도, 도서, 동영상, 블로그, 게시판 등 저작권 보호 여부와 관계없이 인터넷의 거의 모든 것을 복사, 평가, 순위를 매김. 검색 사업의 필수 요건인 복사는 현존 저작권법과 상충됨.

② 저작권법은 모든 복제를 원칙적으로 불법으로 간주하나, 공정 이용 조항 덕분에 구글의 웹사이트 복사는 합법적 행위로 인정됨. 공정 이용은 공공선을 위한 경우 저작권물의 일부 복사와 배포를 허용하며, 비평, 논평, 보도, 교육, 학술, 연구 목적일 경우 저작권 침해로 간주되지 않음.

③ 구글 검색 엔진은 웹 콘텐츠 복사가 필수적이며, 개별 저작권자로부터 사용 허락을 받는 것은 현실적으로 불가능함. 따라서 검색 서비스는 공정 이용의 한 형태로 이해될 수 있음. 인터넷 검색은 디지털 시대 저작권의 현실적 한계를 반영하며, 웹에서는 모든 것이 복사될 수 있다는 원칙을 형성함. 이는 지적 재산의 소유보다 사용, 독점보다 공유가 강조되는 디지털 네트워크 환경의 일부로 볼 수 있음.

2. 이용자-제작 콘텐츠에 대한 차별적 공정 이용(fair use)

① 공정 이용이 모든 콘텐츠 생산 노동에 균등하게 적용되지 않음. 2002년 구글이 구글 뉴스(Google News) 사업을 시작하자, 에이피(Associated Press) 등 일부 언론사는 저작권 침해를 주장함. 에이피는 구글 뉴스가 기사를 무단 복사하여 제공하며, 이에 대한 라이선스 계약이 필요하다고 주장함. 구글은 공정 이용을 근거로 반박함.

② 구글은 기사 일부 게시 및 출처 링크 제공이 공정 이용에 해당한다고 주장하며, 트래픽 확대 효과를 강조함. 2004년 구글과 에이피, 캐나다 언론 협회, 에이에프피(Agence France-Presse), 영국 언론 협회가 라이선스 계약을 체결하면서 저작권 갈등이 해결됨. 구글은 기사 사용료를 지급하는 대신 기사 게시 권리를 획득하여 공정 이용이 전문 뉴스 생산자에게 적용되지 않음을 보여줌.

③ 공정 이용 원칙은 일반 사용자들의 콘텐츠 제작 노동에는 적용되나, 전문 콘텐츠 생산자의 경우에는 제한됨.

④ 구글 검색은 사용자-제작 텍스트에서 전문-생산 텍스트 및 도서 등으로 정동 경제의 비물질재를 확대하였으며, 공정 이용이 사업 토대로 작용함. 그러나 구

글의 복제 행위가 공정 이용에 해당하더라도 상업적 이익을 취득하는 한 무임승차 논란을 피할 수 없음.

⑤ 구글 서비스는 사용자−제작 콘텐츠 접근을 용이하게 하여 정동 노동의 장을 제공하였으며, 전문적으로 생산된 콘텐츠의 경우 독자의 관심과 호기심 등 정동 정보를 제공하여 수익 창출을 지원함.

⑥ 공정 이용의 효력은 일반 콘텐츠 생산자와 전문 콘텐츠 생산자에게 각기 다르게 작용함. 대다수 네트워크 이용자는 구글이 정동 노동을 통해 창출한 수익에서 몫을 얻지 못하며, 구글의 공정 이용 논리는 완전히 적용됨. 반면, 전문 콘텐츠 생산자는 저작권 압박을 통해 검색 수익의 일부를 공유함.

Ⅴ 안전피난처 활용하기(safe harboring): 사용자−제작 콘텐츠의 전용

① 유튜브 동영상을 활용한 구글의 정동 경제는 디지털 텍스트와 마찬가지로 지적 재산권 체계와 충돌함. 영화사, 음악사, 방송사 등 거대 콘텐츠 벡터 계급은 유튜브에 게시된 불법 동영상이 저작권을 침해한다고 주장하였으나, 유튜브는 '디지털천년저작권법'의 안전 피난처 조항에 따라 별다른 조치를 취하지 않음.

② 안전피난처 조항의 '고지와 삭제' 원칙에 따라, 저작권 침해 게시물을 사후 삭제하는 경우 인터넷 서비스 제공자는 법적 책임을 지지 않음. 인터넷 서비스 제공자는 사전에 저작권 침해를 방지할 의무가 없으며, 구글도 유튜브에서 저작권 위반을 예방하는 조치를 하지 않음.

③ 2007년 3월 비아컴(Viacom)은 구글과 유튜브를 상대로 10억 달러의 저작권 침해 손해배상 소송을 제기함. 비아컴은 16만 건 이상의 자사 프로그램이 유튜브에 불법 게시되었으며, 구글이 이를 방지하지 않았다고 주장함.

④ 소송의 핵심 쟁점은 구글이 중립적 인터넷 서비스 제공자로서 안전피난처 조항 적용 대상이 되는지 여부였으며, 2010년 6월 미국 법원은 구글을 '피난 안전처'로 인정함.

⑤ 법원의 근거는 구글이 특정 저작권물이 허가받은 것인지 여부를 사전에 알기 어렵다는 점, 비디오 공유 사이트가 모든 게시물을 사전 확인하는 것은 법 취지에 어긋난다는 점, 구글이 비아컴의 삭제 요청을 성실히 이행했다는 점 등이었음.

⑥ 사용자 제작 콘텐츠 공유와 인터넷 참여 문화의 활성화를 고려할 때, 콘텐츠 벡터 계급의 지적 재산권 보호 및 유튜브 수익 일부 보전이 이루어졌으나, 일반 이용자의 정동 노동은 보호와 보상을 받기 어려움.

⑦ 유튜브의 저작권 정책에 따르면, 콘텐츠를 업로드하면 유튜브는 콘텐츠를 서비스 제공 및 사업과 관련하여 사용할 권리를 부여받으며, 이는 비배제적, 로열티 없는, 이전 가능한 라이선스로 재라이선스 권리를 포함함.

⑧ 일반 이용자는 콘텐츠 벡터 계급과 달리 창작물에 대한 독점권을 주장할 수 없으며, 유튜브 광고 수익을 공유할 가능성도 거의 없음. 저작권법의 면책 조항은 유튜브 플랫폼 내 인구 유입 및 수익 공유를 촉진하는 수준에서 작용함. 일반 콘텐츠 생산자는 지속적인 저작권 점검을 받아야 하며, 창작물 가치에 대한 통제권을 거의 행사할 수 없음. 공정 이용과 마찬가지로 안전피난처 조항도 지적 재산권을 일정 수준 완화하지만, 콘텐츠/플랫폼 벡터 계급은 이를 관리 및 통제하고 있음.

Theme 112 자유 · 무료 노동: 무료 제공, 사적 전유

Ⅰ 자유 · 무료 노동: 자발적 제공, 자율적 조직

1. 의의

① 네트워크 속 인구들의 다양한 협력 형태는 대부분 자유 · 무료 노동으로 구성됨. 이는 비록 자본−임금노동의 고용 관계 외부에서 이루어짐에도 불구하고, 여전히 가치를 생산하는 인간 활동이기 때문에 노동으로 간주됨.

② 가치 생산이 공장 담벼락을 넘어선 '사회−공장'에서 이루어지는 현대 경제에서 노동은 더 이상 고용 관계의 차원에서만 정의될 수 없음. 또한, 자유 노동은 생산자들이 스스로 원해서 자발적으로 제공한 노동이기 때문에 자유로운 노동으로 정의됨. 자발성은 유튜브, 구글, 페이스북 이용처럼 네트워크 속 인구들의 일상적 · 반복적 활동과 상호작용 그 자체와 긴밀하게 결부된다는 점에서 자연발생적임.

③ 두카티 모터 애호가들이나 프로펠러헤드 이용자들의 사례처럼 특정 대상에 대한 관심이나 가치, 이념 등을 공유하는 공동체적 놀이와 생활양식을 지향하는 경우에도 자연발생적 성격을 가짐. 또한, 특정한 목표 달성 및 프로젝트 수행을 위해 불특정 다수가 혁신적 아이디어를 교환하는 활동에 참여하는 경우에도 상당 부분 자발적 노동으로 볼 수 있음.

2. 자율적 · 탈중심적 자유 · 무료 노동

① 오픈소스 소프트웨어 운동에서 높은 교육 수준과 기술 능력을 가진 소규모 인구집단이 열정적으로 전문 프로젝트를 수행하는 노력도 기술적 완벽성과 전문성에 대한 관심에서 조직된다는 점에서 자발성이 높음.

② 자유 · 무료 노동은 동기의 자발성뿐만 아니라 조직화 방식에서도 자유로운 노동임. 이는 국가의 행정이나 기업의 경영 논리, 위계에서 독립적으로 발생하고 조직됨. 국가와 자본이 미리 계획한 지침에 따라 개인들의 활동을 제한하는 것이 아니라, 개인들이 자율적으로 기존 자원을 자신의 관심과 능력에 따라 자유롭게 사용하고 개조하는 탈중심적 · 분산적 적응 능력 속에서 실현됨.

③ 자유 · 무료 노동의 자율적 · 탈중심적 성격은 인지자본주의 자본의 성격에 변화를 초래함. 이는 현대 자본의 경영 기능을 생산의 외부적 요소로 만들고, 자본의 지대적 성격을 강화함. 인지자본주의 기업들은 자유 · 무료 노동 결과물을 전유할 수 있는 토대를 노동이 이루어지는 플랫폼 소유권에서 찾을 수 있음. 기업은 콘텐츠를 직접 생산하지 않거나 사용자들의 콘텐츠 생산에 개입하지 않으면서도 플랫폼을 소유하고 지배함으로써 가치와 부를 전유하는데, 이는 지대 수익과 유사한 성격을 가짐.

Ⅱ 자유 · 무료 노동: 무료 제공, 사적 전유

1. 의의

① 자유(free) 노동은 노동 생산자들이 거의 물질적 · 금전적 보상을 받지 못한다는 점에서 무료(free) 노동임. 따라서 착취 문제가 제기됨.

② 인지자본주의 착취 문제는 사회적 생산물의 사적 전유 관점에서 이해되나, 자유 · 무료 노동의 자발적 성격이 전통적인 착취 개념과 부합하지 않는다는 점에서 논란이 존재함.

③ 안드레예비치(Andrejevic)에 따르면, 일반적으로 착취는 강제된 노동, 잉여 노동, 비지불 노동을 의미하나, 자유 · 무료 노동은 강제된 노동으로 보기가 어려움. 페이스북 이용, 나이키 브랜드 가치 상승 기여, 기업 공모전 참가 등이 강제되지 않았기 때문에 착취로 간주하기 어렵다는 관념이 일반적임.

2. 자유 · 무료 노동의 강제적 성격

① 강제는 총과 칼로 위협하는 방식뿐만 아니라 특정한 선택을 하도록 만드는 사회관계 속에 존재함(Andrejevic). 따라서 사회관계망 사이트 이용이나 브랜드 상품 구매 행위도 사회적으로 강제된 것으로 볼 수 있음.

② 전통적 작업장에서 노동 강제성은 고용계약을 통해 노동자의 노동과 생산물이 기업주에게 귀속됨으로써 명확해짐. 인터넷 사이트 이용약관 동의로 이용자가 생산한 콘텐츠의 통제권과 소유권이 사이트 소유주에게 귀속되므로, 인터넷 플랫폼 이용 역시 강제성을 가짐. 약관에 동의하지 않으면 플랫폼 이용이 불가능하다는 점에서 디지털 사회관계 속 자유 · 무료 노동의 강제성이 존재함.

3. 자유 · 무료 노동의 착취적 성격

① 자유 · 무료 노동이 다양한 비물질적 보상을 받는다는 인식은 인지자본주의 착취 논란을 더욱 복잡하게 만듦. 많은 사람들은 자유 · 무료 노동이 정보 획득, 자아 표현, 자기 성취, 사회적 관계 확장, 평판 구축 등의 비물질적 보상을 받는다고 생각함.

② 웹 2.0 플랫폼 기업들은 이용자의 활동이 충분히 비물질적으로 보상받고 있음을 강조함. 구글, 유튜브, 페이스북 등은 플랫폼 이용이 동료 인정과 평판 자본 형성으로 이어진다고 주장함.

③ 심지어 물질적 보상은 혁신적 자유 · 무료 노동의 내적 동기를 약화시키는 역효과를 낳는다고 주장됨. 여가 활동은 금전적 보상이 없는 상황에서 더 많은 시간과 노력을 투입하는 경향이 있음.

④ 웹 2.0 자본은 물질적 보상이 혁신 활동의 내적 동기를 약화시키므로 자유 · 무료 노동의 무보상을 정당화함.

⑤ 웹 2.0 자본의 비판가들은 자본주의 상품화 논리를 내면화하는 위험을 들어 물질적 보상을 반대함. 헤스몬달그(Hesmondhalgh)는 부불노동이 착취로 간주되더라도 이를 자본주의적 지불노동으로 해결할 수 없으며, 새로운 지적 재산권 체제를 통해 해결해야 한다고 주장함.

Ⅲ 시장주의적 보상: 소액 결제

1. 의의

① '소액결제' 시스템은 디지털 네트워크에서 무료로 제공되는 정보, 지식, 문화의 유료화뿐만 아니라, 비물질재 가치 생산에 기여한 모든 사람들에 대한 정당한 화폐 보상까지 포함하는 개념.

② 래니어(Lanier)에 따르면, 무료 온라인 경험을 원하는 감성이 정보 경제에서 다수의 가치를 감소시키는 현상을 초래함. 이에 따라 정보의 유료화와 화폐화를 뒷받침하는 시스템 도입 주장.

③ 자유 · 무료 정보 개념은 플랫폼 벡터 계급이 이용자의 무료 노동을 통해 경제적 수익을 독점하는 장치로 기능. 정보의 자유와 무료는 현실적으로 존재하지 않음.

④ 보통 사람들이 창출한 데이터와 정보도 정당한 화폐적 보상을 받아야 하며, 이를 위해 소액 결제 시스템 도입이 필요함. 정보 경제 발전을 위해 네트워크상의 모든 정보에 가치를 부여하는 것이 중요함.

⑤ 예시: 디지털 네트워크에서 외국어 번역 기여 시 자동 번역 알고리즘 제공 기업이 해당 기여자에게 소액 결제 지급, 온라인 결혼정보회사를 통한 데이터 제공자 보상, 디지털 콘텐츠의 부분 재사용 시 보상.

⑥ 위키피디아 기사 작성자들에게도 소액 결제 제공 가능. 정보의 화폐화 및 소액 결제 시스템 도입이 지속 가능한 정보 경제의 거래 모델 확립에 기여할 것으로 전망. 보편적 소액 결제 시스템이 새로운 중간계급 형성에 기여할 것이라는 래니어의 주장.

2. 콘텐츠 벡터와 플랫폼 벡터 계급의 웹 콘텐츠 유료화 전략

① 래니어의 시장주의적 보상 방안과 콘텐츠 벡터 및 플랫폼 벡터 계급이 주도하는 웹 콘텐츠 유료화 전략이 동일한 논리를 공유함.

② 콘텐츠 벡터 계급의 주장대로 언론사 및 출판사의 웹 콘텐츠 유료화가 필요하다면, 일반 웹 사용자들의 콘텐츠도 유료화해야 한다는 논리 가능.

③ 신문사 및 언론사의 콘텐츠 벡터 계급은 무료 공급 정책을 원죄 또는 중대한 판단 착오로 간주. 광고 수익 모델이 존재하더라도 저작권 포기는 아님.

④ 콘텐츠 유료화가 실행되지 않으면 콘텐츠 희소성 유지 불가능. 무료 제공 시 희소 상품 가치 상실. 복잡한 지불 절차가 소액 결제 시스템 정착을 저해하는 요소로 작용.

⑤ 일부 언론사는 소액 결제 대신 계량 지불벽 모델(metered paywalls)을 도입하여. 뉴욕 타임즈와 파이낸셜 타임즈처럼 월간 무료 기사 제한 후 추가 기사 열람 시 구독료를 요구함.

⑥ 계량 지불벽은 소액 결제보다 정교한 유료화 모델이지만, 디지털 뉴스의 무료화 흐름을 막기 어려움. 그럼에도 불구하고, 소액 결제는 여전히 온라인 콘텐츠 구매 및 판매에 적용 가능.

⑦ 벡터 계급은 개별 소비자들이 온라인 뉴스, 사진, 비디오, 팟캐스트 등의 소비 시 디지털 지갑 등을 통해 비용을 지불하도록 유도. 구글 지갑(Google Wallet)이 새로운 대안으로 주목받고 있음.

3. 온라인 데이터 시장 데이터쿠프(Datacoup)

① 개인들이 자신의 사회 연결망 활동, 신용카드 사용 내역 등 개인 데이터를 정보 중개업자에게 월 최대 8달러를 받고 판매할 수 있도록 하는 데이터 시장.

② 데이터쿠프는 개인 데이터를 수집하여 인구집단의 행동 트렌드를 분석하고, 정보 중개업자 및 광고주에게 결과물을 판매하여 수익 창출.

③ 이러한 사례들은 디지털 네트워크에서 자유·무료 노동에 대한 직접적 화폐 보상을 실행하는 사업 모델로 분류됨.

④ 플랫폼 벡터 계급이 무료 서비스나 쿠폰 제공을 통해 이용자 데이터를 독점하는 것에 대한 비판과, 이용자가 자신의 데이터를 활용하여 수익을 창출할 수 있어야 한다는 논리에 근거함.

4. 소액 결제 시스템의 한계

① 콘텐츠 벡터 계급의 방안은 콘텐츠 희소성 담보가 거의 불가능하다는 근본적인 한계를 가짐.

② 일부 플랫폼 벡터 계급이 사용자 콘텐츠 및 데이터에 물질적 보상을 약속하는 긍정적 측면이 있으나, 기여 평가의 객관성과 정당성 문제를 해결하지 못함.

③ 래니어의 주장은 소액 결제 시스템이 모든 플랫폼 이용자의 활동을 감시하는 고도화된 감시 시스템을 전제로 함. 이는 실현 가능성과 프라이버시 보호 측면에서 한계를 가짐.

④ 거래 및 상호작용 과정에서 생성된 정보와 데이터에 대한 보상을 개별적 교환 관계 안에서 실행하려는 시장주의적 관점이 실현 가능성을 저해하는 원인. 공통적·사회적 보상 방안을 모색해야 문제 해결 가능.

Ⅳ 사회적·공통적 보상: 보편적 기본 소득

1. 의의

사회적·공통적으로 생산된 가치의 정당한 화폐적 보상 방안으로 보편적 기본 소득을 고려할 필요성.

2. 복지국가

(1) 노동 탈상품화 및 소득 보장

모든 복지국가는 노동 시장 변동 의존도를 줄이며, 노동의 탈상품화 및 비노동 기간 소득 보장.

(2) 복지국가 정당성 확보

① 높은 근로의욕을 통한 재정 마련 필요.

② 모든 근로 가능자가 노동하며, 어려운 계층만 공적 이전 수급.

(3) 북유럽 복지국가 사례

① 생산가능연령 성인 노동 의무.

② 높은 취업률 유지로 복지 재정 충당 가능.

3. 기본 소득의 특징

(1) 무조건적 기본 소득(UBI) 도입 제안

  일부 학자들은 모든 국민 대상 UBI 제안.

(2) 기본 소득의 보편성과 개인 단위 지급

  ① 근로 여부와 관계없이 지급.

  ② 자산조사형 급여보다 높은 수급률 보장.

  ③ 가구별 소득이전 시 동거 여부 확인 어려움.

  ④ UBI는 불필요한 절차 감소 위해 개인 단위 지급.

4. 기본 소득의 목적 및 전제

  ① 기존 소득보장제도 대체.

  ② UBI 재정 마련을 위한 기존 소득보장제도 폐지 필요.

5. 기본 소득의 종류

(1) 고전적 자유주의

  ① 역소득세(negative income tax)

  ② 상대적 빈곤선 이하 계층 대상 소득세 면제 및 차액 보전

(2) 사회민주주의

  ① 보장 소득(guaranteed income)

  ② 실업자 및 빈곤층 대상 소득 연속성 보장

(3) 급진주의

  ① 보편적 기본 소득(universal basic income)

  ② 성별, 직업, 소득 무관 일정 소득을 정부로부터 무조건 지급

6. 보편적 기본 소득의 정당화 근거

(1) 사회적 가치와 부의 공정한 분배

  페인(T. Paine), 더글러스(C. Douglas), 반 파리아스 (P. Van Parijs), 고르즈(A. Gorz) 등의 주장.

(2) 경제적 부와 가치의 사회적 협력 기반 생산

  ① 개인의 노동 성과가 아닌 사회적 협력의 결과로 이해.

  ② 모든 개인이 공통 자원 활용 권리 보유.

(3) 공동체 문화적 유산으로서 기술과 지식

  ① 인류 공동체의 문화적 상속인으로서 배당 권리 보유.

  ② 천연 자원 및 공공 산업에서 창출된 부가 기본 소득 으로 환류 필요.

7. 기본 소득의 한계

  ① 경제 성장, 빈곤 완화, 소외계층 탈상품화, 개인 자유 확대 등 기대.

  ② 지속가능한 대안으로 평가되나 실현 가능성 논란.

8. 인지자본주의와 보편적 기본 소득

(1) 생산 방식의 변화

  ① 정보 · 지식 · 문화 중심 비물질재 생산.

  ② 네트워크 속 협력을 통한 생산 확대.

(2) 노동 시장 변화

  ① 전통적 기업 중심 부 생산 감소.

  ② 사회적 협력 기반 부 생산 증가(Boutang).

(3) 인지자본주의의 내재적 불확실성

  ① 정보 · 지식 · 문화의 공공재적 성격.

  ② 디지털 정보 기술 발전으로 사적 소유권 무력화 가능.

  ③ 공통 의견 형성에 따른 가치 유동성 및 불안정성 증가.

  ④ 고용 유연화, 정규 고용 약화, 노동시장 분절화.

9. 자유 · 무료 노동에 대한 사회적 보상

(1) 보편적 기본 소득의 역할

  지식과 혁신 창출 능력 제고(Lucarelli and Fumagalli).

(2) 기본 소득과 소액 결제 시스템 차이

  개인별 산출 대비 보상이 아닌 사회적 공통 생산 가치 인정.

(3) 비물질재 가치 생산과 자유 · 무료 노동 인정

  ① 네트워크 속 인구들의 폴리네이션(受粉) 가치 인정 (Boutang).

  ② 브랜드, 지적 재산권, 플랫폼 경제에서 자유 · 무료 노동의 역할.

10. 보편적 기본 소득의 재원

(1) 자본의 불로소득 과세 필요

  부동산 및 금융지대 과세.

(2) 주요 재원 조달 방안(Lucarelli and Fumagalli)

  ① 물질 및 비물질 지대 과세.

  ② 투기적 금융 거래에 대한 토빈세.

  ③ 지적 재산권 지대 과세.

  ④ 교육 및 네트워크 외부성 이용 과세.

  ⑤ 사업 건물 누진세 부과.

  ⑥ 해외 직접투자 과세.

(3) 공통적 · 사회적 가치와 부의 공정한 재분배 방안

  불공정성 교정 및 인지 경제 발전 위한 투자 촉진.

I 의의

① 클라우드 컴퓨팅은 인프라, 플랫폼, 소프트웨어 등의 컴퓨터 네트워킹 서비스가 막대한 데이터 저장과 연산과 네트워킹 성능을 갖춘 소수 컴퓨터에 의해 제공되는 시스템을 의미함.

② 기존의 다수의 개인 및 국지적 컴퓨터 기기와 서버 대신, 소수의 중앙 컴퓨터와 서버가 글로벌 컴퓨팅 및 네트워킹의 대부분의 서비스를 담당하는 시스템임. 클라우드에 연결된 클라이언트(Client) 컴퓨터는 강력한 하드웨어나 다양한 소프트웨어 및 안정적인 서버를 구축하지 않고도 클라우드 기기를 자신의 컴퓨터에 설치된 것처럼 사용할 수 있음.

③ 클라이언트 컴퓨터의 하드 드라이브는 클라우드 드라이버가 되고, 소프트웨어는 클라우드 웨어가 됨. 이로 인해 클라이언트들은 스마트폰, 태블릿, 음원 플레이어, 전자책 단말기(ebook reader) 등과 같은 약한 클라이언트(thin clients)로 대체됨.

심층 연계 내용 온프레미스(on - premise)

온프레미스는 소프트웨어 등의 솔루션을 클라우드 같은 원격 환경이 아닌 자체적으로 보유한 전산실 서버에 직접 설치하여 운영하는 방식임. 온프레미스는 초기 투자 비용이 많이 들며, 용량 확장과 축소가 용이하지 않음. 서버 최대 용량을 산정하여 구축하기 때문에 자원 낭비 요소가 존재함.

II 클라우드 컴퓨팅의 장점

① 클라우드 컴퓨팅은 방대한 데이터 저장 및 컴퓨팅과 관련된 디지털 생산 수단을 저렴한 비용으로 제공하여 수많은 사용자들이 활용할 수 있도록 함.

② 강력한 컴퓨팅 성능과 저장 공간을 제공하여 일반 사용자가 언제 어디서든 데이터를 손쉽게 열람할 수 있도록 함. 또한, 소규모 신생 기업들이 자체 인프라 구축 없이 클라우드 컴퓨팅 제공자로부터 서비스를 임대하여 초기 투자 부담을 줄이고 즉시 사업을 시작할 수 있도록 지원함.

III 클라우드 컴퓨팅 서비스 유형

1. SaaS(Software as a Service)

① 클라우드 환경에서 운영되는 애플리케이션 서비스로, 소프트웨어를 구입하여 설치하지 않고 웹에서 소프트웨어를 빌려 사용하는 방식임.

② SaaS의 대표적 사례로 웹메일 서비스가 있으며, 사용자는 별도 소프트웨어 설치 없이 웹사이트에서 로그인하여 이용 가능함. 네이버 클라우드, 드롭박스 등도 SaaS에 해당하며, 인터넷 접속만으로 주요 기능 사용이 가능함.

2. PaaS(Platform as a Service)

PaaS는 소프트웨어 서비스 개발에 필요한 플랫폼을 제공하는 서비스임. 사용자는 PaaS에서 제공하는 서비스를 선택하여 애플리케이션을 개발할 수 있으며, PaaS 운영 업체는 API를 제공하여 개발자의 소프트웨어 개발을 지원함. PaaS는 레고 블록을 조합하는 방식과 유사함.

3. IaaS(Infrastructure as a Service)

① IaaS는 인터넷을 통해 서버 및 스토리지 등의 데이터 센터 자원을 빌려 사용할 수 있는 서비스임. 사용자는 데이터센터를 직접 구축하지 않고 클라우드 환경에서 필요한 인프라를 선택하여 활용할 수 있음.

② IaaS의 대표적 사례로 넷플릭스가 있으며, 자체 데이터센터 구축 대신 아마존웹서비스(AWS)의 IaaS 서비스를 이용하여 전 세계적으로 빠른 서비스를 제공함. IaaS는 필요에 따라 몇 분 또는 몇 시간 내에 인프라를 구축할 수 있으며, 기존 데이터센터 환경에서는 서버 및 스토리지 추가에 며칠 또는 몇 주가 소요될 수 있음.

4. 각 서비스의 비교

SaaS는 완성된 레고 모형, IaaS는 레고 공장, PaaS는 레고 블록에 비유될 수 있음. PaaS 서비스 업체는 개발자에게 레고 블록을 제공하며, 개발자는 이를 활용하여 자신만의 소프트웨어(SW)나 서비스를 제작할 수 있음. PaaS를 이용하면 개발자는 직접 블록을 설계할 필요 없이 필요한 블록을 선택하여 비용을 지불하고 사용할 수 있음.

IV 클라우드 서비스

1. 의의

① 클라우드 서비스(cloud service)에 대한 대중적 인식은 자료 및 프로그램 저장과 인터넷을 통한 활용 기술로 한정되는 경우가 많으나, 이는 클라우드가 제공할 수 있는 기능 중 일부에 불과함.

② 클라우드(cloud)라는 단어가 컴퓨팅에 사용된 이유는 눈으로 보이지만 손에 잡히지 않는 컴퓨팅의 특성을 반영함. 물리적 컴퓨터 없이도 사용자에게 컴퓨터를 사용하는 것과 같은 환경을 제공함.

③ 사용자는 필요한 자원을 클라우드에 요청하여 사용하며, 물리적 컴퓨터를 직접 구성하거나 구매할 필요가 없음. 요청 가능한 자원에는 하드디스크, 그래픽 카드, 메모리, 네트워크, 운영체제, 프로그램 등이 포함됨.

④ 가상화(virtualization) 기술을 활용하여 다수의 사용자가 각자 전용 컴퓨터를 사용하는 것처럼 느끼도록 설계됨.

2. 클라우드 서비스가 가능하기 위한 네 가지 조건

(1) 자원의 통합 관리

① 클라우드는 이기종 자원(운영 체제, CPU, GPU 등의 차이를 포함)을 통합하여 관리해야 함.

② 가상화 기술을 통해 복잡한 자원 관리 과정을 사용자로부터 숨김으로써 사용자 편의성을 제공함.

(2) 탄력성

탄력성(elasticity)은 사용자 수 증가에 따라 서버 수를 확대하고, 수요 감소 시 축소하는 방식으로 자원을 탄력적으로 조절하는 능력을 의미함.

(3) 페이고 원칙(pay as you go)

사용자가 소비한 자원만큼 요금을 지불하는 방식으로 운영됨.

(4) 가용성(availability)

① 사용자가 원하는 때에 서비스가 제공될 수 있도록 보장해야 함.

② 데이터 저장 장치의 장애 발생 시, 여러 곳에 복제된 데이터를 활용하여 지속적인 서비스 제공이 가능하도록 구성해야 함.

Ⅴ 중심화된 웹으로서의 클라우드 컴퓨팅

① 클라우드 컴퓨팅은 초기 인터넷의 수평적, 탈중심적 구조를 중앙집중화된 형태로 변화시킴. 컴퓨팅 및 네트워킹 자원이 특정 핵심 노드에 집중됨.

② 구글, 아마존, 페이스북 등의 소수 기업이 클라우드를 소유하고 통제하며, 네트워크 자원의 이용 가능성과 방식까지 결정하는 권력을 가짐.

③ 클라우드 컴퓨팅은 프라이버시 침해, 단일 장애 지점(single point of failure), 정부 감시 및 외부 공격 취약성과 같은 문제를 내포함.

Ⅵ 클라우드 자본과 일반 인터넷 이용자들 사이의 권력 불평등 문제

1. 의의

클라우드 자본(하드웨어, 소프트웨어, 콘텐츠, 데이터 등 디지털 생산수단을 소유)과 일반 인터넷 이용자 간 권력 불평등이 주요 사회 문제로 대두됨.

2. 지적 재산권, 프라이버시, 자유노동에서의 불평등

① 클라우드 컴퓨팅은 소프트웨어와 콘텐츠를 스트리밍 방식으로 제공하여 사용자 기기에 영구 저장되지 않도록 설계됨.

② 대부분의 소프트웨어와 콘텐츠가 클라우드 서버에서 실행되며, 모든 사용 데이터가 서버에 저장됨. 이에 따라 지적 재산 공유가 제한되고, 벡터 계급의 지적 재산권 독점이 강화됨.

③ 클라우드 자본은 사용자 데이터를 수집하고 네트워크 트래픽을 감시하며, 프라이버시 침해 및 보안 취약성을 초래함.

④ 클라우드 자본의 중앙 통제력은 네트워크 이용자를 '단말점(terminality)'으로 전락시키며, 이용자는 클라우드 자본이 제시하는 기술 및 법률 프로토콜을 수용해야만 함.

⑤ 클라우드에 저장된 네트워킹 데이터 및 콘텐츠의 소유권과 통제권이 클라우드 자본에게 있으며, 사용자의 자유노동이 생산한 데이터 및 콘텐츠를 클라우드 자본이 사적으로 전유함.

Ⅶ 해결 방안

1. 의의

클라우드 컴퓨팅의 문제 해결 방안으로 법률 환경 개선, 공공 클라우드 구축, 피투피 네트워크 대체 등이 논의됨(Lametti).

2. 클라우드 시스템의 법률 환경 개선 방안

① 클라우드 자본의 독점적 시장 행위를 제한하고, 프라이버시 보호 및 사용자 권리 강화를 위한 법률 제정 및 강화 필요(Lametti).

② 클라우드 자본 간 경쟁을 촉진하여 사용자의 권리를 증진하고, 개방적 클라우드 시스템을 유도함.

3. 공공 클라우드 구축 방안

① 대학 및 정부 기관이 운영하는 공공 클라우드를 구축하여 보다 개방적이고 접근 가능한 인터넷 및 클라우드 환경 조성 필요.

② 공공 클라우드는 오픈소스 운동과 결합하여 공공 도메인을 보호하고, 지식 공유지(commons) 창출의 핵심 역할을 수행해야 함(Lametti).

4. 피투피 네트워크로 클라우드 시스템 자체를 대체하는 방안

① 기존 법률 환경 개선 및 공공 클라우드 구축과는 달리, 피투피 네트워크는 클라우드 시스템 자체를 근본적으로 대체하는 프로젝트로 간주됨.

② 법률 환경 개선과 공공 클라우드 구축은 여전히 강력한 중심 단위를 전제하며, 기존 중앙집중형 클라우드 문제를 해결하기 어려운 한계를 가짐.

③ 피투피 네트워크는 이용자 간 직접적이고 분산적인 통신을 가능하게 하여 인터넷 지배 구조를 변화시키고, 사용자의 데이터 및 콘텐츠 통제권을 강화하는 방안으로 평가됨.

Theme 114 탈중심화하는 웹(피투피 네트워킹)

Ⅰ 의의

① 피투피 네트워킹은 클라우드 컴퓨팅을 대체하여 보다 안전하고 공정하며 평등한 사회관계를 형성하는 주요 기술로 주목받는 기술 기반임.

② 단순한 클라우드 사용자의 프라이버시 보호 차원을 넘어, 재화 및 서비스의 대안적 재구성을 추구하는 지속 가능한 정치경제학 모델의 기반이 될 수 있음.

③ 클라우드 자본과 국가 감시 기구의 프라이버시 침해보다 본질적인 문제로, 사용자들의 콘텐츠 및 데이터 소유권과 가치에 대한 정당한 보상의 문제를 제기함.

Ⅱ 동료 간 네트워크와 서버-클라이언트 네트워킹

1. 의의

동료 간 네트워크는 참가자들이 컴퓨팅 및 네트워킹에 필요한 자원을 서로 공유하는 통신 네트워크로, 개별 피어들이 서버와 클라이언트의 기능을 동시에 수행함.

2. 서버-클라이언트 네트워크

① 고도의 실행력을 갖춘 하나의 서버와 낮은 실행력을 지닌 다수의 클라이언트들로 구성됨.

② 서버는 등록된 클라이언트들에게 모든 콘텐츠와 서비스를 제공하는 유일한 중앙 단위 역할을 수행함.

③ 클라이언트는 자신이 가진 자원을 네트워크에 제공하지 않고, 서버에게 콘텐츠와 서비스 실행을 요청하는 구조를 가짐.

3. 피투피 네트워크

① 피어들이 자신의 하드웨어 자원(중앙처리능력, 저장공간, 네트워크 연결, 광대역, 콘텐츠, 프린터 등)을 다른 참가자들과 공유하며, 전체 네트워크의 서비스 및 콘텐츠 생산에 협력함.

② 피어들이 제공한 자원은 제삼자의 매개 없이 모든 피어들이 직접 접근할 수 있음.

③ 네트워크 참가자는 서비스 및 콘텐츠의 제공자이자 요청자로 기능함.

Ⅲ 분산 네트워크와 탈중심 네트워크

1. 의의

① 피투피 네트워크는 반드시 분산(distributed) 혹은 탈중심(decentralized) 네트워크와 동일한 개념이 아님.

② 네트워크의 유형은 각 노드가 중심 단위 및 개별 노드와 맺는 관계의 성격에 따라 구분됨.

③ 아이옵셔(ioptio)에 따르면, 분산 네트워크는 모든 노드들이 단일 중심으로만 연결되지 않고 서로 직접 연결될 수 있다는 점에서 중심화된(centralized) 네트워크와 구분됨.

2. 분산 네트워크

① 노드들이 각자의 활동 결과를 더 높은 컴퓨팅 성능을 지닌 중앙 서버 관리자에게 보내는 경우, 분산 네트워크는 서버-클라이언트 요소를 포함하게 됨.

② 따라서 분산 네트워크는 중심 단위를 갖지 않는 탈중심 네트워크와 구분됨.

③ 모든 탈중심 네트워크는 분산 네트워크로 간주될 수 있으나, 모든 분산 네트워크가 탈중심 네트워크라고 할 수는 없음.

3. 탈중심 네트워크

① 탈중심 네트워크는 단일 중심을 가지지 않지만 다수의 허브를 가질 수 있으며, 허브는 일반 노드보다 높은 컴퓨팅 및 호스팅 성능을 보유한 백본(backbone) 노드 역할을 수행함.

② 탈중심 네트워크와 피투피 네트워크는 구별되는데, 피투피 네트워크에서는 피어 간의 통신 및 조율을 위한 중심이나 허브가 존재하지 않으며 모든 피어들이 동등한 위치를 가짐.

③ 따라서 모든 피투피 네트워크는 탈중심 네트워크로 분류될 수 있으나, 모든 탈중심 네트워크가 피투피 네트워크라고 할 수는 없음.

Ⅳ 피투피 네트워크

1. 의의

피투피 네트워크는 탈중심 네트워크나 분산 네트워크와 개념적으로 구분되나, 실제로 많은 피투피 네트워크가 피어들의 네트워크 등록과 검색을 위해 중심 서버나 백본 노드에 의존하는 경우가 있음. 이에 따라 피투피 네트워크는 혼합형과 순수형으로 구분됨.

2. 혼합형 피투피 네트워크

(1) 개념

피어들의 네트워크 등록과 검색을 위한 중심 단위를 지닌 피투피 네트워크를 의미함.

(2) 사례

① 2000년대 초반의 냅스터(Napster)

피어들이 직접적으로 서로의 기기에서 파일을 주고받지만, 공유 파일의 인덱스는 냅스터의 중앙 서버에 저장됨.

② 2014년 이전의 스카이프(Skype)

네트워크 등록과 피어 검색을 위한 중심 서버를 운영하여 혼합형 피투피 네트워크에 속함.

(3) 특징

① 단일 장애 지점과 병목 효과 문제에서 자유롭지 못함.

② 분산적이지만 탈중심적이지 않음.

③ 중앙 서버 없이 다수의 울트라 피어들이 주변 피어들과 연결되어 전체 네트워크의 데이터와 콘텐츠 디렉터리를 제공하는 경우도 존재함.

④ 디렉터리를 제공하는 노드들이 다양하여 단일 권위 구조에 덜 의존하는 시스템임.

3. 순수형 피투피 네트워크

(1) 개념

그 어떤 피어의 탈각도 전체 네트워크 서비스에 장애를 초래하지 않는 네트워크를 의미함.

(2) 특징

① 데이터와 콘텐츠 디렉터리를 제공하는 중앙 혹은 허브 단위가 존재하지 않음.

② 개별 피어들이 네트워크 내 다른 피어들과 직접 연결되어 전체 네트워크의 데이터와 콘텐츠를 공유함.

(3) 사례

블록체인(Blockchain)이 네트워크 등록이 필요 없고 누구나 자유롭게 접근할 수 있는 순수형 피투피 네트워크의 대표 사례임.

Ⅴ 피투피 네트워크와 지적 재산권 제도의 충돌

① 냅스터 사례에서 보듯이 피투피 네트워킹은 참가자 간 직접적인 파일 공유를 목적으로 하여 지적 재산권 제도와 충돌이 발생함.

② 피투피 파일 공유 네트워크는 해커 계급과 콘텐츠 벡터 계급 간 지적 재산 공유 및 독점을 둘러싼 논쟁의 중심이 되었음.

③ 1990년대까지의 비상업적 개인 음악 복제 관행에 기반하였으나, 결과적으로 지적 재산권법 강화와 카피레프트(copyleft) 운동을 촉진하는 양면적 효과를 초래함.

Ⅵ 피투피 네트워크의 공개 열쇠 암호화 (public key encryption) 방식

① 피투피 네트워크는 디지털 콘텐츠 공유를 넘어서 클라우드 자본에 집중된 데이터 및 콘텐츠 통제권을 개별 이용자에게 탈중심화하는 시스템으로 발전함.

② 현대의 피투피 네트워크는 데이터 및 콘텐츠를 작은 조각으로 분할하고 암호화하여 네트워크에 배포하는 방식을 채택함.

③ 공개 열쇠(public key)와 조응하는 개인 열쇠(private key)를 보유한 피어만이 암호화된 메시지를 해독할 수 있도록 설계됨.

④ 공개 열쇠 암호화 방식은 이용자의 프라이버시 보호 및 개인 데이터 통제권 회복에 중요한 역할을 수행함.

Ⅶ 네트워크 속 자유노동에 대한 보상

① 피투피 네트워크는 사용자 데이터 및 콘텐츠를 단순한 개인정보 보호 차원을 넘어, 생산자 자신에게 화폐 형태로 보상하는 대안 경제 모델로 해석될 수 있음.

② 비트코인(Bitcoin), 세이프코인(Safecoin), 에이엠피(AMP) 등의 암호화폐는 사용자들이 네트워크 가치 생산에 기여한 요소(컴퓨터 중앙처리 장치, 저장 공간, 광대역, 온라인 시간, 글, 사진, 동영상 등)에 대해 적절한 화폐 보상을 제공함.

③ 이러한 보상 구조는 현재 클라우드 자본에 집중된 부와 가치의 탈중심화를 촉진하는 주요 수단으로 작용함.

I 피투피 파일 공유 네트워크의 등장

① 피투피 네트워크의 기원은 초기 인터넷과 대화방 (Internet Relay Chat), 유즈넷(Usenet), 월드와이드웹(WWW)까지 거슬러 올라감.

② 클라이언트–서버 방식과 구별되는 분산 컴퓨팅 모델로 인식되기 시작한 것은 1999년 냅스터(Napster) 등장 이후임.

③ 냅스터는 특정 중앙 서버가 아닌 다른 피어의 컴퓨터에서 직접 음악 파일을 다운로드할 수 있도록 하여 이용자 수가 급증함. 개인 간 직접적인 컴퓨터 통신이 서버 중심 모델보다 효율적이고 평등한 네트워킹 및 컴퓨팅 방식이 될 수 있음을 인식시킴.

④ 린드와 비어(Lind and Beer)는 냅스터로 인해 피투피 파일 공유 기술 발전, 사용자들의 암묵적 지식 및 온라인 습관이 정보재의 생산, 판촉, 면허, 배포 방식과 정보재 판매 기업의 지배에 변화를 초래했다고 주장함. 2001년 미국 법원의 냅스터 폐쇄 결정은 피투피 네트워크의 존재를 전 세계적으로 알리는 계기가 됨.

⑤ 냅스터는 피투피 네트워크를 인터넷 이용자들의 대안 네트워킹 기술로 부상시키는 동시에, 파일 공유를 위한 시스템으로 인식되도록 함.

II 콘텐츠 벡터 계급의 견제와 공격

① 지적재산권을 기반으로 독점 지대 수익을 누려온 콘텐츠 벡터 계급은 냅스터를 심각한 도전으로 간주함.

② 냅스터 이후 그누텔라(Gnutella), 그누텔라2 (Gnutella2), 카자(Kazaa), 이덩키(eDonkey), 그록스터(Grokster), 비트토렌트(BitTorrent), 파이리트 베이(The Pirate Bay) 등의 피투피 네트워크가 등장함. 대부분 음악, 영화, 방송 파일의 대중적 공유를 목적으로 함.

③ 공유된 파일 중 지적재산권법이 허용하는 것도 있었으나, 피투피 네트워크는 거대 벡터 계급의 집중적 견제와 공격 대상이 됨.

④ 동료 간 네트워크에서 불법 파일 공유가 발생할 경우, 개별 노드들의 지적재산권법 위반으로 이어지며, 일반 이용자들이 저작권 침해 소송에 휘말리는 경우가 빈번함.

⑤ 대다수 피투피 네트워크는 이용자들의 저작권법 위반을 대리하거나 기여했다는 이유로 법원의 폐쇄 결정을 받음.

⑥ 디지털 네트워크를 통한 저작권물 복제 및 배포가 가정용 음악 테이프 복제처럼 저작권 위반 대상이 될 수 없고, 비영리적 사용은 '공정 이용(fair use)'에 해당할 수 있으며, 인터넷 서비스 제공자를 위한 '안전 피난처(safe harbor)' 조항이 적용될 수 있다는 논리는 법원에서 인정받지 못함.

⑦ 콘텐츠 벡터 계급은 피투피 네트워크가 파일 보유 목록과 검색 결과를 제공하는 서버를 운영하는지 여부에 집중함.

⑧ 냅스터는 피어들의 파일 리스트와 검색 결과를 제공함으로써 저작권 침해에 기여한 책임을 면하기 어려웠음.

⑨ 비트토렌트(BitTorrent)는 파일을 암호화된 조각으로 나누어 배포하며, 다운로드한 사람이 새로운 원천이 되는 방식으로 파일 전송 효율성을 극대화함. 이에 따라 일부 콘텐츠 자본은 비트토렌트를 독점 지대 수취의 효과적 수단으로 활용함.

⑩ 그러나 비트토렌트 네트워크 역시 저작권 분쟁에 연루됨. 비트토렌트 트래커가 중앙 서버 역할을 하여 저작권 침해를 유도하는 것으로 간주됨.

III 분산 해시 테이블

① '파이리트 베이(The Pirate Bay)'는 지적재산권법을 거부하고 정부 감시를 우회하는 다양한 방법을 통해 저작물 공유를 지속함. 또한, 트래커를 대체하는 분산 해시 테이블(Distributed Hash Table, DHT) 기술을 도입하여 저작권 소송 회피 가능성을 높임.

② 분산 해시 테이블은 피투피 네트워크에서 중앙 집중적 요소를 제거하는 중요한 기술로, 파일 정보 및 피어 리스트를 특정 중앙 서버에 저장하지 않고 네트워크 전체에 탈중심적으로 배포하며 자동 업데이트함.

IV 일반 공중 라이선스(General Public License)

① 피투피 파일 공유 네트워크는 지적재산권 제도를 내부에서 균열시키는 전략으로 일반 공중 라이선스(General Public License, GPL)를 활용함.

② GPL은 현행 저작권법에 기반을 두되, 사용자가 프로그램 소스 코드를 실행, 복제, 재배포, 연구, 수정, 개선할 권리를 보장함.

③ GPL은 자유롭게 제공받은 소프트웨어의 소스 코드를 연구 · 수정하여 만든 새로운 소프트웨어를 동일한 라이선스로 재배포하도록 강제함.

④ GPL은 지적 재산의 복제, 사용, 수정, 배포를 자유롭게 허용하는 새로운 저작권 유형을 형성하여 지적 재산권 제도를 내부에서 교란하고, 지적 재산의 독점이 아닌 공유를 확대하는 제도로 기능함.

⑤ GPL은 리처드 스톨먼(Richard Stallman)이 주도한 카피레프트(Copyleft) 운동에서 핵심적인 역할을 하며, GNU 프로젝트 및 다수의 자유소프트웨어 피투피 프로젝트에서 주요 저작권 형태로 자리 잡음.

⑥ 카피레프트 운동은 소프트웨어뿐만 아니라 문서, 예술 작품, 약품 개발 등 다양한 지적 창조적 활동에도 GPL을 도입하여 지적 재산의 사회적 공유를 실현하고자 함.

Theme 116 해시테이블

Ⅰ 의의

1. 해시함수

(1) 해시함수(hash function)

① 데이터의 효율적 관리를 위해 임의의 길이 데이터를 고정된 길이 데이터로 매핑하는 함수.

② 매핑 전 원래 데이터 값을 키(key), 매핑 후 데이터 값을 해시(hash), 매핑 과정을 해싱(hashing)이라고 함.

(2) 해시충돌(Hash Collision)

해시 개수보다 많은 키 값을 해시로 변환(다대일 대응)하여 발생하는 현상.

(3) 해시함수의 특성

① 결정론적으로 작동하여 같은 입력값은 항상 같은 해시값을 가짐.

② 두 해시값이 다르면 원래 데이터도 달라야 하지만, 역은 성립하지 않음.

③ 해시충돌 확률이 높을수록 검색 비용 증가.

심층 연계 내용 | HMAC(Hash-based Message Authentication Code)

• 암호화 해시함수와 기밀 암호화 키를 포함하는 메시지 인증 코드(MAC)
• 메시지의 데이터 무결성과 진본 확인 수행
---

2. 해시테이블

① 키를 해시로 매핑하고, 해당 해시를 색인(index) 혹은 주소로 사용하여 데이터를 저장하는 자료구조.

② 데이터 저장 위치: 버킷(bucket) 또는 슬롯(slot)

③ 기본 연산: 삽입, 삭제, 탐색(search)

Ⅱ 해시테이블의 구조

1. 의의

① 구성 요소: 키(Key), 해시함수(Hash Function), 해시(Hash), 값(Value), 저장소(Bucket, Slot)

② 동작 방식: 키가 해시함수를 거쳐 해시로 변환되며, 해시는 값과 매칭되어 저장소에 저장됨.

2. 구조

(1) 키(Key)

① 고유한 값으로 해시함수의 입력값이 됨.

② 다양한 길이를 가질 수 있으며, 공간 효율성을 위해 해시함수를 통해 변환 후 저장됨.

(2) 해시함수(Hash Function)

① 키를 일정한 길이의 해시로 변환하는 역할 수행.

② 저장소 효율적 운영 가능.

③ 해시충돌 발생 가능하며, 이를 최소화하는 함수 설계가 중요.

(3) 해시(Hash)

해시함수의 출력값이며, 저장소에서 값과 매칭되어 저장됨.

(4) 값(Value)

① 저장소에 최종적으로 저장되는 값.

② 키와 매칭되어 저장, 삭제, 검색, 접근 가능.

Ⅲ 해시테이블의 장점

1. 효율적인 데이터 관리

① 해시충돌 가능성이 있음에도 불구하고 해시테이블을 사용하는 이유는 적은 리소스로 많은 데이터를 효과적으로 관리할 수 있기 때문임.

② 해시함수를 이용하여 하드디스크나 클라우드에 존재하는 방대한 데이터를 유한한 개수의 해시로 매핑함으로써 작은 크기의 캐시 메모리로도 프로세스를 관리할 수 있음.

2. 빠른 검색 성능

① 해시테이블(hash table)은 키와 값을 매핑해 둔 데이터 구조이며, 해시함수를 이용해 검색하고자 하는 값을 변환하여 해당 값이 저장된 위치를 즉시 찾아낼 수 있음.

② 색인(index)에 해시를 사용함으로써 모든 데이터를 탐색할 필요 없이 검색, 삽입 및 삭제를 빠르게 수행할 수 있음.

3. 일정한 검색 시간

① 데이터 양이 증가해도 원리적으로 해시 변환과 검색에 걸리는 시간은 동일함.

② 서로 다른 키 값이 각기 다른 색인으로 매핑되면 해시테이블 조회 시간은 상수 시간(constant time)이 됨.

③ 그러나 여러 개의 서로 다른 키 값이 동일한 색인으로 매핑될 경우 해시충돌이 발생하여 성능이 저하될 수 있음.

> **심층 연계 내용** 상수시간과 선형시간
>
> (1) 상수시간(constant time)
> 입력 자료의 크기와 관계없이 일정한 연산 시간이 걸리는 경우를 의미함.
>
> (2) 선형시간(linear time)
> ① 입력 크기에 따라 알고리즘 실행 시간이 선형적으로 증가하는 경우를 의미함.
> ② 예를 들어, 숫자열의 총합을 계산하는 데 필요한 시간은 숫자열의 길이에 비례함.

Ⅳ 분산해시테이블(Distributed hash table)

1. 의의

(1) 해시테이블의 개념 확장

① 해시테이블은 해시함수를 적용한 키 또는 식별자의 조합을 이용하여 빠른 검색을 수행하는 자료 구조임.

② 분산해시테이블(DHT)은 이러한 해시테이블을 네트워크 환경의 노드들에 분산하여 적용한 개념임.

③ 중앙에서 관리하는 조직이 없으며, 노드 수에 영향을 받지 않고 확장 가능함.

④ 시스템 내부의 노드가 추가되거나 제거되더라도 전체 시스템 기능에는 영향을 주지 않음.

(2) 네트워크 기반 데이터 검색

일반적인 해시테이블은 특정 항목을 찾기 위해 사용되며, 분산해시테이블은 중앙 시스템 없이 개별 노드들이 이름을 값으로 맵핑하는 방식으로 작동함.

2. 특징

(1) 의의

① 분산해시테이블은 P2P(Peer-to-Peer) 네트워크에 많이 활용됨.

② 기존 P2P 솔루션에는 냅스터(Napster)와 같은 중앙 집중 방식과 그누텔라(Gnutella)와 같은 분산 방식이 존재함.

③ 중앙 집중 방식은 네트워크 이용 효율성이 높지만 중앙 관리 시스템이 취약점이 될 가능성이 있음.

④ 피어 방식은 중앙 조직이 없어 보안성이 높지만, 네트워크 사용의 비효율성이 문제로 지적됨.

⑤ 분산해시테이블은 Structured Key Based Routing 방식을 적용하여 기존 P2P의 단점을 보완함.

> **심층 연계 내용** 라우팅(Routing)
>
> ① 네트워크 내에서 최적의 경로를 선택하여 데이터를 전송하는 과정임.
> ② 최적의 경로는 가장 짧은 거리 혹은 가장 적은 시간이 걸리는 경로를 의미함.
> ③ 전화 통신망, 전자 정보 통신망, 교통망 등에서 널리 활용됨.

(2) 냅스터(하이브리드 P2P)와 그누텔라(순수 P2P)

① P2P 네트워크는 냅스터 방식(하이브리드 P2P)과 그누텔라 방식(순수 P2P)으로 구분됨.

② 하이브리드 P2P 방식에서는 중앙 서버가 콘텐츠와 노드 주소를 목록화하여 관리함.

③ 이 방식은 검색 기능이 뛰어나지만, 서버 유지비가 많이 발생함.

④ 순수 P2P 방식에서는 개별 노드가 애드 혹(Ad-hoc) 방식으로 접속하여 운영됨.

⑤ 사용자가 많아질수록 네트워크 트래픽이 증가하고 검색이 어려워지는 단점이 존재함.

(3) 분산해시테이블의 장점

① 분산해시테이블은 부하가 특정 서버에 집중되지 않고 분산됨.

② 순수 P2P 구조에서도 네트워크 부하를 억제하여 빠르고 정확한 검색을 지원함.

③ 기존 순수 P2P에서는 수십만 개의 노드가 한계였지만, 분산해시테이블을 이용하면 수십억 개의 노드 검색이 가능함.

④ 그러나 구현이 복잡하며, 완전한 일치 검색만 가능하여 와일드카드 검색이 어려움.

> **심층 연계 내용** 와일드카드 검색
>
> ① '?'(물음표)는 한 문자를 의미하며, 예를 들어 '김?미'를 입력하면 '김소미' 및 '김영미'를 찾을 수 있음.
> ② '*'(별표)는 여러 문자를 포함하는 검색을 수행하며, 예를 들어 '*아'를 입력하면 '동아시아', '동남아시아' 등을 찾을 수 있음.

피투피 공개 열쇠 암호화와
프라이버시

I 의의

① 클라우드 저장 데이터의 프라이버시 침해 및 보안 누출 위험.
② 피투피 네트워킹의 공개 열쇠 암호화 기술을 통한 대안 네트워킹 가능성.

II 공개 열쇠 암호화 방식의 구조

1. 공개 열쇠와 개인 열쇠의 한 쌍을 사용하는 방식

① 공개 열쇠: 외부에 공개되며 메시지 암호화 기능 수행.
② 개인 열쇠: 소유자만이 알고 있으며 암호 해독 기능 수행.

2. 피투피 네트워크에서 공개 열쇠를 이용한 암호화 및 개인 열쇠를 이용한 해독 과정

① 발송인은 수취인의 공개 열쇠로 데이터 암호화.
② 수취인은 자신의 개인 열쇠로 암호 해독.
③ 조응하는 개인 열쇠를 가진 사람만 데이터 접근 가능.

3. 피투피 네트워크에서 데이터 분산 저장 방식

① 모든 데이터는 작은 조각으로 분할되어 암호화 후 저장.
② 데이터는 네트워크 전체에 분산되며 피어 간 데이터 조각 처리.

4. 암호 데이터 접근 제한

① 개인 열쇠를 가진 피어만 암호 데이터 열람 가능.
② 소프트웨어 개발자, 국가 정보기관 등 제삼자의 접근 및 통제 불가.

III 어니언 라우터(The Onion Router)

1. 의의

① '토어(Tor)'는 공개 열쇠 암호화 방식과 메시지 연쇄적 전달 경로를 통해 통신의 완전한 익명화 추구.
② 사용자의 인터넷 주소 및 온라인 활동 내역을 숨겨 제삼자 감시 및 트래픽 분석 방지.

2. 트래픽 분석

(1) 인터넷 패킷 구성 요소

① 데이터 부분: 웹 페이지 콘텐츠, 사진 파일, 이메일 메시지 등 포함.
② 헤더 부분: 데이터 발송 및 수신 주소, 데이터 크기, 전송 시간 포함.

(2) 웹 사이트의 방문자 추적 방식

① 쿠키 및 아이피 주소(IP address)를 통한 방문자 신원 축적.
② 데이터 패킷의 헤더 분석을 통한 데이터 발신자 확인 가능.

3. 토어의 메커니즘

(1) 복잡한 경로를 통한 데이터 전달로 트래픽 분석 방지

① 사용자의 컴퓨터 아이피 주소를 숨긴 상태에서 웹 검색 및 방문 가능.
② 페이지 검색을 요청한 컴퓨터 추적 불가능.

(2) 아이피 주소를 통한 사용자 식별 가능성

① 웹 사용자의 온라인 활동 추적, 접근 제한, 정보 수집 가능.
② 검색 엔진 및 인터넷 서비스 제공자의 아이피 주소 기반 데이터베이스 구축.
③ 민간 기업 및 정부 기관의 사용자 데이터 확보 가능.

(3) 토어 네트워크의 기밀성 보호 기능

① 사용자들의 통신 기밀성 보호.
② 정부 및 기업의 감시 회피 가능.

(4) 토어의 개발 배경 및 지원 기관

① 미국 해군연구소에서 정부 요원의 온라인 정체성 보호를 위해 개발 시작.
② 현재 미국의 전자 프론티어 재단(EFF)에서 적극 지원 및 활용.

IV 야시(Yacy)

① 인터넷 이용자 온라인 활동 및 프라이버시 보호, 기업·국가 감시 회피, 검색 기밀성 특화 피투피 검색 엔진, 토어와 유사성.
② 인터넷 이용자 정보·콘텐츠 생산·소비 자율성, 상업적 검색 엔진·포털 의존 배제, 동료 간 네트워크.
③ 인터넷 검색 활동 제삼자 감시 불가, 프라이버시 안전 보호, 피어 개인 검색 활동, 사적 기업 감시·저장·평가 불가.
④ 피어 동등 권한, 피어 자율 검색 결과 결정, 페이지 유관성·랭킹 평가, 수평적 사회관계 복원 잠재성.
⑤ 피투피 네트워크, 데이터 통제권 회복, 통신 보안·프라이버시 보호, 기술 기반 유용성, 토어·야시 사례.

Ⅴ 블록체인

1. 동료 간 네트워크의 특성

피투피 네트워크에서는 제삼자가 참가자들의 e-메일, 대화방 내용, 웹 페이지 방문 데이터, 사회관계망 활동 내용, 이동 통신 이용 내역 등을 기반으로 구체적이고 세세한 개인 프로파일을 만드는 것이 불가능함.

2. 플랫폼 경제 모델에 대한 위협

피투피 네트워크는 최대한 많은 사용자를 확보하여 개별적 특징에 관한 정확한 데이터를 축적하고 활용함으로써 맞춤형 서비스와 광고 수익을 창출하는 현재의 지배적인 플랫폼 경제 모델에 위협이 될 가능성이 있음.

3. 블록체인의 개념과 기능

① 블록체인은 비트토렌트의 피투피 파일 공유와 공개 열쇠 암호화 방식을 결합한 최신 피투피 네트워크로서 기능함.

② 화폐 및 금융뿐만 아니라 재산, 주택, 자동차 등의 고정 자산과 투표, 아이디어, 평판, 의도, 건강, 데이터, 정보 등의 무형 자산을 포함한 모든 형태의 자산 등록, 재고, 교환을 매개하는 중간자의 권력을 잠식할 잠재성을 지님.

4. 블록체인의 특징

① 블록체인은 모든 거래 기록을 담은 탈중심 투명 장부의 성격을 가짐.

② 네트워크 노드들에 의해 공유 및 모니터링되며, 특정 개인이나 기관이 소유하거나 통제할 수 없음.

③ 거래의 신뢰성은 거래 상대방이나 은행이 아닌 피투피 네트워크 자체로부터 담보됨.

④ 기존의 은행, 등기소와 같은 전통적인 중앙 권위자의 필요성이 감소하거나 기존 권력이 축소될 가능성이 높음.

5. 전통적 중간자의 블록체인 활용 가능성

① 블록체인은 전통적인 중간자의 자산을 안전하고 투명하게 관리하고, 거래 및 계약을 효율적으로 조직하기 위한 수단으로 활용될 수 있음.

② 컨소시엄 블록체인이나 사적 블록체인을 통해 특정한 사람들에게만 참가가 제한되는 방식으로 활용됨.

③ 글로벌 금융 기관 40개 이상이 블록체인의 보안성 강화, 거래 시간 단축, 지불의 공간 장벽 제거 등을 통해 수천억 달러의 글로벌 뱅킹 비용을 절감할 수 있는 기술로 평가하고 있음.

④ 이러한 활용을 위해 'R3CEV'라는 컨소시엄 블록체인 프로젝트가 진행되고 있음.

Ⅵ 피투피 네트워크와 빅데이터

① 빅데이터 편익, 사회경제적 관심 증대, 데이터 축적·활용 제약, 피투피 네트워킹, 사회적 진보·공공선 실현 저해 가능성.

② 데이터, 사용량 증가 가치 창출, 익명 선호 일부, 대다수 일상 공개, 선호·욕구 반영 서비스 제공, 현대 생활 조건 자연 결과.

③ 데이터 축적·활용, 공정·적절 사회경제 시스템, 긍정적 잠재성, 사회적 광범위 믿음, 피투피 네트워킹, 빅데이터 편익 축소 문제의식, 타당성.

④ 피투피 네트워킹, 빅데이터 경제 조화 고민, 플랫폼기업(구글, 페이스북) 사용자 데이터 수집·활용, 개별 사용자 선호·욕구 데이터, 사용자 집단 선호·욕구 데이터, 개인 데이터 암호화 기술, 전자 데이터 유형 축소, 후자 데이터 유형 활용 가능성.

⑤ 피투피 네트워크 암호화 개인 데이터, 특정 개인 비연결, 행동 패턴 사회화 데이터, 블록체인, 거래 당사자 지갑 데이터 외 개인 식별 불가, 거래 공개·투명, 견고·정확·신뢰 빅데이터, 거래 활동·추세 통찰, 빅데이터 분석 대상.

⑥ 2030년, 블록체인 장부, 빅데이터 시장 점유율 20% 전망, 데이터 축적·활용 요구, 현대 경제 추세, 빅데이터 사회적 편익 향상, 빅데이터 분석 기술, 블록체인·소셜 미디어 데이터 연계, 개인 사적 정보 수집·활용 가능성.

Theme 118 피투피 암호화폐와 자유노동

Ⅰ 피투피 네트워크의 가능성

① 프라이버시 보호뿐만 아니라 디지털 네트워크 속 광범위한 자유노동에 대한 보상의 측면에서 새로운 가능성을 제공함.

② 디지털 네트워크에서 창출되는 빅데이터는 거대 기업과 국가 권력이 소유하나, 실제 생산자는 네트워크 일반 사용자들임.

③ 디지털 네트워크는 방대한 생산 활동을 촉진하며, 사용자들이 다양한 정치, 경제, 사회, 문화 및 일상적 상호작용 과정에서 콘텐츠와 데이터를 생산 및 소비함으로써 그 가치를 높이고 실현함.

④ 빅데이터는 디지털 네트워크 이용자들의 집합적 노동의 산물이며, 구글, 페이스북, 아마존 등의 플랫폼기업이 사용자들의 자유노동을 전유하고 수익을 독점하는 것이 불공정하다는 비판이 존재함.

⑤ 블록체인과 암호화폐는 자유노동의 보상을 위한 유력한 수단으로 주목받고 있으며, 블록체인은 명성, 평판, 인정, 사회적 상호작용 등 다양한 사회적 가치 형태들이 피투피 환경에서 적절한 화폐 보상을 받을 수 있도록 하는 기술로 간주됨.

Ⅱ 메이드세이프

1. 의의
프라이버시 보호뿐만 아니라 자유노동의 보상을 위해 피투피 네트워크를 활용하려는 대표적 시도.

2. 피투피 네트워크의 구성 요건
① 모든 구조화된 및 비구조화된 데이터 유형을 자동으로 처리할 수 있어야 하며, 통신의 기밀성이 안전하게 보장되어야 함.
② 데이터는 파일 시스템 차원에서 전 세계적으로 공유될 수 있어야 하며, 모든 데이터는 고도로 암호화되어야 함.
③ 익명의 네트워크 참여가 가능해야 하며, 매개자의 감시 및 인터넷 주소 확인을 차단할 수 있어야 함.
④ 관리자나 인간의 개입 없이 작동 가능해야 하며, 암호화폐로 지속 가능해야 함.

3. 메이드세이프 메커니즘
① 중앙집중형 데이터 센터를 개별 인터넷 사용자들의 불용 컴퓨팅 및 네트워킹 자원의 연결망으로 대체하는 프로젝트.
② 사용자의 비사용 하드 드라이버 공간, 중앙처리 능력, 데이터 연결 등의 통합 자원을 활용하는 크라우드소싱 기반의 새로운 인터넷.
③ 사용자들의 동료 간 네트워킹을 보상하고 네트워크의 효율적 작동을 위해 '세이프코인(safecoin)'을 활용함.
④ 네트워크에 자신의 자원을 제공한 사용자들에게 세이프 코인을 지급하며, 데이터 저장 및 검색 활동을 수행할 때마다 보상을 지급하는 과정은 '파밍(farming)'이라 불림.
⑤ 파머의 세이프코인 보상은 제공 자원의 양과 가용 시간에 따라 결정됨.

Ⅲ 시너리오(Synereo)

1. 의의
① 피투피 네트워크를 자유노동의 보상 차원에서 접근하는 프로젝트.

② 사용자들이 클라우드 자본의 데이터 센터나 중앙 서버 없이 직접 상호작용할 수 있는 탈중심 사회관계망 플랫폼을 구축하려 함.
③ 디지털 네트워크에서 창출되는 가치가 사용자들로부터 나오나, 소수의 클라우드 자본이 독점하는 문제를 지적함.

2. 관심 경제
① 페이스북, 트위터 등의 사회관계망 플랫폼이 사용자들을 '무임노동자(unpaid labourer)'로 활용하는 문제를 지적함.
② 사용자들이 창출한 가치로부터 직접적인 혜택을 받을 수 있도록 '관심 경제(attention economy)'가 필요함.
③ 사회관계망에서의 소통이 경제 활동에 직결되는 모델을 생성하고자 하며, 사용자의 관심 관리를 통해 효능감을 높이는 것이 핵심.
④ 디지털 네트워크에서의 사용자 활동과 상호작용이 콘텐츠 확산 및 평판에 영향을 미친다고 보고, 이를 보상하여 사용자들의 주체적 효능감을 높이고자 함.

3. 덴드로네트(DendroNet)
① 피투피 기술이자 블록체인 시스템으로, 시너리오 네트워크 콘텐츠 저장 공간 및 시너리오 통화의 탈중심 장부 역할 수행.
② 네트워크 참여자들의 열쇠 값에 대한 분산 저장고로 작용하는 '스페셜케이(SpecialK)'를 기반으로 함.

4. 레오(Reo)와 에이엠피(AMP)
① 시너리오의 관심 경제는 사회적 보상을 위한 레오(Reo)와 화폐적 보상을 위한 에이엠피(AMP)로 작동함.
② 레오는 콘텐츠 생산자 개별 노드들의 평판을 측정하는 수단.
③ 에이엠피는 특정 콘텐츠에 대한 사용자 관심을 보상하고, 네트워크 게시물 증폭에 사용되는 시너리오 네트워크 통화.
④ 에이엠피로 추진된 메시지를 받은 사용자는 일부를 수령하며, 레오 점수가 높을수록 더 많은 에이엠피를 받음.

심층 연계 내용 스팀잇(Steemit)

① 네이버 블로그, 페이스북과 같은 소셜 미디어와 유사하지만, 콘텐츠가 블록체인에 저장되며 콘텐츠 저자와 큐레이터가 기여에 따라 스팀(STEEM) 코인으로 직접 보상을 받을 수 있는 점에서 차별성을 가짐.
② 블록체인 기반 SNS로 계정 삭제 불가능, 계정 암호키 분실 시 복구 불가, 7일이 지난 게시물 삭제 불가능 등의 특징이 있음.
③ 이용자는 콘텐츠 작성, 추천, 비추천 활동 및 스팀파워 보유를 통해 스팀 혹은 스팀달러 보상을 받을 수 있으며, Multi-token Economy와 SNS 플랫폼의 접목을 최초로 시도한 프로젝트로 약 5년간 유지됨.

I 의의

① 정보화는 산업사회에서 정보사회로의 이행 과정이며, 기술적 차원에서는 전산화, 자동화, 네트워크화가 전개되는 현상으로 인간의 자유, 창의력, 자아실현을 포함하는 개념.

② 정보화란 정보를 생산·유통·활용하여 사회 각 분야의 활동을 기능하게 하거나 효율화를 도모하는 과정(국가정보화기본법).

II 시기별 정보화

① 정보화 초기: 자료처리, EDI 등 컴퓨터 및 정보기술 활용 중심.

② 정보화 중기(1980년대 후반~1990년대 중반): 경제·사회 전반 변화 및 PC 보급 확대로 정보화 영향력 확장, 전산화 정보사회 등 유사 개념 등장.

③ 1990년대 중반 이후: 개인 일상뿐만 아니라 거시적 영역에서 정보화 논의 확대.

④ 인터넷 보급으로 디지털혁명, 디지털시대, 지식기반사회 등의 유사 개념 등장.

III 주요 학자들의 정의

① 매클럽(Machlup): 지식산업 중심의 지식사회 예견, 지식산업 비중으로 정보화 정도 측정.

② 오브라이언(O' Brien): 정보사회는 경제활동이 정보와 지식 제조·판매 중심으로 이동하는 사회.

③ 앨빈 토플러(Alvin Toffler): 산업사회는 표준화·획일화·집중화 특징, 정보사회는 다양화·유연화·분산화·개별화 특징.

④ 베니거(James R. Beniger): 정보기술 발전은 제어혁명의 과정으로 이해, 새로운 현상이 아님.

⑤ 카스텔(Manuel Castells): 정보사회는 정보의 역할을 강조하는 사회, 정보화는 정보사회를 가능하게 하는 과정으로 정의.

IV 정보화의 의미

1. 경제·사회 전반에서 정보 가치 증가로 경제 활성화

① 비용절약적 기술 도입으로 산업 비용 절감
② 산업 효율성 제고
③ 글로벌 경영체제 실현 가능
④ 정보통신산업 성장으로 경제 및 고용 촉진
⑤ 정보 생산 및 유통 촉진으로 높은 부가가치 실현

2. 정보기술 기반으로 삶의 질 향상

① 정보기술 활용으로 환경관리 원활화
② 원격의료 발전으로 벽지 주민들에게 교육·의료서비스 제공
③ 경제 활성화를 통한 복지 확대 기반 제공
④ 공공도서관 및 대학도서관 통합전산망으로 문화적 삶의 질 향상

3. 열린 정보채널을 통한 민주주의 실현

① 정보채널 다양화 및 정보공개 확대
② 전자투표, 전자여론수렴 등 정보기술 활용한 정치 참여
③ 직접민주주의 도입 가능성 확대
④ 조직의 분권화 촉진

4. 인터넷 기반 세계화

① 사이버 세계 형성
② 정책·기술정보의 빠른 유입으로 국내 제도 및 기술 수준의 세계화 촉진
③ 컴퓨터 및 인공지능 활용으로 언어장벽 극복

5. 평생학습을 실현하는 e-learning 증가

① 교육 균질화
② 교육 질적 개선
③ 사회교육 활성화

V 정보화의 특징

1. 일반적 특징

(1) 사회 보편적 현상

① 모든 사회에서 효율성 추구
② 정보화 현상은 지속적으로 존재
③ 사회의 기술 수준에 따라 정보화 형태 차별화

(2) 기계적 체계화 현상

① 소프트웨어와 하드웨어의 결합
② 소프트웨어는 지식과 정보를 의미, 하드웨어는 이를 도구화하는 기술

(3) 효율성 추구 현상

① 정보화 진행으로 생산성 증가 및 경제 발전
② 비용 절감과 생산성 증대를 위한 수단
③ 기업의 경쟁력 제고와 이윤 추구 수단

(4) 사회 누적화 현상

① 지식 및 기술의 장기적 발전 결과
② 정보화의 정도는 지식 및 기술 수준에 의존

⑸ 융합화 현상

　소프트웨어와 하드웨어의 협력 및 융합을 통해 실현

⑹ 산업구조 전반적 현상

　1차 산업(농업, 어업)부터 3차 산업(금융업, 서비스업)까지 전반적으로 적용

2. 사회적 특징 (John Goddar)

① 정보통신기술이 세계 경제를 하나의 시장으로 통합

② 조직의 활동 영역이 국경과 대륙을 초월하여 확대

③ 컴퓨터 및 통신기술이 정보사회 기반 구축

④ 공간적 제약이 사라져 실시간으로 정치 · 경제 · 사회 문제 평가 가능

⑤ 정보부문의 경제적 비중 증가

⑥ 다양한 정보매체 역할 증가 및 온라인 서비스 확대

⑦ 정보화로 국민경제와 지역경제 간 통합 촉진

⑧ 정보의 자유로운 교환으로 경제 단위가 국가에서 세계로 확대

Theme 120　정보화 지표와 지수

I　정보화 지표

1. 개념

① 사회경제 지표의 하나로서 정보화 현상 및 정보화 수준을 효율적으로 측정 · 분석하는 정보화 관련 지표.

② 정보와 관련된 사회변화 현상을 총체적이고 함축적으로 나타내는 역할 수행.

③ 정보사회의 비전제시, 정보화계획 수립, 정보화관리, 정보화효과분석 등의 기능 수행.

2. 기능

① 현재 수준 및 변화 정도 분석과 미래 변화 방향 제시를 통해 정보사회 구현을 위한 계량적 목표 설정.

② 자원배분 및 국가 균형발전을 위한 정책적 지침 제공 및 부문 간 비교를 통한 우선순위 결정 근거 마련.

③ 정보화와 국가경쟁력 및 국민 삶의 질 향상 간 상관관계 분석을 통해 간접적 효과 분석 수행.

④ 사회 각 부문의 정보화수준 현황 및 변화추이 파악과 비교를 통해 균등한 정보화 정책 수립 및 사회적 문제 조기 감지 기능 수행.

⑤ 정보화 지표의 공개를 통해 사회보고 제도화 및 국민의 정보화 의식 함양과 홍보 역할 수행.

3. 국가정보화 지표의 요건

① 정보화 사회의 구조와 내용을 충실히 반영하고, 사회 전반의 정보화 정도 파악 가능.

② 사회구조의 특성을 간단명료하면서 총체적 · 함축적으로 나타내고 활용 편리성 유지.

③ 다양한 사회변화를 정확하게 파악하고 변화추이를 예측할 수 있도록 지속적인 변화 필요.

④ 정보화의 핵심적이고 직접적인 부문을 중심으로 지표의 현상기술능력 제고.

⑤ 정보화 요인과 과정에 대한 설명력을 지니며, 요인 변화과정 측정 가능성 확보

4. 정보화 측정 지표의 종류

① **정보설비지표**: 정보통신 인프라의 보급 정도를 측정하는 지표.

② **정보이용지표**: 사회구성원의 정보활용 수준을 측정하여 정보화 수준 평가.

③ **정보화지원지표**: 정보화 투자와 관련 인력 측면에서 국가 정보화 진전 예측.

II　정보화 지수

1. 개념

① 특정 대상(국가)의 정보화 수준을 총체적으로 파악하고 변화 추이를 예측하는 지수.

② 시간 변화에 따른 정보화 현상의 변화를 측정하거나 비교하는 통계적 지표.

③ 정보화 지표 값을 수치화하여 이해하기 쉽게 표현.

④ 기준 시점의 수치를 100으로 설정하여 비교 가능.

⑤ 국가, 지역, 특정 산업별 정보화 수준을 정량적으로 측정하는 방법.

⑥ 국가 정보화 지수, 지역 정보화 지수, 제조업 정보화 지수, 유통업 정보화 지수 등 다양한 형태로 산출 가능.

2. 장 · 단점

① 개별 국가, 카테고리, 지역 단위의 정보화 발전 정도 비교 가능.

② 현실적 목표 및 정책방향 결정의 기초 자료 제공.

③ 사회적 · 인구통계학적 요인과 구매력 등의 다양한 요인을 포함하여 보다 폭넓은 영향관계 분석 가능.

④ 정보량을 하나의 수치로 표현하는 과정에서 비교 단순화의 이점이 있지만, 방법론적 가정과 부정확한 데이터 포함 가능성으로 인해 단순한 결론 도출 시 주의 필요.

3. 정보화 지수 사용 현황

작성기관	지수명	지수 개요
ITU[1]	디지털 기회지수	인프라 보급, 기회 제공, 활용정도 등 3가지 요소를 종합 분석하여 정보통신 발전 정도 평가
WEF[2]	네트워크 준비지수	국가별 개인, 기업, 정부의 정보통신 환경, 준비도, 활용도 측정
	국가경쟁력지수 기술 준비도 부문	국가경쟁력 중 기술경쟁력 측정
UN[3]	전자정부 준비지수	공공서비스 제공수단으로서의 전자정부 준비상태를 측정
	온라인 참여지수	국가별 온라인을 통한 시민참여 수준 측정
IMD[4]	국가경쟁력지수 기술 인프라 부문	국가경쟁력 중 정보통신 분야의 경쟁력 측정

1) ITU: International Telecommunication Union, 국제전기통신연합
2) WEF: World Economic Forum, 세계경제포럼
3) UN: United Nations, 국제 연합
4) IMD: International Institute for Management Development, 국제경영개발원

Theme 121 국가정보화

I 정보화 정책

1. 「국가정보화기본법」

① 국가정보화의 기본 방향과 관련한 정책의 수립·추진에 필요한 사항을 규정함으로써 지속가능한 지식정보사회의 실현에 이바지하고 국민의 삶의 질 향상을 목적으로 함.

② 정보: 특정 목적을 위하여 광(光) 또는 전자적 방식으로 처리되어 부호, 문자, 음성, 음향 및 영상 등으로 표현된 모든 종류의 자료 또는 지식임.
정보화: 정보를 생산·유통 또는 활용하여 사회 각 분야의 활동을 가능하게 하거나 효율화를 도모하는 것임.

③ 국가정보화: 국가기관, 지방자치단체 및 공공기관이 정보화를 추진하거나 사회 각 분야의 활동이 효율적으로 수행될 수 있도록 정보화를 통하여 지원하는 것임.

④ 정보화 정책: 정치, 행정, 경제, 사회, 문화 등 사회 각 분야의 활동이 효율적으로 수행될 수 있도록 정보화를 통하여 지원하기 위한 정책임. 정보화 기술과 도구의 활용을 통해 국가적 혜택을 골고루 확산하려는 의도적이고 목적지향적인 활동임.

2. 정보정책의 정의

(1) 포랫(Porat)

컴퓨터 및 정보통신 등 정보기술이 시장 및 비시장 부문에 미치는 복합적 영향에 의해 제기된 문제들에 대한 관심을 의미함.

(2) 배던(Baeden)

정보정책은 본질적으로 무질서하여 의미, 중요성, 상황의 다양한 배경에 대한 복잡성을 다루어야 하며, 기술적인 해법에는 직접적으로 관심을 가지지 않음. 특정 상황 속에서 지식의 의미와 중요성을 인식해야 함.

(3) 롤런드(Rowland):

① 인식론적 접근이나 연구설계적 관점에서 정보정책의 문제는 복잡하고 다면성이 있음.

② 정보정책은 문제해결의 도구라는 목적지향적 관점과 다양한 행위자의 태도, 동기, 가치에 대한 인식론적 관점, 각종 법령, 사회규범, 국제적인 합의와 조약의 합성물로 보는 제도적 관점으로 파악함.

3. 정보정책의 분류

(1) 국가정보정책

정보정책의 대상 범위에 따라 국가 전체를 대상으로 하는 정보정책과 국가행정조직을 대상으로 하는 전자정부 정책으로 구분됨.

(2) 지역정보정책

지역사회 문제 해결, 주민의 삶의 질 향상, 지역경제발전 등을 목표로 정보사회기반, 정보응용기반, 정보유통기반, 정보전송망기반 등의 조성을 포함하는 정보공급과 정보수요의 연계를 위한 정책임.

(3) 정보전송기반정책

정보기반의 사회적 이용을 보장하는 사회간접자본 성격을 가지며, 초고속인터넷망, CATV, 통신위성, PCS 등 네트워크 기반을 포함함.

(4) 정보유통기반정책

물리적 전송로를 기반으로 불특정 다수에게 멀티미디어 정보통신서비스를 제공하기 위한 단말기기와 논리적 네트워크로 구성되는 정보 유통 시스템임.

(5) 정보응용기반정책

교육, 의료, 행정, 산업 등 특정 이용자를 대상으로 제공하는 고도서비스와 관련된 응용 DB 및 애플리케이션임.

(6) 정보사회기반정책

정보전송기반정책, 정보유통기반정책, 정보응용기반정책 등에 의해 기능이 사회적으로 도입·정착되며, 가치관과 질서 개편 및 생활양식, 노동양식의 변화를 포함함.

4. 정보 정책 과정

(1) 의제설정단계

① 정책문제가 설정되는 과정으로, 사회문제 중 일부가 정부의 인지에 의해 정책과제로 전환됨.

② 행정기관이 사회 문제에 대한 정보를 축적하면, 문제가 발생했을 때 정확하고 적절한 대응이 가능함.

(2) 정책결정단계

① 국가적으로 요구되는 정책수요를 파악해 대안을 찾는 단계임.

② 정책수요를 파악하기 위해 다양한 정보가 필요함.

③ 정책수요와 관련된 상황을 정확히 진단하는 데 정보가 핵심 요소임.

④ 대안 탐색 및 선택 시 정책사례 등 정보가 축적되면 대안을 정확히 평가할 가능성이 높아짐.

⑤ 풍부한 정보는 정책결과를 예측하여 정책의 불확실성을 감소시킴.

(3) 정책집행단계

① 정보는 정부와 국민에게 기본적인 인프라임.

② 정부는 정책에 따른 구체적 사업 내용을 적절하게 활용할 수 있음.

③ 정책집행 절차, 집행대상 등 복잡한 내용을 포함할 수 있음.

④ 국민은 정책 내용을 사전에 접근할 수 있어 참여적 정책집행이 가능함.

(4) 정책평가단계

① 정책과 관련된 정보를 바탕으로 정책평가가 이루어짐.

② 정책목표 설정 후 정책집행 성과를 평가하는 데 정보가 사용됨.

③ 정보시스템을 이용하여 데이터베이스를 구축하여 정보를 평가 자료로 제공할 수 있음.

④ 정책 과정 전반에 걸쳐 정보가 제공되면 조정과 통제가 용이함.

Ⅱ 정보화의 추진 현황

1. 정보화의 정책단계

구분	1981~1986	1987~1991	1992~1997	1998~2002	2003~2007	2008~
정보화 정책 단계	도입기	갈등/혼란기	정착기	확장기	심화기	융합/정체기
주요 행위자 (조직)	청와대/체신부/상공부/과기처	체신부/과기부/상공자원부/경제기획원	청와대/정보통신부	청와대/전 행정부처	청와대/행정부처	방송통신위원회/행정안전부/지식경제부

정책 상황	정책집중	정책 다기화	정책 일원화	정책 다원화	정책 분산화	정책분산
주요 정책 이슈	정보산업 육성	부처 간 정책 갈등/관련법 제정	쇄신/체제 정비 및 산업육성	개혁/경쟁력 강화	혁신/성장동력	융합/녹색성장/스마트 코리아
정책 맥락	전자산업 진흥정책/전산망 정책	정보사회 종합대책/전산화 정책	초고속 정보 통신망 구축정책/정보화 촉진정책	정보화 촉진 계획/사이버 코리아 21/지식화 정책	IT839 전략/유비 쿼터스 코리아	Green IT/국가 정보화 전략 위원회

2. 국가정보화의 기본계획 내용

(1) 국가 기간 정보화 사업 계획(1987~1996)

① 5대 전산망(행정, 국방, 공공, 금융, 교육연구망) 구축.

② 2단계로 추진: 제1차(1987~1991), 제2차(1992~1996).

③ 주민등록, 부동산, 경제통계, 고용, 자동차, 통관관리 등 6개 업무망 방식 추진.

(2) 초고속 정보통신 기반 구축 (1996~2005)

① 초고속망 애플리케이션 및 기술 개발.

② 주요 지역 핵심 기간망 구축.

③ 민간 참여를 통한 효율성 제고와 투자 확대.

(3) 제1차 정보화 추진 기본계획 (1996~2000)

① 교육, 행정 등 10대 중점과제 선정.

② 초고속 정보통신 기반 구축 및 정보통신 인력 양성.

③ 기본계획 세부 분야별 시행계획 수립 및 추진.

(4) 제2차 정보화 추진 기본계획: Cyber KOREA 21 (1999~2002)

① 정보화 국가 전략 및 비전 설정.

② 2002년까지의 목표 및 중점 추진과제 설정.

③ 정보화 교육, 정보 격차 해소 방안 추진.

(5) 제3차 정보화 추진 기본계획: e-KOREA VISION 2006 (2002~2006)

① 인터넷 기반 정보화의 성과 확산 및 생산성 제고.

② 산업별 정보화 확산 및 글로벌 경쟁력 강화.

(6) 전자정부 11대 과제

G4C, 시군구 행정정보 시스템, 대민 보험 연계 시스템 등 11개 과제 추진.

(7) Broadband IT KOREA VISION 2007(2003~2007)

① 세계 최고 수준의 전자정부 구축.

② 행정서비스 혁신 및 투명성 향상.

③ 경제 성장과 산업 경쟁력 강화.

(8) 전자정부 로드맵 (2003~2009)

① 혁신적인 방식으로 11개 과제 수행.

② 디지털 기반 행정체계 구축.

③ 정보화 인프라를 통한 경제효율 제고.

(9) U-KOREA 기본계획(2004~2010)

① 유비쿼터스 사회 실현을 통한 삶의 질 향상.

② 네트워크 구축을 통한 통합 서비스 제공.

(10) 국가정보화 기본계획 (2008~2012)

① 일하는 방식을 혁신하는 지식정보 사회 구현.

② 신뢰적 정보화 추진 및 정보격차 해소.

Theme 122 개인생활의 변화

I 의의

① 정보사회에서 일과 가족, 개인생활의 관계 변화.

② 정보통신기술 발달로 시공간 제약 해소 및 실시간 통합된 세계시장 형성.

③ 기업 조직과 일의 형태 변화.

④ 여성 노동시장 진출 증가로 유연성과 성 평등이 경합하는 노동 환경 조성.

⑤ 남성 임금노동, 여성 가사 및 보살핌 전담 고정관념 희석.

⑥ 남녀 모두가 일-가족-개인생활을 다양하게 조합하는 삶의 방식으로 전환.

II 근대 가족 형태의 쇠퇴

① 남성 가장이 임금노동으로 가족을 부양하고, 여성이 가사를 전담하는 산업사회 보편적 가족 형태 쇠퇴.

② 경제 변화에 따른 여성 역할 확대 및 사회 재생산 방식의 변화.

③ 기혼 여성의 경제 부양 활동 참여 증가.

④ 20세기 중반 이후 여성 노동시장 진출 확대는 전 세계적 현상.

⑤ 2010년 OECD 국가 여성 경제활동 참가율 56.7%.

⑥ 북유럽 국가 여성 경제활동 참가율 70% 이상, 전체 여성의 4분의 3이 임금노동 종사.

⑦ 대한민국 여성 경제활동 참가율 2010년 기준 52.6%로 OECD 평균 미달하나 지속적 증가 추세.

심층 연계 내용 남성 생계 부양자 모델

① 남성이 가족 생계를 책임지고, 여성은 피부양자로서 가사 및 양육 전담하는 가족 형태.

② 산업사회 가족의 보편적 형태이자 전후 서구 복지국가 모델의 전제.

③ 산업화된 일부 국가의 중간계층 이상에서나 가능했던 형태이며, 남성 중심 가족·사회구조 유지 이데올로기로 비판됨.

III 여성 노동인구의 증가

1. 고용체계의 변화

① 지구화된 시장과 기업 간 경쟁 심화로 인해 기업은 노동 비용 최소화.

② 기업이 시장 변화에 대응하여 노동력을 신축적으로 조정.

2. 고용 유연화

① 대기업 조직 축소 및 하청, 외부화 확대.

② 정규직 노동력을 임시직, 파트타임 등 탄력적 노동력으로 대체.

③ 고용 유연화로 인한 고용·소득 불안정 및 노동계급 내 불평등 증대.

④ 여성 노동시장 진출 기회 제공, 여성 고용률 증가 원인은 파트타임 노동력 확대.

심층 연계 내용 긱 경제(Gig economy)

① 플랫폼을 통해 수요자와 공급자가 연결되는 단기 계약 기반 경제.

② 기업이 필요에 따라 단기 계약직·임시직 충원 및 대가 지급하는 방식.

---

3. 여성에게 적합한 고용형태의 등장

① 기혼 여성의 노동시장 진출과 파트타임 일자리 확대 병행.

② 파트타임 노동이 가족 돌봄과 소득활동 병행 가능하다는 점에서 여성에게 적합한 고용 형태로 인정됨.

③ 여성의 다중 역할 수행과 기업의 고용 유연화 요구가 결합하여 여성의 불안정한 저임금 일자리 확대.

4. 여성의 노동시장에서의 주변적 지위

① 유연 고용 체계가 여성 노동시장 진입 기회 제공.

② 여성 일자리 대부분이 파트타임, 사무직, 판매·서비스직 등 질 낮은 일자리로 구성.

③ 여성은 여전히 가족 내 돌봄 역할 담당.

④ 가족 내 돌봄 책임이 여성 노동시장에서의 주변적 지위를 결정하는 요인.

Ⅳ 유연근무제의 확산

1. 의의

① 정형화된 근무제도에서 탈피한 신축적인 근무제도로, 핵심 근무시간을 제외한 편리한 시간에 근무하는 출·퇴근제.

② 자택 및 주거지 인근 스마트워크센터에서 근무하는 원격근무와 하나의 일자리를 두 명 이상이 나눠 근무하는 일자리 공유제도로 운영.

③ 1일 근무시간을 늘리는 대신 추가 휴일을 갖는 집중근무제와 근무자가 원하는 일정기간 근무시간을 줄이는 한시적 시간근무제 포함.

④ 근로자의 일·가족 양립을 돕는 가족친화경영의 핵심 요소. 근로자의 자율성과 직무 만족도를 높여 조직 성과 향상에 기여하며, 미국, 영국 및 유럽 국가 기업에서 이미 도입.

2. 유연근무제의 다양한 형태

(1) 의의

① 탄력근로, 압축근로, 단시간근로, 재택근로로 구분.

② 탄력근로·압축근로는 근로시간 유지하되 근무시간 조정 가능, 단시간근로는 근무시간 자체의 유연성 제공, 재택근무는 근무 장소의 유연성 제공.

(2) 탄력근로(flex-time)

① 출근 및 퇴근 시간 선택 가능.

② 출근시간을 7~10시 사이로 조정하고 이후 8시간 근무하며, 일정한 근무시간을 핵심근로시간으로 지정하여 업무협조 및 회의 진행.

(3) 압축근로(compressed work weeks)

① 주 40시간 근로를 5일이 아닌 4일 동안 수행하는 제도.

② 10시간씩 4일 근무하거나, 2주 동안 9일 근무 후 10일째 휴무하는 방식.

(4) 단시간근로(reduced-load work)

① 근로자가 40시간 이하 근로시간을 선택하는 경우로 주로 파트타임 근무.

② 정규직에서도 단시간 근로가 증가하며 직무 공유 제도를 통해 보완.

(5) 재택근무(telecommuting)

① 근로자가 자택 또는 원거리 사무실에서 약속된 스케줄에 따라 근무하는 제도.

② IT 기술 발전으로 가상공간에서 업무공유 가능해지면서 도입.

③ 출·퇴근 시간 단축 및 집중 근무 가능.

3. 유연근무제의 긍정적 효과

(1) 근로자의 직무만족과 사기 증대

Rothausen 연구에 따르면 탄력근로 포함 유연근무제가 직무만족도를 높이는 것으로 조사됨

자녀를 둔 근로자의 만족도가 높게 나타남.

(2) 이직 의도 감소 및 인재 유지

Rau와 Hyland 연구에 따르면 일·가족 갈등이 큰 미국 MBA 학생들이 탄력근무를 제공하는 조직에 더 관심을 보임.

(3) 근로자의 창의성 향상

① Dyne과 Lobel 연구에 따르면 근로 유연성이 팀 프로세스 유연성 향상에 기여.

② Lambert는 가족친화적 경영이 조직시민행동 증가에 영향을 미친다고 주장.

(4) 근로자의 스트레스와 직무소진 감소

Raghuram과 Wisenfeld 연구에 따르면 재택근무와 같은 가상근무가 업무 스트레스 경감에 유의미한 영향.

(5) 근로자의 일·가족 양립 지원

자율적인 일정 도입 직장에서 근로자의 일·가족 갈등이 감소하고 신체적·정신적 건강상태가 양호함.

(6) 업무효율 제고

Eaton 연구에 따르면 유연근로제를 도입한 기업의 근로자가 조직에 더 몰입하며 충성심과 생산성 증가.

Ⅴ 개인생활 변화로 등장한 신조어

1. 디제라티(digerati)

① 디지털 지식계급으로 digital과 literati의 합성어

② 1992년 뉴욕타임스에서 처음 사용

③ 빌 게이츠, 제프 베조스, 손정의 등 IT 거물 포함

2. 디지털 부머(digital boomer)

① 디지털 시대의 소비 확산을 주도하는 디지털 신인류

② 디지털 매체와 서비스를 유사한 특성을 가진 사람들과 소통하는 채널로 활용

3. 디지털 원주민(digital native)

① 컴퓨터, 인터넷, 휴대폰 등을 어려서부터 사용한 세대

② 디지털 기술을 복잡한 것으로 인식하지 않고 자연스럽게 활용

4. 디지털 유목민(digital nomad)

① 인터넷과 정보통신 기기를 이용하여 사무실 없이 가상조직을 구성하여 활동

② 프랑스 사회학자 자크 아탈리가 "21세기 사전"에서 제시한 개념

5. 디지털 커뮤니쿠스(digital communicus)

① 디지털 기술을 활용하여 다양한 커뮤니케이션을 하는 신인류
② 통족(通族), 지족(知族), 락족(樂族)으로 구분

6. 디지털 코쿤족(digital cocoon족)

디지털 기기와 개인 통신망을 이용하여 자신만의 공간에서 모든 문제 해결

7. 모비즈족(mbiz족)

이동 중에도 모바일 기기로 인터넷 접속, 구매 및 취미 생활을 즐기는 사람

8. 보보스(bobos)

① 부르주아와 보헤미안 문화가 결합된 디지털 시대 엘리트
② 지식자본주의를 지향하며 자유로운 삶을 추구

9. 신코쿤족

불황으로 인해 집에서 저렴하게 여가를 즐기는 사람들

10. 아나디지족(anadigi)

① 디지털과 아날로그를 적절히 결합하여 활용하는 사람들
② 아날로그의 여유와 느림을 통해 디지털 단점을 극복하려는 경향

11. 예티족(yeties)

젊고, 정보통신 지식이 많으며, 인터넷 활용 능력이 뛰어난 20~30대

12. 웹버족(webver)

인터넷을 적극적으로 활용하는 정보화된 시니어 계층

13. 카칭족(kaching tribe)

소셜미디어를 통해 수익을 창출하는 사람들

14. 호모나랜스(homonarrans)

디지털 공간에서 이야기하기를 즐기는 소비자

15. 호모 날리지언(homo knowledgian)

21세기의 신지식인으로, 정보기술 능력과 통합사고 능력을 갖춘 인간군

16. 호모 모빌리쿠스(homo mobilicus)

① 휴대전화 활용이 일상화된 새로운 인간형
② 기다림의 미학이 사라지고, 깊은 의사소통 능력이 감소한다는 비판 존재

Theme 123 사회관계의 변화

Ⅰ 이차적 관계

① 이차적 관계의 개념은 전근대사회의 원초적 관계와 대비되는 개념.
② 쿨리(Cooley)의 원초적 집단 개념: 지리적으로 근접하며 친밀한 대면적 상호작용을 통해 개인의 자아 형성에 중요한 영향을 미치는 집단.
③ 원초적 집단의 상호작용: 지속적이고 전면적이며, 관계 지향적.
④ 현대사회에서 원초적 집단의 중요성 감소, 이차적 집단의 중요성 증가.
⑤ 이차적 집단의 특성: 업무 지향적이며, 부분적이고 일시적인 상호작용이 주를 이룸.
⑥ 이차적 집단에서 인격적 유대관계가 중요하지 않게 되면서 현대사회의 개인은 군중 속에서도 고독을 느낌.

Ⅱ 익명적 관계

1. 의의

① 익명적 관계는 현대사회의 이차적 관계가 극단화된 형태로 컴퓨터 매개 커뮤니케이션을 통해 발전한 관계.
② 의사소통 참여자들은 정체성을 거의 드러내지 않으며 상호작용은 공통의 취향에 집중됨.
③ 인터넷 접속 중에만 관계가 형성되므로 순간적인 관계가 특징.

2. 컴퓨터 매개 커뮤니케이션

① 컴퓨터 매개 커뮤니케이션을 통해 지역적·사회적 장벽을 넘어 다수의 상호작용 가능.
② 공통의 취향만을 매개로 관계를 형성하여 정체성 확인의 의미 감소.
③ 익명적 관계 속에서 기존의 의사소통 관습 붕괴.

3. 아이디라는 별도의 식별도구

① 익명성 유지를 위해 이름 대신 아이디 사용.
② 연령, 성별 구분 없이 동일한 존대어 사용, 욕설과 반말 등 통제받지 않는 행위 발생.

③ 온라인에서 다양한 정체성 실험 가능, 오프라인 모임에서는 기존 의사소통 관습 일부 회복.

4. 가상주체의 등장

① 익명성으로 인해 현실과 다른 정체성 실험 증가.
② 정보사회에서 정체성은 개인이 선택할 수 있는 요소로 변화.
③ 선택 가능한 정체성은 정보사회의 전복적 잠재력을 시사.

Ⅲ 다중정체성 출현

① 마크 포스터: 전자적으로 매개된 커뮤니케이션으로 인해 다중적이며 탈중심화된 불안정한 정체성 출현.
② 다중적 정체성으로 인한 개인의 혼란 증가.
③ 가상세계에서 형성된 이상적 정체성이 현실 정체성과 충돌할 경우 심각한 결과 초래 가능.
④ 가상세계와 현실세계 혼동으로 인해 정보사회의 특성과 밀접한 관련을 지님.

Ⅳ 새로운 사회관계 형성

1. 소셜 네트워크 서비스의 확산

① 익명적 관계가 개인에게 자유와 혼란을 동시에 제공.
② 소셜 네트워크 서비스(SNS) 확산으로 새로운 사회관계 양상 출현.

2. 안정적인 사회관계에 대한 욕망

① 개인들은 안정적인 사회관계를 원하는 경향.
② 닐슨 코리아 클릭 조사: 트위터 방문자 수는 많지만 페이스북의 증가율이 더 높음.
③ 트위터는 정보 전달 중심, 페이스북은 개인적 의사소통이 가능한 특징 보유.
④ 페이스북 이용자 증가: 개인적이고 정서적 커뮤니케이션 욕구 반영.

3. 익명적 관계에서 준익명적 관계로의 변화

① 정보사회의 개인은 대중의 압력에서 자유롭지만 정서적 관계 약화.
② 네트워크 확산에도 실제 교류 범위는 축소되어 고립감 증가.
③ 소셜 네트워크 서비스는 익명성을 완화하여 준익명적 관계 형성 가능.
④ 익명적 관계에서 준익명적 관계로 변화하는 정보사회의 사회관계 양상은 개인의 사회관계 필요성을 반영.
⑤ 정보사회는 자유와 안정성을 동시에 제공할 가능성을 지닌 사회.

Ⅴ 삶의 질적 변화

1. 개인-직장 생활에 미치는 영향

① 정보화를 개인생활과 직장생활로 구분하여 설명.
② 개인생활 정보화: 정보설비 보유, 정보이용 수준, 정보환경 및 정책 인식 등으로 개념화.
③ 직장생활 정보화: 정보설비 보유 수준, 정보기술 이용 수준, 습득 정도, 도입 효과성 인식 등으로 개념화.
④ 개인생활 영역에서는 정보화 인식이 삶의 질과 높은 상관관계를 가짐.
⑤ 직장생활 영역에서는 정보설비, 정보화 지원, 정보화 인식이 높은 관련성을 보임.

2. 삶의 질 향상에 미치는 영향

(1) 정보화 환경

① 다양한 IT 서비스 공급.
② 네트워크화된 사회 기반 구조 형성.
③ 안정적인 정보통신 시스템 구축.
④ 국민 권익 보호를 위한 법과 제도 마련.
⑤ 사회구조 변화로서의 정보화 적응.

(2) 정보기술의 활용

① IT 서비스 이용의 편리성과 편의성 증대.
② 개인 요구 충족을 위한 맞춤형 서비스 제공.
③ 기술과 서비스에 대한 교육 필요성.
④ 개인정보 보호와 정보 공유의 균형 유지.
⑤ 정보사회 정책적 이해와 대응 능력 필요.

3. Artz의 정보기술이 삶에 미치는 영역

① 사회 수준, 조직 수준, 개인과의 상호작용 수준으로 구분.
② 사회적 수준: 정보기술이 개인 목표와 성장에 미치는 영향 분석.
③ 조직적 수준: 정보시스템이 조직목표와 부합하는지 검토.
④ 개인 수준: 정보시스템이 사용자의 요구와 적합성을 갖추도록 설계.
⑤ 인터넷 활용이 저소득층과 고령자의 삶의 질 향상에 기여.

4. Wright의 삶의 질 향상

① 고령자의 온라인 커뮤니티 참여가 스트레스 감소에 기여.
② 이메일 및 인터넷 사용이 고령자의 소외감을 줄이고 정신건강 향상에 도움.
③ 정보기술이 일상생활 변화를 유도하여 삶의 질 향상 가능성을 제시.

I 전자정부의 개념

① 미국 성과평가위원회(National Performance Review)에서 전자정부(e-Government) 개념이 처음 소개됨.
② 이후 각 국가 및 기관, 학자에 따라 다양한 정의가 존재함.
③ 초기 개념은 정보통신기술을 활용한 행정 효율성 달성에 중점을 둠.
④ 최근에는 민주적 발전 도모를 포함하는 정부 형태로 정의됨.
⑤ 정부혁신지방분권위원회는 전자정부를 정보통신기술 기반으로 행정, 입법, 사법 등 정부 내 업무의 전자적 처리 및 유기적 연계를 통해 행정 효율성과 투명성을 제고하는 정부로 정의함.
⑥ 국민과 기업이 정보와 서비스를 언제 어디서나 쉽게 접근하고 이용할 수 있도록 하며, 참여 민주주의 실현을 목표로 함.

II 전자정부 등장 배경

1. 행정 환경의 변화

① 정보가 생산수단으로 인식되며 디지털 경제가 출현함.
② 정보공개 활성화로 정치행정의 투명성이 증가함.
③ 정보통신기술 발달로 신속한 행정 업무처리의 필요성이 강조됨.
④ 요구에 대한 신속한 대응이 정부와 시민 관계에서 중요한 원칙으로 부각됨.
⑤ 관료조직의 비효율성과 변화 지연 문제가 대두되면서 전자정부 필요성이 제기됨.

2. 기존 관료조직의 개편 요구

① 산업사회 관료제는 종적·횡적 분업 원리에 따른 계층제 조직 구조를 형성함.
② 복잡한 조직 구조로 인해 행정 절차가 비효율적이며 생산성이 저하됨.
③ 정보사회 관료제는 문제해결 중심의 평면조직 원리를 추구함.
④ 전자정부를 통한 정보사회 조기 달성
⑤ 전자정부 전환은 정보산업과 디지털 경제체제 이행을 촉진함.
⑥ 정보처리 인력 수요 증가와 노동시장 변화가 예상됨.
⑦ 사회구조 및 일처리 방식 변화가 유발됨.

3. 정보민주주의 실현 가능성

① 국민 생활과 밀접한 정보가 법률로 보호되는 예외를 제외하고 인터넷에 공개됨.
② 자유로운 정보이동이 가능해지면서 쌍방향 의사소통이 활성화됨.
③ 정보민주주의 실현 가능성이 증가함.

4. 효율적 행정 실현 가능성

① 전자정부 구현을 통해 국가경쟁력이 제고됨.
② 정부 성과와 디지털 미래가 결정될 것으로 전망됨.

III 전자정부의 발전과정

1. 전자정부 서비스 발전단계(Gartner Group)

단계	내용
정보단계 (Presence)	시민(사용자)들에게 행정기관의 일반적인 정보 및 적절한 공식문서를 웹 사이트를 통해 제공하는 단계
상호작용단계 (Interaction)	주요 정보를 온라인상으로 접근 가능한 단계. 예를 들어 기본적인 검색기능, 다운로드 가능한 양식, 타 관련 사이트와 링크, 공무원 및 행정기관 e-mail 주소등록 등이 추가됨
업무처리단계 (Transaction)	시민(사용자)이 온라인상으로 모든 민원업무의 처리가 가능한 단계. 예를 들어 납세 서류 작성 및 납세 이행, 자동차면허갱신, 각종 벌금 지급, 인·허가 업무 등이 온라인상에서 처리 가능
변화·혁신단계 (Transformation)	정부조직운영을 시민들에게 모두 투명하게 보이도록 하는 단일 고객접촉점을 제공함으로써 정부서비스의 개념을 재정의하게 되는 단계

2. EU의 온라인 공공 서비스 수준 평가 방법

(1) 의의

온라인 서비스의 정교성과 완전한 온라인 이용가능성을 핵심 지표로 평가함.

(2) 온라인 서비스의 정교성

① 정보, 일방향 상호작용, 쌍방향 상호작용, 상호교류, 개인화로 구성된 5단계 모델 기반 평가.
② 개인화 단계는 행정 절차 감소 및 데이터 일관성 개선을 위한 완전한 온라인 절차 의미.
③ 능동적 서비스 제공과 자동적 서비스 제공 개념을 적용하여 개인화 단계 평가.

(3) 완전한 온라인 이용가능성

20개 공공서비스(시민 서비스 12개, 기업 서비스 8개)에 제한 적용.

20개 공공 서비스

1. **시민을 위한 공공 서비스**
   소득세, 일자리 검색, 사회보장 혜택, 개인 문서, 자동차 등록, 건축 허가 신청, 경찰 신고, 공공 도서관, 증명서, 고등 교육 등록, 주소 이전 신고, 보건 관련 서비스.
2. **기업을 위한 공공 서비스**
   직원 사회 기부금 신고, 법인세, 부가가치세, 새 기업 등록, 통계청 데이터 제출, 관세 신고, 환경 관련 허가, 공공 조달 서비스.

[온라인 정교성과 완전한 온라인 이용가능성 지표의 관계]

측정목표	측정목표를 위한 단계모델
완전한 온라인 이용 가능성	온라인 정교성(online sophistication) 모델
완벽하지 않은 온라인 이용 가능성	• 1단계: 온라인 정보 구축 • 2단계: 일방적 상호작용 – 다운로드 가능한 신청서 • 3단계: 쌍방향 상호작용 – 온라인 신청서
완벽한 온라인 이용 가능성	• 4단계: 상호교류 – 완벽한 온라인 서비스 처리 • 5단계: 개인화 – 능동성, 자동화

[온라인 정교성 측정을 위한 5단계 지표]

단계	내용
정보(information)	온라인 정보 구축
일방적 상호작용 (One way Interaction)	다운로드 가능한 신청서 제공
쌍방향 상호작용 (Two way Interaction)	온라인 신청서 제공
상호교류(Transaction)	완벽한 온라인 서비스 처리
개인화(personalization)	능동성, 자동화

3. UN의 전자정부 발전모형

기존 5단계(착수, 발전, 상호작용, 전자거래, 통합연계)에서 발전과 상호작용 단계를 통합하여 4단계(착수, 발전, 전자거래, 통합연계)로 재정의.

단계	내용
1단계 정보서비스 착수 (Emerging information services)	• 정부 웹 사이트는 공공정책 거버넌스, 법률, 규제, 정부 서비스에 대한 관련 서류와 유형들에 대한 정보를 제공 • 정부 웹 사이트는 타 정부부처와 링크 • 시민들은 중앙정부와 타부처에 대한 새로운 정보를 쉽게 얻을 수 있으며, 그러한 정보를 얻기 위해 해당 링크에 접속 가능
2단계 발전된 정보서비스 (Enhanced information services)	• 정부 웹 사이트는 발전된 일방향 e-커뮤니케이션 혹은 정부와 시민 간의 단순한 쌍방향 e-커뮤니케이션을 제공 (예) 정부 서비스를 위한 다운로드 가능한 양식 제공) • 정부 웹 사이트는 오디오와 비디오 기능이 있으며, 여러 언어로 구현 • 몇몇 제한된 e-서비스를 통해 시민들은 전자서비스가 아닌 양식이나 개인 정보와 같은 사항을 요청할 수 있으며, 이는 우편으로 요청자의 집에 전달
3단계 전자거래 서비스 (Transactional services)	• 정부 웹 사이트는 시민과 쌍방향 커뮤니케이션 가능 • 전자거래 서비스(예) 정부정책, 프로그램, 규제 등에 대한 의견 개진 및 수렴) • 본인 확인의 전자인증이 성공적으로 거래를 하기 위해 필요 • 정부 웹 사이트는 금융거래뿐만 아니라 이외의 서비스도 제공(예) 전자투표, 양식의 다운로드와 업로드, 온라인 세금납부, 인허가, 증명서 신청)
4단계 통합연계 서비스 (connected services)	• 정부 웹사이트는 정부가 시민들과 의사소통하는 방식을 변화시킴 • 웹 2.0과 그 외의 다른 상호작용 도구를 사용하는 시민들은 적극적으로 정보를 요구하고 의견을 제시 • 무선방식의 e-서비스와 e-솔루션이 제공 • 정보, 자료, 지식은 통합된 애플리케이션을 통해 정부 기관으로부터 이동 • 정부는 정부-중심에서 시민-중심 접근법으로 전환 • 그룹별 시민대상으로 e-서비스가 '생애 주기 이벤트'(life cycle event)와 맞춤식 서비스 형태 제공 • 정부는 의사결정에 목소리를 낼 수 있도록 하기 위한 정부활동에 좀 더 시민들이 참여할 수 있는 권한 부여

4. 우리나라 전자정부 발전모형

참여정부 시절 UN 5단계 모형을 기반으로 우리나라에 적합한 5단계(착수, 상호작용, 전자처리, 통합처리, 민관협업) 모형 개발.

단계	내용
1단계(착수)	• 단순안내, 정보제공 • 단순 업무 DB 구축, 전자화
2단계(상호작용)	• 온라인 민원신청, 행정정보공개 • 기관 내 유관 DB 및 시스템 간 연계 • 기관별 표준 · 상호 연동성 확보
3단계(전자처리)	• 분야별 단일창구, 온라인 정책형성 • 기관 내 유관 DB 및 시스템 간 연계 • 기관 간 공통 표준 · 상호 연계
4단계(통합처리)	• 범정부 단일창구 온라인 정책결정 • 범정부적 통합전산자원관리(물리적) • 범정부공용 DB 운용 및 시스템 연계 · 통합
5단계(민관협업)	• 범정부 통합창구의 고객화, 지능화 • 온라인 거버넌스(형성-결정-집행) • 정부, 공공 및 민간 연계 및 협업처리 • 범정부적 통합 전산자원관리(물리적+기능적)

5. 전자정부 추진 원칙

① 국민편익 중심 원칙: 행정 절차에서 민원인의 시간과 노력을 최소화.

② 업무혁신 선행 원칙: 전자화 이전에 업무 혁신 필요.

③ 전자적 처리 원칙: 전자적 처리가 가능한 업무는 전자적으로 처리.

④ 보유정보 공개 원칙: 법률로 보호되지 않는 정보는 인터넷에 공개.

⑤ 확인책임 행정기관 귀속 원칙: 행정기관 간 확인 가능한 사항을 민원인에게 요구하지 않음.

⑥ 공동이용 원칙: 행정기관 간 정보 공유로 중복 수집 방지.

⑦ 개인정보 보호 원칙: 당사자 동의 없이 개인정보 사용 금지.

⑧ 기술개발 외주의 원칙: 민간 기술 활용을 우선하며, 필요 시 직접 개발 가능.

6. 전자정부 추진 전략

① 「전자정부법」제2조 제11항은 전자정부를 정보기술 활용 정부로 정의.

② UN은 전자정부를 행정개혁의 도구로 인식.

③ 우리나라는 1970년대 후반 행정업무 전산화를 시작으로 1990년대 개별 정보화를 추진.

④ 2000년 이후 범정부 차원의 전자정부 인프라 구축.

⑤ 2010년 UN 전자정부 평가에서 세계 1위 기록.

7. 전자정부 추진 경과

① 태동기: 국가기관 전산망 사업 추진.

② 기반 조성기: 정보화촉진법 제정 및 추진 기반 조성.

③ 착수기: 범정부 차원의 전략적 추진.

④ 성장기: 전자정부 추진 확대 및 발전 기여.

⑤ 성숙기: 질적 성숙 추진.

[우리나라 전자정부 단계별 추진 세부 내용]

단계	태동기	기반조성기	착수기	성장기	성숙기
시기	80년대 후반 ~90년대 중반	90년대 중반 ~2000년	2001~ 2002년	2003~ 2007년	2008년 ~
주요 목표	국가 주요행정 정보 DB화	초고속 정보통신 기반구축 정부업무 프로세스의 전자화	범정부 공통기반 조성	다수부처 서비스 연계, 전자적 국민 참여 확대	행정 서비스 연계·통합

국가 정보화 비전		정보화 촉진 기본계획 Cyber Korea 21	e-Korea Vision 2006	Broadband IT Korea Vision 2007 u-Korea 기본계획	국가 정보화 기본계획
주요 법령		「전산망 이용촉진과 보급 확장에 관한 법률」 (1986 제정)	「정보화 촉진 기본법」 (1995 제정) 「전자 서명법」 (1999 제정) 「SW산업 진흥법」 (2000 제정)	「전자 정부법」 (2001 제정) 「정보격차 해소법」 (2001 제정) 「정보 통신망 보호법」 (2001 제정)	「전자 정부법」 (2007 제정)	「국가정보화 기본법」 (2009 제정) 「전자 정부법」 (2010 개정) 「행정정보 공동 이용법」 (2010 제정)
주요 정책		국가기간 전산망 사업 (행정, 금융, 교육·연구, 국방, 공안)	초고속 정보통신 기반구축 종합계획 (1995~ 2010)	초고속 정보통신망 기반구축 (2001 조기 완료) 전자정부 11대 과제 추진 (2001~ 2002) 정보화사업 평가제도 도입 정보 시스템감리 기준 제정	전자정부 로드맵 31대 과제 추진 (2003~ 2007) 광대역 통합망 (BcN) 구축계획 수립(2004)	
추진 체계	심의 자문 기구	전산망 조정위원회		정보화 추진위원회 (국무총리) 전자정부 특별위원회 (대통령 소속, 2001~ 2002)	정보화 추진위원회 정부혁신 지방분권 위원회 (전자정부 특별위원회)	국가정보화 전략위원회 (대통령, 2009)
	전담 부처	체신부	정보통신부 (1994, 체신부 확대 개편)	정보 통신부	행정 자치부	행정 안전부
	전문 기관	한국전산원 (1987년 개원)	한국 전산원	한국 전산원	한국정보 사회진흥원 (2006, 한국전산원 명칭 변경)	한국정보화 진흥원 (중앙), 한구지역 정보개발원 (지방)

8. 스마트 전자정부 구현 시기

① 스마트폰 대중화로 모바일 빅뱅 발생.

② 경제, 사회, 정치, 문화 전반에 변화 초래.

③ 전자정부와 스마트 전자정부 비교 필요.

구분	유형	기존 전자정부(~2010)	스마트 전자정부 (2011~)
국민	접근 방법	PC 만 가능	스마트폰, 태블릿 PC, 스마트 TV 등 다매체
	서비스 방식	• 공급자 중심 • 획일적 서비스	• 개인별 맞춤형 통합 서비스 • 공공정보 개방을 통해 국민이 직접 원하는 서비스 개발
	민원 신청	• 개별 신청 • 동일 서류도 복수 제출	1회 신청으로 연관 민원 일괄 처리
	수혜 방식 (지원금/복지 등)	국민이 직접 자격 증명 신청	정부가 자격 요건 확인·지원
공무원	근무 위치	사무실(PC)	위치 무관 (스마트워크 센터/모바일 오피스)
	일하는 방식 (재난/안전 등)	사후 복구 위주	사전 예방 및 예측

Ⅳ 정보화 책임관(CIO)

1. 미국

① 1980년 초 미국 기업들의 정보화 투자 금액 증대 및 정보화 투자에 관한 관심 증가로 경영전략과 정보화 투자전략의 효과적 연계 필요성 증대.

② Synnot와 Gruber(1981)가 정보자원관리의 중요성을 강조하며 '정보화 책임관' 용어 사용

③ 1995년 「문서작업감축법」, 1996년 「정보기술관리개혁법」 발효로 정보화책임관 제도 공식 도입.

2. 일본

전자정부 구축의 최적화 계획 등을 위한 부처 내부 체제 강화 필요성에 따라 민간으로부터 정보화책임관 제도 도입.

3. 한국

(1) 도입 배경

1998년 5월 제1차 정보화전략회의에서 대통령 지시에 의해 행정기관 정보화 책임관(CIO) 제도 도입.

(2) 도입 과정

① 1990년 금호그룹이 그룹 CIO를 임명한 것이 국내 최초 도입 사례.

② 1998년 10월 52개 중앙부처에 정보화 책임관(CIO) 일괄 임명으로 공공부문 본격 도입.

(3) 「국가정보화기본법」에 규정된 정보화 책임관의 담당업무

① 국가정보화 사업의 총괄조정, 지원 및 평가.

② 국가정보화 정책과 기관 내 다른 정책·계획과의 연계·조정.

③ 정보기술을 이용한 행정업무 지원.

④ 정보자원의 획득·배분·이용 등의 종합조정 및 체계적 관리와 정보공동활용 방안 수립.

⑤ 정보문화 창달 및 정보격차 해소.

⑥ 정보기술아키텍처 도입·활용.

⑦ 정보화 교육.

⑧ 그 밖에 법령에서 정보화책임관의 업무로 지정하는 사항.

(4) 「행정기관의 정보화책임관 지정·운영에 관한 지침」에 규정된 정보화 책임관의 자격

① 당해 기관의 실제 업무처리 과정 전반에 정통한 자.

② 정보화 분야에 관한 넓은 이해와 안목을 가진 자.

③ 정보화를 통한 행정혁신을 적극적으로 주도할 의지와 능력이 있는 자.

(5) 정보화 책임관 협의회

중앙행정기관 및 지방자치단체는 정보화의 효율적 추진과 정보 교류, 관련 정책 협의를 위해 정보화책임관협의회를 구성·운영.

(6) 정보화 책임관 협의회의 주요 업무 내용

① 전자정부 관련 정책의 수립·시행.

② 행정정보의 공동이용.

③ 정보기술아키텍처 관리.

④ 정보자원의 체계적 관리 및 표준화.

⑤ 여러 국가기관, 지방자치단체 및 공공기관이 관련된 전자정부사업, 지역정보화 사업, 정보문화 창달 및 정보격차 해소 추진.

⑥ 그 밖에 의장이 필요하다고 인정하는 사항.

I 입법취지

① 「전자정부법」은 행정업무의 전자적 처리에 대한 원칙과 세부 절차를 규정하여 전자정부를 구현하고, 행정의 생산성, 투명성, 민주성을 제고하는 것을 목적으로 함.

② 「전자정부법 시행령」은 적용 범위를 중앙행정기관 및 그 소속 기관, 지방자치단체, 공공기관으로 명확히 규정함.

II 목적

① 1990년대 말 전자정부가 국가의 주요 정책 과제로 대두됨에 따라 학계 및 정부 등에서 「전자정부법」 제정 필요성이 제기됨. 국민의 정부는 100대 국정과제에 '전자정부의 구현'을 포함하고, 지식정보 강국으로 도약하기 위한 수단으로 강조함.

② 입법부 및 정부는 「전자정부법」 제정을 지속적으로 추진하였으며, 2001년 2월 28일 국회에서 「전자정부 구현을 위한 행정업무 등의 전자화 촉진에 관한 법률」을 의결함.

③ 2007년 1월 3일 일부개정을 통해 법제명을 「전자정부법」으로 변경하여 '업무의 전자화'에서 '전자정부'로 개념을 확대함. 2010년 2월 4일 전부개정을 통해 법 목적을 '전자정부사업의 촉진'에서 '전자정부의 효율적 구현'으로 수정하여 수단 및 양적 개념에서 질적 개념으로 확대 발전시킴.

④ 전자정부 구현을 통한 행정의 생산성과 투명성 제고를 위한 제도 개선이 지속적으로 이루어짐. 1번의 전부개정과 6번의 일부개정을 거쳐 한국은 UN 전자정부 평가에서 2010년, 2012년, 2014년 연속 1위, 2020년 2위를 기록함. 2020년 10월 OECD 디지털 정부평가에서 종합 1위를 차지함.

III 적용 범위

① 「전자정부법」은 「헌법」에 따라 설립된 국가기관(정부, 국회, 법원, 헌법재판소, 중앙선거관리위원회)에 적용됨.

② 삼권분립 원칙을 고려하여 입법부 및 사법부의 독립성을 보장하기 위해 세부 내용은 별도로 규정할 수 있도록 함. 행정부는 대통령령으로, 기타 헌법기관은 헌법재판소규칙, 중앙선거관리위원회규칙 등을 통해 「전자정부법」 이행을 위한 세부사항을 규정함.

IV 다른 법률과의 관계

1. 의의

「전자정부법」 제6조는 전자정부 구현, 운영 및 발전에 관한 사항이 다른 법률에 특별한 규정이 있는 경우를 제외하고는 「전자정부법」에 따르도록 규정하여, 전자정부에 관한 일반법으로서의 지위를 명확히 함.

2. 주요 내용

① 행정기관 등의 대민서비스 및 행정관리의 전자화, 행정정보 공동이용 등 전자정부 관련 사항은 「전자정부법」이 원칙적으로 적용되나, 다른 법률에 특별한 규정이 있는 경우 해당 법률이 우선 적용됨.

② "다른 법률에 특별한 규정이 있는 경우"는 「전자정부법」과 다른 내용을 구체적으로 명시한 법률이 존재할 때를 의미하며, 선언 또는 원칙 형태의 규정은 이에 해당하지 않음.

③ 예를 들어, 종이문서 이용 의무, 대면 민원 신청 의무 등을 규정한 다른 법률이 존재할 경우 「전자정부법」 제25조(전자문서의 작성), 제7조(전자적 민원처리 신청 등)이 적용되지 않고 해당 법률이 우선 적용됨.

3. 판결 및 사례

① 「정보공개법」 제4조제1항은 "다른 법률에 특별한 규정이 있는 경우를 제외하고는 이 법이 정하는 바에 따른다."고 규정함. 따라서 특별한 규정이 '법률'이어야 하며, 정보공개의 대상, 범위, 절차 등에 대한 구체적 규정이 있어야 함.

② 「형사소송법」 제59조의2는 형사재판확정기록의 공개 여부 및 절차를 별도로 규정하고 있어 "다른 법률에 특별한 규정"에 해당함(2013두 20882 판례).

③ 「지방자치법」 제15조는 조례의 제정 및 개폐 청구 시 '19세 이상 주민'의 일정 수 이상의 연서를 요구하며 청구인명부 작성을 규정함. 해당 법률이 전자서명에 관한 규정을 포함하지 않아 '서면에 의한 서명'만 가능하였으며, 「지방자치법」 제15조는 「전자정부법」에 대한 "다른 특별한 규정"에 해당함. 이후 2018년 1월 9일 「지방자치법 시행령」 개정을 통해 전자서명 방식의 청구인명부 작성이 가능하도록 조치함.

Ⅰ 의의

① 정보기술을 활용하여 시민이 개별적으로 혹은 집단을 구성하여 정치적·정책적 이슈에 대한 의견을 직접적으로 제시하거나 집단행동을 사이버 공간에서 실시간으로 동원할 수 있도록 하는 민주주의.

② 전자적 방법을 통해 투표나 선거과정에 참여함으로써 보다 직접적이고 참여적인 민주주의를 실현하는 정보화 시대의 민주주의.

③ 정보통신기술을 활용하여 유권자와 대표자의 관계를 새롭게 정립하는 도구로서 정확한 정보가 요구되는 민주주의.

④ 시민에게 적시적소에서 정보를 제공하고, 공정하고 합리적인 의사결정을 가능하게 함으로써 국민 참여가 실질적으로 보장되는 토의민주주의.

Ⅱ 아터턴(Arterton)의 전자민주주의 개념

① 인터넷 기술을 활용하여 시민과 정치지도자 간 정보 교환과 흐름을 활성화하는 민주주의.

② 정책결정 과정에서 다양한 정보 제공과 토론 기회를 확대하여 숙의(deliberation)를 강화하는 민주주의.

③ 정보통신의 발달을 기반으로 시민과 정치권, 시민 간 수평적 의사소통을 활성화하고 직접적인 정치 참여를 촉진하는 민주주의.

Ⅲ 전자민주주의의 특징

1. 대의민주주의 보완

① 대표성·정당성 위기 극복과 국민의 정치적 무관심 해결을 목표로 함.

② 인터넷을 통한 신속한 정책결정으로 정치적 효율성 증대 가능.

2. 직접민주주의 가능성

① 시민이 직접 의사결정에 참여하는 전자적 방식이 핵심 요소.

② '버튼 누르기(push-button) 민주주의'로 표현되며, 정보 전달 속도와 시공간 응축성과 같은 인터넷의 기술적 속성 활용.

③ 여론조사·투표 등의 형태로 즉각적이고 직접적인 정책결정 참여 가능.

3. 토플러(Toffler)의 전망

① 정치적·행정적 정보 접근성을 높여 전반적인 정치 비용 절감.

② 정책결정 과정에서 시민의 적극적인 정치 참여를 유도하여 대의민주주의와 직접민주정치가 혼합된 준직접민주주의(semi-direct democracy) 시대 도래 전망.

4. 숙의민주주의(deliberative democracy)와의 연관성

① 네트워크 기술을 기반으로 한 숙의민주주의 가능성을 탐색.

② 전자적 협의 모형, 숙의민주주의 유형, 대화형 커뮤니케이션 방식 등의 형태로 발전.

③ 민주주의를 단순한 투표 이상의 개념으로 확장하는 역할 수행.

5. 공론장과의 연계성

① 공개적 접근, 의사 표현의 자유, 공적 문제에 대한 토론의 자유, 자발적 참여 보장.

② 하버마스의 '공론장' 개념과 연결되며, 인터넷을 통한 공적 담론과 숙의를 통한 의사형성과정 중시.

③ 기존 전자민주주의의 직접민주주의 개념을 확장하는 데 기여.

6. 사이버 공간에서의 시민 역할 변화

① 시민을 정치 정보의 단순 소비자가 아닌 정보의 생산과 소비를 동시에 수행하는 능동적 주체로 규정.

② 기존 미디어가 수직적·대중적 구조를 가졌다면, 새로운 네트워크 기술은 상호작용성을 강화한 수평적·민주적 커뮤니케이션 기술로 평가.

Ⅳ 정보화사회론

1. 의의

① 산업사회에서 정보사회로 이행함에 따라 정치영역에서 직접민주주의 요소 확대 현상으로 이해됨.

② 토플러의 모자이크 민주주의(mosaic democracy)론과 나이스비트의 의회민주주의에서 참여민주주의로의 이행론이 대표적 이론으로 제시됨.

2. 토플러(Toffler)의 전자민주주의

(1) 진취적 소수의 결의 원칙

① 산업사회에서의 다수결 원리를 대체하는 원칙으로 진취적 소수의 결의 원칙 제안.

② 다수결 원리는 대중사회의 산물이지만, 정보사회에서는 전문성을 지닌 진취적 소수가 의사결정 담당.

(2) 직·간접 혼합형 민주주의

① 정보시대에는 합의가 무의미하여 대의기구 불필요. 대표자 의존에서 벗어나 스스로 대표가 되는 방향으로 전환.

② 정보통신기술 발달로 직접민주주의의 문제점(국민의 즉흥적 감정표출 등)이 냉각기간 설정, 재투표 등의 방식으로 해결 가능. 직접민주주의와 간접민주주의를 결합한 제도 고안 가능.

(3) 의사결정의 분권화

직접민주주의 확산으로 중앙집권적 관료조직의 권한과 주요 행정원칙이 하부기관으로 이양될 필요성 제기됨.

3. 나이스비트(Naisbitt)의 「메가트렌드」에서 제시한 조류

① 지방분권화의 조류와 의회민주주의에서 참여민주주의로의 변화 조류 제시.

② 참여민주주의 원리는 정책결정 이해당사자 집단의 참여가 보장되는 개념. 계층적 관료사회에서 네트워크형 수평사회로 변화되면서 확인됨.

③ 정보혁명을 통한 동시적 정보 공유 및 교육수준 향상이 사회구성원의 참여수준을 높이는 계기 마련. 정보접근권 보장으로 정치적 영향력의 불평등 해소 전망.

Ⅴ 원격민주주의론

1. 의의

① 정보통신기술 활용을 통한 대의제 대체 가능성 제기, 전자투표를 통한 민주주의 극대화 주장.

② 전자투표장치 개발로 시민참여 확대, 직접민주주의 요소 극대화 기여.

③ 베커는 원격민주주의를 전자국민투표를 용이하게 하는 수단으로 정보통신기술 활용 필요성을 강조.

④ 민주주의는 사회구성원의 의견을 수렴하는 과정이며, 원격민주주의는 이러한 의견수렴을 촉진하는 역할 수행.

⑤ 사회구성원의 자발성, 창의성, 자유롭고 공개적인 의사소통체계 구축이 교양 있는 참여민주주의 가능성 제고.

2. 아터턴

① 원격민주주의는 케이블 TV 등 쌍방향 미디어를 통한 전자투표, 정치지도자와의 의견교환, 정보 이동을 통한 시민참여 실천 과정으로 정의됨.

② 전자투표가 직접민주주의로 가는 길이라는 시각을 거부하며, 원격민주주의가 민주주의 개선에는 기여하지만 근본적 변혁은 불가능하다고 주장.

③ 기술결정론을 배격하고 사회구조론적 입장을 취함. 기술이 아니라 사람들의 가치관, 사회·조직의 선택이 정치과정에서 기술 적용을 결정한다고 봄.

Ⅵ 공론장 이론

1. 의의

하버마스는 공론장이 여론이 형성될 수 있는 사회적 삶의 영역이라고 정의.

2. 하버마스의 공론장이 갖추어야 할 조건

① 일반적 접근성: 누구나 공론장에 접근 가능해야 함.

② 특권 배제: 사회적 가치와 권위에 따른 불평등 관계 형성 금지.

③ 일반적 규범과 합리적 정당화: 공론장 내에서 합리적 정당성이 확보되어야 함.

Ⅶ 자율적 기술론

① 도구주의적 기술론(기술 발전이 인류 진보에 긍정적 영향을 미친다는 견해)을 비판하며, 기술이 인간소외를 야기함에 초점.

② 전자민주주의와 관련하여 도구주의적 기술론은 기술이 민주주의 발전에 긍정적 역할을 한다고 주장하지만, 자율적 기술론에서는 기술이 인간 목적에 수동적으로 봉사하지 않고 자체 논리에 따라 발전하며 사회에 영향을 미친다고 주장.

Ⅷ 전자 민주주의

1. 정보제공 수단으로서의 전자 민주주의

① 정치·행정 정보의 효과적 전달에 초점.

② 가상공간을 활용한 정책쟁점 및 정치적 현안에 대한 정보 제공.

③ 정보공개 원칙이 민주주의 실현과 투명성 확보의 필요조건.

④ 유권자의 정책과정 참여 유도 및 정책결정 합리화 기여.

2. 전자적 공론장으로서의 전자 민주주의

(1) 의의

① 대화와 토론이 이루어지는 공간으로서의 전자민주주의.

② 정보통신기술을 통한 현실적 참여 장벽 제거.

③ 다양한 의견 표출 및 조정·타협 과정을 통한 올바른 결정 가능.

(2) 톰슨이 제시하는 전자적 공론장의 성격

① 개인이 자신의 삶에 영향을 미치는 문제를 실질적으로 토론하는 공간.

② 문제 관련 당사자가 자신의 이해를 표출할 수 있는 권리를 가지는 공간.

③ 이해 당사자 집단의 동의와 합의를 바탕으로 문제 해결 대안이 선택되는 공간.

3. 여론수렴으로서의 전자 민주주의

① 다양한 참여자들의 의견 제시 요구, 소극적 전자민주주의 형태.

② 의견제시는 이해관계 문제와 관련하여 이루어지며, 참여자의 적극성과 의견 수렴자의 유인 부족으로 효과적이지 않을 가능성 존재.

③ 선거기간 동안 활성화됨.

4. 투표형태로서의 전자 민주주의

① 온라인 투표를 통한 정책결정 과정의 대표성과 반응성 증대 목표.

② 누름단추식 민주주의 개념과 연결됨.

③ 절차적 차원에서 거래비용 절감 효과 존재.

④ 전자민주주의가 효율성 강조에 그친다는 비판 존재. 절차의 용이성과 효율성 증대가 민주주의 실현의 충분조건은 아님.

⑤ 대의민주주의 보완적 형태일 뿐 민주주의 발전 보장은 불가능하다는 견해 제시됨.

Theme 127 전자적 공공영역과 e-거버넌스

I 전자적 공공영역

1. 인터넷이 전자적 공공영역으로 등장

① 맥루한의 '미디어는 메시지다.'라는 주장은 미디어 자체가 메시지보다 중요하다는 역설적 표현으로, 정보사회에서 인터넷이 모든 메시지를 비트로 전환하여 압축, 변환, 전송, 공유할 수 있도록 하는 기술과 직결됨.

② 맥루한의 미디어는 메시지라는 개념은 결정론적 의미보다는 사상과 커뮤니케이션 미디어의 본질 간 상호작용성을 의미하며, 그는 지배적인 커뮤니케이션 미디어에 따라 인류 역사를 구분하고 20세기를 전자매체시대로 규정함. 전자매체 발달로 세계는 지구촌(a global village)으로 변화하며, 인류는 과거 구전문화(oral culture) 시대로 복귀하는 재부족화(retribalization)가 진행된다고 주장함.

③ 인터넷은 인간의 중요한 삶의 양식이자 공간으로 자리 잡고 있으나, 인터넷 미디어와 커뮤니케이션이 공공영역의 존재를 의미하지는 않음. 공공영역의 장소나 기제로서의 가능성은 충분하나, 과정, 내용, 행위의 주제 개념에서 논란이 존재하여 전자적 공공영역의 등장은 기존 공공영역의 확장 내지 재활성화로 해석됨.

2. 전통적 공공영역과 전자적 공공영역의 비교

(1) 의의

① 전자적 공공영역을 독립된 영역으로 보기보다는 뉴미디어의 등장이 공공영역 전체의 구조나 성격 변화에 미치는 영향에 관심을 둠.

② 전자공간은 정보가 공개적으로 유통되며, 다대다 커뮤니케이션이 가능하고, 상대적으로 저항적·반체제적 공공영역(oppositional public sphere)으로 기능함.

(2) 전통적 공공영역과 전자적 공공영역의 공통점과 차이점 비교

구분		전통적 공공영역	전자적 공공영역
공통점	특징	공개적 논쟁, 비판적 검토, 완전한 보도, 확장된 접근성, 행위자의 자율성 등	
	역사적 성격	기존 지배체제에서 대변되지 않았던 주체들이 형성한 저항적 대안적 공간	
차이점	범위	국민국가 또는 특정 지역 (근대 국민국가의 영토 경계)	지구적인 동시에 지방적 (Glocalisation의 전형)
	주체	신흥부르주아지, 전문가	네티즌(비전문적 대중, 다양한 집단)
	포맷	주로 텍스트(오디오, 비디오) → 아톰	멀티미디어(미디어 융합) → 비트
	방식	과두적, 단방향적	탈중심적, 쌍방향적
	정보 재생산	• 재생산 곤란 • 저작권 체제 형성	• 재생산 용이 • 저작권 체제 무화↔강화

3. 인터넷이 공공영역의 공론장으로 가능한 이유

(1) 민주주의 발전에 기여

인터넷은 맞춤형 정보 제공을 통해 시민의 국정 참여를 활성화하고 권한을 강화함.

(2) 참여의 용이성

사이버 공간을 통한 조직 참여는 최소한의 시간과 비용으로 가능하며, 개인의 선택에 따라 자유롭게 가입과 탈퇴가 가능함.

(3) 정치참여를 위한 의사소통 공간 제공

인터넷은 e-메일, 리스트서버, 채팅방 등을 통해 공직자와 시민 간 대화 및 시민 간 커뮤니케이션을 활성화하여 공론장으로 활용됨.

(4) 인터넷 기술을 이용한 가상공동체 형성

인터넷을 통한 정치 참여가 투표 행위에서 정치적 의견 개진 및 토론 참여로 확대되는 추세임.

4. 노벡(Noveck)의 인터넷 공간에서의 토론을 위한 보장요소

(1) 접근성(accessibility)

공동체 구성원 모두가 토론에 참여할 수 있어야 함.

(2) 무검열(no censorship)

표현의 자유가 보장되고 내용이 왜곡되지 않아야 함.

(3) 자율성(autonomy)

공공과정의 적극적 참가자가 필요함.

(4) 책임성(accountability)

책임 있고 합리적인 공적 토론이 이루어져야 함.

(5) 투명성(transparency)

토론 방식과 규칙이 공개되어야 함.

(6) 평등성(equality)

모든 구성원이 공평한 발언 기회를 가져야 함.

(7) 다원성(plurality)

다양한 견해 표출이 가능해야 하며, 특정 의견 제한이 없어야 함.

(8) 충분한 정보(staying informed)

합리적 판단을 위한 충분한 정보 제공이 필요함.

(9) 공공성(publicness)

개인이나 특정 집단의 이익이 아닌 공동체 전체의 이익을 추구해야 함.

(10) 촉진성(facilitation)

토론 참가자의 의견을 조정할 조정자가 필요함.

5. 전자적 공공영역

구분	강점	약점
내용	• 상호작용의 확대 • 시간과 공간의 격차 축소 • 정보 소통 비용의 저렴화 • 데이터의 디지털화 (복제 동일성) • 새로운 미디어로서의 가능성 • 사이버공간의 장점	• 보안의 문제 • 상업화의 이슈 • 규제 및 검열의 문제 • 언어의 문제(영어권 중심) • 디지털 격차 • 서구 중심(미국)

Ⅱ 거버넌스(governance)

① 거버넌스는 정부, 기업, 비정부기구 등 다양한 행위자가 네트워크를 구축하여 문제를 해결하는 새로운 국정운영 방식으로 정의됨.

② 유엔 개발 계획(UNDP)의 거버넌스 정의: "거버넌스는 국가의 여러 업무를 관리하기 위한 정치, 경제 및 행정적 권한 행사이며, 시민과 집단이 이해관계를 조정하고 권리를 행사하며 의무를 수행하는 과정과 제도로 구성됨."

Ⅲ 신공공관리론

① 신공공관리론은 전통적 관료제를 극복하고 작은 정부를 구현하기 위해 개발된 행정학 이론으로, 1980년대 마거릿 대처 정부와 로널드 레이건 정부가 추진한 시장지향적 정부 개혁에서 비롯됨.

② 경쟁 원리에 기반한 시장 체제를 모방하여 정부 관료제의 효율성을 증대하는 것이 핵심이며, 주요 정책 수단으로 인력 감축, 민영화, 재정지출 억제, 책임운영기관 도입, 규제 완화 등이 있음.

Ⅳ 뉴거버넌스

1. 의의

① 뉴거버넌스론은 전통적으로 계층제에 의존하던 거버넌스가 변형되어 1980년대 이후 등장한 이론으로, 정부조직뿐만 아니라 기업과 시민사회 등이 공공부문에 함께 참여하여 네트워크를 구성하고 공공문제를 해결하는 상황을 설명하는 개념임.

② 뉴거버넌스론은 중앙정부, 지방정부, 사회적 단체, NGO, 지역사회 등 다양한 구성원으로 이루어진 네트워크를 강조하며, 네트워크는 구성원들이 상호 독립적이라는 의미를 가지나 동등성을 의미하는 것은 아님. 정부는 전통적 정부처럼 우월한 존재도 아니며 항상 동등한 입장도 아니고, 전체 네트워크를 조정하는 역할을 수행함.

2. 뉴거버넌스와 거버넌스의 차이

(1) 의의

뉴거버넌스와 관련하여 거버넌스는 학자들에 따라 다양하게 정의되며, 정책결정이 특정 개인이나 소수집단에 의해 강제력을 배경으로 행해지는 전통적 방식과 대비되기도 하고, 혼용되어 사용되기도 함. 또한 관리론과 인식론 등의 차이를 근거로 구분됨.

거버넌스론	구분	뉴거버넌스론
국정관리	관리론	신국정관리
신자유주의, 신공공관리	인식론	공동체주의, 참여주의
시장	관리구조	공동체
결과(효율성, 생산성)	관리가치	과정(민주성, 정치성)
공공기업가	관료역할	조정자
고객지향	관리방식	임무지향
경쟁체제(시장메커니즘)	작동원리	협력체제(참여메커니즘)
민영화, 민간위탁	서비스	공동생산(민간부문의 참여)
조직 내	분석수준	조직 간

(2) 신공공관리론

① 뉴거버넌스는 민간부문을 수용한다는 점에서 신공공관리론과 유사하지만 일정 부분 차이가 있음. 신공공관리론은 결과 중심, 뉴거버넌스는 과정 중심에 초점을 둠. 전자는 국민을 고객 중심적 접근으로 수동적 존재로 간주하는 반면, 후자는 주인 중심적 접근으로 국민을 정부의 의제와 정책을 결정하는 능동적 존재로 인식함.

② 신공공관리론은 경쟁에 초점을 두는 반면, 뉴거버넌스는 네트워크 내 협력에 중점을 둠. 전자는 민영화를 통한 서비스 제공 방식, 후자는 공동생산 방식으로 공공서비스를 제공함. 또한 신공공관리론은 조직 내 관계에 집중하는 반면, 뉴거버넌스는 조직 간 관계에 중점을 둠.

신공공관리론	구분	뉴거버넌스론
신자유주의	인식론	공동체주의, 참여주의
결과(효율성, 생산성)	관리가치	과정(민주성, 정치성)
고객	국민인식	주인
경쟁체제	작동원리	협력체제
민영화	서비스	공동생산
조직 내	분석수준	조직 간

V e – 거버넌스

1. 의의

① 인터넷 등의 정보통신기술 발달로 공공정책 과정에서 온라인 및 오프라인을 통한 시민 참여가 증가하며, 시민들이 다양한 커뮤니케이션을 통해 자신의 이익을 표출하고 정책결정 과정에 직접적으로 참여하는 것을 e – 거버넌스(Electronic Governance)라 함.

② 거버넌스는 정부와 함께 오랜 기간 사용된 개념이나 1990년대 이후 정치적 구호(political catchword)로 자리 잡았으며(Pierre and Peters), 네트워크망을 기반으로 한 뉴거버넌스와 구분하여 사용됨.

③ 해리스(Black Harris)는 전자거버넌스가 단순히 정부의 웹사이트, 이메일, 인터넷 서비스 제공만이 아니라, 책임과 요구를 동반한 정부와 국민 간, 또는 국민 상호 간 변화 개념을 포함한다고 설명함.

④ 유엔개발계획(UNDP)은 전자거버넌스를 전자정부와 전자 민주주의를 통합한 개념으로 정의하며, 정책 과정 참여, 정부와 시민 간 양방향 의사소통, 합리적 의사결정 절차를 포함하는 개념으로 설명함.

2. 관점에 따른 구분

(1) 다양한 국정관리체계를 설명하는 관점

기존 정부체제를 대체하는 개념으로, 공식적 권위보다 공유하는 목적을 수행하는 활동을 강조함.

(2) 네트워크식 신국정관리로 이해하는 관점

① 거버넌스를 상호의존적 행위자들이 협력을 촉진하고 집단행위 문제를 완화하는 사회제도를 구축하는 과정으로 보는 견해임.

② 정부와 민간의 경계가 허물어지며, 정부, 시장, 시민사회의 파트너십을 통한 협력 방식이 강조됨. e – 거버넌스는 디지털 거버넌스(Digital Governance) 혹은 사이버 거버넌스(Cyber Governance)로도 불림.

3. 모형

(1) 전자정부 5단계 성숙모형(UN/ASPA)

① 1단계(emerging presence): 정부가 제한적이고 기본적인 정보만 제공함.

② 2단계(enhanced presence): 다양한 공공정책 및 거버넌스 관련 내용을 제공함.

③ 3단계(interactive presence): 보다 발전된 서비스 제공 단계임.

④ 4단계(transitional presence): 시민과 정부 간의 상호작용이 이루어짐.

⑤ 5단계(networked presence): 가장 발전된 단계로, 완전한 네트워크 기반의 전자정부 형태를 갖춤.

(2) 전자행정, 전자정부, e – 거버넌스의 내용 비교(UN/ASPA)

구분	전자행정	전자정부	e – 거버넌스
구조	조직 내부의 관계	조직 간의 관계	시민, 정부, 정부조직 공무원, 선출직 공무원 간의 상호작용
내용	• 정책개발 • 조직활동 • 지식관리	• 정책조정 • 정책집행 • 공공서비스 전달	• 민주적 과정 • 열린 정부 • 투명한 의사 결정

(3) e – 거버넌스의 발전모형(UN/ASPA)

	행정정보화	전자정부	e – 거버넌스
대상 범위	관료조직과 공무원 대상 행정정보화	정부로부터 일반시민에 대한 전자적 행정 서비스 제공 형태로 연계	정부를 포함한 국민과 사회의 다원적 주체의 능동적 참여
행정 이념	행정 내부를 위한 강한 능률성과 효율성의 연계된 효율성의 주된 강조	• 행정조직과 시민사회가 연계된 효율성의 강조 • 시민 참여 강조 • 약한 민주성과 약한 투명성의 강조	민주성, 투명성, 형평성 강조

소통 유형	정책결정에 참여가 약 하고, 의사소통은 단 순 정보 제공	정부와 시민 사회 간 의 양방향적 참여가 향상되고, 의사소통은 상호 작용	다양한 사회주체 간의 상호 네트워크적 교류 가 활성화되고, 전자 적 의사결정 참여
기술 수단	신속성, 정확성	• 쌍방향적 공유 • 접근 용이성	• 쌍방향적 공유 • 네트워크

Theme 128 기업 조직의 변화

I 의의

① 상품의 생산 활동에서 차지하는 정보활동의 비중 증가와 기존 생산기술에 새로운 정보 추가를 통한 새로운 생산기술의 발생.
② 새로운 생산기술로 인한 생산요소 투입량 감소와 부가가치 증가, 생산 효율성 향상.
③ 기업의 정보화는 산업 정보화의 기초이며, 산업 정보화는 기업 정보화를 발전적으로 유도하는 힘 제공.

II 기업 조직의 변화

1. 환경의 변화

① 신자유주의 확대에 따른 무역장벽 완화로 자본, 노동, 상품 및 서비스의 생산과 유통 전반에서 세계화 급진전, 국가의 자본 이동 통제력 약화, 정보통신기술 혁신으로 기업의 전략적 입지 유연성 증가, 국경을 넘어 최적 입지로 조직 재배치 가능, 네트워크 통합 및 조정 가능.
② 정보통신기술이 입지 유연성뿐만 아니라 생산 유연성에도 영향, 컴퓨터와 로봇 도입으로 소프트웨어 기반 유연한 생산라인 구축, 상품의 빠른 전환과 차별화 촉진, 정보기술 활용으로 소비자 취향 및 유행 정보 신속 수집 및 생산 반영, 생산과 소비 연계 강화.
③ 세계경제 통합 및 정보통신기술 발전으로 기업조직의 물리적 경계 약화, 국가 및 시차 초월한 활동 수행, 기업의 활동 범위 및 조직·조율 방식 변화.

2. 조직의 변화

(1) 규모의 축소

① 중소기업도 인터넷 기반 정보통신 네트워크 활용으로 전 세계 소비자 및 공급자에게 직접 접근 가능.
② 정보통신기술을 활용한 글로벌 기업조직 관리로 거대기업의 유지 및 운영 용이.

(2) 외주화

① 정보통신기술이 노동력 직접 대체보다는 외부거래비용 감소를 통해 기업 내부에서 처리하던 기능을 외부 시장에서 조달하는 방식으로 전환.
② 기술 및 시장 환경 급변에 따라 연구개발, 디자인, 생산, 판매, 관리 등 기업 기능을 내부 수행보다 핵심 기능만 유지하고 외주화 또는 각 분야 강점 기업과 제휴하는 방식이 유리함.

(3) 분권화와 수평화

① 기술 환경 급변에 대응하여 하위 부서의 자율권 증가, 의사결정 구조 단순화, 중간관리자 역할 축소, 권한 하부 이양, 분권적·수평적 평판형 조직 확산.
② 비공식 조직, 특히 실천공동체(communities of practice)를 지식 성장·공유·혁신 원천으로 활용하는 기업 증가.
③ 권한 하부 이양 및 하부 조직의 자율성 부여가 조직 탈집중화로 이어지지 않으며, 정보시스템 발달로 하위 부서의 결정 사항을 신속하게 파악 가능하여 조직 전체 통제력 증가, 분권화와 중앙집권적 통제 병행 가능, 기능별 수직적 위계와 프로젝트 중심 수평조직 효율적 결합.

III 네트워크 기업으로 변화

① 경영환경 불확실성 극복을 위한 기업 외부 네트워크 자원 활용 증가, 기업 조직들이 다양한 관계망 속에서 활동하며 관계망이 기업 활동의 실제 운영 단위로 변화.
② 카스텔(Castells)의 네트워크 기업 모형 제시, 기업들이 지식집약적 핵심 역량에 집중하고 나머지는 외부 전문 기업과 협력하여 조직 경량화 및 의사결정 구조 분권화.
③ 중소기업이 대기업 및 다른 중소기업과 네트워크로 연결, 정보통신기술로 글로벌 협력 확대 및 기회 창출, 대기업의 분권적 의사결정·전략적 제휴·외주 협정이 컴퓨터 네트워크 발전으로 가능해짐.
④ 네트워크 기업의 핵심 문제는 독점적 지식과 기술 보호와 협력을 위한 정보 공유의 균형 유지, 기업은 기술 제휴 및 정보 공유로 경쟁 우위 상실 우려, 핵심 분야에 고도로 숙련된 인력 집중 전략 필요.

심층 연계 내용 **네트워크 조직의 특징**

① 유연한 구조와 기술을 통한 환경 변화 적응력 보유.
② 언더그라운드 조직 및 비공식 조직(수평적) 지원 체제 확립으로 변화 대응 가능.
③ 가치정보를 네트워크망으로 연결하고 조직 간 연쇄 관계 중시.
④ 지식과 정보의 교류를 중시.
⑤ 강한 이념적 흡인력과 부드러운 서비스 제공을 중시.
⑥ 정보 활용에 그치지 않고 새로운 정보 창조.

Ⅰ 정보사회 노동 변화에 대한 상반된 시각

① 산업사회 포드주의 체제의 산물인 단순·반복적 노동에 종사하는 노동자의 감소와 지식노동자의 증가 전망.

② 비관적 견해로 지식노동자의 수 제한과 다수 노동자의 단순노동 또는 주변적 노동자로의 전락 전망.

Ⅱ 정보사회 고용과 노동 관련 변화

1. 고용구조의 변화

① 농경사회는 1차 산업, 산업사회는 2차 산업 위주의 사회이며, 정보사회 또는 탈산업사회는 3차 산업 위주의 사회로 서비스산업 취업자의 비중 증가.

② 정보사회에서 제조업 취업자 감소, 서비스업 취업자 증가 원인은 서비스산업 노동생산성의 발전 속도 둔화와 제조업 자동화 용이성.

③ 컴퓨터 기술의 발전으로 생산라인 및 공장 전체 자동화 실현과 2차 산업의 생산 증가에도 불구하고 취업자 수 감소.

④ 다니엘 벨의 정보사회를 특징짓는 서비스산업 개념으로 인적 서비스(교육, 건강, 사회 서비스)와 시스템 분석, 디자인, 정보처리 포함.

2. 직업구성의 변화

① 정보사회에서 정보기술의 확산으로 단순 직종 감소와 전문직 및 기술직 증가.

② 근대적 서비스업과 정보기술 산업(컴퓨터, 반도체 등)에서 고학력 인력의 고용 증가 및 기존 산업에서도 정보기술 도입으로 전문직 비중 증가.

③ 주보프(Zuboff)의 정보기술의 정보화(informate)와 자동화(automate) 효과로 자동화가 단순 생산 노동자뿐 아니라 숙련 노동자, 중간 관리자, 화이트칼라 직무에도 적용 가능.

3. 노동의 질적 변화

① 기술혁신이 노동자의 숙련 수준 향상을 초래하며, 포드주의적 노동체제의 단순 반복 작업이 자동기계로 대체되면서 노동자는 숙련 노동자로 변화.

② 케른과 슈만(Kern and Schumann)의 연구에서 자동차, 기계, 석유화학, 전기전자 산업에서 자동화로 생산직 노동자가 시스템 컨트롤러(system controller)로 전환되는 경향.

③ 브레이버만(Braverman)의 탈숙련화 주장으로 자동화로 인해 노동자의 숙련이 기계로 이전되고 단순 보조 작업자로 전락하는 현상 발생.

4. 기술혁신과 노동관계의 변화

(1) 의의

① 블라우너(Blauner)의 '역U자 곡선' 이론에 따른 자동화의 초기 노동 소외 증가 후 감소 경향.

② 브레이버만의 '탈숙련화론', 케른과 슈만의 '신생산 개념', 블라우너의 '역U자 곡선' 이론 등이 기술결정론으로 비판받음.

③ 기술과 노동의 질의 관계가 단일하지 않으며, 기술 자체보다 경영자의 노동자 활용방법 선택이 중요.

(2) 경영자의 선택을 결정하는 사회적 맥락

① 시장조건: 고가격·고품질 시장에서는 숙련화 경로, 저가격·저품질 시장에서는 탈숙련화 경로 선택 가능성 증가.

② 노사관계의 성격: 노동자의 생산방식 결정 참여 여부에 따라 숙련화 또는 탈숙련화 경로 선택.

③ 사회제도: 노동자 숙련 형성 제도의 발전 여부가 숙련화 경로 선택에 영향(예 독일의 숙련 노동자 공급 교육 제도).

5. 노동 방식의 변화

(1) 정보화가 고용 불안을 심화시킨 이유

① 기업 내 숙련의 퇴화와 기술혁신으로 인한 기존 숙련의 가치 감소 및 기업의 인력 양성보다 인력 조달 방식 채택.

② 서비스업 취업자의 증가와 고용 불안의 연관성으로 기업 규모 축소와 시장존속의 어려움이 고용 불안으로 이어짐.

③ 기업조직의 변화로 위계적 조직에서 평판형 조직으로 변화하면서 내부 노동시장 약화와 아웃소싱 활성화로 인한 고용 불안 심화.

(2) 원격근무(telework) 고용 형태 등장

① 근무 형태 변화뿐만 아니라 다양한 장점 존재.

② 통근 필요성 감소로 에너지 절약, 일과 생활의 균형 실현, 지역공동체에 긍정적 영향 기대.

③ 노동자의 고립감, 장시간 근무 문제, 근로조건 차별, 가족 내 긴장 증가 등의 현실적 문제 발생.

6. 노동자 내부 불평등의 확대

(1) 의의

정보사회로의 진척에 따른 1차 노동시장과 2차 노동시장 분리 심화 및 새로운 형태의 노동자 내부 불평등 발생.

(2) 노동자 내부 불평등 확대 요인

① 부가가치 원천이 지식과 정보로 이동하고 단순 노동의 개도국 아웃소싱으로 인해 전문기술 노동자와 단순 노동자 간 임금 격차 확대.

② 기업 규모 축소 및 고용 불안정 증가로 내부 노동시장 보호 약화와 숙련 수준이 낮은 노동자의 노동 조건 악화, 주변적 노동자층 증가.

Ⅲ 기업 내부 노동시장과 외부 노동시장

1. 기업 내부 노동시장

① 근로자의 채용, 이동, 승진, 보상이 시장원리가 아닌 기업 내 관리규칙에 의해 결정되는 노동시장.
② 외부 노동시장에 비해 고용이 안정적임.
③ 기업 내부 노동시장과 외부 노동시장 간 노동 이동이 제한적임.
④ 내부 노동시장 근로자의 근로조건이 우월함.

2. 기업 외부 노동 시장

① 개별 기업의 통제 밖에서 이루어지는 노동시장으로, 임금과 고용이 시장 원리에 의해 결정됨.
② 저임금, 고용 불안정, 승진 기회 부족 등의 특징을 가짐.

Ⅳ 1차 노동시장과 2차 노동시장

1. 1차 노동시장

(1) 형성

주로 기업 내부 노동시장에서 형성됨.

(2) 특징

① 고용 안정성 보장됨.
② 높은 임금과 양호한 근로조건 제공됨.
③ 인적 투자 기회가 많음.
④ 경력에 따라 임금, 권한, 책임, 지위 등이 향상됨.

2. 2차 노동시장

(1) 형성

노동시장은 1차 노동시장과 2차 노동시장으로 양분됨

(2) 특징

① 저임금과 열악한 근로환경.
② 승진 기회 부재.
③ 높은 이직률과 결근율.

Ⅴ 가족의 비즈니스화

1. 의의

일터의 경영 기술이 가족생활에 적용되며, 가족생활이 일과 같은 방식으로 조직되는 현상.

2. 연구자

미국 사회학자이자 젠더 연구자인 알리 러셀 혹실드.

3. 연구 내용

(1) 저서

「시간 압박(The Time Bind)」(1997)

(2) 연구 주제

① 유연 노동 시스템 안에서 남녀 노동자의 일과 가족생활 조망.
② '일터가 가정이 되고 가정이 일이 되었을 때 어떤 일이 벌어지는가?'라는 질문 제기.

(3) 주요 논점

① 일−가정 양립 지원 정책이 실시되는 기업에서도 근로자는 더 많은 시간을 일에 투여함.
② 가족생활 시간 단축으로 인해 보다 압축적인 가족시간 운영 필요.

(4) 경영 기술의 가족생활 적용

① 업무 범주화 및 시간 세분화 규칙이 가사 노동의 계획 수립에 활용됨.
② 인스턴트식품 활용을 통한 요리 시간 단축.
③ 자녀와의 시간을 짧지만 밀도 있게 활용.

(5) 효율성 중심의 삶과 그 영향

① 부모는 가족 시간을 연기하거나 고도로 조직해야 하는 압박을 느낌.
② 부모는 직장일, 가사일 외에 제3의 역할(자녀의 감정을 달래는 일 등)을 수행해야 함.
③ 자녀의 불만을 잠재우고 감정을 관리하는 부담이 부모 노동자의 피로를 가중시킴.

Theme **130** 노동 및 소비의 변화

Ⅰ 스마트워크

1. 의의

스마트 정보통신기술과 제도적 인프라를 기반으로 근로자가 언제, 어디서나 자율적으로 일하고 자유롭게 협업하여 성과를 극대화하도록 하는 업무방식.

2. 스마트 정보통신기술

① 유무선 초광대역 정보통신인프라 기반의 기술.
② 모바일, 클라우드 컴퓨팅, 유무선 컨버전스, 상황인지 대인화 서비스, 소셜 네트워킹, 텔리프레즌스 등을 지원하는 네트워크, 하드웨어, 미들웨어, 소프트웨어, 모바일 애플리케이션 등의 정보통신기술 포함.

3. 기존 원격근무와 차별화되는 특징

① 정보통신기술을 기반으로 하는 자유로운 이동성.
② 원활한 협업.
③ 업무성과의 제고.
④ 정보통신기술뿐만 아니라 제도적 인프라에 의한 체계화(systematization).

4. 유형

(1) 의의

시간과 장소의 유연성을 기준으로 재택근무, 스마트워크센터 근무, 모바일 이동근무 등으로 구분.

(2) 스마트워크의 유형과 장·단점 비교

유형	근무형태	장점	단점
재택근무	자택에서 본사 정보통신망에 접속하여 업무수행	별도의 사무공간이 필요하지 않으며, 출퇴근 시간 및 교통비 부담이 감소	• 노동자의 고립감 증가와 협동 업무의 시너지 효과 감소 • 고립감으로 직무만족도 저하 • 보안성 미흡으로 일부 업무만 제한적 수행 가능
이동근무 (모바일 오피스)	모바일 기기 등을 이용하여 현장에서 업무수행	대면 업무 및 이동이 많은 근무환경에 유리	스마트폰 등을 활용한 위치추적 등 노동자에 대한 감시통제 강화
스마트워크센터 근무	자택 인근 원격 사무실에 출근하여 업무 수행	• 본사와 유사한 수준의 사무환경 제공 가능 • 근태 관리 용이 • 보안성 확보 용이 • 직접적인 가사 육아에서 벗어나 업무 집중도 향상	• 별도의 사무 공간 및 관련 시설 비용부담 • 관련 법 및 제도정비가 필요 • 관리조직 및 시스템 구축 필요

(3) 국가정보화전략위원회

① 경직된 근무형태에서 유연한 근무형태로, 폐쇄형 시스템에서 개방형 시스템으로, 제한적 시범서비스에서 지속 가능한 서비스로, 양적 투자 중심 정책에서 제도개선 및 민관협력을 통해 일하는 방식 변화 유도.
② 스마트워크센터: 주거지 인근에 ICT 기반 원격업무시스템을 갖춘 시설로, 도심 사무실과 동일한 환경을 제공하여 업무 효율성 제고 및 재택근무의 관리 문제 해결 기대.

(4) 원격근무와 스마트워크의 주요한 차이점

구분	원격근무	스마트워크
주체	일부 직군 또는 직위에 속하는 근로자	광범위한 직군 및 직위에 속하는 근로자
장소	미리 지정된 자택 또는 위성사무실 위주	자택, 위성사무실, 이동 중 어디서나
대상 업무	혼자서 할 수 있는 단독 업무 위주	온라인을 통한 자유로운 협업 가능
수단	가족 친화 복리 후생 제도	총체적인 인사, 조직, 성과 관리 등 제반 제도
	유선 통신망 위주	유무선 컨버전스, 클라우드 컴퓨팅 등
	특정 계층에 제한된 문화	조직 전체적으로 조성되고 공유된 문화

① 스마트워크는 스마트폰 기기의 도입 및 이용뿐만 아니라 원격 협업을 전제로 함.
② 정보통신기술을 기반으로 한 협업 형태로, 시간과 공간의 제약 없이 언제, 어디서나 일할 수 있는 방식으로 전환됨 (워크 하드(work hard)에서 워크 스마트 (work smart)로 변화).

Ⅱ 프로슈머

1. 의의

① 앨빈 토플러가 「제3의 물결」에서 프로슈머(Prosumer: Producer+Consumer) 개념을 최초로 소개.
② 판매나 교환이 아닌 자신의 사용 및 만족을 위해 제품, 서비스, 경험을 생산하는 개인 또는 집단.
③ 프로슈밍(prosuming): 개인이 직접 생산하며 소비하는 행위로, 강력한 혁신의 초기 테스트 과정이며 수십, 수백억 달러 규모의 시장에 해당.
④ 탈산업사회에서 라이프스타일의 다양성 증가 및 유동적 조직의 변화 적응력 증가.

2. C세대

① 컴퓨터, 게임, 만화, 영화, 음악, 스포츠 등에 몰입한 중독 세대를 지칭.
② 초고속 정보통신망 보급으로 인터넷을 통해 정보를 공유하며 디지털 세상에 능동적으로 참여하는 젊은이 증가.
③ 컴퓨터 세대 및 사이버 세대로도 불리며 디지털 기기 사용에 익숙함.
④ 콘텐츠 세대로서 C세대: 단순 수용자가 아닌 스스로 콘텐츠를 생산하는 창조자로 변화. 프로슈머의 등장이 디지털 미디어 시대에 생산자적 가치를 지니며, 콘텐츠 산업 발전에 영향 미침과 동시에 저작권 침해, 음란물 배포 등 문제 야기.

3. 디지털 프로슈머(Digital Prosumer)

(1) 의의

① 빌링스(Billings)의 혁신자로서의 수용자 이론에 근거하여 디지털 미디어 공간을 문화적으로 풍요롭게 하는 새로운 유형의 수용자 집단.

② 인터넷 커뮤니티에서 콘텐츠를 즐기면서도 생산에 영향을 미치는 소비자.

③ 디지털 혁명으로 수동적 소비자에서 능동적 소비자, 디지털 프로슈머로 진화.

④ 초기 프로슈머에서 발전하여 직접 생산까지 하는 디지털 프로슈머 증가.

(2) 디지털 프로슈머의 특징

① 가상공간에서 개인이 정보 생산자로서 적극적으로 콘텐츠를 생성.

② C세대의 미디어 소비문화 변화 주도.

③ 글로벌 미디어를 통해 동조 소비문화와 차별 소비문화 공존.

④ 디지털 노마디즘(Digital Nomadism)과 코쿠니즘(Cocoonism), 합리적 소비와 감성적 소비 공존.

⑤ 미디어 소비시장에서 프리미엄 소비와 실용주의 소비, 복합제품 선호와 단순제품 선호가 공존하며 양쪽 모두의 성장 가능성 전망.

4. 프로슈머의 종류

(1) 정보 프로슈머(Information Prosumer)

① 소비자 역할뿐만 아니라 인터넷 커뮤니티를 통해 의견을 개진하고 상품 생산에 영향을 미치는 사람

② 기업들이 신상품 체험, 시장조사, 온라인 홍보 활동 등에 활용.

(2) 리서슈머(Reseasumer)

① 연구자(Researcher)와 소비자(Consumer)의 합성어.

② 관심 분야를 지속적으로 연구하며 합리적 소비를 추구하는 전문가적 소비자.

(3) 플레이슈머(Playsumer)

① 놀이(Play)와 소비자(Consumer)의 합성어.

② 소비를 놀이처럼 즐기며 참여와 공유를 통해 개인 및 집단의 가치 향상.

(4) 트윈슈머(Twinsumer)

① 쌍둥이(Twin)와 소비자(Consumer)의 합성어.

② 비슷한 취향과 기호를 가진 사람들의 소비 경험을 공유하며 구매 결정에 활용.

심층 연계 내용 X세대, N세대, Y세대, Z세대

1. X세대

① 1965~1976년 출생한 세대.

② 1990년대 젊은 층을 차지하였으며, 현재 컴퓨터와 인터넷 사용이 가능한 세대 중 가장 연령이 높은 층에 해당.

③ 이해하기 힘들다는 의미에서 'X세대'로 명명, 럭비공에 비유되어 예측 불가능한 행동 특성 보유.

④ 1980년대 중반 호황기에 10대를 보내고, 20대 초반 문민정부 시기에 성장하여 풍요로운 세대.

⑤ 컬러 TV 등의 영상매체 발달과 소비지향적인 문화가 특징.

2. N세대

① 1977~1997년 출생한 세대로 본격적인 인터넷 세대이자 디지털 시대로의 전환기에 성장한 세대.

② 컴퓨터를 능숙하게 다루며 쌍방향 커뮤니케이션이 가능, 정보의 수동적 소비에서 능동적 참여로 변화.

③ TV보다는 인터넷, 편지보다는 이메일, 책보다는 디지털 자료에 익숙. 강한 독립심과 자율성, 능동성, 감정 개방성, 자유로운 표현과 뚜렷한 관점을 보유.

④ 자기혁신과 자기개발을 중시.

3. Y세대 또는 밀레니얼 세대

① 1990년대 후반~2000년대 초반 출생.

② '밀레니얼 세대'라고도 불리며, 어릴 때부터 컴퓨터 사용이 가능하여 정보 수집과 오락 활동에 많은 시간 투자.

③ 정보통신 기기의 주요 소비 주체로서, 다양한 문화를 어린 시절부터 경험.

④ 패션 및 대중 소비를 주도하며 유행과 소비 트렌드를 선도.

4. Z세대

① 일반적으로 2000년대 이후 출생한 세대를 지칭하나, 국가별로 1990년 또는 1995년 이후 출생자를 포함하는 경우도 존재.

② '디지털 원주민(Digital Natives)'이라 불리며, 최소 5가지 이상의 디지털 기기를 활용하여 멀티태스킹 수행.

③ 하루 시간의 41%를 컴퓨터 및 모바일 기기 사용에 소비하며, SNS를 통해 정보 습득 및 소통.

④ 텍스트보다는 이미지, 동영상 등 멀티미디어 콘텐츠 선호, 콘텐츠 소비뿐만 아니라 직접 제작 및 공유에도 관심.

심층 연계 내용 MZ세대

(1) 의의

① MZ세대는 1979~1995년생 밀레니얼(Millennial) 세대와 1996~2010년생 Z세대를 결합한 개념.

② 2019년 통계청 인구총조사 기준 국내 인구의 약 34% 차지.

③ 기업 및 조직의 핵심 의사결정 계층으로 분류되며, 다양한 분석이 진행 중.

(2) 특징

① 특정 이슈에 대한 평가 및 태도 형성 시 자신만의 기준이 명확하며, 이에 따라 행동하는 경향.

② 특정 취향을 중심으로 가치관이 형성되며, 거리낌 없이 소신을 밝히는 스피커적 성향 보유.

③ 검색 결과보다는 신뢰할 수 있는 사람의 의견을 따르는 경향.

④ 현실감 있는 경험을 선호하여 '실감 세대'로 불리기도 함.

(3) 기존 세대와의 차이점
① 행복과 미래에 대한 가치관이 기존 세대 및 학교 교육과 차이를 보이며, 독립적 정체성을 더욱 확고히 함.
② 1인 자녀 환경 및 글로벌 문화 경험 증가로 자기 문화에 대한 감수성과 자부심 형성.
③ 네트워크 기반 공간에서 자신의 삶과 정체성을 적극적으로 공개하며, 물리적·시간적 제약 없이 활동.
④ 개인의 취향과 관심사를 솔직하게 드러내며, 자신에게 가장 충실한 태도를 유지.
⑤ SNS 및 뉴미디어 활용도가 높으며, 새로운 커뮤니케이션 채널에 대한 적응력이 뛰어남.

Theme 131 정보격차

I 의의

1. 전통적 사회학자들의 불평등 문제 인식

뒤르켐, 마르크스, 베버 등이 산업사회 및 자본주의사회에서의 불평등을 지적하고 사회학적 접근의 필요성을 강조함.

2. 디지털 기술혁명과 새로운 불평등 문제

정보격차, 플랫폼 자본주의, 데이터 독점 등 디지털 사회에서 새로운 불평등 문제 대두

3. 정보기술의 사회 불평등 증대 혹은 감소 여부에 대한 논쟁

① 토플러(A. Toffler): 정보기술이 대중적으로 수용되면서 사회 불평등이 감소할 것이라 주장.
② 쉴러(H. Schiller): 정보기술이 정보 부자와 빈자를 만들며 정보 불평등을 초래할 것이라 예견.
③ 카스텔(Castells): 정보화가 학력 수준 간 소득 격차 및 도시−지역 간 땅값 차이를 확대하여 사회 불평등을 심화시킨다고 지적.

II 정보격차의 개념과 가설

1. 정보격차, 디지털 정보격차, 모바일 정보격차

① 정보격차: 사회경제적 차이로 인해 정보 접근 및 이용에서 발생하는 격차.
② 디지털 정보격차: 정보 접근 및 이용뿐만 아니라 정보화 사회와 기술 발전에 따른 사회적 분화를 포함.
③ 모바일 정보격차: 스마트폰 활용 능력에 따른 정보 습득 속도 차이에서 발생.

2. 보급이론과 지식격차가설

① 보급이론: 뉴미디어의 가격 하락과 보급 확대로 정보격차가 줄어들 것이라 예측.
② 지식격차가설: 시간이 경과할수록 지식 및 정보량 차이가 더욱 확대될 것이라는 가설.

3. 정보격차가 점차 확대될 것으로 보는 이유

① 개인에게 전달되는 정보량이 지속적으로 증가.
② 기존 정보량이 많은 계층의 정보 증가 속도가 적은 계층보다 더 빠름.
③ 정보과잉으로 인해 정보 선택 문제가 발생하며, 정보통신기술 이용자가 더 많은 정보를 가지게 될 가능성 증가.
④ 기존 정보격차가 해소되기 전에 새로운 커뮤니케이션 기술이 개발되며 새로운 정보격차를 초래.

III 정보격차의 유형과 정보접근

1. 주체에 따른 분류

① 성별, 연령, 세대, 학력, 계층, 직업, 지역, 민간/공공, 장애인/일반인, 국가/개인, 국가 간 등으로 분류 가능.
② 국가와 개인 간 정보격차는 전통적 사회 불평등 분석에서 존재하지 않던 새로운 유형.
③ 국가와 개인 간 정보량과 질의 차이가 사회문제가 될 수 있으며, 감시사회와 연관.

2. 모스버거(Mossberger), 톨버트(Tolbert), 스텐스버리(Stansbury)의 정보격차 분류

(1) 정보격차 개념의 세분화

모스버거, 톨버트, 스텐스버리는 정보격차의 개념을 세분화하여 접근격차, 기술격차, 경제적 기회격차, 민주적 격차의 네 가지 유형으로 분류함.

(2) 접근격차

인터넷 및 정보기기에 접근하여 사용할 수 있는지 여부.

(3) 기술격차

기술적 사용능력과 정보 해독능력(정보 리터러시).

(4) 경제적 기회격차

경제적 여건에 따른 경험, 신념, 태도 차이.

(5) 민주적 격차

선거, 투표, 정치적 참여 등 민주적 활동에서의 격차.

3. 부시(Bucy)와 뉴하겐(Newhagen)의 정보접근 개념

① 정보격차 분석에서 가장 기본적인 것은 정보통신기술 접근 여부이지만, 정보화 진전에 따라 정보접근 개념도 세분화해야 함.

② 단순한 물리적 접근뿐만 아니라 네트워크 공간에서 생성되는 의미 접근이 중요.

③ 이를 위해 수용자의 인지적 접근을 접근격차 지표에 포함해야 함.

④ 인지적 접근을 위해 정보의 의미와 가치를 인지하고 활용하는 능력과 이에 따른 비용이 필요.

⑤ 정보 활용을 위한 교육이 정보격차 해소정책의 핵심이 되어야 함.

4. 다이크(Dijk)의 정보격차 접근 개념

(1) 의의

접근 개념의 확대를 주장.

(2) 분류

① 동기적 접근: 수용자의 커뮤니케이션 능력과 환경에 따른 정보기술 사용.

② 물리적 접근: 인터넷과 콘텐츠 접근 가능 여부.

③ 기기 사용 능력 접근: 디지털 기기 숙련도.

④ 활용 접근: 기기를 목적 수행을 위해 사용하는 시간 등.

(3) 특징

① 기존 관점이 교육수준·경제적 수준이 인터넷 접근에 미치는 영향을 강조했다면, 다이크는 내적 자원(취향, 경험, 동기, 노력)과 외적 자원(교육, 경제 수준)을 구분하여 설명.

② 동일한 외적 자원을 보유하더라도 개인의 내적 자원에 따라 정보격차 발생 가능.

Ⅳ 정보화 진전과 정보격차 분석틀의 변화

1. 몰나(Molnar)

(1) 의의

정보접근 개념의 확대를 통한 정보격차 분석 시도에 한계가 존재하며, 정보격차의 초점을 기술적 접근을 넘어 인터넷 이용, 리터러시 개념 및 사회참여 개념을 포함해야 한다는 주장.

(2) 정보격차 유형을 정보화 발전단계에 따라 세 가지로 구분

① 제1유형: 정보기술 초기 도입기에 발생하는 접근격차.

② 제2유형: 도약기에 발생하는 활용격차로, 정보기술을 이용하여 원하는 정보를 획득·가공·처리하는 기회와 관련된 격차.

③ 제3유형: 정보기술 포화기에 발생하는 이용자 간 질적 차이에 따른 격차로, 네트워크를 활용하여 다양한 기회에 배제되지 않는 것과 관련된 격차.

구분	제1유형 (접근격차)	제2유형 (활용격차)	제3유형 (참여격차)
정보화 수용 단계	초기 도입기	도약기	포화기
격차 대상	디지털 기기에 접근 가능한 사람과 그렇지 않은 사람 사이의 격차	디지털 기기의 이용자와 비이용자 사이의 격차	디지털 기기의 이용자 간 격차
핵심 쟁점	기기에의 접근 기회의 존재 여부	기기의 양적 활용 정도	삶의 기회에의 참여 및 공유 정도
주요 요인	• 컴퓨터 인터넷 등 기기에의 접근 기회 여부 • 구매력 여부 • 필요성 인식 여부	• 기기 활용능력 여부 • 일상생활상의 기기 활용 시간량 • 디지털 마인드 여부	• 소셜 네트워크 참여 여부 및 정도 • 인터넷 시민 참여 정도 　- 인터넷 지배 언어 활용도 　- 정보신뢰도 파악 능력

2. 콜비(Colby)

① 정보격차 유형은 국가의 정보화 수준에 따라 다르며, 한국에서는 제3유형(인터넷을 통한 사회관계 형성, 사회참여 및 봉사, 비즈니스·교육·금융 등 기회 활용)에 대한 관심 증가.

② 제3단계에서 중요한 요소로 '의미화하는 능력'을 강조하며, 정보기술 환경의 구비 정도보다 정보기술을 활용하여 개인이 의미 있는 관계를 맺고 가치를 창출하는 것이 핵심.

③ 제3단계에서는 '모든 사람들이 인터넷을 원한다'는 가정이 문제이며, 인터넷 중독·디지털 치매 등의 문제를 고려하여 필요할 때 적절한 혜택을 받을 수 있는 정책이 필요함

Ⅴ 우리나라 정보격차의 실태와 시사점

1. 정보격차의 실태

(1) 의의

한국지능정보사회진흥원은 2004년 이후 매년 정보격차를 조사·분석함.

(2) 한국의 정보격차 분류 체계

① 정보격차는 접근, 역량, 활용의 3단계로 구분됨.

② 접근: 컴퓨터 및 인터넷 이용 가능성.

③ 역량: 컴퓨터 및 인터넷 사용 능력.

④ 활용: 사용 여부 및 시간과 일상생활에서의 도움 정도.

⑤ 정보 소외집단으로 장애인, 저소득층, 농어민, 장·노년층을 설정하여 정보격차 실태를 조사·분석함.

(3) 우리나라 정보격차의 실태

① 정보격차는 점차 감소하는 추세임.

② 특히 접근격차는 뚜렷이 줄어들었으나, 역량 및 활용 격차는 여전히 정책적 대응이 필요함.

③ 장애인과 저소득층의 정보격차는 개선되고 있음.

④ 농어민과 장·노년층의 정보격차는 여전히 심각하여 추가적인 정책적 고려가 필요함.

⑤ 디지털기기 인지능력이 부족하고 인터넷 활용이 미흡하여 역량교육 및 활용도 제고가 요구됨.

⑥ 장애인과 저소득층은 정보격차 해소를 넘어 경제적 기회를 부여하는 방향의 교육이 필요함.

⑦ 정보화 환경 변화에 따라 정보격차 분석틀 개선이 필요함.

⑧ 기존의 접근, 역량, 활용 구분 방식 외에도 디지털 마인드, 소셜 네트워크 참여 정도, 인터넷 시민참여 정도를 포함하는 방식이 필요함.

2. 정보기술 환경의 변화와 중층적 정보격차

(1) 모바일 정보기술의 일상화에 따른 변화

① 스마트폰은 인터넷 접근성을 새로운 차원으로 변화시킴.

② 소셜 네트워크 서비스를 통한 사회관계망 형성 기회를 제공함.

③ 그러나 특정 계층에 사용 기회가 편중되는 문제가 발생함.

(2) 유비쿼터스 기술 도입에 따른 변화

① 유비쿼터스 사회에서는 모든 사물이 지능화됨.

② 인간이 인식하지 못하는 사이에 사물 간 및 사물과 인간 간 상호 소통이 가능해짐.

③ 경제적 능력에 따른 기회 차이가 극단적으로 벌어질 가능성이 있음.

④ 이로 인해 U-격차 발생이 우려됨.

(3) 패러다임의 변화

① 정보 접근 기회 평등에서 정보 환경의 급격한 변화로 사회적 불편함이 증가함.

② 인간이 컴퓨터와의 의사소통을 더 선호하는 경향이 나타남.

③ 정보 과잉으로 인한 피로감이 증가함.

④ 정보격차 문제는 더욱 복잡하게 얽혀 있음.

⑤ 스마트 정보화와 유비쿼터스 정보화는 새로운 접근격차 문제를 초래함.

⑥ 인터넷 중독, 정보 프라이버시, 디지털 의존 등 통제 능력과 관련된 이슈가 증가함.

Ⅵ 정보화 진척에 따른 빈부격차의 문제

1. 유엔개발계획(UNDP)의 「인간개발보고서」

① 특정 계층에 집중된 지식·정보 불균형이 부의 불균형으로 이어져 빈익빈부익부 현상 심화

② 인터넷 정보혁명은 삶을 향상시키나 빈부격차를 더욱 심화

③ 영어권 인구 10%이나 웹사이트 80%가 영어로 제공

④ OECD 회원국 인구 19%이나 전체 인터넷 사용자의 91% 차지

⑤ 정보 불균형 해소에 가장 적극적인 국가는 미국

2. 미첼(Mitchell)의 정보화 진척 참여 정도에 따른 정보 집단 분류

(1) 포용자 집단(embracers)

① 정보통신기술 적극 수용 / 경제적 풍요 및 높은 교육 수준

② 사회적으로 안정된 지위를 보유하며, 미래지향적 세계관과 개방적 태도 보유

③ 자기 보호적 보수 성향 강하며, 정보통신기술 발전에 선도적 역할 수행

(2) 거부자 집단(rejectors)

① 정보통신기술 발전을 부정적 사회적 침투로 간주하며 냉소적 태도 보유

② 포용자 집단과 교육·소득 수준 차이 없음 / 기술혁신에 대한 비판적 시각 보유

③ 자의적·타의적으로 타인과의 교제 및 집단 참여가 낮은 집단

(3) 무관자 집단(indifferent)

① 사회경제적으로 중간 계층 / 정보통신기술에 특별한 관심 없음

② 직업·환경상 필요할 때만 수동적 수용

③ 정보통신기술의 사회적 영향력을 실감하지 못함

(4) 무기력 집단(inadequate)

① 정보환경 적응능력 결여 / 교육·소득 수준 낮음

② 직업·사회적 지위 낮은 집단

③ 정보통신기술 이해도 낮고 교육 기회 부족한 환경에서 성장

I 의의

① 뉴욕타임스 주말 판 하루치 정보량은 중세시대 일반 인이 평생 동안 읽는 정보량보다 많음.
② 현대 사회는 정보홍수, 정보공해 속에 존재함.
③ 정보량이 인간의 수용 한계를 초과하여 무한정 증가 하면서 발생하는 문제.
④ 정보량 증가는 단순한 절대량의 증가뿐만 아니라, 정 보전달 매체와 채널의 다양화로 인해 수용자의 정보 수용량도 함께 증가함.

II 밀러(Miller)의 정보부하량

1. 의의

① 정보공급량과 정보소비량 간의 불균형 발생.
② 채널의 다양화 및 미디어 증가로 정보 공급은 확대되 지만, 수용자의 정보이용량은 이에 비례하여 증가하 지 않음.
③ 뉴미디어의 기술적 가능성과 실제 수용자의 수용능력 간의 격차 존재.

2. 정보부하량(information lode)에 대한 '∩곡선 가설'

① 밀러는 정보부하량 증가와 수용자의 정보처리능력 간 의 관계를 설명하는 '∩곡선 가설'을 제시함.
② 정보부하량 증가에 따라 개인 · 조직의 정보처리능력 도 증가하지만,
③ 일정 한계를 초과하면 정보수용능력과 이해력이 감소 하며, 예상치 못한 행동을 유발함.

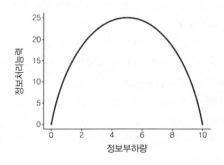

3. 정보과잉에 따른 사회경제적 문제

(1) 산업적 측면

미디어 산업 간 무한 경쟁 발생.

(2) 수용자 측면

① 다양한 채널을 통한 정보 선택권 확대.
② 반면 특정 채널에 집중하는 '극화현상' 발생.

(3) 사회적 측면

적시성이 없는 정보의 누적으로 사회적 자원 낭비 초래.

심층 연계 내용 극화현상

수용자들이 특정 프로그램 유형이나 특정 전문 채널에 극도로 치우 치거나 완전히 배제하는 등 시청 행위의 극단화가 나타나는 현상.

III 셍크(Shenk)의 「데이터 스모그」(Data Smog)

① '더 많은 정보가 반드시 좋은 것인가?'라는 문제 제기.
② 불필요한 정보의 과잉 유포 현상을 '데이터 스모그'로 표현하고, 이에 대한 법칙 13가지를 제시.
③ 정보 과잉으로 인해 쓰레기 정보와 허위 정보가 가상 공간을 오염시키며, 과거의 정보 부족과 반대로 현대 인은 정보 과잉으로 인한 문제를 겪음.
④ 정보 과잉이 단순한 장애를 넘어서 판단을 왜곡하고 전자 민주주의 발전을 저해한다고 주장.

심층 연계 내용 데이터 스모그의 13가지 법칙

1. 한때 언어처럼 귀하고 소중했던 정보가 이제는 감자처럼 흔하 고 당연한 것이 되었다.
2. 실리콘 회로는 인간의 유전자보다 훨씬 빨리 진화한다.
3. 컴퓨터는 인간이 아니며, 인간적이지도 않다.
4. 모든 교실에 컴퓨터를 설치하려는 것은 모든 가정에 발전소를 설치하는 것과 같다.
5. 기업들이 판매하는 것은 정보기술이 아니라 정보 갈망이다.
6. 전문가들이 너무 많으면 명료성을 해치게 된다.
7. 모든 자극적인 도로들은 타임스 스퀘어로 인도된다.
8. 비슷한 깃털을 가진 새들은 가상현실 속에서도 함께 어울린다.
9. 전자시청은 빠른 커뮤니케이션과 함께 해로운 의사결정을 하 게 만든다.
10. 미국의 주요 신용조사 기관들이 다 보고 있다.
11. 모든 복잡성을 해소시키는 이야기들을 경계하라.
12. 정보 고속도로 상에서 모든 길은 저널리스트들을 우회한다.
13. 사이버 공간은 공화당의 적이다.

I 의의

① 정보화 진전으로 개인 신상 정보가 정부와 기업의 거 대 데이터베이스에 축적됨.
② 네트워크를 통한 의사 교환과 상거래가 활발해지면서 개인의 신상 정보뿐만 아니라 생각과 활동까지 데이 터베이스에 축적됨.

③ 정부는 주민 통제 도구로, 기업은 상업적 목적으로 활용 가능함.

Ⅱ 프라이버시 침해

1. 개념
① 정부와 기업이 보유한 방대한 개인 신상 정보와 소비 행태 정보가 연동 관리될 경우 프라이버시 침해 심각함.
② 국가권력과 자본의 감시 및 통제는 자본주의 사회에서 일상적으로 이루어질 수 있으며, 네트 감시는 행동, 소비 행태, 의식을 전자적으로 추적하여 다음 행동을 예측하고 감시하는 방식임.

2. 소셜 그래프
① 페이스북, 트위터 등 소셜 네트워크 서비스에서 프라이버시와 사적 공간 기대 어려움. 네트워크화된 개인 정보는 범주화와 통계 가공을 거쳐 개인화된 정보로 전환됨.
② 마크 저커버그는 이를 소셜 그래프(social graph)라 명명함. 개인 사용자는 소셜 미디어에 가입하는 순간 자동화된 프로파일링과 개인화(personalization)를 거쳐 통제 가능한 대상으로 전환됨.

3. 인포데믹스
인터넷 및 휴대전화를 통해 부정확한 정보가 전염병처럼 확산되며 개인 사생활 침해뿐만 아니라 경제, 정치, 안보에 치명적 영향을 미칠 수 있음. 이러한 정보 확산으로 인한 부작용을 정보(information)와 전염병(epidemics)의 합성어인 인포데믹스(infodemics)라 함.

Ⅲ 감시사회

1. 의의
생활 현장 곳곳에서 전자 눈이 불특정 다수를 감시함. 감시는 사회 보호적 기능과 권력자의 사회 통제 수단으로 작용할 수 있음. 현대사회는 시시각각 감시가 이루어지는 감시사회임.

2. 조지 오웰의 「1984년」
빅 브라더(Big Brother)라는 허구적 인물을 통해 독재 권력이 텔레스크린, 마이크로폰, 사상경찰을 이용하여 감시와 통제를 수행함을 묘사함. 인간의 생각과 행동뿐만 아니라 기본욕구까지 통제하는 체제를 보여줌.

3. 에셜론(Echelon)
① 미국 국가안보국(NSA)이 주도하는 전 세계 통신 감청 비밀조직.
② 지상 기지, 첩보위성, 신호인식 컴퓨터를 통해 모든 형태의 통신을 감청하는 전자 스파이 시스템.
③ 「1984년」에서 등장하는 빅 브라더의 현실화로서 정보 독점을 통한 사회 통제 수행.
④ 2001년 5월 26일 영국 가디언지에 따르면, 에셜론은 1947년 미국, 영국, 캐나다, 호주, 뉴질랜드 간 비밀조약의 일부로 체결됨. 유럽의회는 44개 조항의 권고안을 통해 에셜론의 위험성을 경고함.

4. 기든스의 '정보에 대한 통제와 사회적 관리'
(1) 의의
① 감시가 사회제도로 확립된 것은 근대 이후이며, 외적 행위뿐만 아니라 내적 사고까지 포함됨.
② 감시 능력의 핵심은 경제력과 기술력이며, 모든 사회는 감시를 필요로 하고 모든 권력은 감시의 내면화를 추구함.

(2) 감시의 행정적 기능
① 기든스는 감시를 근대사회의 핵심적 제도로 보고 '정보에 대한 통제와 사회적 관리' 관점에서 중요성을 강조함.
② 감시는 행정적 기능뿐만 아니라 정치적 지배 도구로 활용됨. 학교 등 근대적 대중 제도는 감시 기능을 수행하며, 규율과 선도의 명목으로 감시와 처벌이 이루어짐.

5. 푸코의 파놉티콘(Panopticon)
① 제러미 벤담(Jeremy Bentham)이 제안한 감옥, 병원, 수용소 설계 개념에서 차용됨.
② 원형감옥은 중앙 관리자가 자신을 드러내지 않고 수용자를 감시할 수 있도록 설계됨.
③ 푸코는 이를 현대사회에 대한 은유로 사용하며, 감시를 통해 물리적 벽 없이도 통제가 가능하다고 주장함. 현대 전자기술 발전으로 감시자가 누구인지 모르는 상태에서 감시가 이루어짐.

6. 바우만의 탈원형감옥과 바놉티콘
(1) 의의
① 과거의 감시는 파놉티콘 개념처럼 감시자의 존재를 분명히 각인시켰지만, 현대의 감시는 감시자의 존재와 위치를 알 수 없는 상태에서 이루어짐. 전자 세계를 기반으로 모든 정보가 수집되고 기록되며, SNS 및 쇼핑 기록까지 데이터베이스에 저장됨.
② 현대의 감시는 개인이 감시를 전혀 인식하지 못하는 방식으로 진행됨. 정보는 빅데이터와 결합하여 방대한 감시를 일상화함.

(2) 탈원형감옥(post – panopticon)

① 바우만은 현대 감시가 원형감옥의 은유보다 더 확산
되고, 더 탄력적으로 변화한다고 주장하며 이를 '탈원
형감옥'이라 명명함. 이는 '큰 줄기(원형감옥)'가 있는
나무'보다 '서서히 퍼지는 잡초'와 같음.

② 학적부에서 보험판매, 군사 첩보위성에서 온라인 사
이트 쿠키까지 다양한 감시가 이루어지고 있어, 기존
의 나무적 감시보다 잡초적 감시로 발전함.

(3) 바놉티콘(ban – opticon)

① 과거 감시는 공포를 조성했지만, 현대 감시는 개인이
결코 혼자 남겨지지 않는다는 희망을 재구성함.

② 주목받는 즐거움이 폭로의 두려움을 억제함. 프라이
버시 보호 개념이 약화되고, 사람들은 스스로 정보를
공유하는 경향을 보임.

③ 소셜 네트워크의 핵심은 개인 정보의 교환이며, 이를
거부하면 배제되는 사회적 죽음이 발생함.

④ 파놉티콘이 시스템에 의한 감시라면, 바놉티콘은 시
스템에서 이탈하거나 부정적인 인물을 낙인찍고 배제
하는 방식으로 작동함. 인터넷 사이트의 약관 동의
절차도 이와 유사함.

⑤ SNS는 개인을 판매 가능한 상품으로 만들며, 사용자
들은 소비자인 동시에 판매자 역할을 수행함.

⑥ 온라인 관계는 '네트워크'이지 '공동체'가 아니며, 세
세한 일상을 공개하지만 관계의 결속력은 약함.

7. 포스터의 슈퍼 파놉티콘

① 현대 사회에서 사람들은 일상적으로 정보와 혜택을
얻기 위해 자신의 정보를 무의식적으로 노출하며 활
용됨.

② 통신망과 데이터베이스는 감시자가 없는 슈퍼 파놉티
콘을 형성함.

③ 정보통신기술은 다망감시를 가능하게 하며, 사용자의
의지를 배제한 채 정보를 기록하는 감시자 역할을 수
행함. 이는 TV, 신용카드, 내비게이션, 인터넷 쇼핑
등의 형태로 나타남.

④ 과거 파놉티콘은 감시자의 존재가 가상화되었지만,
슈퍼 파놉티콘은 감시자의 시선 자체가 인식되지 않
는 상태로 발전함. 사용자는 감시에 동의하는 방식으
로 구성됨.

8. 로버트 포트너의 세포사회론

(1) 의의

로버트 포트너는 1995년 논문에서 정보사회가 분리된
'세포 사회'라고 주장함.

(2) 현대 정보사회

① 정보사회는 공동사회나 이익사회로 설명될 수 없으
며, 이 둘이 교차하는 세포 구조로 설명됨.

② 과잉, 경제적 이유, 자발적 선택으로 인해 더욱 세분
화되고 소통이 배제됨.

③ 경제적·기술적 수준이 같아도 이해 관심이 다르면
소통이 어려움.

(3) 세포사회의 특징

① 정보가 많아질수록 사람들이 더 갈라지고, 제한된 정
보는 사회적 불평등과 소외를 초래함.

② 정보통신기술이 소통보다는 차이를 확대시키며, 사회
적 통합보다 고립을 초래함.

③ 디지털 정보 격차, 사회적 고립 심화, 시민 사회 공론
권 쇠퇴 등의 문제와 연결됨.

9. 시놉티콘

① 시놉티콘은 파놉티콘의 반대 개념으로, 다수가 소수
를 감시하는 것을 의미함.

② 지배권력에 대한 역감시를 가능하게 하며, 언론과 시
민단체가 주요 주체가 됨.

③ 매티슨은 언론의 역감시 개념을 시놉티콘으로 보고,
파놉티콘과 시놉티콘이 현대 사회에서 동시에 작용한
다고 주장함.

10. 온라인 공간에 대한 모니터링

(1) 의의

온라인 감시는 국가가 직접 수행하거나 간접적인 방식으
로 이루어짐.

(2) 직접적인 감시

① 인터넷 심의를 통해 불법 정보(음란물, 명예훼손 정보
등)를 유통 금지하고 처벌함.

② 경찰, 방송통신심의위원회, 방송통신위원회 등이 감시
주체로 활동함.

③ 부동산 허위 중개물 감시 등 온라인 감시가 강화되고
있음.

(3) 간접적인 감시

① 국가가 온라인 사업자를 통해 감시를 수행하는 방식
이 일반적임.

② 인터넷 공간 제공자를 규제하는 것이 보다 효율적이
기 때문임.

③ 아동·청소년 성착취물 발견 의무, 인터넷게임 셧다
운제 등이 이에 해당됨.

④ 이러한 간접적 감시는 이용자와 인터넷 사업자의 권
리를 침해할 수 있음.

(4) 헌법재판소 결정

① 국가의 온라인 감시는 사생활과 표현의 자유를 침해할 위험성이 있음.
② 인터넷 실명제는 표현의 자유를 침해하여 위헌 결정(헌재 2012.8.23. 2010헌마47).
③ 청소년 게임 강제 셧다운제는 합헌 결정(헌재 2014.4.24. 2011헌마659).

Theme 134 스몰 시스터(Small Sister)

Ⅰ 의의

① '스몰 시스터'는 '빅 브라더'에 대비되는 개념으로, 거대 권력에 대한 자발적인 견제 및 이를 수행하는 주체를 의미하는 용어임.
② 개개인은 작은 힘을 가졌으나, 인터넷을 통한 연대를 통해 정부 및 기업에 목소리를 내는 집단을 형성함.
③ 즉, '스몰 시스터'는 단순한 개인이 아니라, 집단적 힘을 통해 사회적 영향을 미치는 '우리'의 개념임.

Ⅱ 인터넷 발달과 '스몰 시스터'의 등장

① SNS 및 인터넷 커뮤니티의 발달로 인해 '스몰 시스터'의 영향력이 증가함.
② 인터넷 공간에서 자유롭게 의견을 교환하며, 사회적 이슈, 정치인, 연예인, 신제품 등에 대한 평가 및 논의를 활발하게 진행함.
③ '스몰 시스터'는 '빅 브라더'처럼 방대한 정보와 권력을 보유하지 않으나, 다수의 의견이 결집될 경우 전문가 수준의 분석과 정보 공유가 가능함.

Ⅲ '스몰 시스터'의 역기능

1. 사생활 침해 및 유언비어 확산

① 특정 사건(예 'OO녀' 사건) 발생 시, 개인에 대한 과도한 사생활 침해 발생.
② 검증되지 않은 유언비어 및 왜곡된 정보가 빠르게 확산될 위험이 존재함.

2. 새로운 권력의 형성과 인권 침해

① 거대 권력을 견제하기 위해 결성된 '스몰 시스터' 집단이 새로운 권력으로 작용할 가능성이 있음.
② 특정 집단 내 의견과 다른 개인 및 '스몰 시스터'들을 공격하는 행태가 나타나며, 이로 인해 인권 침해 사례가 발생할 수 있음.

Theme 135 사이버 범죄

Ⅰ 시스템 장애

① 컴퓨터 의존도가 증가하면서 시스템 장애 발생 시 업무 마비 현상이 발생함.
② 시스템 장애가 발생하면 근본적으로 업무 수행이 불가능한 상태에 직면함.

Ⅱ 사이버 범죄

1. 의의

① 사이버 공간은 컴퓨터 네트워크를 통해 시간과 공간의 제약 없이 무한히 접근할 수 있는 가상공간으로, 이곳에서 발생하는 범죄를 사이버 범죄라 함.
② 사이버 범죄는 원인 규명이 어렵고 피해범위가 넓으며 피해 정도가 크다는 점에서 일반 범죄와 차별됨.
③ 인터넷을 통해 국경을 초월하여 빠르게 확산되며, 해킹 등의 기술을 활용하여 비행을 저지르는 사람들을 사이버 펑크(cyberpunk)라 함.

2. 사이버 범죄의 특성

① 비대면성·익명성
② 가치규범의 부재
③ 범죄 수행의 용이성
④ 광역성 및 국제성
⑤ 전문기술성

3. 사이버 범죄의 유형

(1) 제1유형: 시스템 침해형 사이버 범죄

사이버 테러형 범죄로 해킹, 폭탄메일, 바이러스 유포 등이 포함됨.

(2) 제2유형: 전통적 범죄의 사이버화

① 온라인 사기 및 인터넷 게임 관련 사기(아이템 사기, 사용자 도용 등)
② 불법복제물 제작·판매(음란물, 상용 프로그램 등)
③ 불법사이트 운영(음란사이트, 사이버 도박 등)
④ 개인정보 침해 및 명예훼손(개인 및 기업 대상)
⑤ 인터넷 사기 공모 및 전자기록 조작 행위

(3) 제3유형: 신종 사이버 범죄

① 게임 아이템 절도
② 아바타 인격권 침해 등

4. 사이버 범죄 관련 법규

(1) 형법

사기죄, 폭력죄, 명예훼손죄, 모욕죄 등 포함

(2) 정보통신망 이용촉진 및 정보보호법

계정·아이디 해킹죄, 컴퓨터 사용 사기죄, 정보도용죄 등 규정

(3) 기타 법률

영화 및 비디오물의 진흥에 관한 법률, 저작권법, 소년법, 청소년보호법 등 포함

5. 경찰청의 사이버 범죄 구분

(1) 사이버 테러형 범죄

① 해킹을 통한 자료 유출
② 폭탄메일 전송
③ 사용자 도용
④ 악성 프로그램 설치 및 바이러스 유포 등

(2) 일반 사이버 범죄

① 사이버 성폭력 및 스토킹
② 불법복제 및 개인정보 침해

6. 사이버 불링(Cyberbullying) 개념

사이버 공간에서 발생하는 폭력적 행위로, 비방, 아이디 도용, 사이버 성폭력, 사이버 스토킹, 사이버 배제 등이 포함됨.

7. 사이버 테러의 전형적인 수법

(1) 중요기관 파일 절취

정부 및 주요 기관의 중요 파일을 해킹하여 탈취하는 방식.

(2) 랜섬웨어 공격

시스템을 손상시킨 후 복구 대가로 금품을 요구하는 공격 방식.

(3) 워터링 홀(Watering Hole) 공격

특정 기관 직원들이 자주 방문하는 웹사이트를 감염시켜 피해자를 유인하여 감염시키는 방식.

(4) APT(Advanced Persistent Threat)

① 특정 목표를 지속적으로 공격하는 방법으로, 대상과 상황에 따라 변형되므로 탐지 및 차단이 어려움.
② 기술이 아닌 공격 절차이므로 단편적인 기술로 대응이 어려움.

8. 고전적인 시스템 공격 수법

(1) 전자우편 폭탄 공격

대량의 스팸메일을 지속적으로 발송하여 시스템을 마비시키는 방법.

(2) 서비스 거부(DoS, Denial of Service) 공격

정상적인 통신 절차를 방해하여 시스템을 계속 대기 상태로 만들어 마비시키는 방식.

(3) 논리폭탄(Logic Bomb) 공격

특정 조건(날짜, 요일 등)을 만족하면 자동으로 작동하여 컴퓨터 시스템을 파괴하는 악성 프로그램.

Theme 136 개인정보 침해

I 침해 현황

1. 개인정보 및 프라이버시 침해 유형

① 사업자의 관리 소홀로 개인정보 유출(72.5%)
② 본인 동의 없이 개인정보를 목적 외 용도로 이용하거나 제3자에게 제공(58.4%)
③ 개인정보 무단 수집 후 텔레마케팅 활용 또는 무단 회원 가입(51.7%)
④ ID 및 비밀번호 도용으로 게임 아이템, 사이버 머니, 캐릭터 도난(26.3%)
⑤ 주민등록번호 도용으로 웹사이트 회원가입 불가 또는 경제적 피해 발생(22.9%)

2. 개인정보 피해구제 상담 및 신고 유형

① 개인정보 침해 관련 신고 건수(48.2%, 24,144건)
② 주민등록번호 등 타인 정보의 훼손, 침해, 도용 사례(25.5%, 10,148건)

II 침해 유형

1. 의의

① 개인정보 침해는 정보 제공자의 프라이버시 보호 요구와 기업의 마케팅 수집·활용 간의 갈등 속에서 발생함.
② 개인정보는 정보주체가 정보 수집, 가공, 이용자 등과 맺는 관계 속에서 침해 가능성이 존재하며, 정보 유통의 모든 단계에서 침해가 발생할 수 있음.

2. 유통단계별 개인정보 침해 유형

단계	침해 유형	침해 행위
수집	불법 수집	• 정보주체의 동의 없는 개인정보 수집 • 개인의 사생활과 권리를 침해할 수 있는 정보 수집
처리	오류	• 잘못된 정보의 기록 • 변경된 정보의 미수정
보관	부당한 접속	• 자료의 불법 유출 • 자료의 불법 열람 • 해킹 혹은 바이러스 감염 등에 의한 자료 열람, 삽입, 변조, 파괴, • 해킹 등에 의한 자료의 도난
이용	이차적 사용	• 수집목적 이외의 용도로 정보를 활용하는 행위 • 정보주체의 동의를 구하지 않은 채, 제3자에게 정보를 제공하거나 판매하는 행위 • 동의가 철회되거나 수집목적이 달성된 자료의 불법보유

Ⅲ 침해 대응 방향

1. 의의

① 개인정보 유출은 명의도용, 스팸, 보이스피싱 등의 2차 피해를 초래하며, 인터넷 비즈니스 신뢰도 하락 등의 부정적 영향을 미침.

② 개인정보 유출 피해를 최소화하기 위해 인터넷상 개인정보 유포 모니터링을 강화하고, 명의도용 방지 및 비밀번호 변경 캠페인을 실시함.

③ 개인정보 보호를 위해 주민등록번호 수집 금지, 대체수단(i-PIN) 확대, 암호화 저장 및 비밀번호 생성 기준 적용 등의 조치 추진.

④ 사업자 및 이용자의 개인정보 보호 인식을 높이기 위해 윤리강령 제정, 교육 확대, 공익광고 홍보 등의 활동을 진행하며, 보안서버 도입 및 악성코드 탐지 등의 기술적 대응책을 강화함.

2. 개인정보 유출 방지를 위한 대응 방향

(1) 개인정보 유출 및 노출 사전 예방

「개인정보 보호법」에서 개인정보 보호 조치를 규정함.

(2) 주민등록번호 대체수단 보급

① 인터넷에서 주민번호 과도한 수집·사용 문제를 해결하기 위해 i-PIN 도입.

② 이용자에게 선택권을 보장하며, 인터넷 사업자의 개인정보 관리 부담을 줄이는 동시에 본인 확인이 된 회원 DB 구축을 목표로 함.

③ 방송통신위원회는 '인터넷상의 주민번호 대체수단 가이드라인'을 통해 본인 확인기관의 요건 및 서비스 안정성 확보 방안을 발표함.

(3) 보안서버 확산

① 보안서버는 개인정보를 암호화하여 안전하게 전송할 수 있도록 하는 서버로, 개인정보를 취급하는 웹사이트에서 기본적으로 갖추어야 함.

② 기존 웹서버에 SSL(Secure Socket Layer) 인증서를 설치하거나 별도 암호화 기능을 추가하는 소프트웨어 방식으로 구축됨.

(4) CCTV 및 위치정보 보호 강화 방안

① 납치·실종 사건 대응을 위한 위치정보 활용 요청 증가로 경찰의 위치정보 요청권 부여 추진.

② 위치정보 제3자 제공 시 즉시 통보, 긴급구조를 위한 GPS 장착 의무화 등의 방안 검토.

(5) 교육 및 홍보를 통한 인식 제고

① 한국인터넷진흥원(KISA)은 학생·학부모·교직원을 대상으로 개인정보 보호 교육을 실시하고, 사업자를 대상으로 보호 조치 및 관리자 페이지 노출 방지 교육을 강화함.

② 개인정보 영향평가 전문가를 양성하여 사업자들이 자체적으로 보안 수준을 점검할 수 있도록 지원함.

3. 「개인정보 보호법」 주요 내용

(1) 개인정보 보호 원칙 명시

OECD 개인정보 보호 8원칙을 반영하여 구체적인 보호 기준을 법률로 제정함.

(2) 개인정보 관리 체계 강화

① 개인정보파일 사전통보제를 사전협의제로 변경하여 개인정보 보유 요건을 엄격하게 적용.

② 개인정보 보유 목적이 달성되면 지체 없이 파기하도록 규정함.

③ 각 기관별로 개인정보 관리책임관을 지정하여 개인정보 보호 관련 업무 총괄 및 책임 부여.

(3) 개인정보 관리의 투명성 제고

개인정보 수집, 위탁 관리, 이용·제공, 폐기 과정에서 투명성을 유지하도록 인터넷 공시 의무 부과.

(4) 정보주체의 자기정보통제권 강화

① 본인 정보 열람·정정청구권 외에 삭제청구권을 신설하여 본인이 원치 않는 정보를 삭제할 수 있도록 함.

② 개인정보 침해 신고제도 도입하여 개인정보 보호위원회를 통한 구제 가능.

(5) 공공기관 CCTV 운영 규제 강화

공공기관이 운영하는 CCTV는 개인의 동의 없이 화상정보를 수집하는 것이므로, 프라이버시 보호를 위한 법적 규제 마련.

4. 개인정보 유출 및 노출 사고 대응 방안

(1) 인터넷 노출 주민번호 삭제 조치

① 한국인터넷진흥원(KISA)은 2007년부터 구글 검색 DB 내 주민번호 노출 상시 점검 체계를 도입하여 개인정보 삭제 요청 시스템 운영 중.

② 2008년부터 공공기관의 개인정보 노출 문제가 심각해짐에 따라 자동 삭제 요청 시스템 개발하여 운영 중.

(2) 개인정보 유출 대응 체계 구축

① 기존에는 구글에 노출된 주민번호만 점검했으나, 개인정보 유출 종합 대응 시스템 구축하여 국가 차원의 대응 체계를 강화함.

② 사전 예방을 위해 개인정보 유출 공격 탐지, 공격 유형 수집·분석, 위험성 평가 및 대응 시스템 구축 중.

심층 연계 내용 유럽연합 「일반 개인정보 보호법(GDPR)」

① GDPR(General Data Protection Regulation)은 2016년 제정되어 2018년 시행됨.

② 각 EU 회원국별로 상이했던 개인정보 보호 규제를 통합하여 28개국에 동일한 규정을 적용.

③ EU 내에서 사업을 운영하는 기업뿐만 아니라 EU 주민들의 개인정보를 처리하는 모든 기업에 적용됨.

④ EU 거주자는 기업과 거래를 원하지 않을 경우, 기업이 보유한 본인 정보를 삭제할 권리를 가짐.

⑤ GDPR을 위반한 경우 최대 2,000만 유로 또는 전 세계 연 매출의 4% 중 높은 금액의 과징금을 부과받음.

⑥ 구글은 프랑스에서 GDPR 위반으로 과징금을 부과받은 사례가 있음.

Theme 137 잊힐 권리

Ⅰ 의의

잊힐 권리는 온라인상 개인 기록의 원본 삭제 또는 접근 배제권과 관련된 개념으로, 명확한 합의된 정의는 존재하지 않음.

Ⅱ GDPR의 잊힐 권리

1. 의의

유럽연합의 「일반 개인정보 보호법(General Data Protection Regulation, GDPR)」이 2018년 5월 시행되면서 IT 데이터 관리, 기업 운영 등에 큰 영향을 미침.

2. GDPR 제17조(삭제권, Right to be Forgotten)

① 개인은 불합리한 지체 없이 자신의 모든 데이터를 삭제할 권리를 데이터 통제자(data controller)에게 요청할 수 있음.

② 삭제 대상에는 데이터베이스(DB)에 저장된 개인정보뿐만 아니라 복사본, 백업본, 이전된 데이터 등도 포함됨.

③ 데이터 통제자(Data Controller): 개인정보를 저장·이용·관리하며 통제 책임을 지는 개인 또는 법인(기업, 조직 등).

④ 데이터 처리자(Data Processor): 데이터를 저장·처리하지만 통제 권한은 없는 기관(클라우드 서비스, 데이터 센터 등).

3. 잊힐 권리가 보장되는 경우

① 개인정보가 원래의 수집·처리 목적에 더 이상 필요하지 않은 경우

② 정보주체가 동의를 철회한 경우(법적 사유가 없을 때)

③ 정보주체가 개인정보 처리에 반대하고 처리 지속 사유가 없는 경우

④ 개인정보가 불법적으로 처리된 경우(GDPR 위반)

⑤ 법적 의무 준수를 위해 삭제가 필요한 경우

⑥ 아동 관련 정보사회서비스에서 개인정보를 처리한 경우

4. 개인정보처리자의 삭제 거부 사유

① 표현 및 정보의 자유 보호를 위한 경우

② 공익적 임무 수행 및 직무권한 행사를 위한 법적 의무 이행을 위한 경우

③ 공익을 위한 보건 목적이 있는 경우

④ 공익을 위한 기록 보존, 과학적·역사적 연구 또는 통계 목적이 있는 경우

⑤ 법적 청구권의 행사 또는 방어를 위한 경우

5. 잊힐 권리 보장을 위한 고려사항

(1) 데이터 삭제 프로세스 필요

데이터 삭제를 피할 수 없는 상황이므로 기업과 기관은 이에 대한 대응 계획을 수립해야 함.

(2) 삭제 요청은 지체 없이(without undue delay) 처리해야 함

삭제 조치는 수개월이 아닌 수일 이내 처리되어야 함.

(3) GDPR의 적용 범위

EU 거주자의 개인정보가 저장된 위치와 관계없이 적용
되며, 글로벌 기업도 준수해야 함.

(4) GDPR 위반 시 벌금

① 개인 데이터를 삭제하지 않으면 전 세계 연 매출의
4% 또는 2천만 유로 중 높은 금액의 과징금 부과.

② 삭제 여부 입증 실패 시 전 세계 연 매출의 2% 또는
1천만 유로 부과.

(5) 삭제의 어려움

데이터베이스에 분산된 정보를 완벽히 삭제하는 것은 어
려우며, 비용이 많이 소요됨.

Ⅲ 국내법상의 잊힐 권리

1. 「개인정보 보호법」과 잊힐 권리

① 「개인정보 보호법」 제36조에서 정보 주체가 개인정보
처리자에게 개인정보 삭제를 요구할 수 있도록 규정.

② 그러나 검색엔진에서 검색된 개인정보는 개인정보 보
호법상 삭제 대상이 아니며, 검색엔진 사업자에게 삭
제 요청이 어렵다는 한계가 존재함.

2. 「언론중재 및 피해구제 등에 관한 법률」

① 개인 신상 관련 허위 기사의 정정을 요구할 수 있으
며, 언론사가 이를 거부할 경우 언론중재위원회를 통
해 조정 가능.

② 단, 허위가 아닌 진실인 기사 또는 정정보도 청구 기
한(6개월)이 지난 경우에는 정정 요구가 불가능하며,
기사 삭제 청구권은 규정되어 있지 않음.

3. 「정보통신망 이용촉진 및 정보 보호 등에 관한 법률」
(정보통신망법)

① 개인정보 침해(사생활 침해, 명예훼손 등)에 대해 포
털사이트 등 정보통신서비스 제공자가 삭제 또는 임
시조치(블라인드 처리)를 하도록 규정.

② 다만, 타인의 권리를 침해하지 않는 정보에 대한 삭
제 요청은 불가능하며, 언론 기사 및 검색 뉴스는 「언
론중재법」 적용을 받기 때문에 삭제 조치가 어려움.

**Theme 138 유럽연합의 플랫폼 사업자 규제
강화법 초안(디지털 시장법 및 서비스법)**

Ⅰ 의의

① EU는 디지털 시장의 공정 경쟁 환경 조성과 온라인
불법 콘텐츠 근절을 위해 온라인 플랫폼 사업자 규제
에 본격 착수함.

② EU 집행위는 플랫폼 사업자 규제를 강화하는 「디지털
시장법(Digital Market Act, DMA)」 및 「디지털 서비
스법(Digital Service Act, DSA)」 초안을 발표함.

③ DMA는 '게이트키핑 플랫폼 사업자'가 법령을 위반하
여 디지털 시장의 공정 경쟁을 저해할 경우 벌금 부
과 및 플랫폼 폐쇄 가능 등의 제재를 규정함.

④ DSA는 불법 콘텐츠 유통 방지 및 소비자 보호를 위한
플랫폼 사업자의 의무를 명시함.

⑤ DMA 및 DSA는 EU 이사회와 의회 간 협상을 거쳐
최종 법제화되며, 2023년 이후 발효될 전망임.

Ⅱ 디지털 시장법(Digital Market Act, DMA)

1. DMA 적용 대상

(1) 적용 대상

게이트키핑 플랫폼으로 지정된 사업자

(2) 게이트키핑 플랫폼 지정 기준

① 글로벌 시장 자산 가치 650억 유로 이상 또는 유럽경
제지역(EEA) 내 매출 65억 유로 이상

② 3개 이상 EU 회원국에서 핵심 플랫폼 서비스 제공

③ 1만 개 이상의 비즈니스 사용자 및 4,500만 명 이상의
개인 사용자를 최소 3년 이상 보유한 플랫폼 사업자

(3) 적용 대상 플랫폼

① 검색엔진, OS(운영체제), SNS, 동영상 공유 서비스,
메시징 서비스, 클라우드 컴퓨팅, 온라인 중개 플랫폼,
광고 플랫폼 등

② GAFA(구글, 아마존, 페이스북, 애플), 부킹닷컴, 알리
익스프레스, 마이크로소프트 클라우드 등 포함

③ EU 집행위는 2년마다 게이트키핑 플랫폼을 신규 지
정 또는 철회 가능

2. 게이트키핑 플랫폼 사업자의 의무

(1) 개인정보 연계 금지

복수 플랫폼에서 수집한 개인정보를 연계하여 사용 금지

(2) 자사 상품 우대 금지

플랫폼 내 자사 상품·서비스에 대한 차별적 우대 금지

(3) 공정 경쟁 환경 유지

① 경쟁사에 대한 불공정 행위 금지

② 인수 · 합병(M&A) 시 사전에 EU 집행위에 신고 의무

(4) DMA 관련 이행조치

① 게이트키핑 플랫폼 지정 후 6개월 이내 이행 조치 시행 및 EU 집행위 보고

② 집행위는 추가 조치 명령 가능

(5) 규정 미이행 시 제재

① 연간 글로벌 총매출의 최대 10% 과징금 부과 가능

② 지속적 · 구조적 규정 위반 시 플랫폼 폐쇄 명령 가능

(6) 이의 제기 및 제소 절차

① 게이트키핑 플랫폼 지정된 사업자는 EU 집행위에 이의 제기 가능

② 유럽사법재판소에 제소 가능

(7) 미이행 결정(Non-compliance Decision) 및 추가 제재

EU 집행위가 3회 이상 미이행 결정을 내릴 경우 제재 가능

Ⅲ 디지털 서비스법(Digital Service Act, DSA)

1. DSA의 목적

플랫폼상 불법 콘텐츠 제거 및 소비자 보호 강화

2. DSA 적용 대상

EU 27개국에서 4,600만 명 이상의 사용자를 보유한 플랫폼 사업자

3. 플랫폼 사업자의 의무

① 정부 당국 및 시민단체에 내부 정보 접근 보장

② 규정 이행을 감독할 독립적 감사 지정

③ 매년 플랫폼의 위험성 평가 수행

4. 감독 및 제재 조치

① 회원국 당국이 불법 콘텐츠 제거 의무 이행 여부 감독

② 의무를 이행하지 않을 경우 연 매출의 최대 6%의 과징금 부과 가능

Theme 139 정보 보호의 목표

Ⅰ 의의

① 컴퓨터 보안 또는 정보 보호의 목표는 여러 가지가 있으나, 가장 중요한 세 가지 핵심 목표는 기밀성(Confidentiality), 무결성(Integrity), 가용성(Availability)임.

② 이 세 가지 목표의 첫 글자를 따서 'CIA triad'라고 부름.

Ⅱ CIA triad

1. 기밀성(Confidentiality)

(1) 의의

허가되지 않은 자가 정보 내용을 알 수 없도록 보호하는 것.

(2) 예시

은행 고객의 개인정보 및 계좌정보가 제3자에게 유출되지 않도록 보호하는 것.

(3) 기밀성 유지 방법

① 허가되지 않은 자의 접근 차단(예 안전한 금고 보관)

② 암호화를 통해 접근해도 정보 해독이 불가능하도록 조치

2. 무결성(Integrity)

(1) 의의

허가되지 않은 자가 정보를 임의로 수정하지 못하도록 보호하는 것.

(2) 예시

데이터베이스(DB)에 저장된 고객정보가 임의로 변경되지 않도록 보호하는 것.

(3) 무결성 유지 방법

① 저장된 데이터 및 전송 중인 데이터 위 · 변조 방지

② 무결성 검증 기법 적용(해시 함수, 전자서명 등)

3. 가용성(Availability)

(1) 의의

허가된 사용자가 필요할 때 언제든지 정보에 접근할 수 있도록 보장하는 것.

(2) 예시

은행 고객이 본인의 개인정보를 즉시 조회할 수 있도록 보장하는 것.

(3) 가용성을 저해하는 대표적인 공격

시스템 과부하를 유발하여 정상적인 서비스 제공을 방해하는 서비스 거부(DoS, Denial of Service) 공격

Ⅲ 그 외의 정보 보호 목표

1. 부인방지(Non-repudiation)

① 정보 제공자가 본인이 행한 행위를 나중에 부인하지 못하도록 보장하는 것.

② 발신 부인방지: 정보를 보낸 사람이 송신 사실을 부인하지 못하도록 함.

③ 수신 부인방지: 정보를 받은 사람이 수신 사실을 부인하지 못하도록 함.

④ 예: 전자서명 적용 시, 송신자가 본인이 보낸 메시지를 부인할 수 없음.

2. 인증(Authentication)

(1) 의의

정보 제공자가 주장하는 신원이 실제로 본인이 맞는지 확인하는 과정.

(2) 인증 대상

① **사용자 인증**: 시스템 로그인 시 본인 여부 검증 (예 비밀번호, 생체인증)

② **정보 인증**: 데이터가 변조되지 않고 신뢰할 수 있는 정보인지 검증

3. 접근제어(Access Control)

① 허가된 사용자만 특정 정보에 접근할 수 있도록 제한하는 것.

② 접근권한은 정보 유형 및 사용자에 따라 다르게 부여됨.

③ 예: 회사 내부 시스템에서 직원별로 다른 접근 권한을 설정하는 것.

Theme 140 정보시스템의 불법침입

I 의의

해킹은 컴퓨터를 이용하여 타인의 정보처리 장치 또는 정보 처리 과정에 불법적으로 침입하여 기술적 방법으로 기능을 방해하거나 전자기록을 변조하는 모든 행위를 의미함.

II 해커

1. 의의

① 컴퓨터 또는 네트워크 보안 기술에 뛰어난 전문가로서, 1950년대 말 미국 MIT(매사추세츠공과대학) 동아리에서 유래함.

② 컴퓨터 시스템 내부구조와 작동 원리에 대한 깊은 관심을 가지고 연구하는 사람으로, 대부분 뛰어난 컴퓨터 및 통신 실력을 보유함.

2. 해커의 종류

① **정보보안 전문가(화이트 해커)**: 보안 연구 및 학업을 목적으로 해킹 기술을 연구하는 해커.

② **화이트 해커(White Hacker)**: 서버 취약점을 연구하여 해킹 방어 전략을 개발하는 보안 전문가.

③ **블랙 해커(Black Hacker) 또는 크래커(Cracker)**: 악의적인 해커로 불법 침입하여 정보 탈취, 변조, 파괴 등의 범죄 행위 수행.

3. 길버트 아라베디언(Gilbert Alaverdian)의 해커 등급

유형	내용
제1등급 엘리트 (Elite)	시스템에 존재하는 취약점을 찾아내 해킹에 성공하는 최고 수준의 해커 마법사로도 불리며 해당 시스템에 아무런 흔적을 남기지 않고 해킹
제2등급 세미 엘리트 (Semi Elite)	시스템의 취약점을 알고 해킹 코드를 만들어내는 실력을 갖추었지만 해킹 흔적을 남겨 추적을 당함
제3등급 디벨로프 키디 (Developed Kiddie)	대부분의 해킹 기법을 알고 있으며 특정 사이트의 취약점을 발견할 때까지 여러 번 해킹을 시도해 시스템 침투에 성공하는 해커
제4등급 스크립트 키디 (Script Kiddie)	보안상의 취약점을 찾아낼 수 있는 운영체제에 대한 기술과 지식은 부족하지만 디도스 공격을 하는 등 해킹 툴을 사용할 줄 아는 해커
제5등급 레이머 (Lame)	해킹기술은 없지만 해커가 되고 싶어 하고 해킹 툴만 있으면 해킹이 가능하다고 생각하여 트로이 목마 등을 인터넷에서 내려 받는 해커 워너비

III 해킹 방법

1. DDoS(Distribute Denial of Service, 분산 서비스 거부 공격)

여러 대의 공격자를 분산 배치하여 동시에 특정 사이트를 공격함으로써 서비스 운영을 마비시키는 방식.

2. 스니핑(Sniffing)

네트워크를 통해 전송되는 패킷을 가로채어 ID, 비밀번호, 금융정보 등을 알아내는 공격 기법.

3. 스누핑(Snooping)

네트워크에서 남의 정보를 불법 염탐 및 가로채기. (스니핑과 유사)

4. 트로이 목마(Trojan Horse, Vundo)

정상적인 프로그램으로 위장하여 악성 기능을 수행하는 프로그램.

5. 백도어(Backdoor)

시스템 관리자나 개발자가 유지·보수 또는 문제 해결을 위해 정상적인 인증 절차를 우회할 수 있도록 만든 비밀 출입구.

6. 스푸핑(Spoofing)

사용자를 속여 로그인 정보 등을 입력하도록 유도하는 공격.(예 가짜 로그인 페이지)

7. 버퍼 오버플로(Buffer Overflow)

메모리 버퍼 크기를 초과하여 데이터를 입력함으로써 프로그램을 이상 작동하도록 유도하는 해킹 기법.

8. 봇넷(Botnet)

악성 프로그램에 감염된 다수의 컴퓨터가 네트워크로 연결되어 해커의 원격 조정을 받는 형태.

9. 엑스플로잇(Exploits)

시스템 취약점을 악용하여 IT 시스템을 공격하는 기법 (예 원격 명령 실행, 서비스 거부 공격 등).

10. 기타 취약성 공격

프로그램 버그를 이용한 공격 등이 포함됨.

Ⅳ 개인정보 탈취 방법

1. APT(Advanced Persistent Threat, 지능형 지속 공격)

(1) 의의

IT 기술을 이용하여 지속적으로 정보를 수집하고 취약점을 파악한 후 표적을 공격하는 방식.

(2) APT 공격 절차

① 사전조사(Reconnaissance): 공격 대상 분석 및 취약점 연구.
② 제로데이 공격(Zero-day attack): 발견되지 않은 보안 취약점을 이용한 공격.
③ 사회공학적 기법(Social Engineering): 신뢰할 수 있는 조직이나 개인을 가장하여 악성코드를 배포.
④ 은닉(Covert): 공격자가 정상적인 사용자로 위장하여 시스템 내부정보를 수집.
⑤ 권한 상승(Privilege Escalation): 계정정보 탈취 후 시스템 접근 권한 확대.
⑥ 적응(Adaption): 탈취한 정보를 암호화하여 외부로 유출 및 추적 회피.
⑦ 지속(Persistent): 백도어 설치를 통해 지속적인 접근 가능하도록 조치.

2. 피싱(Phishing) 공격

(1) 의의

① 개인정보(Private data)+낚시(Fishing)의 합성어로, 사용자를 속여 개인정보를 탈취하는 공격.
② 전자우편, 메신저 등을 통해 신뢰할 수 있는 기관으로 위장하여 개인정보 입력을 유도.
③ 금융기관의 가짜 웹사이트를 제작하여 사용자를 속이고 정보를 탈취하는 방식.

(2) 피싱 공격 절차

① 해커가 가짜 웹페이지 생성
② 사회공학 기법(트로이 목마, 웜, DoS, DNS 공격) 등을 통해 사용자 유도
③ 사용자가 가짜 웹페이지에서 ID, 비밀번호, 금융정보 입력
④ 해커가 수집된 개인정보 탈취 및 악용
⑤ 이메일, 웹사이트 링크 클릭 유도(스마트폰 대상 공격은 스미싱(Smishing))

3. 파밍(Pharming) 공격

① 악성코드에 감염된 사용자가 정상 웹사이트를 접속해도 자동으로 피싱 사이트로 유도되는 공격.
② 사용자가 입력한 도메인을 조작하여 피싱 사이트로 연결함.
③ DNS 변조 공격을 통해 정상 사이트 방문 시에도 자동으로 공격자의 사이트로 접속됨.

Theme 141 컴퓨터 바이러스

Ⅰ 의의

1. 기본 개념

① 최초의 컴퓨터 바이러스는 불법 복제를 방지하기 위한 목적으로 개발됨.
② 이후 프로그래밍 실력을 과시하거나 불특정 다수에게 피해를 입히기 위한 악성 코드로 발전.
③ 자가 복제 기능을 가지며, 사용자의 인지 없이 시스템 작동 방식을 변경하는 소형 프로그램.
④ 시스템 메모리를 점유하여 충돌을 유발하거나 데이터 손실을 초래.

2. 웜(Worm)과 바이러스 차이점

(1) 공통점

자가 복제 기능을 가진 악성 소프트웨어.

(2) 차이점

① 바이러스: 기생형으로 다른 실행 프로그램이 실행될 때만 활성화됨.

② 웜: 독립 실행형으로 자체적으로 실행 가능하며, 네트워크를 통해 전파 가능.

(3) 웜의 특징

① 네트워크를 통해 자동으로 전파됨.

② 컴퓨터의 파일 전송 기능을 이용하여 사용자 개입 없이 확산.

③ 대역폭을 잠식하고 네트워크 성능을 저하시킴.

(4) 바이러스의 특징

① 주로 개별 컴퓨터 내 파일을 감염 및 손상.

② 네트워크에는 영향을 주지 않지만, 감염된 시스템을 직접 공격함.

Ⅱ 파일 감염 바이러스

① 프로그램 파일(.com, .exe 등)을 감염시키는 바이러스.

② 감염된 프로그램 실행 시 플로피 디스크, 하드 디스크, 네트워크를 통해 확산.

③ 메모리 상주형: 감염된 메모리에서 정상적인 실행 파일을 실행하면 추가 감염 발생.

④ 사례: Jerusalem, Cascade 등.

Ⅲ 부트 섹터 바이러스

① 디스크의 시스템 영역(부트 레코드)을 감염.

② 감염된 디스크로 부팅할 경우 메모리에 상주하여 지속적 감염.

③ DOS 환경에서 주로 발생했으나, 운영체제와 무관하게 모든 PC에 영향.

④ 사례: Form, Disk Killer, Michelangelo, Stoned 등.

Ⅳ 마스터 부트 레코드 바이러스

① 부트 섹터 바이러스와 동일한 방식으로 감염되는 메모리 상주형 바이러스.

② 감염되면 Windows NT 시스템이 부팅 불가 상태에 빠질 수 있음.

③ 사례: NYB, AntiExe, Unashamed 등.

Ⅴ 다각적(다변형) 바이러스

① 부트 레코드 및 프로그램 파일을 동시에 감염.

② 복구가 어려운 바이러스 유형.

③ 부트 영역을 치료해도 파일이 감염된 상태이면 재감염이 발생.

④ 사례: One-Half, Emperor, Anthrax, Tequilla 등.

Ⅵ 매크로 바이러스

① 데이터 파일을 감염시키는 가장 흔한 바이러스 유형.

② 기업이 복구에 가장 많은 비용과 시간을 소모하는 바이러스.

③ Microsoft Office Word, Excel, PowerPoint, Access 등의 문서 파일 감염.

④ 신종 바이러스는 기존 Office 프로그램뿐만 아니라 다른 프로그램까지 감염.

⑤ 제작이 쉬워 수천 종 이상이 존재.

⑥ 사례: W97M, Melissa, WM, NiceDay, W97M, Groov 등.

Theme 142 명예훼손 및 유언비어·허위사실 유포

Ⅰ 의의

① 가상환경에서 개방과 자유의 성향이 무분별하게 남용될 경우, 타인의 명예를 훼손하거나 인권을 침해하는 수단이 될 수 있음.

② 유언비어 및 허위사실 유포는 개인의 명예훼손을 넘어 사회질서 교란, 정치·경제적 혼란, 국가적 불안정을 초래할 가능성이 있음.

③ 인터넷상에서 유언비어 및 허위사실 유포자는 대부분 익명 또는 가명을 사용하여 실체 파악이 어려워 처벌과 규제에 한계가 있음.

Ⅱ 정보 신뢰 문제(사이버 폭포 효과)

1. 정보의 전파력

(1) 의의

인터넷 및 소셜 미디어를 통한 정보의 전파력은 매우 강력하여, 신뢰할 수 없는 정보가 확산되면 즉각적인 사회적 긴장을 유발할 가능성이 높음.

(2) 트위터의 전파력

① 트위터 정보의 50%는 8분 이내에 확산됨.

② 한 명이 5명에게 정보를 전달하고, 그 친구들이 다시 5명에게 전달하면 12단계만에 100만 명 이상에게 확산 가능.

③ 미국의 경우, 트위터를 활용하면 평균 4명을 거쳐 대부분의 사람들과 연결 가능.

2. 사이버 폭포 현상

(1) 의의

① 하버드대 캐스 선스타인(Cass Sunstein) 교수는 자신의 저서에서 사회적 폭포 효과와 집단 극단화 현상을 지적함.

② 정보의 폭포 현상(Informational Cascade): 앞선 사람이 하는 말이나 행동을 보고 별다른 검증 없이 따라하는 현상.

③ 동조화 폭포 현상(Social Conformity Cascade): 주변 사람들이 어떤 루머를 믿으면, 본인도 사회적 압력에 의해 그 루머를 믿게 되는 현상.

(2) 효과

① 의도적으로 잘못된 정보가 유포될 경우, 그 피해는 더욱 심각해질 수 있음.

② 특정 조직이나 정부를 향한 괴담이 유행처럼 번질 경우, 사이버 폭포(Cyber Cascade) 효과가 발생하여 사회적 혼란이 가중됨.

③ 사이버 폭포 효과가 네티즌의 쏠림 현상, 경쟁심리, 공격적 성향, 패거리 문화와 결합될 경우 더욱 심각한 문제 초래.

Ⅲ 사이버 공간에서 나타나는 인식 왜곡 현상

1. 확증편향(Confirmation Bias)

① 사람은 자신의 기존 신념과 일치하는 정보만을 선택적으로 수용하는 경향이 있음.

② 흔히 말하는 "사람은 보고 싶은 것만 본다"는 현상과 유사.

③ 자신의 믿음과 모순되는 정보는 무시하고, 기존 신념을 강화하는 정보만 수집하는 현상.

2. 필터 버블(Filter Bubble)

① 이용자의 성향이나 취향에 맞는 정보만 선별적으로 제공되는 현상.

② 검색엔진 및 SNS 알고리즘이 사용자가 관심을 가질 만한 정보만 노출하여, 정보 편향성을 초래함.

3. 반향실 효과(Echo Chamber Effect)

① 뉴스 미디어를 통해 제공되는 정보가 이용자의 기존 신념을 더욱 강화하는 현상.

② 같은 입장을 지닌 정보만 반복적으로 접하게 되면서, 다양한 시각을 수용하지 않고 특정 입장이 더욱 극단적으로 강화됨.

Theme 143 가짜뉴스와 팩트 체크

Ⅰ 의의

1. 정보사회와 개인의 경쟁력

현대사회는 정보사회로, 정보의 접근·선택·해석 능력에 따라 개인의 경쟁력이 결정됨.

2. 정보 권력과 의존성

정보 권력이 약한 사람은 정보력이 높은 기관이나 개인에 의존하게 되며, 기존에는 언론 기관이 이러한 역할을 수행.

3. 인터넷과 정보 유통의 변화

① 인터넷의 발전으로 정보 생산과 유통이 수평화·분권화되면서 보통 사람들도 정보의 중개자로 기능하게 됨.

② 정보 생산·유통 과정에서 개입하는 사람들이 증가하면서 정보 품질이 하락하는 문제 발생.

③ 정보의 진위가 확인되지 않거나, 허위 요소가 포함된 정보, 악의적 동기로 생성된 정보는 '나쁜 정보'로 간주됨.

Ⅱ 루머(Rumor)

1. 의의

① 실재할 것이라는 명백한 증거 없이 구전 등을 통해 퍼지는 진술로, 유언비어와 유사한 개념.

② 타당성을 입증할 출처가 없기 때문에 거짓이나 참이라고 확정할 수 없음.

2. 루머의 기능

(1) 긍정적 기능

차후에 사실로 확인될 가능성이 있으며, 진실을 밝히는 과정에서 사회적 논의를 촉진.

(2) 부정적 기능

사회적으로 참으로 받아들여질 경우 심각한 피해 초래.

3. 인터넷과 루머의 변화

① 인터넷 등장 이후 루머의 '미확인 정보'라는 특성이 점점 사라지며 사실로 인식되는 경향 증가.

② 루머가 확산되는 과정에서 정보가 구체화되고 사실처럼 꾸며져, 진위 여부 확인이 어려워지는 문제 발생.

Ⅲ 가짜뉴스(Fake News)

1. 의의
① 가짜뉴스는 의도적으로 뉴스 형식을 활용하여 조작된 정보를 전파하는 것을 의미.
② 인터넷이 발전하면서 가짜뉴스의 생산량·전달 속도·영향력이 급격히 증가함.
③ 콘텐츠 제작 기술의 발달로 '진짜 뉴스'와 형식적으로 구분하기 어려운 문제 발생.

2. 가짜뉴스의 판단 기준
(1) 가짜뉴스 판단의 상대성
① 가짜뉴스 판단은 객관적인 기준보다 주관적·전략적 선택에 따라 달라질 수 있음.
② 동일한 정보를 누군가는 진짜뉴스, 다른 누군가는 가짜뉴스라고 판단하는 현상이 일반화됨.
(2) 정치·경제적 이익을 위해 가짜뉴스라는 개념이 악용되는 경우 존재.
① 일부 정치인은 자신에게 불리한 뉴스를 '가짜뉴스'로 낙인찍어 지지층 결집을 유도.
② 도널드 트럼프 전 미국 대통령은 가짜뉴스 전략을 적극적으로 활용한 대표적인 사례.
③ 따라서 '무엇이 가짜뉴스인가?'보다 '누가, 언제, 무엇을 위해 가짜뉴스라고 주장하는가?'가 중요한 논점이 됨.

Ⅳ 가짜뉴스 걸러내기

1. 팩트 체크 저널리즘(Fact-Check Journalism)
(1) 개념과 발전과정
① 가짜뉴스 대응책 중 하나로, 언론 기관이 사실 검증을 통해 허위·조작 정보를 걸러내는 방식.
② 2003년 미국의 팩트체크 오알지(FactCheck.org)에서 시작되어, 2007년 워싱턴포스트(Washington Post)의 팩트 체커(Fact Checker), 템파베이 타임스(Tampa Bay Times)의 폴리티팩트(Politifact) 등을 거쳐 발전함.
③ 국내에서는 2012년 오마이뉴스의 '오마이팩트'가 대표적 사례.
(2) 팩트 체크 저널리즘의 한계
① 진실 여부가 명확히 규명되지 않은 경우 가짜뉴스 판단이 어려움.
② 정치적 논란이 개입될 경우 진영 간 대립을 더욱 심화시킬 우려.

2. 게이트키핑(Gatekeeping)과 한계
① 언론사가 뉴스의 질을 선별하는 과정으로, K. Lewin이 제시한 개념.
② 게이트키퍼(문지기) 역할을 하는 언론 기관이 정보를 걸러내며 뉴스로 유통될지를 결정.
③ 그러나 인터넷 환경에서는 게이트키퍼 역할이 약화되며, 누구나 뉴스 생산·유통 가능.
④ 특정 게이트에서 걸러지지 않은 정보가 다른 경로로 유통될 수 있어 뉴스 선택의 폭 확대.
⑤ 그러나 전통적 게이트키핑이 가지던 '질 낮은 정보를 걸러내는 기능'이 약화되며 가짜뉴스 증가.

Ⅴ 소결: 질 낮은 정보의 유통 방지 방안

1. 담론 경쟁 방식으로 해결
가짜뉴스 논란을 검열이 아닌 공개적 토론과 담론 경쟁 방식으로 해결해야 함.

2. 가짜뉴스 개념의 남용 방지
① '가짜뉴스'라는 용어가 정치적·이념적으로 악용되지 않도록 주의해야 함.
② 단순 허위정보, 악의적 허위정보, 악의적 사실정보를 구분해야 함.

3. 정보 리터러시 강화
① 정보는 모두 신뢰할 수 있는 것이 아니라는 점을 인식해야 함.
② 사실과 의견을 구분하고, 경합하는 정보를 비교하여 진위 여부를 판단하는 습관이 필요.
③ 성급한 결론 도출을 피하고, 신중한 정보 검토가 필수적.

4. 인터넷 정보 수용 태도의 변화
① 인터넷은 거짓과 진실이 공존하는 공간임을 인식해야 함.
② 무조건적인 정보 배척보다는 맥락과 근거를 고려하는 태도가 필요.

5. 여론은 '진실'이 아니라 '합의'로 형성됨
① 가짜뉴스 판단은 객관적인 사실 여부보다는 사회적 합의에 의해 결정되는 경우가 많음.
② 인터넷에서는 편향된 정보가 강화되기 쉬운 환경이므로 신중한 정보 검토가 필요.

I 의의

1. 연혁

① 1989년 미 국방성 프로젝트에서 처음 사용된 개념, 1993년 미 연방정부의 구매·조달 프로그램에서 공식 채택됨.
② 기업·정부·개인 간 네트워크를 이용한 상품 및 용역의 교환을 의미하며, CALS, EDI, Cyber Business를 포함.

2. EDI(Electronic Data Interchange)

표준 서식을 이용한 기업 간 전자거래 방식.

3. CALS(Commerce At Light Speed)

제품의 설계, 개발, 생산부터 폐기까지 전 과정의 데이터 공유를 통한 생산성 향상.

4. 협의의 전자상거래

기업과 소비자 간 인터넷 기반 주문 및 지불 거래를 의미하며 Cyber Business와 동일 개념.

II 전자상거래의 특성

1. 기업 측면

① 물류·광고·홍보비 절감으로 가격 경쟁력 확보.
② 소규모 기업도 인터넷을 활용하여 글로벌 마케팅 및 영업 가능.
③ 고객 맞춤형 마케팅을 통해 효율적인 영업 전략 적용 가능.
④ 시간·공간의 한계 극복, 24시간 글로벌 거래 가능.

2. 소비자 측면

① 매장 방문 없이 온라인 구매 가능, 시간과 노력 절감.
② 상품 및 가격 비교가 용이, 구매 효율성 향상.
③ 주문 및 결제 절차 간편화.
④ 소비자 요구 반영이 용이, 맞춤형 서비스 가능.

3. 전자상거래와 전통적 상거래 비교

구분	전자상거래	전통적 상거래
유통 채널	기업 ↔ 소비자(직거래)	기업 → 도매상 → 소매상 → 소비자(다단계)
거래 지역	전 세계	일부 지역
거래 시간	24시간	제한된 영업시간

판매 거점·방법	• 가상공간(Cyber Market Space) • 정보에 의한 판매	• 시장, 상점(Market Place) • 전시에 의한 판매
고객정보 파악	온라인으로 실시간 수집되는 디지털데이터 활용	시장조사 및 영업사원이 획득한 정보의 재입력 필요
마케팅 활동	쌍방향통신을 통한 1대1의 상호작용적 마케팅	기업의 기획의도에 의한 일방적인 마케팅
고객 대응	• 고객 불만에 즉시 대응 • 고객 욕구를 신속히 포착	• 고객 불만에 대응 지연 • 고객 욕구 포착이 느림
소요 자본	인터넷 서버 구입, 홈페이지 구축 등 상대적으로 적은 비용 소요	토지, 건물 마련 등 거액의 자금소요

III 전자상거래의 필요성

1. 기업 측면

① 인터넷 기반 비즈니스 전략이 기업 경영의 핵심 요소로 자리 잡음.
② 기업 간 정보 전달, 시장 정보 수집, 사이버 마켓 운영 등 활용도 증가.
③ 무한한 사업 기회 제공, 글로벌 시장 진출 가능.

2. 소비자 측면

① 전 세계 기업, 연구기관, 학교, 정부기관 등의 정보 접근이 용이.
② 전자메일·인터넷 TV·주문형 비디오 등을 활용한 다양한 소비 방식 가능.

IV 전자상거래의 유형

1. 기업 간 전자상거래(B2B, Business to Business)

① 기업 간 가상 공간에서 거래가 이루어지는 형태.
② 거래 규모가 크며, 산업 전반에 걸쳐 활용.
③ 기존 EDI 기반에서 QR(Quick Response), ECR(Efficient Customer Response) 등의 전략과 결합하여 발전.

2. 기업·소비자 간 전자상거래(B2C, Business to Consumer)

① 소비자를 대상으로 하는 전자소매(Electronic Retailing)가 중심.
② 인터넷 쇼핑몰, 홈뱅킹, 온라인 광고, 정보 교육, 오락 등이 포함.
③ 전자목록 서비스, 지능형 대리인 서비스, 전자 결제 서비스 등이 활용됨.

3. 기업 · 정부 간 전자상거래(B2G, Business to Government)

① 정부 조달 업무의 전자화를 추진하는 형태.

② 공공기관이 가상 상점에 조달 상품을 공시하고 기업이 이를 공급.

③ 정부와 기업 간의 효율적인 계약 및 조달 절차 구축 가능.

4. 소비자 · 정부 간 전자상거래(G2C, Government to Consumer)

① 전자정부 구현의 핵심 요소로, 정부와 시민 간 전자거래 기반.

② 정부 정보 공유 및 행정 서비스 효율성 증대.

③ 세금 납부, 면허 교부, 규제 관리, 보조금 신청, 통계자료 제공 등 행정 서비스 전자화.

V 전자상거래의 발전 과정

기간	주요 내용
1970년대	• 은행 간 전자자금이체(EFT)의 출현 • 송금정보를 전자적으로 제공하는 전자 지불 가능성 제시 • EFT 수단 출현(신용카드)
1970년대 후반 ~1980년대 초반	• EDI, e-mail 등 전자메시징 기술 출현 · 확산 • 종이에 의한 작업 감소, 자동화 확산 　- 결제, 구매 요구서, 선적 문서 등의 전자화 　- 재고관리, 자금관리 등 업무의 전자적 처리
1980년대 중반	• EC 관련 신기술의 확산(온라인 서비스) • 대화형 통신기술의 등장(IRC, News Group, FTP) • 가상사회의 창출, Global Village 개념의 태동 • 인터넷 사용에 의한 세계시장에서의 경제교류 가능성 제시
1980년대 후반 ~1990년대 초반	전자메시징 기술의 Workflow 또는 Groupware 기술과의 통합, ERP
1990년대	• 월드와이드웹의 출현으로 인터넷의 쉬운 사용법 제공 • EC 활용의 보다 체계적인 수단과 다양한 기업 응용 제공 • 범세계 시장에서 동등한 경쟁력 제공
2000년~	• 전자상거래의 e-비즈니스로의 진화 • 제반 인트라기술(인터넷, 전자네트워크 정보통신기술)의 본격적인 도입 및 이행 단계 • e-마켓플레이스를 통한 거래 형태 • 정보의 흐름과 화폐의 흐름이 동시에 발생 • 전자화폐 사용의 일반화

I 의의

① 기업 간 또는 기업 내부에서 전자적 문서를 컴퓨터 간에 전송하는 방식.

② UNCITRAL 모범법에 따르면, 합의된 표준에 따른 구조화된 정보의 전송으로 정의됨.

③ 기업 간 표준화된 포맷을 사용하여 사업적 · 행정적 거래를 자동화하는 시스템.

II EDI의 역사

① 1960년대 초창기: 기업 내부 혹은 그룹 차원에서 사설 표준을 기반으로 정보 교환.

② 산업표준 등장: 기업 간 통신 필요성이 증가하면서 업계별 표준이 개발됨.

III EDI의 특징

① 발신인과 수신인이 합의한 표준에 따라 메시지 조직화.

② 숫자 · 문자로 부호화하여 전송.

③ 수신 컴퓨터가 데이터를 자동 변환하여 재고관리 · 업무 소프트웨어에 적용.

④ EDI 데이터는 부가가치통신망(VAN) 또는 EDI 서비스 제공자를 통해 전달됨.

IV EDI의 구성요소

1. EDI 표준

① 전자문서의 내용 · 구조 · 통신방식에 대한 규칙

② 거래 당사자 간의 원활한 전자문서 교환을 위한 공통 언어 역할

2. EDI 사용자 시스템

① 전자문서를 교환하는 하드웨어 · 소프트웨어 · 네트워크 시스템

② 기업 내 비구조화된 데이터를 EDI 표준 양식으로 변환하여 송 · 수신

3. EDI 네트워크

① 전용 데이터 회선 및 공중 데이터 회선 활용

② 직접통신망: 거래상대방과 직접 연결

③ 부가가치통신망(VAN): 다수의 거래 상대방과 안전한 통신 지원

4. 거래약정(Interchange Agreement)

① EDI 거래를 위한 기본 원칙 규정

② 전자문서의 범위, 인증 · 전자서명, 데이터 보관, 보안 · 비밀유지, 법적 책임 등 포함

Ⅴ EDI의 도입 효과

1. 기업 경쟁력 강화

① 정보 전달 자동화를 통해 업무 처리 효율 증가

② 서비스 개선 및 비용 절감 효과

③ 기업 간 신속한 정보 공유로 경쟁 우위 확보

2. 업무 처리 혁신

① 업무 자동화로 인력 절감 효과 발생

② 새로운 업무 요구에 맞춰 직원 재교육 필요

③ 기존 인력의 질적 향상을 통해 조직 역량 강화

Ⅵ EDI의 문제점 및 대안

1. 개방형 EDI(Open EDI)

① 기존 EDI는 텍스트 데이터만 처리 가능 → 이미지 · 동영상 · 음성 데이터 교환 어려움

② 다양한 거래 주체 간 업무 처리를 지원하는 개방형 EDI 도입

③ 멀티미디어 데이터(CAD 도면, 음성, 이미지 등) 교환 가능

2. 대화형 EDI(Interactive EDI)

① 기존 EDI는 일괄 처리 방식(Batch EDI) → 실시간 응답 불가능

② 예약 · 조회 등 실시간 업무 처리를 지원하는 대화형 EDI 개발

③ 운송 · 금융 · 행정 분야에서 적극 활용, 보안 강화 필요

3. 인터넷 EDI(Internet EDI)

① 기존 EDI의 높은 비용 및 폐쇄성 문제 해결을 위한 대안

② TCP/IP 등 개방형 인터넷 통신규약을 사용하여 국내 · 외 거래 활성화

③ 사이버 쇼핑몰, XML/EDI, ebXML 등 인터넷 기반의 전자거래 시스템과 결합

Theme 146 광속상거래(CALS)

Ⅰ 의의

① 1985년 미국 국방부에서 군수 · 병참 지원의 효율성을 도모하기 위해 정보시스템 개념으로 출발.

② 기업의 생산 · 유통 · 폐기까지 전 과정에서 디지털 정보기술을 활용하는 산업 전략으로 발전.

Ⅱ CALS 개념의 변천 과정

1. 제1단계: 군수지원의 전산화(Computer－Aided Logistics Support)

미 국방성이 무기체계의 설계 · 제작 · 조달에 디지털 정보 통합 및 공유 시스템 도입.

2. 제2단계: 조달 및 군수지원 확대(Computer－Aided Acquisition & Logistics Support)

① 무기체계의 조달과정까지 포함하여 군수지원 개념 확장.

② 기술정보를 한 번 입력한 후 여러 기관이 재사용할 수 있는 데이터베이스 구축 → 업무 혁신 및 비용 절감 효과.

3. 제3단계: 지속적 조달 및 라이프사이클 지원(Continuous Acquisition & Life－cycle Support)

① 1993년 이후 방위산업을 넘어 산업 전반으로 확산.

② 리엔지니어링 도입을 통해 설계－제조－유통 등 각 부문이 긴밀히 연계되는 개념으로 발전.

4. 제4단계: 광속상거래(Commerce At Light Speed)

① 초고속 정보통신망과 인터넷 보급으로 세계적 규모의 초고속 상거래 개념으로 발전.

② 기업 간 데이터베이스 통합 및 가상기업(virtual enterprise) 실현 가능.

Ⅲ CALS의 목표

1. 종이 없는 업무체계 구현

① 상품 · 시스템의 전 생애주기 데이터를 디지털화하여 온라인에서 공유 · 교환 가능.

② 서류 기반 업무를 전산화 · 자동화하여 정보 관리 효율성 증대.

2. 시스템 획득 및 개발기간 단축

① 설계 · 생산 · 지원 자료를 통합하여 설계 변경 및 데이터 관리 효율성 향상.

② 제품 및 장비의 성능 · 재원을 신속 검색하여 업무 처리 시간 단축.

3. 인력 및 비용 절감

① 운용상태 및 설비에 대한 정확한 정보 제공→유지 비용 최소화.

② 중복된 업무 절차를 자동화하여 인력 · 시간 · 비용 절감.

4. 종합적 품질 향상

① CAD/CAM/CIM과 데이터베이스 연계로 생산 · 설계 품질 향상.

② 기술정보의 정확성 · 일관성 강화→오류 · 누락 최소화.

Ⅳ CALS의 도입 효과

① 디지털 정보 통합을 통한 실시간 경영관리 가능 → 제품 · 장비 정보의 실시간 제공.

② 정확한 제품 정보 제공을 통한 최적의 설계 및 운영 유지 방안 마련.

③ 중복된 데이터 제거 및 통합 데이터베이스 활용으로 업무 효율성 증대.

④ 정보 오류 감소 및 품질 경영 강화→업무 효율성 및 신뢰성 향상.

⑤ 업무 자동화 · 통합화로 비효율적인 요소 제거 → 비용 · 시간 · 인력 절감 효과.

Ⅴ CALS와 연계된 주요 기술

1. MES(Manufacturing Execution System) – 생산관리 시스템

생산 현장의 실시간 데이터 수집 · 분석 · 제어를 통해 생산성을 극대화하는 통합 관리 시스템.

2. CIM(Computer Integrated Manufacturing) – 컴퓨터 통합 생산 시스템

설계-제조-관리의 전 과정 자동화를 통해 유연한 생산 체계 구축.

3. CAD(Computer Aided Design) – 컴퓨터 지원 설계

설계 효율성 증대 및 제품 수명 주기 관리 지원.

4. CAM(Computer Aided Manufacturing) – 컴퓨터 지원 제조

로봇 · 자동화 시스템을 활용하여 제조 공정의 생산성 향상.

5. SCM(Supply Chain Management) – 공급망 관리

원재료 생산부터 최종 소비자에게 도달할 때까지 공급망 최적화.

6. FMS(Flexible Manufacturing System) – 유연 생산 시스템

다품종 소량 생산 및 대량 생산을 모두 지원하는 유동적 생산체계.

7. ERP(Enterprise Resource Planning) – 전사적 자원 관리

기업 내 생산 · 재무 · 회계 · 물류 · 재고 등 경영 활동을 통합하여 빠른 의사결정 지원.

Ⅵ MES와 CIM

① 제조 현장에서의 생산성 향상을 위한 정보 기술 활용의 역사는 1970년대로 거슬러 올라감.

② 초기에는 공업 유압 기술, 치공구(治工具) 기술, 부품 이송 기술 등을 활용한 공장 자동화(Factory Automation, FA) 중심.

③ 이후 FMS(Flexible Manufacturing System) 도입으로 생산 자동화 실현.

④ CIM(Computer Integration System) 도입으로 제품의 설계 · 생산 · 판매 · 재고 · 분석까지 데이터베이스화하여 기업 경영에 활용.

⑤ 최근에는 MES(Manufacturing Execution System)나 APS(Advanced Planning & Scheduling) 등으로 발전하여 생산 최적화 실현.

Theme 147 데이터 처리 시스템

Ⅰ 의의

1. 정보처리 시스템의 개념과 구조

① 컴퓨터를 이용하여 현실 세계의 데이터를 수집, 정리, 처리 및 저장한 후, 의사결정에 필요한 정보를 추출하여 정보 이용자에게 제공하는 정보처리 절차 및 조직을 의미함.

② 시스템이란 무질서한 요소들을 결합하여 역할을 분담하고, 일정한 질서 속에서 상호 관계를 형성하는 구조를 의미함.

2. 정보처리 방식에 따른 분류

① 일괄처리 시스템(Batch Processing System)

② 실시간 처리 시스템(Real-time Processing System)

③ 오프라인 처리 시스템(Off-line Processing System)

④ 온라인 처리 시스템(On-line Processing System)

Ⅱ 일괄처리 시스템 (Batch Processing System)

1. 의의

데이터를 일정 기간(일, 주, 분기, 연) 동안 모아두었다가 특정 시점에 일괄적으로 처리하는 방식.

2. 장점

① 처리비용 절감 효과가 있으며, 시스템의 운영 효율성이 증대됨.

② 운영 방법이 단순하여 관리가 용이함.

3. 단점

① 즉각적인 결과를 얻을 수 없으며, 응답 시간이 길어짐.

② 데이터를 일괄적으로 처리하기 전까지 변동 사항을 수정할 수 없음.

4. 활용 분야

① 주기적으로 대량의 데이터를 처리하는 업무에 활용됨.

② 대표적 사례: 급여 처리 시스템, 입시 처리 시스템, 매출 상품 분석, 통계자료 조사 등.

Ⅲ 실시간 처리 시스템 (Real-time Processing System)

1. 의의

① 데이터 입력과 동시에 즉시 처리하여 실시간으로 응답을 제공하는 방식.

② 사용자가 입력한 데이터를 실시간으로 분석·처리하여 즉각적인 의사결정을 지원함.

2. 장점

① 최신 데이터를 항상 유지할 수 있음.

② 처리 시간이 단축되어 신속한 업무 처리가 가능함.

3. 단점

① 시스템 구조가 복잡하여 유지보수가 어려움.

② 시스템 장애 발생 시 복구가 까다로움.

4. 활용 분야

① 원격지 네트워크 환경 및 웹브라우저 기반 시스템에서 활용됨.

② 대표적 사례: 항공·기차 좌석 예약 시스템, 은행 예금 업무, 증권 시세 분석 시스템, 예탁금 창구 업무 처리 시스템 등.

Ⅳ 오프라인 처리 시스템 (Off-line Processing System)

1. 의의

① 원격지에서 발생한 데이터를 수작업(우편·교통수단 이용)으로 운반하여 일괄적으로 처리하는 방식.

② 입·출력 장치가 중앙의 호스트 컴퓨터나 서버의 직접적인 제어를 받지 않으며, 독립적으로 데이터 처리를 수행함.

2. 장점

대량으로 발생하는 데이터를 신속하게 수집하여 일괄 처리할 수 있음.

3. 단점

① 데이터 발생 즉시 처리가 불가능함.

② 항상 최신 데이터를 유지할 수 없음.

③ 데이터 처리 시간이 길어 응답 속도가 느림.

Ⅴ 온라인 처리 시스템 (On-line Processing System)

1. 의의

① 통신 장비를 통해 클라이언트 컴퓨터와 입·출력 단말 장치를 중앙의 호스트 컴퓨터나 서버와 직접 연결하여 실시간으로 데이터를 처리하는 방식.

② 클라이언트 컴퓨터 및 단말 장치를 데이터 전송장치, 통신 제어 장치 등을 통해 직접 연결하여 자동적으로 데이터를 처리함.

2. 장점

① 실시간 데이터 처리로 신속한 업무 수행이 가능하며, 정확도가 높음.

② 응답 시간이 짧아 이용자의 편의성이 향상됨.

3. 단점

① 대량의 데이터를 신속하게 처리하기 어려움.

② 컴퓨터 및 통신 장비 구축 비용이 높음.

4. 활용 분야

① 데이터 발생 지점에서 즉시 입·출력이 가능한 모든 컴퓨터 시스템에서 활용됨.
② 대표적 사례: 금융 처리 시스템(은행 업무), 좌석 예약 시스템, 전화 교환 제어 시스템, 인터넷 대학입시 원서 접수 시스템 등.

Theme 148 전자상거래의 요건과 구현

I 전자상거래의 필수요건

1. 통신정보의 보안대책 강구

① 거래 내용(지불정보)의 노출 방지를 위한 기밀성(confidentiality) 확보 필요
② 거래 문서의 변조·위조 및 승인되지 않은 문서 생성을 방지하기 위한 무결성(integrity) 보장 대책 필요

2. 거래 확인 및 인증체계 정립

① 전자거래 참여 시스템(고객 시스템, 상점 시스템, 지불 시스템 등)에 대한 제3자 인증(authentication) 체계 구축 필요
② 부인(repudiation), 위조(counterfeit), 복제(replication) 방지를 위한 상대방 확인 체제 정립 필요

3. 전자적 지불수단 및 체계 정립

① 특정 지역에 국한되지 않고 범세계적 구매 가능
② 세계적으로 통용되는 전자 지불수단 확보 및 안전한 유통 체계 구축 필요

4. 국가 정책 및 제도 정립

① 국경 없는 전자상거래 특성에 따라 데이터 암호화, 전자서명, 전자영수증의 법적 효력 확보 필요
② 운송, 과세, 관세 등 법·제도적 정비 및 국가 간 정책적 유기적 연계 필요

II 전자상거래의 구현 요건

1. 사람과 사람 사이의 관계 확인을 위한 전자화

거래 당사자가 직접 얼굴을 확인할 수 없으므로 암호 시스템 및 인증 기법 필수

2. 지불수단의 전자화

① 화폐 및 지갑의 전자화
② 다양한 결제 방식 지원(선불, 직불, 후불 및 고액, 중규모액, 소액 결제 등)

---

3. 화폐 유통의 전자화

① 온라인 대금 지불 및 정산 기능 제공
② 지불수단의 전자화와 함께 전자적 유통 구현

4. 상품(유·무형) 판매의 전자화

① 상품, 정보, 거래 서비스 등 전자적 판매 수단 구축
② 기업의 전자화는 전자상거래 활성화의 핵심 요소로, 기업 경쟁력 강화 필수

III 전자상거래와 전통적 상거래 비교

구분	전통적 상거래	전자상거래
이동	• 현금거래: 가정 → 은행 → 상점 • 신용거래: 가정 → 상점 → 은행	가정 → 상점 → 은행
쇼핑	사람의 이동을 통한 윈도우 쇼핑	브라우저를 통한 항해
인증	사람과 사람의 직접 대면·확인	인증수단을 통한 간접 인증
지불	현금, 수표, 카드 등	카드, 전자화폐 등
배송	구매자 이동 또는 판매자 배달	판매자 배달

Theme 149 전자 지불 시스템

I 의의

① 급속한 정보통신기술 발전으로 전자상거래가 확산되면서 기존의 화폐 및 지급결제 수단의 불편함을 개선하고, 전자적 방식의 지급수단이 필요해짐.
② 컴퓨터, 통신장비 및 각종 단말장비를 연결하고, 금융 거래를 위한 소프트웨어를 활용하여 소비자가 금융 거래를 수행할 수 있도록 하는 서비스 체계.
③ 화폐 가치를 부호화하여 전자장치에 저장하고, 지급 결제가 필요할 때 상대방에게 화폐 가치를 이전하거나 정보를 변경할 수 있도록 설계된 전자적 수단 및 시스템.

Ⅱ 전자 지불 시스템의 특징

① 금융기관을 방문할 필요가 없어 시간 · 공간적 제약 해소.
② 현금 및 유가증권 보유가 불필요하여 안전성이 높아지고 금융 사고 방지 가능.
③ 금융기관의 업무 간소화로 생산성 향상 및 운영 비용 절감.
④ 종이 기반 지급결제에서 무서류(paperless) 방식으로 전환되며, 카드 · 홈뱅킹 · 펌뱅킹 등 다양한 자금 이체 서비스 증가.
⑤ 통신망을 이용한 전자 금융 서비스 및 사이버 은행 등장.

Ⅲ 전자 지불 시스템의 유형

1. 지불 시점에 따른 분류

(1) 선불 시스템(Prepaid Payment System)

고객이 일정 금액을 은행에 지급한 후 전자화폐를 발급받아 사용하는 방식.

(2) 직불 시스템(Pay-now System)

구매 시점에서 구매자의 계좌에서 직접 금액이 차감되는 방식.

(3) 후불 시스템(Pay-later System)

신용카드를 기반으로 구매 후 대금을 결제하는 방식.

2. 인증 시점에 따른 분류

(1) 온라인 시스템

① 고객 관리 및 전자화폐 관련 정보를 포함하는 인증 서버를 유지하며, 각 지불 단계에서 허가를 수행하는 방식.
② 모든 거래 시 인증 서버에 접속해야 하므로 통신 비용 증가 문제 발생.
③ 계좌 이체 전 이중 사용(double-spending) 여부 확인이 가능하여 높은 보안성 제공.

(2) 오프라인 시스템

① 거래 시 즉각적인 인증 없이 일정 시간 후 일괄적으로 은행에 결제 요청하는 방식.
② 거래 완료 후 이중 사용 여부를 검출하므로 보안 강화를 위해 변조 방지 하드웨어 사용.
③ 통신 비용 절감 및 거래 집중 방지 등의 장점이 있음.

Ⅳ 전자화폐 (Electronic Money)

1. 의의

① 화폐를 디지털화하여 현금 · 수표를 대체하는 전자적 지불 매체.
② 지불정보, 신용정보, 융자정보, 통화사용정보, 예금정보 등 통화 관련 정보를 디지털 데이터화하여 저장 · 이용.
③ 전자상거래 등에서 새로운 대금 지급 수단으로 활용됨.

2. 전자화폐 시스템의 구성원

(1) 사용자(User)

전자화폐를 발급받아 사용하는 주체.

(2) 상점(Shop)

전자화폐를 결제 수단으로 받아 상품 · 서비스를 제공하는 공급자.

(3) 은행(Bank)

전자화폐를 발급하고, 결제를 수행하는 기관.

3. 전자화폐 시스템의 기본 프로토콜

(1) 인출 프로토콜 (Withdrawal Protocol)

은행이 사용자에게 전자화폐를 발급하는 절차.

(2) 지불 프로토콜 (Payment Protocol)

사용자가 상점에 전자화폐를 결제하는 절차.

(3) 예치 프로토콜 (Deposit Protocol)

상점이 받은 전자화폐를 은행에서 결제하는 절차.

4. 전자화폐 시스템의 요구 사항

(1) 안전성(Security)

① 물리적 안전성(Physical Security): 위조 방지를 위한 스마트카드 저장.
② 논리적 안전성(Logical Security): 시스템 구성원이 공모 공격(collusion attack)에 안전해야 함.

(2) 이중 사용(Double-Spending) 방지

① 전자화폐는 디지털 정보로 쉽게 복제될 수 있어 악의적 이중 사용 위험 존재.
② 해결 방법: 사후 검출(After the Fact)과 사전 검출(Before the Fact).

(3) 프라이버시(Privacy) 보장

① 거래 내역이 추적되지 않도록 설계.
② 불추적성(Untraceability) 및 불연계성(Unlinkability) 보장.

(4) 오프라인 지원

네트워크가 연결되지 않은 환경에서도 거래가 가능하도록 보장.

5. 전자화폐의 유형

(1) 전자지갑형(Electronic Wallet Type)

① 폐쇄형(Closed Loop): IC 칩에 저장된 금액을 사용하며, 현금으로 환급되지 않음.

② 개방형(Open Loop): IC 카드 기반 선불형으로 상거래뿐만 아니라 개인 간에도 자유롭게 이전 가능.

(2) 네트워크형(Network – based Type)

① 전자현금(Electronic Cash): 디지털 형태로 변환된 현금으로 익명성을 보장하며 인터넷 상거래에 사용됨.

② 신용카드형(Credit Card – Based): 신용카드를 통해 인터넷에서 결제하는 방식.

③ 전자수표(Electronic Check): 기존 수표 시스템을 전자적으로 구현한 방식.

④ 전자자금이체(Electronic Funds Transfer, EFT): 홈뱅킹 및 ATM 기반 전자자금이체 서비스 활용.

(3) 전자수표 (Electronic Check)

① 거래은행에 계좌 이체를 요청하는 디지털 메시지 형태.

② 수취인이 배서하여 양도 가능하며, 디지털 서명을 사용하여 보안 강화.

③ 기존 수표 방식과 동일한 기능을 제공하여 소비자 교육이 용이하며, 소액 결제에 적합.

Theme 150 전자서명

Ⅰ 의의

① 전자서명은 서명자를 확인하고, 해당 전자문서에 서명하였음을 나타내는 전자적 형태의 정보.

② 공개키 암호 알고리즘을 이용하여 무결성을 확인하고 인증 및 부인 방지 기능을 제공하는 암호 기술.

Ⅱ 필요성

1. 거래의 신뢰성 확보

사이버 공간에서는 위·변조 위험이 존재하므로, 거래의 신뢰성을 확보하기 위해 전자서명 필요.

2. 온라인 인감으로서의 전자서명

① 오프라인에서는 인감도장을 통해 본인의 거래임을 증명하며, 등록된 인감이 찍혀 있으면 본인의 거래로 간주됨.

② 온라인에서는 전자서명을 이용하여 거래 당사자가 본인임을 증명함.

③ 전자문서의 해시값을 개인키로 암호화하여 상대방에게 전송하며, 상대방은 공개키를 이용해 무결성을 검증.

Ⅲ 특징

1. 의의

기존 암호화 방식은 기밀성만 제공하나, 전자서명은 인증·무결성·부인 방지를 함께 제공.

2. 주요 특징

① 위조 불가(Unforgeable): 합법적인 서명자만이 전자서명을 생성할 수 있어야 함.

② 서명자 인증(User Authentication): 누구든지 서명자를 검증할 수 있어야 함.

③ 부인 불가(Non – repudiation): 서명자는 서명 후 자신의 서명 사실을 부인할 수 없음.

④ 변경 불가(Unalterable): 서명한 문서는 변경될 수 없음.

⑤ 재사용 불가(Not Reusable): 서명된 전자문서는 다른 문서에 사용할 수 없음.

Ⅳ 작동

1. 전자서명 생성 및 검증

① 전자문서에 첨부되거나 논리적으로 결합된 전자적 정보를 생성하기 위해 서명 알고리즘이 사용됨.

② 서명자의 신원을 확인하고 해당 전자문서에 서명했음을 검증하기 위해 검증 알고리즘이 적용됨.

③ 서명 및 검증 알고리즘에는 비대칭키 암호 시스템이 사용되며, 이는 개인키와 공개키로 구성됨.

④ 개인키는 소유자만이 보유하고, 공개키는 타인에게 공개됨.

⑤ 개인키로 암호화된 문서는 공개키를 통해 복호화 가능함.

2. 서명 알고리즘과 검증 알고리즘

① 사용자는 서명 알고리즘을 이용해 자신의 개인키로 문서에 서명함.

② 서명된 문서를 상대방에게 전송하면, 상대방은 검증 알고리즘을 이용하여 송신자의 공개키로 서명을 검증함.

③ 수신자는 송신자의 공개키를 이용해 전자서명 정보를 복호화하고, 이를 원본 문서와 비교하여 인증 및 무결성 확인을 수행함.

3. 비대칭키 암호 시스템

(1) 전자서명과 기밀성

① 전자서명 자체는 기밀성을 제공하지 않으며, 원본 문서의 암호화는 별개의 문제임.

② 비대칭키 암호 시스템에서는 개인키와 공개키를 이용한 암호화가 가능함.

③ 송신자가 수신자의 공개키로 암호화하여 문서를 전송하면, 수신자만이 자신의 개인키로 복호화할 수 있어 기밀성을 확보할 수 있음.

(2) 전자서명과 부인봉쇄

① 전자서명 과정에서 서명자는 개인키로 서명, 검증자는 공개키로 검증을 수행함.

② 암호화 과정에서는 송신자가 수신자의 공개키로 암호화, 수신자가 자신의 개인키로 해독을 진행함.

③ 전자서명은 부인봉쇄를 제공하며, 이를 위해 공인인증체계가 필요함.

④ 공인인증체계는 송신자와 수신자 사이에 신뢰할 수 있는 제3자가 개입하여 거래를 증명하는 역할을 수행함.

Theme 151 개인정보 보호

Ⅰ 개인정보 보호의 의미

① 개인정보란 생존하는 개인에 관한 정보로, 개인을 식별할 수 있는 성명, 주민등록번호, 주소, 전화번호, 이메일, 고유 식별 번호 등 포함.

② 현대 정보기술 발달과 인터넷 이용 증가로 인해 개인정보 수집·이용이 확대됨.

③ 외부 해킹 및 내부자 유출로 인한 개인정보 도용·침해 사례가 빈번하게 발생.

④ 기업들은 개인정보를 데이터베이스화하여 마케팅에 활용하면서 내부자에 의한 정보 오·남용 가능성 증가.

Ⅱ 개인정보의 유형과 종류

① 다른 정보와 결합 시 개인 식별이 가능한 정보도 개인정보에 해당됨. (예) 주소+이름)

② 주민등록번호, 여권번호, 운전면허번호 등 고유 식별 번호 및 이메일, 전화번호 등도 보호 대상.

③ 「개인정보 보호법」에 따라 사상, 신념, 정당 가입 여부, 정치적 견해, 건강, 성생활 등도 민감 정보로 분류됨.

Ⅲ 개인정보 보호의 필요성

① 2007년까지 개인정보 유출 사고는 공공 부문에서 주로 발생했으며, 담당자의 실수로 홈페이지 등에 정보가 노출되는 사례가 많았음.

② 2008년 이후 개인정보 유출 사고는 민간 부문에서 증가했으며, 해킹 및 내부자의 고의적 유출이 주요 원인으로 작용.

③ 개인정보 피해는 대형화·지능화·다양화되며, 디지털화된 정보 보호가 시급한 과제로 부각됨.

④ 온라인 활동 증가로 인해 기업은 디지털 발자국(digital footprint)을 활용한 맞춤형 광고·판촉을 진행하며, 개인정보 유출 위험 증가.

Ⅳ 세계 주요 국가의 개인정보 보호법 동향

1. 미국

① 1974년 「프라이버시법(Federal Privacy Act)」 제정하여 공공 부문은 의무적 통제, 민간 부문은 자율적 통제로 관리.

② 최근 국가 최고기술책임관(Chief Technical Officer) 신설 등 규제 정책 강화.

2. EU(유럽연합)

① 「EU 개인정보지침」을 기반으로 각국에서 일반법 제정·시행.

② 개인정보 유출 통지, 소셜 네트워크 서비스, 온라인 광고 규제 등 포함.

3. 일본

① 2005년 「개인정보 보호법」 제정·시행.

② 인터넷·스마트 기술 발전에 맞춰 개인정보 보호 조치 강화.

Ⅴ 개인정보 보호의 원칙

1. 「개인정보 보호법」 제3조 개인정보 보호 원칙

① 개인정보는 처리 목적을 명확히 하고, 최소한의 정보만 적법하게 수집해야 함.

② 개인정보는 수집 목적 범위 내에서만 처리하며, 목적 외 활용 금지.

③ 개인정보의 정확성·완전성·최신성을 유지해야 함.

④ 개인정보 처리 과정에서 정보주체 권리 침해 가능성을 고려하여 안전하게 관리.

⑤ 개인정보 처리방침 공개 및 정보주체 권리 보장 필요.

⑥ 사생활 침해를 최소화하는 방식으로 개인정보를 처리해야 함.

⑦ 개인정보가 익명·가명 처리로도 목적 달성이 가능할 경우, 가급적 익명 처리 활용.

⑧ 개인정보처리자는 법적 책임과 의무를 준수하여 정보주체의 신뢰를 확보해야 함.

2. OECD 개인정보 보호 가이드라인

(1) 의의

1980년 OECD는 「프라이버시 보호 및 개인 데이터의 국제 유통에 관한 가이드라인」을 채택.

(2) 개인정보 보호를 위한 주요 권고사항

① 개인정보처리자는 개인정보 보호 책임을 가짐.

② 개인정보 수집 시 목적을 분명히 밝혀야 함.

③ 정보주체 동의 없이 개인정보를 수집·이용·제3자 제공 금지.

④ 개인정보는 수집 목적 범위 내에서만 보유·처리 가능.

⑤ 개인정보 보호를 위한 보안 조치 마련 필요.

⑥ 개인정보 처리 방침을 공개해야 하며, 비밀리에 운영 불가.

⑦ 정보주체는 자신의 정보를 열람·수정할 권리를 가짐.

3. OECD 개인정보 보호 8원칙

(1) 수집 제한 원칙

최소한의 정보만 수집하며, 정보주체 동의 필요.

(2) 정확성 원칙

개인정보는 목적에 맞게 정확하고 최신 상태 유지.

(3) 목적 명확화 원칙

개인정보 수집 목적을 사전에 특정해야 함.

(4) 이용 제한 원칙

정보주체 동의 없이 목적 외 사용 금지.

(5) 안전 조치 원칙

개인정보 보호를 위한 보안 조치 마련.

(6) 공개 원칙

개인정보 처리 방침과 관련 정책을 공개해야 함.

(7) 개인 참여 원칙

정보주체는 자신의 정보에 접근·수정할 권리를 가짐.

(8) 책임 원칙

개인정보처리자는 보호 원칙을 준수할 책임이 있음.

4. OECD 8원칙과 「개인정보 보호법」 원칙 비교

OECD 8원칙	「개인정보 보호법」 원칙
수집 제한 원칙	목적에 필요한 최소정보 수집, 익명 처리 가능 시 익명 처리
정확성 원칙	처리 목적 내에서 개인정보의 정확성·완전성·최신성 유지
목적 명확화 원칙	개인정보 처리 목적을 명확히 규정
이용 제한 원칙	목적 외 활용 금지 및 정보주체 동의 필요
안전 조치 원칙	권리 침해 가능성을 고려한 안전한 관리
공개 원칙	개인정보 처리 방침 및 정보 보호 정책 공개
개인 참여 원칙	정보주체 열람·수정 권리 보장
책임 원칙	개인정보처리자의 법적 책임 준수 및 신뢰 확보 노력

Theme 152 데이터 3법 개정의 주요 내용과 전망

I 의의

① 2011년 9월 「개인정보 보호법」 시행. 주민등록번호 처리의 법정주의, 징벌적·법정손해배상제도 도입, 개인정보 보호 인증제도의 통합 등 규제 강화 진행.

② 2018년 EU 「일반 개인정보 보호법(GDPR)」 시행 및 국내 개인정보 활용 요구 증가에 따라 법 개정 추진.

③ 개정 「개인정보 보호법」을 통해 개인정보 보호위원회를 중앙행정기관화하고, 행정안전부·방송통신위원회의 개인정보 보호 법 집행 권한을 보호위원회로 일원화.

④ 개인정보 정의의 판단기준 명확화, 가명정보 개념 도입 및 가명정보 처리 시 준수의무 규정.

⑤ 「정보통신망법」의 개인정보 관련 규정(제4장) 삭제 후 「개인정보 보호법」 내 특례규정으로 편입.

⑥ 「신용정보법」 개정을 통해 개인정보 보호법과 정합성을 강화하고 가명정보 개념 도입.

⑦ 2020년 2월 4일 「데이터 3법」 개정 공포.

II 「개인정보 보호법」 개정 주요 내용

1. 개인정보 보호위원회의 중앙행정기관화

① 보호위원회를 대통령 소속에서 국무총리 소속 중앙행정기관으로 격상.

② 조직·인사·예산권 및 조사·처분권, 의안제출 건의권, 국회·국무회의 발언권 부여.

③ 보호위원회의 독립성을 보장하기 위해 국무총리의 행정 감독권 일부 배제.

④ 기존 행정안전부·방송통신위원회가 수행하던 개인정보 보호 업무를 보호위원회로 일원화.

⑤ 「신용정보법」 개정으로 금융위원회 감독을 받지 않는 상거래 기업 및 법인에 대한 자료 제출 요구·검사·출입권·시정명령·과징금·과태료 부과 권한을 보호위원회에 부여.

2. 개인정보 범위의 판단기준 명확화

① 특정 개인의 식별 가능성 기준 명확화.

② '다른 정보와 쉽게 결합하여 개인을 알아볼 수 있는 정보'라는 기존 정의의 모호성을 해소하기 위해 '다른 정보의 입수 가능성' 등의 기준을 추가.

③ '익명정보'라는 용어는 사용하지 않으나, 익명정보는 「개인정보 보호법」을 적용하지 않도록 규정.

3. 가명정보 개념 도입 및 제도화

(1) 가명정보 개념 도입

데이터 활용 활성화를 위해 '가명정보' 개념을 도입하고 가명정보 처리 특례 규정 신설.

(2) 정보주체 동의 없이 활용 가능한 가명정보

① 통계작성

② 과학적 연구

③ 공익적 기록보존

(3) 가명정보 결합 절차

가명정보 활용을 위해 지정된 전문기관을 통해 결합하는 절차 마련.

4. 개인정보 수집목적과 합리적 관련 범위 내에서의 활용 확대

① 개인정보처리자는 수집 시 고지한 목적과 합리적으로 관련된 범위 내에서 정보주체의 동의 없이 개인정보를 이용·제공 가능.

② 정보주체 동의 없는 활용의 경우 암호화 등 안전성 확보 조치를 준수해야 하며, 대통령령이 정하는 기준을 따라야 함.

③ 새로운 개인정보 이용·제공 목적이 애초의 수집목적과 합리적으로 관련되었다면, 안전성 확보를 전제로 동의 없이 활용 가능.

④ 이 규정을 통해 개인정보처리자의 활용 범위를 확장하고, 데이터 경제 활성화 기대.

Ⅲ 「정보통신망법」 개정 주요 내용

1. 「개인정보 보호법」과 유사·중복 규정 삭제

① 「정보통신망법」의 개인정보 보호 규정(제4장) 중 「개인정보 보호법」과 유사하거나 중복되는 규정을 삭제함.

② 삭제된 규정에는 개인정보 정의, 민감정보·주민등록번호 처리제한, 개인정보 처리위탁, 안전조치의무, 개인정보 보호책임자 지정, 정보주체의 권리, 손해배상, 개인정보 보호 인증 등이 포함됨.

2. 삭제된 일부 규정을 「개인정보 보호법」 내 특례 규정으로 이관

① 「정보통신망법」에서 삭제된 규정 중 「개인정보 보호법」과 상이하거나 「정보통신망법」에만 존재하는 규정을 특례 규정으로 편입하여 「개인정보 보호법」 제6장에 추가함.

② 개인정보의 수집·이용, 유출통지 및 신고, 동의철회권, 손해배상, 국내대리인, 개인정보 국외 이전, 상호주의 등의 규정과 해당 조항에 따른 과징금 및 형사처벌 조항도 함께 편입됨.

③ 해당 특례 규정은 정보통신 서비스 제공자 등을 규제 대상으로 한정하며, 정보주체의 개인정보가 아닌 정보통신 서비스 제공자의 이용자 개인정보를 보호범위로 설정함.

3. 「정보통신망법」에 존치하는 규정

① 단말기 접근권한에 대한 동의, 주민등록번호 처리 관련 본인확인기관 지정 등의 규정은 삭제되지 않고 존치함.

② 이는 개인정보 보호와 직접적인 관련이 없으며, 적용 대상이 방송통신위원회 소관 사업자인 통신사업자 등임을 반영한 것임.

Ⅳ 「신용정보법」 개정 주요 내용

1. 「개인정보 보호법」과 유사·중복 조항 정비

① 개인신용정보의 처리, 업무 위탁, 유통 및 관리, 신용정보주체 보호에 대해 「개인정보 보호법」의 일부 규정을 금융 분야에 맞게 수용하거나 일반법과 특별법 적용 관계를 명확히 규정함.

② 「신용정보법」에서 유사하거나 중복된 규정은 「개인정보 보호법」을 적용하도록 하여 개인정보 보호 체계를 효율화함.

2. 가명정보 개념 도입

① 특정 개인을 추가 정보 없이 식별할 수 없도록 가명 처리한 개인신용정보를 가명정보로 정의함.

② 통계작성(시장조사 등 포함), 연구(산업적 연구 포함), 공익적 기록보존 목적으로 신용정보주체 동의 없이 이용·제공 가능하도록 함.

③ 금융위원회 지정 데이터 전문기관의 적정성 평가를 거친 익명처리 정보는 특정 개인을 식별할 수 없는 것으로 간주하여 금융회사 등의 빅데이터 활용 법적 불확실성을 해소함.

3. 정보 활용 동의제도의 내실화

① 신용정보주체에게 고지사항의 핵심 내용을 요약 제공하고 동의를 받을 수 있도록 하며, 요청 시 전체 고지사항 제공 가능하도록 함.

② 금융위원회가 정보 활용 동의 사항에 대해 신용정보주체의 이익·위험을 고려하여 동의등급을 부여하도록 하고, 금융회사 등은 해당 등급을 신용정보주체에게 제공하여 정보 활용 동의의 효과를 쉽게 이해할 수 있도록 함.

4. 새로운 개인정보자기결정권 도입

① 신용정보주체가 금융회사, 공공기관 등에 자신의 개인신용정보를 본인이나 타 금융회사 등에 전송하도록 요구할 수 있는 개인신용정보 전송 요구권을 도입함.

② 신용정보주체가 금융회사 등에 자동화평가 여부 및 결과, 주요 기준, 기초자료 설명을 요구하고, 평가 결과에 유리한 정보 제출, 기초정보 정정·삭제, 평가 결과 재산출을 요구할 수 있는 권리를 도입함.

Ⅴ 데이터 3법 개정과 향후 전망

① 데이터 3법 개정으로 데이터 이용 활성화가 기대됨.

② 가명정보 개념 도입으로 산업적 연구, 통계작성, 공익기록 보존 등의 목적으로 정보주체 동의 없이 가명정보를 처리할 수 있도록 함.

③ 개인정보 정의의 불명확성을 해소하여 개인정보처리자의 법률 준수 혼란을 최소화함.

④ 개인정보 정의 명확화 및 가명정보 활용 제도화로 빅데이터 분석, AI 등 신기술 활용 확대가 기대됨.

⑤ 개인정보 보호위원회를 중앙행정기관으로 격상하여 개인정보 보호 정책 수립 및 법 집행을 일원화하고, 개인정보 보호법 중심의 체계를 구축하여 규제 대상자의 법 준수 혼란을 최소화할 것으로 전망됨.

핵심 정리 데이터 3법

(1) 개요

데이터 3법은 「개인정보 보호법」, 「정보통신망법」, 「신용정보법」을 총칭하는 개념.

(2) 개정 법률 주요 내용

① 데이터 이용 활성화를 위한 가명정보 개념 도입
② 유사·중복 규정 정비 및 개인정보 보호 협치(거버넌스) 체계 효율화
③ 데이터 활용에 따른 개인정보 처리자의 책임 강화
④ 개인정보 판단 기준 명확화

심층 연계 내용 마이데이터

(1) 개요

마이데이터는 개인이 본인 데이터에 대한 권리를 보유하고, 원하는 방식으로 관리·처리하는 패러다임. 기존 기관 중심 체계에서 사람 중심 체계로의 전환을 의미.

(2) 주요 내용

① 개인이 데이터 접근, 이동, 처리과정을 능동적으로 통제할 권리를 보장해야 실현 가능.
② 데이터 보유 기관은 개인이 요구할 경우 안전한 환경에서 데이터를 접근·이용할 수 있는 형식으로 제공해야 함.
③ 데이터의 자유로운 이동과 제3자 접근이 가능해야 하며, 활용 결과를 개인이 투명하게 확인할 수 있어야 함.

심층 연계 내용 Poikola의 개인데이터 유통체계

(1) 의의

Poikola는 개인데이터 유통체계를 API 생태계(Application Programming Interface Ecosystem)와 집합자(Aggregator) 모델로 구분하고, 이를 마이데이터(MyData) 모델과 비교.

(2) 주요 모델

① API 생태계
  ㉠ 서비스 간 개인데이터를 API로 연결하는 방식.
  ㉡ 개인이 제3자 제공에 동의하면 정보처리기관이 API를 통해 전달.
  ㉢ 서비스 증가 시 API 관리 복잡성이 증대하며, 데이터 통합 활용이 어려움.
  ㉣ 기관 중심 모델로, 개인이 본인 데이터 흐름을 전체적으로 파악하기 어려움

② 집합자 모델
  ㉠ API 생태계에서 발전된 형태로 특정 플랫폼 계정을 중심으로 연결.
  ㉡ 구글, 네이버 등 특정 계정을 통해 연동되는 구조.
  ㉢ 플랫폼 내 데이터 흐름은 원활하지만, 집합자 간 데이터 상호운용 불가.
  ㉣ 개인이 플랫폼 변경 시 데이터 흐름이 단절될 가능성 존재.
  ㉤ 개인이 정보처리 결과 열람 권리를 가져도 처리과정을 투명하게 확인하기 어려움.

③ 마이데이터 패러다임
  ㉠ 개인이 개별 마이데이터 계정을 통해 본인 데이터 접근·사용 가능.
  ㉡ 기존 기관 중심(N대N 관계(API 생태계), N대1 관계(집합자 모델))에서 개인 중심 모델로 전환.

ⓒ 특정 기관·플랫폼 의존도가 낮으며, 개인이 데이터 통제 및 활용 가능.
ⓔ 디지털 동의를 편리하게 제공하며, 제공한 데이터로 얻을 수 있는 혜택을 가시적으로 확인할 수 있어야 함.

(1) 개요
   정보주체의 반대권(제21조)은 개인정보처리자에 대하여 개인정보 처리를 거부할 권리를 의미하며, 다음 세 가지 경우 보장.

(2) 반대권 보장 사항
   ① 직접 마케팅(프로파일링 포함).
   ② 개인정보처리자의 적법한 이익 또는 공적 업무 수행에 근거한 개인정보 처리.
   ③ 과학적·역사적 연구 및 통계 목적의 개인정보 처리.

(3) 반대권 행사 시 개인정보처리자의 조치
   ① 직접 마케팅을 위한 처리.
      ㉠ 정보주체의 반대 요구 접수 즉시 마케팅 활동 중단.
      ㉡ 개인정보처리자는 정보주체가 언제든 반대 요구할 수 있도록 무상으로 처리해야 하며, 개인정보 수집 시 반대권에 대한 내용을 명확히 고지해야 함.
   ② 적법한 이익 또는 공적 업무 수행에 근거한 처리.
      ㉠ 공익을 위한 업무 또는 공적 권리에 필요한 개인정보 처리.
      ㉡ 적법한 이익에 근거한 개인정보 처리.
      ㉢ 정보주체가 특수한 상황을 이유로 반대권을 행사할 경우 개인정보처리자는 이를 중단해야 함.

(4) 반대권 예외 사항
   ① 개인정보처리자가 다음 경우를 입증할 경우 개인정보 처리 가능(입증 책임은 개인정보처리자에게 있음).
   ② 정보주체의 권리·자유보다 더 중요한 정당한 근거가 있는 경우.
   ③ 개인정보 처리가 법적 청구권의 입증, 행사, 방어를 위한 경우.

(5) 과학적·역사적 연구 및 통계 목적의 처리
   ① 정보주체는 특수한 상황을 이유로 개인정보 처리에 반대할 권리를 가짐.
   ② 과학적 연구는 기술적 발전, 기초 연구, 응용 연구, 사적 자금지원 연구 포함.
   ③ 역사적 연구는 통계학적 연구 목적을 포함하며, 통계 목적은 개인정보를 활용한 통계 조사·생산을 의미(다만 공익 수행을 위한 개인정보 처리에는 반대권이 제한될 수 있음).
   ④ 과학적·역사적 연구 또는 통계 목적의 개인정보 처리는 삭제권이 적용되지 않음.

───────────────────────

Ⅰ 디지털 증거

1. Casey

컴퓨터에 저장되거나 컴퓨터를 이용하여 전송되는 데이터로, 범죄 발생과 관련된 가설을 뒷받침하거나 반박하는 정보.

2. SWGV(Scientific Working Group on Evidence)

디지털 형태로 전송되는 증거 가치가 있는 정보.

3. IOCV(International Organization on Computer Evidence)

이진수 형태로 저장 또는 전송되는 법정에서 신뢰될 수 있는 정보.

Ⅱ 디지털 증거의 특징

1. 디지털성(digital)

① 값이 특정한 최소값의 정수배로 저장되며, 그 이외의 중간값을 취하지 않음.
② 아날로그 신호와 달리 연속적인 변화를 가지지 않고 이산적인 형태로 존재.

2. 잠재성(latent)

육안으로 확인할 수 없으며, 판독장치가 필요함.

3. 취약성(fragile)

위조·변조·삭제가 용이하며, 원본 보존을 위해 사본 생성 및 기록 방지 조치가 필요함.

4. 대량성(massive)

방대한 데이터를 분석해야 하므로 특수한 분석 프로그램이 필요함.

5. 다양성(various)

여러 소프트웨어 및 응용프로그램이 존재하여 상호 연계된 데이터 분석이 어려움.

6. 휘발성(volatile)

전원이 꺼지면 일부 데이터가 사라질 수 있어 신속한 확보가 중요함.

7. 국제성(international)

국경 구분이 없어 국제적인 법 적용이 어려움.

8. 매체독립성

디지털 증거는 저장매체와 독립적으로 정보 자체가 증거로 인정됨.

Ⅲ 디지털포렌식

1. 의의

① 디지털 증거를 과학적으로 분석하는 법과학의 한 분야.
② 적법절차 및 위법수집증거 배제 법칙을 적용하여 증거를 보존 · 수집 · 증명 · 분석 · 제출하는 절차.

2. 수집 및 사용목적에 따른 분류

① 정보추출 포렌식: 디지털 저장매체에 기록된 데이터를 복구 · 검색하여 범죄 입증에 필요한 증거를 분석.
② 사고대응 포렌식: 해킹 등 침해사고 발생 시 로그, 백도어, 루트킷 등을 조사하여 침입자의 신원과 피해내용을 분석.

3. 분석 대상에 따른 분류

① 모바일 포렌식: 휴대폰, 스마트폰, PDA, 내비게이션 등의 정보 분석.
② 디스크 포렌식: 하드디스크, 플로피디스크, CD-ROM 등 보조기억장치에서 증거 수집 및 분석.
③ 네트워크 포렌식: 네트워크상에서 전송된 데이터를 수집 · 분석하여 증거 확보(수색영장 필요).
④ 인터넷 포렌식: 웹사이트 방문 기록, 게시판 활동 등을 추적 · 분석.
⑤ 데이터베이스 포렌식: 데이터베이스에서 증거를 추출 및 분석.

Ⅳ 디지털포렌식의 기본 원칙

1. 적법 절차 준수

모든 수사 절차는 법에 근거하여 적법하게 진행되어야 함.

2. 증거 원본 보존

원본은 변경되지 않도록 보존하고, 분석은 복제본을 이용하여 수행해야 함.

3. 분석자와 도구의 신뢰성 확보

신뢰성이 검증된 분석 장비 및 소프트웨어 사용.

4. 보관 연속성

증거분석 과정 전반을 상세히 기록하고, 입회자를 참여시켜 신뢰성 확보.

Theme 154 디지털 증거 수집 및 처리 등에 관한 규칙

Ⅰ 입법 목적

디지털 증거의 수집, 운반, 분석 및 보관 과정에서 증거능력을 유지하기 위한 원칙 및 업무 절차를 규정함.

Ⅱ 용어 정의

1. 디지털 데이터

전자적 방법으로 저장되거나 네트워크 및 유 · 무선 통신 등을 통해 전송되는 정보.

2. 디지털 저장매체

컴퓨터용 디스크 및 유사한 정보 저장매체.

3. 디지털 압수물

범죄와 관련된 디지털 데이터 또는 저장매체로서 「형사소송법」에 따라 압수된 것.

4. 디지털 증거

디지털 압수물 중 범죄사실 증명에 필요한 디지털 데이터.

5. 복제(하드카피 · 이미징)

삭제된 데이터 포함하여 디지털 저장매체를 원형대로 동일하게 복제하는 것.

Ⅲ 주요 원칙

1. 인권보호 원칙

디지털 증거 수집 및 분석 시 개인 인권 존중 및 비밀 유지.

2. 증거수집 및 처리 원칙

① 출력 · 복사 · 복제된 디지털 증거는 원본과 동일성 유지해야 함.
② 압수한 디지털 증거는 변경 · 상실되지 않도록 관리해야 함.

3. 과잉금지 원칙

수사 목적 달성을 위한 최소한의 범위에서 디지털 데이터 수집.

Ⅳ 압수 절차

① 압수 시 피압수자 또는 참여인 참여 보장
② 디지털 데이터의 고유 식별값(해시값) 생성 및 확인 후 서명 · 날인해야 함.
③ 압수 · 수색 현장 외 장소에서도 참여권 보장

④ 증거의 동일성·무결성 보존 조치 필요
⑤ 원본 보존, 수색 과정 촬영, 저장매체 봉인 등을 활용.
⑥ 압수물 목록 교부 가능
⑦ 최종적으로 출력물 또는 디지털 압수물 사본 제공으로 대체 가능.
⑧ 디지털 압수물 훼손 방지 조치 필수.

Ⅴ 디지털 증거 분석

① 복제본 생성 및 해시값 기록
② 증거분석관은 쓰기방지 장치 사용하여 원본과 동일한 복제본을 생성 후 해시값 기록.
③ 복제본을 이용한 증거 분석 다만, 긴급한 경우 또는 복제본 생성 불가 시 원본 분석 가능.
④ 분석 종료까지 디지털 증거 별도 보관
⑤ 복제본 및 분석 자료를 별도의 디지털 저장매체에 안전하게 보관해야 함.

Ⅵ 판례

1. 압수·수색 시 참여권 보장 원칙

① 수사기관이 영장을 집행할 때 피의자 또는 변호인의 참여권을 보장해야 함.
② 정보저장매체 압수 시 범죄 혐의와 관련된 정보만 출력 또는 복제하여 압수 가능.
③ 이미지 파일 압수 후 추가 탐색 시 참여권 요구되지 않음
④ 압수·수색이 종료된 후 수사기관이 사무실에서 탐색·복제·출력하는 경우 참여권 보장 필요 없음.

2. 압수물 목록 교부 원칙

① 압수 후 소유자·소지자 등에게 압수물 목록을 즉시 제공해야 함.
② 목록에는 파일 명세를 특정하여 기록해야 하며, 서면·전자파일·이메일 등을 통해 제공 가능.

3. 전자문서의 증거능력 인정 요건

(1) 의의
전자문서는 편집·조작 가능성이 있으므로 원본 또는 원본과 동일한 사본임이 증명되어야 함.

(2) 원본 동일성 입증 방법
① 해시값 비교
② 전자문서 생성·전달·보관 절차에 관여한 사람의 증언
③ 검증·감정 결과

(3) 입증 책임
증거능력 요건이므로 검사가 원본 동일성을 입증해야 함.

<hr>

Theme 155 저작권

Ⅰ 의의

1. 연혁

① 1455년 구텐베르크의 인쇄활자 개발로 저작권에 대한 실질적 논의가 시작됨.
② 1486년 이탈리아 베니스에서 출판자에게 특권을 부여하는 '출판특허제도'가 시작됨. 1500년경 유럽으로 확산되었으며, 1557년 영국왕실이 공식적 검열과 허가를 통한 출판허용을 칙령으로 발표함.
③ 1709년 세계 최초로 출판자에게 배타적 권리를 부여하는 「앤여왕법(The Statute of Anne)」이 제정됨.
④ 1791년 저작자를 위한 최초의 「저작권법」으로 「프랑스 공연권법」이 제정됨.
⑤ 1793년 프랑스에서 「문학 및 예술의 소유권에 관한 법률」이 제정됨. 1871년 독일에서 제2제국 탄생과 함께 「제국 저작권법」이 제정됨.

2. 「저작권법」의 목적

① 1957년 창작물과 저작자에 대한 권리를 보호하고 관련 산업을 활성화하기 위해 제정됨.
② 저작자의 권리인 저작권과 이에 인접하는 권리인 저작인접권을 보호하고 저작물의 공정한 이용을 도모하여 문화 및 관련 산업의 향상 발전을 도모하는 것이 목적임.
③ 저작물은 인간의 사상 또는 감정을 표현한 창작물로서 실질적으로 모방되지 않고 독자적으로 창작된 것을 의미함.
④ 저작권은 저작물의 창작과 동시에 발생하며, 특허·상표 등 산업재산권과 달리 절차나 방식을 요구하지 않음.

3. 「저작권법」의 구성

(1) 의의
저작권은 저작재산권, 저작인격권 및 저작인접권을 포함하는 권리임.

(2) 저작재산권
① 경제적 이익을 보호하는 권리로서 전부 또는 일부를 양도하거나 이전할 수 있음.
② 저작자가 생존하는 동안과 사망 후 70년간 보호됨.

③ 복제권, 공연권, 방송권, 디지털음성송신권, 전시권, 배포권, 대여권, 2차적 저작물 작성권 등이 포함됨.

(3) 저작인격권

① 공표권, 성명표시권, 동일성유지권으로 구성됨.

② 저작자의 명예·덕망 등 인격을 보호하는 일신전속적인 권리로서 양도나 상속이 불가능함.

(4) 저작인접권

① 일반 공중에게 저작물을 전달하는 데 창작적으로 기여한 자에게 부여하는 권리임.

② 직접 저작물을 창작하지 않았지만 창작에 준하는 역할을 한 자에게 부여됨.

③ 실연자(가수, 탤런트, 영화배우, 연주자 등), 음반제작자(음을 최초로 고정한 자), 방송사업자 등의 권리가 포함됨.

Ⅱ 저작물과 저작자

1. 저작물의 종류

(1) 1차적 저작물

① 어문저작물(소설, 시, 논문, 강연, 연설, 각본 등)

② 음악저작물

③ 연극저작물(연극, 무용, 무언극 등)

④ 미술저작물(회화, 서예, 조각, 판화, 공예, 응용미술저작물 등)

⑤ 건축저작물(건축물, 건축 모형 및 설계도서 등)

⑥ 사진저작물(유사한 방법으로 제작된 것 포함)

⑦ 영상저작물

⑧ 도형저작물(지도, 도표, 설계도, 약도, 모형 등)

⑨ 컴퓨터프로그램저작물

(2) 2차적 저작물

① 원저작물을 번역, 편곡, 변형, 각색, 영상 제작한 것.

② 창작물로서 독자적인 저작물로 보호됨.

③ 원저작물의 저작자의 권리에 영향을 미치지 않음.

④ 편집저작물은 독자적인 저작물로 보호됨.

⑤ 편집저작물의 보호는 구성요소의 저작권에 영향을 미치지 않음.

(3) 보호받지 못하는 저작물

① 헌법, 법률, 조약, 명령, 조례 및 규칙

② 국가 또는 지방자치단체의 고시, 공고, 훈령 등

③ 법원의 판결, 결정, 명령 및 행정심판 절차 등에 의한 의결, 결정 등

④ 국가 또는 지방자치단체가 작성한 위 규정된 것의 편집 또는 번역물

⑤ 사실의 전달에 불과한 시사보도 등

2. 저작자

① 저작물의 원본 또는 복제물에 실명 또는 널리 알려진 이명(예명, 아호, 약칭 등)으로 표시된 자.

② 저작물을 공연 또는 공중송신하는 경우 실명 또는 널리 알려진 이명으로 표시된 자.

③ 저작자의 표시가 없는 경우 발행자·공연자·공표자로 표시된 자가 저작자로 추정됨.

④ 법인 명의로 공표된 업무상 저작물의 경우 계약 또는 근무규칙 등에 다른 정함이 없으면 법인이 저작자로 간주됨(컴퓨터프로그램저작물은 공표 요건 불필요).

⑤ 저작자는 저작권(저작인격권)을 가지며, 저작권은 저작물 창작 시 발생하며 절차나 형식을 요구하지 않음.

Ⅲ 저작인격권

1. 공표권

① 공표는 저작물을 공연, 공중송신, 전시 등의 방법으로 공중에게 공개하거나 발행하는 것을 의미하며, 저작자는 저작물의 공표 여부를 결정할 권리를 가짐.

② 저작재산권을 양도, 이용허락, 출판권 설정, 프로그램 배타적 발행권 설정을 한 경우 상대방에게 공표를 동의한 것으로 추정됨.

③ 미술저작물, 건축저작물, 사진저작물 원본을 양도한 경우 상대방이 전시 방식으로 공표하는 것에 동의한 것으로 추정됨.

④ 원저작자의 동의를 얻어 작성된 2차적 저작물 또는 편집저작물이 공표된 경우 원저작물도 공표된 것으로 간주됨.

⑤ 저작자가 공표되지 않은 저작물을 도서관 등에 기증한 경우 별도의 의사 표시가 없는 한 기증 시 공표에 동의한 것으로 추정됨.

2. 성명표시권

① 저작자는 저작물의 원본, 복제물 또는 공표매체에 실명 또는 이명을 표시할 권리를 가짐.

② 저작물을 이용하는 자는 특별한 의사 표시가 없는 경우 저작자가 지정한 실명 또는 이명을 표시해야 함.

3. 동일성 유지권

① 학교교육 목적상 부득이한 범위 내에서 표현 변경 가능.

② 건축물의 증축, 개축, 변형 가능.

③ 특정한 컴퓨터 외에는 이용할 수 없는 프로그램을 다른 컴퓨터에서 이용할 수 있도록 필요한 범위 내에서 변경 가능.

④ 특정한 컴퓨터에서 보다 효과적으로 이용하기 위한 범위 내에서 프로그램 변경 가능.

⑤ 저작물의 성질, 이용 목적 및 형태 등을 고려하여 부득이한 범위 내에서 변경 가능.

4. 저작인격권의 일신전속성

① 저작인격권은 저작자에게 일신전속됨.
② 저작자의 사망 후에도 저작자의 명예를 훼손하는 행위를 금지함.
③ 다만, 사회통념상 명예를 훼손하지 않는 경우 예외로 인정됨.

5. 공동저작물의 저작인격권

① 공동저작물의 저작인격권은 저작자 전원의 합의에 의해 행사 가능.
② 각 저작자는 신의성실 원칙에 따라 합의 성립을 방해할 수 없음.
③ 공동저작자들은 저작인격권을 대표하여 행사할 자를 지정 가능.
④ 공동저작물의 권리를 대표하여 행사하는 자의 대표권에 대한 제한은 선의의 제3자에게 대항할 수 없음.

Ⅳ 저작재산권

1. 저작재산권의 종류

① **복제권**: 저작자가 저작물을 복제할 권리.
② **공연권**: 저작자가 저작물을 공연할 권리.
③ **공중송신권**: 저작자가 저작물을 공중송신할 권리.
④ **전시권**: 저작자가 미술저작물 등의 원본이나 복제물을 전시할 권리.
⑤ **배포권**: 저작자가 저작물의 원본이나 복제물을 배포할 권리. 단, 허락받아 거래 제공된 경우 예외.
⑥ **대여권**: 저작자가 판매용 음반이나 프로그램을 영리목적으로 대여할 권리.
⑦ **2차적 저작물 작성권**: 저작자가 저작물을 원저작물로 하는 2차적 저작물을 작성하여 이용할 권리.

2. 저작재산권의 제한(열거주의)

① 재판절차, 입법 및 행정목적을 위한 저작물 복제(제23조)
② 공개적으로 행한 정치적 연설, 법정·국회·지방의회 진술 이용(제24조)
③ 학교교육 목적 등을 위한 이용(제25조)
④ 시사보도를 위한 저작물의 간접적 이용(제26조)
⑤ 시사적 기사 및 논설의 다른 언론기관 복제(제27조)
⑥ 공표된 저작물의 인용(제28조)
⑦ 영리를 목적으로 하지 않는 저작물의 공연·방송(제29조)

⑧ 사적 이용을 위한 복제(제30조)
⑨ 도서관 등의 소장자료 복제·전송(제31조)
⑩ 시험문제로의 저작물 복제(제32조)
⑪ 시각장애인 등을 위한 점자 등으로의 복제·전송(제33조)
⑫ 방송사업자의 자체방송을 위한 일시적 녹음·녹화(제34조)
⑬ 미술저작물 등의 일정한 장소에서의 전시 또는 복제(제35조)
⑭ 위 이용을 위한 저작물 번역·편곡·개작(제36조)

3. 저작재산권의 보호기간

① 저작자의 생존 기간과 사망 후 70년간 존속.
② 공동저작물은 최후 사망 저작자의 사망 후 70년간 존속.
③ 무명 또는 널리 알려지지 않은 이명 표시 저작물은 공표된 때부터 70년간 존속. 단, 사망 후 70년 경과 인정 시 소멸.
④ 업무상저작물은 공표 후 70년간 존속. 단, 창작 후 50년 내 공표되지 않으면 창작 시점부터 70년간 존속.
⑤ 영상저작물은 공표 후 70년간 존속. 단, 창작 후 50년 내 공표되지 않으면 창작 시점부터 70년간 존속.
⑥ 보호기간 계산 시 사망, 창작, 공표 다음 해부터 기산.

> **심층 연계 내용** 미키마우스법
>
> 미국에서 시행된 저작권법으로, 월트 디즈니 사의 압력으로 미국 의회가 저작권 보호기간을 50년에서 70년으로 연장함. 공식 명칭은 「Copyright Term Extension Act」로, 1998년 통과된 「소니 보노 저작권 연장법(Sonny Bono Copyright Term Extension Act)」이 대표적 사례. 미키마우스의 저작권 보호기간 연장과 관련되어 '미키마우스법'으로 불림.

Ⅴ 저작인접권

1. 보호받는 실연·음반·방송

(1) 실연

① 대한민국 국민(대한민국 법률에 따라 설립된 법인 및 대한민국 내에 주된 사무소가 있는 외국법인을 포함)이 행하는 실연
② 대한민국이 가입 또는 체결한 조약에 따라 보호되는 실연
③ 음반에 고정된 실연
④ 방송에 의하여 송신되는 실연(송신 전에 녹음 또는 녹화되어 있는 실연 제외)

(2) 음반

① 대한민국 국민을 음반제작자로 하는 음반

② 음이 맨 처음 대한민국 내에서 고정된 음반

③ 대한민국이 가입 또는 체결한 조약에 따라 보호되는 음반으로서 체약국 내에서 최초로 고정된 음반

④ 대한민국이 가입 또는 체결한 조약에 따라 보호되는 음반으로서 체약국의 국민(당해 체약국의 법률에 따라 설립된 법인 및 당해 체약국 내에 주된 사무소가 있는 법인 포함)을 음반제작자로 하는 음반

(3) 방송

① 대한민국 국민인 방송사업자의 방송

② 대한민국 내에 있는 방송설비로부터 행하여지는 방송

③ 대한민국이 가입 또는 체결한 조약에 따라 보호되는 방송으로서 체약국의 국민인 방송사업자가 당해 체약국 내에 있는 방송설비로부터 행하는 방송

2. 저작인접권의 보호기간

① 실연: 실연을 한 때부터 70년간 보호

② 음반: 음반을 발행한 때부터 70년간 보호

③ 방송: 방송을 한 때부터 50년간 보호

Ⅵ 기타 특례

1. 영상저작물에 관한 특례

(1) 저작물의 영상화

① 저작재산권자가 저작물의 영상화를 허락한 경우 특약이 없는 한 특정 권리를 포함하여 허락한 것으로 추정.

② 허락한 날부터 5년이 경과한 경우 저작물을 다른 영상저작물로 영상화 허락 가능.

(2) 영상저작물에 대한 권리

① 영상제작자는 영상저작물의 이용을 위한 권리를 양도받은 것으로 추정.

② 영상저작물 제작에 사용된 저작물의 저작재산권은 영향받지 않음

2. 프로그램에 관한 특례

(1) 보호 대상 제외 사항

프로그램 언어, 규약, 해법

(2) 공표된 프로그램의 복제 및 배포 허용 범위

① 재판 또는 수사를 위한 복제

② 교육 목적, 시험, 연구 등을 위한 복제

③ 정당한 이용자의 프로그램 기능 조사 목적 복제

④ 컴퓨터 유지보수를 위한 일시적 복제

Theme 156 지적재산권 관련 국제기구

Ⅰ 세계지적재산권기구(World Intellectual Property Organization, WIPO)

1. 설립 배경

① 1886년 베른조약 발효(저작권 문제 해결 목적)

② 1883년 파리조약 발효(산업재산권 문제 해결 목적)

③ 1967년 「세계지적재산권기구설립조약」 체결을 통해 WIPO 설립(베른조약 및 파리조약 관리, 사무기구 문제 처리 목적)

④ 1974년 국제연합(UN) 전문기구로 편입

2. 기능 및 역할

① 발명, 상표, 디자인 등 산업적 소유권과 문학, 음악, 사진, 기타 예술작품 등 저작물의 세계적 보호 목적

② 정책결정기관인 총회 3년마다 개최 및 회의 진행

③ 지적재산권 국제 보호 촉진, 국제협력 목적

④ 조약 체결 및 각국 법제 조화 도모

⑤ 개발도상국 지적소유권 관련 법률 제정 및 기술 지원

3. 한국의 가입 및 활동

① 1973년 WIPO 옵서버 참석

② 1979년 WIPO 가입

Ⅱ 무역관련 지적재산권협정(Trade Related Intellectual Properties, TRIPs)

1. 개요

① 무역관련 지적재산권 규제 다자간 협약

② 특허권, 의장권, 상표권, 저작권 등 지적재산권에 대한 최초 다자간 규범

③ 우루과이라운드(UR) 다자간 협상의 한 가지 의제로 채택

2. 주요 내용

① 지적재산권 국제 보호 강화 및 침해 구제수단 명시

② 세계무역기구(WTO) 회원국 모두에게 적용

③ 최혜국대우 원칙 적용

④ 특허, 의장, 상표, 저작권 외에 컴퓨터 프로그램, 데이터베이스, 반도체, 영업비밀 등 보호 대상 추가

3. 한국의 가입

1995년 1월 1일 TRIPs 가입

Ⅲ 세계저작권협약(Universal Copyright Convention, UCC)

1. 의의

① 1952년 9월 6일 제네바에서 채택된 저작권 관련 국제협약

② 한국 현재 가입 중

2. 국가 간 저작권 보호 방식

① 방식주의: 저작권 발생 및 행사에 일정한 방식(등록, 저작표표시, 납본 등) 이행 필요(미국 저작권법, 범아메리카조약 채택)

② 무방식주의: 저작물 창작과 동시에 저작권 자동 발생(유럽, 아시아, 아프리카 국가 베른조약 방식 채택)

2. 세계저작권협약 목적

① 방식주의 국가와 무방식주의 국가 간 저작권 보호 마찰 해소 목적

② 유네스코 주도 협약 체결(일명 유네스코조약)

③ 상호주의 원칙 적용(ⓒ 기호 표기 시 방식주의 국가에서도 보호 가능)

Ⅳ 베른협약(Berne Convention)

1. 개요

① 산업재산권 보호를 위한 파리조약과 함께 지식재산권 국제조약 중 하나

② 1886년 9월 스위스 베른에서 체결(문학적·예술적 저작물 보호 목적)

2. 기본 원칙

내국인 대우 원칙, 최소한의 보호, 무방식주의, 소급보호 원칙 적용

3. 보호 대상 및 기간

① 서적, 소책자, 강의, 연극, 무용, 영화 등 문학 및 예술적 저작물 포함

② 저작권 보호 기간: 저작자 생존기간 및 사후 50년 원칙

4. 보호 권리

① 저작인격권: 공표권, 동일성 유지권, 성명표시권

② 저작재산권: 복제권, 번역권, 낭독권

5. 한국의 가입

1996년 베른협약 가입

Ⅴ 제네바음반협약

1. 개요

① 해적판 음반 배제 및 음반제작자 보호 목적(일명 해적판 방지협약)

② 유네스코 및 WIPO 협력하에 1971년 10월 29일 제네바에서 합의 및 제정

③ 1973년 4월 18일 발효

2. 보호 내용

① 음반 무단복제, 수입 및 반포 방지

② 보호 수단: 「저작권법」, 「부정경쟁방지법」, 「형법」 등

③ 보호 기간: 음반 최초 고정 또는 발행 연도 종료 후 20년 이상 적용

3. 한국의 가입

1987년 제네바음반협약 가입

Ⅵ 로마협약

1. 개요

① 저작인접권 보호를 위한 국제협약

② 1961년 체결(실연자, 음반제작자, 방송사업자 보호 목적)

2. 관장 기관

국제노동기구(ILO), WIPO, 유네스코(UNESCO)

3. 주요 내용

① 내국인 대우 원칙 및 저작인접권 최소한 보호기준 설정

② 실연자의 녹음·녹화권, 방송권, 2차 사용료 청구권, 공연권 보호

③ 음반제작자의 복제권, 배포권, 2차 사용료 청구권 보호

④ 방송사업자의 녹음·녹화권, 동시방송중계권, 공중전달권 보호

⑤ 보호 기간: 실연 및 음반 20년, 방송 20년 적용

4. 한국의 가입

2008년 국제저작권보호협약 가입

Ⅶ 지적재산권 관련 국제조약의 분류

1. 지적재산권 국제 보호조약

파리협약, 마드리드 협정, 상표법 조약, 나이로비 조약, 특허법 조약, 베른협약, 로마협약 등

2. 국제등록조약

특허협력조약, 마드리드 협정, 리스본 협정, 부다페스트 조약, 헤이그 협정, 마드리드 의정서, 음반 불법복제 방지 제네바 협약, 브뤼셀 협약 등

3. 분류제도 관련 조약

스트라스부르그 협정, 니스 협정, 비엔나 협정, 로카르노 협정

4. 국제 저작권 관련 조약들의 주요 내용

구분	주요 내용
세계저작권협약 (UCC)	• 유네스코 관장 저작권 국제조약으로 저작권 보호에 방식주의(ⓒ마크) 적용 • 대부분 국가가 무방식주의를 지향하는 바, 실질적 영향력이 없는 국제조약으로 1952년 체결
	가입: 1987년 10월 1일
음반협약	• 음반의 무단복제 및 배포금지 • 단일 내용을 규정하며 영향력이 거의 없는 국제조약으로 1971년 체결
	가입: 1987년 10월 10일
TRIPs (무역관련 지적재산권에 관한 협정)	• 공정한 무역질서 형성을 위해 지적재산권 분야(저작권, 상표권 등) 전반을 포괄하는 규범으로 WTO 협정에 포함됨(150여 개국 가입) • 베른협약, 로마협약의 실체적 규정을 원용하고 있으며, 회원국에 최혜국 대우 의무(MFN)를 규정 • 국가 간 분쟁 시 WTO 분쟁절차규정이 적용되어 보복 조치 등이 인정되는 등 지재권 보호를 위한 집행기능이 강화됨 • 저작권자, 실연자, 음반제작자의 보호기간은 50년, 방송사업자의 경우는 20년으로 규정
	가입: 1995년 1월 1일
베른협약 (문화·예술 저작물의 보호를 위한 베른협약)	• 1886년에 체결된 협약으로 현재 160여 개국 가입 • 저작권의 국제적 보호에 관한 가장 중요하고 기본적인 조약 • 문학, 학술, 예술 범위에 속하는 모든 저작물이 보호 대상임 • 어문, 영상 저작물 등의 저작권보호기간을 50년으로 규정
	가입: 1996년 8월 21일
WCT (세계지적 재산권기구 저작권 조약)	• 베른협약의 특별협정으로 인터넷 시대의 저작권 보호를 위한 국제조약으로 1996년에 체결(60여 개국 가입) • 저작권 보호기간은 50년으로 규정 • 기술적 보호조치 권리관리정보 보호에 관한 규정 도입
	가입: 2004년 6월 24일
WPPT (세계지적 재산권기구 실연자, 음반제작자 보호 조약)	• 로마협약 내용 중 실연 및 음반관련 규정을 인터넷 시대에 맞게 개정한 국제조약으로 1996년에 체결(60여 개국 가입) • 실연자, 음반 제작자의 보호기간 50년으로 규정 음반 조약 • 기술적 보호조치, 권리관리정보 보호에 관한 규정 도입
	가입: 2008년 12월 18일
로마협약 (실연자, 음반제작자 및 방송사업자의 보호를 위한 국제협약)	• 1961년 체결된 협약으로 현재 80여 개국 가입 • 저작인접권의 국제적 보호에 관한 기본적인 조약 • 저작인접권자의(실연자, 음반제작자, 방송사업자) 권리보호 • 저작인접권의 보호기간을 20년으로 규정
	가입: 2008년 12월 18일

Theme 157 DLP와 DRM

Ⅰ 의의

① DLP(Data Loss Prevention)와 DRM(Digital Rights Management)는 문서 보안을 위한 기술이지만 동작 방식이 다름.
② DLP는 데이터 흐름을 감시·차단하며 키워드와 패턴을 이용하여 유출 방지, DRM은 데이터 암호화를 통한 권한 관리 방식.
③ 기술 방식 차이로 인해 애플리케이션 호환성, 장·단점이 다름.

Ⅱ DLP(Data Loss Prevention)

1. 의의

데이터 손실 방지를 의미하며, 데이터 흐름을 감시하여 기업 내부의 중요 정보 유출을 감시·차단하는 방식.

2. 기밀정보로 분류할 수 있는 정보의 범위

기업 구성원 정보, 기업 운영 프로세스, 고객 및 직원 신원확인 정보, 영업정보, 재무제표, 마케팅 계획 등 전략 정보, 제품 기획, 소스코드 등 지적 재산 포함.

Ⅲ DRM

1. 디지털 콘텐츠 저작권 보호 기술(Digital Rights Management)

① 저작권자가 배포한 디지털 자료 및 하드웨어 사용을 제한하는 기술.
② 특정 자료를 저작권자가 의도한 용도로만 사용하도록 제한하는 기술.
③ 복사 방지 및 기술 보호 장치도 DRM의 일부.

2. 디지털 제약 관리(Digital Restrictions Management)

① 기업 솔루션에서 DRM은 디지털 제약 관리(Digital Restrictions Management)에 가까운 의미로 사용됨.

② 각 문서 단위에 권한을 부여하여 사용 권한에 따른 접근 제한.

Ⅳ DLP와 DRM(Digital Restrictions Management)의 비교

구분	DLP	DRM
기본 동작 방식	데이터 분류 및 흐름 감시	각 문서 단위 권한 제어
적용 개요	데이터 흐름을 감시하여 데이터 유출을 감시 · 차단	• 사용 권한 레벨이 사전에 정의됨 • 문서 생성자가 적절한 권한을 부여하여 문서 소멸 시까지 따라다님 • 문서는 암호화되어 권한을 지닌 사용자만이 접근할 수 있음
애플리케이션 종속성	벤더 및 애플리케이션 중립적임으로 보다 다양한 콘텐츠 감시 · 차단 기능	기존 Office Application 업무 환경 · 작업 방식에 변화를 초래하며 큰 영향을 줌(MS-Office, Adobe PDF 등)
주요 강점	• 사용자에 투명하게 동작 • 포괄적 보호(단일 에이전트로 다양한 유출 경로 지원, 다양한 파일 형식 지원) • 내용 인식, 추적	• 외부 유출 시에도 문서가 계속 보호됨(암호화) • 커스터마이즈(그룹웨어 등)

① DRM 기술은 점차 DLP 기술에 시장을 내주고 있는 추세.
② DRM 구축 시 고비용 투자, 암 · 복호화 시간 문제, 높은 사양의 PC 및 서버 리소스 낭비 발생.
③ 복호화 라이선스 절차로 인해 업무 지연 및 승인 문화 형성 가능.
④ DLP는 일반적인 자료 유출을 허용하되 통제 대상 정보만 경고 · 차단하며, 모든 유출 기록을 로깅 · 감사 가능.
⑤ 관리자가 키워드 및 패턴을 지정하여 정책을 설정할 수 있어 기업별 맞춤 조정 가능.

Theme 158 대체 불가능 토큰(NFT)

Ⅰ 의의

① 대체 불가능한 토큰(NFT)은 블록체인에 저장된 데이터 단위로, 고유하며 상호교환이 불가능한 토큰을 의미함.
② NFT(non-fungible token)는 사진, 비디오, 오디오 및 기타 유형의 디지털 파일을 나타내는 데 사용되며, 사본은 인정되지 않음.

③ 디지털 항목의 사본은 누구나 얻을 수 있으나, NFT는 블록체인에서 추적되므로 소유자에게 소유권 증명을 제공할 수 있음.

Ⅱ 기술

① NFT는 블록체인에 저장된 데이터 단위임.
② 암호화 토큰처럼 작동하지만, 비트코인과 같은 암호화폐와는 달리 상호교환이 불가능함.
③ 암호화 트랜잭션 프로세스는 NFT 소유권을 추적하는 데 사용되는 디지털 서명을 제공하여 각 디지털 파일의 인증을 보장함.
④ 예술품이 저장된 위치 등의 세부 정보를 포함하는 데이터 링크는 사라질 수 있음.
⑤ NFT의 소유권은 디지털 자산에 대한 저작권을 부여하지 않음.
⑥ 자신의 작품을 NFT로 판매할 수 있으나, NFT 소유권이 변경되더라도 구매자가 반드시 저작권 권한을 얻는 것은 아니며, 원래 소유자가 동일한 작품에 대해 추가 NFT를 생성할 수 있음.
⑦ NFT는 저작권과 분리된 소유권 증명에 불과함.

Ⅲ 디지털 아트

① 디지털 아트는 서명과 소유권을 보장하는 블록체인 기술의 특성으로 인해 NFT의 초기 사용 사례였음.
② "크로스로드"라는 작품은 도널드 J. 트럼프의 모습을 담은 10초짜리 애니메이션 비디오로 구성됨.
③ 해당 작품은 디지털 아트를 위한 온라인 암호화폐 시장 Nifty Gateway에서 660만 달러에 판매됨.

Ⅳ 블록체인의 표준

① 다양한 블록체인을 지원하기 위해 특정 토큰이 개발됨.
② Ethereum ERC-721과 최신 ERC-1155를 포함함.
③ FLOW 및 Bitcoin Cash 블록체인 역시 NFT를 지원함.

Ⅴ 이더리움

① ERC-721은 이더리움 네트워크에서 대체 불가능한 NFT 개념이 최초로 도입된 토큰임.
② ERC-721은 고유 식별자의 소유자를 추적하는 방법과 소유자가 자산을 다른 사람에게 양도하는 방법을 제공함.

I 의의

① 폰 노이만이 고안한 내장 메모리 순차처리 방식

② 데이터 메모리와 프로그램 메모리가 구분되지 않고 하나의 버스를 가지는 구조

③ CPU가 메모리로부터 명령을 읽고 데이터를 읽고 쓰는 구조이며, 명령과 데이터가 같은 ④ 신호 버스와 메모리를 사용하므로 동시 접근이 불가능함

④ 소프트웨어(프로그램)만 교체하면 되므로 기존 컴퓨터보다 범용성이 향상됨

⑤ CPU, 메모리, 프로그램 구조를 갖춘 프로그램 내장 방식 컴퓨터 개념을 처음 제시하였으며, 이후 대부분의 컴퓨터가 폰 노이만 구조를 기본 설계로 채택함

II 폰 노이만 구조의 단점 – 병목현상

폰 노이만 구조는 나열된 명령을 순차적으로 수행하며, CPU가 메모리 값을 읽고 쓰는 방식이므로 명령과 데이터 접근 시 기억장소의 지연현상이 발생함. 이를 폰 노이만 병목현상이라고 함.

III 하버드 구조

① 폰 노이만 구조와 달리 명령용 버스와 데이터용 버스가 물리적으로 분리된 구조

② 명령을 메모리에서 읽는 것과 데이터를 메모리에서 읽는 것을 동시에 수행 가능

③ 폰 노이만 구조의 병목현상이 감소하여 명령 처리가 완료되면 즉시 다음 명령을 읽을 수 있어 속도가 향상됨

④ 처리 속도를 높이려면 많은 전기 회로가 필요하다는 단점 존재

⑤ 이러한 단점을 완화하기 위해 수정된 하버드 구조 도입

IV 수정된 하버드 구조

① 하버드 구조에서 사용한 통합 캐시 메모리를 분리하여 하나의 클럭 사이클에서 적재(Load)와 저장(Store) 명령을 동시에 실행할 수 있도록 개선됨

② 캐시 메모리는 명령용과 데이터용으로 구분됨

③ 하버드 구조를 캐시 메모리에 적용하고, 폰 노이만 구조를 CPU 외부(주 메모리)에 적용함

④ 성능이 우수한 CPU 설계에서는 수정된 하버드 구조가 도입됨

심층 연계 내용 **컴퓨터의 역사**

① 1946년 미국 펜실베이니아 대학의 존 에커트(John P. Eckert)와 존 모클리(John W. Mauchly)가 다용도 디지털 컴퓨터 에니악(ENIAC)을 개발함. 에니악은 18,000여 개의 진공관과 1,500개의 계전기를 사용하고, 무게 30t, 전력 소비량 150kw에 달하는 대형 컴퓨터였으며, 외부 프로그램 방식을 채택하여 작업에 따라 배선판을 교체해야 했음.

② 1945년 존 폰 노이만이 프로그램 내장방식을 제안하여 기억장치에 컴퓨터 명령과 데이터를 저장하는 방식이 도입됨.

③ 1949년 영국 케임브리지 대학에서 최초로 프로그램 내장방식을 채택한 에드삭(EDSAC)이 개발됨.

④ 1950년 모클리와 에커트가 이진수를 사용한 프로그램 내장방식인 에드박(EDVAC)을 개발함.

⑤ 1951년 최초의 상업용 컴퓨터 유니박 I(UNIVAC-I)이 개발되어 상품화됨.

핵심 정리 **Mark-1, 에니악, 에드삭, 에드박, 유니박**

1. **Mark-1**
   1944년 미국 수학자 에이컨(H. H. Aiken)과 IBM이 개발한 세계 최초의 전기 자동 계산기. 자동 순서적 제어 계산기(Automatic Sequence Control Calculator, ASCC)로 불렸으며, 후에 하버드 Mark-1로 명명됨.

2. **ENIAC**
   (1) 1946년 완성된 최초의 대형 전자식 디지털 컴퓨터. 1943년부터 3년에 걸쳐 개발되었으며, 1946년 2월 15일 펜실베이니아 대학의 모클리와 에커트가 제작함.
   (2) **물리적 사양 및 연산 성능**
     ① 무게 30t, 길이 25m, 높이 2.5m, 폭 1m
     ② 진공관 18,800개, 저항기 7,000개, 소요 전력 120kw
     ③ 1초에 5,000번 연산 가능, 10진수 사용
   (3) 기억장치 및 입력장치 부재로 인해 배선 변경을 통한 수작업 필요

3. **EDSAC**
   ① 1949년 영국 케임브리지 대학 윌크스(Wilkes) 교수가 개발한 최초의 프로그램 내장 방식 컴퓨터.
   ② 프로그램 및 데이터를 내부 기억장치에 저장하여 정해진 명령순서대로 수행

4. **EDVAC**
   ① 1950년 모클리와 에커트가 개발한 이진수 기반의 프로그램 내장 컴퓨터.
   ② 최초로 이진수를 이용한 전자계산기로 에니악 및 에드삭과 달리 10진수가 아닌 이진수 사용

5. **UNIVAC**
   ① 1950년 모클리와 에커트가 개발한 최초의 상업용 컴퓨터. 1951년 미국 인구조사국에 납품됨.
   ② 최초의 상업적 판매용 컴퓨터
   ③ 실제 납품은 1952년에 이루어짐

I 컴퓨터의 구성요소

1. 의의

컴퓨터는 물리적 기계 장치인 하드웨어와 그 물리적인 장치를 작동하게 하는 프로그램인 소프트웨어로 구성됨.

2. 하드웨어

(1) 의의

① 컴퓨터 하드웨어는 컴퓨터를 구성하는 물리적인 부품을 의미함.
② 하드웨어는 역할에 따라 입력장치, 연산장치, 제어장치, 기억장치, 출력장치로 구분됨.
③ 입력장치는 처리할 데이터나 신호를 컴퓨터에 입력하는 기능을 담당함.
④ 연산장치는 입력된 데이터를 정해진 작업 순서에 따라 가공 처리하는 기능을 담당함.
⑤ 제어장치는 컴퓨터 하드웨어를 조율하는 기능을 담당함.

(2) 입력장치

입력장치는 연산장치에 데이터를 제공하는 장치이며, 제어장치는 제공된 데이터의 처리 과정을 결정하는 장치임.

(3) 기억장치

기억장치는 처리할 데이터를 일시적으로 보관하거나 입력 데이터, 처리 결과 데이터를 저장하는 기능을 담당함.

(4) 중앙처리장치

일반적으로 연산장치와 제어장치를 통합하여 중앙처리장치라고 하며, 기억장치는 주기억장치와 보조기억장치로 구분됨. 주기억장치는 실행할 프로그램이나 데이터를 일시적으로 기억하는 장치이며, 보조기억장치는 입력된 데이터나 주기억장치에 저장된 데이터 중에서 현재 바로 사용하지 않지만 필요할 때 다시 사용할 프로그램이나 데이터를 장기간 저장하는 기능을 담당함.

(5) 출력장치

출력장치는 주기억장치나 보조기억장치에서 처리된 결과를 사용자가 알아볼 수 있는 형태로 변환하여 출력하는 기능을 담당함.

II 중앙처리장치

1. 의의

(1) CPU

입력 장치로부터 자료를 받아 처리한 후 그 결과를 출력 장치로 보내는 과정을 제어하고 저장하는 기능을 담당함.

(2) 레지스터(Register)

중앙처리장치 내에 존재하는 소규모 임시 기억 장치임.

2. 제어 장치(CU)

(1) 의의

프로그램의 명령을 해독하여 각 장치에 전달하고 처리를 지시하는 역할을 담당함.

(2) 명령 레지스터(IR)

현재 수행 중인 명령어의 내용을 기억하는 레지스터임.

(3) 프로그램 카운터(PC)

다음에 수행할 명령어의 번지를 기억하는 레지스터임.

(4) 메모리 주소 레지스터(MAR)

기억장치로부터 오는 데이터의 주소를 기억하는 레지스터임.

(5) 메모리 버퍼 레지스터(MBR)

기억장치로부터 오는 데이터 자체를 기억하는 레지스터임.

(6) 명령 암호기(Encoder)

명령 레지스터에 있는 명령어를 암호화하는 회로임.

(7) 명령 해독기(Decoder)

명령 레지스터에 있는 명령어를 해독하는 회로임.

3. 연산 장치(ALU)

(1) 의의

산술 논리 장치로, 연산에 필요한 자료를 입력받아 산술 연산 및 논리 연산을 수행하는 기능을 담당함.

(2) 누산기(Accumulator)

연산된 결과를 임시적으로 저장하는 레지스터임.

(3) 가산기(Adder)

두 개 이상의 수를 입력하여 합을 출력하는 레지스터임.

(4) 보수기(Complementer)

두 개 이상의 수를 입력하여 뺄셈을 출력하는 레지스터임.

(5) 상태 레지스터(Status Register)

모든 레지스터의 상태를 감독하는 레지스터임.

III 기억장치

1. 주기억 장치

(1) ROM(Read Only Memory)

비휘발성 메모리로 읽기만 가능함.

(2) RAM(Random Access Memory)

휘발성 메모리로 읽기와 쓰기가 가능함.

(3) 펌웨어(Firmware)

① 하드웨어와 소프트웨어의 중간적인 특성을 지님.
② ROM에 소프트웨어를 저장한 것으로 하드웨어 교체 없이 소프트웨어 업그레이드만으로 시스템 성능을 향상시키는 용도로 사용됨.

2. 보조 기억 장치

(1) 의의

비휘발성 매체로 반영구적으로 데이터를 저장할 수 있으며, 주기억 장치보다 속도가 느림.

(2) 하드디스크(Hard Disk)

자기 디스크를 이용한 저장 장치로 개인용 컴퓨터에서 보조 기억 장치로 주로 사용됨.
저렴한 가격에 고용량을 이용할 수 있음.

(3) SSD(Solid State Drive)

① 하드디스크를 대체할 무소음, 저전력, 소형화, 경량화, 고효율 속도를 지원하는 차세대 반도체 보조 기억 장치임.
② 기억 매체로 플래시 메모리나 DRAM을 사용하나 DRAM은 제품 규격, 휘발성, 가격 등의 문제로 많이 쓰이지 않음.
③ HDD보다 외부 충격에 강하며, 기계적인 디스크가 아닌 반도체 메모리에 데이터를 저장하므로 배드 섹터(Bad Sector)가 발생하지 않음.

(4) 광 디스크(Optical Disk)

① CD-ROM: 콤팩트 디스크(CD)에 기록된 데이터를 읽고 컴퓨터로 전송할 수 있도록 설계된 읽기 전용 디스크 드라이브.
② CD-R: 데이터를 한 번 기록할 수 있으며, 많은 양의 데이터 백업에 사용됨.
③ CD-RW: 여러 번 기록과 삭제가 가능한 CD이며, 데이터 저장을 위해 CD-R/W 드라이브가 필요함.
④ DVD: 기존 매체와 달리 4.7GB의 기본 용량(최대 17GB)을 가짐.

3. 기타 기억 장치

(1) 캐시 메모리(Cache Memory)

① CPU와 주기억 장치 사이에 존재하는 고속 메모리로 메모리 참조의 국한성에 기반함.
② 빠른 처리 속도의 CPU와 상대적으로 느린 주기억 장치 사이의 병목 현상을 해결함.
③ CPU가 찾는 데이터가 L1 캐시에 없을 경우 L2 캐시에서 찾음.

(2) 버퍼 메모리(Buffer Memory)

동작 속도, 접근 속도 차이가 있는 두 장치 사이에서 속도 차이를 줄이기 위해 사용하는 임시 기억 장치.

(3) 가상 메모리(Virtual Memory)

보조 기억 장치를 주기억 장치처럼 사용하여 주기억 장치 용량을 확장하는 방식.

(4) 플래시 메모리(Flash Memory)

① 전기적 성질을 이용하여 데이터 기록 및 삭제가 가능한 비휘발성 메모리.
② 디지털 카메라, MP3 플레이어 등 디지털 기기에서 널리 사용됨.

(5) 연관 메모리(Associative Memory)

주소 참조가 아닌 내용 일부를 이용하여 데이터를 읽어오는 메모리.

Ⅳ 소프트웨어

1. 의의

① 컴퓨터는 입력장치, 기억장치, 연산장치, 제어장치, 출력장치로 구성되며, 이들의 유기적 동작을 관리하는 프로그램인 소프트웨어가 필요함.
② 소프트웨어는 시스템 소프트웨어와 응용 소프트웨어로 구분됨.

2. 시스템 소프트웨어

(1) 개념과 역할

① 응용 소프트웨어 실행 환경 제공 및 하드웨어 제어·관리 기능을 수행하는 컴퓨터 소프트웨어.
② 하드웨어 구조나 작동 명령을 몰라도 하드웨어 이용 가능하도록 운영하며, 종류로는 운영체제, 컴파일러, 유틸리티 등이 있음.

(2) 운영체제(OS, Operating System)

① 사용자가 컴퓨터를 효율적으로 운영·관리·사용할 수 있도록 하드웨어를 제어하는 소프트웨어.
② 하드웨어와 소프트웨어를 운영·관리하며, 사용자와 컴퓨터 간의 중계 역할을 수행함.
대표적 운영체제로 윈도우(Windows), 리눅스(Linux), 맥 OS(Mac OS), 유닉스(Unix) 등이 있음.

(3) 컴파일러(Compiler)

① 사람이 이해하기 쉬운 프로그래밍 언어를 기계어로 변환하는 프로그램.
② 컴퓨터는 2진법 기계어만 이해할 수 있으므로 프로그램을 실행하려면 컴파일러를 이용해 번역해야 함.

(4) 유틸리티(Utility)

① 운영체제 제공 기능 외에 추가적인 기능을 지원하는 소프트웨어.

② 필수적이지 않지만 특정 작업 수행을 돕는 프로그램으로, 컴퓨터 하드웨어, 운영체제, 응용 소프트웨어를 관리할 수 있음.

③ 대표적 프로그램으로 디스크 조각 모음, 화면 보호기, 압축 프로그램, 백신 프로그램 등이 있음.

3. 응용 소프트웨어

① 사용자의 업무나 특정 목적을 위해 개발된 프로그램.

② 문서 작성, 수치 계산, 이미지 제작, 게임 등 다양한 작업을 수행하는 프로그램으로 필요에 따라 선택하여 사용 가능함.

핵심 정리 표시 장치의 용어 – 픽셀(Pixel)

1. 의의
   ① 화면을 이루는 최소 단위인 화소.
   ② 픽셀 수가 많을수록 해상도 증가.

2. 재생률(Refresh Rate)
   픽셀의 밝기를 유지하기 위한 초당 재충전 횟수.

3. 점 간격(Dot Pitch)
   픽셀 간 공간을 나타내며 간격이 가까울수록 선명도 증가.

4. 해상도(Resolution)
   모니터 화면의 선명도를 나타내며 가로/세로 픽셀 밀도로 표시.

5. 1픽셀의 색상 표현
   ① 1bit: 검정과 흰색 표현.
   ② 8bit: 256색($=2^8$), 24bit: 16,777,216색($=2^{24}$) 표현.

심층 연계 내용 CLI와 GUI

1. CLI(Command Line Interface)
   ① 명령어 인터페이스로, 사용자가 키보드를 통해 문자열 명령어 입력.
   ② 출력 또한 문자열 형태로 제공.

2. GUI(Graphical User Interface)
   명령어 입력 대신 그래픽 요소(그림, 도형, 물체, 색상)로 명령 수행.

심층 연계 내용 커널과 쉘

1. 커널(Kernel)
   ① 컴퓨터 시스템 자원을 효율적으로 관리 및 제어하는 소프트웨어.
   ② 응용 프로그램 실행을 위한 기본 환경 제공.

2. 쉘(Shell)
   ① 사용자의 명령을 해석하여 커널에 전달하는 역할 수행.
   ② 사용자 환경을 의미.

심층 연계 내용 리눅스

1. 1984년 리처드 스톨만의 GNU 프로젝트 시작
   ① 목적: 프리웨어 기반 유닉스 시스템 개발.
   ② 1990년대 초까지 컴파일러, 텍스트 에디터, 쉘 등 개발 완료.
   ③ 운영체제의 핵심 커널 미완성.

2. 1991년 리누스 토발즈(Linus Benedict Torvalds)의 리눅스 커널 개발
   미닉스(Minix)의 기능적 한계를 해결하기 위해 개발.

3. 리눅스 버전 발표
   ① 1991년: 0.02버전 공개
   ② 1994년: 리눅스 커널 1.0 발표
   ③ 1996년: 2.0버전 발표
   ④ 1999년 1월: 2.2버전 발표, 엔터프라이즈 환경 운영 가능

4. 리눅스의 개념
   원래 리눅스 커널만을 의미했으나, 현재는 GNU 프로젝트의 라이브러리 및 도구를 포함한 전체 운영체제 의미.

5. 리눅스 배포판
   ① 개인용 데스크탑 및 서버 운영체제로 널리 사용.
   ② 200여 종 이상의 배포판 존재.
   ③ 대표적인 배포판: 데비안, 레드햇, 우분투, 센트OS.

심층 연계 내용 GNU(GNU is Not Unix)

1. 배경
   미국 기업들의 유닉스 상용화 및 사용료 부과에 대한 반발로 시작.

2. 1985년 3월 리처드 스톨만의 GNU 선언문 발표
   ① 소프트웨어 상업화 및 독점체제 반대.
   ② 초기 컴퓨터 개발 공동체의 협력적 개발 문화 복귀 주장.
   ③ GNU 프로젝트 지원 목적으로 자유 소프트웨어 재단(FSF) 설립.

3. GNU 공개 라이선스(GPL) 제정
   ① 누구나 공개된 소스를 수정 및 배포 가능.
   ② 자유 소프트웨어 운동의 기반 마련 → 오픈소스 운동으로 발전.

Theme 161 HCI(Human – computer interaction)

I 의의

① 인간-컴퓨터 상호작용(Human–computer interaction, HCI).

② 인간과 컴퓨터 간의 상호작용을 연구하는 학문 분야.

③ 전산학, 심리학, 산업공학 등의 연구 분야가 공동 연구하는 경우가 많음.

④ 사용자와 컴퓨터 사이에서 일어나는 상호작용을 의미하며, 사용자 인터페이스(UI)가 이를 가능하게 하는 기술적 요소.

⑤ 상황 인식 컴퓨팅의 등장으로 UI의 정의가 주변 상황까지 확장되며 HCI와 UI의 경계가 모호해짐.

Ⅱ HCI 1.0과 HCI 2.0

1. HCI 1.0

① 개인, 컴퓨터, 상호작용의 세 가지 요소 중심으로 개인과 컴퓨터의 관계에 중점.

② 사람들이 편리하게 사용할 수 있는 컴퓨터 시스템 개발 원리 및 방법 연구.

③ 한 명의 사용자와 컴퓨터 시스템 간 상호작용 연구 및 사용자 편의를 위한 시스템 설계 및 평가.

2. HCI 2.0

① 다양한 시스템과 사람들 간의 모든 상호작용을 대상으로 함.

② HCI의 범위를 확장하며, 2000년대 후반 Web 2.0 환경에서 발전.

③ 개인, 집단, 사회 구성원 간 상호작용을 포함하는 디지털 제품, 서비스, 디지털 콘텐츠 포괄.

④ HCI 1.0이 개인 사용자와 컴퓨터 간 기술적 상호작용에 초점을 둔 반면, HCI 2.0은 다양한 디지털 기술을 활용하여 개인 및 집단에게 새로운 경험 제공에 초점.

Ⅲ HCI의 중요성

1. 의의

① 디지털 시스템 사용자 증가 및 환경 확대.

② 제품과 서비스에 디지털 기술이 내재됨(embedded system).

③ 기업 성공에 디지털 기술 활용이 중요한 요소가 되면서 HCI의 중요성 증가.

2. HCI의 중요성이 증대하는 4가지 이유

① 디지털 시스템 사용자가 전문가에서 일반인으로 변화하며, 일반인이 쉽게 사용할 수 있는 시스템 개발 필요.

② 시스템 소형화 및 경량화로 인해 디지털 제품과 서비스가 확산되면서 사용자의 편리성 및 재미 제공 중요.

③ 컴퓨터 시스템이 중대한 용도로 사용되면서 HCI 원칙이 충족되지 않을 경우 발생할 문제점 대두.

④ HCI가 디지털 기술과 사용자를 연결하는 가교 역할을 수행하며 사용자 중심의 디지털 제품 및 서비스 개발에 기여.

Ⅳ HCI의 3대 구성 요소

1. 유용성

① 시스템을 이용해 원하는 일을 효과적으로 달성할 수 있어야 함.

② 제품이나 서비스의 기본 조건.

2. 사용성

① 디지털 제품 및 서비스 사용 과정이 효율적이어야 함.

② 적은 노력으로 목적을 달성할 수 있도록 해야 함.

③ 일반적으로 유용성이 확보된 후 해결되는 부차적인 조건이나 분리하기 어려운 개념.

3. 감성

① 시스템 사용 시 사용자에게 적절한 느낌을 제공해야 함.

② 미적 인상, 정서, 개성 등을 포함하는 개념.

③ 기존에는 유용성과 사용성에 상반되는 조건으로 여겨졌으나 현재는 필수 조건으로 인식.

Ⅴ 관련 개념

1. 사용자 인터페이스(User Interface)

① 사람과 디지털 시스템 간 입출력 장치 활용 상호작용.

② 디지털 시스템의 입출력 장치 및 표현된 내용을 사용자 인터페이스(UI)라고 함.

③ 인터페이스는 단일 화면이나 효과음 등에 초점을 맞추며 사용자와 접하는 시간이 짧음.

2. 인터랙션(Interaction)

① 입출력 장치를 매개로 한 디지털 시스템과 사용자의 의사소통 과정.

② 인터페이스는 도구적 측면, 인터랙션은 의사소통 및 절차적 측면을 강조.

③ HCI에서의 'I'와 시스템 디자인 맥락에서의 인터랙션 개념이 다름.

④ HCI의 인터랙션은 인터페이스, 경험을 포함하는 전반적 상호작용을 의미하며, 시스템 디자인에서는 행동적 측면을 강조하는 상대적으로 작은 개념.

3. 사용자 경험(User Experience)

(1) 의의

일상생활에서 사람들이 컴퓨터와 상호작용하면서 축적하는 모든 지식, 기억, 감정.

(2) 인터페이스 및 인터랙션과 구분되는 UX의 특징

① **주관성(subjectivity)**: 사람마다 전혀 다른 경험 가능.

② **총체성(holistic)**: 특정 시점에서 개인이 느끼는 총체적 효과로, 구체적 요소로 구분 불가능하며 직접 조작할 수 없음.

③ **정황성(contextuality)**: 경험은 제품이나 서비스 특성뿐만 아니라 사용자의 환경과 맥락에 영향을 받아 역동적으로 변화.

④ UX는 인터페이스를 통해 HCI를 목표로 하며, 인터랙션은 인터페이스와 HCI를 연결하는 역할 수행.

Theme 162 벤야민 사상에서 기술의 의미

Ⅰ 의의

1. 제1기술과 제2기술

① 벤야민은 기술을 인간과 자연의 관계 형성 방식에 따라 제1기술과 제2기술로 구분함. 제1기술은 주술적·제의적 행위로 구성되며, 마법적 실천과 관련됨.

② 제1기술은 인간의 직접적 개입을 중심으로 하며, 제2기술은 인간의 개입을 최소화하는 방향으로 발전함.

2. 제1기술과 제2기술의 기술적 위업

① 제1기술의 기술적 위업은 제물로 바쳐지는 인간이며, 제2기술의 기술적 위업은 인간의 개입 없이 작동하는 원격조정 비행체 개발에 해당함.

② 제1기술은 단회적이며 대속적 희생을 포함하는 "이번 한 번만으로"라는 사고에 기반함.

③ 제2기술은 실험과 반복을 통해 기술을 변화시키는 것이 중요하며, "한 번은 아무것도 아니다."라는 사고에 기초함.

④ 제2기술은 인간이 자연과 거리를 두려는 시도에서 비롯되었으며, 그 기원은 유희에 있음.

Ⅱ 제1기술

1. 의의

① 제1기술은 시원시대 인간이 자연에 적응하며 주술적 관계를 맺는 과정에서 발생한 기술임.

② 자연은 인간에게 공포와 경외의 대상이었으며, 생존을 위협하는 존재였음.

③ 인간은 자연의 변화를 해석하고 안정화하며 순응하기 위해 주술적 제의를 실행함.

2. 제1기술의 특징

① 제1기술의 목표는 자연의 지배이며, 이는 자연의 폭력적 힘을 통제하고 예측 가능하게 만드는 것을 의미함.

② 별자리 해석, 동물 내장 읽기, 숭배신 제작, 신체 치장, 주술적 춤과 노래, 제물 봉헌 등의 제의 절차는 인간의 직접적 개입이 필수적이며, 때로는 인간이 제물이 되기도 함.

③ 제1기술에서 인간과 자연의 관계는 엄격하고 진지한 성격을 가지며, 실수나 오류가 용납되지 않음.

④ 제1기술의 시간 경험은 단회적이며, 벤야민은 이를 "이번 한 번만으로"라고 표현함.

Ⅲ 제2기술

1. 의의

① 제2기술은 제1기술에서 발전한 개념으로, 인간이 자연과 거리 두기를 시도한 결과 발생함. 이는 신화적·마술적 세계관에서 벗어나는 과정과 연결됨.

② 자연과의 관계에서 엄격하고 진지한 태도를 취했던 인간이 새로운 태도를 갖게 되면서 제2기술이 출현하며, 벤야민은 이를 "해방된 기술"이라고 명명함.

2. 제2기술의 특징

① 제2기술은 도구·기계·장치 등의 매개를 통해 인간과 자연이 연결되며, 인간의 개입을 최소화하는 방향으로 발전함.

② 제2기술에서는 실수와 반복이 용인되며, 지속적인 실험과 변형이 중요함.

③ 제2기술의 모토는 "한 번은 아무것도 아니다."이며, 반복과 실험을 통한 기술적 진보를 강조함.

Ⅳ 제1기술로부터 제2기술의 출현

1. 의의

① 복제기술의 탈전통적, 탈권위적 효과는 제2기술의 유희적 잠재성의 발현 때문임.

② 제1기술은 인간이 자연의 강력한 영향력하에서 생존하기 위해 자연에 순응하는 실천이었음. 이에 반해, 제2기술은 제1기술과 대립적으로 보이며 등장함.

③ 기술이 자연과 인간의 관계를 규정하므로, 주술적 제의를 통해 자연을 지배하려던 인간이 어떻게 자연으로부터 거리를 취하는 유희적 태도를 가질 수 있게 되었는지의 문제 제기 필요.

2. 유사성의 법칙

① 벤야민은 우주가 '자연적 상응'으로도 불리는 '유사성의 법칙'에 의해 주재된다고 주장함.

② 이 법칙은 인간의 '미메시스 능력'을 자극하며, 인간은 이를 통해 우주만물의 유사성을 인식하고, 스스로 유사한 태도를 취할 수 있음.

③ 벤야민은 미메시스 능력이 자연의 위협 앞에서 생존을 위해 자신을 보호하려는 흔적이라고 설명함. 이는 자연에 적응하기 위해 필요한 능력이었음.

④ 제1기술에서도 미메시스 능력이 작용했으며, 이는 주술적, 제의적 실천과 관련됨. 또한, 미메시스는 유희적 활동의 동력이기도 함.

V 기술과 집합체의 신경감응

1. 의의

① 벤야민은 인간이 기술을 통해 신체와 감각기관, 지각 방식을 조직하는 과정을 '집합체의 신경감응'이라 명명함.

② '신경감응'은 신경이 특정 지절이나 기관을 지배하는 것을 의미하는 의학적 개념이며, 벤야민은 이를 인간 집합체에 적용함.

③ 기술을 통한 신경감응은 집합체를 변화시키며, 인간이 자연과 세계와 맺는 관계를 변화시킴. 이는 기술의 변증법적 작용을 의미함.

2. 기술과 인간 사이의 관계

(1) 기술

기술은 변하지 않는 고정된 주체가 자연을 지배하기 위한 도구가 아니라, 인간이 자연과 관계를 맺으며 자신을 포함한 자연을 새롭게 조직하는 가운데 생겨나는 결과물임.

(2) 종으로서의 인류

① 벤야민은 기술과 인간의 관계를 "종으로서의 인간은 발전의 종말에 도달했지만, 종으로서의 인류는 이제 시작하고 있다. 인류는 기술 속에서 자신의 자연을 조직하며, 민족이나 가족과는 다른 방식으로 우주와의 접촉을 형성한다."라고 설명함.

② 인간이 기술 속에서 자연을 다르게 조직하면, 인간과 자연의 관계가 변화하며, '종으로서의 인간'이 '종으로서의 인류'가 됨. '종으로서의 인간'은 집합적 주체로서의 자기의식이 없는 상태, '종으로서의 인류'는 집합체로서의 자기의식을 지닌 상태를 의미함.

③ 문명의 발전 속에서 기술을 획득하고 사용하면서 인류는 자신의 자연을 새롭게 조직함. 기술은 관조적으로 얻어질 수 없으며, 인간의 지각과 신체가 기술에 익숙해지는 과정을 통해 획득됨.

④ 수영 기술은 물에서 몸을 움직이는 연습을 통해 습득되며, 사냥 기술은 사냥에 필요한 지각과 신체 움직임을 통해 익혀짐. 도구 사용을 위해서는 관련 신체 능력을 익혀야 하며, 이는 특정 감각이나 기관을 의식적으로 활용하는 과정을 포함함. 즉, 신체가 수의적 신경의 지배를 받게 됨.

⑤ 기술은 인간 신체의 감각지각과 운동 방식을 변화시키며, 이러한 변화는 집합체로서의 인류가 우주와의 접촉을 새롭게 형성하게 함. 제2기술은 인간과 자연 사이의 새로운 관계 형성을 의미하며, 제1기술이 자연 지배를 목표로 했다면, 제2기술은 자연과 인류의 어울림을 지향함. 현대 예술의 사회적 기능은 이러한 자연과 인간의 어울림을 연습시키는 데 있음.

> **심층 연계 내용** 수의적(隨意的) 운동
> 자신의 의지로 조절 가능한 운동을 의미하며, 대뇌의 직접 지배를 받는 운동을 뜻함.

Theme 163 벤야민의 수공적 복제와 기술적 복제

I 의의

① 예술 작품의 기술적 복제는 수공적 복제보다 독자성이 강하며, 예술 작품의 존속에 영향을 미치지 않음. 기술적 복제 가능성의 시대에서 예술 작품의 '아우라'는 위축됨.

② 사진 및 영화 등의 대량 복제 기술은 대중이 개별적 상황에서 복제품을 쉽게 접하게 함. 이는 전시 가능성을 중시하는 대중 예술이 기존의 제의적 예술을 대체하는 결과를 초래함.

③ 예술 작품은 새로운 기능을 지닌 형상물이 됨. 복제 기술 발달로 '아우라'가 사라지지만, 누구든 예술 작품에 대한 의견을 표현할 수 있는 기회가 증가함.

④ 대중 예술의 발달은 대중의 각성을 촉진하고, 대중을 집단적 주체로 형성하는 데 기여함.

II 수공적 복제

① 벤야민에 따르면, 기술적 복제 이전에도 예술 작품은 원칙적으로 복제가 가능하였음.

② 제자들의 모사, 작품 보급을 위한 장인의 복제, 제3자의 이윤 추구에 따른 스케치 및 판화 제작 등이 존재함.

③ 이러한 수공적 복제는 원본에 대한 관심을 확산시키고, 원본을 직접 대하려는 욕구를 강화시킴.

④ 손으로 제작된 복제본에 대해 원본은 이를 위조품으로 규정하여 자신의 권위를 유지함. 수공적 복제는 예술작품의 권위를 보호하는 역할을 수행함.

Ⅲ 기술적 복제

① 예술작품의 복제가 탈전통적, 탈권위적 특성을 갖게 된 것은 복제가 인간의 손을 떠나 기술과 결합한 이후부터임.

② 1900년 전후로 예술작품의 기술적 복제는 예술 전반에 영향을 미치며, 예술의 작업 방식에서 독자적 위치를 차지할 정도로 발전함.

③ 기술적 복제는 복제된 것을 전통의 영역에서 분리시켜, 전통을 크게 흔드는 결과를 초래함.

Ⅳ 가상과 유희 사이의 관계

1. 의의

① 기술적 복제는 예술에서 가상과 유희의 관계를 변화시킴.

② 미메시스 속 가상과 유희는 밀착된 채 존재하며, 특정한 역사적·기술적 조건에 따라 가상이 우세하면 유희는 약화되고, 반대로 가상이 위축되면 유희 공간이 확장됨.

③ 기술적 복제는 모방의 성격을 변화시켜 가상을 위축시키고 유희 공간을 확장시킴.

2. 복제

① 복제는 복제 대상의 모방을 의미함. 손으로 복제하는 과정에서 원작자의 창작행위를 반복함.

② 수공적 복제에서 원본의 가상은 '가상'으로 인식되지 않는 한, 원본의 권위를 강화하는 역할을 수행함.

3. 기술적 복제

① 기술적 복제는 다수화를 통해 대량 복제를 가능하게 함. 이로 인해 원본의 가상이 대량 유통되며, 다양한 맥락 속에서 반복될 가능성이 증가함.

② 기술적 복제가 복제를 다수화함으로써, 복제된 것이 다양한 맥락에서 반복·현재화될 수 있는 조건을 창출함. 이는 전통적 예술작품의 권위를 흔들고, 유희적 관계 형성을 가능하게 함.

Ⅴ 복제기술과 대중

1. 집합적 구성물

① 기술적 복제를 통해 사물의 모상을 가까운 곳에서 포착함으로써 작품은 집합적 구성물이 됨. 기술적 복제는 복제 대상을 다수화하여 다양한 맥락과 상황 속에서 반복시킴.

② 사진은 예술작품의 축소된 이미지를 대량 유통하여 사람들이 각자의 맥락에서 사용할 수 있도록 함.

③ 대중이 복제된 작품을 사용하면서 작품을 자신에게 동화시키게 되며, 이에 따라 작품은 개인적 창조물이 아닌 집합적 구성물의 성격을 갖게 됨.

2. 집합체의 자기 인식의 도구

① 기술적 복제의 산물인 영화는 대중에게 자기표현과 자기대면의 도구를 제공하여 집합체의 자기인식에 기여함.

② 벤야민은 신문의 독자 투고란을 통해 대중이 수동적 독자에서 필자로 변화하는 과정을 언급하며, 글쓰기의 대중화가 전문가의 전유물이었던 능력을 집합체의 일반적 능력으로 확산시킨 계기가 되었음을 강조함.

③ 글쓰기에서 수백 년이 걸린 변화가 영화에서는 단기간 내에 이루어졌으며, 대중이 영화에 등장함으로써 누구나 화면에 등장할 권리를 갖게 됨. 영화가 대중화되면서 우연한 청중의 수가 증가하고, 청중은 영화 속에서 자신을 확인하며 집합체로서의 자기인식을 얻게 됨.

3. 집단적 수용의 가능성

① 기술적 복제로 인해 집단적 수용이 가능해지면서 영화는 감상 방식에서 진보적 태도를 형성함. 대량 복제로 인해 다수가 동일한 작품을 동시에 감상할 수 있게 됨.

② 개별적으로 감상하는 회화에서는 수용자의 비평적 태도와 감상적 태도가 분리되며, 익숙한 형식은 무비판적으로 수용되나 새로운 형식은 거부되는 경향이 있음.

③ 이에 반해, 영화는 개별적 반응이 대중화된 환경 속에서 표출되고 서로 조정되면서, 감상의 즐거움이 전문적 비평가의 태도와 직접 연결되는 진보적 태도를 형성함.

Ⅵ 영화와 집합체의 신경감응

1. 의의

① 벤야민은 영화가 복제기술의 성취를 가장 분명하게 보여주는 매체로서, 전통예술과 달리 영화의 예술적 성격이 복제 가능성에 의해 규정된다고 봄.

② 영화는 장치를 다루는 과정에서 인간의 지각과 반응을 연습시키며, 기술적 환경 속에서 장치가 조건 짓는 지각과 반응에 대한 신체와 인식의 적응을 유도함.

2. 영화의 생산

① 영화는 기계장치의 테스트를 통과한 결과물을 전시하는 형식으로 생산됨. 벤야민은 영화배우의 성과가 전통예술의 그것과 다름을 강조함.

② 연극배우의 성과는 무대에서 관객 앞에서 평가되지만, 영화배우의 성과는 제작자, 감독, 촬영팀 등의 전문가뿐만 아니라 카메라와 마이크 등의 기계장치에 의해서도 테스트됨.

3. 영화의 수용

① 복제기술의 산물인 영화는 수용 과정에서도 새로운 지각 방식을 가능하게 함. 벤야민은 이를 정신분산으로 설명함.

② 문학이나 회화는 개별적 감상과 내면적 집중을 요구하지만, 영화는 감식자의 태도를 요구하면서도 주의력을 강제하지 않으며, 제의적 가치를 약화시키는 정신분산 속의 수용 방식을 연습시킴.

Theme 164 시몽동의 인간 – 기계 관계 설정과 '정서적 감동'

I 인간 – 기계의 관계 설정

1. 의의

기계는 지배의 수단이나 허구적 기교의 산물이 아닌 기술성이 개체 수준에서 표현된 '기술적 대상'이라는 점(Simondon).

2. 기술만능주의

(1) 의의

기술만능주의는 기계에 대한 우상숭배와 동일시되며, 무제약적인 능력을 얻고자 하는 "테크노크라트(기술 관료)의 열망"을 의미함. 기술 관료는 기계를 헤게모니 획득을 위한 지배의 수단으로 활용하여 "현대식 미약(媚藥)"을 만들어 동료들까지 지배하고자 안드로이드 기계를 불러냄.

(2) 기존 문화에서 발견되는 두 가지 모순적 태도

① 기계를 단순한 "물질의 조립물"로 보고 유용성만을 강조하는 태도.

② 기계를 인간에게 반란과 위험을 초래하는 적대적 존재로 간주하는 태도.

(3) 결론

두 태도의 결론은 기계를 인간의 노예처럼 예속해야 한다는 신념으로 귀결됨. 이는 인간 – 기계의 예속 관계가 인간 자신의 지배력과 내적 통제를 상실했음을 반증함.

3. 인간 – 기계 앙상블

① 인간 – 기계의 위계적 · 종속적 관계 설정은 기술만능주의의 산물이며, 기계는 기술적 앙상블의 일부로서 정보량과 역엔트로피를 증가시키는 조직화의 작품이자 세계의 안정 장치로 기능함.

② 시몽동은 인간을 기계의 지배자나 감시자가 아닌 "기계들을 연결하는 살아있는 통역자", "기술적 대상들의 상설 조직자"로 정의함. 인간은 기계를 선택하고 보전하는 사회적 · 경제적 양식을 발견하고, 사회구조 변화를 꾀하는 실천적 역할을 수행해야 함.

③ '인간 – 기계 앙상블'은 인간과 기계가 본질적 차이를 바탕으로 공통의 문제 해결을 위해 협력하는 민주적 모델로 기능함. 이를 유지하기 위해 인간은 "조정자나 발명가"가 되어야 하며, 기술적 활동을 일상의 삶으로 기획하고 수행해야 함.

④ "진정한 기술적 앙상블"은 개별 기계의 활용이 아니라, 기계 간의 상호 접속관계로 구성된 조직이라는 점에서 성립됨.

4. 기계의 특수성

기계는 인간과 달리 자기 자신을 문제 삼는 문제 제기 역량과 자기 혁신을 위한 자발적인 정보 생산 능력이 상대적으로 약하다는 특수성을 가짐.

5. 결론

① 인간 – 기계 앙상블의 구현을 위해 인간은 기술적 대상과 수평적 · 협력적 관계를 지향해야 하며, 기술관료주의의 오류에서 벗어나야 함.

② 인간 – 기계 앙상블의 문화적 구현을 위해 학습 및 제작 공동체에 참여해야 하며, 개체초월적 집단 지성을 실현할 수 있는 구조를 형성해야 함.

II 개체초월성과 역량의 발명

1. 개체초월성

① 개체초월성은 개체의 죽음에도 소진되지 않는 "전(前)개체적인 퍼텐셜(potential, 잠재력)"을 의미하며, 개체를 넘어서 새로운 관계 형성과 집단화를 가능하게 하는 동력으로 작용함.

② 시몽동의 개체화론에 따르면, 전(前)개체적 실재는 지속적인 개체화 과정에서도 소진되지 않으며, 새로운 개체화를 산출하는 "퍼텐셜 에너지"로 기능함.

③ 기술적 대상은 개체초월적 관계의 표현 매체이자 상징으로 작용함.

2. 역량의 개발과 발명

① 생물학적 개체에서 '기술적 주체'로의 질적 도약을 위해 개체초월적 관계의 발명과 이를 구현할 수 있는 역량이 필요함.

② '발명'은 개인의 탁월한 역량이 아니라, 개체초월적 역량을 의미하며, 개체가 아닌 주체(기술적 주체)에 의해 이루어짐.

③ 기술적 주체는 노동하는 생물학적 개체보다 광범위한 존재이며, 개체화된 존재의 개체성뿐만 아니라 자연과 비-개체화된 존재자의 특성을 포함함.

④ 개체초월적 관계의 발명은 인간-기계 앙상블의 효과를 통해 새로운 관계 변이와 공동체 활동을 창출하고, 창조적 다중지성을 형성하는 기반이 됨.

Ⅲ 정서적 감동

1. 정서적 감동의 개념

① 정서적 감동은 개체초월적인 집단적 연대를 가능하게 하는 정서를 의미함.

② 주체는 기존의 사회적 관계에서 분리될 때 불안과 고독을 경험하지만, 개체초월적 관계 형성을 통해 집단적으로 동감하고 감동하는 정서로 변이됨.

③ "집단적인 것이 개체화" 하는 순간 정서적 감동의 변이가 발생함.

2. 스피노자의 정동 개념

① 정동은 개별적 정서의 변이와 이행능력을 의미하며, 인간의 정동은 욕망, 기쁨, 슬픔으로 구성됨.

② 즐거운 만남을 통한 기쁨의 정서는 코나투스(conatus)를 더 큰 완전성으로 이끄는 반면, 권위적이고 억압적인 관계는 능력을 위축시키고 슬픔의 정서를 초래함.

3. 정서의 변이와 코나투스

① 쾌감·유쾌함·사랑과 같은 정서는 힘을 증가시키는 반면, 고통·우울함은 힘을 감소시킴.

② 개인의 능력 강화를 위해서는 적절한 관계와 공동체 활동의 참여가 중요함.

③ 정동은 개인의 고립된 행동이 아니라, 타인과의 관계 속에서 변이됨.

4. 시몽동의 인간-기계 앙상블과 정동의 관계

① '상호 협력적인 인간-기계 앙상블' 개념은 스피노자의 정동 개념과 궤를 같이함.

② 코나투스의 능동적 변이를 위해서는 인간과 기계의 협력적 관계에 기반한 새로운 포스트휴먼 기술적 활동이 고려되어야 함.

③ 시몽동의 기술철학은 들뢰즈와 과타리의 기계론과 연결될 수 있음.

Theme 165 들뢰즈와 과타리의 인간-기계 관계 설정과 공명·정동

Ⅰ 들뢰즈와 과타리의 기계론

1. 의의

① 들뢰즈와 과타리의 유물론적 사유에서 기계 개념은 기계학과 구분됨.

② 기계는 작동 방식의 차원과 절단의 차원으로 구분됨.

③ 구조주의의 정태적 구조 개념과 달리, 기계는 작동과 절단 방식을 통해 다양한 운동과 특징을 보여줌.

2. 기계

(1) 기계의 개념

① 기계는 작동을 강조하며 결정론적이고 폐쇄적인 기계학과 구별됨.

② 들뢰즈와 과타리는 기계를 '기계론' 속에서 논의하며, 기계의 특성은 작동 방식뿐 아니라 결과 산출 여부에 따라 규정됨.

③ 특정 기계의 '고장'은 기대된 결과가 산출되지 않는 상태를 의미함.

(2) 기계의 유형과 관계

① 기계는 기술적 기계뿐만 아니라 이론적, 사회적, 예술적 기계를 포함함.

② 기계는 고립적으로 작동하지 않으며, 집합적 배치를 통해 구성됨.

③ 기술적 기계는 사회적 기계, 훈련 기계, 시장 기계 등과 상호작용함.

④ 사회적 기계에는 전쟁 기계, 사랑 기계, 혁명 기계 등이 포함됨.

⑤ 예술적 기계로는 책 기계, 그림 기계 등이 있음.

⑥ 들뢰즈와 과타리는 이러한 모든 기계를 "추상기계"라고 명명하며, 이는 특정 지층에서 반복되는 사건들의 특이성을 추상화한 개념임.

(3) 기계의 절단과 흐름

① 기계는 '절단들의 체계'로, 연속된 물질적 흐름과 연관됨.

② 기계의 절단은 다른 기계와 연결되는 흐름을 생성하며, 다양한 흐름의 방출과 절단을 통해 결과를 산출함.

③ 예시: 거식증의 입은 위 기계, 항문 기계, 입 기계, 호흡 기계 사이에서 작동하며 다양한 기계적 흐름을 보여줌.

④ 입이 음식과 접속하면 '먹는 기계', 전화기와 접속하면 '말하는 기계'가 됨.

(4) 시몽동과의 비교

① 들뢰즈와 과타리의 기계 개념은 시몽동의 기계 개념과 유사함.

② 시몽동은 기계를 지배·통제 대상이 아닌 창의적 기술 활동의 대상으로 간주함.

③ 시몽동은 인간과 기계의 수평적 관계를 중시하며, 이는 들뢰즈와 과타리의 기계론에서도 발견됨.

④ 들뢰즈와 과타리는 기계론을 기술철학에 국한하지 않고, 이론적·사회적·예술적 기계로 확장함.

⑤ 이를 통해 포스트휴먼의 새로운 신체 및 접속을 성찰할 수 있는 시사점을 제공함.

3. 욕망 기계로서의 인간

(1) 욕망 개념과 기계적 작동

① 들뢰즈와 과타리는 욕망을 '행동' 혹은 '운동'의 차원에서 이해함.

② 인간을 욕망 기계로 표현한 것은 데카르트식 '코기토' 논리를 벗어나 욕망의 생산 작용을 탐구하기 위함.

③ 욕망 기계로서의 인간 주체는 다양한 기계들과 접속하며 분리와 절단을 거쳐 형성됨.

(2) 욕망의 생산적 성격

① 욕망은 단순한 쾌락이나 결여의 상태가 아니라, 기계 작동을 통해 지속적으로 생산되는 것임.

② 욕망은 기계들 간의 흐름과 선들을 교차하며 차이를 생성하는 생산 활동임.

Ⅱ 기계적 배치의 세 가지 방식과 공명·정동의 사유

1. 의의

(1) 배치의 개념

① 스토아학파는 물질적인 것과 비물질적인 것을 구분하여 기계들의 작동(시뮬라크르, 사건)과 언표행위(의미)를 분석하는 데 중요한 사상적 자원을 제공함.

② 배치는 다양한 기계들이 결합하여 새로운 흐름과 운동성을 만들어내는 생산 방식이며, 기계적 배치와 언표 행위적 배치로 구분됨.

③ 기계적 배치는 물질적 기계들이 접속하고 결합하는 과정이며, 언표 행위적 배치는 기계와 기계 사이에서 발생하는 사건이 특정 언어로 의미화되는 방식임.

(2) 기계적 배치와 언표 행위적 배치의 예시

① 강의실 내 의자, 책상, 컴퓨터, 학생, 교수 등의 배치는 기계적 배치에 해당함.

② 강의 중 교수와 학생의 발표 및 의사소통 과정은 언표 행위적 배치에 해당함.

③ 강의실의 강의는 교수, 학생, 강의 내용이 바뀌어도 반복되며, 이는 차이의 반복을 통해 욕망의 생산과 방향성을 보여주는 유물론적 운동성을 가짐.

(3) 들뢰즈와 과타리의 배치 개념

① 기계장치들이 조합하여 하나의 구성체를 이루는 데 초점을 둠.

② 이질적인 항들이 상호 관계하며 연결되어 기계적 배치와 언표 행위적 배치를 형성함.

2. 배치의 4가성(四價性)

(1) 수평적 배치와 수직적 배치

① 수평적 배치는 기계적 배치와 언표 행위적 배치로 구분됨.

② 기계적 배치는 물질적 기계들의 생산을 계열화하는 방식이며, 언표 행위적 배치는 언어와 명제들을 계열화하는 방식임.

③ 기계적 배치는 '배-기계, 호텔-기계, 감옥-기계' 등으로 나타나며, 언표 행위적 배치는 '판결, 법률, 소송' 등으로 표현됨.

④ 수직적 배치는 영토화(코드화)와 탈영토화(탈코드화)의 배치로 작용함.

(2) '비담론적 영역'과 '담론적 영역'의 구분

① 배치의 4가성은 푸코의 '비담론적 영역'과 '담론적 영역'의 구분을 기반으로 권력의 배치와 주체화 방식을 분석하는 접근 방법임.

② 들뢰즈와 과타리는 푸코의 담론 이론을 넘어 새로운 욕망의 배치 가능성을 제시함.

③ 푸코의 담론 이론은 역사적으로 형성된 물질적 조건과 주체 구성 방식을 분석하는 데 유용하지만, 새로운 저항의 주체 형성에 대한 대안을 제공하지 못함.

④ 푸코의 개념은 공간적 배치에 초점을 맞추고 사회적 공간 내 이질적 공간 및 장소들의 병치와 공존을 분석하는 반면, 들뢰즈와 과타리는 기계장치들의 조합을 통한 구성체 형성에 주목함.

⑤ 기계적 배치의 물질적 조건을 파악하는 것을 넘어 새로운 주체 형성을 위한 대안을 모색하려면 들뢰즈와 과타리의 사유를 고려할 필요가 있음.

1. 담론의 정의
① 담론(談論)은 본래 '생각할 수 있는 능력'을 의미함.
② 현대적 의미에서는 특정한 의도와 지향성을 가진 발언들이 집적·체계화되어 일정 수준 이상의 사회적 유통능력과 문화적 호소력을 갖는 공적 언술체계를 의미함.

2. 담론의 권력효과
① 담론은 '권력효과'를 가지며, 말과 글의 흐름과 쓰임 속에서 권력의 역학이 작용함.
② 미셸 푸코는 권력과 진리·지식·이성이 분리 불가능하게 얽혀 있음을 논증하며, 담론이 사회적 권력관계와 밀접하게 연결됨을 밝힘.

3. 기계적 배치의 선분화 방식

(1) 의의

① 배치는 힘과 권력의 작동 방식뿐만 아니라 차이의 생성, 즉 이질적 행위의 흐름과 양상을 드러낼 수 있는 실천적 측면을 포함함.
② 선분화는 기계들의 접속이 만드는 집합체로서 사회적 규범과 질서에 따라 수직적으로 횡단하거나 수평적으로 접속하며 다양한 욕망의 흐름을 형성함.
③ 선분화 방식은 경직된 선, 유연한 선, 탈주선의 세 가지로 구분됨.

(2) 경직된 선

① 분자적 힘의 흐름을 몰적 위계적 심급으로 이차원적으로 분할하는 배치 방식임.
② 인종, 성별, 연령 등의 기준을 통해 사회적 통념과 규범을 정당화하고 사회 구성원의 역할을 구획함.
③ 국가장치가 개입하여 법률적 복종을 강요하거나 공권력, 편견 확산 등을 통해 위계적 질서를 형성함.

(3) 유연한 선

① 분자적 흐름을 의미하며, 국가와 같은 거시적 영역이 아닌 탈중심화된 미시적 영역에서 작용함.
② 계급으로 분류되지 않는 대중의 행동이나 관료주의 내에서 나타나는 현상임.
③ 유연한 선의 운동성은 특정 조건에서 경직된 선으로 전환될 수 있으며, 사회적 고정관념과 선입견을 재생산할 위험을 가짐.

(4) 탈주선

① 몰적 선들을 해체하고 새로운 변이의 흐름을 생성하는 배치 방식임.
② '~되기'의 방식으로 표현되며, 소수자 되기를 통해 발견됨.
③ 예로 '아이 되기, 여성 되기, 동성애자 되기' 등이 포함됨.

④ 전체주의, 관료주의, 집단주의에서 벗어나 미시적 권력 장치와 소수자 실천을 시도하는 데 의미가 있음.

4. 공명·정동의 사유

(1) 공명의 개념

① 공명은 기계들의 접속이나 신체들의 만남을 통해 정서적 변이를 일으키는 정동의 효과임.
② 기계는 이질적인 항들 간의 이웃관계를 통해 조화를 이루는 방식으로 작동함.

(2) 들뢰즈의 공명 개념

① 기계는 공명과 공명의 효과를 생산하며, 이는 비자발적 기억을 통해 발견됨.
② 공명은 전체화되지 않고 조각들의 고유한 목적에 따라 작동함.
③ 세계는 전체화된 것이 아니라 파편적인 조각들로 구성되어 있음을 보여줌.

(3) 공명과 선험적 장

① 공명은 과거와 현재의 경험 사이의 차이를 넘어서 공통성을 보여줌.
② 선험적 장의 존재로 인해 과거의 감각적 경험이 현재의 정서적 변이를 유발할 수 있음.
③ 들뢰즈는 칸트의 사유에서 영향을 받아 '차이의 반복'을 논하며, 이는 동일자로 귀결되지 않는 구조를 형성함.
④ 구조는 비물질적 의미를 생산하는 기계로서 언표 행위적 배치를 통해 의미 생산을 가능하게 함.

Theme 166 정동의 장치와 주체화

Ⅰ 미디어 환경의 기술적 속성과 이용자 환경의 변화

① 스마트 미디어 환경에서 미디어와 이용자의 경계가 모호해지는 특징이 있음.
② 기술적 속성 변화로 인해 속도성과 복제성이 증가하며, 표준문법이 파괴되고 은어 및 신조어 사용이 확대됨.
③ 원격현전의 속성을 통해 기계와 인간 사이의 물리적 거리감각이 붕괴됨.

Ⅱ 미디어를 기계와 시스템으로 보는 관점

1. 폴 비릴리오

① 디지털 시각기계의 발전이 인간의 생체감각을 마비시키고 인공감각을 확산시킨다고 주장함.
② 인간 자체가 속도가 되어버린 디지털 세계를 비판함.
③ TV를 "가정용 망원경"으로, 미디어를 운송장치의 연장선으로 해석함.

2. 프리드리히 키틀러

① 개별 미디어보다 당대 문화적 상황에서 제작된 자료들의 주소화, 저장, 가공을 가능하게 만드는 기술과 제도적 네트워크를 중시함.
② 인간을 기계와 구분할 수 없는 "정보기계"로 파악함.

3. 종합적 시각

디지털 환경에서 속도기계의 가속화, 이용자의 감각, 정보 시스템으로서의 이용자를 분석하는 관점이 존재함.

Ⅲ 미디어를 감시장치로 보는 관점

1. 샤페르(Pierre Schaeffer)

텔레비전을 감시장치로 규정하며, 이를 "감시를 목적으로 인간이라는 동물을 포획하기 위해 설치된 덫"으로 설명함.

2. 아감벤(Giorgio Agamben)

① 미디어 장치가 일상생활 속에서 언어활동의 새로운 경험 가능성을 포획하는 역할을 수행함.
② 벌거벗은 생명체의 신체와 언어를 특정한 방식으로 주체화한다고 설명함.

3. 장치론적 접근의 의의

① 미디어와 이용자를 장치론의 관점에서 조망하면 기술결정론이나 기계지배론에서 벗어날 가능성을 모색할 수 있음.
② 미디어와 장치는 단일한 기술이 아니라 인간을 사회적·역사적 맥락에 따라 특정한 존재로 구성하는 주체화 기제로 작용함.

Ⅳ 정동의 장치에 관심을 두는 이유

1. 디지털 환경에서 정서 변이 장치의 세분화

슬픔, 기쁨, 욕망 등 다양한 정서를 표현하고, 이용자 간 영향력을 행사하는 디지털 장치가 증가함.

2. 미디어 생애사와 개인 감성의 포함/배제 과정

① 정동의 장치는 이용자의 감성을 포함/배제하며 미디어 생애사를 구성함.
② 정서와 감성의 분할 장치들이 이용자의 생애사적 경험을 지배하거나 저항적 주체화의 가능성을 제공함.
③ 영화와 드라마의 영웅을 모방하는 어린이·청소년의 정체성 형성과정은 미디어 생애사 탐구를 통해 이해 가능함.

Theme 166-1 푸코의 장치

Ⅰ 의의

① 푸코의 장치 개념은 아감벤과 들뢰즈의 장치 및 배치 이론에 사상적 영향을 미친 개념임.
② 아감벤에 따르면, 장치는 푸코 사유 전체에서 중요한 의미를 지님.
③ 푸코가 1970년대 중반 이후 장치 개념을 사용한 이유는 인간의 지배와 통치전략에 대한 관심 때문임.

Ⅱ 장치

1. 의의

① 장치의 어원은 배열, 배치, 조화로운 구조 등을 의미하는 라틴어 '디스포지티오(dispositio)'에서 유래함.
② 장치 개념 속에는 특정한 배열이나 배치 방식이 포함됨.
③ 푸코는 1970년대 저술에서 장치 개념을 등장시킴.
④ 「감시와 처벌」에서 제레미 벤담(Jeremy Bentham)의 판옵티콘(panopticon)을 장치의 기능을 설명하는 예시로 제시함.

2. 원형감옥

(1) 개념

① 원형감옥은 지하감옥의 원리를 전도시킨 구조로 감금 기능만 유지함.
② 중앙의 탑에 감시인을 배치하고 각 독방에 광인, 병자, 죄수, 노동자, 학생 등을 감금함.
③ 지하감옥과 달리 역광선 효과를 활용해 감금된 자들의 윤곽이 감시되도록 설계됨.
④ 권력 행사자의 존재보다 신체, 표면, 빛, 시선 등의 메커니즘이 권력관계를 자동적으로 작동시킴.

(2) 기능

① 판옵티콘은 감시자의 존재 여부와 상관없이 감시권력이 지속적으로 작동하는 구조를 가짐.

② 죄수들은 감시 여부를 인식하지 못한 채 자기검열을 수행하며 '죄수'로 주체화됨.

③ 이러한 자기검열 기제는 루이 14세 시대 베르사유 동물원의 구조에서도 발견됨.

④ 베르사유 동물원은 중앙의 2층 팔각형 별채에서 왕이 동물을 관찰하는 구조로 설계됨.

⑤ 판옵티콘은 이러한 구조를 재현하며 개별화한 관찰, 특징 표시와 분류, 공간의 분석적 배치를 통해 기능함.

⑥ 차이점은 인간이 동물 대신 감금되고, 국왕 대신 은밀한 권력장치가 작동하는 점임.

(3) 감시장치

① 벤담의 판옵티콘은 '왕립 동물원'의 구조를 재현하면서 감시장치로 기능함.

② 훈육, 처벌, 기술 훈련, 격리 교육 등을 수행하는 기제로 작동함.

③ 감시장치는 특정 개인이 아닌 권력 시스템에 의해 자동적으로 작동함.

④ 피감시자의 자기검열을 통해 권력관계가 지속적으로 유지됨.

⑤ 감시장치는 신체 감금과 사회적 배제를 통해 일반인 조차 피감시자로 주체화하는 규칙성을 지님.

⑥ 푸코는 권력 시스템이 신체 감금을 통해 주체를 구성하는 방식에 주목함.

3. 성적 욕망의 장치

(1) 개념

① 「성의 역사 1: 앎의 의지」에서 푸코는 성 장치의 기능을 담론과 지식권력 차원으로 확장함.

② 성 장치는 성을 일정한 틀 안에서 생산하고 조절하는 기제로 작동함.

③ 성 장치는 제도, 실천, 담론을 통해 성을 관리하고 생산함.

(2) 고해성사

① 중세 기독교의 고해성사는 성 장치로 기능함.

② 14세기 이후 금욕, 심령수업, 신비주의 등이 강조됨.

③ 라테라노 종교회의 이후 고백 의무화가 시행됨.

④ 개인의 은밀한 성 고백은 성적 진리를 검사하는 검열 장치로 작동함.

(3) 지식권력의 역할

① 역사적 변화에 따라 신체 자체보다 지식권력이 장치를 통해 작동하게 됨.

② 신체 감금과 감시에서 지식 권력 효과를 통한 통제로 변화함.

4. 근대적 성 기술체계

(1) 의의

① 18세기 말 새로운 성 기술체계가 형성됨.

② 성 장치는 어린이와 여성의 신체, 쾌락, 성관계를 관리하고 통제하는 역할을 수행함.

③ 종교적 죄 개념이 질병 개념으로 변화하며 성 장치는 위생 및 건강 관리와 결합됨.

(2) 성 장치로 작동하는 세 가지 학문 분야

① 어린이의 성적 욕망을 관리하는 교육

② 여성의 성적 생리를 관리하는 의학

③ 출산 조절을 관리하는 인구통계학

5. 소결

① 판옵티콘과 같은 감금 장치는 신체의 규율과 감시를 위한 권력관계를 작동시킴.

② 장치는 단일한 실체가 아닌 '이질적 집합' 혹은 '구성체'의 형태를 띰.

③ 성 장치는 초기의 규율과 훈육 기능을 넘어 지식권력과 결합하여 주체를 관리하고 통제함.

④ 성 장치는 교육, 의학, 인구통계학, 생물학 등의 학문과 결합하여 성 담론을 형성함.

⑤ 장치는 신체의 규율과 감시뿐만 아니라 지식권력과 결합하여 주체를 구성함.

Theme 166-2 아감벤의 장치

I 의의

① 아감벤은 푸코의 장치 개념을 일상생활 영역으로 확장함.

② 장치의 개념적 정의와 장치의 세속화를 통한 저항의 가능성을 제시함.

II 장치 개념과 일상생활

1. 푸코의 장치 개념

① 장치는 담론과 비담론적 영역을 포함하는 네트워크 또는 구성체임.

② 감옥, 정신병원, 학교, 공장, 규율, 법적 조치 등이 포함됨.

③ 개인의 신체를 규율하고 특정 권력관계를 형성하여 감시, 관리, 통제 기능을 수행함.

2. 아감벤의 장치 개념

① 푸코의 장치를 일상생활 영역으로 확장함.
② 펜, 글쓰기, 문학, 철학, 농업, 담배, 인터넷 서핑, 컴퓨터, 휴대전화 등이 장치로 포함됨.
③ 장치는 생명체의 몸짓, 행동, 의견, 담론을 포획·지도·규정·차단·주도·제어·보장하는 능력을 가짐.

3. 푸코와 아감벤의 차이점

① 푸코는 권력과 명백히 접속된 장치를 분석함.
② 아감벤은 일상적으로 권력과 접속되는 장치를 분석함.
③ 푸코는 권력관계와 주체화 과정을 중시함.
④ 아감벤은 장치의 통치와 지배 전략뿐만 아니라 '열림'과 해방 전략을 고려함.

4. 장치들의 '열림' 전략

① 장치들은 기술, 도구, 물품 등을 활용하여 해방 가능성을 실현할 수 있음.
② 장치의 핵심 과제는 장치에 의해 포획되고 분리된 것을 공통의 사용으로 되돌리는 것임.
③ 모든 장치의 뿌리에는 행복에 대한 인간의 욕망이 존재함.

5. 장치의 세속화 문제

① 장치를 단순히 올바르게 사용하는 것으로는 포획과 분리 방식을 간파할 수 없음.
② 장치에는 각각 정해진 주체화(탈주체화) 과정이 대응됨.
③ 장치들의 해방 전략에서 가장 긴급한 사안은 장치의 세속화 문제임.
④ 장치 안에 포획된 것을 공통의 사용으로 되돌리는 것이 중요한 과제임.

Ⅲ 세속화 전략

1. 세속화의 개념

① '봉헌하다'(sacrare)는 법적 영역에서 사물을 분리하는 것임.
② '세속화하다'(profanare)는 사물을 인간이 자유롭게 사용하도록 돌려주는 것임.

2. 세속화와 종교

① 종교는 사물, 동물, 사람, 장소 등을 공통의 사용에서 분리하여 성역화함.
② 희생제의에서 제물의 일부는 신을 위해 비축되고, 나머지는 인간이 세속적으로 사용함.

3. 세속화의 현대적 사례

① 근대 학문과 문화는 종교적 요소를 세속적으로 전환한 사례임.

② 죄, 구원, 양심 등의 개념이 교육, 의학, 인구통계학 등의 지식권력 장치로 계승됨.

4. 벤야민의 세속화 비판

① 벤야민은 근대 학문과 문화가 세속화된 것이 아니라 신학적 유산의 대용물이라고 비판함.
② 정치철학, 목적론적 역사관 등이 신학적 모델을 답습한 사례임.

5. 아감벤의 환속화 개념

① 환속화는 성스러운 힘을 다른 세속적 영역으로 옮기는 억압의 형식임.
② 천상의 군주제를 지상의 군주제로 대체하는 것은 신학적 힘을 정치적 힘으로 환속하는 것임.

6. 세속화와 환속화의 차이점

① 환속화는 권력장치의 힘을 유지하는 반면, 세속화는 권력장치를 비활성화함.
② 세속화는 성역화된 영역을 공통의 사용으로 돌려놓는 것임.

7. 놀이와 세속화

① 경제, 법, 정치의 기존 사용법이 정지될 때 새로운 행복의 가능성이 열림.
② 어린이가 낡은 물건을 가지고 노는 것처럼, 경제·전쟁·법도 놀이를 통해 세속화됨.
③ 자동차, 총기, 법적 계약 등이 장난감처럼 변할 수 있음.

8. 미디어 장치와 세속화

① 포르노그래피는 에로틱한 행동을 본래의 목적에서 분리하여 인간의 세속화 가능성을 무력화함.
② 패션쇼는 얼굴표정을 자유롭게 표현하기보다는 특정 표정으로 제한함.
③ 미디어 장치는 언어활동의 세속적 힘을 무력화하고 새로운 말과 행동의 가능성을 차단함.
④ TV, 라디오 등은 개인과 집단의 표현 가능성을 통제하여 특정한 주체의 모습을 규정함.

Ⅳ 전시가치의 메커니즘

1. 전시가치의 개념

① 벤야민은 「기술복제시대의 예술작품」에서 전시가치 개념을 제시함.
② 기술복제 매체는 예술작품의 제의가치를 붕괴시키고 전시가치를 확장함.
③ 사진과 영화는 아우라를 붕괴시켜 새로운 예술적 기능을 창출함.

2. 아감벤의 전시가치 분석

① 전시가치는 사용가치도, 교환가치도 아닌 제3의 항임.

② 대표적 사례로 인간 얼굴이 전시되는 패션모델과 포르노그래피가 있음.

③ 직업적 얼굴표현은 감정을 차단하고 전시를 목적으로 함.

3. 전시가치의 권력적 기능

① 포르노그래피와 패션쇼는 에로틱한 표정과 행동을 포획하여 소비를 위해 사용함.

② 권력장치는 개인의 행동을 주체화하는 동시에 특정 영역에서 포획함.

③ 중요한 과제는 권력장치가 분리·포획한 사물과 장소의 사용 가능성을 되찾는 것임.

Theme 167 포스트휴먼 담론의 지형과 문제설정

Ⅰ 의의

① 포스트휴먼 담론은 인간－기계 융합에 대한 다양한 사유를 포함함.

② 주요 입장으로 트랜스휴머니즘, 비판적 포스트휴머니즘, 철학적 미래학의 포스트휴머니즘, 들뢰즈와 과타리의 사건－의미론에 기반한 기계 배치 동학, 키틀러의 기록 시스템과 연관된 '아상블라주' 사유 등이 존재함.

구분	이론가	주요 입장
트랜스휴먼	닉 보스트롬 (Nick Bostrom), 레이 커즈와일 (Ray Kurzweil), 한스 모라벡 (Hans Moravec) 등	• 인간과 기계, 인간과 정보의 융합을 통해 육체적 한계인 노화, 질병, 죽음, 공간 제약 등을 극복하는 '포스트휴먼' 주장 • 인간의 사이보그화로 정의되는 인간종의 진화, 포스트휴먼화를 근대적 계몽의 일환으로 간주 • 포스트휴먼으로 이행하는 기술의 발전을 낙관
비판적 포스트휴먼	캐서린 해일스 (Katherine Hayles), 닐 배드밍턴 (Neil Badmington), 캐리 울프(Cary Wolfe), 스테판 헤어브레히터 (Stefan Herbrechter), 로지 브라이도티 (Rosi Braidotti) 등	• 해체론적, 정신분석학적 작업에 기초 • 인간/비인간(포스트휴먼)의 경계 자체의 불확실성, 오염관계. • 포스트휴머니즘 내의 인간중심주의 유령을 불러내어 해체 • 인간의 포스트휴먼화를 인간종의 발전적 진화가 아닌 불투명한 '인간' 개념의 시각에서 접근
철학적 미래학의 포스트휴먼	질베르 시몽동 (Simondon), 장－프랑수아 리오타르 (Jean-François Lyotard), 마누엘 데란다 (Manuel De Landa), 윌리엄 맥닐 (William McNeill), 제레드 다이아몬드 (Jared Diamond) 등	• 인간－기계의 관계를 상호 협력적인 공진화로 이해 • 포스트휴먼의 발생적 조건과 의미를 비인간적인 우주론적 자연의 개체발생적 과정 속에서 조망하고, 포스트휴먼 논의를 사이보그 모델 너머로 확장, 존재론적으로 심화 • 기술은 인간의 잠재력을 현실화하고 인간 사회의 새로운 구조화를 위한 매체임
아상블라주의 포스트휴먼	질 들뢰즈(G. Deleuze), 펠릭스 과타리 (F. Guattari), 키틀러(F. Kittler, 1986)	• 인간－기계의 구분을 벗어나 '욕망기계'(들뢰즈와 과타리)나 '정보기계'(키틀러)로 명명함 • 기계들의 접속과 아상블라주를 강조하거나 기록시스템의 한 구성요소로서 미디어와 이용자들의 연결 관계 등을 분석

Ⅱ 트랜스휴먼의 입장

1. 트랜스휴먼의 개념과 특징

① 닉 보스트롬, 레이 커즈와일, 한스 모라벡 등이 트랜스휴먼 이론을 주장함.

② 인간의 육체적 한계를 극복하기 위해 인간과 기계, 인간과 정보의 융합을 적극 옹호하는 기술 낙관론적 입장에 근거함.

2. 트랜스휴먼과 근대 계몽 사상

① 인간의 사이보그화 및 포스트휴먼화 경향을 근대 계몽의 연장선으로 간주함.

② 합리적이고 자율적인 주체로서의 인간 역량 확장을 위해 포스트휴먼으로의 이행을 긍정적으로 수용할 필요가 있음.

Ⅲ 비판적 포스트휴머니즘

1. 인간중심주의에 대한 비판적 관점

① 비판적 포스트휴머니즘 이론가들은 트랜스휴머니즘의 데카르트적 인간중심주의 및 자유주의적 휴머니즘을 비판함.

② 대표적 학자로 캐서린 해일스, 닐 배드밍턴, 캐리 울프, 스테판 헤어브레히터 등이 있음.

③ 헤어브레히터는 포스트구조주의의 반휴머니즘적 관점을 계승하여 인간중심주의, 종차별주의, 보편주의 등을 비판하며 새로운 휴머니즘으로서의 포스트휴머니즘을 도출하는 전략을 제시함.

④ 해일스는 기술을 매개로 신체화된 실재를 기반으로 한 포스트휴먼의 가능성을 모색함.

2. 신체성을 강조하는 사유

① 비판적 포스트휴머니즘 이론가들은 데카르트의 코기토 논리를 비판하고 신체성을 강조하는 입장을 견지함.

② 로지 브라이도티는 페미니즘적 입장에서 '체현된 주체'를 조명하며, 푸코의 계보학적 방법을 차용하여 성(gender)의 차이를 통한 주체 구성 방식을 분석함.

③ 인간과 비인간, 포스트휴먼의 경계에 대한 불확실성 문제를 제기하며, 포스트휴머니즘 내의 인간중심주의적 요소를 다양한 이론적 논박을 통해 접근함.

Ⅳ 철학적 미래학의 관점

① 시몽동과 리오타르는 인간−기계 관계 설정을 중심으로 포스트휴먼을 논의함.

② 리오타르는 컴퓨터 과학과 수행자로서의 주체 행위를 강조함.

③ 시몽동은 기술적 소외와 정보 소통 문제 해결을 위해 '인간과 기계의 앙상블'을 대안으로 제시하고, 기술문화 교육의 중요성을 강조함.

Ⅴ 인간−기계의 아상블라주와 시스템을 강조하는 입장

① 키틀러는 인간을 '소위 인간' 혹은 '정보기계'로 규정하며 미디어 문화와 철학적 사유를 연관시킴.

② 인간−기계의 이원적 구분을 넘어서 '욕망 기계'(들뢰즈와 과타리) 및 '정보기계'(키틀러)로 인간과 기계의 관계를 정의함.

③ 인간중심주의를 비판하며, 근대적 주체관의 해체를 시도함.

Theme 168 포스트휴먼의 주체성 생산과 정동의 윤리 역량

Ⅰ 의의

1. 시몽동과 들뢰즈·과타리의 기계 개념 비교

① 시몽동의 기계는 '기술성이 개체 수준에서 표현된 기술적 대상'이며, 들뢰즈·과타리의 기계는 '이질적인 항들의 이웃하는 관계'로서 공명의 효과를 형성하는 개념임.

② 두 개념의 차이는 인간과 기계의 관계를 기술적 기계에 초점을 두는지, 혹은 모든 물질적 신체와 기계들의 작동 방식까지 포괄하는지에 따라 나타남.

③ 과타리의 '이질발생'에 대한 기계론적 사유에서 구체화됨.

2. 기계론과 기계학의 차이

① 기계학은 자기 폐쇄적이고 정태적인 기술의 지식 체계를 다루는 반면, 기계론은 기계들의 밀어내기, 선택, 배제와 같은 이질적인 차이의 생성 방식을 다룸.

② 기계의 출현은 동형성(同形性)의 원리에 근거한 구조가 아니라, 상이하고 이질적인 형태로 발전시키는 '타자성'의 차원을 포함함.

Ⅱ 인간−기계의 앙상블

1. 인간−기계 관계의 조정

① 시몽동은 인간−기계의 관계를 '인간 기계의 앙상블'을 지향하는 것으로 설명함.

② 기술만능주의나 기술 관료적 태도를 탈피하고, 오케스트라의 지휘자 혹은 '기계들을 연결하는 살아있는 통역자'의 역할을 수행해야 한다고 강조함.

2. 기술문화 교육의 필요성

① 인간−기계의 협력적 연대를 통해 인간의 삶을 조정할 수 있는 새로운 기술문화 교육이 필요함.

② 생물학적 '개체'가 아니라 개체초월적 집단 형성을 통해 '주체'가 될 것을 강조함.

Ⅲ 기계들의 공명과 정동

1. 기계들의 접속과 생산

① 들뢰즈와 과타리는 기계들의 공명과 정동을 강조함.

② 기계는 접속을 통해 욕망을 생산하며, 각각의 기계는 '절단의 체계'로서 작동함.

③ 예를 들어, 입기계는 다양한 음식 기계, 식도 기계, 전화기 등과 만나면서 '먹는 기계', '위 기계', '말하는 기계' 등으로 기능함.

2. 개체초월적 집단성과 기술적 흐름

① 기계는 하나의 전체화된 세계가 아니라, 선험적인 장에서 다양한 흐름을 생산함.

② 이에 따라 기술적 기계뿐만 아니라 이론적, 사회적, 예술적 기계들로 분화됨.

3. 기계적 이질 발생과 주체성 생산

① 기계적 이질 발생과 차이의 생성은 하나의 통합된 기표나 통념에 고정되지 않음.

② 새로운 욕망의 생산을 위해 자기복제를 수행하며, 인간−기계의 수평적 관계 형성의 필요성이 제기됨.

③ 형식적 균형이 아니라 기계들의 접속과 흐름, 절단의 작동을 전제로 할 때 새로운 주체성 생산의 전망이 가능해짐.

Ⅳ '인간 기계 앙상블'을 위한 디지털 역량

1. 인간 – 기계의 공진화와 삶 – 정치

① 인간 – 기계의 공진화는 경제적 이윤 추구의 수단이 아니라 삶 – 정치를 실현하기 위한 공동체의 발명 역량으로 활용되어야 함.

② 시몽동에 따르면, 윤리적, 기술적, 과학적 발명은 처음에는 인간의 해방과 재발견의 수단이었다가, 역사적 진화를 거치며 인간을 제한하고 복종시키는 도구로 변질됨.

2. 라투르의 '사물 정치'

① 라투르는 시몽동의 기술철학을 구체화하며, '사물 정치'를 제안함.

② 디지털 기술을 비전문가 대중의 의견을 전달하는 도구로 활용하여, 대변자들의 합법적 참여와 사물들의 대변 절차를 보장하는 방식에 초점을 둠.

③ 비전문가와 전문가, 객관과 주관, 사실과 가치의 이원적 경계를 해체하고, 혼종적인 공론장과 협상의 행위자 – 네트워크(ANT, actor – network theory)를 실현하고자 함.

④ 이는 인간 – 기계 앙상블의 역량을 표출하는 사례로 볼 수 있음.

Theme 169 포스트휴먼 감수성

Ⅰ 의의

1. 기술적 진보와 네트워크화

① 정보 공학, 로봇공학, 인공지능(AI), 나노기술, 생명공학 등의 융합으로 제4차 산업혁명 발생.

② 사물인터넷(IoT)의 핵심 기술인 네트워크와 센싱 발전.

③ 2030년까지 100조 개의 센서가 지구상에 설치될 예정.

④ 모든 존재는 네트워크 속에서 상호작용하며 경계가 허물어지는 과정 진행.

2. 포스트휴먼 시대의 도래

① 딥러닝 등으로 기계의 지능화 진행.

② 인간의 기계화 및 사이보그적 존재로의 발전.

③ 인간과 기계의 경계가 사라지는 현상 발생.

④ 서구 휴머니즘의 인간 중심적 사상 탈피 필요.

⑤ 인간이 아닌 존재들과의 관계성에 대한 새로운 성찰 요구.

Ⅱ 로지 브라이도티의 포스트휴먼 주체

1. 포스트휴먼

(1) 의의

① 제4차 산업혁명 시대의 초지능화, 초연결화 진행.

② 머신러닝과 딥러닝을 통한 인공지능의 자율적 학습 및 문제 해결 능력 향상.

③ 사물인터넷(IoT) 기술을 통한 인간과 사물, 데이터 간 상호 소통 증가.

④ 빅데이터 환경에서 인간의 경험과 행위가 알고리즘으로 기록됨.

⑤ 인간과 기계의 융합으로 포스트휴먼 개념 등장.

(2) 인간의 한계를 뛰어넘는 '탈인간'

① 'post'는 시기적으로 이후를 의미하며 기존 개념을 극복하는 의미 포함.

② 포스트휴먼 개념은 인간을 포함하면서도 한계를 뛰어넘는 '탈인간' 의미.

③ 포스트휴먼의 유형: 신체변형 사이보그(인간 – 기계), 로봇 · AI(기계 – 인간), 복제인간(생물 – 인공).

(3) 포스트휴먼적 조건

① 인공지능, 네트워크, 가상현실 증강 기술을 통해 인간의 디지털적 존재화 진행.

② 로버트 페퍼렐은 이를 '포스트휴먼적 조건'으로 명명.

③ 새로운 주체성 및 윤리적, 철학적 변화 요구.

④ 포스트휴머니즘의 등장으로 이어짐.

2. 로지 브라이도티의 포스트휴먼 주체

(1) 로지 브라이도티의 배경

① 네덜란드 거주, 이탈리아 출생, 호주 성장.

② 유목적 경험을 통해 다문화주의와 정체성 문제 인식.

③ '유목적 주체' 개념을 제시하며 비단일적 정체성 강조.

(2) 휴머니즘의 문제점

① 브라이도티는 휴머니즘의 쇠락을 인정하며 새로운 주체이론 필요 주장.

② 휴머니즘은 인간중심주의, 유럽중심주의, 남성중심주의 성격 보유.

③ 인간의 단일주체성이 이분법적 대립을 초래하며 타자 배제 문제 발생.

④ 인종, 성별, 계급뿐만 아니라 테크놀로지 접근성 차이로 인한 새로운 타자 형성.

⑤ 과학기술 발전으로 인해 인간중심주의를 벗어나 포스트휴먼 주체 재정의 필요.

(3) 조에(zoe) 중심의 평등주의

① 포스트휴먼 주체는 다수의 타자들과의 관계에서 생성.

② 브라이도티는 '조에 중심의 평등주의' 개념 제시.

③ 일원론적 철학과 연계되며 타자들과의 비위계적 관계 형성.

(4) '차이'와 '비일자성'

① 생명공학과 유전공학 기술로 인해 주체 개념의 혼란 발생.

② 선진 자본주의가 기술을 이용하여 살아있는 존재들을 통제.

③ 여성, 동식물, 유전자 등을 상품화하며 착취 진행.

④ 브라이도티는 리좀학(Rhizomatique)을 통해 이분법적 대립을 극복하고 연결성 강조.

⑤ '일자(一者)' 개념은 억압적이므로 '비일자' 개념과 차이의 철학을 통해 재구성.

⑥ 차이화 개념을 활용하여 포스트휴먼 주체 구성 및 윤리적 책임 강조.

⑦ 들뢰즈와 과타리의 '-되기' 개념을 적용하여 새로운 공동체 형성 가능.

⑧ 인간과 비인간 타자들과의 상호의존성을 통해 인간 재정의 필요.

⑨ 포스트휴먼 조건을 탐색하는 항해 도구로 활용해야 함.

Ⅲ 포스트휴먼 감수성

1. 의의

(1) 감수성의 개념

① 감수성은 외부 세계의 자극을 받아들이고 느끼는 성질을 의미함.

② 감수성은 외부 자극을 수용하는 과정에서 이해와 감정이입을 포함함.

③ 새로운 세계와 마주했을 때 몰입과 감정이입을 통한 공감이 중요함.

(2) 포스트휴먼 감수성

① 포스트휴먼 주체는 인간 중심적 태도를 탈피하고, 생태적 환경 속에서 포스트휴먼 존재들과 관계를 맺으며 타자에 대한 공감을 포함함.

② 포스트휴먼 감수성은 인간과 비인간, 생명과 인공생명의 경계가 흐려지는 상황을 이해하고, 포스트휴먼 존재들과 공감할 수 있는 역량을 의미함.

③ 포스트휴먼 감수성은 관계망 속에서 상호작용하며 포스트휴먼 주체성을 형성하는 데 기반이 됨.

2. 생기론적 유물론

(1) 브라이도티의 관점

① 브라이도티는 생명을 인간을 넘어 발생적이고 역동적인 힘인 '조에'로 봄.

② 생명은 이원론적 존재가 아닌 일원론적 관점에서 바라보아야 하며, 이를 '생기론적 유물론'이라 함.

③ 생기론적 유물론은 인간중심주의를 극복하기 위한 포스트휴먼 감수성의 핵심임.

(2) 포스트휴먼 주체 모델

① 브라이도티는 포스트휴먼 주체 모델을 탈-인간중심주의적 조건을 토대로 모색함.

② 그녀는 '동물-되기', '기계-되기', '지구-되기'를 통해 자아와 타자의 관계를 새롭게 구성함.

(3) '-되기' 개념과 들뢰즈의 존재론

① '-되기' 개념은 들뢰즈와 과타리의 개념에서 차용됨.

② 들뢰즈는 세계를 초월적 일자와 다자로 나누는 고전 철학을 비판하고, '존재의 일의성'을 주장함.

③ '-되기'는 존재의 표현을 통해 내용과 형식의 관계를 통합하는 실천적 방법을 제공함.

(4) '낯설게 하기' 전략

① '동물-되기'에서 동물의 특성을 파괴하고 변형하는 과정을 통해 새로운 차원에 도달할 수 있음.

② 브라이도티는 '낯설게 하기' 전략을 제안하며, 이는 비판적 거리를 두어 주체가 스스로의 위치를 재설정하도록 하는 방법임.

③ 이는 차이를 인정하는 일원론적 개념으로, 폭력적 통합이 아닌 다양한 존재의 공존을 지향함.

3. 동물-되기

(1) 인간과 동물의 관계

① 인간에게 동물은 익숙하고 필요한 존재이나, 동물의 관점에서는 인간과의 친밀성이 위험을 내포함.

② 루이스 보르헤스의 분류에 따르면, 인간과 동물의 관계는 '오이디푸스적 관계', '도구적 관계', '환상적 관계'로 구분됨.

(2) 동물의 대상화

① 오이디푸스적 관계에서 인간은 동물의 신체에 습관적으로 접근하고 소비함.

② 자본주의 사회에서 동물은 거래되고 소비되는 신체로 취급됨.

(3) 조에평등성

① 브라이도티는 인간과 동물의 관계에서 이원론을 버리고 조에평등성을 주장함.

② 인간과 동물 사이의 권력 차이를 인식하고, 포스트휴먼 조건이 윤리적 변화를 요구한다고 강조함.

4. 지구-되기

(1) 개념

브라이도티는 '지구-되기'를 지구행성적 관점에서의 탈
-인간중심주의적 선회로 정의함.

(2) 인류세와 생태 문제

① '지구-되기'는 인류세 시대의 도래를 자각하고 기후
변화 및 환경 문제를 중심으로 다룸.

② 인류세는 인간이 지구 전체에 영향을 미치는 지질학
적 세력임을 의미함.

③ 기술화석 개념과 기후변화로 인해 탄소, 질소, 인 순
환의 변동과 해수면 상승이 발생함.

(3) 인간중심적 자연관의 문제

① 인류세 시대는 인간 행위에 대한 비판적 성찰을 요구함.

② 서구에서 자연은 인간의 대상으로 여겨졌으며, 자본
과 기술에 의해 상품화되어 왔음.

(4) 지구중심적 사유

① 브라이도티는 지구를 중심으로 한 주체성의 재구성을
주장함.

② 기술이 자연을 파괴했다는 관점은 이분법적 태도로,
자연과 인공물의 관계를 재개념화해야 함.

③ 그는 인간, 동물, 지구를 포함하는 횡단적 주체성을
강조함.

(5) 조에 중심의 평등주의

브라이도티의 '조에 중심의 평등주의'와 '지구-되기' 개
념은 생명과 자연을 새롭게 바라보는 방식을 제안함.

5. 기계-되기

(1) 의의

① 유전공학과 정보기술의 발전으로 인간과 기술적 타자
의 경계가 흐려짐.

② 기술은 탈-인간중심주의를 유발하며, 자연과 인공,
유기체와 비유기체의 경계를 재설정해야 함.

③ 브라이도티는 기술을 생기론적 관점에서 바라보며,
'기계-되기'를 제시함.

④ '기계-되기'는 기술을 단순한 도구로 보는 것이 아니
라 즐거운 관계로 변환하는 개념임.

(2) 자기생성적 주체화

① '기계-되기'는 주체가 다수의 타자와 유대하며, 기술
로 매개된 환경과 융합하는 존재임을 의미함.

② 과타리는 기계와 기술적 타자도 자기생성이 가능하다
고 봄.

③ 자기생성적 주체화는 인간과 기계를 모두 설명하며,
창발성과 자기조직화 개념을 포함함.

④ 기계 생명은 작은 단위체들이 모여 창발적인 힘을 발
휘하고, 이는 디지털 기술과 합성생물학에서 나타남.

(3) 자기생성과 탈-인간중심주의

① 자기생성 여부가 생명의 의미를 결정하며, 기계는 지
능적이면서 발생적인 존재로 인식됨.

② 기계의 자기생성은 세계를 탈-인간중심적으로 바라
보는 가능성을 제시함.

심층 연계 내용 사이보그(Cyborg)

1. 정의
생물 본래의 기관과 같은 기능을 조절하고 제어하는 기계 장
치를 생물에 이식한 결합체를 의미함.

2. 연구 배경
① 생물체가 일하기 어려운 환경에서의 활동을 목적으로 연
구됨.
② 전자 의족, 인공 심장, 인공 콩팥 등 의료 분야에서도 연구
가 진행됨.

심층 연계 내용 아이작 아시모프의 로봇 3원칙

1. 개요
① 로봇공학의 삼원칙(Three Laws of Robotics)은 미국 작가
아이작 아시모프가 제안한 로봇의 작동 원리임.
② 1942년 발표된 단편 「Runaround」에서 처음 언급됨.
③ "서기 2058년 제56판 로봇공학의 안내서"에서 세 가지
원칙이 인용됨.

2. 로봇 3원칙
① 제1원칙: 로봇은 인간에게 해를 가하거나, 행동하지 않음
으로 인해 인간이 해를 입도록 해서는 안 됨.
② 제2원칙: 로봇은 인간이 내리는 명령에 복종해야 하며,
단, 해당 명령이 제1원칙에 위배될 경우 예외로 함.
③ 제3원칙: 로봇은 자신의 존재를 보호해야 하며, 단, 그러
한 보호가 제1원칙과 제2원칙에 위배될 경우 예외로 함.

Theme 170 인간을 넘어선 인간

Ⅰ 수확 가속의 법칙: 기술 발전의 속도 가속화

1. 레이 커즈와일의 예측

① 정보 기반 기술은 2010~2030년 사이에 인간의 지
식, 문제 해결 능력, 감정 및 도덕적 지능을 초월하는
수준으로 발전할 것임.

② 일반적인 미래 예측 방식은 현재의 변화 속도를 기준
으로 향후 변화를 예상하는 방식이므로 미래의 발전
속도를 과소평가하는 원인이 됨.

③ 커즈와일은 기술 변화 속도가 일정하지 않고 기하급
수적으로 증가한다고 주장함.

2. 무어의 법칙

① 인텔 공동 설립자 고든 무어가 1965년 주장한 법칙으로, 집적회로 내 트랜지스터 수가 2.7년마다 두 배씩 증가하는 현상을 설명함.

② 반도체 회로의 선폭이 5.4년마다 반으로 줄어들어 가격이 낮아지고 처리 속도가 급증하는 결과를 초래함.

③ 인텔 프로세서의 트랜지스터 개수는 24개월마다 2배로 증가함.

3. 수확 가속 법칙

① 커즈와일은 무어의 법칙을 정보기술 및 전반적인 기술 영역으로 확장하여 '수확 가속 법칙'이라 명명함.

② 수확 가속 법칙은 기술 진화가 가속적이며 그 산물이 기하급수적으로 증가하는 현상을 설명하는 이론임.

Ⅱ 특이점과 GNR 혁명

1. 특이점

① 기술 발전이 기하급수적으로 증가하여 무한대 속도로 발전하는 단계임.

② 천체물리학의 블랙홀 개념과 유사한 기술 발전 단계를 의미함.

③ 커즈와일은 특이점을 인류 역사의 구조를 단절시키는 순간으로 정의함.

2. GNR 혁명

(1) 의의

① 특이점 도달을 위해 유전학(G), 나노기술(N), 로봇공학(R)의 혁명이 필요함.

② 2005년 기준, 인류는 유전학 혁명(G) 단계에 있음.

③ 각 혁명은 앞선 혁명의 한계를 극복하는 방식으로 진행됨.

(2) 유전공학 혁명과 나노기술 혁명

① 유전공학 혁명으로 DNA 기반 생물학 원리를 완벽히 파악하면, 생물학적 도구만으로는 한계를 맞게 됨.

② 나노기술을 통해 몸과 뇌, 세상을 분자 수준에서 재조립하여 문제를 극복함.

③ 로봇공학 혁명의 등장으로 나노기술 발전이 초래한 문제를 해결함.

(3) 로봇공학 혁명

① GNR 혁명의 마지막 단계로, 인공지능의 출현과 연결됨.

② 특이점 이후 기계가 기계를 설계하고 발전시키는 단계로 넘어감.

③ 초지능 기계의 탄생은 인간이 만든 마지막 발명품이 될 것이라는 어빙 존 굿의 예측과 일치함.

④ 생물학적 진화 및 기술 진화를 잇는 필연적 발전 과정임.

Ⅲ 유전학: 인간은 물질이 아니라 정보다

1. 유전공학과 인간 수명 연장

① 유전학자 오브리 디 그레이는 유전공학을 건물 관리에 비유함.

② 건물의 수명은 유지·보수 방식에 따라 달라지며, 인간도 생물학적 정보 처리 개입을 통해 수명을 무한히 연장할 수 있음.

2. 유전자 조작과 생화학 반응 조절

① 유전공학 실현을 위해 생화학 반응 과정에 대한 지식이 필수적임.

② 유전자 발현을 통제하고, 세포핵에 새로운 DNA를 주입하여 유전자를 조작함.

③ 질병 유발 유전자를 억제하고 노화를 늦추는 유전자를 도입하는 방식이 활용됨.

④ RNA 간섭 기술을 통해 노화 유전자를 억제하는 방법이 적용됨.

Ⅳ 나노기술: 신체를 마음대로 변형하라

1. 분자 조립자

(1) 개념

① 분자 조립자는 1986년 에릭 드렉슬러의 저서「창조의 엔진」에서 제시된 개념임.

② 물리학과 화학의 법칙을 따르며 거의 모든 물질을 제작할 수 있는 도구임.

(2) 구성 요소

① 컴퓨터, 명령구조, 팔을 가진 분자 로봇으로 구성됨.

② 분자 부품을 조작할 화학 반응이 필요함.

(3) 나노봇의 기능

① 혈류를 따라 이동하며 세포 내외 독소 제거, 찌꺼기 청소, DNA 오류 수정 가능함.

② 동맥경화증 완화, 호르몬 및 대사 화학물질 수치 조절 가능함.

③ 노화 현상 및 질병 치료 가능함.

(4) 마이클 심슨의 접근 방식

① 박테리아를 '기성품 나노 기계'로 활용하는 방안 연구 중.

② 박테리아의 액체 내 이동성과 섬모 활용 가능성 탐색.

③ 박테리아 설계 원칙을 나노봇에 적용하는 방법 제시.

2. 트랜스휴머니즘

(1) 개념

① 기술을 통한 인간능력 향상을 지지하는 사상임.

② 과학기술 발전을 '인간능력 향상의 역사'로 간주함.

(2) 닉 보스트롬의 주장

① 인간은 이성을 통해 지속적으로 발전할 수 있음.

② 과학기술의 응용으로 노화 중지 및 지적, 육체적, 정신적 능력 향상 가능함.

③ 현재 인간은 발전의 최종 단계가 아닌 초기 단계에 불과함.

(3) 트랜스휴머니스트 선언

① 인간성은 과학과 기술의 영향을 받을 것임.

② 노화, 인지적 결함, 불의의 고통 극복 가능함.

③ 인간의 잠재력 확장을 목표로 함.

Ⅴ 위기에 빠진 인간 존엄성

1. 레온 카스의 비판

(1) 인간 존엄성 훼손

① 과학기술을 통한 인간능력 향상이 존엄성을 저해함.

② 인간 존엄성은 자연에서 비롯되며 본성 변화는 인간성을 저하시킴.

(2) 도덕적 위험

① 인간을 바퀴벌레처럼 변화시키든 뛰어난 존재로 변화시키든 존엄성은 위협받음.

② 트랜스휴머니즘은 인간을 도덕적 위험에 빠뜨릴 가능성이 있음.

2. 조터랜드의 비판 – 대체불가능성의 상실

① 인간 존엄성의 본질은 '대체불가능성'임.

② 기술이 획일성과 생산성을 지향함에 따라 인간의 고유성이 사라질 위험이 있음.

3. 생명윤리보수주의자의 또 다른 비판

(1) 인간의 도구화

① 유전공학 발전으로 인간 신체 변형 가능성이 증가함.

② 인간이 자연처럼 이용 대상으로 전락할 위험이 있음.

(2) 인간의 고유한 특성

① 인간은 기계처럼 생산성으로만 평가될 수 없음.

② 인간이 자연적 존재처럼 취급되는 것은 부당함.

(3) 진타인 룬쇼프의 우려

① 유전자 조작이 인간에게 적용될 가능성 존재함.

② 인간도 동물처럼 취급될 위험성이 증가함.

Ⅵ 유전자 차원으로 확장되는 불평등의 문제

1. 의의

(1) 윤리적 · 정치적 문제

① 인간 존엄성 문제는 윤리뿐만 아니라 정치적 쟁점이 됨.

② 프랜시스 후쿠야마는 인간 존엄성의 핵심을 'factor X'로 개념화함.

(2) 'factor X'의 개념

① 인간의 도덕적 선택, 이성, 감정을 가능하게 하는 요소임.

② 인간의 본질적 특질을 결정하는 요소임.

2. 유전적 귀족계급

(1) 자유민주주의와 평등 원칙 위협

① 'factor X'는 인간의 평등한 대우를 위한 근거임.

② 유전공학으로 탄생한 '유전적 귀족계급'이 평등을 깨트릴 위험이 있음.

(2) 인간 계층화의 위험

① 강화된 인간과 열등한 인간의 공존 가능성이 있음.

② 인간의 본질적 평등 개념이 붕괴될 가능성이 있음.

(3) 불평등 심화 가능성

① 스마트 약품과 기술적 기기가 부유층의 전유물이 될 가능성이 있음.

② 유전적 능력 차이가 인간 간 위계를 발생시켜 불평등을 가중시킬 위험이 있음.

Ⅶ 인공지능의 탄생: 생각이라는 전유물을 빼앗기다

1. 인공지능

(1) 강한 인공지능

① 실제로 사고하고 문제를 해결할 수 있는 인공지능을 의미함.

② 지각력과 자기 인식을 갖추며 인간과 유사한 방식으로 말하고 응답할 수 있음.

(2) 약한 인공지능

① 실제로 사고하거나 문제를 해결할 수 없지만 지능적 행동을 보일 수 있음.

② 인간의 지능을 흉내 내는 형태로, 로봇 기자 등이 해당됨.

③ 약한 인공지능 분야는 목표에 따라 상당한 발전을 이루어옴.

2. 로봇 공학

(1) 개요

① 강한 인공지능을 개발하는 주요 분야이며, 공학적으로 가장 현실적인 접근으로 평가됨.

② 인지 능력을 신체와 환경과의 상호작용 결과로 해석함.

(2) 사이버네틱스

① 제어 이론과 초기 정보 이론이 결합하여 형성된 이론임.

② 1948년 노버트 위너가 논문 「동물과 기계에 있어 사이버네틱스 또는 제어 그리고 의사소통」을 발표하며 등장함.

③ 동물과 기계에서 나타나는 의사소통과 제어를 과학적으로 연구하는 학문임.

④ 인간을 정보처리 과정으로 이해하는 관점을 제시함.

(3) 컴퓨터 로봇 공학

① 브룩스는 중앙 통제적 장치가 존재한다는 전통적 인지과학 주장을 거부하고, '체화인지'를 제안함.

② 체화인지란 말단의 행위와 반응이 인지를 통제하는 상향식 시스템임.

③ 그의 프로젝트 '코그(Cog)'는 자율적으로 학습하고 인간과 유사하게 진화하는 로봇임.

④ 프로젝트는 실패했지만, '키스멧', '레오나르도', '지보' 등 감성적 반응을 결합한 로봇 개발이 지속됨.

Ⅷ 포스트휴먼의 지능: 체화된 인지

1. 의의

(1) 체화된 인지 개념

① 브룩스와 존 설 등은 인공지능이 환경과의 상호작용 없이 논의될 수 없음을 주장함.

② 브룩스는 논문 「코끼리는 체스를 두지 않는다」에서 실제 세계와의 상호작용이 중요하다고 강조함.

③ 인간의 인지를 구성주의 또는 체화된 인지로 설명함.

(2) 마투라나와 바렐라의 연구

① 책 「인식의 나무」에서 인식 활동의 생물학적 뿌리를 추적함.

② 인간의 인식은 생물학적 구속을 고려해야 의미가 있음.

③ 인지는 자연선택과 자기 조직화 과정을 거쳐 형성됨.

④ 표상주의의 시각이 인식을 단순화하는 문제를 지적함.

2. 물리적인 토대에서 일어나는 신경 생물학적 현상으로서의 인지

(1) 인지의 본질

① 인지는 외부 존재를 기계적으로 모사하는 과정이 아님.

② 세계는 인식 주체 없이 존재할 수 없다는 유아론을 주장하지 않음.

③ 지식은 개인의 경험을 바탕으로 구성되며, 인지는 신경 생물학적 현상임.

④ 인지는 환경과의 상호작용 속에서 자기 조직화된 결과임.

(2) 학습의 중요성

① 인공지능은 학습 능력을 통해 환경과 교류하며 스스로 지능을 채움.

② 논리 구성보다 학습 방법이 인공지능 개발의 핵심 요소임.

③ 학습 과정은 단순하지 않으며 환경을 모델링하는 능력이 요구됨.

④ 정서는 시스템의 중요한 요소로, 인공지능 설계에 포함되어야 함.

⑤ 체화된 인지는 강한 인공지능 개발의 중요한 토대가 될 가능성이 있음.

Ⅸ 포스트휴먼의 신체: 생물학적 한계를 넘어선 '신체'

1. 신체성 논의

(1) 캐서린 헤일스의 관점

① 사이버네틱스 전통이 신체와 정신의 분리 가능성을 전제한다고 지적함.

② 노버트 위너가 인간의 전신 전송이 이론적으로 가능하다고 주장한 것과 관련됨.

③ 책 「우리는 어떻게 포스트휴먼이 되었는가」에서 '정보가 신체를 잃은 과정'을 분석함.

(2) 포스트휴먼과 신체

① 신체를 소외시키는 기존 사이버네틱스 관점과 신체화된 주체성 개념이 공존해 왔음.

② 포스트휴먼 기술 발전이 반드시 신체의 퇴화를 의미하지 않음.

③ 포스트휴먼은 기존 신체 개념을 확장하여 새로운 관계 속에서 논의됨.

2. 사이보그적 신체와 기술 발전

(1) 신체의 확장

① 유전공학, 나노기술, 바이오해킹 등을 통해 신체와 기술이 결합됨.

② 블루투스 칩과 뇌 이식 기술을 통해 신체와 사물이 연결됨.

③ 신체 개념의 확장이 정신/신체, 인간/자연, 자아/타자, 남성/여성의 이분법을 해체하는 계기가 됨.

(2) 튜링 테스트와 경계 설정

① 튜링은 최초의 논문에서 인간과 기계를 비교하기 전, 남성과 여성을 대조함.
② 성별 인식 과정을 논한 후, 인간과 기계 사이의 관계를 설정함.
③ 헤일스는 사이보그 개념이 기존 성별 및 주체 개념을 재구성할 수 있음을 강조함.
④ 이를 통해 여성과 소수자의 문제를 새로운 방식으로 논의할 수 있음.

Theme 171 행위자-네트워크 이론

I 의의

1. 개념 및 주요 학자

① 행위자-네트워크 이론(Actor-Network Theory, ANT)은 1980년대 초반 과학기술학(science and technology studies, STS) 연구자들인 브루노 라투르, 미셸 칼롱, 존 로에 의해 정립된 이론임.
② ANT는 세상을 이해하기 위해 비인간(그래프, 설계도, 표본, 기관, 병균 등)에 주목해야 한다고 주장함.

2. 인간과 비인간의 동맹

① 인간과 비인간이 맺는 동맹에 따라 큰 차이가 발생함.
② 힘을 가진 사람은 다양한 비인간을 길들이고 동맹을 맺으며 이들의 힘을 빌리는 존재임.
③ 과학기술(테크노사이언스)은 비인간을 의미 있는 존재로 변환하는 인간의 활동임.

3. 과학기술과 권력

① 과학기술은 권력의 속성을 이해하고 생성하는 데 필수적인 요소임.
② ANT는 번덕스러운 네트워크 개념을 활용하여 실패한 기술과 사회적 요소의 관계를 분석함.
③ ANT는 의료사회학, 지리학, 조직이론, 경영학, IT이론, 이론 금융학 등으로 확산됨.

II ANT는 학문 분야들 사이의 경계를 가로지른다.

① ANT는 자연과 사회의 경계를 가로지르며 이종적이고 잡종적인 개념을 강조함.
② 유사존재, 유사주체, 매개자 등의 개념을 활용하여 기존 경계를 무력화하는 효과를 가짐.

③ ANT가 묘사하는 세상은 복잡하고 유동적이며 상호 구성적인 잡종적 존재로 이루어짐.

III ANT는 비인간에 적극적 역할을 부여한다.

① 사회는 인간과 비인간의 복합체이며, 비인간을 제외한 순수한 사회와 자연은 상상하기 어려움.
② 자연은 비인간을 통해 변형되며 사실로 이해됨.
③ ANT에서는 비인간도 인간과 동일한 행위자(actor)로 간주됨.

IV ANT의 행위자는 곧 네트워크이다.

1. 행위자와 네트워크

① 개인의 행위능력은 자신과 네트워크로 연결된 행위자들의 상호작용에서 발생하는 관계적 효과임.
② 비인간 행위자도 이종적인 네트워크로 구성됨(예 자동차).

2. 네트워크 건설 과정으로서의 번역(translation)

(1) 개념

① 네트워크 건설 과정이 곧 번역이며, ANT의 핵심 개념임.
② 번역은 한 행위자의 이해나 의도를 다른 행위자의 언어로 치환하는 프레임을 만드는 과정임.
③ 번역 과정은 질서를 형성하는 과정임.
④ 기존 네트워크를 단절하고 새로운 네트워크로 유인하여 연결망을 형성함.
⑤ 성공적인 번역은 소수의 행위자가 다수의 행위자를 대변하는 권리를 획득하는 결과를 초래함.

(2) 번역의 4단계

① 문제제기(problematisation): 기존 네트워크를 교란하는 단계
② 관심끌기(interessement): 다른 행위자를 기존 네트워크에서 분리하고 관심을 유도하는 단계
③ 등록하기(enrollment): 행위자들에게 새로운 역할을 부여하는 단계
④ 동원하기(mobilization): 다른 행위자를 대변하며 네트워크에 포함시키는 단계

V 네트워크를 잘 기술(description)하는 것이 가장 좋은 이론이다.

1. 행위자-네트워크의 형성과 안정화

① ANT 연구자들은 행위자-네트워크가 어떻게 형성되고 안정화되었는지를 연구함.

② 인간 행위자와 비인간 행위자를 구분하고, 이들이 서로에게 미친 영향을 분석하는 것이 필요함.

2. 네트워크의 특성과 분석 방법

① ANT는 사회적 · 경제적 · 정치적 요소가 네트워크 형성에 미치는 영향을 설명하지 않음.

② 네트워크 분석 시 내부와 외부를 구분할 필요가 없음.

3. 네트워크의 구조와 예측 불가능성

① 네트워크는 내부와 외부의 구분이 없으며, 모든 지점이 경계지점이 됨.

② ANT는 일반화나 미래 예측을 지향하지 않음.

③ 각 네트워크는 독특한 특성을 가지며, 예측할 수 없는 방식으로 변화함.

Ⅵ ANT는 권력의 기원과 효과에 대해서 새로운 통찰을 제공한다.

1. 권력의 개념과 ANT의 시각

① 권력은 한 행위자가 다른 행위자를 자신의 의도대로 움직일 수 있는 힘을 의미함.

② ANT는 권력을 이종 네트워크 구축의 결과로 설명함.

③ 권력은 인간 관계뿐만 아니라 인간과 비인간의 관계에서도 발생함.

2. 네트워크와 권력 형성

① 권력은 인간 – 비인간 네트워크에서 생성됨.

② 인간은 비인간을 조직하고 통제하는 방식에 따라 더 큰 권력을 가질 수 있음.

③ 권력 기관(정부, 기업 등)은 이종 네트워크를 구축한 결과 권력을 획득함.

④ 권력은 다양한 이해관계를 협상하는 번역 능력에서 기원함.

Ⅶ ANT의 '사물의 정치학'은 민주주의를 위해 열려 있다.

1. ANT의 세계관

① ANT는 인간뿐만 아니라 비인간도 중요한 역할을 한다고 봄.

② 세계는 끊임없이 변화하며 스스로를 재구성하는 불안정한 잡종 네트워크로 이루어짐.

2. 대안적 네트워크 구축과 민주주의

① ANT는 기존 지배적 네트워크에 맞서는 대안적 네트워크 구축을 위한 문제 해결의 출발점을 제공함.

② ANT는 관련된 모든 행위자의 참여와 대변을 포함하는 과정이므로 민주적 의사결정에 기여함.

Ⅷ ANT의 주요 개념

1. 의무통과점(obligatory passage point)

① 특정 행위자가 기존 네트워크를 교란하고 다른 행위자를 자신의 네트워크로 끌어들이기 위해 반드시 거쳐야 하는 지점임.

② 행위자는 이를 통해 다른 행위자를 자신의 편으로 유도함.

2. 치환(displacement)

번역 과정에서 기록을 남기고, 이를 기반으로 다른 행위자를 이동시키는 과정임.

3. 계산의 중심(번역의 중심, center of calculation)

번역 전략을 관장하는 특정 지점임.

4. 불변의 가동물(immutable mobiles)

① 번역의 중심에 위치한 행위자가 멀리 떨어진 행위자를 지배하는 과정에서 활용됨.

② 지리적으로 먼 거리를 쉽게 이동하면서 번역의 중심의 지배력을 유지하는 역할을 함.

5. 기입(inscription)

① 네트워크를 구축하는 행위자가 다른 행위자들에게 역할을 부여하는 과정임.

② 역할 목록은 문서로 기록되거나, 기계 구조에 체화되거나, 네트워크 배열에 숨겨질 수 있음.

③ 기입된 정보는 비인간 행위자가 다른 행위자에게 특정 행동을 요구하거나 제한하는 처방(prescription)을 내리게 함.

6. 결절(punctualization)

복잡한 네트워크를 불안정하고 가변적으로 단순화하는 과정임.

I 산업혁명의 정의와 전개 과정

1. 산업혁명의 정의

① 산업혁명은 18세기 후반 영국에서 시작된 사회·경제 구조의 획기적인 변화로, 급격한 산업 생산력 증대에 기인함.

② 18세기에서 19세기 사이 유럽과 북미로 확산되었으며, 영국의 역사학자 토인비가 「18세기 영국 산업혁명 강의」에서 언급하면서 널리 사용된 개념임.

2. 산업혁명의 전개 과정

① 산업혁명은 경제·사회구조의 변혁을 촉진한 핵심 발명품의 등장 시기를 기준으로 구분됨.

② 4차 산업혁명이 등장하기 전까지 총 3차례의 산업혁명이 발생함.

③ 1차 산업혁명은 증기 기관을 기반으로 한 기계화 혁명, 2차 산업혁명은 전기를 기반으로 한 대량 생산 혁명, 3차 산업혁명은 컴퓨터를 기반으로 한 지식정보 혁명임.

[산업혁명의 전개 과정]

구분	1차 산업혁명	2차 산업혁명	3차 산업혁명
연도	1784년	1870년	1969년
주도 국가	영국	독일, 미국	미국, 일본
핵심 발명품	증기기관, 방적기	전기, 전동기 (모터)	컴퓨터, 반도체
핵심 산업	면방직 산업	자동차, 중화학, 철강	인터넷, 컴퓨터, 반도체
경제구조의 변화	• 공업 중심의 경제로 전환 • 지속적인 경제 성장으로 진입	• 대기업 중심의 경제 성장 • 후발 공업국의 산업화	• 벤처 기업이 혁신의 주체로 등장 • 세계 경제의 글로벌화
사회구조의 변화	• 노동자 계급의 성장 • 자유 민주주의 체제 성장	• 자본가의 영향력 증대 • 기술 의존도 심화	• 생활 편의 향상 • 신지식인 그룹 등장

II 4차 산업혁명의 등장

1. 독일의 '산업 4.0'

① '산업 4.0'은 독일이 제조업 경쟁력 강화를 위해 구상한 차세대 산업혁명을 의미함.

② 독일은 중국과 한국 등 후발 국가의 기술 추격 및 고령화로 인한 생산 인구 부족으로 위기를 맞이함.

③ 이를 극복하기 위해 정보통신기술(ICT)과 제조업을 융합하여 자동 생산 체계를 구축하는 전략으로 '산업 4.0'을 추진함.

2. 4차 산업혁명의 정의

① 클라우스 슈바프는 2016년 다보스포럼 기조연설에서 자동화 기술 확산이 경제 전반과 사회구조에 변화를 가져왔다고 보고, 이를 4차 산업혁명으로 지칭함.

② 슈바프는 4차 산업혁명을 "3차 산업혁명을 기반으로 디지털, 바이오, 물리학 간 모든 경계를 허무는 융합 기술 혁명"으로 정의하고, 정치·경제·사회 전반의 새로운 패러다임으로 제시함.

③ 슈바프는 4차 산업혁명을 별도의 산업혁명으로 간주하는 근거로 속도, 범위, 시스템 충격을 제시함.

④ 슈바프는 현재의 발전 속도가 전례 없으며, 모든 나라와 산업에 충격을 주고 있으며, 생산·관리·통제 전반에서 시스템 변화를 초래하고 있다고 주장함.

⑤ 리프킨은 최근 3차 산업혁명이 폭발적인 속도로 진행된 것은 인정하지만, 여전히 3차 산업혁명의 시대라고 주장함.

[산업혁명 단계에 따른 생산의 변천사]

1차 산업혁명	2차 산업혁명	3차 산업혁명	4차 산업혁명
증기기관 기반 기계화 혁명	전기 에너지 기반 대량 생산 혁명	컴퓨터, 인터넷 기반 지식정보 혁명	인공지능, 바이오 기반 CPS 혁명
증기 기관의 발명으로 기계적인 장치에서 제품을 생산	전동기의 발명으로 대량 생산이 가능해지고 노동력이 절약	정보통신 기술의 발달로 생산 라인이 자동화되고, 사람은 생산 라인의 점검 및 관리를 수행	인공지능, 빅데이터 등 기술의 융합으로 사람-사물-공간이 초연결성 초지능화, 융합화

[산업사회 – 정보사회 – 지능정보사회 패러다임 변화]

구분		산업사회	정보사회	지능정보사회
특징		• 19~20세기 중반 • 기계와 에너지 중심 • 생산 능력 제고	• 1960~2007년 전후 • 컴퓨터와 인터넷 중심 • 정보 활용 능력 제고	• 2013년 이후 • 데이터와 알고리즘 중심 • 생각하는 능력 제고
경제 사회 구조		• 제조업이 성장 견인 (기계) • 노동력과 천연자원이 힘 • 위계적 기계식 사회구조 • 상품 교역, 정보 국내 • 대량 생산 • 노동력 공급을 위한 대량 사회	• ICT가 성장 견인 (컴퓨터) • 정보와 네트워크가 힘 • 수평적 네트워크 사회 • 상품 교역, 정보 교역 • 대량 정보 • 정보 연결을 통한 사이버사회	• 신제조업이 성장 견인(기계＋컴퓨터) • 데이터와 알고리즘이 힘 • 신뢰와 협력의 혼계사회 (Heterarchy) • 상품 국내, 정보 교역 • 대량 지능 • 지능사물을 위한 플랫폼사회

Ⅲ 4차 산업혁명의 주요 특징

1. O2O(Online – To – Offline) 체계 구축

① 인공지능, 빅데이터 등 4차 산업혁명의 핵심 기술은 정보를 자동으로 데이터화하고 분석하여 현실과 가상의 세계를 연결하는 O2O 체계를 구축함.
② 4차 산업혁명은 자동으로 처리된 오프라인과 온라인상의 정보를 바탕으로 개인별 맞춤형 생산을 촉진하며, 이는 정보를 수동 입력했던 3차 산업혁명과 구별됨.

2. 4차 산업혁명의 주요 개념

① 초연결성: 사물인터넷(IoT) 및 만물 인터넷(Internet of Everything, IoE)의 발전으로 인간 – 인간, 인간 – 사물, 사물 – 사물 간 연결성 확대.
② 초지능화: 인공지능(AI)과 빅데이터의 결합 · 연계를 통한 기술과 산업 구조의 초지능화 강화.
③ 융합화: 초연결성과 초지능화를 기반으로 기술 간, 산업 간, 사물 – 인간 간 경계가 사라지는 대융합 시대 도래.
④ CPS(Cyber – Physical System): 가상세계와 현실세계가 통합되는 가상물리 시스템 구축.

3. 변화의 속도와 영향

4차 산업혁명은 인류가 경험하지 못한 속도로 획기적인 기술 발전과 전 산업 분야의 혁신적 개편을 초래할 것으로 전망됨.

Ⅳ 4차 산업혁명의 핵심 기술

1. 3대 핵심 기술 영역

(1) 의의

① 디지털, 바이오, 물리학은 4차 산업혁명을 촉진한 핵심 기술 영역임.
② 증기 기관이 철도의 발달을 촉진한 것처럼, 디지털, 바이오, 물리학의 발전은 가상환경과 물리환경을 통합한 가상물리 시스템(Cyber – Physical System) 구축의 계기로 작용함.

(2) 디지털 기술

① 자료의 디지털화를 통한 복합적 분석이 핵심 과제임.
② 연관 기술로 사물인터넷(IoT), 인공지능(AI), 빅데이터, 공유 플랫폼 등이 포함됨.

(3) 바이오 기술

① 생물학 정보의 분석 및 기술 정밀화를 통한 건강 증진이 핵심 과제임.
② 연관 기술로 유전공학, 합성 생물학, 바이오 프린팅 등이 포함됨.

(4) 물리학 기술

① 현실공간과 가상공간의 연계를 통한 가상물리 시스템 구축이 핵심 과제임.
② 연관 기술로 무인 운송 수단, 3D 프린팅, 로봇 공학, 나노 신소재, 대체 에너지가 포함됨.

2. 5대 주요 기술

(1) 의의

사물인터넷(IoT), 로봇 공학, 3D 프린팅, 빅데이터, 인공지능(AI)은 4차 산업혁명의 변화를 주도하는 5대 핵심 기술로 평가됨.

(2) 사물인터넷(IoT)

① 사물에 센서를 부착하여 네트워크를 통해 실시간 데이터 통신을 수행하는 기술임.
② IoT + 인공지능(AI) + 빅데이터 + 로봇공학 = 스마트 공장

(3) 로봇공학

① 로봇 기술에 생물학적 구조를 적용하여 적응성과 유연성을 향상하는 기술임.
② 로봇공학 + 생명과학 = 병원 자동화 로봇

(4) 3D 프린팅

① 3D 설계도나 모델링 데이터를 기반으로 원료를 쌓아 물체를 제작하는 제조 기술임.
② 3D 프린팅 + 바이오 기술 = 인공 장기

(5) 빅데이터

① 대량의 데이터에서 가치를 추출하고 분석하는 기술임.
② 빅데이터 + 인공지능 + 의학 정보 = 개인 맞춤 의료

(6) 인공지능(AI)

① 사고 · 학습 등 인간의 지능 활동을 모방하는 컴퓨터 기술임.
② 인공지능 + 사물인터넷 + 자동차 = 무인 자율 주행 자동차

Ⅴ 4차 산업혁명이 가져올 미래 사회 변화

1. 인간과 기계의 역할 변화

(1) 파워슈트

① 파워슈트는 사용자의 두뇌와 신경계 신호를 분석하여 신체 반응 속도, 힘, 유연성을 강화하는 로봇 갑옷임.

② 약 90kg의 중량을 들어 올릴 수 있으며, 장애인과 산업 현장에서 활용 가능함.

(2) 자동화 로봇

키바(Kiva): 아마존 물류센터에서 제품 분류 및 운송을 담당하는 자동화 로봇으로, 약 9,900억 원의 인건비 절감 효과 예상됨.

(3) 백스터(Baxter)

학습 적응형 협업 로봇으로, 부품 조립과 포장 작업 수행이 가능하며, 저렴한 비용으로 24시간 운영됨.

(4) 왓슨(Watson)

데이터 마이닝을 활용하여 의사들의 암 진단 및 치료 방법 선택을 돕는 인공지능 슈퍼컴퓨터임.

2. 기계와 인간의 차별화 논의

① 인간의 신체 기능과 지능을 강화하는 로봇 기술의 발전으로, 기계가 인간의 일자리를 대체하는 현상이 가속화됨.

② 기계와 차별화되는 인간 고유 영역에 대한 논의가 중요해지고 있음.

3. 현실세계와 가상세계의 결합

① 가상 · 증강현실, UX 기술 발전으로 물리적 공간과 디지털 공간 간의 경계가 흐려지고 있음.

② 인공지능, 빅데이터, 사물인터넷 등의 기술이 현실과 가상을 연결하여 산업과 일상생활에 영향을 미치고 있음.

③ 음성 · 제스처 인식 인터페이스가 결합하여 정보 처리 방식이 더욱 다양해짐.

④ 자율 주행 자동차, 드론, 로봇은 하드웨어와 소프트웨어의 융합을 통한 현실 적용 사례임.

4. 감성 컴퓨팅 기술의 발전

(1) 감성 교류 기술의 필요성

핵가족화 및 1인 가구 증가로 인간 간 감정 교류 기회가 감소하면서, 감성을 이해하고 교감할 수 있는 기술에 대한 수요 증가함.

(2) 감성 컴퓨팅 기술 사례

① 테가(Tega): MIT가 개발한 소셜 로봇으로 감성적 교류 가능함.

② 페퍼(Pepper): 일본 소프트뱅크가 개발한 감정 인식 로봇으로 인간과의 상호작용이 가능함.

(3) 감성 컴퓨팅 개념

감성 컴퓨팅은 인공지능, 빅데이터, 클라우드, 자기 수치화, 멀티모달 인터페이스 등을 활용하여 사용자의 감정 변화를 인지하는 기술임.

(4) 핵심 기술

① 자기 수치화 기술: 표정 인식, 정서 등 인간 반응을 수치화하는 기술임.

② 멀티모달 인터페이스: 음성, 키보드, 신체 동작 등을 활용하여 인간과 기계 간 정보 교환을 가능하게 하는 기술임.

5. 스마트 기술을 통한 융합

① 스마트 기술은 인간의 지능과 감성을 보완 · 확장하는 정보통신기술(ICT) 기반의 신기술임.

② 디지털화를 기반으로 한 산업 전반에서 다양한 융합 현상 촉진됨.

③ 바이오 기술과 IT 기술 융합을 통해 맞춤형 정밀 의료가 가능해짐.

④ 신재생에너지, 스마트 팜(smart farm) 등 다양한 산업에서 스마트 기술이 활용됨.

Ⅵ 주요국별 4차 산업혁명 대응

1. 의의

① 4차 산업혁명은 가상공간(Cyber System)과 현실세계(Physical System)의 융합을 통해 효율적 생산 실현을 목표로 함.

② 1차 산업혁명은 영국, 2차 산업혁명은 미국 · 독일 · 일본, 3차 산업혁명은 미국이 주도함.

③ 2010년 독일 하노버메세에서 처음 제기된 'Industry 4.0' 개념이 4차 산업혁명의 기점이 됨.

2. 미국

① 2013년 'Smart America Challenge'를 계기로 CPS(Cyber-Physical System) 사회 구현 대응이 진행됨.

② IoT, 빅데이터, 클라우드 등 산업 인터넷을 중심으로 Industry Internet 구축함.

③ '스마트 아메리카 프로젝트'를 통해 스마트 시티 연구를 추진하며, 기술 · 산업적 주도권 확보 전략을 진행 중임.

3. 독일

① 'Industry 4.0 전략'을 통해 제조업의 IoT화를 추진하고 생산 프로세스의 네트워크화를 목표로 함.

② AI와 OT(Operation Technology) 융합을 통한 'Smart Factory' 전략을 수립하여 B2B 시장 주도권 확보 노력 중임.

③ 해결해야 할 과제로 '에너지·자원 효율성', '제품 시장 도입시간 단축', '유연성 향상'을 제시함.

4. 영국

① 스마트 시티, 스마트 그리드 등 생활·에너지 관련 산업 중심으로 IoT 대응 중임.

② '하이 밸류 매뉴팩처링(HVM)'을 추진하여 차세대 제조업 기반 기술 혁신을 목표로 함.

③ '캐터필트 센터'를 통해 중소기업의 이노베이션 지원 및 지역 클러스터 구축을 추진 중임.

5. 중국

① 2015년 '중국제조 2025(Made in China 2025)'를 발표하여 제조업 대국으로 성장 전략 추진함.

② 공업화와 정보화 결합, 품질·브랜드 강화, 친환경 제조, 국제화 수준 향상 등의 목표 설정함.

③ '인터넷+' 액션, 빅데이터 활용, 스마트 제조 프로젝트 등을 실행 중임.

6. 일본

① 2016년 '일본재흥전략 2016'에서 4차 산업혁명을 성장 전략의 핵심으로 설정함.

② 'Society 5.0' 개념을 도입하여 생산·유통·판매, 교통, 의료 등 모든 영역에서 혁신 추진함.

③ 2017년 '미래투자전략 2017'을 발표하여 IoT, AI, 로봇, 공유경제 등 혁신 기술 도입 확대함.

④ IoT 추진 컨소시엄을 통해 글로벌 협력 강화하고 IoT, AI 연구개발을 가속화함.

Theme 173 인공지능의 가능성과 한계

I 의의

1. 인공지능과 기존 알고리즘의 차이

(1) 인공지능의 개념

① 인공지능은 기계를 지능적으로 만드는 과학임.

② 기계는 알고리즘을 기반으로 문제를 해결함.

(2) AI 알고리즘과 기존 알고리즘의 차이

① 기존 알고리즘은 개발자가 소프트웨어가 수신하는 입력값에 대한 출력을 정의하는 특정 규칙을 설정함.

② AI 알고리즘은 자체 규칙 시스템을 구축하여 컴퓨터가 사람에게 의존했던 작업을 스스로 해결할 수 있도록 함.

2. 정보 이론과 인공지능을 개척한 과학자들

(1) 앨런 튜링(Alan Mathison Turing)

① 잉글랜드의 수학자, 암호학자, 논리학자이자 컴퓨터 과학의 선구적 인물임.

② 튜링 기계를 통해 알고리즘과 계산 개념을 형식화하여 컴퓨터 과학 발전에 기여함.

(2) 존 매카시(John McCarthy)

① 전산학자이자 인지과학자로, 인공지능 연구 업적으로 1971년 튜링상을 수상함.

② 리스프(LISP) 프로그래밍 언어를 설계 및 구현함.

③ 1956년 다트머스 학회에서 '인공지능(Artificial Intelligence)'이라는 용어를 창안함.

(3) 앨런 뉴얼(Allen Newell)

① 초기 인공지능 연구자로, 컴퓨터 과학 및 인지심리학 연구자임.

② 허버트 사이먼과 함께 정보처리언어 및 논리 이론가(1956), 일반 문제 해결자(1957)를 개발함.

(4) 마빈 민스키(Marvin Lee Minsky)

① MIT 인공지능 연구소의 공동 설립자로, 인공지능(AI) 분야를 개척한 미국인 과학자임.

② AI 관련 서적을 저술함.

(5) 클로드 섀넌(Claude Elwood Shannon)

① 미국의 수학자이자 전기공학자로, 정보 이론의 아버지로 불림.

② 논문 "A Mathematical Theory of Communication"을 통해 정보 이론을 확립함.

③ 불(Boole) 논리를 전기회로로 구현하는 방법을 발명하여 디지털 회로 이론을 창시함.

(6) 허버트 사이먼(Herbert Alexander Simon)

① 1978년 노벨 경제학상을 수상한 미국의 심리학자, 경제학자, 인지과학자임.

② 인간 인지능력의 한계(제한적 합리성)를 제시하여 주류 경제학의 합리성 개념을 비판함.

③ 디지털 컴퓨터를 '범용 목적의 상징(기호)조작체계'(general purpose symbol manipulation system)인 튜링 기계로 간주함.

Ⅱ 머신러닝과 딥러닝

1. 머신러닝

(1) 개념
① 인공지능의 하위 개념으로, 데이터 학습을 통해 정확한 결정을 내릴 수 있음.
② 빅데이터를 이용하여 학습하며, 더 많은 데이터를 제공할수록 성능이 향상됨.

(2) 작동 방식
① 알고리즘을 이용하여 데이터를 분석하고 학습함.
② 학습한 내용을 기반으로 판단 및 예측을 수행함.
③ 소프트웨어에 직접 지침을 코딩하는 것이 아니라, 대량의 데이터를 이용하여 학습을 통해 작업 수행 방법을 익히는 것을 목표로 함.

2. 딥러닝

(1) 개념
① 인공신경망에서 발전한 인공지능으로, 뇌의 뉴런과 유사한 정보 입출력 계층을 활용하여 데이터를 학습함.
② 신경망 연산에 많은 계산량이 요구됨.

(2) 연구 발전
① 토론토대 제프리 힌튼(Geoffrey Hinton) 교수 연구팀이 연구를 지속함.
② 슈퍼컴퓨터를 활용하여 딥러닝 개념을 증명하고, 알고리즘을 병렬화하는 데 성공함.
③ 병렬 연산에 최적화된 GPU의 등장으로 신경망 연산 속도가 획기적으로 가속됨.

(3) 딥러닝의 성과
① 이미지 인식 능력이 인간을 초월하는 수준에 도달함.
② 혈액의 암세포 식별, MRI 스캔에서의 종양 식별 등 의료 분야에서 활용됨.
③ 구글 알파고는 바둑 학습을 통해 신경망을 강화함.

(4) 머신러닝과 딥러닝의 차이
머신러닝은 학습 데이터를 수동으로 제공해야 하나, 딥러닝은 데이터를 스스로 학습할 수 있음.

3. 슈퍼비전(SuperVision)

(1) 개념
① 제프리 힌튼이 주도하여 토론토 대학에서 개발한 인공지능임.
② 심층신경망(Deep Learning) 연구의 핵심이 됨.

(2) 특징
① 심층신경망 가중치 결정 알고리즘 개발로 딥러닝 연구가 본격화됨.

② 특징 설계(Feature Design) 문제를 해결하며, 데이터를 기반으로 컴퓨터가 스스로 입력값을 생성하는 특징 학습이 가능함.

Ⅲ 머신러닝의 학습법

1. 지도학습(정답을 알려주며 학습시키는 것)

(1) 의의
① 지도학습은 정답이 있는 데이터를 가지고 학습하는 방식임. 데이터가 라벨링되어 있다면 지도학습에 해당함. 라벨링된 데이터는 데이터에 대한 정답이 주어진 것을 의미함.
② 입력값에 대한 정답을 제공하며 학습을 진행함. 예를 들어, 인물 사진과 동물 사진을 제공하고, 각각이 사람인지 동물인지 알려주는 방식임. 정답 여부를 쉽게 확인할 수 있음.

(2) 지도학습(Supervised Learning)의 종류
① 의의
지도학습에는 대표적으로 분류(Classification)와 회귀(Regression)가 존재함.
② 분류(Classification)
분류는 대표적인 지도학습 방식으로, 주어진 데이터를 정해진 카테고리(label)에 따라 분류하는 문제를 의미함.
③ 회귀(Regression)
ㄱ 회귀는 예측 변수(Predictor variable)라 불리는 특징(feature)을 기준으로 연속된 값을 예측하는 문제를 다룸. 주로 패턴이나 트렌드, 경향을 예측하는 데 사용됨.
ㄴ 예를 들어, 사람들의 몸무게, 성별, 나이와 같은 데이터를 활용하여 키를 예측하는 문제가 해당됨.
④ 특징(Feature)
머신러닝은 데이터를 분류하거나 값을 예측(회귀)하는 것이 핵심임. 데이터를 잘 예측하기 위한 데이터의 특징을 "Feature"라고 하며, 적절한 Feature를 정의하는 것이 머신러닝의 핵심 요소임.

(3) 선형 회귀모형과 로지스틱 회귀모형
① 대표적인 지도학습 알고리즘으로 선형 회귀모형(Linear Regression)과 로지스틱 회귀모형(Logistic Regression)이 존재함.
② 선형 회귀모형은 회귀 문제를, 로지스틱 회귀모형은 분류 문제를 해결하는 데 적합함.
③ 사회과학 분야에서도 해당 회귀모형을 자주 사용하지만, 목적이 기계학습과 다름. 사회과학에서는 특정 독립변수와 종속변수 간 관계를 파악하는 것이 목표임.

④ 반면, 기계학습에서는 여러 독립변수를 활용하여 종속변수 값을 정확하게 예측하는 것이 주된 목적임. 따라서 기계학습에서는 통계적 추론이나 가설 검정의 중요성이 낮음.

2. 비지도학습(Unsupervised Learning)

(1) 의의

① 비지도학습은 정답 라벨이 없는 데이터를 비슷한 특징끼리 군집화하여 새로운 데이터에 대한 결과를 예측하는 방식임.

② 지도학습 및 강화학습과 달리 입력값에 대한 목표치가 주어지지 않음.

③ 미분류 데이터의 숨겨진 구조를 발견하고 일련의 규칙을 도출하는 것이 목적임. 지도학습에서 적절한 특징을 찾아내기 위한 전처리 과정으로 활용되기도 함.

(2) 비지도학습(Unsupervised Learning)의 종류

① 의의

비지도학습은 군집화(Clustering), 시각화(Visualization), 차원 축소(Dimensionality Reduction), 이상 탐지(Anomaly Detection) 등의 알고리즘에 특화되어 있음.

② 군집화(Clustering)

㉠ 군집화는 아무런 정보가 없는 상태에서 데이터를 분류하는 방법임.

㉡ 분류(Classification)와 달리 사전에 정해진 카테고리가 존재하지 않으며, 비슷한 특징을 가진 데이터들끼리 군집화한 후 새로운 데이터가 어떤 군집에 속하는지 추론함.

③ 시각화(Visualization)

㉠ 시각화는 레이블이 없는 대규모의 고차원 데이터를 도식화 가능한 2D 또는 3D 표현으로 변환하는 방식임.

㉡ 가능한 한 데이터의 원래 구조를 유지하며 시각화하여 데이터 조직 방식과 예상하지 못한 패턴을 발견할 수 있도록 함.

④ 차원 축소(Dimensionality Reduction)

차원 축소는 데이터의 여러 특징(feature) 중에서 가장 중요한 특징을 추출하여 데이터를 보다 효과적으로 표현하는 기법임.

⑤ 이상 탐지(Anomaly Detection)

㉠ 이상 탐지는 데이터에서 특이한 패턴을 발견하여 이상 여부를 탐지하는 기법임.

㉡ 예를 들어, 은행에서 고객의 구매 행동에서 이상 패턴을 찾아 사기 거래를 탐지하는 데 활용됨.

㉢ 특정 신용카드가 같은 날 미국과 덴마크에서 동시에 사용되었다면, 의심할 만한 사례로 간주될 수 있음.

3. 강화학습(Reinforcement Learning)

(1) 의의

① 현재 상태에서 최적의 행동을 학습하는 방식임.

② 행동심리학에서 영감을 받은 방식으로, 정답이 정해져 있지 않으며 자신이 수행한 행동에 대해 보상(reward)을 받으며 학습함.

(2) 시행착오적 탐색과 지연보상

① 시행착오적 탐색

시도와 수정을 반복하며 학습하는 방식으로, 시간 개념이 포함됨.

② 지연보상

㉠ 현재 행동이 즉각적인 보상으로 이어질 수도 있고, 향후 더 큰 보상으로 이어질 수도 있음.

㉡ 현재 행동과 다른 행동이 결합하여 더 큰 보상을 받을 가능성도 존재함.

Ⅳ 규칙기반 전문가 시스템

1. 개념

① 인간의 정신활동을 알고리즘으로 표현하기는 어려우나, 전문적 분야에서는 문제 풀이를 규칙 형식으로 표현하여 해결 가능함.

② 규칙기반 전문가 시스템은 지식을 규칙들의 집합으로 표현하며, 데이터베이스는 조건문(IF)과 비교할 수 있는 사실들의 집합으로 구성됨.

③ 추론 엔진은 규칙과 데이터베이스의 사실을 연결하여 문제 해결을 수행함.

2. 한계

① 공학, 지질학, 전력공급 시스템, 채광 등의 분야에서 일부 성공 사례가 존재함.

② 학습 능력이 없어 경험을 통한 발전이 불가능하며, 매우 한정된 전문적 분야에서만 활용 가능함.

Ⅴ 유전 알고리즘

① 생물의 진화 원리에 착안한 통계적 탐색 알고리즘으로, 다수의 해답 집합을 형성하고 적합도를 평가하여 최적의 해결책을 탐색함.

② 선택된 해답들의 교차 및 변이를 통해 반복적으로 개선하여 최적해를 찾음.

Ⅵ 인공신경망

1. 개념

① 인간의 뇌는 100억 개의 뉴런과 6조 개의 시냅스로 이루어진 병렬적 정보처리 시스템임.

② 뉴런 간 연결 강도는 자극 패턴에 반응하여 변화하며, 경험을 통한 학습이 이루어짐.

③ 인공신경망은 이러한 적응성을 모방하며, 훈련 예제를 통해 가중치가 변화함.

④ 퍼셉트론이 가장 단순한 형태이며, 다층 신경망의 발전으로 글씨 인식, 단어 판별, 폭발물 탐지 등 다양한 작업 수행이 가능해짐.

2. 딥러닝의 혁신성

(1) 의의

① 인간만이 가능하다고 여겨졌던 추상적 개념을 통한 분류와 식별 작업이 컴퓨터를 통해 가능해짐.

② 언어 처리, 영상 · 음성 인식 등 다양한 분야에서 활용됨.

③ 최근 인공지능 혁신은 딥러닝이 주도하며, 자연어 처리, 컴퓨터 비전, 번역, 추천 시스템 등에서 실용화됨.

(2) 인공신경망 모델의 단점 극복

① 딥러닝은 입력 데이터의 특징을 정량적으로 표현하고, 가중치를 스스로 조정하여 인간의 개입을 최소화함.

② Symbol Grounding 문제(기호의 의미를 컴퓨터가 이해하지 못하는 문제)를 해결하기 위해 딥러닝을 활용하여 공학적 개념을 추출하고 기호를 부여함.

③ Frame 문제(특정 작업 실행 시 관련 지식만을 활용해야 하는 문제)를 해결하기 위해 현실 세계의 특징을 데이터에서 추출하고 이를 이용한 개념을 지식으로 표현함.

3. 하이브리드 지능 시스템

(1) 다양한 인공지능 기술의 조합으로 문제 해결

확률 추론은 불확실성, 퍼지 논리는 부정확성, 인공신경망은 학습, 진화 연산은 최적화에 장점이 있어 조합을 통해 활용성 증가가 가능함.

(2) 전문가 시스템과 인공신경망의 조합: 신경망 전문가 시스템

결론 도달 과정을 설명할 수 있는 전문가 시스템과 학습 능력을 갖춘 인공신경망을 결합하여 보다 효과적인 전문가 시스템 구축 가능함.

(3) 뉴로-퍼지 시스템

퍼지 시스템의 지식 표현과 설명 능력, 인공신경망의 병렬 연산 및 학습 능력을 상호 보완하여 활용 가능함.

(4) 진화 신경망

유전 알고리즘을 활용하여 인공신경망의 가중치를 최적화할 수 있음.

4. 딥블루: 알고리즘에 갇힌 프로그램

① 체스 프로그램으로, 체스 게임을 분석하여 세부적 컨트롤 전략을 수행하는 알고리즘을 작성함.

② 모든 경우의 수를 계산하는 방식으로 문제 해결이 가능하지만, 범용성이 부족함.

③ 문제 해결을 위한 수학적 모델을 인간이 제시해야 하는 한계가 존재함.

5. 알파고: 딥러닝을 활용한 바둑 인공지능

① 목표 설정 후 사례를 학습하여 인간이 아닌 컴퓨터가 자체적으로 문제 해결 모델을 구축함.

② 과거 기보를 학습하는 과정에서 자동적으로 바둑 전략을 발견하고, 인간의 직관과 유사한 방식으로 게임을 진행함.

③ 다양한 분야에 적용 가능하며, 바둑 외에도 활용성이 확대됨.

6. 알파폴드: 단백질 구조 예측 AI

① 구글 딥마인드가 개발한 단백질 접힘 문제 해결 AI로, 단백질 구조 예측을 위한 인공지능 시스템임.

② 기존에는 수년간의 실험과 막대한 비용이 필요했던 단백질 구조 예측을 며칠 만에 높은 정확도로 수행 가능함.

③ 암, 알츠하이머, 파킨슨병 등의 난치병 치료 가능성을 높이며, 생명과학 연구의 발전에 기여함.

④ 향후 단백질 복합체 형성, DNA와의 상호작용 연구 등 추가 연구가 필요함.

심층 연계 내용 인공지능의 미래(제리 카플란)

① 로봇이 인간의 일자리를 빼앗는 것이 아니라 자동화가 일의 본질을 변화시킴.

② 기술 발전은 생산성을 증가시키며, 단기적으로는 고용 감소를 유발할 수 있으나 장기적으로는 새로운 일자리 창출로 이어짐.

③ 인공지능의 발전은 경제 생산 증가와 함께 사회 구조 변화에 영향을 미침.

Ⅰ 개념

① 인공신경망은 생물학적 신경망에서 영감을 얻은 학습 알고리즘임.
② 시냅스의 결합으로 네트워크를 형성한 인공 뉴런이 학습을 통해 시냅스의 결합 세기를 변화시켜 문제 해결 능력을 가지는 비선형 모델임.

Ⅱ 역사

① 1940년대 중반 임계 논리(threshold logic) 알고리즘을 바탕으로 신경망을 위한 수학적 모델이 제안됨.
② 1980년대 중반 데이비드 럼멜하트(David E. Rumelhart)와 제임스 맥클레랜드(James McClelland)가 연결주의(connectionism)로 대변되는 병렬분산처리 측면에서 인공신경망을 기술함.
③ 이후 다양한 분야에서 활발하게 연구되는 알고리즘으로 발전함.

Ⅲ 구조

1. 인공신경망의 구성

① 인공 뉴런(노드)과 이를 연결하는 인공 시냅스(연결)들로 구성된 수리적 연산 모델임.
② 모든 노드는 입력 단위(입력층), 숨겨진 단위(은닉층), 출력 단위(출력층) 중 하나의 단위에 포함됨.
③ 인간 신경계에 비유하면 감각 뉴런, 연합 뉴런, 운동 뉴런에 해당됨.
④ 입력 단위에서 받아들여진 정보가 숨겨진 단위를 거쳐 출력 단위에서 값이 결정됨.
⑤ 다양한 입력 노드의 병렬 계산을 통해 한 단위의 출력이 결정되며, 이를 PDP(Parallel Distributed Processing, 병렬 분산 처리) 시스템이라 함.

2. 다층인공신경망(multi-layer neural network)

① 기본적인 인공신경망 알고리즘으로 입력층(input layer), 은닉층(hidden layer), 출력층(output layer)으로 구분됨.
② 입력층은 예측 변수를 입력하는 역할을 하며, 은닉층은 입력값의 가중합을 계산 후 활성화 함수를 적용하여 출력층에 전달함.
③ 각 노드는 가중치를 가지며, 예측 값을 최적화하는 방향으로 조정됨.

④ 활성화 함수는 비선형 함수를 사용하며, 이를 통해 인공신경망이 비선형 모델로서 작동함.
⑤ 한 노드의 값은 연결된 모든 노드들의 활성화 값과 가중치의 곱에 의해 결정됨.
⑥ 입력 단위의 노드가 숨겨진 단위의 노드들에게 활성화 값을 전달하며, 숨겨진 단위의 노드는 가중합을 계산하여 출력 노드로 전달함.

Ⅳ 연결주의

1. 연결주의 개념

① 신경망 모델이 인간의 마음의 작동 방식을 가장 적절하게 기술할 수 있다는 입장임.
② 신경망 모델의 강력한 이론적 이점은 패턴 인식 능력임.

2. 연결주의의 특징

① 변산성이 큰 개별 사례들 사이의 유사성에 기반하여 군집화할 수 있는 능력을 학습함.
② 사례 요소들의 병렬 계산과 종합을 통해 범주적 학습과 판단을 수행함.
③ 신경망 모델은 인간의 개념적 사고 양식과 유사한 속성을 공유하며, 개념적 판단 방식에 대한 통찰을 제공함.
④ 개념의 본성은 노드와 연결된 노드 및 연결 가중치의 함수로 정의됨.
⑤ 개념 범주 포함 여부는 입력이 병렬적으로 분산되어 계산·처리되는 방식에 의해 결정됨.

Ⅴ 신경망 학습

1. 합성곱신경망(Convolutional Neural Network, CNN)

① 데이터에서 특징을 추출하여 패턴을 파악하는 구조임.
② 생명체의 시각 처리 방식을 모방하여 합성곱(convolution) 연산을 적용함.
③ 이미지 처리 분야에서 기존 머신 러닝 알고리즘을 능가하는 성능을 보임.
④ 2016년 공개된 알파고에서도 CNN 기반 딥러닝 알고리즘이 활용됨.

2. 순환신경망(Recurrent Neural Network, RNN)

① 특정 부분이 반복되는 구조를 통해 순서를 학습하는 딥러닝 기법임.
② 시계열 데이터 및 문자열 등 연속성이 있는 데이터를 처리하는 데 적합함.

③ 이전 시간 데이터가 이후 데이터 예측에 영향을 미침.

④ CNN은 순서가 중요하지 않은 특징만을 고려하므로 시계열 데이터를 처리하는 데 한계가 있음.

⑤ 과거 및 현재 정보를 기반으로 미래를 예측하는 시계열 특성을 반영함.

3. 생성적 적대 신경망(Generative Adversarial Network, GAN)

① 데이터셋과 유사한 이미지를 생성하는 모델임.

② 두 개의 인공신경망(generator, discriminator)이 경쟁하며 학습함.

③ 원 데이터의 확률분포를 추정하고, 이를 따르는 새로운 데이터를 생성함.

④ generator는 원 데이터의 확률분포를 학습하며, discriminator는 진짜 데이터와 가짜 데이터를 구별하는 역할을 수행함.

⑤ 지폐 위조범(생성자 G)과 경찰(분류자 D)의 관계로 비유될 수 있으며, 학습이 진행될수록 구별이 어려운 데이터를 생성할 수 있음.

심층 연계 내용 뉴로모픽(Neuromorphic)

(1) 뉴로모픽 컴퓨팅 개념
  ① 뉴런과 시냅스로 구성된 뉴로모픽 칩을 활용하여 인간 두뇌 작동을 모사함.
  ② DNN(Deep Neural Network)은 가상의 인공신경망 소프트웨어 기반 머신러닝 방식으로 방대한 학습 데이터를 필요로 함.
  ③ 반면, 뉴로모픽 칩은 사건 단위로 정보를 받아들이며 다양한 데이터 유형을 빠르게 처리함.
  ④ 학습과 연산을 동시에 수행하여 유사한 것과 다른 것을 구분하고 자체적으로 학습할 수 있음.
(2) SNN(Spiking Neural Network)과 DNN 비교
  ① SNN은 비지도 학습이 가능한 신경망 모델을 목표로 함.
  ② DNN은 두뇌의 신경망을 지역적으로 모방하는 방식임.
  ③ SNN은 신경망의 자체적 학습을 강조하며, 인간의 개념적 판단과 유사한 학습 방식을 제공함.

Theme 175 퍼셉트론(Perceptron)

Ⅰ 퍼셉트론의 구조

1. 개념 및 배경

① 퍼셉트론은 프랑크 로젠블라트(Frank Rosenblatt)가 1957년에 제안한 초기 형태의 인공신경망으로, 다수의 입력으로부터 하나의 결과를 출력하는 알고리즘임.

② 퍼셉트론은 신경 세포 뉴런의 동작과 유사하며, 뉴런은 가지돌기에서 신호를 받아 일정 크기 이상이면 축삭돌기를 통해 신호를 전달함.

③ 퍼셉트론에서 뉴런의 입력 신호와 출력 신호는 각각 입력값과 출력값에 해당함.

2. 퍼셉트론의 구성 요소

① 입력값, 가중치(Weight), 출력값으로 구성되며, 입력층과 출력층의 노드는 인공 뉴런에 해당함.

② 신경 세포 뉴런에서 신호를 전달하는 축삭돌기의 역할을 퍼셉트론에서는 가중치가 수행함.

③ 입력값은 각각의 가중치와 함께 인공 뉴런으로 전달됨.

④ 각 입력값에는 개별 가중치가 존재하며, 가중치의 크기가 클수록 해당 입력값의 중요성이 높음을 의미함.

3. 퍼셉트론의 동작 원리

① 입력값과 가중치를 곱한 값들의 합이 임계치(threshold)를 넘으면 출력값 1을, 그렇지 않으면 0을 출력함.

② 이러한 방식을 계단 함수(Step function)라고 하며, 계단 함수는 퍼셉트론에서 활성화 함수로 사용됨.

③ 임계치 값은 보통 세타(θ)로 표현되며, 편향(bias)으로 변환하여 입력값 1과 함께 사용될 수도 있음.

④ 편향 또한 딥러닝에서 최적의 값을 찾아야 할 변수 중 하나임.

Ⅱ 퍼셉트론의 종류

1. 단층 퍼셉트론(Single-Layer Perceptron)

① 단층 퍼셉트론은 입력값을 받아 출력하는 두 단계로 구성됨.

② 각 단계를 층(layer)이라고 하며, 입력층(input layer)과 출력층(output layer)으로 구성됨.

2. 다층 퍼셉트론(Multi-Layer Perceptron, MLP)

① 단층 퍼셉트론과 달리, 다층 퍼셉트론은 입력층과 출력층 사이에 은닉층(hidden layer)이 존재함.

② 은닉층이 2개 이상인 신경망을 심층 신경망(Deep Neural Network, DNN)이라고 함.

③ 심층 신경망은 다층 퍼셉트론뿐만 아니라, 다양한 변형된 신경망도 포함함.

④ 기계가 가중치를 스스로 학습하도록 자동화하는 과정이 머신 러닝의 학습 단계에 해당함.

⑤ 학습을 시키는 신경망이 심층 신경망일 경우, 이를 딥러닝(Deep Learning)이라고 함.

I 의의

1. 딥러닝의 개념

① 딥러닝은 기존 신경망(neural networks)에 계층을 추가한 심층신경망(deep neural networks)을 학습하여 패턴인식과 추론에 활용하는 기술을 의미함.

② 기존 신경망 대비 중간 계층을 추가하여 데이터 표현 능력을 증가시키는 것이 특징임.

③ 2006년 Hinton 교수의 논문 이전까지 효과적인 학습 방법의 부재로 주목받지 못했음.

④ Hinton 교수는 2006년 논문에서 사전학습(Pre-training) 개념을 제안하여 심층망 학습 가능성을 증명함.

⑤ 이후 다양한 학습 방법이 제안되며 심층망의 활용이 증가함.

2. 심층망의 혁신

① 신경망의 중간 계층을 추가하는 것은 패턴인식 분야에서 패러다임 변화를 초래함.

② 전문가의 지식 없이도 데이터에서 자동으로 특징을 추출할 수 있음.

③ 특징 추출과 분류기가 하나의 모델로 통합되어 패턴인식 성능이 극대화됨.

II 배경

1. 신경망과 딥러닝의 역사

(1) 신경망의 기원

① 1949년 D. Hebb이 신경망 학습을 위한 헤비안 학습(Hebbian learning) 개념을 제안함.

② 뉴런 간 연관성을 강화하는 학습 원리로, 현재까지도 일부 방법에서 사용됨.

(2) 퍼셉트론과 신경망에 대한 기대

① 1957년 F. Rosenblatt가 단층 신경망인 퍼셉트론(Perceptron)을 IBM 704에 구현하여 이미지 인식을 수행함.

② 신경망을 활용한 인간 수준의 인공지능 개발에 대한 기대가 확산됨.

(3) XOR 문제와 신경망의 한계

① 1969년 MIT의 M. Minsky 교수가 단층 신경망이 XOR 문제를 해결할 수 없음을 증명함.

② 심층망을 만들어도 신경망의 가능성이 없다고 판단하여 연구 관심이 감소함.

(4) 역전파 알고리즘과 신경망 부활

① 1986년 D. Rumelhart, G. Hinton, R. Williams가 역전파(backpropagation) 알고리즘을 발표함.

② 역전파 알고리즘을 통해 다단계(multi-layered) 신경망 학습이 가능해짐.

(5) SVMs의 등장과 신경망의 쇠퇴

① 1995년 V. Vapnik과 C. Cortes가 SVMs(support vector machines)을 발표함.

② SVMs이 신경망보다 우수한 성능을 보이며 연구 관심이 SVMs으로 이동함.

(6) Hinton 교수의 연구와 딥러닝 부활

① 2006년 Hinton 교수의 논문을 계기로 신경망이 다시 주목받기 시작함.

② 패턴인식, 음성인식, 영상인식 등 다양한 분야에서 성공적으로 적용됨.

(7) 신경망 연구의 신중한 접근

M. Jordan 교수 등 일부 기계학습 연구자들은 신경망의 성공에 대한 과도한 기대를 경계함.

(8) 주요 딥러닝 모델

① CNNs(Convolutional Neural Networks)와 RNNs(Recurrent Neural Networks)가 대표적임.

② CNNs은 1980년대 Hubel과 Wiesel의 연구에서 출발하여, 1989년 Y. LeCun이 역전파 알고리즘을 적용해 발전시킴.

③ RNNs의 일종인 LSTM(long short-term memory)은 필기체 및 음성인식에 성공적으로 적용됨.

2. 딥러닝의 필요성

(1) 신경망의 보편 근사기능

신경망은 단일 은닉 계층만으로도 보편 근사기(universal function approximators) 역할을 수행할 수 있음.

(2) 다층 구조의 필요성

① 천층망(shallow networks)에서는 노드 수 증가만으로 표현력을 확장하는 것이 비효율적임.

② 계층을 증가시키는 것이 보다 효과적인 대안임.

(3) 표현 능력 향상

① 동일한 연결 개수를 가진 천층망과 심층망을 비교하면, 심층망이 더 높은 표현력을 가짐.

② 이는 입력과 출력 간 모델링 가능한 경로 수의 증가로 설명됨.

(4) 생물학적 신경망과의 연관성

① 인간 두뇌의 신경망은 음성 및 영상인식에서 뛰어난 성능을 보임.

② 인간의 시각처리 과정은 5~10개의 계층을 통해 연산이 수행됨.

③ MIT의 T. Poggio 교수 및 Google의 R. Kurzweil은 계층적 모델이 인간 수준의 지능 구현에 필수적이라고 주장함.

3. 패러다임 변화

(1) 딥러닝의 영향

① 심층망은 단순한 계층 증가 이상의 변화를 초래함.

② 패턴인식 분야에서 기존 접근법과 차별되는 패러다임을 형성함.

(2) 주요 변화

① 전문가의 개입 없이 데이터로부터 자동으로 특징을 추출할 수 있음.

② 특징 추출기(feature extractor)와 분류기(classifier)를 통합하여 학습 성능이 향상됨.

(3) 적용 사례

의료 영상 분석에서 기존에는 의사의 지식에 의존하던 패턴인식 방법이 딥러닝 학습을 통해 자동화됨

Ⅲ 학습 원리

1. 의의

(1) 학습 방법의 분류

① 데이터로부터 지능을 얻는 방법은 지도학습, 비지도학습, 강화학습으로 구분됨.

② 패턴인식과 같은 특정 임무 수행을 위해 데이터로부터 학습하는 과정은 모델의 변수를 조정하여 인식 정확도를 최대화하는 과정임.

③ 선형모델은 두 개의 변수(a, b), 2차식 모델은 세 개의 변수(a, b, c)를 조정하여 입력값에 대한 출력값을 예측하는 방식임.

④ 복잡한 모델일수록 입력과 출력 사이의 관계를 더 정밀하게 정의할 수 있음.

(2) 딥러닝과 인공신경망

① 딥러닝은 인공신경망 기반의 학습 방법이며, 기존 신경망보다 더 깊은 네트워크 구조를 가짐.

② 인공신경망은 노드(node)와 연결(edge)로 구성되며, 연결마다 연결강도(weight)가 정의됨.

③ 딥러닝의 성공은 기존 신경망보다 복잡한 모델을 활용하여 인식 성능을 향상시킨 결과임.

(3) 독립변수와 종속변수 간의 관계

① 기계학습에서는 학습 데이터에 존재하는 독립변수와 종속변수의 관계를 수학적 모형으로 정의함.

② 기계학습 알고리즘은 이러한 수학적 모형을 기반으로 하며, 최적의 파라미터 값을 찾아 학습 데이터의 관계를 가장 잘 설명하도록 함.

③ 비용함수는 학습 데이터에서 실제 종속변수 값과 예측 값의 차이를 최소화하는 방식으로 최적의 파라미터를 도출함.

④ 학습한 후에는 평가 데이터를 사용하여 모델 성능을 평가하며, 학습에 사용되지 않은 데이터로 검증이 이루어짐.

⑤ 실제 문제 해결을 위해 모델을 적용할 때는 정답이 없는 데이터에서 독립변수를 입력하여 종속변수를 예측함.

⑥ 학습 데이터가 실제 문제 데이터를 잘 반영할 경우, 모델의 예측 정확도는 높아질 수 있음.

2. 신경망에서의 학습

(1) 인공신경망의 개념

① 인공신경망은 생물학적 신경망을 기반으로 설계된 계산 모델이며, 뉴런과 시냅스를 노드와 엣지, 연결강도로 구현함.

② 인공신경망에서는 연결강도가 변수이며, 입력값이 은닉층을 거쳐 출력값으로 변환됨.

(2) 활성화 함수의 종류

① 계단 함수: 극단적인 변화를 보이며 데이터 손실 가능성이 높아 현재는 거의 사용되지 않음.

② 시그모이드 함수: 연속적인 곡선 형태로 정교한 수 전달이 가능하나, 경사 소실 문제(vanishing gradient) 발생 가능성이 있음.

(3) 학습 과정과 비용함수

① 인공신경망은 연결강도가 고정되었을 때, 입력값에 대한 출력값을 계산하는 함수로 볼 수 있음.

② 특정 패턴인식 임무를 함수로 가정하면, 학습은 연결강도를 조정하여 이 함수를 찾는 과정임.

③ 지도학습에서는 입력값과 출력값의 샘플을 사용하여 목표 함수와 비교하며 학습을 진행함.

④ 학습 과정에서는 출력값과 목표값의 차이를 표현하는 비용함수를 정의하며, 비용함수를 감소시키는 연결강도 업데이트 방법을 적용함.

⑤ 비용함수는 일반적으로 출력값과 목표값의 차이로 정의되며, 최적화 과정을 통해 모델 성능을 개선함.

3. 심층망의 어려움

(1) 심층망 학습의 어려움

① 신경망의 계층을 깊게 쌓을수록 패턴인식 성능 향상이 가능하지만, 학습이 어려운 문제가 존재함.

② 심층망 학습의 어려움은 에러 정보가 전달되면서 점차 사라지는 사라지는 경사(vanishing gradient) 문제로 인해 발생함.

③ 낮은 계층까지 에러 정보가 전달되지 않으면, 학습이 제한되며 초기 랜덤 값에서 벗어나지 못하게 됨.

④ 결과적으로 학습 과정에서 상위 층의 연결강도만 조정되어, 모델 성능 향상에 실패할 가능성이 높음.

(2) 심층망 연구의 발전

① 2006년 G. Hinton이 사전학습(Pre-training) 개념을 제시하며 심층망 학습 가능성을 보임.

② 이후 다양한 심층망 학습 방법이 제안되며 연구가 활발하게 진행됨.

(3) 심층망의 구성 요소

① 심층망의 주요 구성 요소로 RBMs(restricted Boltzmann machines)와 AEs(auto-encoders)가 사용됨.

② RBMs은 1986년에 소개된 생성모델로, 최근 딥러닝 구성요소로 활용됨.

③ RBMs의 학습은 예측 결과와 실제 데이터 일치 확률을 최대화하는 방향으로 진행되며, 주로 CD(contrastive divergence) 방법을 사용함.

④ AEs는 2계층 신경망이며, 입력과 출력이 동일한 구조로 인코딩 행렬 W와 디코딩 행렬 W의 전치(transpose)를 활용하여 학습이 이루어짐.

⑤ 최근에는 제한된(restricted) AEs가 제안되면서 다양한 형태로 활용되고 있음.

Ⅳ 심층망을 위한 학습 기법

1. 사전학습(Pre-training)

(1) 개념

사전학습은 심층망의 역전파 알고리즘 적용 전에 각 계층별로 사전학습을 진행하는 기법임. 이는 임의의 값에서 시작하는 것이 아니라, 학습에 도움이 되는 중간값으로 변형하여 초기화하는 과정임.

(2) 학습 과정

① 입력값을 주어 첫 번째 계층을 학습하고, 출력값을 두 번째 계층의 입력으로 사용하여 학습을 진행함.

② 전체 신경망을 층별로 분해하여 학습한 후, 역전파 알고리즘을 적용하여 전체 신경망을 학습함. 이 과정을 미세조정(fine-tuning)이라고 하며, 연결 강도를 조금씩 조정함.

(3) 최적화 문제 해결

사전학습은 초기값을 최적해 근처로 옮기는 역할을 하여 최적화 문제 해결에 효과적인 초기해를 찾는 방법으로 해석됨.

(4) 베이즈 룰(Bayes rule)과의 관계

① 비지도학습은 데이터의 분포를 학습하고, 지도학습 기반의 미세조정은 분류성능을 최대화함.

② 베이즈 룰에 따라 좋은 는 의 조건부 확률로 해석되며, 분류 문제에 대한 사전 지식이 됨.

③ 예시로, 물고기의 피부 밝기가 주어졌을 때 농어인지 연어인지 확률을 조건부 확률로 표현할 수 있음.

(5) 비지도학습 활용

사전학습은 레이블이 없는 빅데이터를 학습에 사용할 수 있음. 이는 레이블을 만들기 어려운 경우 유용한 방법임.

2. Dropout

(1) 개념

① Dropout은 학습 중 일부 노드를 임의로 끄고 진행하는 방법으로, 매 학습 회수마다 임의의 선택을 새로 함.

② 학습 종료 후 새로운 데이터 입력 시 모든 노드의 출력값을 절반으로 나눔.

③ 이는 머신러닝의 bagging과 유사한 효과를 가지며, 안정성과 정확도를 향상시킴.

(2) 상호적응(coadaptation) 문제 해결

① 두 개의 노드가 비슷한 연결 강도를 가지면, 하나의 노드처럼 작동하여 컴퓨팅 자원의 낭비를 초래함.

② Dropout은 임의로 노드를 끄면서 이러한 노드들이 독립적으로 학습되도록 유도하여 상호적응 문제를 방지함.

(3) Dropout과 Bagging 비교

① Dropout: 학습 중 weight를 공유하며, 모델의 일부만 학습을 수행함.

② Bagging: 독립적인 데이터셋을 사용하여 모델을 학습하며, 모든 모델이 수렴할 때까지 학습을 진행함.

3. 조기 멈춤(Early Stopping)

(1) 개념

조기 멈춤은 모델이 비용함수를 최소화하면서도 과적합(overfitting)을 방지하기 위한 기법임. 모델이 학습 데이터 외에도 새로운 데이터에서 잘 동작하도록 하는 것을 목표로 함.

(2) 과적합 문제 해결

① 과적합은 모델이 학습 데이터에만 최적화되어 새로운 데이터에서 큰 에러를 발생시키는 현상임.

② 이를 방지하기 위해 일부 데이터를 검증 데이터로 설정하고, 학습 중 검증 오류가 증가하면 학습을 중단함.

V 과적합 해결을 위한 정규화 및 랜덤화

1. 의의

① 훈련 과정에서 데이터와 알고리즘의 상호작용으로 인해 과적합이 발생할 수 있음.

② 이를 방지하기 위해 정규화(regularization)와 랜덤화(randomization)가 활용됨.

2. 정규화

① 정규화는 최적화를 의도적으로 제한하여 모델이 과도하게 특정 데이터 속성에 의존하지 않도록 함.

② 예시로, LASSO(Least Absolute Selection and Shrinkage Operator)는 L1-norm을 활용하여 모델을 정규화함.

3. 랜덤화

① 배깅(Bagging): 데이터를 랜덤하게 분리하여 독립적인 분류기를 생성한 후 종합하는 방식임. 생성된 분류기들을 앙상블(ensemble)이라고 함.

② 부스팅(Boosting): 속성 일부를 이용하여 여러 개의 약한 분류기를 생성한 후, 이들을 학습하여 통합하는 방식임. 예시로 CART(Classification and Regression Tree) 기반 부스팅이 있음.

4. 과적합 문제 해결

① 배깅, 부스팅, 교차검증, 부트스트랩핑은 랜덤화를 통해 과적합을 방지하고 강건한 분류기로 발전시키는 목적을 가짐.

② 고도화된 분류기는 강건성과 유연성을 가지지만, 해석이 어려워지는 문제를 발생시킴.

VI 강건성과 유연성

1. 강건성(Robustness)

① 강건성은 모델이 이상치나 잡음에 얼마나 잘 대처하는지를 나타냄.

② 예를 들어, 이상치가 많은 데이터에서는 중앙값이 평균보다 더 강건할 수 있음.

2. 유연성(Flexibility)

① 유연성은 모델이 다양한 패턴을 학습할 수 있는 능력을 의미함.

② 예를 들어, 의사결정나무나 신경망은 선형 모델보다 더 유연함.

VII 분산과 편향

1. 의의

분산과 편향은 모델의 학습 성능을 평가하는 중요한 개념임.

2. 편향(Bias)

① 편향이 높은 모델은 학습 데이터를 충분히 학습하지 못하여 패턴을 제대로 반영하지 못하는 문제를 가짐.

② 예를 들어, 단순한 선형 모델로 복잡한 비선형 데이터를 예측하면 편향이 높아짐.

3. 분산(Variance)

① 분산이 높은 모델은 학습 데이터의 작은 변화에도 민감하게 반응하여 노이즈까지 학습하는 문제가 발생함.

② 이는 과적합(overfitting)의 원인이 됨.

4. 편향-분산 트레이드오프(Bias-Variance Tradeoff)

① 단순한 모델은 높은 편향을 가지며, 복잡한 모델은 높은 분산을 가질 가능성이 큼.

② 따라서 모델의 복잡성을 적절하게 조절하여 편향과 분산을 균형 있게 유지하는 것이 중요함.

Theme 177 전이학습(Transfer Learning)

I 의의

1. 개념

① 전이학습(Transfer Learning)은 특정 분야에서 학습된 신경망의 일부 능력을 유사하거나 전혀 새로운 분야에서 사용되는 신경망의 학습에 이용하는 것 의미.

② 일반적으로 이미 학습된 가중치(weight)를 전송(transfer)하여 사용.

2. 특징

① 학습 데이터가 적을 때도 효과적이며, 학습 속도가 빠름.

② 전이학습 없이 학습하는 것보다 높은 정확도 제공.

3. 컴퓨터 비전과 전이학습

① 전이학습은 컴퓨터 비전에서 주로 사전학습된 모델(pre-trained model)을 이용하는 것을 의미.

② 사전학습된 모델은 해결하려는 문제와 유사하면서 큰 데이터로 학습된 모델을 의미.

③ 큰 데이터로 모델을 학습시키는 과정은 오랜 시간과 높은 연산 비용이 필요.

심층 연계 내용 컴퓨터 비전(Computer Vision)

① 컴퓨터 비전은 기계의 시각을 연구하는 컴퓨터 과학의 최신 연구 분야 중 하나.
② 공학적 관점에서 자율적인 시각 시스템을 개발하여 인간의 시각을 모방하거나 능가하는 것을 목표로 함.
③ 과학적 관점에서 이미지에서 정보를 추출하는 인공 시스템 관련 이론을 연구.

Ⅱ 미세조정(Fine-Tuning)

1. 의의

① 기존 모델 구조와 사전학습된(Pre-trained) 가중치를 기반으로 목적에 맞게 가중치를 업데이트하는 과정.
② 사전학습된 모델을 목적에 맞게 재학습하거나 학습된 가중치의 일부를 재학습하는 과정.

2. 미세조정(Fine-Tuning) 전략

(1) 언더 피팅(Under Fitting)

① 학습 데이터가 부족하거나 학습이 제대로 이루어지지 않아 모델이 트레이닝 데이터에 가깝게 수렴하지 못하는 현상.
② 그래프가 트레이닝 데이터에서 많이 떨어진 형태로 나타남.

(2) 오버 피팅(Over Fitting)

① 트레이닝 데이터에 지나치게 정확히 맞아 들어가는 현상.
② 샘플 데이터에 과적합하여 학습 정확도가 100%에 가까우나, 새로운 데이터 입력 시 정확도가 급격히 하락.

(3) 데이터셋이 적지만 기존 사전학습된 데이터셋과 비슷한 특징을 가지는 경우

① 전체 네트워크에 Fine-Tuning을 적용할 경우 오버 피팅 발생 가능성 높음.
② Fully Connected Layer에 대해서만 Fine-Tuning 진행.

(4) 데이터셋이 충분하고 기존 사전학습된 데이터셋과 비슷한 특징을 가지는 경우

① 데이터셋이 충분하므로 Convolution Layer에 대해 Fine-Tuning을 진행해도 오버 피팅 위험 없음.
② 데이터셋이 유사하기 때문에 전체 Layer에 대한 Fine-Tuning은 불필요.

Theme 178 퓨샷 러닝(few-shot learning)

Ⅰ 의의

1. 딥러닝 모델의 특성

① 딥러닝 모델은 데이터 양에 비례하여 성능이 향상되는 경향을 보임.
② 대규모 데이터를 활용하면 수백만 개의 매개변수(가중치)를 훈련할 수 있으며, 데이터 분류 문제를 인간 수준으로 해결할 수 있음.
③ 모델의 성능 향상을 위해서는 다양하고 품질이 우수한 데이터 및 막대한 컴퓨팅 자원이 필요함.

2. 딥러닝 모델과 인간 학습의 차이

① 딥러닝 모델의 학습 방식은 인간보다 비효율적임.
② 인간은 소량의 훈련 데이터만으로도 새로운 사물을 인식할 수 있음.
③ 소량의 데이터만으로 학습이 가능한 방식을 퓨샷 러닝(few-shot learning)이라고 함.

Ⅱ N-way K-shot 문제

1. 데이터셋 구성

(1) 서포트 데이터(support data)

퓨샷 러닝에서 훈련에 사용하는 데이터셋을 의미함.

(2) 쿼리 데이터(query data)

퓨샷 러닝에서 테스트에 사용하는 데이터셋을 의미함.

2. N-way K-shot 개념

① N은 범주의 수, K는 범주별 서포트 데이터의 수를 의미함.
② K가 1이면 원샷 러닝, K가 0이면 제로샷 러닝이 됨.
③ K가 많을수록 모델의 예측 성능이 향상되며, N이 커질수록 성능이 저하됨.
④ 퓨샷 러닝은 K가 매우 작은 상황에서 학습하는 모델을 의미하며, 모델의 성능은 N에 반비례하고 K에 비례하는 관계를 가짐.

3. 예제

(1) 1-Way 1-Shot

고양이 사진 하나를 제공하고, 여러 동물 중에서 고양이를 분류하도록 함.

(2) 2-Way 1-Shot

고양이와 호랑이 사진을 각각 하나씩 제공하고, 여러 동물 중에서 두 동물을 분류하도록 함.

(3) 3 – Way 2 – Shot

고양이, 호랑이, 사자 사진을 각각 두 개씩 제공하고, 여러 동물 중에서 세 동물을 분류하도록 함.

Theme 179 자연어 처리(Natural Language Processing)

I 의의

1. 개념 및 역사

① 자연어 처리(NLP)는 컴퓨터와 인간 언어 간의 상호작용을 연구하는 기술로, 인공지능(AI)의 핵심 기능 중 하나임.

② 1950년대부터 기계 번역을 포함한 자연어 처리 기술이 연구되기 시작함.

③ 1990년대 이후 대량의 말뭉치(corpus) 데이터를 활용하는 기계학습 및 통계적 자연어 처리 기법이 주류를 이룸.

④ 최근에는 딥러닝을 활용한 자연어 처리가 방대한 텍스트로부터 의미를 추출하고 활용하는 연구로 발전함.

2. 활용 분야

① NLP 기술은 기계번역, 대화형 질의응답 시스템, 정보검색, 시맨틱 웹, 딥러닝 및 빅데이터 분석 등에 적용됨.

② 인간의 언어 정보 처리 원리 연구와 뇌인지 언어정보 처리 연구에도 중요한 역할을 함.

II 시소러스

1. 개념 및 역할

① 시소러스는 사람이 직접 단어의 의미를 정의한 사전으로, 자연어 처리에서 일반 사전 대신 활용됨.

② 단어 간 '상위 – 하위' 또는 '전체 – 부분' 관계를 정의하고 그래프 구조로 표현함.

2. 활용 예시

검색 엔진에서 'automobile'과 'car'가 유의어임을 인식하면, 'car' 검색 시 'automobile' 결과를 포함시킬 수 있음.

III WordNet

1. 의의

① 프린스턴 대학교에서 1985년부터 구축한 대표적인 시소러스임.

② 유의어 탐색 및 단어 네트워크를 활용한 단어 간 유사도 분석 가능함.

2. 시소러스의 문제점

① 시대 변화에 따라 단어의 생성 및 소멸, 의미 변화가 발생하여 지속적인 갱신이 필요함.

② 수작업으로 구축하는 데 많은 인적 비용이 소요됨.

③ 비슷한 단어라도 미묘한 의미 차이를 표현하기 어려움.

IV 통계 기반 기법

1. 개념

① 시소러스의 단점을 보완하기 위해 등장한 방법으로, 특정 단어 주변에 등장하는 단어 빈도를 분석함.

② 대량의 말뭉치(corpus)를 활용하여 자연어 처리를 수행함.

2. 말뭉치(corpus)

① 자연언어 연구를 위해 수집된 대량의 텍스트 데이터로, 형태소 분석을 통해 분석 정확성을 높임.

② 확률·통계적 기법과 시계열 접근 방식으로 언어의 빈도 및 분포를 분석함.

3. 분포 가설

① 단어를 벡터로 표현하기 위해 '단어의 의미는 주변 단어에 의해 형성된다'는 개념을 활용함.

② 단어 자체에는 의미가 없으며, 문맥이 의미를 형성한다는 점을 강조함.

V 트랜스포머(Transformer)

1. 어텐션(Attention)

① 문장의 모든 단어를 비교하여 번역하는 기법으로, RNN의 연산 속도 문제를 해결함.

② 순차적 처리가 필요 없는 병렬 구조를 채택하여 처리 속도를 향상함.

2. 자기주의 메커니즘(Self – Attention Mechanism)

시퀀스 내 각 항목이 다른 항목과의 관계를 분석하여 문맥을 이해하는 방법임.

3. 레시디얼 연결(Residual Connection)

그래디언트 소실 문제를 해결하기 위해 이전 계층의 입력을 직접 더하여 학습을 안정화함.

Ⅵ BERT(버트)

① 구글이 개발한 AI 언어 모델로, 일부 성능 평가에서 인간보다 높은 정확도를 보임.
② 대규모 텍스트 코퍼스를 활용하여 언어 이해 모델을 사전학습하고 다양한 NLP 태스크에 적용 가능함.
③ 기존 모델보다 우수한 성능을 제공하며, 별도 교육 없이 양방향 사전학습이 가능함.

Ⅶ Generative Pre-trained Transformer 3 (GPT-3)

1. 개념 및 특징

① 오픈AI가 개발한 자연어 처리 모델로, 인간의 언어를 다루는 AI 모델임.
② GPT-2 대비 100배 이상의 파라미터를 활용하여 학습한 대규모 모델임.
③ 3000억 개의 데이터셋을 학습하여 문장 뒤에 이어질 단어를 예측함.

2. 파라미터 및 오픈AI

① 파라미터(Parameter)는 AI 모델이 학습에 활용하는 가중치(Weight)와 바이어스(Bias)를 의미함.
② 오픈AI(OpenAI)는 인류에게 이익이 되는 AI 연구를 목표로 하며, 2015년 설립됨.
③ 2019년 마이크로소프트로부터 10억 달러 투자를 받아 애저(Azure)에서 GPT-3를 지원함.

Theme 180 콘텐츠 추천 알고리즘의 진화

Ⅰ 추천 시스템의 개념

① 사용자의 선호도를 기반으로 적합한 항목을 선택하여 제공하는 시스템을 의미함.
② 정보 필터링 기술을 사용하여 사용자에게 적절한 항목을 추천하는 방식임.
③ 기본적인 추천 시스템은 협업 필터링과 콘텐츠 기반 필터링을 기반으로 작동함.

Ⅱ 협업 필터링

1. 개념

① 기존 사용자 행동 데이터를 분석하여 유사한 성향의 사용자가 선호하는 항목을 추천하는 기술을 의미함.
② 온라인 쇼핑에서 '이 상품을 구매한 사용자가 구매한 상품들'과 같은 추천 방식이 대표적임.
③ 예를 들어, '라면'을 구매한 사용자가 '생수'를 구매하는 경우가 많다면, '라면'을 구매한 사용자에게 '생수'를 추천하는 방식임.

2. 장점

① 항목의 내용 분석 없이 직관적인 추천이 가능함.
② 비슷한 패턴을 가진 사용자나 항목을 추출하는 것이 핵심이며, 행렬분해(Matrix Factorization) 및 k-최근접 이웃 알고리즘(kNN) 등이 사용됨.
③ 사용자의 자연스러운 행동 데이터를 활용할 수 있으며, 아마존, 라스트에프엠(Last.fm), 페이스북, 링크드인 등이 활용하고 있음.

3. 단점

(1) 콜드 스타트 문제
① 신규 항목에 대한 데이터가 부족하여 추천이 어려움.
② 예: 음악 서비스에서 신곡이 발표된 직후에는 추천 정보 부족으로 추천이 어려움.

(2) 계산량 문제
① 사용자 수가 많아질수록 계산량 증가로 인해 비효율 발생 가능.
② 예: 행렬분해 알고리즘은 대규모 데이터에서 연산 시간이 증가함.

(3) 롱테일 문제
① 사용자의 관심이 소수의 인기 항목에 집중되는 경향이 있음.
② 크리스 앤더슨(Chris Anderson)과 클레이 셔키(Clay Shirky)가 이에 대해 연구한 바 있음.

Ⅲ 콘텐츠 기반 필터링

1. 개념

① 항목 자체를 분석하여 유사한 항목을 추천하는 방식임.
② 협업 필터링과 달리 사용자의 행동 기록이 아니라 항목 자체의 특성을 기반으로 추천함.
③ 예를 들어, 음악 추천 시 음악의 장르, 비트, 음색 등의 특성을 분석하여 유사한 음악을 추천하는 방식임.

2. 작동 방식

(1) 프로파일 기반 분석

아이템 프로파일(item profile)과 사용자 프로파일(user profile)을 구축하여 유사성을 계산함.

(2) 예시: 판도라(Pandora)

① 신곡이 출시되면 음악의 장르, 비트, 음색 등 400여 개 항목의 특성을 분석함.

② 사용자의 'like' 정보를 기반으로 개인화된 음악 추천을 제공함.

(3) 알고리즘 활용

군집분석(Clustering analysis), 인공신경망(Artificial neural network), TF-IDF(term frequency-inverse document frequency) 등의 기법이 사용됨.

3. 장점과 단점

(1) 장점

콜드 스타트 문제를 해결할 수 있음.

(2) 단점

① 다양한 형식의 항목을 동시에 추천하기 어려움.

② 예: 음악, 사진, 비디오를 동시에 추천할 때 각 항목의 정보 차이로 인해 프로파일 구성의 어려움이 존재함.

4. TF-IDF

(1) 개념

① 정보 검색과 텍스트 마이닝에서 주로 사용되는 가중치 계산 방법임.

② 특정 문서 내에서 단어의 중요도를 평가하는 데 활용됨.

(2) Term Frequency(TF)

① 특정 단어가 문서 내에서 얼마나 자주 등장하는지를 나타냄.

② 예: '사과'라는 단어가 한 문서에서 10번 등장하고, 다른 문서에서는 1번 등장한다면, 해당 문서에서 '사과'의 중요도가 높음.

(3) Inverse Document Frequency(IDF)

① 특정 단어가 여러 문서에서 얼마나 자주 등장하는지를 나타냄.

② 예: 'the8', 'is', 'and'와 같은 단어는 대부분의 문서에서 빈번히 등장하여 중요도가 낮음.

(4) 결론

① 특정 문서에서 자주 등장하지만 다른 문서에서는 드물게 등장하는 단어는 해당 문서에서 중요한 단어로 판단됨.

② 예: '애플'이라는 단어가 특정 문서에서 집중적으로 등장한다면, 그 문서는 애플과 관련된 내용일 가능성이 높음.

Ⅳ 루빅스 알고리즘

1. 개념

① RUBICS(Real-time User Behavior Interactive Content recommender System)의 약자로, 실시간 이용자 행동을 기반으로 뉴스를 추천하는 체계임.

② 이용자의 행동 패턴을 분석하여 개인별 맞춤 뉴스 추천을 수행함.

③ 예: 프로야구 뉴스를 자주 읽는 이용자는 유사한 관심을 가진 사용자들의 인기 뉴스를 추천받음.

2. 맞춤형 멀티 암드 밴딧(Customized Multi-Armed Bandit) 알고리즘

① 루빅스 개발 시, 뉴스 서비스 이용자의 특성을 분석하는 것이 핵심 과제였음.

② 대부분의 이용자는 로그인하지 않으며, 뉴스 서비스의 '콜드 스타트 이용자'가 많았음.

③ 협업 필터링 및 콘텐츠 기반 필터링만으로는 개인화 추천이 어려웠음.

④ 이에 따라, 카카오는 '맞춤형 멀티 암드 밴딧' 알고리즘을 적용하여 추천 시스템을 개선함.

Ⅴ 추천 알고리즘과 필터 버블

1. 개념

① 추천 알고리즘은 음악, 영화, 광고, 온라인 뉴스 등 다양한 분야에서 사용됨.

② 정보 필터링 과정에서 사용자가 전체 정보를 접할 기회를 제한할 가능성이 있음.

③ 추천 시스템이 발전할수록 사용자의 성향에 맞는 정보만 제공되며, 나머지 정보는 차단되는 현상이 발생함.

④ 이러한 현상을 필터 버블(Filter Bubble)이라 함.

2. 문제점

(1) 정보 차단 문제

사용자가 보고 싶은 정보만 제공받아 정보 편향성이 강화될 가능성이 있음.

(2) 사회적 영향

① 정치적 성향에 따라 특정 뉴스만 추천받게 될 가능성이 있음.

② 편향적 정보 제공으로 인해 사회적 양극화가 심화될 위험이 있음.

I 윤리적 주체로서의 인공지능 논쟁

1. 의의

① 인공지능을 윤리적 주체로 보는 관점은 다양함. 인공지능이 행위 능력을 가진 주체가 될 수 있다고 보는 입장은 인공지능이 인간의 개입 없이도 지각, 정보처리, 실행, 학습 등을 수행할 수 있기 때문임.

② 인공지능이 활동의 주체가 되는 현실에서 발생하는 윤리적 문제는 책임 소재와 그 부과 방식에 있음. 인공지능이 책임을 회피할 경우의 해결 방안도 논의가 필요함.

③ 보스트롬(Bostrom)은 인공지능이 초지능을 갖는 미래를 예측하며, 인공지능에 윤리 및 책임의식을 부여하는 방안을 고민해야 한다고 주장함.

2. 인공지능을 부분적인 주체로 보는 관점

① 인공지능이 아무리 발달하더라도 인간과 유사한 수준의 주체적 행위를 할 수 없다고 보는 입장임.

② 현재 개발된 인공지능은 특정 분야에서만 활용되는 특화된 지능이며, 인간처럼 범용지능을 갖지 못함.

③ 인공지능의 활동으로 초래된 손해에 대한 책임을 부과할 수 있으나, 인공지능의 인지 및 처리 능력의 한계를 고려해야 함.

3. 인공지능을 인간의 도구로 보는 관점

① 인공지능은 인간의 효용을 위해 만들어진 도구이며, 자율적 행위자로 볼 수 없음.

② 인공지능의 작동은 인간이 설계한 방식에 따르므로, 그 활동으로 인한 손실의 책임은 제작자 또는 이용자에게 있음.

4. 인공지능을 인간의 '외화(外化)된 정신'으로 보는 관점

① 인공지능은 인간의 의지와 욕구 및 이해가 반영된 결과물임.

② 제작 과정에서 설계자, 제작자를 포함한 다양한 인간의 정신이 체계적으로 통합된 존재임.

③ 독자적 지능 체계를 갖출 경우 인간 정신의 개입 없이도 지각, 판단, 결정을 수행할 수 있음.

④ 인공지능은 인간에 대한 의존성과 독자성을 동시에 갖는 양면성이 있으며, 이에 따라 손실에 대한 책임도 인간과 인공지능이 공동으로 져야 함.

II 인공지능의 윤리적 판단 기준 논쟁

1. 인공지능 로봇과 이용자 간 갈등 상황

① 인공지능은 활동 과정에서 윤리적 판단을 요구받는 상황에 직면함.

② 인공지능 로봇이 불법·유해 행위를 요구받을 경우 이를 수행해야 하는지 거부해야 하는지 문제가 됨.

③ 이용자가 로봇의 자해를 시도할 경우 로봇이 이를 거부할 것인지 순응할 것인지 논의가 필요함.

④ 이용자의 자유를 무제한적으로 인정할 수 없으며, 요구 사항의 적절성을 판단하는 사회적 합의가 필요함.

2. 여러 사람 간 이해 상충 상황

① 인공지능 로봇은 여러 사람의 이해관계가 충돌하는 상황에 직면할 수 있음.

② 대표적인 사례로 트롤리 딜레마가 있으며, 인공지능 자동차가 사고 시 누구를 우선 보호할지 판단해야 하는 문제가 있음.

심층 연계 내용 트롤리 딜레마

① 기차 운전수가 5명을 살리기 위해 1명을 희생할 것인지 선택해야 하는 윤리적 문제를 제시함.

② 자율주행 자동차의 윤리적 딜레마를 설명하는 데 활용될 수 있음.

③ 차 안의 승객과 보행자 중 누구를 보호할 것인지, 어린이나 임산부 등 특정 대상을 우선 보호해야 하는지에 대한 윤리적 논의가 필요함.

④ 사회적 합의가 어려울 경우 이용자가 선택할 수 있도록 하는 방안도 고려되나, 무제한적 선택권을 부여하는 것은 적절하지 않음.

---

3. 아시모프(Asimov)의 로봇 3원칙

(1) 로봇 3원칙

① 로봇은 인간을 해쳐서는 안 되며, 인간을 보호해야 함.

② 첫 번째 원칙과 충돌하지 않는 한 인간의 명령을 따라야 함.

③ 첫째·둘째 원칙과 충돌하지 않는 한 자신을 보호해야 함.

(2) 한계

① 인간과 로봇에 대한 구체적인 정의가 없어 특정 로봇이 인간을 해치는 상황이 발생할 가능성이 있음.

② 하나의 행동이 이익과 손해를 동시에 초래할 경우 경중을 판단하는 기준이 불분명함.

③ 마크 로텐버그(Marc Rotenberg)는 로봇이 자신이 로봇임을 밝혀야 하며, 의사결정 과정을 투명하게 공개해야 한다고 주장함.

4. 사회적·문화적 가치의 고려

인공지능이 윤리적 의사결정을 할 때 특정 사회의 문화적 가치를 반영해야 한다는 주장도 제기됨.

Ⅲ 인공지능의 도덕 학습

1. 의의

① 인공지능의 윤리적 판단과 관련된 이슈 중 하나는 인공지능에 도덕을 학습시키는 방법에 관한 문제임.
② 인공지능의 도덕 학습 방식으로 규칙 기반의 하향식 접근, 경험 기반의 상향식 접근, 하이브리드 방식이 있음.

2. 규칙 기반의 하향식 접근

(1) 원칙

① 인공지능이 행동을 선택할 수 있도록 규칙과 원칙을 제공하여 이를 기반으로 판단하도록 하는 방식임.
② 인공지능이 스스로 윤리를 습득하는 것이 아니라 설계된 규칙을 따라 판단하게 하는 방식임.

(2) 한계

① 초기 인공지능은 주로 이 방식을 채택했으나, 모든 상황을 대비한 규칙을 제정하기 어려움.
② 다양한 상황에서 판단불능 상태가 발생할 수 있으며, 이를 극복하기 위해 상향식 접근 방식이 등장함.

3. 경험 기반의 상향식 접근

(1) 개념

① 어린이가 윤리 규범을 학습하듯 시행착오를 거치면서 도덕을 습득하는 방식임.
② 특정 상황에서 경험을 축적하여 윤리적 행동의 기준을 스스로 터득함.

(2) 과정

① 인간이 시행착오를 거쳐 규범을 배워가듯 인공지능도 시행착오를 통해 도덕적 규범을 학습해야 함.
② 단순 반복이 아닌 올바른 규범으로 수렴할 수 있도록 설계해야 함.

(3) 문제점

인공지능의 학습 과정을 완전히 통제할 수 없으며, 블랙박스 문제 발생 가능성이 있음.
이를 해결하기 위해 하이브리드 방식이 등장함.

4. 하이브리드 방식

① 인공지능이 도덕 규범을 학습하는 상향식 방식을 채택하면서도 완전한 자율적 학습으로 맡기지 않는 방식임.

② 시행착오 과정이 바람직한 방향으로 전개되도록 확인 절차를 두거나, 특정 행동 수행 전에 관문을 설정하여 윤리 관리자의 평가를 거치도록 하는 방식이 포함됨.

Ⅳ 인공지능 이용자의 윤리 이슈

1. 의의

① 인공지능 이용자에게 발생할 윤리적 이슈로 정서 로봇과의 관계 문제가 주요하게 대두됨.
② 일본과 한국에서 다양한 정서 로봇이 등장하고 있으며, 이로 인해 새로운 윤리 문제가 발생함.

2. 일방성의 위험

① 인간은 상호성을 기반으로 관계를 형성해야 하지만, 로봇은 주인의 요구에 일방적으로 응할 가능성이 높음.
② 감정노동 로봇이 과도한 친절을 제공할 경우, 인간 노동자에게도 동일한 서비스를 강요할 위험이 있음.
③ 감정노동 로봇 사용 시 표준 및 가이드라인 마련 필요.

3. 로봇으로 인한 관계상실 가능성

① 인간과의 관계보다 로봇과의 관계에 의존할 경우, 사회적 고립 위험이 있음.
② 일본에서 인간 배우자를 대체하는 인공지능 파트너가 등장하여 새로운 사회적 문제가 발생함.

Ⅴ 알고리즘 책임성(Accountability)

1. 의의

① 알고리즘의 신뢰성 문제는 차별(discrimination)과 오류(error)의 명확한 원인 파악이 어렵고, 알고리즘 설계 시 주관적 편향(bias)이 개입될 가능성에 기인함.
② 치안·의료 등 공공성이 강한 분야에서는 결과의 공정성을 위해 과정의 투명성이 요구되지만, 자동화 알고리즘 적용 시 투명성 보장이 어려움.
③ 파스콸레는 알고리즘의 불투명한 활용이 사회적 개방성과 시장의 공정성을 저해한다고 경고하며, 이를 "코드화된 규칙이 구현하는 가치와 특권이 블랙박스 속에 감추어진다."고 표현함.

2. 불투명한 알고리즘이 유발한 부정적 사례

(1) 자동화 검색과 가격설정의 불공정성

① 특정 대출자의 상환 지연은 용인되지만, 다른 대출자의 상환 지연은 문제가 되는 사례 발생.
② 동영상 서비스 플랫폼에서 자사의 비디오 콘텐츠가 검색 결과에서 우선 추천되는 문제 발생.

(2) 공정성 검증 필요성

① 선의의 판단이라도 공정성에 문제가 있다면 과정에 대한 검증이 필요함.

② 파스칼레 등 여러 문헌에서 알고리즘 공개만이 유일한 해결책이라 주장함.

(3) 국제적 논의 및 규제

① 미국 · 유럽에서 온라인 알고리즘의 편향성과 가격설정 알고리즘을 통한 담합 · 불공정거래 가능성에 대한 논의 진행.

② EU 및 OECD 같은 국제기구도 관련 이슈에 관심을 가짐.

③ 2010년 미 공정거래위원회가 구글 검색 알고리즘의 불공정성을 조사하였으나, 2013년 증거 부족으로 심의를 종료.

④ 2015년 미 법무부가 아마존 마켓플레이스의 가격설정 알고리즘에 문제가 있다고 판결.

⑤ 2016년 미 법무부가 우버의 동적 가격 설정 방식에도 문제를 제기.

3. 알고리즘 투명성 보장의 어려움

(1) 기술적 한계

① 기계학습 기반 알고리즘의 구현 방식이 본질적으로 불투명함.

② 테슬라 주행 사고처럼 오류가 확실하더라도 일반적인 소프트웨어 디버깅 방식으로 문제 해결이 어려움.

③ 경험적 실험을 통해서만 신뢰성 · 안전성 수준을 점검 가능.

(2) 산업적 비용 부담

① 알고리즘에 대한 제조물책임법 수준의 품질보장 요구 시 인공지능 산업의 비용 부담이 막대해질 가능성 존재.

② 이에 따라 IBM, 엔비디아, 퀄컴 등에서는 기계학습의 데이터 의존도를 낮추는 연구를 진행 중.

③ 연구가 성공하면 CPU · GPU 등의 하드웨어 제조업에도 직접적 영향을 미칠 것으로 예상.

(3) 투명성 악용 가능성

① OECD 연구에서도 투명성을 해결책으로 제안했으나, 그 유용성에 대한 의문이 지속됨.

② 분류형 알고리즘이 상관관계를 바탕으로 인과관계를 추론하는 방식이기 때문에 투명성이 궁극적인 해결책이 될 수 없음.

③ 설명 가능한 인공지능 연구에서도 동일한 문제가 지속적으로 논의됨.

Ⅵ 스피넬로(Spinello)의 정보윤리

1. 자율성의 원리

① 자율성은 인간이 지닌 능력으로, 칸트를 비롯한 학자들이 인간다움의 필수 요소로 규정한 개념.

② 도덕적 책임의 필요조건이며, 개인이 자율성을 행사하여 자신의 운명을 형성함.

③ 정보사회에서 자율성을 박탈당하면 개인의 계획이 방해받고, 정당한 대우를 받지 못하는 문제 발생.

2. 해악금지의 원리

① 타인을 해치지 말라는 도덕적 명령을 바탕으로 정보사회에서 불필요한 해악과 상해를 피해야 함.

② 이는 최소한의 도덕으로서 기능하며, 소극적 명령으로 작용.

③ 다른 모든 윤리 원리의 기초로서 반드시 충족되어야 하는 원리로 작용.

3. 선행의 원리

① 타인의 복지를 증진시키기 위한 적극적 의무를 의미.

② 타인을 돕는 것이 도덕적 의무로 간주됨.

③ 정보사회에서 선행의 원리가 준수될 때 공동체가 복된 삶을 유지할 수 있음.

4. 정의의 원리

① 동일한 경우는 동일하게 다루어야 한다는 형식적 원칙을 기반으로 하며, 공정한 대우와 불편부당성이 핵심 요소.

② 분배적 정의론은 형식적 정의를 보완하는 기준으로, 희소자원의 배분 원칙을 정립하는 데 기여.

③ 정보사회에서 정책 · 제도의 구성 및 운영 시 정의의 원리가 중요한 준거로 작용.

Theme 182 블록체인(Block Chain)

Ⅰ 분산원장기술(Distributed Ledger Technology, DLT)

① 분산 네트워크 참여자가 암호화 기술을 사용하여 거래 정보를 검증하고 합의한 원장을 공동으로 분산 · 관리하는 기술임.

② 중앙 관리자나 중앙 데이터 저장소 없이 모든 참여자가 합의 알고리즘을 통해 거래 정보를 복제 · 공유함.

③ 거래 정보를 분산 · 관리하여 위조를 검출하고 방지할 수 있음.

④ 대표적인 분산원장기술로 블록체인과 방향성 비순환 그래프(DAG)가 있음.

블록체인은 하나의 블록 연결만 허용하는 반면, DAG는 네트워크 참여자들의 이벤트 연결을 동시에 허용함.

⑤ 블록체인 플랫폼으로 이더리움, 하이퍼레저가 있으며, DAG 분산원장으로는 IOTA 프로젝트, 해시그래프 등이 있음.

Ⅱ 블록체인(Block Chain)

① 블록체인은 블록을 순차적으로 연결한 구조이며 P2P 네트워크를 기반으로 함.
② 일정 시간 동안 네트워크 참여자가 거래 정보를 교환·검증하여 동의한 정보만을 하나의 블록으로 생성함.
③ 생성된 블록은 기존 블록체인에 연결되며, 사본이 각 네트워크 참여자의 디지털 장비에 분산·저장됨.
④ 해시 함수, 디지털 서명, 합의 알고리즘을 사용하여 안전한 거래를 보장함.
⑤ 중앙 서버 없이 거래 장부를 관리하여 비용 절감이 가능하며, 분산·저장 방식으로 금융거래의 안전성을 높임.
⑥ 금융 및 자산 거래, 물류 시스템, 스마트 도시, 사물인터넷 등 다양한 분야에서 활용됨.
⑦ 블록체인을 활용한 대표적 사례로 비트코인이 있음.

Ⅲ 블록(Block)

① 블록체인에서 식별, 암호화 및 거래 정보를 포함하는 기본 데이터 단위임.
② 블록은 블록 해시, 헤더, 바디로 구성됨.
③ 블록 해시는 블록 식별자로서 헤더의 해시값을 포함함.
④ 헤더는 버전 정보, 이전 블록 해시, 머클 루트, 시간, 난이도, 논스로 구성됨.
⑤ 바디는 다양한 거래 정보를 포함함.
⑥ 블록 해시는 SHA-256 암호화 기술을 적용하여 생성되며, 이전 블록의 블록 해시가 포함된 구조로 연결됨.
⑦ 블록의 구조는 활용 목적과 서비스에 따라 다르게 정의되며, 특정 커뮤니티 내에서만 통용됨.

Ⅳ 머클 트리(Merkle tree)

1. 의의
① 블록체인에서 블록 하나에 포함된 모든 거래 정보를 요약하여 트리 형태로 표현한 데이터 구조.
② 블록의 바디(body)에 포함된 거래 정보를 특정 크기 단위별로 암호화(SHA-256)를 적용하여 여러 단계를 거쳐 해시값 생성.
③ 해시값들이 트리 형태를 이루며, 1979년 랄프 머클(Ralph Merkle)이 고안하여 머클 트리(Merkle tree)라고 명명됨.
④ 머클 트리의 최상위 해시값을 머클 루트(Merkle root)라고 함.
⑤ 기존의 이진 트리가 부모 노드에서 자식 노드로 향하는 구조인 반면, 머클 트리는 자식 노드에서 부모 노드로 상향하는 구조.

2. 머클 트리 루트 생성 과정
① 블록 내 모든 거래 정보의 해시값을 계산하여 리프(leaf) 데이터로 설정.
② 두 개의 리프 데이터를 연결하여 부모 데이터의 해시값을 구함.
③ 쌍을 지을 수 없을 때까지 상향식으로 반복하여 해시값을 구하며, 최종 해시값이 머클 트리 루트가 되어 블록 헤더(header)에 포함됨.

Ⅴ 블록체인의 유형

1. 개방형 블록체인(public blockchain)
① 누구나 접근하고 사용할 수 있는 공개된 블록체인 시스템.
② 사용자 관점에서 개방형 블록체인은 누구나 사용할 수 있으며, 이에 대비되는 개념으로 제한된 사용자만 이용할 수 있는 전용 블록체인(private blockchain)이 존재.
③ 개방형·전용 블록체인은 사용자 접근성 기준으로 구분되는 반면, 허가형·비허가형 블록체인은 운영 및 사용 허가 여부 기준으로 구분.
④ 대표적인 개방형 블록체인으로 비트코인(bitcoin), 이더리움(ethereum), 카르다노(cardano) 등이 존재.

2. 전용 블록체인(private blockchain)
① 권한이 있는 특정 사용자만 접근 가능한 블록체인 시스템.
② 특정 기업 소속 직원만 사용할 수 있는 인트라넷 기반의 하이퍼레저(Hyperledger), 리플(Ripple), R3 등이 대표적 사례.

③ 다수의 기업이 연합하여 제한된 사용자만 접근할 수 있도록 구축한 컨소시엄(consortium) 블록체인도 전용 블록체인에 해당.

3. 허가형 블록체인(permissioned blockchain)

① 블록체인 시스템 사용 및 노드(node) 참여에 허가가 필요한 시스템.
② 특정 기업이 운영하며 내부 직원만 접근 가능한 블록체인 시스템이 허가형 블록체인에 해당.
③ 전용 블록체인은 일반적으로 허가형 블록체인으로 분류되며, 특정 은행 간 블록체인 기반 금융 시스템도 허가형 블록체인으로 운영됨.
④ 대표적인 사례로 하이퍼레저(Hyperledger), 리플(Ripple), R3 등이 존재

4. 비허가형 블록체인(permissionless blockchain)

① 누구나 블록체인 시스템을 사용하거나 노드로 참여할 수 있는 블록체인 시스템.
② 계정 생성만으로 참여 가능하며 익명성 보장 가능.
③ 다수의 가짜 계정을 생성하여 합의 알고리즘에 영향을 주는 시빌 공격(sybil attack) 발생 가능.
④ 대표적인 비허가형 블록체인으로 비트코인(bitcoin), 이더리움(ethereum) 등이 존재.

심층 연계 내용 시빌 공격(sybil attack)

① 비허가형 또는 개방형 블록체인에서 공격자가 다수의 가짜 노드를 생성하여 합의 결과를 조작하는 보안 위협.
② 다중 인격 장애를 다룬 소설 Sybil에서 유래.
③ 51% 공격의 한 형태로 분류됨.

---

5. 서비스형 블록체인(Blockchain as a Service, BaaS)

① 블록체인 플랫폼마다 프로토콜, 인터페이스, 블록 크기 등이 달라 개발 환경 구축이 어려운 문제 해결을 위한 서비스.
② 웹페이지 설정을 통해 블록체인 개발 환경을 자동으로 생성·설정하고 스마트 계약 코드 개발 및 테스트 환경 제공.
③ DApp(분산 애플리케이션) 서비스 운영을 지원하며 데이터 모니터링 및 분석 기능 제공.
④ 블록체인 기술 활용을 용이하게 하는 클라우드 기반 솔루션으로 IBM, 마이크로소프트(MS), 아마존웹서비스(AWS) 등이 제공.

Theme 183 합의 알고리즘(Consensus algorithm)

I 의의

① 분산원장 시스템에서 노드는 네트워크에 분산되어 있으며, 원장에 포함될 새로운 기록을 생성, 채택, 배포하는 역할을 수행함.
② 노드 간 분산원장 동기화는 동시에 이루어지지 않으므로, 네트워크 내에서 서로 다른 기록을 포함한 원장이 일시적으로 존재할 수 있으며, 신뢰할 수 없는 참여자가 포함될 가능성이 있음.
③ 합의 알고리즘은 분산원장 시스템 내 노드들이 통신을 통해 최종적으로 동일한 기록을 채택하도록 하는 방식임.
④ 대표적인 합의 알고리즘으로 작업증명(PoW), 지분증명(PoS), 위임지분증명(DPoS), 경과시간증명(PoET), 권한증명(PoA), 비잔틴장애허용(BFT) 등이 있음.

II 작업증명(Proof of Work, PoW)

1. 개념

① 블록체인에서 거래 기록 정보를 무작위 논스(nonce)값과 해시(hash) 알고리즘을 적용하여 특정 난이도 조건을 충족하는 해시값을 도출하는 방식임.
② 블록 생성자(채굴자 또는 검증자)는 컴퓨터 연산을 통해 난이도 조건을 만족하는 블록 해시값을 경쟁적으로 찾으며, 성공하면 새로운 블록을 추가하고 보상을 받음.

2. 기원

① 1997년 아담 백(Adam Back)이 스팸 메일로 인한 서비스 거부 공격(DoS attack) 방지를 위해 고안한 해시캐시(hashcash)를 기반으로 개발됨.
② 비트코인의 채굴에서 사용되는 PoW 알고리즘은 SHA-256을 기반으로 하며, 나카모토 사토시가 고안한 블록 생성 방식임.

3. 특징

① 블록체인의 탈중앙화 특성에 부합하나, 컴퓨터 성능이 발달함에 따라 난이도 조건이 높아짐.
② 높은 연산 비용으로 인해 컴퓨팅 파워 낭비 및 에너지 소모 문제가 발생함.

Ⅲ 채굴(Mining)

① 작업증명 등 일부 합의 알고리즘에서는 원장 기록을 생성하는 작업에 높은 비용이 소요됨.

② 이에 따라 분산원장기술(DLT)에서는 원장 생성자(채굴자 또는 검증자)에게 생성 보상 및 거래 수수료를 지급하도록 설계됨.

③ 가장 많은 작업을 수행한 노드가 원장에 기록을 확정하는 권한을 가지며, 이에 따른 보상을 받음.

④ '채굴'이라는 용어는 광산에서 금을 캐는 행위를 비유하여, 합의 알고리즘을 통한 코인 획득을 의미함.

Ⅳ 지분증명(Proof of Stake, PoS)

1. 개념

① 블록체인 네트워크의 각 노드는 고유한 식별자(ID)를 생성하며, 합의 과정에서 지분의 양을 기준으로 권한을 결정함.

② 네트워크의 암호화폐를 보유하면 누구나 ID를 만들 수 있으며, 블록 생성 권한은 ID에 연결된 지분(보유한 암호화폐의 양)에 비례함.

③ 지분이 많을수록 블록 생성 권한을 가질 확률이 높으며, 여러 개의 ID를 만드는 것보다 하나의 ID에 지분을 집중하는 것이 유리함.

2. 기원 및 특징

① 작업증명(PoW)의 대규모 컴퓨팅 파워 낭비 문제를 해결하기 위해 고안됨.

② 대표적인 PoS 기반 블록체인으로 에이다(ADA), 큐텀(QTUM), 피어코인(Peercoin) 등이 있음.

Ⅴ 위임지분증명(Delegated Proof of Stake, DPoS)

1. 개념 및 기원

① 2014년 다니엘 라리머(Daniel Larimer)가 개발한 합의 알고리즘으로, 암호화폐 소유자들이 대표 노드를 선출하여 권한을 위임하는 방식임.

② 대의 민주주의 방식과 유사하여 '토큰 민주주의'라는 별칭이 있음.

2. 특징

① 소수의 대표 노드만 거래 정보를 승인하므로 PoW, PoS보다 처리 성능이 우수함.

② 대표 노드의 수는 블록체인 플랫폼 정책에 따라 달라질 수 있으며, 올바른 의사결정을 하지 않는 경우 언제든 변경될 수 있음.

Theme 184 비트코인(Bitcoin)

Ⅰ 의의

① 비트코인(bitcoin)은 블록체인 기술을 기반으로 만들어진 온라인 암호화폐로, 화폐 단위는 BTC로 표시됨.

② 2008년 10월 사토시 나카모토라는 가명을 사용하는 프로그래머가 개발하여 2009년 1월 프로그램 소스를 배포함.

③ 중앙은행 없이 P2P 방식으로 개인 간 자유로운 송금 등 금융거래가 가능하도록 설계됨.

④ 거래장부는 블록체인 기술을 바탕으로 여러 사용자의 서버에 분산 저장되므로 해킹이 불가능함. SHA-256 기반 암호 해시 함수 사용.

Ⅱ 거래

1. 의의

비트코인 거래자는 은행 계좌와 유사한 공개주소를 활용하여 비트코인을 이체함.

2. 비트코인 지갑

① 이용자는 지갑 프로그램을 통해 공개주소 및 비밀키를 생성할 수 있음.

② 비트코인 지갑은 보유 비트코인을 확인하고 이체 거래를 실시할 수 있도록 고안된 프로그램으로, Multibit, Bitcoin-QT 등의 PC용 지갑과 Coinbase 등의 모바일 지갑이 사용됨.

3. 공개주소(Public address)

공개주소는 문자와 숫자의 조합으로 계좌번호와 같은 기능을 수행하며 비트코인 잔액을 표시함.

4. 비밀키(Private key)

비밀키는 이용자의 지갑 프로그램에 저장되며, 비트코인 이체 거래 시 입력되어야 하는 비밀번호 역할을 함.

Ⅲ 생성

① 비트코인 네트워크는 "코인 생성" 옵션을 선택한 소프트웨어를 구동하는 사용자가 블록을 생성할 경우 새로운 비트코인을 지급함.

② 비트코인 생성은 금광 채굴에 비유하여 "채굴"이라고 불리며, 사용자가 코인 묶음을 받을 확률은 목표 값 이하의 해시를 생성할 확률과 동일함. 채굴량은 50BTC를 초과할 수 없음.

③ 채굴량은 매 21만 블록 생성 시마다 1/2로 감소하도록 설계되어 있으며, 총발행량은 2100만 BTC를 초과하지 않도록 프로그램됨.

④ 네트워크의 생성용 노드는 암호화 문제를 해결하기 위해 경쟁하며, 정답을 찾은 노드는 이를 네트워크에 전파하고 블록체인에 추가됨.

Ⅳ 총발행량

① 2009년 출시된 비트코인의 총발행량은 2100만 BTC로 제한됨.

② 2017년 6월 기준으로 약 1650만 BTC가 발행됨. 전문가들은 2150년경 비트코인 발행이 완료될 것으로 예상함.

③ 비트코인은 소수점 8자리까지 나눌 수 있으며, 최소 단위는 창안자인 사토시 나카모토를 기념하여 '사토시'라고 불림.

Ⅴ 현금, 전자화폐 및 유가증권과의 비교

1. 현금과의 비교

① 현금은 지급만으로 거래가 종료되며, 비트코인은 지급 후 더 이상의 채권·채무 관계가 남지 않는다는 점에서 유사함.

② 그러나 비트코인은 물리적 실체 없이 전자화된 파일 형태이며, 정부나 발행 기관의 보증 없이 사용자 네트워크에 의해 가치가 인정됨.

2. 전자화폐와의 비교

① 유럽연합(EU)은 전자화폐를 발행인에 대한 청구권으로 정의하며, 법정통화를 기반으로 발행됨.

② 비트코인은 전자화된 가치 저장 및 온·오프라인 사용 가능성에서 전자화폐와 유사함.

③ 그러나 발행기관이 없으며, 법정통화를 대가로 발행되지 않고 미리 정해진 알고리즘에 따라 생성됨.

④ 전자화폐와 달리 법적 규제를 받지 않으며, 법정통화 단위가 아닌 자체 화폐 단위를 가짐.

3. 가상화폐와의 비교

(1) 가상화폐 개념

① 유럽중앙은행(ECB)은 가상화폐를 가상공간의 개발자가 발행하고 회원 간 지급수단으로 사용되며 법적 통제를 받지 않는 화폐로 정의함.

② 법정통화와의 교환 가능 여부에 따라 Type 1(폐쇄형), Type 2(일방형), Type 3(양방형)으로 구분됨.

(2) 비트코인과 가상화폐의 차이

① 비트코인은 법정통화와 상호 교환 가능한 Type 3(양방형) 가상화폐와 유사함.

② 그러나 중앙기관 없이 운영된다는 점에서 기존 가상화폐와 차이를 보임.

③ ECB는 비트코인을 Type 3(양방형) 가상화폐로 간주함.

4. 유가증권과의 비교

① 유가증권은 무형의 권리를 증권에 결합한 증서로, 주식 및 채권 등 거래소에서 매매됨.

② 비트코인은 거래소에서 매매 가능하므로 유가증권의 성격을 포함함.

③ 그러나 유가증권은 권리의 존재를 전제로 하며, 비트코인은 권리관계가 존재하지 않으므로 유가증권으로 해석하기 어려움.

④ 유가증권법정주의에 따라 유가증권의 종류와 내용이 법적으로 제한되므로, 비트코인이 유가증권으로 인정되려면 명시적인 법률 규정이 필요함.

심층 연계 내용 중앙은행 디지털화폐(CBDC)

① 중앙은행 디지털화폐(CBDC)는 실물 화폐와 달리 가치가 전자적으로 저장되며, 이용자 간 자금이체 기능을 통해 지급결제가 이루어지는 법정통화임.

② 가상화폐와 달리 기존 화폐와 동일한 교환비율이 적용되므로 가치 변동 위험이 없음.

③ CBDC 발행은 지급 편의를 증진시키지만, 새로운 금리체계 형성 및 은행 예금 감소 등으로 통화정책과 금융안정성에 광범위한 영향을 미칠 것으로 예상됨.

Theme 185 이더리움(Ethereum)

Ⅰ 의의

1. 개념 및 특징

① 이더리움(Ethereum)은 블록체인 기술을 기반으로 스마트 계약 기능을 구현하기 위한 분산 컴퓨팅 플랫폼이자 자체 통화명임.

② 이더리움의 화폐 단위는 ETH이며, 비트코인과 마찬가지로 암호화폐로 거래됨.

2. 개발 배경

① 2015년 7월 30일 비탈릭 부테린(Vitalik Buterin)이 개발함.

② 비트코인의 블록체인 기술을 응용하여 화폐 거래 기록뿐 아니라 계약서 등 추가 정보를 기록할 수 있도록 설계됨.

③ 전 세계 사용자들의 컴퓨팅 자원을 활용하여 이더리움 가상머신(Ethereum Virtual Machine)을 구축하고, 이를 통해 SNS, e-메일, 전자투표 등의 다양한 정보를 기록하는 시스템을 창안함.

Ⅱ 내장 프로그래밍 언어, '솔리디티(Solidity)'

1. 이더리움의 프로그래밍 언어

이더리움은 비트코인과 동일한 데이터 구조를 가지지만, 자체 프로그래밍 언어인 '솔리디티(Solidity)'를 내장함.

2. 튜링 완전성(Turing Completeness)

① 솔리디티는 '튜링 완전(Turing Complete)'한 언어로 평가됨.

② 특정 프로그램 언어가 튜링 완전하다는 것은 모든 애플리케이션을 개발할 수 있고, 어떤 계산식도 해결할 수 있음을 의미함.

③ 솔리디티는 C언어나 자바(Java)에서 구현 가능한 기능 대부분을 지원함.

Ⅲ 차세대 스마트 계약과 분산 응용 애플리케이션 플랫폼

1. 스마트 계약(Smart Contract)

(1) 의의

① 스마트 계약은 프로그래밍된 조건이 충족되면 자동으로 계약을 이행하는 자동화 계약 시스템임.

② 기존 계약과 달리 문서 없이 코드로 계약을 지정하고, 조건이 충족되면 자동으로 실행됨.

③ 스마트 계약을 활용하면 부동산, 주식 등의 거래가 가능하며, 제3자 없이 당사자 간 직접 거래가 이루어짐.

(2) 스마트 계약 설계의 기본 원칙

① 계약 이행 가능성을 관찰하고 성과를 입증할 수 있어야 함(관측 가능성).

② 계약이 이행되거나 위반되었을 때 이를 확인할 수 있어야 함(검증 가능성).

③ 계약 내용은 계약에 필요한 당사자들에게만 제공되어야 함(사생활 보호).

④ 계약을 강제로 이행할 수 있어야 하지만, 강제 가능성은 최소화해야 함.

2. 차세대 스마트 계약

① 이더리움은 각 비즈니스 로직에 따른 복잡하고 다양한 계약 패턴을 지원함.

② 개발자는 차세대 스마트 계약을 이용하여 다양한 분산형 애플리케이션(DApp, Decentralized Application)을 개발할 수 있음.

③ 대표적인 DApp 사례로는 고양이 키우기 게임 '크립토키티즈(CryptoKitties)'와 집단지성 백과사전 '루나(LUNYR)'가 있음.

3. 탈중앙화된 자율 조직(DAO, Decentralized Autonomous Organization)

(1) DO(탈중앙 조직)와 DAO(탈중앙 자율 조직)의 차이점

① 탈중앙 자율 조직(DAO)은 내부 자본을 보유하고 있으며, 특정 행동에 대한 보상 시스템을 운영함.

② DAO는 내부자산을 활용하여 가치를 창출할 수 있음.

(2) DAO와 관련된 주요 개념

① 비트토런트(Bittorrent)는 내부자산이 없는 시스템이며, 메이드세이프(MaidSafe)는 평판 체계를 보유하지만 이를 자산으로 판매할 수 없음.

② 비트코인(Bitcoin)과 네임코인(Namecoin)은 내부자산을 보유함.

(3) 집단 모의 공격 취약성

① DO와 DAO는 모두 집단 모의 공격에 취약함.

② DAO에서는 모의 공격을 '버그'로 간주하지만, DO에서는 다수결 원칙처럼 기능적 요소로 작용함.

③ DAO는 완전한 인공지능이 아닌 인간과의 상호작용을 통해 운영됨.

Ⅳ 이더리움의 합의 알고리즘

1. PoW(작업 증명)에서 PoS(지분 증명)로의 전환

① 1세대 블록체인인 비트코인은 작업 증명(Proof of Work, PoW) 방식의 합의 알고리즘을 사용함.

② 이더리움도 초기에는 PoW를 사용했으나, 지분 증명(Proof of Stake, PoS) 방식으로 전환됨.

③ PoW에서 PoS로의 전환은 이더리움 생태계의 주요 목표 중 하나임.

2. 합의 알고리즘의 개념 및 PoS의 특징

① 합의 알고리즘은 블록체인 네트워크 참여자들이 단일 결과에 합의하기 위한 알고리즘임.

② PoS에서는 더 많은 화폐를 소유한 참가자가 우선적으로 블록을 생성할 수 있음.

③ PoS는 PoW보다 자원 소비가 적다는 장점을 가짐.

I 의의

① 사물인터넷(Internet of Things, IoT)은 MIT의 케빈 애시톤(Kevin Ashton)이 1999년에 처음 사용한 개념임.
② 인터넷을 통해 사람, 사물, 공간, 데이터 등 모든 것이 연결되어 생성, 수집, 공유, 활용되는 기술과 서비스이며, RFID(Radio-Frequency Identification), USN(Ubiquitous Sensor Network) 센터 등의 기술 포함함.
③ 고유하게 식별 가능한 사물이 생성한 정보를 인터넷을 통해 공유하는 환경을 의미함.

II 사물인터넷의 발전

① 유선통신 시대에는 PC와 같은 사물 간 연결을 통해서만 데이터 교환이 가능하며, 사람의 개입이 필요함.
② 무선통신 기술 발전으로 사람 대 사람, 사람 대 사물, 사물 대 사물 간 통신이 가능해짐.
③ 사물 간 자율적 통신이 가능한 사물 지능 통신(M2M)으로 발전함.
④ 인간과 사물, 서비스 등 구성 요소들이 인위적 개입 없이 상호 협력적으로 센싱, 네트워킹, 정보 교환 및 처리 등의 지능적 관계를 형성하는 사물 공간 연결망으로 발전함.

III IERC(IoT European Research Cluster)의 정의

① 미래 인터넷 통합 부분으로 물리적 또는 가상의 식별자를 가진 표준 및 상호 운용 통신 프로토콜, 자동 구성 기능 및 글로벌 네트워크 인프라 포함함.
② 지능형 인터페이스를 사용하여 정보 네트워크에 통합되며, 자율적으로 반응하여 감지 데이터를 교환하고 환경과 상호작용하는 구조 형성함.
③ 사물 간 통신 네트워크로 구성되어 기존 인터넷과 같은 통신망으로 확장되며, 지능형 인터페이스를 통해 능동적으로 상호작용하는 기술 포함함.

IV 사물인터넷의 기술 요소

1. 사물 ID

① 사물 간 통신을 위해 고유 식별자(IP 주소) 필요함.
② IPv6 활용으로 거의 무한대의 고유 IP 주소 확보 가능함.

2. 사물정보 디바이스 및 센싱 기술

① 사물에는 Chipset, Sensor, 통신 모듈 등이 포함된 정보 디바이스가 내장됨.
② 온도, 습도, 열, 가스, 초음파 센서, 원격 감지, 전자파흡수율(SAR), 레이더, 위치, 모션, 영상 센서 등의 기술 포함함.
③ 센싱 기술, 인터페이스 기술, 초소형/저전력 기술 포함하며, 다중센서 기술로 발전하여 고차원적 정보 인식 가능함.
④ 대표적으로 RFID 및 USN 기술 포함함.

3. 통신 및 네트워크 인프라 기술

① 사물 정보 디바이스와 플랫폼을 연결하는 역할 수행함.
② WPAN, WLAN, Wi-Fi, 2G/3G/4G/LTE, Bluetooth, NFC, ZigBee, Ethernet 등의 유·무선 네트워크 기술 포함함.
③ MQTT 프로토콜이 사물인터넷 표준으로 부상함.

4. 사물인터넷 서비스 인터페이스 및 플랫폼

① 사물인터넷 구성 요소를 서비스 및 애플리케이션과 연동하는 역할 수행함.
② 사물인터넷 플랫폼은 OS와 같은 역할을 하며, 데이터 저장, 관리, 분석, 제공 등의 서비스 기술 포함함.
③ 자율컴퓨팅, 초소형 OS, 상황인지, 위치인식 기술 포함함.

5. 보안 기술

① 네트워크, 단말 및 센서, 대량의 데이터 등에 대한 해킹 및 정보 유출 방지를 위한 기술 포함함.
② 적용 분야별로 기능, 애플리케이션, 인터페이스가 상이하므로 개별적으로 적합한 보안 기술 적용 필요함.

V 특징

1. 쌍방향, 가시성 확보

① 사물과 사람 혹은 사물들 간 쌍방향 데이터 교환이 가능한 네트워크 구성됨.
② 스마트폰과 사물 간 정보 소통을 통해 능동적 서비스 제공 가능함.
③ 사물이 필요한 데이터 및 정보를 스스로 수집하고 주변 상황을 판단함.
④ 정보 흐름이 무한 확장 가능하며, 정보의 양이 증가하고 활용 대상도 확대됨.

2. 클라우드 컴퓨팅과 가벼운 연결

① 서비스 기능이 사물에 내장되지 않고 클라우드 서비스로 구현됨.
② 클라우드 컴퓨팅 기술과 정보통신 기술 발전으로 저장 및 처리 부담이 감소함.

3. 융합 및 통합 주도

① IoT, Cloud, Big Data, Mobile(ICBM) 기술이 연결됨.
② 클라우드, 빅데이터, 모바일을 통한 데이터 분석 및 사용자 제공 가능함.
③ 업종 간 융합을 통한 신산업 창출 가능함.
④ 제품 개발, 생산, 유통, 판매, 사용, A/S, 회수까지 통합 관리 가능함.

4. 서비스지향 비즈니스 모델

① 제품을 판매하는 것보다 지속적인 서비스를 통해 수익 창출하는 PSS(Product Service System) 모델 지향함.
② 대표적 기업으로 롤스로이스가 있으며, 비행기 제트엔진 센서를 통해 실시간 데이터 수집 및 분석 진행함.

5. 개성 표출이 가능한 스마트 라이프

① 웨어러블 컴퓨팅과 접목되어 개인의 개성을 표현하는 사회로 발전함.
② 사물인터넷 서비스 이용 방식에 따라 개인의 개성이 드러남.
③ 웨어러블 기기를 통해 삶의 방식에 영향을 미치고, 개성을 표출하는 도구로 활용됨.

> **심층 연계 내용** 사물인터넷 밸류 체인
>
> 칩 벤더, 모듈 및 단말 벤더, 플랫폼 사업자, 네트워크 사업자, 서비스 사업자로 구성됨.

Theme 187 '양자'와 양자 컴퓨터의 기본 원리

I 의의

1. 개념

① 양자 컴퓨터는 1965년 노벨상을 수상한 리처드 파인만(Richard Feynman)이 처음 제안한 개념으로 양자역학의 원리에 따라 작동하는 컴퓨터임.

② 기존 컴퓨터는 0과 1의 조합인 비트(bit) 단위로 연산을 수행하지만, 양자 컴퓨터는 0과 1이 중첩된 상태인 큐비트(qubit) 단위로 연산을 수행함.
③ 큐비트를 이용하면 기존 컴퓨터로 1,000년이 걸리는 암호를 양자 컴퓨터로 4분 만에 해독 가능함.

2. 활용 분야

① 양자 컴퓨터는 인공지능(AI), 암호, 기후, 교통 등 다양한 분야에서 활용될 것으로 예상됨.
② 기존 컴퓨터로는 어려운 대량 데이터 연산을 빠르게 수행할 수 있음.

II 등장 배경

1. 초기 컴퓨터 발전 과정

① 진공관을 이용한 초기 컴퓨터는 크고 무거운 단점이 있었음.
② 벨 연구소(Bell Labs)에서 트랜지스터(transistor)를 개발하면서 컴퓨터 크기가 축소됨.
③ 트랜지스터를 집적한 IC칩이 개발되며 현재와 같은 크기의 컴퓨터가 탄생함.

2. 물리적 한계 도달

① 트랜지스터 크기가 14나노미터로 HIV 바이러스보다 8배 작고 적혈구보다 500배 작아짐.
② 반도체 부품이 원자 크기에 가까워지면서 물리적 한계에 도달함.
③ 트랜지스터가 원자 크기에 가까워지면 양자 터널링(tunnel effect)으로 인해 통제되지 않음.
④ 양자역학의 불확정성 원리를 활용하여 양자 컴퓨터가 등장함.

III 역사

1. 연구 초기

① 1982년 리처드 파인만(Richard Feynman)이 양자 컴퓨터 개념을 처음 제안함.
② 1985년 데이비드 도이치(David Deutsch)가 구체적인 개념을 정립함.

2. 연구 발전

① 1985년 IBM에서 정부 차원의 지원을 받아 본격적인 연구가 시작됨.
② 미국 국방성과 CIA, 국가안보국(NSA) 등이 양자 컴퓨터 연구에 적극 지원함.
③ 1997년 IBM의 아이작 추앙이 최초의 2큐비트 기반 양자 컴퓨터를 개발함.

Ⅳ 특징

1. 구현 방식

① 양자 컴퓨터 구현 방식에는 아날로그 방식과 디지털 방식이 존재함.

② 일반적으로 사용되는 양자 컴퓨터는 디지털 방식이며, 업계에서는 범용 양자 컴퓨터로 불림.

③ 구글의 양자 컴퓨터는 아날로그와 디지털을 통합한 하이브리드 방식을 채택함.

④ 사용 소자에 따라 초전도 큐비트형, 스핀 큐비트형, 이온 트랩형 등 다양한 방식으로 개발됨.

2. 큐비트(qubit)

① 큐비트는 퀀텀(quantum)과 비트(bit)의 합성어로, 양자 컴퓨터에서 정보를 저장하는 최소 단위임.

② 기존 비트는 0과 1의 조합으로 모든 연산을 수행하지만, 큐비트는 0과 1의 상태를 동시에 가질 수 있음.

③ 하나의 큐비트가 증가할 때마다 성능이 두 배로 증가함.

④ 기존 슈퍼컴퓨터로 몇 억 년이 걸리는 소인수분해나 250자리 암호체계를 양자 컴퓨터는 몇 분 만에 해결 가능함.

3. 양자역학 원리

① 양자는 띄엄띄엄한 양을 의미하는 라틴어에서 유래한 용어이며, 양자역학은 원자 및 전자의 움직임을 기술하는 학문임.

② 양자역학은 중첩(superposition), 얽힘(entanglement), 불확정성 원리(uncertainty principle) 등의 개념을 포함함.

Ⅴ 양자역학의 주요 개념

1. 양자중첩(superposition)

① 큐비트는 0과 1 중 하나의 상태가 아니라 동시에 두 가지 상태를 가질 수 있음.

② 고전적 컴퓨터는 하나의 입력값에 대해 하나의 결과를 도출하지만, 양자 컴퓨터는 중첩을 활용하여 다중 상태를 동시에 연산함.

③ 양자 컴퓨터는 중첩 상태를 이용하여 적은 큐비트로도 많은 경우의 수를 처리할 수 있음.

④ 중첩 상태를 확률적 파동함수로 표현하면 상반되는 상태가 상쇄되어 오답을 빠르게 제거 가능함.

2. 양자얽힘(entanglement)

① 중첩된 상태가 필터를 거치면 분극화가 발생하고, 관측하는 순간 특정 상태로 결정됨.

② 얽힘 상태에서는 하나의 큐비트를 측정하면 나머지 큐비트의 상태도 자동으로 결정됨.

③ 기존 비트는 16가지 조합만 가능하지만, 20큐비트의 양자 컴퓨터는 1,048,576개의 조합을 동시에 구현 가능함.

④ 50큐비트만으로도 기존 슈퍼컴퓨터 이상의 성능을 발휘할 수 있음.

⑤ 얽힘 상태에서는 큐비트 간 거리가 멀어도 정보가 즉각적으로 공유됨.

3. 불확정성 원리(uncertainty principle)

① 불확정성 원리는 서로 다른 상태의 중첩으로 인해 측정값이 확률적으로 주어지는 현상을 의미함.

② 양자 컴퓨터에서는 큐비트 하나로 0과 1의 상태를 동시에 표현할 수 있음.

③ 큐비트 수가 증가할수록 처리 가능한 정보량이 기하급수적으로 증가함.

④ 2개의 큐비트는 4가지 상태(00, 01, 10, 11)를 중첩할 수 있으며, n개의 큐비트는 2^n의 정보를 표현 가능함.

⑤ 기존 컴퓨터로 250자리 숫자의 소인수분해는 80만 시간이 소요되지만, 양자 컴퓨터는 몇십 분 내에 해결 가능함.

⑥ 현재의 암호체계도 양자 컴퓨터를 이용하면 4분 만에 해독 가능함.

심층 연계 내용 조지 길더(George Gilder)

1. 마이크로코즘(Microcosm)

(1) 개념 및 배경

① 조지 길더는 「마이크로코즘」에서 현대 기술의 의미와 장래를 논의함.

② 양자물리학에 기원을 둔 현대 기술과 경제가 마이크로코즘, 즉 미시 세계에 의해 지배된다고 주장함.

(2) 마이크로코즘의 본질

① 길더는 마이크로코즘을 단순한 물질 세계가 아닌 정신의 세계로 해석함.

② 양자물리학의 발전으로 인해 물질적 고체성의 개념이 사라지고, 기술·기업·정치에 혁명적 변화가 발생함.

2. 텔레코즘(Telecosm)

(1) 개념 및 핵심 원리

① 컴퓨터의 성능보다 네트워크로 연결된 힘이 더 중요하다고 주장함.

② 광통신망이 정치·경제·문화 전반을 변화시키는 핵심 동력임.

③ 인터넷과 휴대폰이 텔레코즘 시대의 핵심 기술임.

(2) 기술적 배경 및 시대적 변화

① 1989년 「마이크로코즘」에서 마이크로칩 혁명이 가져올 풍요의 시대를 예견함.

② 이후 마이크로칩 혁명에 이은 제3의 '풍요의 시대'로서 텔레코즘을 제시함.

③ 물질의 몰락을 20세기 최대 사건으로 규정하며, 컴퓨터 시대 이후 텔레코즘 시대가 도래한다고 주장함.
(3) 통신 속도의 한계와 해결책
① 인터넷과 휴대폰이 통신기술 혁명을 주도했지만, 대역폭의 한계로 인해 발전이 정체됨.
② 초고속통신망 사용자는 전 세계 인터넷 유저의 30%를 넘지 못함.
③ 인터넷 속도의 질이 고르지 않고, 최근 4~5년간 발전이 둔화됨.
(4) 光인터넷과 무선기술을 통한 해결 방안
① 기존 통신 시스템의 구조적 한계를 극복할 해답으로 光인터넷을 제시함.
② 광학기술과 무선인터넷을 통해 대역폭 문제를 해결할 수 있다고 주장함.
③ 무한 대역폭을 활용하면 인간 커뮤니케이션이 전 세계적으로 동시·거의 무료로 확장 가능함.
④ 텔레코즘은 전자기 스펙트럼을 활용하는 범세계적 통신망임.

Theme 188 5G 서비스

I 의의

① 5G는 2019년 상용화를 시작한 이동통신 기술로, 초고속(eMBB), 초저지연(URLLC), 초연결(mMTC)의 특징을 가짐
② 4차 산업혁명의 핵심 인프라로 작용하며 경제 및 사회 전반에 혁신을 가능하게 함
③ ITU(국제전기통신연합)은 2015년 9월부터 5G 관련 논의를 진행하여 IMT-2020 기술 비전을 발표함

II 5G의 기술 진화 방향

1. 초고속(eMBB)

① 대용량 미디어 서비스(4K 이상 AR/VR, 홀로그램 등)를 위해 대용량 데이터 전송 기술이 필수적이며, 이를 위해 더 큰 주파수 대역폭 필요
② 다중 안테나 기술을 활용하여 사용자당 100Mbps에서 최대 20Gbps까지 데이터 전송속도 증가
③ 안테나 신호가 약한 지역(Cell Edge)에서도 100Mbps급 속도 제공이 가능해지며, 네트워크 환경 개선
④ 대규모 인원이 밀집한 공간에서도 원활한 대용량 데이터 전송 가능

2. 초저지연 통신(URLLC)

① 초저지연 통신(URLLC)은 자율주행차, 스마트공장, 실시간 게임, 원격진료, 원격 주행(비행) 등 실시간 반응이 중요한 서비스에 필수적
② 기존보다 월등히 짧은 지연시간 제공
③ 이를 위해 네트워크 설계 최적화가 선행되어야 함

3. 초연결(mMTC)

초연결(mMTC)은 수많은 IoT 기기 연결을 목표로 하며, $1km^2$당 100만 개의 기기 연결이 가능하도록 설계됨

III 5G의 필수 기술 요소

1. 의의

5G 구현을 위한 핵심 기술 요소는 주파수, 기지국 수, Massive MIMO, 네트워크 슬라이싱임

2. 주파수

① 5G는 4G보다 넓은 주파수 대역 요구
② 3.5GHz, 28GHz 대역 활용
③ 고주파 대역은 전송 용량 증가 가능하나, 도달거리 단축 및 장애물 회피 어려움 발생
④ 3.5GHz는 전국망 구축에 활용, 28GHz는 인구밀집 지역 보조망으로 활용
⑤ 매크로셀(수 km), 마이크로셀(1km 이내), 피코셀(수십 m) 배치로 인한 광범위한 기지국 투자 필요
⑥ 피코셀은 음영지역 최소화를 위한 설계 필요

3. Massive MIMO

① Massive MIMO는 수많은 안테나 배열을 활용하여 다중 사용자에게 동시에 무선 자원 제공하는 기술
② 5G에서는 64×64 안테나 배열을 2차원으로 연결하여, 수직 및 수평 방향에서 신호 정밀 전송 가능
③ 빔포밍 기술을 활용하여 에너지 손실 감소 및 전송거리 확장

4. 네트워크 슬라이싱

① 네트워크 슬라이싱은 가상 네트워크 분할을 통한 데이터 서비스 품질 차별화 기술
② 동영상 스트리밍에는 높은 속도, 고지연을 적용하고, 자율주행차에는 낮은 속도, 초저지연성을 설정
③ 네트워크 자원 효율성 극대화 가능